Edward Robinson

A harmony of the four Gospels in Greek, according to the text of

Hahn.

Newly arranged, with explanatory notes

Edward Robinson

A harmony of the four Gospels in Greek, according to the text of Hahn.
Newly arranged, with explanatory notes

ISBN/EAN: 9783337731496

Printed in Europe, USA, Canada, Australia, Japan

Cover: Foto ©Thomas Meinert / pixelio.de

More available books at **www.hansebooks.com**

A

HARMONY

OF THE

FOUR GOSPELS IN GREEK,

ACCORDING TO THE TEXT OF HAHN.

NEWLY ARRANGED, WITH EXPLANATORY NOTES,

BY

EDWARD ROBINSON, D. D. LL. D.

PROFESSOR OF BIBLICAL LITERATURE IN THE UNION THEOLOGICAL SEMINARY, NEW-YORK
AUTHOR OF A GREEK AND ENGLISH LEXICON OF THE NEW TESTAMENT,
BIBLICAL RESEARCHES IN PALESTINE, ETC. ETC.

Revised Edition.

BOSTON:
PUBLISHED BY CROCKER AND BREWSTER.
1865.

PREFACE.

THE experience of many years has not failed to impress upon the minds of most Biblical teachers, the advisableness of permitting the Harmony of the Gospel History to occupy a prominent place among the earliest studies of a Theological Seminary. The simplicity of the language, the interest and importance of the events, and also the very difficulties, real or alleged, with which the subject is environed, all mark this portion of the Word of God as particularly adapted for introducing the youthful student into the principles and practice of Biblical Interpretation. If the study of the Harmony be rightly carried out, there is thus laid a broad and solid ground-work, on which afterwards to erect a substantial and enduring structure of Biblical Science, "built upon the foundation of the Apostles and Prophets, Jesus Christ himself being the chief corner-stone."

In furtherance of these general views, no less than two editions of Archbishop Newcome's Harmony were formerly published in this country; one of them under my own superintendence. These had now been long out of print, so that for some years it was very difficult to obtain copies. Under these circumstances, and by the advice and request of leading Professors in several of our Theological Seminaries, as well as from a feeling of necessity in the case of my own pupils, I was led to turn my attention to the supply of this acknowledged want. It soon, however, became apparent, that, rather than to engraft the changes and additions, which seemed necessary, upon any former work, it would be easier, and perhaps better, to prepare a new one. The present volume, accordingly, was undertaken with these impressions; and was given to the public, as a new and independent work, in the hope and with the prayer, that it might be found useful in its place, and thus aid in promoting the cause of Theological Education.

In order to obtain a full and consecutive account of all the facts of our Lord's life and ministry, the four gospel narratives must be so brought together, as to present as nearly as possible the true chronological order; and, where the same transaction is described by more than one writer, the different accounts must be placed side by side, so as to fill out and supply each other. Such an arrangement affords the only full and perfect survey of all the testimony relating to any and every portion of our Lord's history. In this way alone can be brought out, and distinctly presented, the mutual connection and dependency of the various parts, and the gradual development and completion of the great plan of redemption, so far as it was manifested in the life and ministry, the death and resurrection, of our Lord Jesus Christ. Indeed, without such a survey, our knowledge on all these great topics can only be fragmentary and partial.

In a work of this kind, no great amount of novelty can be expected, on subjects which have more or less occupied the ablest minds of the Christian Church for centuries. Yet, even here, knowledge has not been stationary. In the lapse of centuries, and even of years, there is a constant progress in the observation and discovery of new facts and circumstances, bearing upon the social and also the physical history of the Hebrews and other ancient nations. These all serve to enlarge the circle of Biblical knowledge; they add to the apparatus and means of the Interpreter and Biblical Harmonist; and often shed new light upon topics, which before were dark or doubtful. It may also be truly said, that in no former period, perhaps, has there been accumulated a greater amount of such facts and of such progress, than during the half century which has just closed. All these it is the duty of the Harmonist to apply to the elucidation of the narratives of the four Evangelists. A Harmony rightly constructed should exhibit the results of all these recent investigations into language, manners and customs, history, geography, and the like, so far as they are well-founded; and thus become, to a certain extent, the representative of the present state of Biblical science in this particular department. Such, accordingly, has been my aim in the preparation of this volume. I have also every where endeavoured faithfully to judge and write, according to the impressions left on my mind by a personal inspection of most of the scenes of the Gospel History; a privilege enjoyed, I believe, by no previous Harmonist.

If then the scholar shall find little or nothing of positively new matter in these pages, he will yet find, I trust, some new views, and also some new illustrations of old views, which are nowadays assailed. This is true, especially, in respect to the transactions during the last six months of our Lord's life and ministry; and the remark applies more particularly to the identification of the city Ephraim and the return of Jesus from that place through Perea; to the important Passover question; and to the mode of harmonizing the several accounts of the Lord's resurrection and its accompanying incidents. All these and other like topics are discussed in the Notes; to which the reader is respectfully referred. The notation of place in connection with every section, though not wholly a new feature, is yet much more definitely carried out than ever before.

The general uses and advantages of a Harmony, and the particular objects aimed at in the present volume, are specified near the close of the Introduction to the Notes. A list of the most important Harmonies heretofore published, is given below.

The only point in the order of time, in which this revised edition differs from the former one, is in respect to our Lord's arrival at Bethany "six days before the passover" (§ 111), and the subsequent chronology of the passion week. In this I was formerly misled, by relying too implicitly upon the authority of the learned Lightfoot.

That the labour bestowed upon this work may not be in vain, but may be blessed of God to the furtherance of the study of his Word, is the sincere prayer of the Author.

E. ROBINSON.

UNION THEOLOGICAL SEMINARY,
New-York, June, 1851.

LIST OF HARMONIES.

The following List comprises only the most important works of this class. For a more complete account of the literature of this department, the reader is referred to the following works: FABRICIUS, *Biblioth. Græca, ed.* HARLES, T. IV. p. 880 sq. WALCH, *Biblioth. Theol.* IV. p. 863 sq. HASE, *Das Leben Jesu,* § 27. 2te Ausg.

TATIAN the Syrian, about A.D. 170, compiled a work entitled: τὸ διὰ τεσσάρων. This is lost; and the Latin Version, so called, is regarded as spurious. See Biblioth. Patrr. Max. L. B. 1677. T. II. p. 203–12. Fabric. Cod. Apocr. N. T. I. p. 377. Mill Prolegom. in N. T. Lips. 1723. p. 38. Neander Kirchengesch. I. p. 764.

AMMONIUS of Alexandria, about A. D. 220, is said also to have prepared a work called Ἁρμονία, in like manner lost.

A. OSIANDER, *Harmoniae Evang. Libri IV, Gr. et Lat.* fol. Basil. 1537, 1561.

CORN. JANSEN, *Concordia Evang.* fol. Lovan. 1549. Antv. 1554. etc. Mechl. 1825. 8vo. 2 Tom.

R. STEPHANUS, *Harmonia Evang.* fol. Par. 1553.

J. CALVIN, *Harmonia ex tribus Evangelistis composita, adjuncto seorsum Joanne,* fol. Genev. 1553, and often.

A*

CAR. MOLINÆUS (du Moulin) *Collatio et Unio quatuor Evangg. eorum serie et ordine absque ulla confusione, etc. etc.* 4to. Par. 1565; also in Opp. omnia, fol. Par. 1681.

M. CHEMNITII (Chemnitz) *Harmonia quatuor Evangg. quam* P. LYSERUS et J. GER-HARDUS, *is continuavit, hic perfecit.* fol. Hamb. 1704. 3 Tom.   The portion by Chemnitz was first printed at Frankf. 1593, etc.

G. CALIXT, *Quatuor Evangg. Scriptorum Concordia,* 4to. Halberst. 1624, etc.   Published without the author's consent.

T. CARTWRIGHT, *Harmonia Evang. etc.* 4to. Amst. 1627, 1647.

J. LIGHTFOOT, *Harmonia, Ordo, et Chronicon N. T.* in Opp. ed. Leusden, fol. Tom. II. p. 1. Ultraj. 1699.—English: *Harmony, Chronicle, and Order of the N. T.* fol. Lond. 1655. Works, by Pitman, 8vo. Vol. III. Lond. 1822.

B. LAMY, *Harmonia s. Concordia quatuor Evangg.* 12mo. Par. 1689.—*Commentar. in Harm.* 2 Tom. 4to. Par. 1699.

J. CLERICUS (Le Clerc), *Harmonia Evangelica, etc.* fol. Amst. 1699.

TOINARD, *Evang. Harmonia Gr. et Lat.* fol. Par. 1707, posthumous.—French: *Harmonie ou Concorde Evang. suivant la methode et avec les notes de feu* M. TOINARD, Par. 1716.

F. BURMANN, *de Harmonie, ofte Overeenstemminge der vier h. Evangelisten,* 4to. Amst. 1712, 1739.

J. R. RUS, *Harmonia Evang. etc.* Jena 1727–30. 3 Tom. in 4 Vol.

J. A. BENGEL, *Richtige Harmonie der vier Evangelisten,* 8vo. Tüb. 1736, 1747, 1766.

J. MACKNIGHT, *Harmony of the Four Gospels,* 4to. 2 Vols. in 1.   Lond. 1756, 1763, and often.

J. PRIESTLEY, *Harmony of the Evangelists in English,* 4to. Lond. 1777.

W. NEWCOME, *Harmony of the Gospels in Greek, etc.* fol. Dublin 1778.—Reprinted, 8vo. Andover, 1814, 1834.

J. J. GRIESBACH, *Synopsis Evangelior. Matth. Marc. et Lucae, etc.* 8vo. Halae 1776, 1797, 1809, 1822.

J. WHITE, *Diatessaron, etc.* 8vo. Oxon. 1800.

H. PLANCK, *Entwurf einer neuen synopt. Zusammenstellung der drey ersten Evangg. u. s. w.* 8vo. Götting. 1809.

DE WETTE ET LÜCKE, *Synopsis Evangelior. Matth. Marc. et Lucae, etc.* 4to. Berol. 1818.

G. C. MATTHAEI, *Synopse der vier Evangg. nebst Kritik u. s. w.* 8vo. Götting. 1826.

H. N. CLAUSEN, *Quatuor Evangg. Tabulae synopticae, etc.* 8vo. Havniae (Copenhag.) 1829.

M. ROEDIGER, *Synopsis Evangelior. Matth. Marc. et Lucae, etc.* 8vo. Halae, 1829, 1839.

R. CHAPMAN, *Greek Harmony of the Gospels, etc. with Notes,* 4to. Lond. 1836.

V. REICHEL, *Quatuor sac. Evangelia in pericopas harmon. chronologice ordinatas dispertita, etc.* 8vo. Prag. 1840.

J. GEHRINGER, *Synoptische Zusammenstellung des Gr. Textes der vier Evangelien.* 4to. Tüb. 1842.

CONTENTS

SYNOPSIS OF THE HARMONY.

PART VIII.

THE FOURTH PASSOVER; OUR LORD'S PASSION; AND
THE ACCOMPANYING EVENTS UNTIL THE END OF THE
JEWISH SABBATH.

TIME: *Two days.*

B

CONTENTS OF THE NOTES.

TABLE

FOR FINDING ANY PASSAGE IN THE HARMONY.

MATTHEW.

CHAP.	VERSE.	SECT.	PAGE.	CHAP.	VERSE.	SECT.	PAGE.	CHAP.	VERSE.	SECT.	PAGE.
i.	1–17	13	8, 9	xiii.	1–23	54	51–53	xxii.	41–46	121	126, 127
	18–25	6	4		24–53	55	53–55	xxiii.	1–12	122	127, 128
ii.	1–12	10	6		54–58	61	63		13–39	123	128, 129
	13–23	11	6, 7	xiv.	1, 2	63	66	xxiv.	1–14	127	131, 132
iii.	1–12	14	10–12		3–5	24	19		15–42	128	132–135
	13–17	15	12		6–12	63	66, 67		43–51	129	135, 136
iv.	1–11	16	12, 13		13–21	64	67–69	xxv.	1–30	129	136
	12	24	19		22–36	65	70, 71		31–46	130	137
	13–16	28	22, 23	xv.	1–20	67	74–76	xxvi.	1–16	131	137–139
	17	26	21		21–28	68	76		17–19	132	139
	18–22	29	23, 24		29–38	69	77, 78		20	133	140
	23–25	32	25, 26		39	70	78		21–25	135	141, 142
v.	1–48	41	34–36	xvi.	1–4	70	78		26–29	137	144
vi.	1–34	41	36–38		4–12	71	78, 79		30	142	149
vii.	1–29	41	38–40		13–20	73	79, 80		31–35	136	143
viii.	1	41	40		21–28	74	80, 81		36–46	142	149, 150
	2–4	33	26	xvii.	1–13	75	81, 83		47–56	143	151, 152
	5–13	42	40		14–21	76	83, 84		57, 58	144	152, 153
	14–17	31	24, 25		22, 23	77	85		59–68	145	154, 155
	18–27	56	55, 56		24–27	78	85		69–75	144	153, 154
	28–34	57	57, 58	xviii.	1–35	79	85–88	xxvii.	1, 2	146	156
ix.	1	57	59	xix.	1, 2	94	101		3–10	151	160, 161
	2–8	34	27, 28		3–12	104	108, 109		11–14	146	156, 157
	9	35	28		13–15	105	109		15–26	148	158, 159
	10–17	58	59, 60		16–30	106	109–111		26–30	149	159
	18–26	59	61, 62	xx.	1–16	106	111, 112		31–34	152	161, 162
	27–34	60	63		17–19	107	112		35–38	153	162
	35–38	62	64		20–28	108	112, 113		39–44	154	163
x.	1	62	64		29–34	109	113, 114		45–50	155	164
	2–4	40	33, 34	xxi.	1–11	112	116–118		51–56	156	165
	5–42	62	64–66		12, 13	113	119		57–61	157	166, 167
xi.	1	62	66		14–17	112	118		62–66	158	167
	2–19	44	41, 42		18, 19	113	118	xxviii.	1	160	168
	20–30	45	42, 43		20–22	114	119, 120		2–4	159	168
xii.	1–8	37	31		23–32	115	120, 121		5–7	161	169
	9–14	38	32		33–46	116	121–123		8–10	162	169, 170
	15–21	39	32, 33	xxii.	1–14	117	123		11–15	165	171
	22–37	48	44, 45		15–22	118	123, 124		16	169	174
	38–45	49	45, 46		23–33	119	124, 125		16–20	170	175
	46–50	50	47		34–40	120	126				

C

MARK.

CHAP.	VERSE.	SECT.	PAGE.	CHAP.	VERSE.	SECT.	PAGE.	CHAP.	VERSE.	SECT.	PAGE.
i.	1–8	14	10, 11	vii.	24–30	68	76	xii.	41–44	124	129
	9–11	15	12		31–37	69	77	xiii.	1–13	127	131, 132
	12, 13	16	12, 13	viii.	1–9	69	77, 78		14–37	128	132–135
	14	24	19		10–12	70	78	xiv.	1–11	131	137–139
	14, 15	26	21		13–21	71	78, 79		12–16	132	139
	16–20	29	23, 24		22–26	72	79		17	133	140
	21–28	30	24		27–30	73	79, 80		18–21	135	141, 142
	29–34	31	24, 25		31–38	74	80, 81		22–25	137	144
	35–39	32	25	ix.	1	74	81		26	142	149
	40–45	33	26		2–13	75	81–83		27–31	136	143
ii.	1–12	34	26–28		14–29	76	83, 84		32–42	142	149, 150
	13, 14	35	28		30–32	77	85		43–52	143	151, 152
	15–22	58	59, 60		33	78	85		53, 54	144	152, 153
	23–28	37	31		33–50	79	85–87		55–65	145	154, 155
iii.	1–6	38	32	x.	1	94	101		66–72	144	153, 154
	7–12	39	32, 33		2–12	104	108	xv.	1–5	146	156, 157
	13–19	40	33, 34		13–16	105	109		6–15	148	158, 159
	20–30	48	44, 45		17–31	106	109–111		15–19	149	159
	31–35	50	47		32–34	107	112		20–23	152	161, 162
iv.	1–25	54	51–53		35–45	108	112, 113		24–28	153	162
	26–34	55	54		46–52	109	113, 114		29–32	154	163
	35–41	56	55, 56	xi.	1–11	116	116–118		33–37	155	164
v.	1–21	57	57–59		12–19	113	118, 119		38–41	156	165
	22–43	59	61, 62		20–26	114	119, 120		42–47	157	166, 167
vi.	1–6	61	63		27–33	115	120, 121	xvi.	1	159	168
	6–13	62	64–66	xii.	1–12	116	121–123		2–4	160	168, 169
	14–16	63	66		13–17	118	123, 124		5–7	161	169
	17–20	24	19		18–27	119	124–126		8	162	169
	21–29	63	66, 67		28–34	120	126		9–11	164	170, 171
	30–44	64	67–69		35–37	121	126, 127		12, 13	166	171, 172
	45–56	65	70, 71		38, 39	122	127		14–18	167	172, 173
vii.	1–23	67	74–76		40	123	128		19, 20	172	176

LUKE.

CHAP.	VERSE.	SECT.	PAGE.	CHAP.	VERSE.	SECT.	PAGE.	CHAP.	VERSE.	SECT.	PAGE.
i.	1–4	1	1	v.	17–26	34	26–28	ix.	10–17	64	67–69
	5–25	2	1, 2		27, 28	35	28		18–21	73	79, 80
	26–38	3	2		29–39	58	59, 60		22–27	74	80, 81
	39–56	4	2, 3	vi.	1–5	37	31		28–36	75	81–83
	57–80	5	3, 4		6–11	38	32		37–43	76	83, 84
ii.	1–7	7	4		12–19	40	33, 34		43–45	77	85
	8–20	8	5		20–26	41	34		46–50	79	85, 86
	21–38	9	5, 6		27–30	41	36		51–56	81	89
	39, 40	11	7		31	41	38		57–62	56	55, 56
	41–52	12	7, 8		32–36	41	36	x.	1–16	80	88
iii.	1–18	14	10–12		37–49	41	38, 39		17–24	89	95, 96
	19, 20	24	19	vii.	1–10	42	40		25–37	86	94
	21–23	15	12		11–17	43	41		38–42	87	94, 95
	23–38	13	8, 9		18–35	44	41, 42	xi.	1–13	88	95
iv.	1–13	16	12, 13		36–50	46	43		14, 15	48	44
	14	24	19	viii.	1–3	47	44		16	49	45
	14, 15	26	21		4–18	54	51–53		17–23	48	44, 45
	16–31	28	22		19–21	50	47		24–26	49	46
	31–37	30	24		22–25	56	55, 56		27, 28	50	47
	38–41	31	24, 25		26–40	57	57–59		29–36	49	45, 46
	42–44	32	25		41–56	59	61, 62		37–54	51	47, 48
v.	1–11	29	23, 24	ix.	1–6	62	64–66	xii.	1–59	52	48–50
	12–16	33	26		7–9	63	66	xiii.	1–9	53	50

LUKE CONTINUED.

CHAP.	VERSE.	SECT.	PAGE.	CHAP.	VERSE.	SECT.	PAGE.	CHAP.	VERSE.	SECT.	PAGE.
xiii.	10–21	94	101	xx.	9–19	116	121–123	xxii.	63–71	145	154, 155
	22–35	95	101, 102		20–26	118	123, 124	xxiii.	1–5	146	156, 157
xiv.	1–24	96	102, 103		27–40	119	124–126		6–12	147	157
	25–35	97	103		41–44	121	126, 127		13–25	148	157–159
xv.	1–32	98	104, 105		45, 46	122	127		26–33	152	161
xvi.	1–13	99	105		47	123	128		33, 34	153	162
	14–31	100	105, 106	xxi.	1–4	124	129		35–37	154	163
xvii.	1–10	101	106		5–19	127	131, 132		38	153	162
	11–19	82	89		20–36	128	132–135		39–43	154	163
	20–37	102	107		37, 38	113	119		44–46	155	164
xviii.	1–14	103	107, 108	xxii.	1–6	131	137–139		45	156	165
	15–17	105	109		7–13	132	139		47–49	156	165
	18–30	106	109–111		14–18	133	140		50–56	157	166, 167
	31–34	107	112		19, 20	137	144	xxiv.	1–3	160	168, 169
	35–43	109	113, 114		21–23	135	141, 142		4–8	161	169
xix.	1	109	114		24–30	133	140		9–11	162	170
	2–28	110	114, 115		31–38	136	143, 144		12	168	170
	29–46	112	116–118		39–46	142	149, 150		13–35	166	171, 172
	45–48	113	119		47–53	143	151, 152		36–49	167	172, 173
xx.	1–8	115	120, 121		54–62	144	152–154		50–53	172	176

JOHN.

CHAP.	VERSE.	SECT.	PAGE.	CHAP.	VERSE.	SECT.	PAGE.	CHAP.	VERSE.	SECT.	PAGE.
i.	1–18	17	14	ix.	1–41	90	96, 97	xviii.	13–18	144	152, 153
	19–34	18	14, 15	x.	1–21	90	97, 98		19–24	145	154
	35–52	19	15		22–42	91	98, 99		25–27	144	153, 154
ii.	1–12	20	16	xi.	1–46	92	99, 100		28–38	146	156, 157
	13–25	21	17		47–54	93	100, 101		39, 40	148	158
iii.	1–21	22	18		5b–57	111	115	xix.	1–3	149	159
	22–36	23	18, 19		1	111	115		4–16	150	160
iv.	1–3	24	20	xii.	2–8	131	138		16, 17	152	161
	4–42	25	20, 21		9–11	111	115		18–24	153	162, 163
	43–45	26	21		12–19	112	116–118		25–27	154	164
	46–54	27	21, 22		20–36	125	129, 130		28–30	155	164
v.	1–47	36	29–31		37–50	126	130		31–42	157	165, 166
vi.	1–14	64	67–69	xiii.	1–20	134	142	xx.	1, 2	160	168, 169
	15–21	65	70, 71		21–35	135	141, 142		3–10	163	170
	22–71	66	71–73		36–38	136	143		11–18	164	170, 171
vii.	1	66	73	xiv.	1–31	138	144, 145		19–23	167	172, 173
	2–10	81	89	xv.	1–27	139	146		24–29	168	173
	11–53	83	90, 91	xvi.	1–33	140	147, 148		30, 31	173	176
viii.	1	83	91	xvii.	1–26	141	148, 149	xxi.	1–24	169	174, 175
	2–11	84	92	xviii.	1	142	149		25	173	176
	12–59	85	92–94		2–12	143	150–152				

ACTS.   1 CORINTHIANS.

CHAP.	VERSE.	SECT.	PAGE.	CHAP.	VERSE.	SECT.	PAGE.	CHAP.	VERSE.	SECT.	PAGE.
i.	3–8	171	175	xi.	23–25	137	144	xv.	6	170	175
	9–12	172	176	xv.	5	166	171		7	171	175
	18, 19	151	160, 161		5	167	172				175

NOTE.

In the Text, brackets [ ] are used to mark Words and Clauses not supported by the best authorities.

PART I.

EVENTS CONNECTED WITH THE BIRTH AND CHILDHOOD OF OUR LORD.

TIME: *About thirteen and a half years.*

§ 1. Preface to Luke's Gospel.

LUKE I. 1–4.

1 Ἐπειδήπερ πολλοὶ ἐπεχείρησαν ἀνατάξασθαι διήγησιν περὶ τῶν πεπληροφορημέ-
2 νων ἐν ἡμῖν πραγμάτων, ¹καθὼς παρέδοσαν ἡμῖν οἱ ἀπ' ἀρχῆς αὐτόπται καὶ ὑπη-
3 ρέται γενόμενοι τοῦ λόγου· ἔδοξε κἀμοί, παρηκολουθηκότι ἄνωθεν πᾶσιν ἀκριβῶς,
4 καθεξῆς σοι γράψαι, κράτιστε Θεόφιλε, ¹ἵνα ἐπιγνῷς περὶ ὧν κατηχήθης λόγων τὴν
ἀσφάλειαν.

§ 2. An Angel appears to Zacharias in the Temple.—*Jerusalem.*

LUKE I. 5–25.

5 Ἐγένετο ἐν ταῖς ἡμέραις Ἡρώδου τοῦ βασιλέως τῆς Ἰουδαίας ἱερεύς τις ὀνόματι
Ζαχαρίας ἐξ ἐφημερίας Ἀβιά, καὶ ἡ γυνὴ αὐτοῦ ἐκ τῶν θυγατέρων Ἀαρών, καὶ τὸ
6 ὄνομα αὐτῆς Ἐλισάβετ. Ἦσαν δὲ δίκαιοι ἀμφότεροι ἐνώπιον τοῦ θεοῦ, πορευό-
7 μενοι ἐν πάσαις ταῖς ἐντολαῖς καὶ δικαιώμασι τοῦ κυρίου ἄμεμπτοι. Καὶ οὐκ ἦν
αὐτοῖς τέκνον, καθότι ἡ Ἐλισάβετ ἦν στεῖρα, καὶ ἀμφότεροι προβεβηκότες ἐν ταῖς
8 ἡμέραις αὐτῶν ἦσαν. Ἐγένετο δὲ ἐν τῷ ἱερατεύειν αὐτὸν ἐν τῇ τάξει τῆς ἐφημερίας
9 αὐτοῦ ἔναντι τοῦ θεοῦ, ¹κατὰ τὸ ἔθος τῆς ἱερατείας ἔλαχε τοῦ θυμιᾶσαι εἰσελθὼν
10 εἰς τὸν ναὸν τοῦ κυρίου· καὶ πᾶν τὸ πλῆθος ἦν τοῦ λαοῦ προσευχόμενον ἔξω τῇ ὥρᾳ
11 τοῦ θυμιάματος· Ὤφθη δὲ αὐτῷ ἄγγελος κυρίου, ἑστὼς ἐκ δεξιῶν τοῦ θυσιαστη-
12 ρίου τοῦ θυμιάματος· καὶ ἐταράχθη Ζαχαρίας ἰδών, καὶ φόβος ἐπέπεσεν ἐπ' αὐτόν.
13 Εἶπε δὲ πρὸς αὐτὸν ὁ ἄγγελος· μὴ φοβοῦ, Ζαχαρία· διότι εἰσηκούσθη ἡ δέησίς
σου, καὶ ἡ γυνή σου Ἐλισάβετ γεννήσει υἱόν σοι, καὶ καλέσεις τὸ ὄνομα αὐτοῦ
14 Ἰωάννην. Καὶ ἔσται χαρά σοι καὶ ἀγαλλίασις, καὶ πολλοὶ ἐπὶ τῇ γενέσει αὐτοῦ
15 χαρήσονται. Ἔσται γὰρ μέγας ἐνώπιον τοῦ κυρίου· καὶ οἶνον καὶ σίκερα οὐ μὴ
16 πίῃ· καὶ πνεύματος ἁγίου πλησθήσεται ἔτι ἐκ κοιλίας μητρὸς αὐτοῦ. Καὶ πολλοὺς
17 τῶν υἱῶν Ἰσραὴλ ἐπιστρέψει ἐπὶ κύριον τὸν θεὸν αὐτῶν. Καὶ αὐτὸς προελεύσεται

LUKE I.

ἐνώπιον αὐτοῦ ἐν πνεύματι καὶ δυνάμει Ἠλίου, ἐπιστρέψαι καρδίας πατέρων ἐπὶ τέκνα, καὶ ἀπειθεῖς ἐν φρονήσει δικαίων, ἑτοιμάσαι κυρίῳ λαὸν κατεσκευασμένον.[a]

18 Καὶ εἶπε Ζαχαρίας πρὸς τὸν ἄγγελον· κατὰ τί γνώσομαι τοῦτο; ἐγὼ γάρ εἰμι

19 πρεσβύτης, καὶ ἡ γυνή μου προβεβηκυῖα ἐν ταῖς ἡμέραις αὐτῆς. Καὶ ἀποκριθεὶς ὁ ἄγγελος εἶπεν αὐτῷ· ἐγώ εἰμι Γαβριὴλ ὁ παρεστηκὼς ἐνώπιον τοῦ θεοῦ, καὶ ἀπε-

20 στάλην λαλῆσαι πρός σε καὶ εὐαγγελίσασθαί σοι ταῦτα. Καὶ ἰδού, ἔσῃ σιωπῶν καὶ μὴ δυνάμενος λαλῆσαι, ἄχρι ἧς ἡμέρας γένηται ταῦτα, ἀνθ᾽ ὧν οὐκ ἐπίστευσας

21 τοῖς λόγοις μου, οἵτινες πληρωθήσονται εἰς τὸν καιρὸν αὐτῶν. Καὶ ἦν ὁ λαὸς προσ-

22 δοκῶν τὸν Ζαχαρίαν, καὶ ἐθαύμαζον ἐν τῷ χρονίζειν αὐτὸν ἐν τῷ ναῷ. Ἐξελθὼν δὲ οὐκ ἠδύνατο λαλῆσαι αὐτοῖς· καὶ ἐπέγνωσαν, ὅτι ὀπτασίαν ἑώρακεν ἐν τῷ ναῷ· καὶ

23 αὐτὸς ἦν διανεύων αὐτοῖς, καὶ διέμενε κωφός. Καὶ ἐγένετο ὡς ἐπλήσθησαν αἱ ἡμέ-ραι τῆς λειτουργίας αὐτοῦ, ἀπῆλθεν εἰς τὸν οἶκον αὐτοῦ.

24 Μετὰ δὲ ταύτας τὰς ἡμέρας συνέλαβεν Ἐλισάβετ ἡ γυνὴ αὐτοῦ, καὶ περιέκρυβεν

25 ἑαυτὴν μῆνας πέντε, λέγουσα· ὅτι οὕτω μοι πεποίηκεν ὁ κύριος ἐν ἡμέραις, αἷς ἐπεῖ-δεν ἀφελεῖν τὸ ὄνειδός μου ἐν ἀνθρώποις.

§ 3. An Angel appears to Mary.—Nazareth.

LUKE I. 26–38.

26 Ἐν δὲ τῷ μηνὶ τῷ ἕκτῳ ἀπεστάλη ὁ ἄγγελος Γαβριὴλ ὑπὸ τοῦ θεοῦ εἰς πόλιν τῆς

27 Γαλιλαίας, ᾗ ὄνομα Ναζαρέτ, 'πρὸς παρθένον μεμνηστευμένην ἀνδρί, ᾧ ὄνομα

28 Ἰωσήφ, ἐξ οἴκου Δαυίδ· καὶ τὸ ὄνομα τῆς παρθένου Μαριάμ. Καὶ εἰσελθὼν ὁ ἄγγελος πρὸς αὐτὴν εἶπε· χαῖρε, κεχαριτωμένη· ὁ κύριος μετὰ σοῦ· εὐλογημένη

29 σὺ ἐν γυναιξίν. Ἡ δὲ ἰδοῦσα διεταράχθη ἐπὶ τῷ λόγῳ αὐτοῦ, καὶ διελογίζετο,

30 ποταπὸς εἴη ὁ ἀσπασμὸς οὗτος. Καὶ εἶπεν ὁ ἄγγελος αὐτῇ· μὴ φοβοῦ, Μαριάμ·

31 εὗρες γὰρ χάριν παρὰ τῷ θεῷ. Καὶ ἰδού, συλλήψῃ ἐν γαστρὶ καὶ τέξῃ υἱόν, καὶ

32 καλέσεις τὸ ὄνομα αὐτοῦ Ἰησοῦν. Οὗτος ἔσται μέγας καὶ υἱὸς ὑψίστου κληθήσε-

33 ται· καὶ δώσει αὐτῷ κύριος ὁ θεὸς τὸν θρόνον Δαυὶδ τοῦ πατρὸς αὐτοῦ· [b] καὶ βασι-λεύσει ἐπὶ τὸν οἶκον Ἰακὼβ εἰς τοὺς αἰῶνας, καὶ τῆς βασιλείας αὐτοῦ οὐκ ἔσται

34 τέλος.[b] Εἶπε δὲ Μαριὰμ πρὸς τὸν ἄγγελον· πῶς ἔσται τοῦτο, ἐπεὶ ἄνδρα οὐ γινώ-

35 σκω; Καὶ ἀποκριθεὶς ὁ ἄγγελος εἶπεν αὐτῇ· πνεῦμα ἅγιον ἐπελεύσεται ἐπὶ σέ, καὶ δύναμις ὑψίστου ἐπισκιάσει σοι· διὸ καὶ τὸ γεννώμενον ἅγιον κληθήσεται υἱὸς θεοῦ.

36 Καὶ ἰδού, Ἐλισάβετ, ἡ συγγενής σου, καὶ αὐτὴ συνειληφυῖα υἱὸν ἐν γήρει αὐτῆς·

37 καὶ οὗτος μὴν ἕκτος ἐστὶν αὐτῇ τῇ καλουμένῃ στείρᾳ. Ὅτι οὐκ ἀδυνατήσει παρὰ

38 τῷ θεῷ πᾶν ῥῆμα. Εἶπε δὲ Μαριάμ· ἰδού, ἡ δούλη κυρίου· γένοιτό μοι κατὰ τὸ ῥῆμά σου. Καὶ ἀπῆλθεν ἀπ᾽ αὐτῆς ὁ ἄγγελος.

§ 4. Mary visits Elizabeth.—Jutta.

LUKE I. 39–56.

39 Ἀναστᾶσα δὲ Μαριὰμ ἐν ταῖς ἡμέραις ταύταις ἐπορεύθη εἰς τὴν ὀρεινὴν μετὰ

40 σπουδῆς, εἰς πόλιν Ἰούδα. Καὶ εἰσῆλθεν εἰς τὸν οἶκον Ζαχαρίου καὶ ἠσπάσατο

---

[a] **17.** Comp. Mal. 3, 23 sq. [4, 5. 6.]   [b] **33.** Comp. Mic. 4, 7. Dan. 7, 14. Is. 9, 7. Jer. 23, 5.

LUKE I.

41 τὴν Ἐλισάβετ. Καὶ ἐγένετο ὡς ἤκουσεν ἡ Ἐλισάβετ τὸν ἀσπασμὸν τῆς Μαρίας,
ἐσκίρτησε τὸ βρέφος ἐν τῇ κοιλίᾳ αὐτῆς· καὶ ἐπλήσθη πνεύματος ἁγίου ἡ Ἐλισά-
42 βετ, καὶ ἀνεφώνησε φωνῇ μεγάλῃ καὶ εἶπεν· εὐλογημένη σὺ ἐν γυναιξί, καὶ εὐλο-
43 γημένος ὁ καρπὸς τῆς κοιλίας σου. Καὶ πόθεν μοι τοῦτο, ἵνα ἔλθῃ ἡ μήτηρ τοῦ
44 κυρίου μου πρός με; Ἰδοὺ γάρ, ὡς ἐγένετο ἡ φωνὴ τοῦ ἀσπασμοῦ σου εἰς τὰ ὦτά
45 μου, ἐσκίρτησεν ἐν ἀγαλλιάσει τὸ βρέφος ἐν τῇ κοιλίᾳ μου. Καὶ μακαρία ἡ πιστεύ-
σασα, ὅτι ἔσται τελείωσις τοῖς λελαλημένοις αὐτῇ παρὰ κυρίου.
46 47 Καὶ εἶπε Μαριάμ· μεγαλύνει ἡ ψυχή μου τὸν κύριον, καὶ ἠγαλλίασε τὸ πνεῦμά
48 μου ἐπὶ τῷ θεῷ τῷ σωτῆρί μου, ὅτι ἐπέβλεψεν ἐπὶ τὴν ταπείνωσιν τῆς δούλης
49 αὐτοῦ. ἰδοὺ γάρ, ἀπὸ τοῦ νῦν μακαριοῦσί με πᾶσαι αἱ γενεαί· ὅτι ἐποίησέ μοι μεγα-
50 λεῖα ὁ δυνατός, καὶ ἅγιον τὸ ὄνομα αὐτοῦ· καὶ τὸ ἔλεος αὐτοῦ εἰς γενεὰς γενεῶν τοῖς
51 φοβουμένοις αὐτόν. Ἐποίησε κράτος ἐν βραχίονι αὐτοῦ· διεσκόρπισεν ὑπερηφά-
52 νους διανοίᾳ καρδίας αὐτῶν. Καθεῖλε δυνάστας ἀπὸ θρόνων καὶ ὕψωσε ταπεινούς.
53 54 Πεινῶντας ἐνέπλησεν ἀγαθῶν καὶ πλουτοῦντας ἐξαπέστειλε κενούς. Ἀντελά-
55 βετο Ἰσραὴλ παιδὸς αὐτοῦ, μνησθῆναι ἐλέους, (καθὼς ἐλάλησε πρὸς τοὺς πατέρας
ἡμῶν) τῷ Ἀβραὰμ καὶ τῷ σπέρματι αὐτοῦ εἰς τὸν αἰῶνα.ᵃ
56 Ἔμεινε δὲ Μαριὰμ σὺν αὐτῇ ὡσεὶ μῆνας τρεῖς, καὶ ὑπέστρεψεν εἰς τὸν οἶκον αὐτῆς.

§ 5. Birth of John the Baptist.—*Jutta.*

LUKE I. 57–80.

57 Τῇ δὲ Ἐλισάβετ ἐπλήσθη ὁ χρόνος τοῦ τεκεῖν αὐτήν, καὶ ἐγέννησεν υἱόν.
58 Καὶ ἤκουσαν οἱ περίοικοι καὶ οἱ συγγενεῖς αὐτῆς, ὅτι ἐμεγάλυνε κύριος τὸ ἔλεος
59 αὐτοῦ μετ' αὐτῆς, καὶ συνέχαιρον αὐτῇ. Καὶ ἐγένετο ἐν τῇ ὀγδόῃ ἡμέρᾳ,ᵇ ἦλθον
περιτεμεῖν τὸ παιδίον· καὶ ἐκάλουν αὐτὸ ἐπὶ τῷ ὀνόματί τοῦ πατρὸς αὐτοῦ Ζαχαρίαν.
60 61 Καὶ ἀποκριθεῖσα ἡ μήτηρ αὐτοῦ εἶπεν· οὐχί, ἀλλὰ κληθήσεται Ἰωάννης. Καὶ
εἶπον πρὸς αὐτήν· ὅτι οὐδείς ἐστιν ἐν τῇ συγγενείᾳ σου, ὃς καλεῖται τῷ ὀνόματι
62 63 τούτῳ. Ἐνένευον δὲ τῷ πατρὶ αὐτοῦ, τὸ τί ἂν θέλοι καλεῖσθαι αὐτόν. Καὶ
αἰτήσας πινακίδιον ἔγραψε λέγων· Ἰωάννης ἐστὶ τὸ ὄνομα αὐτοῦ. καὶ ἐθαύμασαν
64 πάντες. Ἀνεῴχθη δὲ τὸ στόμα αὐτοῦ παραχρῆμα καὶ ἡ γλῶσσα αὐτοῦ, καὶ ἐλάλει
65 εὐλογῶν τὸν θεόν. Καὶ ἐγένετο ἐπὶ πάντας φόβος τοὺς περιοικοῦντας αὐτούς· καὶ
66 ἐν ὅλῃ τῇ ὀρεινῇ τῆς Ἰουδαίας διελαλεῖτο πάντα τὰ ῥήματα ταῦτα. Καὶ ἔθεντο
πάντες οἱ ἀκούσαντες ἐν τῇ καρδίᾳ αὐτῶν λέγοντες· τί ἄρα τὸ παιδίον τοῦτο ἔσται;
καὶ χεὶρ κυρίου ἦν μετ' αὐτοῦ.
67 Καὶ Ζαχαρίας ὁ πατὴρ αὐτοῦ ἐπλήσθη πνεύματος ἁγίου, καὶ προεφήτευσε λέγων·
68 εὐλογητὸς κύριος ὁ θεὸς τοῦ Ἰσραήλ, ὅτι ἐπεσκέψατο καὶ ἐποίησε λύτρωσιν τῷ λαῷ
69 αὐτοῦ καὶ ἤγειρε κέρας σωτηρίας ἡμῖν ἐν τῷ οἴκῳ Δαυὶδ τοῦ παιδὸς αὐτοῦ,
70 71 καθὼς ἐλάλησε διὰ στόματος τῶν ἁγίων τῶν ἀπ' αἰῶνος προφητῶν αὐτοῦ, σω-
72 τηρίαν ἐξ ἐχθρῶν ἡμῶν καὶ ἐκ χειρὸς πάντων τῶν μισούντων ἡμᾶς, ποιῆσαι ἔλεος
73 μετὰ τῶν πατέρων ἡμῶν καὶ μνησθῆναι διαθήκης ἁγίας αὐτοῦ, ὅρκον ὃν ὤμοσε
74 πρὸς Ἀβραὰμ τὸν πατέρα ἡμῶν·ᶜ τοῦ δοῦναι ἡμῖν ἀφόβως ἐκ χειρὸς τῶν ἐχθρῶν

ᵃ **54. 55.** Comp. Ia. 41, 8. 9. Gen. 22, 16 sq.   ᵇ **59.** Gen. 17, 12. Lev. 12, 3
ᶜ **73.** Gen. 22, 16 sq.

LUKE I.

75 ἡμῶν ῥυσθέντας λατρεύειν αὐτῷ Ι ἐν ὁσιότητι καὶ δικαιοσύνῃ ἐνώπιον αὐτοῦ πάσας
76 τὰς ἡμέρας [τῆς ζωῆς] ἡμῶν. Καὶ σύ, παιδίον, προφήτης ὑψίστου κληθήσῃ·
77 προπορεύσῃ γὰρ πρὸ προσώπου κυρίου, ἑτοιμάσαι ὁδοὺς αὐτοῦ, Ι τοῦ δοῦναι γνῶσιν
78 σωτηρίας τῷ λαῷ αὐτοῦ ἐν ἀφέσει ἁμαρτιῶν αὐτῶν Ι διὰ σπλάγχνα ἐλέους θεοῦ
79 ἡμῶν, ἐν οἷς ἐπεσκέψατο ἡμᾶς ἀνατολὴ ἐξ ὕψους, Ι ἐπιφᾶναι τοῖς ἐν σκότει καὶ σκιᾷ
θανάτου καθημένοις, τοῦ κατευθῦναι τοὺς πόδας ἡμῶν εἰς ὁδὸν εἰρήνης.
80 Τὸ δὲ παιδίον ηὔξανε καὶ ἐκραταιοῦτο πνεύματι· καὶ ἦν ἐν ταῖς ἐρήμοις ἕως ἡμέ-
ρας ἀναδείξεως αὐτοῦ πρὸς τὸν Ἰσραήλ.

§ 6. An Angel appears to Joseph.—*Nazareth.*

Matth. I. 18-25.

18 Τοῦ δὲ Ἰησοῦ Χριστοῦ ἡ γέννησις οὕτως ἦν. Μνηστευθείσης γὰρ τῆς μητρὸς
αὐτοῦ Μαρίας τῷ Ἰωσήφ, πρὶν ἢ συνελθεῖν αὐτούς, εὑρέθη ἐν γαστρὶ ἔχουσα ἐκ
19 πνεύματος ἁγίου. Ἰωσὴφ δὲ ὁ ἀνὴρ αὐτῆς, δίκαιος ὢν καὶ μὴ θέλων αὐτὴν παρα-
20 δειγματίσαι, ἐβουλήθη λάθρα ἀπολῦσαι αὐτήν. Ταῦτα δὲ αὐτοῦ ἐνθυμηθέντος,
ἰδού, ἄγγελος κυρίου κατ' ὄναρ ἐφάνη αὐτῷ λέγων· Ἰωσήφ, υἱὸς Δαυίδ, μὴ φοβηθῇς
παραλαβεῖν Μαριὰμ τὴν γυναῖκά σου· τὸ γὰρ ἐν αὐτῇ γεννηθὲν ἐκ πνεύματός ἐστιν
21 ἁγίου. Ι τέξεται δὲ υἱόν, καὶ καλέσεις τὸ ὄνομα αὐτοῦ Ἰησοῦν· αὐτὸς γὰρ σώσει τὸν
22 λαὸν αὐτοῦ ἀπὸ τῶν ἁμαρτιῶν αὐτῶν. Τοῦτο δὲ ὅλον γέγονεν, ἵνα πληρωθῇ τὸ ῥηθὲν
23 ὑπὸ τοῦ κυρίου διὰ τοῦ προφήτου λέγοντος· [a] ἰδού, ἡ παρθένος ἐν γαστρὶ ἕξει καὶ
τέξεται υἱόν, καὶ καλέσουσι τὸ ὄνομα αὐτοῦ Ἐμμανουήλ, ὅ ἐστι μεθερμηνευόμενον,
μεθ᾽ ἡμῶν ὁ θεός.
24 Διεγερθεὶς δὲ ὁ Ἰωσὴφ ἀπὸ τοῦ ὕπνου ἐποίησεν ὡς προσέταξεν αὐτῷ ὁ ἄγγελος
25 κυρίου· καὶ παρέλαβε τὴν γυναῖκα αὐτοῦ, Ι καὶ οὐκ ἐγίνωσκεν αὐτήν, ἕως οὗ ἔτεκε
τὸν υἱὸν αὐτῆς τὸν πρωτότοκον, καὶ ἐκάλεσε τὸ ὄνομα αὐτοῦ Ἰησοῦν.

§ 7. The Birth of Jesus.—*Bethlehem.*

Luke II. 1-7.

1 Ἐγένετο δὲ ἐν ταῖς ἡμέραις ἐκείναις, ἐξῆλθε δόγμα παρὰ Καίσαρος Αὐγούστου,
2 ἀπογράφεσθαι πᾶσαν τὴν οἰκουμένην. Αὕτη ἡ ἀπογραφὴ πρώτη ἐγένετο ἡγεμονεύ-
3 οντος τῆς Συρίας Κυρηνίου. Καὶ ἐπορεύοντο πάντες ἀπογράφεσθαι, ἕκαστος εἰς τὴν
4 ἰδίαν πόλιν. Ἀνέβη δὲ καὶ Ἰωσὴφ ἀπὸ τῆς Γαλιλαίας, ἐκ πόλεως Ναζαρέτ, εἰς
τὴν Ἰουδαίαν, εἰς πόλιν Δαυίδ, ἥτις καλεῖται Βηθλεέμ, διὰ τὸ εἶναι αὐτὸν ἐξ οἴκου καὶ
5 πατριᾶς Δαυίδ, Ι ἀπογράψασθαι σὺν Μαριὰμ τῇ μεμνηστευμένῃ αὐτῷ γυναικί, οὔσῃ
6 ἐγκύῳ. Ἐγένετο δὲ ἐν τῷ εἶναι αὐτοὺς ἐκεῖ, ἐπλήσθησαν αἱ ἡμέραι τοῦ τεκεῖν
7 αὐτήν. Καὶ ἔτεκε τὸν υἱὸν αὐτῆς τὸν πρωτότοκον, καὶ ἐσπαργάνωσεν αὐτὸν καὶ
ἀνέκλινεν αὐτὸν ἐν τῇ φάτνῃ, διότι οὐκ ἦν αὐτοῖς τόπος ἐν τῷ καταλύματι.

---

a 23. Is. 7, 14.

§ 8. An Angel appears to the Shepherds.—*Near Bethlehem.*

LUKE II. 8-20.

8 Καὶ ποιμένες ἦσαν ἐν τῇ χώρᾳ τῇ αὐτῇ ἀγραυλοῦντες καὶ φυλάσσοντες φυ-
9 λακὰς τῆς νυκτὸς ἐπὶ τὴν ποίμνην αὐτῶν. Καὶ ἰδού, ἄγγελος κυρίου ἐπέστη αὐ-
10 τοῖς, καὶ δόξα κυρίου περιέλαμψεν αὐτούς· καὶ ἐφοβήθησαν φόβον μέγαν. Καὶ
εἶπεν αὐτοῖς ὁ ἄγγελος· μὴ φοβεῖσθε· ἰδοὺ γάρ, εὐαγγελίζομαι ὑμῖν χαρὰν με-
11 γάλην, ἥτις ἔσται παντὶ τῷ λαῷ· ὅτι ἐτέχθη ὑμῖν σήμερον σωτήρ, ὅς ἐστι Χριστὸς
12 κύριος, ἐν πόλει Δαυΐδ. Καὶ τοῦτο ὑμῖν τὸ σημεῖον· εὑρήσετε βρέφος ἐσπαργα-
13 νωμένον κείμενον ἐν φάτνῃ. Καὶ ἐξαίφνης ἐγένετο σὺν τῷ ἀγγέλῳ πλῆθος στρα-
14 τιᾶς οὐρανίου, αἰνούντων τὸν θεὸν καὶ λεγόντων· δόξα ἐν ὑψίστοις θεῷ, καὶ ἐπὶ γῆς
εἰρήνη· ἐν ἀνθρώποις εὐδοκία.
15 Καὶ ἐγένετο, ὡς ἀπῆλθον ἀπ' αὐτῶν εἰς τὸν οὐρανὸν οἱ ἄγγελοι, καὶ οἱ ἄνθρωποι οἱ
ποιμένες εἶπον πρὸς ἀλλήλους· διέλθωμεν δὴ ἕως Βηθλεὲμ καὶ ἴδωμεν τὸ ῥῆμα
16 τοῦτο τὸ γεγονός, ὃ ὁ κύριος ἐγνώρισεν ἡμῖν. Καὶ ἦλθον σπεύσαντες καὶ ἀνεῦρον
17 τήν τε Μαριὰμ καὶ τὸν Ἰωσὴφ καὶ τὸ βρέφος κείμενον ἐν τῇ φάτνῃ. Ἰδόντες δὲ
18 διεγνώρισαν περὶ τοῦ ῥήματος τοῦ λαληθέντος αὐτοῖς περὶ τοῦ παιδίου τούτου. Καὶ
πάντες οἱ ἀκούσαντες· ἐθαύμασαν περὶ τῶν λαληθέντων ὑπὸ τῶν ποιμένων πρὸς
19 αὐτούς. Ἡ δὲ Μαριὰμ πάντα συνετήρει τὰ ῥήματα ταῦτα συμβάλλουσα ἐν τῇ
20 καρδίᾳ αὐτῆς. Καὶ ὑπέστρεψαν οἱ ποιμένες δοξάζοντες καὶ αἰνοῦντες τὸν θεὸν ἐπὶ
πᾶσιν οἷς ἤκουσαν καὶ εἶδον, καθὼς ἐλαλήθη πρὸς αὐτούς.

§ 9. The circumcision of Jesus, and his presentation in the Temple.—*Bethlehem, Jerusalem.*

LUKE II. 21-38.

21 Καὶ ὅτε ἐπλήσθησαν ἡμέραι ὀκτὼ τοῦ περιτεμεῖν αὐτόν,[a] καὶ ἐκλήθη τὸ ὄνομα
αὐτοῦ Ἰησοῦς, τὸ κληθὲν ὑπὸ τοῦ ἀγγέλου πρὸ τοῦ συλληφθῆναι αὐτὸν ἐν τῇ
κοιλίᾳ.
22 Καὶ ὅτε ἐπλήσθησαν αἱ ἡμέραι τοῦ καθαρισμοῦ αὐτῶν,[b] κατὰ τὸν νόμον Μωϋ-
23 σέως ἀνήγαγον αὐτὸν εἰς Ἱεροσόλυμα, παραστῆσαι τῷ κυρίῳ, ¹ (καθὼς γέγραπται
ἐν νόμῳ κυρίου·[c] ὅτι πᾶν ἄρσεν διανοῖγον μήτραν ἅγιον τῷ κυρίῳ κληθήσεται,)
24 ¹ καὶ τοῦ δοῦναι θυσίαν κατὰ τὸ εἰρημένον ἐν νόμῳ κυρίου,[d] ζεῦγος τρυγόνων ἢ δύο
νεοσσοὺς περιστερῶν.
25 Καὶ ἰδού, ἦν ἄνθρωπος ἐν Ἱερουσαλήμ, ᾧ ὄνομα Συμεών· καὶ ὁ ἄνθρωπος οὗτος
δίκαιος καὶ εὐλαβής, προσδεχόμενος παράκλησιν τοῦ Ἰσραήλ, καὶ πνεῦμα ἅγιον ἦν
26 ἐπ' αὐτόν· καὶ ἦν αὐτῷ κεχρηματισμένον ὑπὸ τοῦ πνεύματος τοῦ ἁγίου, μὴ ἰδεῖν
27 θάνατον, πρὶν ἢ ἴδῃ τὸν Χριστὸν κυρίου. Καὶ ἦλθεν ἐν τῷ πνεύματι εἰς τὸ ἱερόν·
καὶ ἐν τῷ εἰσαγαγεῖν τοὺς γονεῖς τὸ παιδίον Ἰησοῦν, τοῦ ποιῆσαι αὐτοὺς κατὰ τὸ
28 εἰθισμένον τοῦ νόμου περὶ αὐτοῦ, ¹ καὶ αὐτὸς ἐδέξατο αὐτὸ εἰς τὰς ἀγκάλας αὐτοῦ, καὶ
29 εὐλόγησε τὸν θεὸν καὶ εἶπε· νῦν ἀπολύεις τὸν δοῦλόν σου, δέσποτα, κατὰ τὸ ῥῆμά
30 31 σου ἐν εἰρήνῃ· ὅτι εἶδον οἱ ὀφθαλμοί μου τὸ σωτήριόν σου, ¹ ὃ ἡτοίμασας κατὰ

---

a 21. Gen. 17, 12. Lev. 12, 3.   b 22. Lev. 12, 2-5.
c 23. Ex. 13, 2. Comp. Num. 8, 16. 17.   d 24. Lev. 12, 6. 8.

LUKE II.

32 πρόςωπον πάντων τῶν λαῶν, | φῶς εἰς ἀποκάλυψιν ἐθνῶν καὶ δόξαν λαοῦ σου Ἰσρα-
33 ήλ.ᵃ Καὶ ἦν Ἰωσὴφ καὶ ἡ μήτηρ αὐτοῦ θαυμάζοντες ἐπὶ τοῖς λαλουμένοις περὶ
34 αὐτοῦ. Καὶ εὐλόγησεν αὐτοὺς Συμεών, καὶ εἶπε πρὸς Μαριὰμ τὴν μητέρα αὐτοῦ·
ἰδού, οὗτος κεῖται εἰς πτῶσιν καὶ ἀνάστασιν πολλῶν ἐν τῷ Ἰσραὴλ καὶ εἰς σημεῖον
35 ἀντιλεγόμενον·ᵇ | καὶ σοῦ δὲ αὐτῆς τὴν ψυχὴν διελεύσεται ῥομφαία· ὅπως ἂν ἀπο-
καλυφθῶσιν ἐκ πολλῶν καρδιῶν διαλογισμοί.
36 Καὶ ἦν Ἄννα προφῆτις, θυγάτηρ Φανουήλ, ἐκ φυλῆς Ἀσήρ, αὕτη προβεβηκυῖα
37 ἐν ἡμέραις πολλαῖς, ζήσασα ἔτη μετὰ ἀνδρὸς ἑπτὰ ἀπὸ τῆς παρθενίας αὐτῆς, | καὶ
αὕτη χήρα ὡς ἐτῶν ὀγδοήκοντα τεσσάρων, ἣ οὐκ ἀφίστατο ἀπὸ τοῦ ἱεροῦ, νηστείαις
38 καὶ δεήσεσι λατρεύουσα νύκτα καὶ ἡμέραν. Καὶ αὕτη αὐτῇ τῇ ὥρᾳ ἐπιστᾶσα ἀνθω-
μολογεῖτο τῷ κυρίῳ καὶ ἐλάλει περὶ αὐτοῦ πᾶσι τοῖς προσδεχομένοις λύτρωσιν ἐν
Ἱερουσαλήμ.

§ 10. The Wise Men from the East.—*Jerusalem, Bethlehem.*

MATTH. II. 1–12.

1 Τοῦ δὲ Ἰησοῦ γεννηθέντος ἐν Βηθλεὲμ τῆς Ἰουδαίας ἐν ἡμέραις Ἡρώδου τοῦ
2 βασιλέως, ἰδού, μάγοι ἀπὸ ἀνατολῶν παρεγένοντο εἰς Ἱεροσόλυμα λέγοντες· ποῦ ἐστιν
ὁ τεχθεὶς βασιλεὺς τῶν Ἰουδαίων; εἴδομεν γὰρ αὐτοῦ τὸν ἀστέρα ἐν τῇ ἀνατολῇ,
3 καὶ ἤλθομεν προσκυνῆσαι αὐτῷ. Ἀκούσας δὲ Ἡρώδης ὁ βασιλεὺς ἐταράχθη, καὶ
4 πᾶσα Ἱεροσόλυμα μετ᾽ αὐτοῦ, | καὶ συναγαγὼν πάντας τοὺς ἀρχιερεῖς καὶ γραμματεῖς
5 τοῦ λαοῦ, ἐπυνθάνετο παρ᾽ αὐτῶν, ποῦ ὁ Χριστὸς γεννᾶται. Οἱ δὲ εἶπον αὐτῷ· ἐν
6 Βηθλεὲμ τῆς Ἰουδαίας· οὕτω γὰρ γέγραπται διὰ τοῦ προφήτου·ᶜ | καὶ σὺ Βηθλεέμ,
γῆ Ἰούδα, οὐδαμῶς ἐλαχίστη εἶ ἐν τοῖς ἡγεμόσιν Ἰούδα· ἐκ σοῦ γὰρ ἐξελεύσεται
7 ἡγούμενος, ὅστις ποιμανεῖ τὸν λαόν μου, τὸν Ἰσραήλ. Τότε Ἡρώδης λάθρα
8 καλέσας τοὺς μάγους ἠκρίβωσε παρ᾽ αὐτῶν τὸν χρόνον τοῦ φαινομένου ἀστέρος, | καὶ
πέμψας αὐτοὺς εἰς Βηθλεὲμ εἶπε· πορευθέντες ἀκριβῶς ἐξετάσατε περὶ τοῦ παιδίου·
ἐπὰν δὲ εὕρητε, ἀπαγγείλατέ μοι, ὅπως κἀγὼ ἐλθὼν προσκυνήσω αὐτῷ.
9 Οἱ δὲ ἀκούσαντες τοῦ βασιλέως ἐπορεύθησαν, καὶ ἰδού, ὁ ἀστήρ, ὃν εἶδον ἐν τῇ
10 ἀνατολῇ, προῆγεν αὐτούς, ἕως ἐλθὼν ἔστη ἐπάνω οὗ ἦν τὸ παιδίον. Ἰδόντες δὲ τὸν
11 ἀστέρα ἐχάρησαν χαρὰν μεγάλην σφόδρα. Καὶ ἐλθόντες εἰς τὴν οἰκίαν εἶδον τὸ
παιδίον μετὰ Μαρίας τῆς μητρὸς αὐτοῦ, καὶ πεσόντες προσεκύνησαν αὐτῷ, καὶ ἀνοί-
ξαντες τοὺς θησαυροὺς αὐτῶν προσήνεγκαν αὐτῷ δῶρα, χρυσὸν καὶ λίβανον καὶ
12 σμύρναν. Καὶ χρηματισθέντες κατ᾽ ὄναρ, μὴ ἀνακάμψαι πρὸς Ἡρώδην, δι᾽ ἄλλης
ὁδοῦ ἀνεχώρησαν εἰς τὴν χώραν αὐτῶν.

§ 11. The flight into Egypt. Herod's cruelty. The return.—*Bethlehem, Nazareth.*

MATTH. II. 13–23.

13 Ἀναχωρησάντων δὲ αὐτῶν, ἰδού, ἄγγελος κυρίου φαίνεται κατ᾽ ὄναρ τῷ Ἰωσὴφ
λέγων· ἐγερθεὶς παράλαβε τὸ παιδίον καὶ τὴν μητέρα αὐτοῦ, καὶ φεῦγε εἰς Αἰ-

ᵃ 32. Is. 42, 6.   ᵇ 34. Comp. Is. 8, 14.   ᶜ 6. Mic. 5, 1

ΜΑΤΤΗ. ΙΙ.

γυπτον, καὶ ἴσθι ἐκεῖ, ἕως ἂν εἴπω σοι· μέλλει γὰρ Ἡρώδης ζητεῖν τὸ παιδίον,
14 τοῦ ἀπολέσαι αὐτό. Ὁ δὲ ἐγερθεὶς παρέλαβε τὸ παιδίον καὶ τὴν μητέρα αὐτοῦ
15 νυκτός, καὶ ἀνεχώρησεν εἰς Αἴγυπτον· καὶ ἦν ἐκεῖ ἕως τῆς τελευτῆς Ἡρώδου· ἵνα
πληρωθῇ τὸ ῥηθὲν ὑπὸ τοῦ κυρίου διὰ τοῦ προφήτου λέγοντος·ᵃ ἐξ Αἰγύπτου
ἐκάλεσα τὸν υἱόν μου.

16 Τότε Ἡρώδης ἰδών, ὅτι ἐνεπαίχθη ὑπὸ τῶν μάγων, ἐθυμώθη λίαν· καὶ ἀποστεί-
λας ἀνεῖλε πάντας τοὺς παῖδας τοὺς ἐν Βηθλεὲμ καὶ ἐν πᾶσι τοῖς ὁρίοις αὐτῆς,
17 ἀπὸ διετοῦς καὶ κατωτέρω, κατὰ τὸν χρόνον, ὃν ἠκρίβωσε παρὰ τῶν μάγων. Τότε
18 ἐπληρώθη τὸ ῥηθὲν ὑπὸ Ἰερεμίου τοῦ προφήτου λέγοντος·ᵇ φωνὴ ἐν Ῥαμὰ ἠκού-
σθη, θρῆνος καὶ κλαυθμὸς καὶ ὀδυρμὸς πολύς· Ῥαχὴλ κλαίουσα τὰ τέκνα αὐτῆς·
καὶ οὐκ ἤθελε παρακληθῆναι, ὅτι οὐκ εἰσί.

19 Τελευτήσαντος δὲ τοῦ Ἡρώδου, ἰδού, ἄγγελος κυρίου κατ' ὄναρ φαίνεται τῷ
20 Ἰωσὴφ ἐν Αἰγύπτῳ ¹λέγων· ἐγερθεὶς παράλαβε τὸ παιδίον καὶ τὴν μητέρα αὐτοῦ,
καὶ πορεύου εἰς γῆν Ἰσραήλ· τεθνήκασι γὰρ οἱ ζητοῦντες τὴν ψυχὴν τοῦ παιδίου.
21 Ὁ δὲ ἐγερθεὶς παρέλαβε τὸ παιδίον καὶ τὴν μητέρι αὐτοῦ, καὶ ἦλθεν εἰς γῆν
22 Ἰσραήλ. Ἀκούσας δέ, ὅτι Ἀρχέλαος βασιλεύει ἐπὶ τῆς Ἰουδαίας ἀντὶ Ἡρώδου
τοῦ πατρὸς αὐτοῦ, ἐφοβήθη ἐκεῖ ἀπελ-
θεῖν· χρηματισθεὶς δὲ κατ' ὄναρ ἀν-
εχώρησεν εἰς τὰ μέρη τῆς Γαλιλαίας.
23 Καὶ ἐλθὼν κατῴκησεν εἰς πόλιν λεγο-
μένην Ναζαρέτ· ὅπως πληρωθῇ τὸ
ῥηθὲν διὰ τῶν προφητῶν, ὅτι Ναζω-
ραῖος κληθήσεται.ᶜ

LUKE II. 39, 40.

39   Καὶ ὡς ἐτέλεσαν ἅπαντα τὰ κατὰ
τὸν νόμον κυρίου, ὑπέστρεψαν εἰς τὴν
Γαλιλαίαν, εἰς τὴν πόλιν αὐτῶν Ναζα-
40 ρέτ. Τὸ δὲ παιδίον ηὔξανε καὶ ἐκρα-
ταιοῦτο πνεύματι, πληρούμενον σοφίας·
καὶ χάρις θεοῦ ἦν ἐπ' αὐτό.

§ 12. At twelve years of age Jesus goes up to the Passover.—*Jerusalem.*

LUKE II. 41–52.

41   Καὶ ἐπορεύοντο οἱ γονεῖς αὐτοῦ κατ' ἔτος εἰς Ἱερουσαλὴμ τῇ ἑορτῇ τοῦ πάσχα.
42 Καὶ ὅτε ἐγένετο ἐτῶν δώδεκα, ἀναβάντων αὐτῶν εἰς Ἱεροσόλυμα κατὰ τὸ ἔθος τῆς
43 ἑορτῆς ¹καὶ τελειωσάντων τὰς ἡμέρας, ἐν τῷ ὑποστρέφειν αὐτοὺς ὑπέμεινεν Ἰησοῦς
44 ὁ παῖς ἐν Ἱερουσαλήμ· καὶ οὐκ ἔγνω Ἰωσὴφ καὶ ἡ μήτηρ αὐτοῦ. Νομίσαντες δὲ
αὐτὸν ἐν τῇ συνοδίᾳ εἶναι, ἦλθον ἡμέρας ὁδὸν καὶ ἀνεζήτουν αὐτὸν ἐν τοῖς συγγενέσι
45 καὶ ἐν τοῖς γνωστοῖς. Καὶ μὴ εὑρόντες αὐτὸν ὑπέστρεψαν εἰς Ἱερουσαλὴμ ζητοῦν-
46 τες αὐτόν. Καὶ ἐγένετο μεθ' ἡμέρας τρεῖς, εὗρον αὐτὸν ἐν τῷ ἱερῷ καθεζόμενον ἐν
47 μέσῳ τῶν διδασκάλων καὶ ἀκούοντα αὐτῶν καὶ ἐπερωτῶντα αὐτούς. Ἐξίσταντο δὲ
48 πάντες οἱ ἀκούοντες αὐτοῦ ἐπὶ τῇ συνέσει καὶ ταῖς ἀποκρίσεσιν αὐτοῦ. Καὶ ἰδόντες
αὐτὸν ἐξεπλάγησαν, καὶ πρὸς αὐτὸν ἡ μήτηρ αὐτοῦ εἶπε· τέκνον, τί ἐποίησας ἡμῖν
49 οὕτως; ἰδού, ὁ πατήρ σου κἀγὼ ὀδυνώμενοι ἐζητοῦμέν σε. Καὶ εἶπε πρὸς αὐτούς· τί
50 ὅτι ἐζητεῖτέ με; οὐκ ᾔδειτε, ὅτι ἐν τοῖς τοῦ πατρός μου δεῖ εἶναί με; Καὶ αὐτοὶ οὐ

ᵃ 15. Hos. 11, 1.   ᵇ 18. Jer. 31, 15. Comp. Jer. 40, 1.
ᶜ 23. Heb. Is. 11, 1. Comp. Is. 53, 2. Zech. 6, 12. Rev. 5, 5.

LUKE II.

51 συνῆκαν τὸ ῥῆμα, ὃ ἐλάλησεν αὐτοῖς. Καὶ κατέβη μετ' αὐτῶν καὶ ἦλθεν εἰς Ναζαρέτ, καὶ ἦν ὑποτασσόμενος αὐτοῖς. Καὶ ἡ μήτηρ αὐτοῦ διετήρει πάντα τὰ 52 ῥήματα ταῦτα ἐν τῇ καρδίᾳ αὐτῆς. Καὶ Ἰησοῦς προέκοπτε σοφίᾳ καὶ ἡλικίᾳ καὶ χάριτι παρὰ θεῷ καὶ ἀνθρώποις.

§ 13. The Genealogies.

MATTH. I. 1–17.	LUKE III. 23–38, inverted.

1 Βίβλος γενέσεως Ἰησοῦ Χριστοῦ, 38   Τοῦ θεοῦ, τοῦ Ἀδάμ, τοῦ Σήθ, τοῦ
υἱοῦ Δαυΐδ, υἱοῦ Ἀβραάμ. 37 Ἐνώς, ¹τοῦ Καϊνάν, τοῦ Μαλελεήλ,
                                τοῦ Ἰαρέδ, τοῦ Ἐνώχ, τοῦ Μαθουσά-
36 λα, ¹τοῦ Λάμεχ, τοῦ Νῶε, τοῦ Σήμ, τοῦ Ἀρφαξάδ, τοῦ Καϊ-
35 νάν, ¹τοῦ Σαλά, τοῦ Ἐβέρ, τοῦ Φαλέκ, τοῦ Ῥαγαῦ, τοῦ Σε-
                                34 ρούχ, ¹τοῦ Ναχώρ, τοῦ Θάρα, τοῦ
2 Ἀβραὰμ ἐγέννησε τὸν Ἰσαάκ· Ἰσαὰκ   Ἀβραάμ, τοῦ Ἰσαάκ, τοῦ Ἰακώβ,
δὲ ἐγέννησε τὸν Ἰακώβ· Ἰακὼβ δὲ
ἐγέννησε τὸν Ἰούδαν καὶ τοὺς ἀδελ-
3 φοὺς αὐτοῦ. Ἰούδας δὲ ἐγέννησε τὸν   33 τοῦ Ἰούδα, τοῦ Φαρές, τοῦ Ἐσρώμ,
Φαρὲς καὶ τὸν Ζαρὰ ἐκ τῆς Θάμαρ·   τοῦ Ἀράμ, τοῦ Ἀμιναδάβ,
Φαρὲς δὲ ἐγέννησε τὸν Ἐσρώμ· Ἐσ-
4 ρὼμ δὲ ἐγέννησε τὸν Ἀράμ· Ἀρὰμ δὲ
ἐγέννησε τὸν Ἀμιναδάβ· Ἀμιναδὰβ
δὲ ἐγέννησε τὸν Ναασσών· Ναασσὼν   32 τοῦ Ναασσών, τοῦ Σαλμών, τοῦ Βοόζ,
5 δὲ ἐγέννησε τὸν Σαλμών· Σαλμὼν δὲ   τοῦ Ὠβήδ, τοῦ Ἰεσσαί,
ἐγέννησε τὸν Βοὸζ ἐκ τῆς Ῥαχάβ·
Βοὸζ δὲ ἐγέννησε τὸν Ὠβὴδ ἐκ τῆς
6 Ῥούθ· Ὠβὴδ δὲ ἐγέννησε τὸν Ἰεσσαί·
Ἰεσσαὶ δὲ ἐγέννησε τὸν Δαυΐδ τὸν βα-   31 τοῦ Δαυΐδ, τοῦ Ναθάν, τοῦ Ματταθά,
σιλέα· Δαυΐδ δὲ ὁ βασιλεὺς ἐγέννησε   τοῦ Μαϊνάν, τοῦ Μελεᾶ,
τὸν Σολομῶνα ἐκ τῆς τοῦ Οὐρίου·
7 Σολομὼν δὲ ἐγέννησε τὸν Ῥοβοάμ·
Ῥοβοὰμ δὲ ἐγέννησε τὸν Ἀβιά· Ἀβιὰ   30 τοῦ Ἐλιακείμ, τοῦ Ἰωνάν, τοῦ Ἰωσήφ,
8 δὲ ἐγέννησε τὸν Ἀσά· Ἀσὰ δὲ ἐγέννη-   τοῦ Ἰούδα, τοῦ Συμεών,
σε τὸν Ἰωσαφάτ· Ἰωσαφὰτ δὲ ἐγέν-
νησε τὸν Ἰωράμ· Ἰωρὰμ δὲ ἐγέννησε
9 τὸν Ὀζίαν· Ὀζίας δὲ ἐγέννησε τὸν
Ἰωάθαμ· Ἰωάθαμ δὲ ἐγέννησε τὸν   29 τοῦ Λευΐ, τοῦ Ματθάτ, τοῦ Ἰωρείμ,
Ἄχαζ· Ἄχαζ δὲ ἐγέννησε τὸν Ἐζεκί-   τοῦ Ἐλιέζερ, τοῦ Ἰωσή,
10 αν· Ἐζεκίας δὲ ἐγέννησε τὸν Μανασ-
σῆ· Μανασσῆς δὲ ἐγέννησε τὸν Ἀμών·
11 Ἀμὼν δὲ ἐγέννησε τὸν Ἰωσίαν· ¹Ἰω-
σίας δὲ ἐγέννησε τὸν Ἰεχονίαν καὶ

MATTH. I.	LUKE III.
τοὺς ἀδελφοὺς αὐτοῦ ἐπὶ τῆς μετοικε-	28 τοῦ Ἤρ, τοῦ Ἐλμωδάμ, τοῦ Κωσάμ,
12 σίας Βαβυλῶνος. Μετὰ δὲ τὴν με-	τοῦ Ἀδδί, τοῦ Μελχί,
τοικεσίαν Βαβυλῶνος Ἰεχονίας ἐγέν-	
νησε τὸν Σαλαθιήλ· Σαλαθιὴλ δὲ	27 τοῦ Νηρί, τοῦ Σαλαθιήλ, τοῦ Ζορο-
13 ἐγέννησε τὸν Ζοροβάβελ· Ζοροβάβελ	βάβελ, τοῦ Ῥησά, τοῦ Ἰωαννᾶ,
δὲ ἐγέννησε τὸν Ἀβιούδ· Ἀβιοὺδ δὲ	26 τοῦ Ἰούδα, τοῦ Ἰωσήφ, τοῦ Σεμεΐ, τοῦ
ἐγέννησε τὸν Ἐλιακείμ· Ἐλιακεὶμ δὲ	Ματταθίου, τοῦ Μαάθ,
14 ἐγέννησε τὸν Ἀζώρ· Ἀζὼρ δὲ ἐγέν-	
νησε τὸν Σαδώκ· Σαδὼκ δὲ ἐγέννησε	25 τοῦ Ναγγαί, τοῦ Ἐσλί, τοῦ Ναούμ,
τὸν Ἀχείμ· Ἀχεὶμ δὲ ἐγέννησε τὸν	τοῦ Ἀμώς, τοῦ Ματταθίου,
15 Ἐλιούδ· Ἐλιοὺδ δὲ ἐγέννησε τὸν Ἐλε-	
άζαρ· Ἐλεάζαρ δὲ ἐγέννησε τὸν Ματ-	24 τοῦ Ἰωσήφ, τοῦ Ἰαννά, τοῦ Μελχί,
θάν· Ματθὰν δὲ ἐγέννησε τὸν Ἰα-	τοῦ Λευΐ, τοῦ Ματθάτ,
16 κώβ· Ἰακὼβ δὲ ἐγέννησε τὸν Ἰωσὴφ	
τὸν ἄνδρα Μαρίας, ἐξ ἧς ἐγεννήθη	23 Καὶ αὐτὸς ὁ Ἰησοῦς—ὤν, ὡς ἐνομι-
Ἰησοῦς ὁ λεγόμενος Χριστός.	ζετο, υἱὸς Ἰωσήφ, τοῦ Ἠλί,

17　Πᾶσαι οὖν αἱ γενεαὶ ἀπὸ Ἀβραὰμ ἕως Δαυὶδ γενεαὶ δεκατέσσαρες· καὶ ἀπὸ Δαυὶδ ἕως τῆς μετοικεσίας Βαβυλῶνος γενεαὶ δεκατέσσαρες· καὶ ἀπὸ τῆς μετοικεσίας Βαβυλῶνος ἕως τοῦ Χριστοῦ γενεαὶ δεκατέσσαρες.

PART II.

ANNOUNCEMENT AND INTRODUCTION OF OUR LORD'S PUBLIC MINISTRY.

TIME : *About one year.*

§ 14. The Ministry of John the Baptist.—*The Desert. The Jordan.*

LUKE III. 1–18.

1 Ἐν ἔτει δὲ πεντεκαιδεκάτῳ τῆς ἡγεμονίας Τιβερίου Καίσαρος, ἡγεμονεύοντος Ποντίου Πιλάτου τῆς Ἰουδαίας καὶ τετραρχοῦντος τῆς Γαλιλαίας Ἡρώδου, Φιλίππου δὲ τοῦ ἀδελφοῦ αὐτοῦ τετραρχοῦντος τῆς Ἰτουραίας καὶ Τραχωνίτιδος χώρας
2 καὶ Λυσανίου τῆς Ἀβιληνῆς τετραρχοῦντος, | ἐπὶ ἀρχιερέως Ἄννα καὶ Καϊάφα

MATTH. III. 1–12.	MARK I. 1–8.	ἐγένετο ῥῆμα θεοῦ ἐπὶ
1 Ἐν δὲ ταῖς ἡμέραις ἐκείναις παραγίνεται Ἰωάννης ὁ βαπτιστής, κηρύσσων ἐν τῇ ἐρήμῳ τῆς 2 Ἰουδαίας,	καὶ λέγων: μετανοεῖτε· ἤγγικε γὰρ ἡ βασιλεία τῶν οὐρα- 3 νῶν. Οὗτος γάρ ἐστιν ὁ ῥηθεὶς ὑπὸ Ἡσαΐου τοῦ προφήτου λέγοντος·[b]	1 Ἀρχὴ τοῦ εὐαγγελίου Ἰησοῦ Χριστοῦ, υἱοῦ τοῦ 4 θεοῦ—ἐγένετο Ἰωάννης βαπτίζων ἐν τῇ ἐρήμῳ καὶ κηρύσσων βάπτισμα μετανοίας εἰς ἄφεσιν ἁ- 2 μαρτιῶν—ὡς γέγραπται ἐν τοῖς προφήταις·[a] ἰδού, ἐγὼ ἀποστέλλω τὸν ἄγ- γελόν μου πρὸ προσώ- που σου, ὃς κατασκευά- σει τὴν ὁδόν σου [ἔμ- 3 προσθέν σου]·	Ἰωάννην τὸν Ζαχαρίου 3 υἱὸν ἐν τῇ ἐρήμῳ. Καὶ ἦλθεν εἰς πᾶσαν τὴν περίχωρον τοῦ Ἰορδάνου κηρύσσων βάπτισμα με- τανοίας εἰς ἄφεσιν ἁμαρ- 4 τιῶν,	ὡς γέγραπται ἐν βίβλῳ λόγων Ἡσαΐου τοῦ προφήτου λέγοντος·[b]
φωνὴ βοῶντος ἐν τῇ ἐρήμῳ· ἑτοιμάσατε τὴν ὁδὸν κυρίου· εὐ- θείας ποιεῖτε τὰς τρί- βους αὐτοῦ.	φωνὴ βοῶντος ἐν τῇ ἐρήμῳ·[b] ἑτοιμάσατε τὴν ὁδὸν κυ- ρίου· εὐθείας ποιεῖτε τὰς τρίβους αὐτοῦ.	φωνὴ βοῶντος ἐν τῇ ἐρή- μῳ· ἑτοιμάσατε τὴν ὁδὸν κυρίου, εὐθείας ποιεῖτε 5 τὰς τρίβους αὐτοῦ. Πᾶ- σα φάραγξ πληρωθήσε- ται, καὶ πᾶν ὄρος καὶ

βουνὸς ταπεινωθήσεται· καὶ ἔσται τὰ σκολιὰ εἰς εὐθεῖαν καὶ αἱ τρα-
6 χεῖαι εἰς ὁδοὺς λείας· καὶ ὄψεται πᾶσα σὰρξ τὸ σωτήριον τοῦ θεοῦ.

---

[a] 2. Mal. 3, 1. Is. 40, 3. [b] 3 etc. Is. 40, 3 sq.

MATTH. III.

4 Αὐτὸς δὲ ὁ Ἰωάννης εἶχε τὸ ἔνδυμα αὐτοῦ ἀπὸ τριχῶν καμήλου καὶ ζώνην δερματίνην περὶ τὴν ὀσφὺν αὐτοῦ· ἡ δὲ τροφὴ αὐτοῦ ἦν ἀκρίδες καὶ μέλι 5 ἄγριον. Τότε ἐξεπορεύετο πρὸς αὐτὸν Ἱεροσόλυμα καὶ πᾶσα ἡ Ἰουδαία καὶ 6 πᾶσα ἡ περίχωρος τοῦ Ἰορδάνου, Ι καὶ ἐβαπτίζοντο ἐν τῷ Ἰορδάνῃ ὑπ' αἰτοῦ, ἐξομολογούμενοι τὰς ἁμαρτίας αὐτῶν.

7 Ἰδὼν δὲ πολλοὺς τῶν Φαρισαίων καὶ Σαδδουκαίων ἐρχομένους ἐπὶ τὸ βάπτισμα αὐτοῦ εἶπεν αὐτοῖς· γεννήματα ἐχιδνῶν, τίς ὑπέδειξεν ὑμῖν φυγεῖν ἀπὸ 8 τῆς μελλούσης ὀργῆς; Ποιήσατε οὖν 9 καρπὸν ἄξιον τῆς μετανοίας, Ι καὶ μὴ δόξητε λέγειν ἐν ἑαυτοῖς· πατέρα ἔχομεν τὸν Ἀβραάμ· λέγω γὰρ ὑμῖν, ὅτι δύναται ὁ θεὸς ἐκ τῶν λίθων τού- 10 των ἐγεῖραι τέκνα τῷ Ἀβραάμ. Ἤδη δὲ καὶ ἡ ἀξίνη πρὸς τὴν ῥίζαν τῶν δένδρων κεῖται· πᾶν οὖν δένδρον μὴ ποιοῦν καρπὸν καλὸν ἐκκόπτεται καὶ εἰς πῦρ βάλλεται.

MARK I.

6 Ἦν δὲ Ἰωάννης ἐνδεδυμένος τρίχας καμήλου καὶ ζώνην δερματίνην περὶ τὴν ὀσφὺν αὐτοῦ καὶ ἐσθίων ἀκρίδας 5 καὶ μέλι ἄγριον.—Καὶ ἐξεπορεύετο πρὸς αὐτὸν πᾶσα ἡ Ἰουδαία χώρα καὶ οἱ Ἱεροσολυμῖται, καὶ ἐβαπτίζοντο πάντες ἐν τῷ Ἰορδάνῃ ποταμῷ ὑπ' αὐτοῦ, ἐξομολογούμενοι τὰς ἁμαρτίας αὐτῶν.—

LUKE III.

7 Ἔλεγεν οὖν τοῖς ἐκπορευομένοις ὄχλοις βαπτισθῆναι ὑπ' αὐτοῦ· γεννήματα ἐχιδνῶν, τίς ὑπέδειξεν ὑμῖν φυγεῖν 8 ἀπὸ τῆς μελλούσης ὀργῆς; Ποιήσατε οὖν καρποὺς ἀξίους τῆς μετανοίας, καὶ μὴ ἄρξησθε λέγειν ἐν ἑαυτοῖς· πατέρα ἔχομεν τὸν Ἀβραάμ· λέγω γὰρ ὑμῖν, ὅτι δύναται ὁ θεὸς ἐκ τῶν λίθων τού- 9 των ἐγεῖραι τέκνα τῷ Ἀβραάμ. Ἤδη δὲ καὶ ἡ ἀξίνη πρὸς τὴν ῥίζαν τῶν δένδρων κεῖται· πᾶν οὖν δένδρον μὴ ποιοῦν καρπὸν καλὸν ἐκκόπτεται καὶ 10 εἰς πῦρ βάλλεται. Καὶ ἐπηρώτων αὐτὸν οἱ ὄχλοι λέγοντες· τί οὖν ποιήσο- 11 μεν; Ἀποκριθεὶς δὲ λέγει αὐτοῖς· ὁ ἔχων δύο χιτῶνας μεταδότω 12 τῷ μὴ ἔχοντι, καὶ ὁ ἔχων βρώματα ὁμοίως ποιείτω. Ἦλθον δὲ καὶ τελῶναι βαπτισθῆναι, καὶ εἶπον πρὸς αὐτόν· διδάσκαλε, 13 τί ποιήσομεν; Ὁ δὲ εἶπε πρὸς αὐτούς· μηδὲν πλέον παρὰ τὸ 14 διατεταγμένον ὑμῖν πράσσετε. Ἐπηρώτων δὲ αὐτὸν καὶ στρατευόμενοι λέγοντες· καὶ ἡμεῖς τί ποιήσομεν; καὶ εἶπε πρὸς αὐτούς· μηδένα διασείσητε μηδὲ συκοφαντήσητε, καὶ ἀρκεῖσθε 15 τοῖς ὀψωνίοις ὑμῶν. Προσδοκῶντος δὲ τοῦ λαοῦ καὶ διαλογιζομένων πάντων ἐν ταῖς καρδίαις αὐτῶν περὶ τοῦ Ἰωάννου, μήποτε αὐτὸς εἴη ὁ Χριστός,

MATTH. III.

11 Ἐγὼ μὲν βαπτίζω ὑμᾶς ἐν ὕδατι εἰς μετάνοιαν· ὁ δὲ ὀπίσω μου ἐρχόμενος ἰσχυρότερός μου ἐστίν, οὗ οὐκ εἰμὶ ἱκανὸς τὰ ὑποδήματα βαστάσαι· αὐτὸς ὑμᾶς βαπτίσει ἐν πνεύματι ἁγίῳ 2 καὶ πυρί. Οὗ τὸ πτύον

MARK I.

7 Καὶ ἐκήρυσσε λέγων· 8 —ἐγὼ μὲν ἐβάπτισα 7 ὑμᾶς ἐν ὕδατι· —ἔρχεται ὁ ἰσχυρότερός μου ὀπίσω μου, οὗ οὐκ εἰμὶ ἱκανὸς κύψας λῦσαι τὸν ἱμάντα τῶν ὑποδημάτων 8 αὐτοῦ· —αὐτὸς δὲ βαπτίσει ὑμᾶς ἐν πνεύματι ἁγίῳ.

16 Ι ἀπεκρίνατο ὁ Ἰωάννης ἅπασι λέγων· ἐγὼ μὲν ὕδατι βαπτίζω ὑμᾶς· ἔρχεται δὲ ὁ ἰσχυρότερός μου, οὗ οὐκ εἰμὶ ἱκανὸς λῦσαι τὸν ἱμάντα τῶν ὑποδημάτων αὐτοῦ· αὐτὸς ὑμᾶς βαπτίσει ἐν πνεύματι ἁγίῳ καὶ πυρί. 17 Οὗ τὸ πτύον ἐν τῇ χειρὶ

MATTH. III.	LUKE III.
ἐν τῇ χειρὶ αὐτοῦ, καὶ διακαθαριεῖ τὴν ἄλωνα αὐτοῦ, καὶ συνάξει τὸν σῖτον αὐτοῦ εἰς τὴν ἀποθήκην, τὸ δὲ ἄχυρον κατακαύσει πυρὶ ἀσβέστῳ.	αὐτοῦ, καὶ διακαθαριεῖ τὴν ἄλωνα αὐτοῦ, καὶ συνάξει τὸν σῖτον εἰς τὴν ἀποθήκην αὐτοῦ, τὸ δὲ ἄχυρον κατακαύσει πυρὶ ἀσβέστῳ. 18 Πολλὰ μὲν οὖν καὶ ἕτερα παρακαλῶν εὐηγγελίζετο τὸν λαόν.

§ 15. The Baptism of Jesus.—*The Jordan.*

MATTH. III. 13–17.	MARK I. 9–11.	LUKE III. 21–23.
13 Τότε παραγίνεται ὁ Ἰησοῦς ἀπὸ τῆς Γαλιλαίας ἐπὶ τὸν Ἰορδάνην πρὸς τὸν Ἰωάννην, τοῦ βαπτισθῆναι ὑπ᾽ αὐτοῦ.	9 Καὶ ἐγένετο ἐν ἐκείναις ταῖς ἡμέραις, ἦλθεν Ἰησοῦς ἀπὸ Ναζαρὲτ τῆς Γαλιλαίας, καὶ ἐβαπτίσθη ὑπὸ Ἰωάννου εἰς τὸν Ἰορδάνην.	21 Ἐγένετο δὲ ἐν τῷ βαπτισθῆναι ἅπαντα τὸν λαὸν καὶ Ἰησοῦ βαπτισθέντος
14 Ὁ δὲ Ἰωάννης διεκώλυεν αὐτὸν λέγων· ἐγὼ		

χρείαν ἔχω ὑπὸ σοῦ βαπτισθῆναι, καὶ σὺ ἔρχῃ πρός με;
15 Ἀποκριθεὶς δὲ ὁ Ἰησοῦς εἶπε πρὸς αὐτόν· ἄφες ἄρτι· οὕτω γὰρ πρέπον ἐστὶν ἡμῖν πληρῶσαι πᾶσαν δικαιοσύνην. τότε ἀφίησιν αὐτόν.

	MARK I.	
16 Καὶ βαπτισθεὶς ὁ Ἰησοῦς ἀνέβη εὐθὺς ἀπὸ τοῦ ὕδατος· καὶ ἰδού, ἀνεῴχθησαν αὐτῷ οἱ οὐρανοί, καὶ εἶδε τὸ πνεῦμα τοῦ θεοῦ καταβαῖνον ὡσεὶ περιστεράν, καὶ ἐρχόμενον ἐπ᾽ αὐτόν.	10 Καὶ εὐθέως ἀναβαίνων ἀπὸ τοῦ ὕδατος εἶδε σχιζομένους τοὺς οὐρανοὺς καὶ τὸ πνεῦμα ὡσεὶ περιστερὰν καταβαῖνον 11 ἐπ᾽ αὐτόν. Καὶ φωνὴ ἐγένετο ἐκ τῶν οὐρανῶν· σὺ εἶ ὁ υἱός μου ὁ ἀγαπητός, ἐν ᾧ εὐδόκησα.	καὶ προσευχομένου ἀνεῳχθῆναι τὸν οὐρανόν, 22 ¹καὶ καταβῆναι τὸ πνεῦμα τὸ ἅγιον σωματικῷ εἴδει, ὡσεὶ περιστεράν, ἐπ᾽ αὐτὸν καὶ φωνὴν ἐξ οὐρανοῦ γενέσθαι λέγουσαν· σὺ εἶ ὁ υἱός μου ὁ ἀγαπητός, ἐν σοὶ ηὐδόκησα.
17 Καὶ ἰδού, φωνὴ ἐκ τῶν οὐρανῶν λέγουσα· οὗτός ἐστιν ὁ υἱός μου ὁ ἀγαπητός, ἐν ᾧ εὐδόκησα.		23 Καὶ αὐτὸς ἦν ὁ Ἰησοῦς ὡσεὶ ἐτῶν τριάκοντα ἀρχόμενος—

§ 16. The Temptation.—*Desert of Judea.*

MATTH. IV. 1–11.	MARK I. 12, 13.	LUKE IV. 1–13.
1 Τότε ὁ Ἰησοῦς ἀνήχθη εἰς τὴν ἔρημον ὑπὸ τοῦ πνεύματος, πειρασθῆναι ὑπὸ τοῦ διαβό-	12 Καὶ εὐθὺς τὸ πνεῦμα αὐτὸν ἐκβάλλει εἰς τὴν 13 ἔρημον. Καὶ ἦν [ἐκεῖ] ἐν τῇ ἐρήμῳ ἡμέρας τεσ-	1 Ἰησοῦς δὲ πνεύματος ἁγίου πλήρης ὑπέστρεψέν ἀπὸ τοῦ Ἰορδάνου, καὶ ἤγετο ἐν τῷ πνεύ-

MATTH. IV.

2 λου. Καὶ νηστεύσας ἡμέρας τεσσαράκοντα καὶ νύκτας τεσσαράκοντα, ὕστερον ἐπείνασε.

MATTH. IV.

3 Καὶ προσελθὼν αὐτῷ ὁ πειράζων εἶπεν· εἰ υἱὸς εἶ τοῦ θεοῦ, εἰπέ, ἵνα οἱ 4 λίθοι οὗτοι ἄρτοι γένωνται. Ὁ δὲ ἀποκριθεὶς εἶπε· γέγραπται·[a] οὐκ ἐπ' ἄρτῳ μόνῳ ζήσεται ὁ ἄνθρωπος, ἀλλ' ἐπὶ παντὶ ῥήματι ἐκπορευομένῳ διὰ στόματος θεοῦ.

5   Τότε παραλαμβάνει αὐτὸν ὁ διάβολος εἰς τὴν ἁγίαν πόλιν, καὶ ἵστησιν αὐτὸν ἐπὶ τὸ πτε-
6 ρύγιον τοῦ ἱεροῦ, |καὶ λέγει αὐτῷ· εἰ υἱὸς εἶ τοῦ θεοῦ, βάλε σεαυτὸν κάτω· γέγραπται γάρ·[b] ὅτι τοῖς ἀγγέλοις αὐτοῦ ἐντελεῖται περὶ σοῦ, καὶ ἐπὶ χειρῶν ἀροῦσί σε, μήποτε προσ-
7 κόψῃς πρὸς λίθον τὸν πόδα σου. Ἔφη αὐτῷ ὁ Ἰησοῦς· πάλιν γέγραπται·[c] οὐκ ἐκπειράσεις κύριον τὸν θεόν σου.

8 Πάλιν παραλαμβάνει αὐτὸν ὁ διάβολος εἰς ὄρος ὑψηλὸν λίαν, καὶ δείκνυσιν αὐτῷ πάσας τὰς βασιλείας τοῦ
9 κόσμου καὶ τὴν δόξαν αὐτῶν, |καὶ λέγει αὐτῷ· ταῦτα πάντα σοι δώσω,

10 ἐὰν πεσὼν προσκυνήσῃς μοι. Τότε λέγει αὐτῷ ὁ Ἰησοῦς· ὕπαγε ὀπίσω μου, σατανᾶ· γέγραπται γάρ·[d] κύριον τὸν θεόν σου προσκυνήσεις καὶ αὐτῷ
11 μόνῳ λατρεύσεις. Τότε ἀφίησιν αὐτὸν ὁ διάβολος· καὶ ἰδού, ἄγγελοι προσῆλθον καὶ διηκόνουν αὐτῷ.

MARK I.

σαράκοντα, πειραζόμενος ὑπὸ τοῦ σατανᾶ, καὶ ἦν μετὰ τῶν θηρίων, καὶ οἱ ἄγγελοι διηκόνουν αὐτῷ.

LUKE IV.

ματι εἰς τὴν ἔρημον
2 |ἡμέρας τεσσαράκοντα πειραζόμενος ὑπὸ τοῦ διαβόλου. καὶ οὐκ ἔφαγεν οὐδὲν ἐν ταῖς ἡμέραις ἐκείναις, καὶ συντελεσθεισῶν αὐτῶν ὕστερον ἐπείνασε.
3 Καὶ εἶπεν αὐτῷ ὁ διάβολος· εἰ υἱὸς εἶ τοῦ θεοῦ, εἰπὲ τῷ λίθῳ τούτῳ, ἵνα
4 γένηται ἄρτος. Καὶ ἀπεκρίθη Ἰησοῦς πρὸς αὐτὸν λέγων· γέγραπται·[a] ὅτι οὐκ ἐπ' ἄρτῳ μόνῳ ζήσεται ὁ ἄνθρωπος, ἀλλ' ἐπὶ παντὶ ῥήματι θεοῦ.
9 —Καὶ ἤγαγεν αὐτὸν εἰς Ἰερουσαλήμ, καὶ ἔστησεν αὐτὸν ἐπὶ τὸ πτερύγιον τοῦ ἱεροῦ καὶ εἶπεν αὐτῷ· εἰ υἱὸς εἶ τοῦ θεοῦ, βάλε σεαυτὸν ἐντεῦθεν κά-
10 τω· |γέγραπται γάρ·[b] ὅτι τοῖς ἀγγέλοις αὐτοῦ ἐντελεῖται περὶ σοῦ, τοῦ
11 διαφυλάξαι σε, |καὶ ὅτι ἐπὶ χειρῶν ἀροῦσί σε, μήποτε προσκόψῃς πρὸς λί-
12 θον τὸν πόδα σου. Καὶ ἀποκριθεὶς εἶπεν αὐτῷ ὁ Ἰησοῦς· ὅτι εἴρηται·[c] οὐκ ἐκπειράσεις κύριον τὸν θεόν σου.
5 —Καὶ ἀναγαγὼν αὐτὸν ὁ διάβολος εἰς ὄρος ὑψηλὸν ἔδειξεν αὐτῷ πάσας τὰς βασιλείας τῆς οἰκουμένης ἐν στι-
6 γμῇ χρόνου. Καὶ εἶπεν αὐτῷ ὁ διάβολος· σοὶ δώσω τὴν ἐξουσίαν ταύτην ἅπασαν καὶ τὴν δόξαν αὐτῶν· ὅτι ἐμοὶ παραδέδοται, καὶ ᾧ ἐὰν θέλω
7 δίδωμι αὐτήν· σὺ οὖν ἐὰν προσκυνήσῃς ἐνώπιόν μου, ἔσται σου πᾶ-
8 σα. Καὶ ἀποκριθεὶς αὐτῷ εἶπεν ὁ Ἰησοῦς· [ὕπαγε ὀπίσω μου, σατανᾶ·] γέγραπται·[d] προσκυνήσεις κύριον τὸν θεόν σου, καὶ αὐτῷ μόνῳ λατρεύσεις.
13 —Καὶ συντελέσας πάντα πειρασμὸν ὁ διάβολος ἀπέστη ἀπ' αὐτοῦ ἄχρι καιροῦ.

---

[a] 4. Deut. 8, 3.   [b] 6 etc. Ps. 91, 11.
[c] 7 etc. Deut. 6, 16.   [d] 10 etc. Deut. 6, 13.

§ 17. Preface to John's Gospel.

JOHN I. 1-18.

1 2 Ἐν ἀρχῇ ἦν ὁ λόγος, καὶ ὁ λόγος ἦν πρὸς τὸν θεόν, καὶ θεὸς ἦν ὁ λόγος. Οὗτος
3 ἦν ἐν ἀρχῇ πρὸς τὸν θεόν. Πάντα δι' αὐτοῦ ἐγένετο, καὶ χωρὶς αὐτοῦ ἐγένετο οὐδὲ
4 5 ἕν, ὃ γέγονεν. Ἐν αὐτῷ ζωὴ ἦν, καὶ ἡ ζωὴ ἦν τὸ φῶς τῶν ἀνθρώπων· καὶ τὸ φῶς
ἐν τῇ σκοτίᾳ φαίνει, καὶ ἡ σκοτία αὐτὸ οὐ κατέλαβεν.
6 7 Ἐγένετο ἄνθρωπος ἀπεσταλμένος παρὰ θεοῦ, ὄνομα αὐτῷ Ἰωάννης· οὗτος ἦλθεν
εἰς μαρτυρίαν, ἵνα μαρτυρήσῃ περὶ τοῦ φωτός, ἵνα πάντες πιστεύσωσι δι' αὐτοῦ.
8 9 Οὐκ ἦν ἐκεῖνος τὸ φῶς, ἀλλ' ἵνα μαρτυρήσῃ περὶ τοῦ φωτός. Ἦν τὸ φῶς τὸ
10 ἀληθινόν, ὃ φωτίζει πάντα ἄνθρωπον, ἐρχόμενον εἰς τὸν κόσμον. Ἐν τῷ κόσμῳ
11 ἦν, καὶ ὁ κόσμος δι' αὐτοῦ ἐγένετο, καὶ ὁ κόσμος αὐτὸν οὐκ ἔγνω. Εἰς τὰ ἴδια
12 ἦλθε, καὶ οἱ ἴδιοι αὐτὸν οὐ παρέλαβον. Ὅσοι δὲ ἔλαβον αὐτόν, ἔδωκεν αὐτοῖς
13 ἐξουσίαν τέκνα θεοῦ γενέσθαι, τοῖς πιστεύουσιν εἰς τὸ ὄνομα αὐτοῦ, ‖ οἳ οὐκ ἐξ
αἱμάτων οὐδὲ ἐκ θελήματος σαρκὸς οὐδὲ ἐκ θελήματος ἀνδρός, ἀλλ' ἐκ θεοῦ
14 ἐγεννήθησαν. Καὶ ὁ λόγος σὰρξ ἐγένετο καὶ ἐσκήνωσεν ἐν ἡμῖν, καὶ ἐθεασάμε-
θα τὴν δόξαν αὐτοῦ, δόξαν ὡς μονογενοῦς παρὰ πατρός, πλήρης χάριτος καὶ
ἀληθείας.
15 Ἰωάννης μαρτυρεῖ περὶ αὐτοῦ καὶ κέκραγε λέγων· οὗτος ἦν, ὃν εἶπον· ὁ ὀπίσω
16 μου ἐρχόμενος ἔμπροσθέν μου γέγονεν, ὅτι πρῶτός μου ἦν. Καὶ ἐκ τοῦ πληρώ-
17 ματος αὐτοῦ ἡμεῖς πάντες ἐλάβομεν, καὶ χάριν ἀντὶ χάριτος. Ὅτι ὁ νόμος διὰ
18 Μωϋσέως ἐδόθη, ἡ χάρις καὶ ἡ ἀλήθεια διὰ Ἰησοῦ Χριστοῦ ἐγένετο. Θεὸν οὐ-
δεὶς ἑώρακε πώποτε· ὁ μονογενὴς υἱός, ὁ ὢν εἰς τὸν κόλπον τοῦ πατρός, ἐκεῖνος
ἐξηγήσατο.

§ 18. Testimony of John the Baptist to Jesus.—*Bethany beyond Jordan.*

JOHN I. 19-34.

19 Καὶ αὕτη ἐστὶν ἡ μαρτυρία τοῦ Ἰωάννου, ὅτε ἀπέστειλαν οἱ Ἰουδαῖοι ἐξ Ἱερο-
20 σολύμων ἱερεῖς καὶ Λευίτας, ἵνα ἐρωτήσωσιν αὐτόν· σὺ τίς εἶ; Καὶ ὡμολόγησε
21 καὶ οὐκ ἠρνήσατο, καὶ ὡμολόγησεν· ὅτι οὐκ εἰμὶ ἐγὼ ὁ Χριστός. Καὶ ἠρώτησαν
αὐτόν· τί οὖν; Ἡλίας εἶ σύ; καὶ λέγει· οὐκ εἰμί. ὁ προφήτης εἶ σύ; καὶ ἀπε-
22 κρίθη· οὔ. Εἶπον οὖν αὐτῷ· τίς εἶ; ἵνα ἀπόκρισιν δῶμεν τοῖς πέμψασιν ἡμᾶς·
23 τί λέγεις περὶ σεαυτοῦ; Ἔφη· ἐγὼ φωνὴ βοῶντος ἐν τῇ ἐρήμῳ· εὐθύνατε τὴν ὁδὸν
24 κυρίου, καθὼς εἶπεν Ἡσαΐας ὁ προφήτης.ᵃ Καὶ οἱ ἀπεσταλμένοι ἦσαν ἐκ τῶν
25 Φαρισαίων, ‖ καὶ ἠρώτησαν αὐτὸν καὶ εἶπον αὐτῷ· τί οὖν βαπτίζεις, εἰ σὺ οὐκ εἶ ὁ
26 Χριστὸς οὔτε Ἡλίας οὔτε ὁ προφήτης; Ἀπεκρίθη αὐτοῖς ὁ Ἰωάννης λέγων· ἐγὼ
27 βαπτίζω ἐν ὕδατι, μέσος δὲ ὑμῶν ἕστηκεν, ὃν ὑμεῖς οὐκ οἴδατε, ‖ αὐτός ἐστιν ὁ
ὀπίσω μου ἐρχόμενος, ὃς ἔμπροσθέν μου γέγονεν, οὗ ἐγὼ οὐκ εἰμὶ ἄξιος, ἵνα λύσω
28 αὐτοῦ τὸν ἱμάντα τοῦ ὑποδήματος. Ταῦτα ἐν Βηθανίᾳ ἐγένετο πέραν τοῦ Ἰορδάνου,
ὅπου ἦν Ἰωάννης βαπτίζων.

ᵃ **23.** Is. 40, 3.

JOHN I.

29 Τῇ ἐπαύριον βλέπει [ὁ Ἰωάννης] τὸν Ἰησοῦν ἐρχόμενον πρὸς αὐτόν, καὶ λέγει·
30 ἴδε, ὁ ἀμνὸς τοῦ θεοῦ, ὁ αἴρων τὴν ἁμαρτίαν τοῦ κόσμου. Οὗτός ἐστι, περὶ οὗ ἐγὼ
εἶπον· ὀπίσω μου ἔρχεται ἀνήρ, ὃς ἔμπροσθέν μου γέγονεν, ὅτι πρῶτός μου ἦν.
31 Κἀγὼ οὐκ ᾔδειν αὐτόν· ἀλλ᾽ ἵνα φανερωθῇ τῷ Ἰσραήλ, διὰ τοῦτο ἦλθον ἐγὼ ἐν τῷ
32 ὕδατι βαπτίζων· Καὶ ἐμαρτύρησεν Ἰωάννης λέγων· ὅτι τεθέαμαι τὸ πνεῦμα κατα-
33 βαῖνον ὡς περιστερὰν ἐξ οὐρανοῦ, καὶ ἔμεινεν ἐπ᾽ αὐτόν. Κἀγὼ οὐκ ᾔδειν αὐτόν·
ἀλλ᾽ ὁ πέμψας με βαπτίζειν ἐν ὕδατι ἐκεῖνός μοι εἶπεν· ἐφ᾽ ὃν ἂν ἴδῃς τὸ πνεῦμα
34 καταβαῖνον καὶ μένον ἐπ᾽ αὐτόν, οὗτός ἐστιν ὁ βαπτίζων ἐν πνεύματι ἁγίῳ. Κἀγὼ
ἑώρακα, καὶ μεμαρτύρηκα, ὅτι οὗτός ἐστιν ὁ υἱὸς τοῦ θεοῦ.

§ 19. Jesus gains Disciples.—*The Jordan. Galilee?*

JOHN I. 35-52.

35 36 Τῇ ἐπαύριον πάλιν εἱστήκει ὁ Ἰωάννης καὶ ἐκ τῶν μαθητῶν αὐτοῦ δύο. Καὶ
37 ἐμβλέψας τῷ Ἰησοῦ περιπατοῦντι λέγει· ἴδε, ὁ ἀμνὸς τοῦ θεοῦ. Καὶ ἤκουσαν
38 αὐτοῦ οἱ δύο μαθηταὶ λαλοῦντος, καὶ ἠκολούθησαν τῷ Ἰησοῦ. Στραφεὶς δὲ ὁ
39 Ἰησοῦς καὶ θεασάμενος αὐτοὺς ἀκολουθοῦντας λέγει αὐτοῖς· | τί ζητεῖτε; οἱ δὲ
40 εἶπον αὐτῷ· ῥαββί, (ὃ λέγεται ἑρμηνευόμενον, διδάσκαλε,) ποῦ μένεις; Λέγει
αὐτοῖς· ἔρχεσθε καὶ ἴδετε. ἦλθον καὶ εἶδον ποῦ μένει· καὶ παρ᾽ αὐτῷ ἔμειναν
41 τὴν ἡμέραν ἐκείνην. ὥρα ἦν ὡς δεκάτη. Ἦν Ἀνδρέας, ὁ ἀδελφὸς Σίμωνος Πέτρου,
42 εἷς ἐκ τῶν δύο τῶν ἀκουσάντων παρὰ Ἰωάννου καὶ ἀκολουθησάντων αὐτῷ. Εὑρί-
σκει οὗτος πρῶτος τὸν ἀδελφὸν τὸν ἴδιον Σίμωνα, καὶ λέγει αὐτῷ· εὑρήκαμεν τὸν
43 Μεσσίαν (ὅ ἐστι μεθερμηνευόμενον Χριστός). Καὶ ἤγαγεν αὐτὸν πρὸς τὸν Ἰησοῦν.
ἐμβλέψας δὲ αὐτῷ ὁ Ἰησοῦς εἶπε· σὺ εἶ Σίμων, ὁ υἱὸς Ἰωνᾶ, σὺ κληθήσῃ Κηφᾶς
(ὃ ἑρμηνεύεται Πέτρος).
44 Τῇ ἐπαύριον ἠθέλησεν ἐξελθεῖν εἰς τὴν Γαλιλαίαν, καὶ εὑρίσκει Φίλιππον καὶ
45 λέγει αὐτῷ ὁ Ἰησοῦς· ἀκολούθει μοι. Ἦν δὲ ὁ Φίλιππος ἀπὸ Βηθσαϊδά, ἐκ τῆς
46 πόλεως Ἀνδρέου καὶ Πέτρου. Εὑρίσκει Φίλιππος τὸν Ναθαναὴλ καὶ λέγει αὐτῷ·
ὃν ἔγραψε Μωϋσῆς ἐν τῷ νόμῳ καὶ οἱ προφῆται, εὑρήκαμεν, Ἰησοῦν τὸν υἱὸν τοῦ
47 Ἰωσήφ, τὸν ἀπὸ Ναζαρέτ. Καὶ εἶπεν αὐτῷ Ναθαναήλ· ἐκ Ναζαρὲτ δύναταί τι
48 ἀγαθὸν εἶναι; λέγει αὐτῷ Φίλιππος· ἔρχου καὶ ἴδε. Εἶδεν ὁ Ἰησοῦς τὸν Ναθα-
ναὴλ ἐρχόμενον πρὸς αὐτόν, καὶ λέγει περὶ αὐτοῦ· ἴδε, ἀληθῶς Ἰσραηλίτης, ἐν ᾧ
49 δόλος οὐκ ἔστι. Λέγει αὐτῷ Ναθαναήλ· πόθεν με γινώσκεις; ἀπεκρίθη Ἰησοῦς
καὶ εἶπεν αὐτῷ· πρὸ τοῦ σε Φίλιππον φωνῆσαι, ὄντα ὑπὸ τὴν συκῆν, εἶδόν σε.
50 Ἀπεκρίθη Ναθαναὴλ καὶ λέγει αὐτῷ· ῥαββί, σὺ εἶ ὁ υἱὸς τοῦ θεοῦ, σὺ εἶ ὁ βασι-
51 λεὺς τοῦ Ἰσραήλ. Ἀπεκρίθη Ἰησοῦς καὶ εἶπεν αὐτῷ· ὅτι εἶπόν σοι· εἶδόν σε
52 ὑποκάτω τῆς συκῆς, πιστεύεις; μείζω τούτων ὄψει. Καὶ λέγει αὐτῷ· ἀμὴν ἀμὴν
λέγω ὑμῖν, ἀπάρτι ὄψεσθε τὸν οὐρανὸν ἀνεῳγότα καὶ τοὺς ἀγγέλους τοῦ θεοῦ ἀνα-
βαίνοντας καὶ καταβαίνοντας ἐπὶ τὸν υἱὸν τοῦ ἀνθρώπου.[a]

---

[a] 52. Comp. Gen. 28, 12.

§ 20. The Marriage at Cana of Galilee.

JOHN II. 1–12.

1 Καὶ τῇ ἡμέρᾳ τῇ τρίτῃ γάμος ἐγένετο ἐν Κανᾷ τῆς Γαλιλαίας, καὶ ἦν ἡ μήτηρ
2 τοῦ Ἰησοῦ ἐκεῖ. Ἐκλήθη δὲ καὶ ὁ Ἰησοῦς καὶ οἱ μαθηταὶ αὐτοῦ εἰς τὸν γάμον.
3 Καὶ ὑστερήσαντος οἴνου λέγει ἡ μήτηρ τοῦ Ἰησοῦ πρὸς αὐτόν· οἶνον οὐκ ἔχουσι.
4 5 Λέγει αὐτῇ ὁ Ἰησοῦς· τί ἐμοὶ καὶ σοί, γύναι; οὔπω ἥκει ἡ ὥρα μου. Λέγει ἡ
6 μήτηρ αὐτοῦ τοῖς διακόνοις· ὅ,τι ἂν λέγῃ ὑμῖν, ποιήσατε. Ἦσαν δὲ ἐκεῖ ὑδρίαι
λίθιναι ἒξ κείμεναι κατὰ τὸν καθαρισμὸν τῶν Ἰουδαίων, χωροῦσαι ἀνὰ μετρητὰς
7 δύο ἢ τρεῖς. Λέγει αὐτοῖς ὁ Ἰησοῦς· γεμίσατε τὰς ὑδρίας ὕδατος. καὶ ἐγέμισαν
8 αὐτὰς ἕως ἄνω. Καὶ λέγει αὐτοῖς· ἀντλήσατε νῦν καὶ φέρετε τῷ ἀρχιτρικλίνῳ·
9 καὶ ἤνεγκαν. Ὡς δὲ ἐγεύσατο ὁ ἀρχιτρίκλινος τὸ ὕδωρ οἶνον γεγενημένον, (καὶ
οὐκ ᾔδει πόθεν ἐστίν, οἱ δὲ διάκονοι ᾔδεισαν, οἱ ἠντληκότες τὸ ὕδωρ,) φωνεῖ τὸν
10 νυμφίον ὁ ἀρχιτρίκλινος ¹ καὶ λέγει αὐτῷ· πᾶς ἄνθρωπος πρῶτον τὸν καλὸν
οἶνον τίθησι, καὶ ὅταν μεθυσθῶσι, τότε τὸν ἐλάσσω· σὺ τετήρηκας τὸν καλὸν
11 οἶνον ἕως ἄρτι. Ταύτην ἐποίησε τὴν ἀρχὴν τῶν σημείων ὁ Ἰησοῦς ἐν Κανᾷ τῆς
Γαλιλαίας, καὶ ἐφανέρωσε τὴν δόξαν αὐτοῦ· καὶ ἐπίστευσαν εἰς αὐτὸν οἱ μαθηταὶ
αὐτοῦ.
12 Μετὰ τοῦτο κατέβη εἰς Καπερναοὺμ αὐτὸς καὶ ἡ μήτηρ αὐτοῦ καὶ οἱ ἀδελφοὶ
αὐτοῦ καὶ οἱ μαθηταὶ αὐτοῦ, καὶ ἐκεῖ ἔμειναν οὐ πολλὰς ἡμέρας.

PART III.

OUR LORD'S FIRST PASSOVER, AND THE SUBSEQUENT TRANSACTIONS
UNTIL THE SECOND.

TIME: *One year.*

§ 21. At the Passover Jesus drives the Traders out of the Temple. [Comp. § 113.]
Jerusalem.

JOHN II. 13–25.

13 Καὶ ἐγγὺς ἦν τὸ πάσχα τῶν Ἰουδαίων, καὶ ἀνέβη εἰς Ἱεροσόλυμα ὁ Ἰησοῦς.
14 Καὶ εὗρεν ἐν τῷ ἱερῷ τοὺς πωλοῦντας βόας καὶ πρόβατα καὶ περιστερὰς καὶ τοὺς
15 κερματιστὰς καθημένους. Καὶ ποιήσας φραγέλλιον ἐκ σχοινίων πάντας ἐξέβαλεν
   ἐκ τοῦ ἱεροῦ, τά τε πρόβατα καὶ τοὺς βόας, καὶ τῶν κολλυβιστῶν ἐξέχεε τὸ κέρμα   *both.*
16 καὶ τὰς τραπέζας ἀνέστρεψε, ¹καὶ τοῖς τὰς περιστερὰς πωλοῦσιν εἶπεν· ἄρατε
17 ταῦτα ἐντεῦθεν· μὴ ποιεῖτε τὸν οἶκον τοῦ πατρός μου οἶκον ἐμπορίου. Ἐμνήσθη-
   σαν δὲ οἱ μαθηταὶ αὐτοῦ, ὅτι γεγραμμένον ἐστίν·ᵃ ὁ ζῆλος τοῦ οἴκου σου κατα-
   φάγεταί με.
18 Ἀπεκρίθησαν οὖν οἱ Ἰουδαῖοι καὶ εἶπον αὐτῷ· τί σημεῖον δεικνύεις ἡμῖν, ὅτι
19 ταῦτα ποιεῖς; Ἀπεκρίθη ὁ Ἰησοῦς καὶ εἶπεν αὐτοῖς· λύσατε τὸν ναὸν τοῦτον, καὶ
20 ἐν τρισὶν ἡμέραις ἐγερῶ αὐτόν. Εἶπον οὖν οἱ Ἰουδαῖοι· τεσσαράκοντα καὶ ἓξ ἔτεσιν
21 ᾠκοδομήθη ὁ ναὸς οὗτος, καὶ σὺ ἐν τρισὶν ἡμέραις ἐγερεῖς αὐτόν; Ἐκεῖνος δὲ ἔλεγε
22 περὶ τοῦ ναοῦ τοῦ σώματος αὐτοῦ. Ὅτε οὖν ἠγέρθη ἐκ νεκρῶν, ἐμνήσθησαν οἱ
   μαθηταὶ αὐτοῦ, ὅτι τοῦτο ἔλεγε, καὶ ἐπίστευσαν τῇ γραφῇ καὶ τῷ λόγῳ, ᾧ εἶπεν ὁ
   Ἰησοῦς.
23 Ὡς δὲ ἦν ἐν τοῖς Ἱεροσολύμοις ἐν τῷ πάσχα ἐν τῇ ἑορτῇ, πολλοὶ ἐπίστευσαν
24 εἰς τὸ ὄνομα αὐτοῦ, θεωροῦντες αὐτοῦ τὰ σημεῖα, ἃ ἐποίει. Αὐτὸς δὲ ὁ Ἰησοῦς
25 οὐκ ἐπίστευσεν ἑαυτὸν αὐτοῖς διὰ τὸ αὐτὸν γινώσκειν πάντας, ¹καὶ ὅτι οὐ χρείαν
   εἶχεν, ἵνα τις μαρτυρήσῃ περὶ τοῦ ἀνθρώπου· αὐτὸς γὰρ ἐγίνωσκε, τί ἦν ἐν τῷ
   ἀνθρώπῳ.

ᵃ **17.** Ps. 69, 10.
2*

§ 22. Our Lord's discourse with Nicodemus.—*Jerusalem.*

JOHN III. 1–21.

1 *Ἦν δὲ ἄνθρωπος ἐκ τῶν Φαρισαίων, Νικόδημος ὄνομα αὐτῷ, ἄρχων τῶν Ἰου-
2 δαίων· Ιοὗτος ἦλθε πρὸς αὐτὸν νυκτὸς καὶ εἶπεν αὐτῷ· ῥαββί, οἴδαμεν, ὅτι ἀπὸ
θεοῦ ἐλήλυθας διδάσκαλος· οὐδεὶς γὰρ ταῦτα τὰ σημεῖα δύναται ποιεῖν, ἃ σὺ
3 ποιεῖς, ἐὰν μὴ ᾖ ὁ θεὸς μετ' αὐτοῦ. Ἀπεκρίθη ὁ Ἰησοῦς καὶ εἶπεν αὐτῷ· ἀμὴν
ἀμὴν λέγω σοι, ἐὰν μή τις γεννηθῇ ἄνωθεν, οὐ δύναται ἰδεῖν τὴν βασιλείαν τοῦ
4 θεοῦ. Λέγει πρὸς αὐτὸν ὁ Νικόδημος· πῶς δύναται ἄνθρωπος γεννηθῆναι γέρων
ὢν; μὴ δύναται εἰς τὴν κοιλίαν τῆς μητρὸς αὐτοῦ δεύτερον εἰσελθεῖν καὶ γεν-
5 νηθῆναι; Ἀπεκρίθη ὁ Ἰησοῦς· ἀμὴν ἀμὴν λέγω σοι, ἐὰν μή τις γεννηθῇ ἐξ
6 ὕδατος καὶ πνεύματος, οὐ δύναται εἰσελθεῖν εἰς τὴν βασιλείαν τοῦ θεοῦ. Τὸ
γεγεννημένον ἐκ τῆς σαρκὸς σάρξ ἐστι, καὶ τὸ γεγεννημένον ἐκ τοῦ πνεύματος
7 8 πνεῦμά ἐστι. Μὴ θαυμάσῃς, ὅτι εἶπόν σοι· δεῖ ὑμᾶς γεννηθῆναι ἄνωθεν. Τὸ
πνεῦμα ὅπου θέλει πνεῖ, καὶ τὴν φωνὴν αὐτοῦ ἀκούεις, ἀλλ' οὐκ οἶδας, πόθεν
9 ἔρχεται καὶ ποῦ ὑπάγει· οὕτως ἐστὶ πᾶς ὁ γεγεννημένος ἐκ τοῦ πνεύματος. Ἀπε-
10 κρίθη Νικόδημος καὶ εἶπεν αὐτῷ· πῶς δύναται ταῦτα γενέσθαι; Ἀπεκρίθη ὁ
Ἰησοῦς καὶ εἶπεν αὐτῷ· σὺ εἶ ὁ διδάσκαλος τοῦ Ἰσραήλ, καὶ ταῦτα οὐ γινώσκεις;
11 Ἀμὴν ἀμὴν λέγω σοι, ὅτι ὃ οἴδαμεν λαλοῦμεν καὶ ὃ ἑωράκαμεν μαρτυροῦμεν,
12 καὶ τὴν μαρτυρίαν ἡμῶν οὐ λαμβάνετε. Εἰ τὰ ἐπίγεια εἶπον ὑμῖν καὶ οὐ πι-
13 στεύετε· πῶς, ἐὰν εἴπω ὑμῖν τὰ ἐπουράνια, πιστεύσετε; Καὶ οὐδεὶς ἀναβέβηκεν εἰς
τὸν οὐρανόν, εἰ μὴ ὁ ἐκ τοῦ οὐρανοῦ καταβάς, ὁ υἱὸς τοῦ ἀνθρώπου, ὁ ὢν ἐν τῷ οὐρανῷ.
14 Καὶ καθὼς Μωϋσῆς ὕψωσε τὸν ὄφιν ἐν τῇ ἐρήμῳ,[a] οὕτως ὑψωθῆναι δεῖ τὸν υἱὸν
15 τοῦ ἀνθρώπου, ¹ἵνα πᾶς ὁ πιστεύων εἰς αὐτὸν μὴ ἀπόληται, ἀλλ' ἔχῃ ζωὴν αἰώνιον.
16 Οὕτω γὰρ ἠγάπησεν ὁ θεὸς τὸν κόσμον, ὥστε τὸν υἱὸν αὐτοῦ τὸν μονογενῆ ἔδωκεν,
17 ἵνα πᾶς ὁ πιστεύων εἰς αὐτὸν μὴ ἀπόληται, ἀλλ' ἔχῃ ζωὴν αἰώνιον. Οὐ γὰρ
ἀπέστειλεν ὁ θεὸς τὸν υἱὸν αὐτοῦ εἰς τὸν κόσμον, ἵνα κρίνῃ τὸν κόσμον, ἀλλ'
18 ἵνα σωθῇ ὁ κόσμος δι' αὐτοῦ. Ὁ πιστεύων εἰς αὐτὸν οὐ κρίνεται, ὁ δὲ μὴ
πιστεύων, ἤδη κέκριται, ὅτι μὴ πεπίστευκεν εἰς τὸ ὄνομα τοῦ μονογενοῦς υἱοῦ τοῦ
19 θεοῦ. Αὕτη δέ ἐστιν ἡ κρίσις, ὅτι τὸ φῶς ἐλήλυθεν εἰς τὸν κόσμον, καὶ ἠγάπη-
σαν οἱ ἄνθρωποι μᾶλλον τὸ σκότος, ἢ τὸ φῶς· ἦν γὰρ πονηρὰ αὐτῶν τὰ ἔργα.
20 Πᾶς γὰρ ὁ φαῦλα πράσσων μισεῖ τὸ φῶς καὶ οὐκ ἔρχεται πρὸς τὸ φῶς, ἵνα μὴ
21 ἐλεγχθῇ τὰ ἔργα αὐτοῦ· ὁ δὲ ποιῶν τὴν ἀλήθειαν ἔρχεται πρὸς τὸ φῶς, ἵνα φανε-
ρωθῇ αὐτοῦ τὰ ἔργα, ὅτι ἐν θεῷ ἐστιν εἰργασμένα.

§ 23. Jesus remains in Judea and baptizes. Further testimony of John the Baptist.

JOHN III. 22–36.

22 Μετὰ ταῦτα ἦλθεν ὁ Ἰησοῦς καὶ οἱ μαθηταὶ αὐτοῦ εἰς τὴν Ἰουδαίαν γῆν,
23 καὶ ἐκεῖ διέτριβε μετ' αὐτῶν καὶ ἐβάπτιζεν. Ἦν δὲ καὶ Ἰωάννης βαπτίζων ἐν
Αἰνών, ἐγγὺς τοῦ Σαλείμ, ὅτι ὕδατα πολλὰ ἦν ἐκεῖ· καὶ παρεγίνοντο καὶ ἐβα-
24 πτίζοντο· οὔπω γὰρ ἦν βεβλημένος εἰς τὴν φυλακὴν ὁ Ἰωάννης.

---

a **14.** Comp. Num. 21, 8 sq.

JOHN III.

25 Ἐγένετο οὖν ζήτησις ἐκ τῶν μαθητῶν Ἰωάννου μετὰ Ἰουδαίων περὶ καθαρισμοῦ.
26 Καὶ ἦλθον πρὸς τὸν Ἰωάννην καὶ εἶπον αὐτῷ· ῥαββί, ὃς ἦν μετὰ σοῦ πέραν τοῦ
Ἰορδάνου, ᾧ σὺ μεμαρτύρηκας, ἴδε, οὗτος βαπτίζει, καὶ πάντες ἔρχονται πρὸς
27 αὐτόν. Ἀπεκρίθη Ἰωάννης καὶ εἶπεν· οὐ δύναται ἄνθρωπος λαμβάνειν οὐδέν,
28 ἐὰν μὴ ᾖ δεδομένον αὐτῷ ἐκ τοῦ οὐρανοῦ. Αὐτοὶ ὑμεῖς μοι μαρτυρεῖτε, ὅτι
εἶπον· οὐκ εἰμὶ ἐγὼ ὁ Χριστός, ἀλλ' ὅτι ἀπεσταλμένος εἰμὶ ἔμπροσθεν ἐκείνου.
29 Ὁ ἔχων τὴν νύμφην νυμφίος ἐστίν, ὁ δὲ φίλος τοῦ νυμφίου, ὁ ἑστηκὼς καὶ
ἀκούων αὐτοῦ, χαρᾷ χαίρει διὰ τὴν φωνὴν τοῦ νυμφίου· αὕτη οὖν ἡ χαρὰ ἡ ἐμὴ
30 31 πεπλήρωται. Ἐκεῖνον δεῖ αὐξάνειν, ἐμὲ δὲ ἐλαττοῦσθαι. Ὁ ἄνωθεν ἐρχόμενος
ἐπάνω πάντων ἐστίν· ὁ ὢν ἐκ τῆς γῆς ἐκ τῆς γῆς ἐστι καὶ ἐκ τῆς γῆς λαλεῖ·
32 ὁ ἐκ τοῦ οὐρανοῦ ἐρχόμενος ἐπάνω πάντων ἐστί, | καὶ ὃ ἑώρακε καὶ ἤκουε, τοῦτο
33 μαρτυρεῖ, καὶ τὴν μαρτυρίαν αὐτοῦ οὐδεὶς λαμβάνει. Ὁ λαβὼν αὐτοῦ τὴν μαρ-
34 τυρίαν ἐσφράγισεν, ὅτι ὁ θεὸς ἀληθής ἐστιν. Ὃν γὰρ ἀπέστειλεν ὁ θεός, τὰ
35 ῥήματα τοῦ θεοῦ λαλεῖ· οὐ γὰρ ἐκ μέτρου δίδωσιν ὁ θεὸς τὸ πνεῦμα. Ὁ πατὴρ
36 ἀγαπᾷ τὸν υἱὸν καὶ πάντα δέδωκεν ἐν τῇ χειρὶ αὐτοῦ. Ὁ πιστεύων εἰς τὸν υἱὸν
ἔχει ζωὴν αἰώνιον, ὁ δὲ ἀπειθῶν τῷ υἱῷ οὐκ ὄψεται ζωήν, ἀλλ' ἡ ὀργὴ τοῦ θεοῦ
μένει ἐπ' αὐτόν.

§ 24. Jesus departs into Galilee after John's imprisonment.

MATTH. IV. 12.	MARK I. 14.	LUKE IV. 14.
12 Ἀκούσας δὲ ὁ Ἰησοῦς, ὅτι Ἰωάννης παρεδόθη, ἀνεχώρησεν εἰς τὴν Γαλιλαίαν.	14 Μετὰ δὲ τὸ παραδοθῆναι τὸν Ἰωάννην ἦλθεν ὁ Ἰησοῦς εἰς τὴν Γαλιλαίαν—	14 Καὶ ὑπέστρεψεν ὁ Ἰησοῦς ἐν τῇ δυνάμει τοῦ πνεύματος εἰς τὴν Γαλιλαίαν,—
MATTH. XIV. 3–5.	MARK VI. 17–20.	LUKE III. 19, 20.
3 Ὁ γὰρ Ἡρώδης κρατήσας τὸν Ἰωάννην ἔδησεν αὐτὸν καὶ ἔθετο ἐν φυλακῇ διὰ Ἡρωδιάδα τὴν γυναῖκα Φιλίππου τοῦ ἀδελφοῦ αὐτοῦ.	17 Αὐτὸς γὰρ ὁ Ἡρώδης ἀποστείλας ἐκράτησε τὸν Ἰωάννην καὶ ἔδησεν αὐτὸν ἐν φυλακῇ διὰ Ἡρωδιάδα τὴν γυναῖκα Φιλίππου τοῦ ἀδελφοῦ αὐτοῦ, ὅτι αὐτὴν ἐγά-	19 Ὁ δὲ Ἡρώδης ὁ τετράρχης, ἐλεγχόμενος ὑπ' αὐτοῦ περὶ Ἡρωδιάδος τῆς γυναικὸς [Φιλίππου] τοῦ ἀδελφοῦ αὐτοῦ καὶ περὶ πάντων ὧν ἐποίησε πονηρῶν ὁ Ἡρώδης,
4 Ἔλεγε γὰρ αὐτῷ ὁ Ἰωάννης· οὐκ ἔξεστί σοι 5 ἔχειν αὐτήν. Καὶ θέλων αὐτὸν ἀποκτεῖναι ἐφοβήθη τὸν ὄχλον, ὅτι ὡς προφήτην αὐτὸν εἶχον.	18 μησεν. Ἔλεγε γὰρ ὁ Ἰωάννης τῷ Ἡρώδῃ· ὅτι οὐκ ἔξεστί σοι ἔχειν τὴν γυναῖκα τοῦ ἀδελ- 19 φοῦ σου. Ἡ δὲ Ἡρωδιὰς ἐνεῖχεν αὐτῷ καὶ ἤθελεν 20 αὐτὸν ἀποκτεῖναι· καὶ οὐκ ἠδύνατο. Ὁ γὰρ Ἡρώδης ἐφοβεῖτο τὸν Ἰωάννην, εἰδὼς αὐτὸν ἄνδρα δίκαιον καὶ ἅγιον· καὶ συνετήρει αὐτόν, καὶ ἀκούσας αὐτοῦ πολλὰ ἐποίει, καὶ ἡδέως αὐτοῦ ἤκουε.	20	προσέθηκε καὶ τοῦτο ἐπὶ πᾶσι καὶ κατέκλεισε τὸν Ἰωάννην ἐν τῇ φυλακῇ.

JOHN IV. 1-3.

1 Ὡς οὖν ἔγνω ὁ κύριος, ὅτι ἤκουσαν οἱ Φαρισαῖοι, ὅτι Ἰησοῦς πλείονας μαθητὰς
2 ποιεῖ καὶ βαπτίζει, ἢ Ἰωάννης, ¹(καίτοιγε Ἰησοῦς αὐτὸς οὐκ ἐβάπτιζεν, ἀλλ' οἱ
3 μαθηταὶ αὐτοῦ,) ¹ἀφῆκε τὴν Ἰουδαίαν καὶ ἀπῆλθε πάλιν εἰς τὴν Γαλιλαίαν.

§ 25. Our Lord's discourse with the Samaritan woman.   Many of the Samaritans
believe on him.—*Shechem* or *Neapolis.*

JOHN IV. 4-42.

4 5 Ἔδει δὲ αὐτὸν διέρχεσθαι διὰ τῆς Σαμαρείας. Ἔρχεται οὖν εἰς πόλιν τῆς
Σαμαρείας λεγομένην Συχάρ, πλησίον τοῦ χωρίου, ὃ ἔδωκεν Ἰακὼβ Ἰωσὴφ τῷ
6 υἱῷ αὐτοῦ. Ἦν δὲ ἐκεῖ πηγὴ τοῦ Ἰακώβ. ὁ οὖν Ἰησοῦς κεκοπιακὼς ἐκ τῆς
7 ὁδοιπορίας ἐκαθέζετο οὕτως ἐπὶ τῇ πηγῇ· ὥρα ἦν ὡσεὶ ἕκτη. Ἔρχεται γυνὴ
8 ἐκ τῆς Σαμαρείας ἀντλῆσαι ὕδωρ. λέγει αὐτῇ ὁ Ἰησοῦς· δός μοι πιεῖν. Οἱ
9 γὰρ μαθηταὶ αὐτοῦ ἀπεληλύθεισαν εἰς τὴν πόλιν, ἵνα τροφὰς ἀγοράσωσι. Λέγει
οὖν αὐτῷ ἡ γυνὴ ἡ Σαμαρεῖτις· πῶς σὺ Ἰουδαῖος ὢν παρ' ἐμοῦ πιεῖν αἰτεῖς οὔσης
10 γυναικὸς Σαμαρείτιδος; οὐ γὰρ συγχρῶνται Ἰουδαῖοι Σαμαρείταις. Ἀπεκρίθη
Ἰησοῦς καὶ εἶπεν αὐτῇ· εἰ ᾔδεις τὴν δωρεὰν τοῦ θεοῦ καὶ τίς ἐστιν ὁ λέγων σοι·
11 δός μοι πιεῖν· σὺ ἂν ᾔτησας αὐτόν, καὶ ἔδωκεν ἄν σοι ὕδωρ ζῶν. Λέγει αὐτῷ ἡ
12 γυνή· κύριε, οὔτε ἄντλημα ἔχεις, καὶ τὸ φρέαρ ἐστὶ βαθύ· πόθεν οὖν ἔχεις τὸ
ὕδωρ τὸ ζῶν; Μὴ σὺ μείζων εἶ τοῦ πατρὸς ἡμῶν Ἰακώβ, ὃς ἔδωκεν ἡμῖν τὸ φρέαρ
13 καὶ αὐτὸς ἐξ αὐτοῦ ἔπιε καὶ οἱ υἱοὶ αὐτοῦ καὶ τὰ θρέμματα αὐτοῦ; Ἀπεκρίθη Ἰησοῦς
14 καὶ εἶπεν αὐτῇ· πᾶς ὁ πίνων ἐκ τοῦ ὕδατος τούτου διψήσει πάλιν, ¹ὃς δ' ἂν πίῃ ἐκ
τοῦ ὕδατος, οὗ ἐγὼ δώσω αὐτῷ, οὐ μὴ διψήσῃ εἰς τὸν αἰῶνα· ἀλλὰ τὸ ὕδωρ ὃ δώσω
15 αὐτῷ, γενήσεται ἐν αὐτῷ πηγὴ ὕδατος ἁλλομένου εἰς ζωὴν αἰώνιον. Λέγει πρὸς
αὐτὸν ἡ γυνή· κύριε, δός μοι τοῦτο τὸ ὕδωρ, ἵνα μὴ διψῶ, μηδὲ ἔρχωμαι ἐνθάδε
16 ἀντλεῖν. Λέγει αὐτῇ ὁ Ἰησοῦς· ὕπαγε, φώνησον τὸν ἄνδρα σου καὶ ἐλθὲ ἐνθάδε.
17 Ἀπεκρίθη ἡ γυνὴ καὶ εἶπεν· οὐκ ἔχω ἄνδρα. λέγει αὐτῇ ὁ Ἰησοῦς· καλῶς εἶπας·
18 ὅτι ἄνδρα οὐκ ἔχω. Πέντε γὰρ ἄνδρας ἔσχες, καὶ νῦν ὃν ἔχεις, οὐκ ἔστι σου ἀνήρ·
τοῦτο ἀληθὲς εἴρηκας.
19 20 Λέγει αὐτῷ ἡ γυνή· κύριε, θεωρῶ, ὅτι προφήτης εἶ σύ. Οἱ πατέρες ἡμῶν ἐν τῷ
ὄρει τούτῳ προσεκύνησαν, καὶ ὑμεῖς λέγετε, ὅτι ἐν Ἱεροσολύμοις ἐστὶν ὁ τόπος,
21 ὅπου δεῖ προσκυνεῖν. Λέγει αὐτῇ ὁ Ἰησοῦς· γύναι, πίστευσόν μοι, ὅτι ἔρχεται ὥρα,
22 ὅτε οὔτε ἐν τῷ ὄρει τούτῳ οὔτε ἐν Ἱεροσολύμοις προσκυνήσετε τῷ πατρί. Ὑμεῖς
προσκυνεῖτε ὃ οὐκ οἴδατε· ἡμεῖς προσκυνοῦμεν ὃ οἴδαμεν· ὅτι ἡ σωτηρία ἐκ τῶν
23 Ἰουδαίων ἐστίν. Ἀλλ' ἔρχεται ὥρα καὶ νῦν ἐστιν, ὅτε οἱ ἀληθινοὶ προσκυνηταὶ
προσκυνήσουσι τῷ πατρὶ ἐν πνεύματι καὶ ἀληθείᾳ· καὶ γὰρ ὁ πατὴρ τοιούτους ζητεῖ
24 τοὺς προσκυνοῦντας αὐτόν. Πνεῦμα ὁ θεός, καὶ τοὺς προσκυνοῦντας αὐτὸν ἐν πνεύ-
25 ματι καὶ ἀληθείᾳ δεῖ προσκυνεῖν. Λέγει αὐτῷ ἡ γυνή· οἶδα, ὅτι Μεσσίας ἔρχεται,
26 ὁ λεγόμενος Χριστός· ὅταν ἔλθῃ ἐκεῖνος, ἀναγγελεῖ ἡμῖν πάντα. Λέγει αὐτῇ ὁ
Ἰησοῦς· ἐγώ εἰμι, ὁ λαλῶν σοι.
27 Καὶ ἐπὶ τούτῳ ἦλθον οἱ μαθηταὶ αὐτοῦ, καὶ ἐθαύμαζον, ὅτι μετὰ γυναικὸς
28 ἐλάλει· οὐδεὶς μέντοι εἶπε· τί ζητεῖς ἢ τί λαλεῖς μετ' αὐτῆς; Ἀφῆκεν οὖν
τὴν ὑδρίαν αὐτῆς ἡ γυνὴ καὶ ἀπῆλθεν εἰς τὴν πόλιν καὶ λέγει τοῖς ἀνθρώποις·

JOHN IV.

29 Ιδεῦτε, ἴδετε ἄνθρωπον, ὃς εἶπέ μοι πάντα, ὅσα ἐποίησα· μήτι οὗτός ἐστιν ὁ
30 31 Χριστός ; Ἐξῆλθον ἐκ τῆς πόλεως καὶ ἤρχοντο πρὸς αὐτόν. Ἐν δὲ τῷ μεταξὺ
32 ἠρώτων αὐτὸν οἱ μαθηταὶ λέγοντες· ῥαββί, φάγε. Ὁ δὲ εἶπεν αὐτοῖς· ἐγὼ
33 βρῶσιν ἔχω φαγεῖν, ἣν ὑμεῖς οὐκ οἴδατε. Ἔλεγον οὖν οἱ μαθηταὶ πρὸς ἀλλήλους·
34 μήτις ἤνεγκεν αὐτῷ φαγεῖν ; Λέγει αὐτοῖς ὁ Ἰησοῦς· ἐμὸν βρῶμά ἐστιν, ἵνα ποιῶ
35 τὸ θέλημα τοῦ πέμψαντός με, καὶ τελειώσω αὐτοῦ τὸ ἔργον. Οὐχ ὑμεῖς λέγετε,
ὅτι ἔτι τετράμηνός ἐστι, καὶ ὁ θερισμὸς ἔρχεται· ἰδού, λέγω ὑμῖν, ἐπάρατε τοὺς
ὀφθαλμοὺς ὑμῶν καὶ θεάσασθε τὰς χώρας, ὅτι λευκαί εἰσι πρὸς θερισμὸν ἤδη·
36 καὶ ὁ θερίζων μισθὸν λαμβάνει καὶ συνάγει καρπὸν εἰς ζωὴν αἰώνιον, ἵνα καὶ ὁ
37 σπείρων ὁμοῦ χαίρῃ καὶ ὁ θερίζων. Ἐν γὰρ τούτῳ ὁ λόγος ἐστὶν ὁ ἀληθινός,
38 ὅτι ἄλλος ἐστὶν ὁ σπείρων καὶ ἄλλος ὁ θερίζων. Ἐγὼ ἀπέστειλα ὑμᾶς θερίζειν,
ὃ οὐχ ὑμεῖς κεκοπιάκατε· ἄλλοι κεκοπιάκασι καὶ ὑμεῖς εἰς τὸν κόπον αὐτῶν εἰσ-
εληλύθατε.

39 Ἐκ δὲ τῆς πόλεως ἐκείνης πολλοὶ ἐπίστευσαν εἰς αὐτὸν τῶν Σαμαρειτῶν διὰ τὸν
40 λόγον τῆς γυναικὸς μαρτυρούσης· ὅτι εἶπέ μοι πάντα, ὅσα ἐποίησα. Ὡς οὖν ἦλθον
πρὸς αὐτὸν οἱ Σαμαρεῖται, ἠρώτων αὐτὸν μεῖναι παρ᾽ αὐτοῖς, καὶ ἔμεινεν ἐκεῖ δύο
41 42 ἡμέρας. Καὶ πολλῷ πλείους ἐπίστευσαν διὰ τὸν λόγον αὐτοῦ. Τῇ τε γυναικὶ
ἔλεγον· ὅτι οὐκέτι διὰ τὴν σὴν λαλιὰν πιστεύομεν· αὐτοὶ γὰρ ἀκηκόαμεν, καὶ
οἴδαμεν, ὅτι οὗτός ἐστιν ἀληθῶς ὁ σωτὴρ τοῦ κόσμου, ὁ Χριστός.

§ 26. Jesus teaches publicly in Galilee.

JOHN IV. 43-45.

43 Μετὰ δὲ τὰς δύο ἡμέρας ἐξῆλθεν ἐκεῖθεν καὶ ἀπῆλθεν εἰς τὴν Γαλιλαίαν.
44 Αὐτὸς γὰρ Ἰησοῦς ἐμαρτύρησεν, ὅτι προφήτης ἐν τῇ ἰδίᾳ πατρίδι τιμὴν οὐκ ἔχει.
45 Ὅτε οὖν ἦλθεν εἰς τὴν Γαλιλαίαν, ἐδέξαντο αὐτὸν οἱ Γαλιλαῖοι, πάντα ἑωρακότες
ἃ ἐποίησεν ἐν Ἱεροσολύμοις ἐν τῇ ἑορτῇ· καὶ αὐτοὶ γὰρ ἦλθον εἰς τὴν ἑορτήν.

MATTH. IV. 17.	MARK I. 14, 15.	LUKE IV. 14, 15.
17 Ἀπὸ τότε ἤρξατο ὁ Ἰη-σοῦς κηρύσσειν καὶ λέ-γειν· μετανοεῖτε· ἤγγι-κε γὰρ ἡ βασιλεία τῶν οὐρανῶν.	14 —κηρύσσων τὸ εὐαγγέ-λιον τῆς βασιλείας τοῦ 15 θεοῦ ¹καὶ λέγων· ὅτι πεπλήρωται ὁ καιρὸς καὶ ἤγγικεν ἡ βασιλεία τοῦ θεοῦ· μετανοεῖτε καὶ πι-στεύετε ἐν τῷ εὐαγγελίῳ.	14 —καὶ φήμη ἐξῆλθε καθ᾽ ὅλης τῆς περιχώρου πε-15 ρὶ αὐτοῦ. Καὶ αὐτὸς ἐδίδασκεν ἐν ταῖς συνα-γωγαῖς αὐτῶν δοξαζό-μενος ὑπὸ πάντων.

§ 27. Jesus again at Cana, where he heals the son of a Nobleman lying ill at
Capernaum.—*Cana of Galilee.*

JOHN IV. 46-54.

46 Ἦλθεν οὖν [ὁ Ἰησοῦς] πάλιν εἰς τὴν Κανᾶ τῆς Γαλιλαίας, ὅπου ἐποίησε τὸ
47 ὕδωρ οἶνον· καὶ ἦν τις βασιλικός, οὗ ὁ υἱὸς ἠσθένει, ἐν Καπερναούμ. Οὗτος
ἀκούσας, ὅτι Ἰησοῦς ἥκει ἐκ τῆς Ἰουδαίας εἰς τὴν Γαλιλαίαν, ἀπῆλθε πρὸς
αὐτὸν καὶ ἠρώτα αὐτόν, ἵνα καταβῇ καὶ ἰάσηται αὐτοῦ τὸν υἱόν· ἤμελλε γὰρ

JOHN IV.

48 ἀποθνήσκειν. Εἶπεν οὖν ὁ Ἰησοῦς πρὸς αὐτόν· ἐὰν μὴ σημεῖα καὶ τέρατα ἴδητε,
49 οὐ μὴ πιστεύσητε. Λέγει πρὸς αὐτὸν ὁ βασιλικός· κύριε, κατάβηθι πρὶν ἀποθα-
50 νεῖν τὸ παιδίον μου. Λέγει αὐτῷ ὁ Ἰησοῦς, πορεύου· ὁ υἱός σου ζῇ. καὶ ἐπίστευ-
51 σεν ὁ ἄνθρωπος τῷ λόγῳ, ᾧ εἶπεν αὐτῷ Ἰησοῦς, καὶ ἐπορεύετο. Ἤδη δὲ αὐτοῦ
καταβαίνοντος οἱ δοῦλοι αὐτοῦ ἀπήντησαν αὐτῷ καὶ ἀπήγγειλαν λέγοντες· ὅτι ὁ
52 παῖς σου ζῇ. Ἐπύθετο οὖν παρ' αὐτῶν τὴν ὥραν, ἐν ᾗ κομψότερον ἔσχε· καὶ εἶπον
53 αὐτῷ· ὅτι χθὲς ὥραν ἑβδόμην ἀφῆκεν αὐτὸν ὁ πυρετός. Ἔγνω οὖν ὁ πατήρ, ὅτι ἐν
ἐκείνῃ τῇ ὥρᾳ, ἐν ᾗ εἶπεν αὐτῷ ὁ Ἰησοῦς· ὅτι ὁ υἱός σου ζῇ. καὶ ἐπίστευσεν αὐτὸς
54 καὶ ἡ οἰκία αὐτοῦ ὅλη. Τοῦτο πάλιν δεύτερον σημεῖον ἐποίησεν ὁ Ἰησοῦς ἐλθὼν
ἐκ τῆς Ἰουδαίας εἰς τὴν Γαλιλαίαν.

§ 28. Jesus at Nazareth; he is there rejected; and fixes his abode at Capernaum.

LUKE IV. 16–31.

16 Καὶ ἦλθεν εἰς τὴν Ναζαρέτ, οὗ ἦν τεθραμμένος· καὶ εἰσῆλθε κατὰ τὸ εἰωθὸς
17 αὐτῷ ἐν τῇ ἡμέρᾳ τῶν σαββάτων εἰς τὴν συναγωγήν, καὶ ἀνέστη ἀναγνῶναι. Καὶ
ἐπεδόθη αὐτῷ βιβλίον Ἡσαΐου τοῦ προφήτου· καὶ ἀναπτύξας τὸ βιβλίον εὗρε τὸν
18 τόπον οὗ ἦν γεγραμμένον·[a] πνεῦμα κυρίου ἐπ' ἐμέ, οὗ εἵνεκεν ἔχρισέ με εὐαγγελί-
σασθαι πτωχοῖς, ἀπέσταλκέ με [ἰάσασθαι τοὺς συντετριμμένους τὴν καρδίαν,]
κηρύξαι αἰχμαλώτοις ἄφεσιν καὶ τυφλοῖς ἀνάβλεψιν, ἀποστεῖλαι τεθραυσμένους
19 20 ἐν ἀφέσει, ǀ κηρύξαι ἐνιαυτὸν κυρίου δεκτόν. Καὶ πτύξας τὸ βιβλίον ἀποδοὺς
τῷ ὑπηρέτῃ ἐκάθισε, καὶ πάντων ἐν τῇ συναγωγῇ οἱ ὀφθαλμοὶ ἦσαν ἀτενίζοντες
21 αὐτῷ. Ἤρξατο δὲ λέγειν πρὸς αὐτούς· ὅτι σήμερον πεπλήρωται ἡ γραφὴ αὕτη ἐν
τοῖς ὠσὶν ὑμῶν.
22 Καὶ πάντες ἐμαρτύρουν αὐτῷ, καὶ ἐθαύμαζον ἐπὶ τοῖς λόγοις τῆς χάριτος τοῖς
ἐκπορευομένοις ἐκ τοῦ στόματος αὐτοῦ, καὶ ἔλεγον· οὐχ οὗτός ἐστιν ὁ υἱὸς Ἰωσήφ;
23 Καὶ εἶπε πρὸς αὐτούς· πάντως ἐρεῖτέ μοι τὴν παραβολὴν ταύτην· ἰατρέ, θεράπευ-
σον σεαυτόν· ὅσα ἠκούσαμεν γενόμενα ἐν τῇ Καπερναούμ, ποίησον καὶ ὧδε ἐν τῇ
24 πατρίδι σου. Εἶπε δέ· ἀμὴν λέγω ὑμῖν, ὅτι οὐδεὶς προφήτης δεκτός ἐστιν ἐν τῇ
25 πατρίδι αὐτοῦ. Ἐπ' ἀληθείας δὲ λέγω ὑμῖν, πολλαὶ χῆραι ἦσαν ἐν ταῖς ἡμέραις
Ἠλίου ἐν τῷ Ἰσραήλ, ὅτε ἐκλείσθη ὁ οὐρανὸς ἐπὶ ἔτη τρία καὶ μῆνας ἕξ, ὡς ἐγένετο
26 λιμὸς μέγας ἐπὶ πᾶσαν τὴν γῆν· καὶ πρὸς οὐδεμίαν αὐτῶν ἐπέμφθη Ἠλίας, εἰ μὴ
27 εἰς Σάρεπτα τῆς Σιδῶνος πρὸς γυναῖκα χήραν.[b] Καὶ πολλοὶ λεπροὶ ἦσαν ἐπὶ
Ἐλισσαίου τοῦ προφήτου ἐν τῷ Ἰσραήλ· καὶ οὐδεὶς αὐτῶν ἐκαθαρίσθη, εἰ μὴ Νεε-
28 μὰν ὁ Σύρος.[c] Καὶ ἐπλήσθησαν πάντες θυμοῦ ἐν τῇ συναγωγῇ ἀκούοντες ταῦτα.
29 Καὶ ἀναστάντες ἐξέβαλον αὐτὸν ἔξω τῆς πόλεως, καὶ ἤγαγον αὐτὸν ἕως τῆς ὀφρύος
30 τοῦ ὄρους, ἐφ' οὗ ἡ πόλις αὐτῶν ᾠκοδόμητο, εἰς τὸ κατακρημνίσαι αὐτόν· αὐτὸς δὲ

MATTH. IV. 13–16.   διελθὼν διὰ μέσου αὐτῶν ἐπορεύετο.

13 Καὶ καταλιπὼν τὴν Ναζαρέτ, ἐλθὼν   31 Καὶ κατῆλθεν εἰς Καπερναούμ, πόλιν
κατῴκησεν εἰς Καπερναοὺμ τὴν πα-   τῆς Γαλιλαίας.—
ραθαλασσίαν ἐν ὁρίοις Ζαβουλὼν
14 καὶ Νεφθαλείμ· ἵνα πληρωθῇ ῥηθὲν διὰ Ἡσαΐου τοῦ προφήτου λέγον-

---

[a] 17, 18. Is. 61, 1. Comp. Is. 58, 6.   [b] 25, 26. 1 K. 17, 1. 9.   [c] 27. 2 K. 5, 14.

MATTH. IV.

15 τος·ᵃ γῆ Ζαβουλὼν καὶ γῆ Νεφθαλείμ, ὁδὸν θαλάσσης, πέραν τοῦ Ἰορδάνου,
16 Γαλιλαία τῶν ἐθνῶν, ¹ὁ λαὸς ὁ καθήμενος ἐν σκότει εἶδε φῶς μέγα· καὶ τοῖς
καθημένοις ἐν χώρᾳ καὶ σκιᾷ θανάτου φῶς ἀνέτειλεν αὐτοῖς.

§ 29. The call of Simon Peter and Andrew, and of James and John, with the
miraculous draught of fishes.—*Near Caper.ιαᴜᴍ.*

LUKE V. 1–11.

1 Ἐγένετο δὲ ἐν τῷ τὸν ὄχλον ἐπικεῖσθαι αὐτῷ τοῦ ἀκούειν τὸν λόγον τοῦ θεοῦ,
2 καὶ αὐτὸς ἦν ἑστὼς παρὰ τὴν λίμνην Γεννησαρέτ· καὶ εἶδε δύο πλοῖα ἑστῶτα
παρὰ τὴν λίμνην· οἱ δὲ ἁλιεῖς ἀποβάντες ἀπ᾽ αὐτῶν ἀπέπλυναν τὰ δίκτυα.
3 Ἐμβὰς δὲ εἰς ἓν τῶν πλοίων, ὃ ἦν τοῦ Σίμωνος, ἠρώτησεν αὐτὸν ἀπὸ τῆς γῆς
4 ἐπαναγαγεῖν ὀλίγον· καὶ καθίσας ἐδίδασκεν ἐκ τοῦ πλοίου τοὺς ὄχλους. Ὡς
δὲ ἐπαύσατο λαλῶν, εἶπε πρὸς τὸν Σίμωνα· ἐπανάγαγε εἰς τὸ βάθος, καὶ χα-
5 λάσατε τὰ δίκτυα ὑμῶν εἰς ἄγραν. Καὶ ἀποκριθεὶς ὁ Σίμων εἶπεν αὐτῷ· ἐπι-
στάτα, δι᾽ ὅλης τῆς νυκτὸς κοπιάσαντες οὐδὲν ἐλάβομεν· ἐπὶ δὲ τῷ ῥήματί σου

MATTH. IV. 18–22.   MARK I. 16–20.   6 χαλάσω τὸ δίκτυον. Καὶ

18 Περιπατῶν δὲ [ὁ Ἰη-   16 Περιπατῶν δὲ παρὰ τὴν   τοῦτο ποιήσαντες συνέ-
σοῦς] παρὰ τὴν θάλασ-   θάλασσαν τῆς Γαλι-   κλεισαν ἰχθύων πλῆθος
σαν τῆς Γαλιλαίας εἶδε   λαίας εἶδε Σίμωνα καὶ   πολύ· διερρήγνυτο δὲ τὸ
δύο ἀδελφούς, Σίμωνα   7 δίκτυον αὐτῶν, ¹καὶ κα-
τὸν λεγόμενον Πέτρον   τένευσαν τοῖς μετόχοις
καὶ Ἀνδρέαν τὸν ἀδελφὸν Ἀνδρέαν τὸν ἀδελφὸν   τοῖς ἐν τῷ ἑτέρῳ πλοίῳ,
αὐτοῦ, βάλλοντας ἀμφί-   αὐτοῦ, ἀμφιβάλλοντας   τοῦ ἐλθόντας συλλαβέ-
βληστρον εἰς τὴν θάλασ-   ἀμφίβληστρον ἐν τῇ θα-   σθαι αὐτοῖς· καὶ ἦλθον,
σαν· ἦσαν γὰρ ἁλιεῖς.   λάσσῃ· ἦσαν γὰρ ἁλιεῖς.   καὶ ἔπλησαν ἀμφότερα
                                                          τὰ πλοῖα, ὥστε βυθίζε-

8 σθαι αὐτά. Ἰδὼν δὲ Σίμων Πέτρος προσέπεσε τοῖς γόνασι τοῦ Ἰησοῦ
9 λέγων· ἔξελθε ἀπ᾽ ἐμοῦ, ὅτι ἀνὴρ ἁμαρτωλός εἰμι, κύριε. Θάμβος γὰρ
περιέσχεν αὐτὸν καὶ πάντας τοὺς σὺν αὐτῷ ἐπὶ τῇ ἄγρᾳ τῶν ἰχθύ-
10 ων, ᾗ συνέλαβον, ¹ὁμοίως δὲ καὶ Ἰάκωβον καὶ Ἰωάννην, υἱοὺς Ζεβε-
δαίου, οἳ ἦσαν κοινωνοὶ

19 Καὶ λέγει αὐτοῖς· δεῦτε   17 Καὶ εἶπεν αὐτοῖς ὁ Ἰη-   τῷ Σίμωνι. καὶ εἶπε
ὀπίσω μου, καὶ ποιή-   σοῦς· δεῦτε ὀπίσω μου,   πρὸς τὸν Σίμωνα ὁ Ἰη-
σω ὑμᾶς ἁλιεῖς ἀνθρώ-   καὶ ποιήσω ὑμᾶς γενέ-   σοῦς· μὴ φοβοῦ· ἀπὸ
20 πων. Οἱ δὲ εὐθέως   σθαι ἁλιεῖς ἀνθρώπων.   τοῦ νῦν ἀνθρώπους ἔσῃ
ἀφέντες τὰ δίκτυα ἠκο-   18 Καὶ εὐθέως ἀφέντες τὰ   ζωγρῶν.
21 λούθησαν αὐτῷ. Καὶ   δίκτυα αὐτῶν ἠκολού-
προβὰς ἐκεῖθεν εἶδεν ἄλ-   19 θησαν αὐτῷ. Καὶ προβὰς ἐκεῖθεν
λους δύο ἀδελφούς, Ἰάκωβον τὸν τοῦ ὀλίγον εἶδεν Ἰάκωβον τὸν τοῦ Ζεβε-
Ζεβεδαίου καὶ Ἰωάννην τὸν ἀδελφὸν αὐ- δαίου καὶ Ἰωάννην τὸν ἀδελφὸν αὐ-
τοῦ, ἐν τῷ πλοίῳ μετὰ Ζεβεδαίου τοῦ πα- τοῦ, καὶ αὐτοὺς ἐν τῷ πλοίῳ καταρ-
τρὸς αὐτῶν καταρτίζοντας τὰ δίκτυα 20 τίζοντας τὰ δίκτυα· καὶ εὐθέως

ᵃ **14** sq. Is. 8, 23. 9, 1.

MATTH. IV.	MARK I.	LUKE V.
αὐτῶν· καὶ ἐκάλεσεν 22 αὐτούς. Οἱ δὲ εὐθέως ἀφέντες τὸ πλοῖον καὶ τὸν πατέρα αὐτῶν ἠκολούθησαν αὐτῷ.	ἐκάλεσεν αὐτούς. καὶ ἀφέντες τὸν πατέρα αὐτῶν Ζεβεδαῖον ἐν τῷ πλοίῳ μετὰ τῶν μισθωτῶν ἀπῆλθον ὀπίσω αὐτοῦ.	11 Καὶ καταγαγόντες τὰ πλοῖα ἐπὶ τὴν γῆν, ἀφέντες ἅπαντα ἠκολούθησαν αὐτῷ.

§ 30. The healing of a Demoniac in the Synagogue.—Capernaum.

MARK I. 21-28.

21 Καὶ εἰσπορεύονται εἰς Καπερναούμ· καὶ εὐθέως τοῖς σάββασιν εἰσελθὼν εἰς 22 τὴν συναγωγὴν ἐδίδασκε. Καὶ ἐξεπλήσσοντο ἐπὶ τῇ διδαχῇ αὐτοῦ· ἦν γὰρ διδάσκων αὐτοὺς ὡς ἐξουσίαν ἔχων 23 καὶ οὐκ ὡς οἱ γραμματεῖς. Καὶ ἦν ἐν τῇ συναγωγῇ αὐτῶν ἄνθρωπος ἐν πνεύματι ἀκαθάρτῳ, καὶ ἀνέκραξε 24 ¹λέγων· ἔα, τί ἡμῖν καὶ σοί, Ἰησοῦ Ναζαρηνέ; ἦλθες ἀπολέσαι ἡμᾶς· 25 οἶδά σε τίς εἶ, ὁ ἅγιος τοῦ θεοῦ. Καὶ ἐπετίμησεν αὐτῷ ὁ Ἰησοῦς λέγων· φι- 26 μώθητι καὶ ἔξελθε ἐξ αὐτοῦ. Καὶ σπαράξαν αὐτὸν τὸ πνεῦμα τὸ ἀκάθαρτον καὶ κράξαν φωνῇ μεγάλῃ ἐξῆλ- 27 θεν ἐξ αὐτοῦ. Καὶ ἐθαμβήθησαν πάντες, ὥστε συζητεῖν πρὸς αὐτοὺς λέγοντας· τί ἐστι τοῦτο; τίς ἡ διδαχὴ ἡ καινὴ αὕτη; ὅτι κατ' ἐξουσίαν καὶ τοῖς πνεύμασι τοῖς ἀκαθάρτοις ἐπιτάσσει, καὶ ὑπακούουσιν αὐτῷ; 28 Ἐξῆλθε δὲ ἡ ἀκοὴ αὐτοῦ εὐθὺς εἰς ὅλην τὴν περίχωρον τῆς Γαλιλαίας.

LUKE IV. 31-37.

31 —Καὶ ἦν διδάσκων αὐτοὺς ἐν τοῖς 32 σάββασι. Καὶ ἐξεπλήσσοντο ἐπὶ τῇ διδαχῇ αὐτοῦ, ὅτι ἐν ἐξουσίᾳ ἦν ὁ λόγος αὐτοῦ.

33 Καὶ ἐν τῇ συναγωγῇ ἦν ἄνθρωπος ἔχων πνεῦμα δαιμονίου ἀκαθάρτου, καὶ ἀνέκραξε 34 φωνῇ μεγάλῃ ¹λέγων· ἔα, τί ἡμῖν καὶ σοί, Ἰησοῦ Ναζαρηνέ; ἦλθες ἀπολέσαι ἡμᾶς· οἶδά σε τίς εἶ, ὁ ἅγιος τοῦ 35 θεοῦ. Καὶ ἐπετίμησεν αὐτῷ ὁ Ἰησοῦς λέγων· φιμώθητι καὶ ἔξελθε ἐξ αὐτοῦ· καὶ ῥῖψαν αὐτὸν τὸ δαιμόνιον εἰς τὸ μέσον ἐξῆλθεν ἀπ' αὐτοῦ μηδὲν 36 βλάψαν αὐτόν. Καὶ ἐγένετο θάμβος ἐπὶ πάντας, καὶ συνελάλουν πρὸς ἀλλήλους λέγοντες· τίς ὁ λόγος οὗτος; ὅτι ἐν ἐξουσίᾳ καὶ δυνάμει ἐπιτάσσει τοῖς ἀκαθάρτοις πνεύμασι, καὶ ἐξέρ- 37 χονται; Καὶ ἐξεπορεύετο ἦχος περὶ αὐτοῦ εἰς πάντα τόπον τῆς περιχώρου.

§ 31. The healing of Peter's wife's mother, and many others.—Capernaum.

MATTH. VIII. 14-17.

14 Καὶ ἐλθὼν ὁ Ἰησοῦς εἰς τὴν οἰκίαν Πέτρου εἶδε τὴν πενθερὰν αὐτοῦ βεβλημένην καὶ πυρέσσουσαν.

MARK I. 29-34.

29 Καὶ εὐθέως ἐκ τῆς συναγωγῆς ἐξελθόντες ἦλθον εἰς τὴν οἰκίαν Σίμωνος καὶ Ἀνδρέου μετὰ Ἰακώβου καὶ Ἰωάν- 30 νου. Ἡ δὲ πενθερὰ Σίμωνος κατέκειτο πυρέσ-

LUKE IV. 38-41.

38 Ἀναστὰς δὲ ἐκ τῆς συναγωγῆς εἰσῆλθεν εἰς τὴν οἰκίαν Σίμωνος. πενθερὰ δὲ τοῦ Σίμωνος ἦν συνεχομένη πυρετῷ μεγάλῳ, καὶ ἠρώτησαν αὐτὸν περὶ αὐτῆς.

MATTH. VIII.	MARK I.	LUKE IV.

15 Καὶ ἥψατο τῆς χειρὸς αὐτῆς, καὶ ἀφῆκεν αὐτὴν ὁ πυρετός· καὶ ἠγέρθη καὶ διηκόνει αὐτοῖς.

σουσα· καὶ εὐθέως λέγουσιν αὐτῷ περὶ αὐτῆς.
31 Καὶ προσελθὼν ἤγειρεν αὐτὴν κρατήσας τῆς χειρὸς αὐτῆς· καὶ ἀφῆκεν αὐτὴν ὁ πυρετὸς εὐθέως, καὶ διηκόνει αὐτοῖς.

39 Καὶ ἐπιστὰς ἐπάνω αὐτῆς ἐπετίμησε τῷ πυρετῷ, καὶ ἀφῆκεν αὐτήν· παραχρῆμα δὲ ἀναστᾶ- 40 σα διηκόνει αὐτοῖς. Δύνοντος δὲ τοῦ ἡλίου πάντες, ὅσοι εἶχον ἀσθενοῦντας νόσοις ποικίλαις, ἤγαγον αὐτοὺς πρὸς αὐτόν· ὁ δὲ ἑνὶ ἑκάστῳ αὐτῶν τὰς χεῖρας ἐπιθεὶς ἐθεράπευσεν 41 αὐτούς. Ἐξήρχετο δὲ καὶ δαιμόνια ἀπὸ πολλῶν κράζοντα καὶ λέγοντα· ὅτι σὺ εἶ [ὁ Χριστὸς] ὁ υἱὸς τοῦ θεοῦ. καὶ ἐπιτιμῶν οὐκ εἴα αὐτὰ λαλεῖν, ὅτι ᾔδεισαν τὸν Χριστὸν αὐτὸν εἶναι.

16 Ὀψίας δὲ γενομένης προσήνεγκαν αὐτῷ δαιμονιζομένους πολλούς· καὶ ἐξέβαλε τὰ πνεύματα λόγῳ, καὶ πάντας τοὺς κακῶς ἔχοντας ἐθεράπευσεν· 17 ὅπως πληρωθῇ τὸ ῥηθὲν διὰ Ἠσαΐου τοῦ προφήτου λέγοντος·[a] αὐτὸς τὰς ἀσθενείας ἡμῶν ἔλαβε καὶ τὰς νόσους ἐβάστασεν.

32 Ὀψίας δὲ γενομένης, ὅτε ἔδυ ὁ ἥλιος, ἔφερον πρὸς αὐτὸν πάντας τοὺς κακῶς ἔχοντας καὶ τοὺς 33 δαιμονιζομένους· καὶ ἡ πόλις ὅλη ἐπισυνηγμένη 34 ἦν πρὸς τὴν θύραν. Καὶ ἐθεράπευσε πολλοὺς κακῶς ἔχοντας ποικίλαις νόσοις, καὶ δαιμόνια πολλὰ ἐξέβαλε, καὶ οὐκ ἤφιε λαλεῖν τὰ δαιμόνια, ὅτι ᾔδεισαν αὐτόν.

§ 32. Jesus with his disciples goes from Capernaum throughout Galilee.

MARK I. 35-39.

35 Καὶ πρωῒ ἔννυχον λίαν ἀναστὰς ἐξῆλθε καὶ ἀπῆλθεν εἰς ἔρημον τόπον,
36 κἀκεῖ προσηύχετο. Καὶ κατεδίωξαν αὐτὸν ὁ Σίμων καὶ οἱ μετ' αὐτοῦ.
37 Καὶ εὑρόντες αὐτὸν λέγουσιν αὐτῷ· ὅτι
38 πάντες ζητοῦσί σε. Καὶ λέγει αὐτοῖς· ἄγωμεν εἰς τὰς ἐχομένας κωμοπόλεις, ἵνα κἀκεῖ κηρύξω· εἰς τοῦτο γὰρ ἐξελή-
39 λυθα. Καὶ ἦν κηρύσσων εἰς τὰς συναγωγὰς αὐτῶν, εἰς ὅλην τὴν Γαλιλαίαν, καὶ τὰ δαιμόνια ἐκβάλλων.

LUKE IV. 42-44.

42 Γενομένης δὲ ἡμέρας ἐξελθὼν ἐπορεύθη εἰς ἔρημον τόπον, καὶ οἱ ὄχλοι ἐπεζήτουν αὐτόν, καὶ ἦλθον ἕως αὐτοῦ, καὶ κατεῖχον αὐτὸν τοῦ μὴ πορεύ-
43 εσθαι ἀπ' αὐτῶν. Ὁ δὲ εἶπε πρὸς αὐτούς· ὅτι καὶ ταῖς ἑτέραις πόλεσιν εὐαγγελίσασθαί με δεῖ τὴν βασιλείαν τοῦ θεοῦ· ὅτι εἰς τοῦτο ἀπέσταλμαι.
44 Καὶ ἦν κηρύσσων ἐν ταῖς συναγωγαῖς τῆς Γαλιλαίας.

MATTH. IV. 23-25.

23 Καὶ περιῆγεν ὅλην τὴν Γαλιλαίαν ὁ Ἰησοῦς, διδάσκων ἐν ταῖς συναγωγαῖς αὐτῶν καὶ κηρύσσων τὸ εὐαγγέλιον τῆς βασιλείας καὶ θεραπεύων πᾶσαν νόσον καὶ
24 πᾶσαν μαλακίαν ἐν τῷ λαῷ. Καὶ ἀπῆλθεν ἡ ἀκοὴ αὐτοῦ εἰς ὅλην τὴν Συρίαν· καὶ προσήνεγκαν αὐτῷ πάντας τοὺς κακῶς ἔχοντας, ποικίλαις νόσοις καὶ βασάνοις συνεχομένους, καὶ δαιμονιζομένους καὶ σεληνιαζομένους καὶ παραλυτικούς·

---

[a] 17. Is. 53, 4.

MATTH. IV.

25 καὶ ἐθεράπευσεν αὐτούς. Καὶ ἠκολούθησαν αὐτῷ ὄχλοι πολλοὶ ἀπὸ τῆς Γαλιλαίας καὶ Δεκαπόλεως καὶ Ἱεροσολύμων καὶ Ἰουδαίας καὶ πέραν τοῦ Ἰορδάνου.

§ 33. The healing of a Leper.—*Galilee.*

MATTH. VIII. 2–4.	MARK I. 40–45.	LUKE V. 12–16.
2 Καὶ ἰδού, λεπρὸς ἐλθὼν προςεκύνει αὐτῷ λέγων·	40 Καὶ ἔρχεται πρὸς αὐτὸν λεπρὸς παρακαλῶν αὐτὸν καὶ γονυπετῶν αὐτὸν καὶ λέγων αὐτῷ·	12 Καὶ ἐγένετο ἐν τῷ εἶναι αὐτὸν ἐν μιᾷ τῶν πόλεων, καὶ ἰδού, ἀνὴρ πλήρης λέπρας· καὶ ἰδὼν τὸν Ἰησοῦν, πεσὼν ἐπὶ
. κύριε, ἐὰν θέλῃς, δύνασαί με καθαρίσαι.	ὅτι, ἐὰν θέλῃς, δύνασαί 41 με καθαρίσαι. Ὁ δὲ Ἰησοῦς σπλαγχνισθεὶς ἐκτείνας τὴν χεῖρα ἥψα-	πρόσωπον ἐδεήθη αὐτοῦ λέγων· κύριε, ἐὰν θέλῃς, δύνασαί με κα-
3 Καὶ ἐκτείνας τὴν χεῖρα ἥψατο αὐτοῦ ὁ Ἰησοῦς λέγων· θέλω, καθαρίσθητι. καὶ εὐθέως ἐκαθαρίσθη αὐτοῦ ἡ λέπρα.	το αὐτοῦ καὶ λέγει αὐτῷ· θέλω, καθαρίσθητι. 42 Καὶ εἰπόντος αὐτοῦ εὐθέως ἀπῆλθεν ἀπ᾽ αὐτοῦ ἡ λέπρα, καὶ ἐκα- 43 θαρίσθη. Καὶ ἐμβριμησάμενος αὐτῷ εὐθέως	13 θαρίσαι. Καὶ ἐκτείνας τὴν χεῖρα ἥψατο αὐτοῦ εἰπών· θέλω, καθαρίσθητι. καὶ εὐθέως ἡ λέπρα ἀπῆλθεν ἀπ᾽ αὐτοῦ.
4 Καὶ λέγει αὐτῷ ὁ Ἰησοῦς· ὅρα, μηδενὶ εἴπῃς· ἀλλὰ ὕπαγε, σεαυτὸν δεῖξον τῷ ἱερεῖ, καὶ προςένεγκε τὸ δῶρον, ὃ προςέταξε Μωϋσῆς, εἰς μαρτύριον αὐτοῖς.ᵃ	44 ἐξέβαλεν αὐτὸν ¹ καὶ λέγει αὐτῷ· ὅρα, μηδενὶ μηδὲν εἴπῃς· ἀλλ᾽ ὕπαγε, σεαυτὸν δεῖξον τῷ ἱερεῖ, καὶ προσένεγκε περὶ τοῦ καθαρισμοῦ σου, ἃ προςέταξε Μωϋσῆς, εἰς μαρ- 45 τύριον αὐτοῖς.ᵃ Ὁ δὲ	14 Καὶ αὐτὸς παρήγγειλεν αὐτῷ μηδενὶ εἰπεῖν· ἀλλὰ ἀπελθὼν δεῖξον σεαυτὸν τῷ ἱερεῖ, καὶ προσένεγκε περὶ τοῦ καθαρισμοῦ σου, καθὼς προςέταξε Μωϋσῆς, εἰς μαρτύριον αὐτοῖς.ᵃ

ἐξελθὼν ἤρξατο κηρύσσειν πολλὰ καὶ διαφημίζειν τὸν λόγον, ὥστε μηκέτι αὐτὸν δύνασθαι φανερῶς εἰς πόλιν εἰσελθεῖν· ἀλλ᾽ ἔξω ἐν ἐρήμοις τόποις ἦν, καὶ ἤρχοντο πρὸς αὐτὸν πανταχόθεν.

15 Διήρχετο δὲ μᾶλλον ὁ λόγος περὶ αὐτοῦ, καὶ συνήρχοντο ὄχλοι πολλοὶ ἀκούειν καὶ θεραπεύεσθαι ὑπ᾽ αὐτοῦ 16 ἀπὸ τῶν ἀσθενειῶν αὐτῶν. Αὐτὸς δὲ ἦν ὑποχωρῶν ἐν ταῖς ἐρήμοις καὶ προσευχόμενος.

§ 34. The healing of a Paralytic.—*Capernaum.*

MARK II. 1–12.	LUKE V. 17–26.
1 Καὶ πάλιν εἰσῆλθεν εἰς Καπερναοὺμ δι᾽ ἡμερῶν· καὶ ἠκούσθη, ὅτι 2 εἰς οἶκόν ἐστι. Καὶ εὐθέως συνή-	17 Καὶ ἐγένετο ἐν μιᾷ τῶν ἡμερῶν, καὶ αὐτὸς ἦν διδάσκων· καὶ ἦσαν καθήμενοι Φαρισαῖοι καὶ νομοδιδάσκαλοι,

---

ᵃ 4 etc. Comp. Lev. 14, 2 sq.

MARK II.

χθησαν πολλοί, ὥστε μηκέτι χωρεῖν μηδὲ τὰ πρὸς τὴν θύραν· καὶ ἐλάλει αὐτοῖς τὸν λόγον.

MATTH. IX. 2-8.

2 Καὶ ἰδού, προσέφε-
ρον αὐτῷ παραλυτικὸν
ἐπὶ κλίνης βεβλημένον.

MATTH. IX.

Καὶ ἰδὼν ὁ Ἰησοῦς τὴν
πίστιν αὐτῶν εἶπε τῷ
παραλυτικῷ· θάρσει,
τέκνον· ἀφέωνταί σοι
3 αἱ ἁμαρτίαι σου. Καὶ
ἰδού, τινὲς τῶν γραμ-
ματέων εἶπον ἐν ἑαυ-
τοῖς· οὗτος βλασφημεῖ.

4 Καὶ ἰδὼν ὁ Ἰησοῦς
τὰς ἐνθυμήσεις αὐτῶν
εἶπεν·

ἵνα τί ὑμεῖς ἐν-
θυμεῖσθε πονηρὰ ἐν
ταῖς καρδίαις ὑμῶν;
5 Τί γάρ ἐστιν εὐκοπώτε-
ρον, εἰπεῖν· ἀφέωνταί
σοι αἱ ἁμαρτίαι, ἢ εἰπεῖν·
ἔγειραι καὶ περιπάτει;

6 Ἵνα δὲ εἰδῆτε, ὅτι
ἐξουσίαν ἔχει ὁ υἱὸς
τοῦ ἀνθρώπου ἐπὶ τῆς
γῆς ἀφιέναι ἁμαρτίας·

MARK II.

3 Καὶ ἔρχονται πρὸς αὐ-
τὸν παραλυτικὸν φέρον-
τες, αἰρόμενον ὑπὸ τεσ-
4 σάρων. Καὶ μὴ δυνά-
μενοι προσεγγίσαι αὐ-
τῷ διὰ τὸν ὄχλον, ἀπε-
στέγασαν τὴν στέγην,
ὅπου ἦν, καὶ ἐξορύξαν-
τες χαλῶσι τὸν κράβ-
βατον, ἐφ' ᾧ ὁ παραλυ-
5 τικὸς κατέκειτο. Ἰδὼν δὲ
ὁ Ἰησοῦς τὴν πίστιν αὐ-
τῶν λέγει τῷ παραλυ-
τικῷ· τέκνον, ἀφέωνταί
σοι αἱ ἁμαρτίαι σου.
6 Ἦσαν δέ τινες τῶν
γραμματέων ἐκεῖ καθή-
μενοι καὶ διαλογιζόμενοι
ἐν ταῖς καρδίαις αὐτῶν·
7 τί οὗτος οὕτω λαλεῖ
βλασφημίας; τίς δύνα-
ται ἀφιέναι ἁμαρτίας,
8 εἰ μὴ εἷς ὁ θεός; Καὶ
εὐθέως ἐπιγνοὺς ὁ Ἰη-
σοῦς τῷ πνεύματι αὐτοῦ,
ὅτι οὕτως αὐτοὶ διαλογί-
ζονται ἐν ἑαυτοῖς, εἶπεν
αὐτοῖς· τί ταῦτα δια-
λογίζεσθε ἐν ταῖς καρ-
9 δίαις ὑμῶν; Τί ἐστιν
εὐκοπώτερον, εἰπεῖν τῷ
παραλυτικῷ· ἀφέωνταί
σοι αἱ ἁμαρτίαι, ἢ εἰ-
πεῖν· ἔγειραι καὶ ἆρόν σου
τὸν κράββατον καὶ πε-
10 ριπάτει; Ἵνα δὲ εἰδῆτε,
ὅτι ἐξουσίαν ἔχει ὁ υἱὸς
τοῦ ἀνθρώπου ἐπὶ τῆς
γῆς ἀφιέναι ἁμαρτίας·

LUKE V.

οἱ ἦσαν ἐληλυθότες ἐκ πάσης κώμης τῆς Γαλιλαίας καὶ Ἰουδαίας καὶ Ἱε-
ρουσαλήμ· καὶ δύναμις κυρίου ἦν εἰς
18 τὸ ἰᾶσθαι αὐτούς. Καὶ
ἰδού, ἄνδρες φέροντες
ἐπὶ κλίνης ἄνθρωπον,
ὃς ἦν παραλελυμένος,
καὶ ἐζήτουν αὐτὸν εἰσ-
ενεγκεῖν καὶ θεῖναι ἐνώ-
19 πιον αὐτοῦ. Καὶ μὴ εὑρόντες ποίας
εἰσενέγκωσιν αὐτόν, διὰ τὸν ὄχλον,
ἀναβάντες ἐπὶ τὸ δῶμα διὰ τῶν
κεράμων καθῆκαν αὐτὸν σὺν τῷ κλινι-
δίῳ εἰς τὸ μέσον ἔμπρο-
20 σθεν τοῦ Ἰησοῦ. Καὶ
ἰδὼν τὴν πίστιν αὐτῶν
εἶπεν αὐτῷ· ἄνθρωπε,
ἀφέωνταί σοι αἱ ἁμαρ-
21 τίαι σου· Καὶ ἤρξαντο
διαλογίζεσθαι οἱ γραμ-
ματεῖς καὶ οἱ Φαρισαῖοι
λέγοντες· τίς ἐστιν οὗ-
τος, ὃς λαλεῖ βλασφη-
μίας; τίς δύναται ἀ-
φιέναι ἁμαρτίας, εἰ μὴ
22 μόνος ὁ θεός; Ἐπι-
γνοὺς δὲ ὁ Ἰησοῦς τοὺς
διαλογισμοὺς αὐτῶν, ἀ-
ποκριθεὶς εἶπε πρὸς
αὐτούς·

τί δια-
λογίζεσθε ἐν ταῖς καρ-
23 δίαις ὑμῶν; Τί ἐστιν
εὐκοπώτερον, εἰπεῖν· ἀ-
φέωνταί σοι αἱ ἁμαρτίαι
σου, ἢ εἰπεῖν· ἔγειραι καὶ
περιπάτει;

24 Ἵνα δὲ εἰδῆτε,
ὅτι ἐξουσίαν ἔχει ὁ υἱὸς
τοῦ ἀνθρώπου ἐπὶ τῆς
γῆς ἀφιέναι ἁμαρτίας·

MATTH. IX.	MARK II.	LUKE V.
(τότε λέγει τῷ παρα- λυτικῷ·) ἐγερθεὶς ἆρόν σου τὴν κλίνην καὶ ὕπα- γε εἰς τὸν οἶκόν σου.	(λέγει τῷ παραλυτικῷ·) 11 ᴵσοι λέγω· ἔγειραι καὶ ἆρον τὸν κράββατόν σου καὶ ὕπαγε εἰς τὸν οἶκόν	(εἶπε τῷ παραλελυμένῳ·) σοὶ λέγω· ἔγειραι, καὶ ἄρας τὸ κλινίδιόν σου πορεύου εἰς τὸν οἶκόν
7 Καὶ ἐγερθεὶς ἀπῆλθεν εἰς τὸν οἶκον αὐτοῦ.	12 σου. Καὶ ἠγέρθη εὐ- θέως καὶ ἄρας τὸν κράβ- βατον ἐξῆλθεν ἐναντίον πάντων,	25 σου. Καὶ παραχρῆμα ἀναστὰς ἐνώπιον αὐτῶν, ἄρας ἐφ' ᾧ κατέκειτο, ἀπῆλθεν εἰς τὸν οἶκον αὐτοῦ δοξάζων τὸν
8 Ἰδόντες δὲ οἱ ὄχλοι ἐθαύμασαν καὶ ἐδόξα- σαν τὸν θεὸν τὸν δόντα ἐξουσίαν τοιαύτην τοῖς ἀνθρώποις.	ὥστε ἐξίστα- σθαι πάντας καὶ δοξά- ζειν τὸν θεὸν λέγοντας· ὅτι οὐδέποτε οὕτως εἴ- δομεν.	26 θεόν. Καὶ ἔκστασις ἔλαβεν ἅπαντας, καὶ ἐδόξαζον τὸν θεόν· καὶ ἐπλήσθησαν φόβου, λέ- γοντες· ὅτι εἴδομεν πα- ράδοξα σήμερον.

§ 35. The call of Matthew.—*Capernaum.*

MATTH. IX. 9.	MARK II. 13, 14.	LUKE V. 27, 28.
	13 Καὶ ἐξῆλθε πάλιν παρὰ τὴν θάλασσαν· καὶ πᾶς ὁ ὄχλος ἤρχετο	
9 Καὶ παράγων ὁ Ἰη- σοῦς ἐκεῖθεν εἶδεν ἄν- θρωπον καθήμενον ἐπὶ τὸ τελώνιον, Ματθαῖον λεγόμενον, καὶ λέγει αὐ- τῷ· ἀκολούθει μοι. καὶ ἀναστὰς ἠκολούθησεν αὐτῷ.	πρὸς αὐτόν, καὶ ἐδίδα- 14 σκεν αὐτούς. Καὶ παράγων εἶδε Λευῒν, τὸν τοῦ Ἀλφαίου, καθήμενον ἐπὶ τὸ τελώνιον, καὶ λέγει αὐτῷ· ἀκολούθει μοι. καὶ ἀναστὰς ἠκο- λούθησεν αὐτῷ.	27 Καὶ μετὰ ταῦτα ἐξῆλ- θε καὶ ἐθεάσατο τελώ- νην ὀνόματι Λευῒν καθή- μενον ἐπὶ τὸ τελώνιον, καὶ εἶπεν αὐτῷ· ἀκο- 28 λούθει μοι. Καὶ καταλι- πὼν ἅπαντα, ἀναστὰς ἠκολούθησεν αὐτῷ.

PART IV.

OUR LORD'S SECOND PASSOVER, AND THE SUBSEQUENT TRANSACTIONS
UNTIL THE THIRD.

TIME: *One year.*

§ 36. The Pool of Bethesda ; the healing of the infirm man ; and our Lord's
subsequent discourse.—*Jerusalem.*

JOHN V. 1–47.

1 Μετὰ ταῦτα ἦν ἑορτὴ τῶν Ἰουδαίων, καὶ ἀνέβη ὁ Ἰησοῦς εἰς Ἱεροσόλυμα.
2 Ἔστι δὲ ἐν τοῖς Ἱεροσολύμοις ἐπὶ τῇ προβατικῇ κολυμβήθρα, ἡ ἐπιλεγομένη
3 Ἑβραϊστὶ Βηθεσδά, πέντε στοὰς ἔχουσα. Ἐν ταύταις κατέκειτο πλῆθος πολὺ
τῶν ἀσθενούντων, τυφλῶν, χωλῶν, ξηρῶν, ἐκδεχομένων τὴν τοῦ ὕδατος κίνησιν.
4 Ἄγγελος γὰρ κατὰ καιρὸν κατέβαινεν ἐν τῇ κολυμβήθρᾳ καὶ ἐτάρασσε τὸ ὕδωρ·
ὁ οὖν πρῶτος ἐμβὰς μετὰ τὴν ταραχὴν τοῦ ὕδατος ὑγιὴς ἐγίνετο, ᾧ δήποτε κατείχετο
5 νοσήματι. Ἦν δέ τις ἄνθρωπος ἐκεῖ τριάκοντα καὶ ὀκτὼ ἔτη ἔχων ἐν τῇ ἀσθενείᾳ.
6 Τοῦτον ἰδὼν ὁ Ἰησοῦς κατακείμενον καὶ γνούς, ὅτι πολὺν ἤδη χρόνον ἔχει, λέγει
7 αὐτῷ· θέλεις ὑγιὴς γενέσθαι; Ἀπεκρίθη αὐτῷ ὁ ἀσθενῶν· κύριε, ἄνθρωπον οὐκ
ἔχω, ἵνα, ὅταν ταραχθῇ τὸ ὕδωρ, βάλῃ με εἰς τὴν κολυμβήθραν· ἐν ᾧ δὲ ἔρχομαι
8 ἐγώ, ἄλλος πρὸ ἐμοῦ καταβαίνει. Λέγει αὐτῷ ὁ Ἰησοῦς· ἔγειραι, ἆρον τὸν κράβ-
9 βατόν σου καὶ περιπάτει. Καὶ εὐθέως ἐγένετο ὑγιὴς ὁ ἄνθρωπος, καὶ ἦρε τὸν
κράββατον αὐτοῦ καὶ περιεπάτει. ἦν δὲ σάββατον ἐν ἐκείνῃ τῇ ἡμέρᾳ.
10 Ἔλεγον οὖν οἱ Ἰουδαῖοι τῷ τεθεραπευμένῳ· σάββατόν ἐστιν· οὐκ ἔξεστί σοι
11 ἆραι τὸν κράββατον. Ἀπεκρίθη αὐτοῖς· ὁ ποιήσας με ὑγιῆ, ἐκεῖνός μοι εἶπεν·
12 ἆρον τὸν κράββατόν σου καὶ περιπάτει. Ἠρώτησαν οὖν αὐτόν· τίς ἐστιν ὁ ἄνθρω-
13 πος ὁ εἰπών σοι· ἆρον τὸν κράββατόν σου καὶ περιπάτει; Ὁ δὲ ἰαθεὶς οὐκ ᾔδει,
14 τίς ἐστιν· ὁ γὰρ Ἰησοῦς ἐξένευσεν ὄχλου ὄντος ἐν τῷ τόπῳ. Μετὰ ταῦτα εὑρίσκει
αὐτὸν ὁ Ἰησοῦς ἐν τῷ ἱερῷ καὶ εἶπεν αὐτῷ· ἴδε, ὑγιὴς γέγονας· μηκέτι ἁμάρτανε,
15 ἵνα μὴ χεῖρόν σοί τι γένηται. Ἀπῆλθεν ὁ ἄνθρωπος καὶ ἀνήγγειλε τοῖς Ἰουδαίοις,
16 ὅτι Ἰησοῦς ἐστιν ὁ ποιήσας αὐτὸν ὑγιῆ. Καὶ διὰ τοῦτο ἐδίωκον τὸν Ἰησοῦν οἱ
Ἰουδαῖοι καὶ ἐζήτουν αὐτὸν ἀποκτεῖναι, ὅτι ταῦτα ἐποίει ἐν σαββάτῳ.

3*

JOHN V.

17   Ὁ δὲ Ἰησοῦς ἀπεκρίνατο αὐτοῖς· ὁ πατήρ μου ἕως ἄρτι ἐργάζεται, κἀγὼ ἐργάζο-
18 μαι. Διὰ τοῦτο οὖν μᾶλλον ἐζήτουν αὐτὸν οἱ Ἰουδαῖοι ἀποκτεῖναι, ὅτι οὐ μόνον ἔλυε
     τὸ σάββατον, ἀλλὰ καὶ πατέρα ἴδιον ἔλεγε τὸν θεόν, ἴσον ἑαυτὸν ποιῶν τῷ θεῷ.
19 Ἀπεκρίνατο οὖν ὁ Ἰησοῦς καὶ εἶπεν αὐτοῖς· ἀμὴν ἀμὴν λέγω ὑμῖν, οὐ δύναται ὁ
     υἱὸς ποιεῖν ἀφ' ἑαυτοῦ οὐδέν, ἐὰν μή τι βλέπῃ τὸν πατέρα ποιοῦντα· ἃ γὰρ ἂν
20 ἐκεῖνος ποιῇ, ταῦτα καὶ ὁ υἱὸς ὁμοίως ποιεῖ. Ὁ γὰρ πατὴρ φιλεῖ τὸν υἱὸν καὶ
     πάντα δείκνυσιν αὐτῷ, ἃ αὐτὸς ποιεῖ, καὶ μείζονα τούτων δείξει αὐτῷ ἔργα, ἵνα ὑμεῖς
21 θαυμάζητε. Ὥσπερ γὰρ ὁ πατὴρ ἐγείρει τοὺς νεκροὺς καὶ ζωοποιεῖ, οὕτω καὶ ὁ υἱὸς
22 οὓς θέλει ζωοποιεῖ. Οὐδὲ γὰρ ὁ πατὴρ κρίνει οὐδένα, ἀλλὰ τὴν κρίσιν πᾶσαν
23 δέδωκε τῷ υἱῷ, ἵνα πάντες τιμῶσι τὸν υἱόν, καθὼς τιμῶσι τὸν πατέρα. ὁ μὴ τιμῶν
24 τὸν υἱὸν οὐ τιμᾷ τὸν πατέρα τὸν πέμψαντα αὐτόν. Ἀμὴν ἀμὴν λέγω ὑμῖν, ὅτι ὁ
     τὸν λόγον μου ἀκούων καὶ πιστεύων τῷ πέμψαντί με ἔχει ζωὴν αἰώνιον καὶ εἰς κρίσιν
25 οὐκ ἔρχεται, ἀλλὰ μεταβέβηκεν ἐκ τοῦ θανάτου εἰς τὴν ζωήν. Ἀμὴν ἀμὴν λέγω
     ὑμῖν, ὅτι ἔρχεται ὥρα, καὶ νῦν ἐστιν, ὅτε οἱ νεκροὶ ἀκούσονται τῆς φωνῆς τοῦ υἱοῦ
26 τοῦ θεοῦ, καὶ οἱ ἀκούσαντες ζήσονται. Ὥσπερ γὰρ ὁ πατὴρ ἔχει ζωὴν ἐν ἑαυτῷ,
27 οὕτως ἔδωκε καὶ τῷ υἱῷ ζωὴν ἔχειν ἐν ἑαυτῷ· καὶ ἐξουσίαν ἔδωκεν αὐτῷ καὶ κρίσιν
28 ποιεῖν, ὅτι υἱὸς ἀνθρώπου ἐστί. Μὴ θαυμάζετε τοῦτο· ὅτι ἔρχεται ὥρα, ἐν ᾗ πάν-
29 τες οἱ ἐν τοῖς μνημείοις ἀκούσονται τῆς φωνῆς αὐτοῦ, καὶ ἐκπορεύσονται οἱ τὰ
     ἀγαθὰ ποιήσαντες εἰς ἀνάστασιν ζωῆς, οἱ δὲ τὰ φαῦλα πράξαντες εἰς ἀνάστασιν
30 κρίσεως.[a] Οὐ δύναμαι ἐγὼ ποιεῖν ἀπ' ἐμαυτοῦ οὐδέν· καθὼς ἀκούω, κρίνω, καὶ ἡ
     κρίσις ἡ ἐμὴ δικαία ἐστίν, ὅτι οὐ ζητῶ τὸ θέλημα τὸ ἐμόν, ἀλλὰ τὸ θέλημα τοῦ
     πέμψαντός με [πατρός].
31 32   Ἐὰν ἐγὼ μαρτυρῶ περὶ ἐμαυτοῦ, ἡ μαρτυρία μου οὐκ ἔστιν ἀληθής. Ἄλλος
     ἐστὶν ὁ μαρτυρῶν περὶ ἐμοῦ, καὶ οἶδα, ὅτι ἀληθής ἐστιν ἡ μαρτυρία, ἣν μαρτυρεῖ
33 περὶ ἐμοῦ. Ὑμεῖς ἀπεστάλκατε πρὸς Ἰωάννην, καὶ μεμαρτύρηκε τῇ ἀληθείᾳ.
34 Ἐγὼ δὲ οὐ παρὰ ἀνθρώπου τὴν μαρτυρίαν λαμβάνω, ἀλλὰ ταῦτα λέγω, ἵνα ὑμεῖς
35 σωθῆτε. Ἐκεῖνος ἦν ὁ λύχνος ὁ καιόμενος καὶ φαίνων, ὑμεῖς δὲ ἠθελήσατε ἀγαλ-
     λιαθῆναι πρὸς ὥραν ἐν τῷ φωτὶ αὐτοῦ.
36   Ἐγὼ δὲ ἔχω τὴν μαρτυρίαν μείζω τοῦ Ἰωάννου· τὰ γὰρ ἔργα, ἃ ἔδωκέ μοι ὁ πατήρ,
     ἵνα τελειώσω αὐτά, αὐτὰ τὰ ἔργα, ἃ ἐγὼ ποιῶ, μαρτυρεῖ περὶ ἐμοῦ, ὅτι ὁ πατήρ με
37 ἀπέσταλκε· καὶ ὁ πέμψας με πατὴρ αὐτὸς μεμαρτύρηκε περὶ ἐμοῦ. οὔτε φωνὴν
38 αὐτοῦ ἀκηκόατε πώποτε, οὔτε εἶδος αὐτοῦ ἑωράκατε, καὶ τὸν λόγον αὐτοῦ οὐκ ἔχετε
39 μένοντα ἐν ὑμῖν, ὅτι ὃν ἀπέστειλεν ἐκεῖνος, τούτῳ ὑμεῖς οὐ πιστεύετε. Ἐρευνᾶτε
     τὰς γραφάς, ὅτι ὑμεῖς δοκεῖτε ἐν αὐταῖς ζωὴν αἰώνιον ἔχειν, καὶ ἐκεῖναί εἰσιν αἱ μαρ-
40 τυροῦσαι περὶ ἐμοῦ· καὶ οὐ θέλετε ἐλθεῖν πρός με, ἵνα ζωὴν ἔχητε.
41 42   Δόξαν παρὰ ἀνθρώπων οὐ λαμβάνω, ἀλλ' ἔγνωκα ὑμᾶς, ὅτι τὴν ἀγάπην τοῦ
43 θεοῦ οὐκ ἔχετε ἐν ἑαυτοῖς. Ἐγὼ ἐλήλυθα ἐν τῷ ὀνόματι τοῦ πατρός μου, καὶ οὐ
44 λαμβάνετέ με· ἐὰν ἄλλος ἔλθῃ ἐν τῷ ὀνόματι τῷ ἰδίῳ, ἐκεῖνον λήψεσθε. Πῶς
     δύνασθε ὑμεῖς πιστεῦσαι, δόξαν παρὰ ἀλλήλων λαμβάνοντες, καὶ τὴν δόξαν τὴν
45 παρὰ τοῦ μόνου θεοῦ οὐ ζητεῖτε; Μὴ δοκεῖτε, ὅτι ἐγὼ κατηγορήσω ὑμῶν πρὸς τὸν
46 πατέρα· ἔστιν ὁ κατηγορῶν ὑμῶν Μωϋσῆς, εἰς ὃν ὑμεῖς ἠλπίκατε. Εἰ γὰρ ἐπιστεύετε

---

[a] 29. Comp. Dan. 12, 2.

JOHN V.

47 Μωῦσῇ, ἐπιστεύετε ἂν ἐμοί· περὶ γὰρ ἐμοῦ ἐκεῖνος ἔγραψεν. Εἰ δὲ τοῖς ,ἐκείνου
γράμμασιν οὐ πιστεύετε, πῶς τοῖς ἐμοῖς ῥήμασι πιστεύσετε ;

§ 37. The Disciples pluck ears of grain on the Sabbath.—*On the way to Galilee ?*

Matth. XII. 1-8.	Mark II. 23-28.	Luke VI. 1-5.
1 Ἐν ἐκείνῳ τῷ καιρῷ ἐπορεύθη ὁ Ἰησοῦς τοῖς σάββασι διὰ τῶν σπορίμων· οἱ δὲ μαθηταὶ αὐτοῦ ἐπείνασαν καὶ ἤρξαντο τίλλειν στάχυας 2 καὶ ἐσθίειν.ᵃ Οἱ δὲ Φαρισαῖοι ἰδόντες εἶπον αὐτῷ· ἰδού, οἱ μαθηταί σου ποιοῦσιν, ὃ οὐκ ἔξεστι ποιεῖν ἐν σαββάτῳ. 3 Ὁ δὲ εἶπεν αὐτοῖς· οὐκ ἀνέγνωτε, τί ἐποίησε Δαυῒδ, ὅτε ἐπείνασε, 4 καὶ οἱ μετ᾽ αὐτοῦ;ᵇ πῶς εἰσῆλθεν εἰς τὸν οἶκον τοῦ θεοῦ, καὶ τοὺς ἄρτους τῆς προθέσεως ἔφαγεν, οὓς οὐκ ἐξὸν ἦν αὐτῷ φαγεῖν, οὐδὲ τοῖς μετ᾽ αὐτοῦ, εἰ μὴ 5 τοῖς ἱερεῦσι μόνοις ; Ἢ οὐκ ἀνέγνωτε ἐν τῷ νόμῳ,ᶜ ὅτι τοῖς σάββασιν οἱ ἱερεῖς ἐν τῷ ἱερῷ τὸ σάββατον βεβηλοῦσι, 6 καὶ ἀναίτιοί εἰσι; Λέγω δὲ ὑμῖν, ὅτι τοῦ ἱεροῦ 7 μείζων ἐστὶν ὧδε. Εἰ δὲ ἐγνώκειτε, τί ἐστιν· ἔλεον θέλω, καὶ οὐ θυσίαν·ᵈ οὐκ ἂν κατεδικάσατε 3 τοὺς ἀναιτίους. Κύριος γάρ ἐστι τοῦ σαββάτου ὁ υἱὸς τοῦ ἀνθρώπου.	23 Καὶ ἐγένετο παραπορεύεσθαι αὐτὸν ἐν τοῖς σάββασι διὰ τῶν σπορίμων, καὶ ἤρξαντο οἱ μαθηταὶ αὐτοῦ ὁδὸν ποιεῖν τίλλοντες τοὺς 24 στάχυας.ᵃ Καὶ οἱ Φαρισαῖοι ἔλεγον αὐτῷ· ἴδε, τί ποιοῦσιν ἐν τοῖς σάββασιν, ὃ οὐκ ἔξεστι ; 25 Καὶ αὐτὸς ἔλεγεν αὐτοῖς· οὐδέποτε ἀνέγνωτε, τί ἐποίησε Δαυῒδ, ὅτε χρείαν ἔσχε καὶ ἐπείνασεν αὐτὸς καὶ οἱ μετ᾽ 26 αὐτοῦ;ᵇ πῶς εἰσῆλθεν εἰς τὸν οἶκον τοῦ θεοῦ ἐπὶ Ἀβιάθαρ τοῦ ἀρχιερέως καὶ τοὺς ἄρτους τῆς προθέσεως ἔφαγεν, οὓς οὐκ ἔξεστι φαγεῖν εἰ μὴ τοῖς ἱερεῦσι, καὶ ἔδωκε καὶ τοῖς σὺν αὐτῷ οὖσι ; 27 Καὶ ἔλεγεν αὐτοῖς· τὸ σάββατον διὰ τὸν ἄνθρωπον ἐγένετο, οὐχ ὁ ἄνθρωπος διὰ τὸ σάβ- 28 βατον. Ὥστε κύριός ἐστιν ὁ υἱὸς τοῦ ἀνθρώπου καὶ τοῦ σαββάτου.	1 Ἐγένετο δὲ ἐν σαββάτῳ δευτεροπρώτῳ διαπορεύεσθαι αὐτὸν διὰ τῶν σπορίμων, καὶ ἔτιλλον οἱ μαθηταὶ αὐτοῦ τοὺς στάχυας καὶ ἤσθιον ψώχοντες ταῖς χερσί.ᵃ 2 Τινὲς δὲ τῶν Φαρισαίων εἶπον αὐτοῖς· τί ποιεῖτε, ὃ οὐκ ἔξεστι ποιεῖν ἐν 3 τοῖς σάββασι; Καὶ ἀποκριθεὶς πρὸς αὐτοὺς εἶπεν ὁ Ἰησοῦς· οὐδὲ τοῦτο ἀνέγνωτε, ὃ ἐποίησε Δαυΐδ, ὁπότε ἐπείνασεν αὐτὸς καὶ οἱ μετ᾽ 4 αὐτοῦ ὄντες;ᵇ ὡς εἰσῆλθεν εἰς τὸν οἶκον τοῦ θεοῦ καὶ τοὺς ἄρτους τῆς προθέσεως ἔλαβε καὶ ἔφαγε καὶ ἔδωκε καὶ τοῖς μετ᾽ αὐτοῦ, οὓς οὐκ ἔξεστι φαγεῖν εἰ μὴ μόνους τοὺς ἱερεῖς ; 5 Καὶ ἔλεγεν αὐτοῖς· ὅτι κύριός ἐστιν ὁ υἱὸς τοῦ ἀνθρώπου καὶ τοῦ σαββάτου.

ᵃ 1 etc. Deut. 23, 25. ᵇ 3 etc. 1 Sam. 21, 1–7.
ᶜ 5. Num. 28, 9. 10. 18. 19. ᵈ 7. Hos. 6, 6.

§ 38. The healing of the withered hand on the Sabbath.—*Galilee.*

MATTH. XII. 9-14.	MARK III. 1-6.	LUKE VI. 6-11.

9 Καὶ μεταβὰς ἐκεῖθεν, ἦλθεν εἰς τὴν συναγωγὴν 10 αὐτῶν. Καὶ ἰδού, ἄνθρωπος ἦν τὴν χεῖρα ἔχων ξηράν. καὶ ἐπηρώτησαν αὐτὸν λέγοντες· εἰ ἔξεστι τοῖς σάββασι θεραπεύειν; ἵνα κατηγορήσωσιν αὐτοῦ.

1 Καὶ εἰσῆλθε πάλιν εἰς τὴν συναγωγήν· καὶ ἦν ἐκεῖ ἄνθρωπος ἐξηραμμένην ἔχων τὴν χεῖρα. 2 Καὶ παρετήρουν αὐτόν, εἰ τοῖς σάββασι θεραπεύσει αὐτόν, ἵνα κατηγορήσωσιν αὐτοῦ.

6 Ἐγένετο δὲ καὶ ἐν ἑτέρῳ σαββάτῳ εἰσελθεῖν αὐτὸν εἰς τὴν συναγωγὴν καὶ διδάσκειν. καὶ ἦν ἐκεῖ ἄνθρωπος, καὶ ἡ χεὶρ αὐτοῦ ἡ δεξιὰ ἦν 7 ξηρά. Παρετήρουν δὲ αὐτὸν οἱ γραμματεῖς καὶ οἱ Φαρισαῖοι, εἰ ἐν τῷ 8 σαββάτῳ θεραπεύσει, ἵνα εὕρωσι κατηγορίαν αὐτοῦ. Αὐτὸς δὲ ᾔδει τοὺς διαλογισμοὺς αὐτῶν, καὶ εἶπε τῷ

11 Ὁ δὲ εἶπεν αὐτοῖς· τίς ἔσται ἐξ ὑμῶν ἄνθρωπος, ὃς ἕξει πρόβατον ἕν, καὶ ἐὰν ἐμπέσῃ τοῦτο τοῖς σάββασιν εἰς βόθυνον, οὐχὶ κρατήσει αὐτὸ καὶ 12 ἐγερεῖ; Πόσῳ οὖν διαφέρει ἄνθρωπος προβάτου; ὥστε ἔξεστι τοῖς σάββασι καλῶς ποιεῖν.

3 Καὶ λέγει τῷ ἀνθρώπῳ τῷ ἐξηραμμένην ἔχοντι τὴν χεῖρα· ἔγειραι εἰς τὸ 4 μέσον. Καὶ λέγει αὐτοῖς· ἔξεστι τοῖς σάββασιν ἀγαθοποιῆσαι ἢ κακοποιῆσαι; ψυχὴν σῶσαι ἢ ἀποκτεῖναι; οἱ δὲ ἐσιώ5 πων. Καὶ περιβλεψάμενος αὐτοὺς μετ' ὀργῆς, συλλυπούμενος ἐπὶ τῇ πωρώσει τῆς καρδίας αὐτῶν, λέγει τῷ ἀνθρώπῳ·

ἀνθρώπῳ τῷ ξηρὰν ἔχοντι τὴν χεῖρα· ἔγειραι καὶ στῆθι εἰς τὸ μέσον. ὁ δὲ 9 ἀναστὰς ἔστη. Εἶπεν οὖν ὁ Ἰησοῦς πρὸς αὐτούς· ἐπερωτήσω ὑμᾶς· τί ἔξεστι τοῖς σάββασιν; ἀγαθοποιῆσαι ἢ κακοποιῆσαι; ψυχὴν σῶσαι 10 ἢ ἀπολέσαι; Καὶ περιβλεψάμενος πάντας αὐτοὺς εἶπεν αὐτῷ·

13 Τότε λέγει τῷ ἀνθρώπῳ· ἔκτεινον τὴν χεῖρά σου. καὶ ἐξέτεινε, καὶ ἀποκατεστάθη ὑγιὴς ὡς ἡ ἄλλη. 14 Οἱ δὲ Φαρισαῖοι συμβούλιον ἔλαβον κατ' αὐτοῦ ἐξελθόντες, ὅπως αὐτὸν ἀπολέσωσιν.

ἔκτεινον τὴν χεῖρά σου. καὶ ἐξέτεινε, καὶ ἀποκατεστάθη ἡ χεὶρ αὐτοῦ 6 [ὑγιής, ὡς ἡ ἄλλη]. Καὶ ἐξελθόντες οἱ Φαρισαῖοι εὐθέως μετὰ τῶν Ἡρωδιανῶν συμβούλιον ἐποίουν κατ' αὐτοῦ, ὅπως αὐτὸν ἀπολέσωσι.

ἔκτεινον τὴν χεῖρά σου. ὁ δὲ ἐποίησεν οὕτω, καὶ ἀποκατεστάθη ἡ χεὶρ αὐτοῦ [ὑγιής], ὡς ἡ ἄλ11 λη. Αὐτοὶ δὲ ἐπλήσθησαν ἀνοίας, καὶ διελάλουν πρὸς ἀλλήλους, τί ἂν ποιήσειαν τῷ Ἰησοῦ.

§ 39. Jesus arrives at the Sea of Tiberias, and is followed by multitudes.—*Lake of Galilee.*

MATTH. XII. 15-21.	MARK III. 7-12.

15 Ὁ δὲ Ἰησοῦς γνοὺς ἀνεχώρησεν ἐκεῖθεν· καὶ ἠκολούθησαν αὐτῷ ὄχλοι πολλοί, καὶ ἐθεράπευσεν αὐτοὺς πάντας.

7 Καὶ ὁ Ἰησοῦς ἀνεχώρησε μετὰ τῶν μαθητῶν αὐτοῦ πρὸς τὴν θάλασσαν, καὶ πολὺ πλῆθος ἀπὸ τῆς Γαλι

MARK III.

8 λαίας ἠκολούθησαν αὐτῷ καὶ ἀπὸ τῆς Ἰουδαίας ¹καὶ ἀπὸ Ἱεροσολύμων καὶ ἀπὸ
τῆς Ἰδουμαίας καὶ πέραν τοῦ Ἰορδάνου· καὶ οἱ περὶ Τύρον καὶ Σιδῶνα, πλῆθος
9 πολύ, ἀκούσαντες ὅσα ἐποίει, ἦλθον πρὸς αὐτόν. Καὶ εἶπε τοῖς μαθηταῖς αὐτοῦ,
10 ἵνα πλοιάριον προσκαρτερῇ αὐτῷ διὰ τὸν ὄχλον, ἵνα μὴ θλίβωσιν αὐτόν. Πολλοὺς
γὰρ ἐθεράπευσεν, ὥστε ἐπιπίπτειν αὐτῷ, ἵνα αὐτοῦ ἅψωνται, ὅσοι εἶχον μάστιγας.
11 Καὶ τὰ πνεύματα τὰ ἀκάθαρτα, ὅταν αὐτὸν ἐθεώρει, προσέπιπτεν αὐτῷ καὶ ἔκραζε

ΜΑΤΤΗ. XII.
λέγοντα· ὅτι σὺ εἶ ὁ υἱὸς τοῦ θεοῦ.

16 Καὶ ἐπετίμησεν αὐτοῖς, ἵνα μὴ φα-   12 Καὶ πολλὰ ἐπετίμα αὐτοῖς, ἵνα μὴ αὐ-
17 νερὸν αὐτὸν ποιήσωσιν. Ὅπως πλη-   τὸν φανερὸν ποιήσωσι.
ρωθῇ τὸ ῥηθὲν διὰ Ἡσαΐου τοῦ προ-
18 φήτου λέγοντος·ᵃ ἰδού, ὁ παῖς μου, ὃν ᾑρέτισα, ὁ ἀγαπητός μου, εἰς ὃν εὐδόκησεν
ἡ ψυχή μου· θήσω τὸ πνεῦμά μου ἐπ᾽ αὐτόν, καὶ κρίσιν τοῖς ἔθνεσιν ἀπαγγελεῖ.
19 Οὐκ ἐρίσει οὐδὲ κραυγάσει, οὐδὲ ἀκούσει τις ἐν ταῖς πλατείαις τὴν φωνὴν αὐτοῦ·
20 ¹κάλαμον συντετριμμένον οὐ κατεάξει, καὶ λίνον τυφόμενον οὐ σβέσει· ἕως ἂν ἐκβάλῃ
21 εἰς νῖκος τὴν κρίσιν. Καὶ τῷ ὀνόματι αὐτοῦ ἔθνη ἐλπιοῦσι.

§ 40. Jesus withdraws to the Mountain, and chooses the Twelve; the multitudes
follow him. Near Capernaum.

MARK III. 13–19.   LUKE VI. 12–19.

13 Καὶ ἀναβαίνει εἰς τὸ ὄρος, καὶ προσ-   Ἐγένετο δὲ ἐν ταῖς ἡμέραις ταύταις,
καλεῖται οὓς ἤθελεν αὐτός· καὶ ἀπῆλ-   ἐξῆλθεν εἰς τὸ ὄρος προσεύξασθαι·
14 θον πρὸς αὐτόν. Καὶ ἐποίησε, D. καὶ ἦν διανυκτερεύων ἐν τῇ προσευχῇ
ἵνα ὦσι μετ᾽ αὐτοῦ, καὶ ἵνα ἀποστέλλῃ   13 τοῦ θεοῦ. Καὶ ὅτε ἐγέ-
                                          νετο ἡμέρα προσεφώνησε
            15 αὐτοὺς κηρύσσειν, ¹καὶ   τοὺς μαθητὰς αὐτοῦ, καὶ
ΜΑΤΤΗ. X. 2–4.   ἔχειν ἐξουσίαν θεραπεύ-   ἐκλεξάμενος ἀπ᾽ αὐτῶν
2 Τῶν δὲ δώδεκα ἀποστό-   ειν τὰς νόσους καὶ ἐκ-   δώδεκα, οὓς καὶ ἀποστό-
λων τὰ ὀνόματά ἐστι   βάλλειν τὰ δαιμόνια.   14 λους ὠνόμασε, ¹Σίμωνα,
ταῦτα· πρῶτος Σίμων   16 Καὶ ἐπέθηκε τῷ Σίμωνι   ὃν καὶ ὠνόμασε Πέτρον,
ὁ λεγόμενος Πέτρος καὶ   17 ὄνομα Πέτρον· καὶ Ἰά-   καὶ Ἀνδρέαν τὸν ἀδελ-
Ἀνδρέας ὁ ἀδελφὸς αὐ-   κωβον τὸν τοῦ Ζεβεδαίου   φὸν αὐτοῦ, Ἰάκωβον καὶ
τοῦ· Ἰάκωβος ὁ τοῦ   καὶ Ἰωάννην τὸν ἀδελ-   Ἰωάννην, Φίλιππον καὶ
Ζεβεδαίου καὶ Ἰωάννης   φὸν τοῦ Ἰακώβου· καὶ   15 Βαρθολομαῖον, ¹Ματ-
3 ὁ ἀδελφὸς αὐτοῦ· Φίλιπ-   ἐπέθηκεν αὐτοῖς ὀνόματα   θαῖον καὶ Θωμᾶν, Ἰάκω-
πος καὶ Βαρθολομαῖος·   Βοανεργές, ὅ ἐστιν, υἱοὶ   βον τὸν τοῦ Ἀλφαίου
Θωμᾶς καὶ Ματθαῖος   18 βροντῆς· καὶ Ἀνδρέαν   καὶ Σίμωνα τὸν καλού-
ὁ τελώνης· Ἰάκωβος ὁ   καὶ Φίλιππον καὶ Βαρ-   16 μενον ζηλωτήν, ¹¹Ἰούδαν
τοῦ Ἀλφαίου καὶ Λεβ-   θολομαῖον καὶ Ματθαῖον   Ἰακώβου καὶ Ἰούδαν
βαῖος ὁ ἐπικληθεὶς Θαδ-   καὶ Θωμᾶν καὶ Ἰάκωβον   Ἰσκαριώτην, ὃς καὶ ἐγέ-
4 δαῖος· Σίμων ὁ κανανί-   τὸν τοῦ Ἀλφαίου, καὶ   νετο προδότης·
της καὶ Ἰούδας ὁ Ἰσκαρι-   Θαδδαῖον καὶ Σίμωνα
ώτης, ὁ καὶ παραδοὺς   19 τὸν κανανίτην, ¹καὶ Ἰού-
αὐτόν.   δαν Ἰσκαριώτην, ὃς καὶ παρέδωκεν αὐτόν.

ᵃ 18. Is. 42, 1 sq. Comp. Is. 11, 10.

LUKE VI.

17 Καὶ καταβὰς μετ' αὐτῶν ἔστη ἐπὶ τόπου πεδινοῦ· καὶ ὄχλος μαθητῶν αὐτοῦ καὶ πλῆθος πολὺ τοῦ λαοῦ ἀπὸ πάσης τῆς Ἰουδαίας καὶ Ἱερουσαλὴμ καὶ τῆς παραλίου Τύρου καὶ Σιδῶνος, οἳ ἦλθον ἀκοῦσαι αὐτοῦ καὶ ἰαθῆναι ἀπὸ τῶν 18 νόσων αὐτῶν, ¹ καὶ οἱ ὀχλούμενοι ὑπὸ πνευμάτων ἀκαθάρτων· καὶ ἐθεραπεύοντο. 19 Καὶ πᾶς ὁ ὄχλος ἐζήτει ἅπτεσθαι αὐτοῦ, ὅτι δύναμις παρ' αὐτοῦ ἐξήρχετο, καὶ ἰᾶτο πάντας.

§ 41. The Sermon on the Mount.—*Near Capernaum.*

MATTH. V. 1.—VIII. 1.   LUKE VI. 20–49.

1 Ἰδὼν δὲ τοὺς ὄχλους ἀνέβη εἰς τὸ ὄρος· καὶ καθίσαντος αὐτοῦ προσῆλ-
2 θον αὐτῷ οἱ μαθηταὶ αὐτοῦ. Καὶ ἀνοί- 20 Καὶ αὐτὸς ἐπάρας τοὺς ὀφθαλμοὺς
ξας τὸ στόμα αὐτοῦ ἐδίδασκεν αὐτοὺς   αὐτοῦ εἰς τοὺς μαθητὰς αὐτοῦ ἔλεγε·
3 λέγων· μακάριοι οἱ πτωχοὶ τῷ πνεύ-   μακάριοι οἱ πτωχοί, ὅτι ὑμετέρα ἐστὶν
ματι, ὅτι αὐτῶν ἐστιν ἡ βασιλεία τῶν 21 ἡ βασιλεία τοῦ θεοῦ. Μακάριοι οἱ
4 οὐρανῶν. Μακάριοι οἱ πενθοῦντες, ὅτι   πεινῶντες νῦν, ὅτι χορτασθήσεσθε.
5 αὐτοὶ παρακληθήσονται. Μακάριοι   Μακάριοι οἱ κλαίοντες νῦν, ὅτι γελά-
οἱ πραεῖς, ὅτι αὐτοὶ κληρονομήσουσι   σετε.
6 τὴν γῆν.ᵃ Μακάριοι οἱ πεινῶντες καὶ
7 διψῶντες τὴν δικαιοσύνην, ὅτι αὐτοὶ χορτασθήσονται. Μακάριοι οἱ
8 ἐλεήμονες, ὅτι αὐτοὶ ἐλεηθήσονται. Μακάριοι οἱ καθαροὶ τῇ καρδίᾳ,
9 ὅτι αὐτοὶ τὸν θεὸν ὄψονται. Μακάριοι οἱ εἰρηνοποιοί, ὅτι αὐτοὶ υἱοὶ
10 θεοῦ κληθήσονται. Μακάριοι οἱ δεδιωγμένοι ἕνεκεν δικαιοσύνης, ὅτι
αὐτῶν ἐστιν ἡ βασιλεία τῶν οὐρανῶν.
11 Μακάριοί ἐστε, ὅταν ὀνειδίσωσιν ὑμᾶς 22 Μακάριοί ἐστε, ὅταν μισήσωσιν ὑμᾶς
καὶ διώξωσι, καὶ εἴπωσι πᾶν πονηρὸν   οἱ ἄνθρωποι καὶ ὅταν ἀφορίσωσιν ὑμᾶς
ῥῆμα καθ' ὑμῶν ψευδόμενοι, ἕνεκεν   καὶ ὀνειδίσωσι καὶ ἐκβάλωσι τὸ ὄνομα
12 ἐμοῦ. Χαίρετε καὶ ἀγαλλιᾶσθε, ὅτι   ὑμῶν ὡς πονηρὸν ἕνεκα τοῦ υἱοῦ τοῦ
ὁ μισθὸς ὑμῶν πολὺς ἐν τοῖς οὐρα- 23 ἀνθρώπου. Χάρητε ἐν ἐκείνῃ τῇ ἡμέρᾳ
νοῖς· οὕτω γὰρ ἐδίωξαν τοὺς προφήτας   καὶ σκιρτήσατε· ἰδοὺ γάρ, ὁ μισθὸς
τοὺς πρὸ ὑμῶν.   ὑμῶν πολὺς ἐν τῷ οὐρανῷ· κατὰ ταὐτὰ
   γὰρ ἐποίουν τοῖς προφήταις οἱ πατέρες
24 αὐτῶν. Πλὴν οὐαὶ ὑμῖν τοῖς πλουσίοις, ὅτι ἀπέχετε τὴν παράκλησιν ὑμῶν.
25 ¹ Οὐαὶ ὑμῖν, οἱ ἐμπεπλησμένοι, ὅτι πεινάσετε. Οὐαὶ ὑμῖν, οἱ γελῶντες νῦν, ὅτι
26 πενθήσετε καὶ κλαύσετε. Οὐαί, ὅταν καλῶς ὑμᾶς εἴπωσι πάντες οἱ ἄνθρωποι·
κατὰ ταὐτὰ γὰρ ἐποίουν τοῖς ψευδοπροφήταις οἱ πατέρες αὐτῶν.

MATTH. V.

13 Ὑμεῖς ἐστε τὸ ἅλας τῆς γῆς· ἐὰν δὲ τὸ ἅλας μωρανθῇ, ἐν τίνι ἁλισθήσεται; εἰς οὐδὲν ἰσχύει ἔτι, εἰ μὴ βληθῆναι ἔξω καὶ καταπατεῖσθαι ὑπὸ τῶν ἀνθρώπων.
14 Ὑμεῖς ἐστε τὸ φῶς τοῦ κόσμου. οὐ δύναται πόλις κρυβῆναι ἐπάνω ὄρους κειμένη.
15 Οὐδὲ καίουσι λύχνον καὶ τιθέασιν αὐτὸν ὑπὸ τὸν μόδιον, ἀλλ' ἐπὶ τὴν λυχνίαν, καὶ

ᵃ 5. Comp. Ps. 37, 11. 22. 29.

MATTH. V.

16 λάμπει πᾶσι τοῖς ἐν τῇ οἰκίᾳ. Οὕτω λαμψάτω τὸ φῶς ὑμῶν ἔμπροσθεν τῶν ἀνθρώπων, ὅπως ἴδωσιν ὑμῶν τὰ καλὰ ἔργα καὶ δοξάσωσι τὸν πατέρα ὑμῶν τὸν ἐν τοῖς οὐρανοῖς.

17 Μὴ νομίσητε, ὅτι ἦλθον καταλῦσαι τὸν νόμον ἢ τοὺς προφήτας· οὐκ ἦλθον 18 καταλῦσαι, ἀλλὰ πληρῶσαι. Ἀμὴν γὰρ λέγω ὑμῖν, ἕως ἂν παρέλθῃ ὁ οὐρανὸς καὶ ἡ γῆ, ἰῶτα ἓν ἢ μία κεραία οὐ μὴ παρέλθῃ ἀπὸ τοῦ νόμου, ἕως ἂν πάντα γένηται.

19 Ὃς ἐὰν οὖν λύσῃ μίαν τῶν ἐντολῶν τούτων τῶν ἐλαχίστων καὶ διδάξῃ οὕτω τοὺς ἀνθρώπους, ἐλάχιστος κληθήσεται ἐν τῇ βασιλείᾳ τῶν οὐρανῶν· ὃς δ᾽ ἂν ποιήσῃ καὶ 20 διδάξῃ, οὗτος μέγας κληθήσεται ἐν τῇ βασιλείᾳ τῶν οὐρανῶν. Λέγω γὰρ ὑμῖν, ὅτι ἐὰν μὴ περισσεύσῃ ἡ δικαιοσύνη ὑμῶν πλεῖον τῶν γραμματέων καὶ Φαρισαίων, οὐ μὴ εἰσέλθητε εἰς τὴν βασιλείαν τῶν οὐρανῶν.

21 Ἠκούσατε, ὅτι ἐρρέθη τοῖς ἀρχαίοις·[a] οὐ φονεύσεις· ὃς δ᾽ ἂν φονεύσῃ, ἔνοχος 22 ἔσται τῇ κρίσει. Ἐγὼ δὲ λέγω ὑμῖν, ὅτι πᾶς ὁ ὀργιζόμενος τῷ ἀδελφῷ αὐτοῦ εἰκῆ, ἔνοχος ἔσται τῇ κρίσει· ὃς δ᾽ ἂν εἴπῃ τῷ ἀδελφῷ αὐτοῦ· ῥακά, ἔνοχος ἔσται τῷ 23 συνεδρίῳ· ὃς δ᾽ ἂν εἴπῃ· μωρέ, ἔνοχος ἔσται εἰς τὴν γέενναν τοῦ πυρός. Ἐὰν οὖν προσφέρῃς τὸ δῶρόν σου ἐπὶ τὸ θυσιαστήριον, κἀκεῖ μνησθῇς, ὅτι ὁ ἀδελφός σου 24 ἔχει τι κατὰ σοῦ· ἄφες ἐκεῖ τὸ δῶρόν σου ἔμπροσθεν τοῦ θυσιαστηρίου, καὶ ὕπαγε πρῶτον, διαλλάγηθι τῷ ἀδελφῷ σου, καὶ τότε ἐλθὼν πρόσφερε τὸ δῶρόν σου. 25 Ἴσθι εὐνοῶν τῷ ἀντιδίκῳ σου ταχύ, ἕως ὅτου εἶ ἐν τῇ ὁδῷ μετ᾽ αὐτοῦ· μήποτέ σε παραδῷ ὁ ἀντίδικος τῷ κριτῇ, καὶ ὁ κριτής σε παραδῷ τῷ ὑπηρέτῃ, καὶ εἰς φυλακὴν 26 βληθήσῃ. Ἀμὴν λέγω σοι, οὐ μὴ ἐξέλθῃς ἐκεῖθεν, ἕως ἂν ἀποδῷς τὸν ἔσχατον κοδράντην.

27 28 Ἠκούσατε, ὅτι ἐρρέθη [τοῖς ἀρχαίοις]·[b] οὐ μοιχεύσεις. Ἐγὼ δὲ λέγω ὑμῖν, ὅτι πᾶς ὁ βλέπων γυναῖκα πρὸς τὸ ἐπιθυμῆσαι αὐτῆς, ἤδη ἐμοίχευσεν αὐτὴν ἐν τῇ 29 καρδίᾳ αὐτοῦ. Εἰ δὲ ὁ ὀφθαλμός σου ὁ δεξιὸς σκανδαλίζει σε, ἔξελε αὐτὸν καὶ βάλε ἀπὸ σοῦ· συμφέρει γάρ σοι, ἵνα ἀπόληται ἓν τῶν μελῶν σου, καὶ μὴ ὅλον τὸ 30 σῶμά σου βληθῇ εἰς γέενναν. Καὶ εἰ ἡ δεξιά σου χεὶρ σκανδαλίζει σε, ἔκκοψον αὐτὴν καὶ βάλε ἀπὸ σοῦ· συμφέρει γάρ σοι, ἵνα ἀπόληται ἓν τῶν μελῶν σου, καὶ μὴ ὅλον τὸ σῶμά σου βληθῇ εἰς γέενναν.

31 Ἐρρέθη δέ,[c] ὅτι ὃς ἂν ἀπολύσῃ τὴν γυναῖκα αὐτοῦ, δότω αὐτῇ ἀποστάσιον. 32 Ἐγὼ δὲ λέγω ὑμῖν, ὅτι ὃς ἂν ἀπολύσῃ τὴν γυναῖκα αὐτοῦ παρεκτὸς λόγου πορνείας, ποιεῖ αὐτὴν μοιχᾶσθαι· καὶ ὃς ἐὰν ἀπολελυμένην γαμήσῃ, μοιχᾶται.

33 Πάλιν ἠκούσατε, ὅτι ἐρρέθη τοῖς ἀρχαίοις·[d] οὐκ ἐπιορκήσεις, ἀποδώσεις δὲ τῷ 34 κυρίῳ τοὺς ὅρκους σου. Ἐγὼ δὲ λέγω ὑμῖν, μὴ ὀμόσαι ὅλως, μήτε ἐν τῷ οὐρανῷ, ὅτι 35 θρόνος ἐστὶ τοῦ θεοῦ· μήτε ἐν τῇ γῇ, ὅτι ὑποπόδιόν ἐστι τῶν ποδῶν αὐτοῦ· μήτε 36 εἰς Ἱεροσόλυμα, ὅτι πόλις ἐστὶ τοῦ μεγάλου βασιλέως· μήτε ἐν τῇ κεφαλῇ σου ὀμό- 37 σῃς, ὅτι οὐ δύνασαι μίαν τρίχα λευκὴν ἢ μέλαιναν ποιῆσαι. Ἔστω δὲ ὁ λόγος ὑμῶν· ναὶ ναί, οὒ οὔ· τὸ δὲ περισσὸν τούτων ἐκ τοῦ πονηροῦ ἐστιν.

38 Ἠκούσατε, ὅτι ἐρρέθη·[e] ὀφθαλμὸν ἀντὶ ὀφθαλμοῦ καὶ ὀδόντα ἀντὶ ὀδόντος. 39 Ἐγὼ δὲ λέγω ὑμῖν, μὴ ἀντιστῆναι τῷ πονηρῷ· ἀλλ᾽ ὅστις σε ῥαπίσει ἐπὶ τὴν δεξιάν

---

a **21.** Ex. 20, 13. Lev. 24, 21.　　b **27.** Ex. 20, 14.　　c **31.** Deut. 24, 1.
d **33.** Ex. 20, 7. Lev. 19, 12. Deut. 23, 21.　　e **38.** Ex. 21, 24. Lev. 24, 20.

MATTH. V.

σου σιαγόνα, στρέψον αὐτῷ καὶ τὴν
40 ἄλλην· καὶ τῷ θέλοντί σοι κριθῆναι
καὶ τὸν χιτῶνά σου λαβεῖν, ἄφες αὐτῷ
41 καὶ τὸ ἱμάτιον. Καὶ ὅστις σε ἀγγαρεύ-
σει μίλιον ἕν, ὕπαγε μετ᾽ αὐτοῦ δύο.
42 Τῷ αἰτοῦντί σε δίδου, καὶ τὸν θέλοντα
ἀπὸ σοῦ δανείσασθαι μὴ ἀποστραφῇς.
43 Ἠκούσατε, ὅτι ἐρρέθη ·ᵃ ἀγαπήσεις
τὸν πλησίον σου, καὶ μισήσεις τὸν
44 ἐχθρόν σου. Ἐγὼ δὲ λέγω ὑμῖν·
ἀγαπᾶτε τοὺς ἐχθροὺς ὑμῶν, εὐλογεῖτε
τοὺς καταρωμένους ὑμᾶς, καλῶς ποιεῖτε
τοῖς μισοῦσιν ὑμᾶς, καὶ προσεύχεσθε
ὑπὲρ τῶν ἐπηρεαζόντων ὑμᾶς καὶ διω-
45 κόντων ὑμᾶς· ὅπως γένησθε υἱοὶ τοῦ
πατρὸς ὑμῶν τοῦ ἐν οὐρανοῖς· ὅτι τὸν ἥλιον
νηροὺς καὶ ἀγαθούς, καὶ βρέχει ἐπὶ
46 δικαίους καὶ ἀδίκους. Ἐὰν γὰρ ἀγα-
πήσητε τοὺς ἀγαπῶντας ὑμᾶς, τίνα
μισθὸν ἔχετε; οὐχὶ καὶ οἱ τελῶναι τὸ
47 αὐτὸ ποιοῦσι; Καὶ ἐὰν ἀσπάσησθε
τοὺς ἀδελφοὺς ὑμῶν μόνον, τί περισσὸν
ποιεῖτε; οὐχὶ καὶ οἱ ἐθνικοὶ οὕτω ποι-
οῦσιν;

LUKE VI.

29 Τῷ τύπτοντί σε ἐπὶ τὴν σιαγόνα πάρ-
εχε καὶ τὴν ἄλλην, καὶ ἀπὸ τοῦ αἴ-
ροντός σου τὸ ἱμάτιον καὶ τὸν χιτῶνα
μὴ κωλύσῃς.

30 Παντὶ δὲ τῷ αἰτοῦντί σε δίδου, καὶ ἀπὸ
τοῦ αἴροντος τὰ σὰ μὴ ἀπαίτει.—

27 Ἀλλ᾽ ὑμῖν λέγω τοῖς ἀκούουσιν· ἀγα-
πᾶτε τοὺς ἐχθροὺς ὑμῶν, καλῶς ποιεῖτε
28 τοῖς μισοῦσιν ὑμᾶς, | εὐλογεῖτε τοὺς
καταρωμένους ὑμῖν, προσεύχεσθε ὑπὲρ
τῶν ἐπηρεαζόντων ὑμᾶς.—

αὐτοῦ ἀνατέλλει ἐπὶ πο-

32 Καὶ εἰ ἀγαπᾶτε τοὺς ἀγαπῶντας ὑμᾶς,
ποία ὑμῖν χάρις ἐστί; καὶ γὰρ οἱ
ἁμαρτωλοὶ τοὺς ἀγαπῶντας αὐτοὺς
33 ἀγαπῶσι. Καὶ ἐὰν ἀγαθοποιῆτε τοὺς
ἀγαθοποιοῦντας ὑμᾶς, ποία ὑμῖν χάρις
ἐστί; καὶ γὰρ οἱ ἁμαρτωλοὶ τὸ αὐτὸ
34 ποιοῦσι. Καὶ ἐὰν δανείζητε παρ᾽ ὧν

ἐλπίζετε ἀπολαβεῖν, ποία ὑμῖν χάρις ἐστί; καὶ γὰρ οἱ ἁμαρτωλοὶ ἁμαρ-
35 τωλοῖς δανείζουσιν, ἵνα ἀπολάβωσι τὰ ἴσα. Πλὴν ἀγαπᾶτε τοὺς ἐχθροὺς
ὑμῶν καὶ ἀγαθοποιεῖτε καὶ δανείζετε μηδὲν ἀπελπίζοντες, καὶ ἔσται
ὁ μισθὸς ὑμῶν πολύς, καὶ ἔσεσθε υἱοὶ ὑψίστου· ὅτι αὐτὸς χρηστός
ἐστιν ἐπὶ τοὺς ἀχαρίστους καὶ πονηρούς.

48 Ἔσεσθε οὖν ὑμεῖς τέλειοι, ὥσπερ ὁ
πατὴρ ὑμῶν ὁ ἐν τοῖς οὐρανοῖς τέλειός
ἐστι.

36 Γίνεσθε οὖν οἰκτίρμονες, καθὼς καὶ
ὁ πατὴρ ὑμῶν οἰκτίρμων ἐστί.

VI. 1 Προσέχετε τὴν δικαιοσύνην ὑμῶν μὴ ποιεῖν ἔμπροσθεν τῶν ἀνθρώπων πρὸς τὸ
θεαθῆναι αὐτοῖς· εἰ δὲ μήγε, μισθὸν οὐκ ἔχετε παρὰ τῷ πατρὶ ὑμῶν τῷ ἐν τοῖς
οὐρανοῖς.
2 Ὅταν οὖν ποιῇς ἐλεημοσύνην, μὴ σαλπίσῃς ἔμπροσθέν σου, ὥσπερ οἱ ὑποκριταὶ
ποιοῦσιν ἐν ταῖς συναγωγαῖς καὶ ἐν ταῖς ῥύμαις, ὅπως δοξασθῶσιν ὑπὸ τῶν ἀνθρώ-
3 πων· ἀμὴν λέγω ὑμῖν, ἀπέχουσι τὸν μισθὸν αὐτῶν. Σοῦ δὲ ποιοῦντος ἐλεημο-
4 σύνην, μὴ γνώτω ἡ ἀριστερά σου, τί ποιεῖ ἡ δεξιά σου, | ὅπως ᾖ σου ἡ ἐλεημοσύνη
ἐν τῷ κρυπτῷ· καὶ ὁ πατήρ σου, ὁ βλέπων ἐν τῷ κρυπτῷ, αὐτὸς ἀποδώσει σοι ἐν
τῷ φανερῷ.

ᵃ 43. Comp. Lev. 19, 18.

ΜΑΤΤΗ. VI.

5 Καὶ ὅταν προςεύχῃ, οὐκ ἔσῃ ὥσπερ οἱ ὑποκριταί· ὅτι φιλοῦσιν ἐν ταῖς συναγω-
γαῖς καὶ ἐν ταῖς γωνίαις τῶν πλατειῶν ἑστῶτες προςεύχεσθαι, ὅπως ἂν φανῶσι τοῖς
6 ἀνθρώποις· ἀμὴν λέγω ὑμῖν, ὅτι ἀπέχουσι τὸν μισθὸν αὐτῶν. Σὺ δὲ ὅταν προς-
εύχῃ, εἴςελθε εἰς τὸ ταμιεῖόν σου, καὶ κλείσας τὴν θύραν σου πρόςευξαι τῷ πατρί
σου τῷ ἐν τῷ κρυπτῷ· καὶ ὁ πατήρ σου, ὁ βλέπων ἐν τῷ κρυπτῷ, ἀποδώσει σοι ἐν
7 τῷ φανερῷ. Προςευχόμενοι δὲ μὴ βαττολογήσητε, ὥσπερ οἱ ἐθνικοί· δοκοῦσι γάρ,
8 ὅτι ἐν τῇ πολυλογίᾳ αὐτῶν εἰσακουσθήσονται. Μὴ οὖν ὁμοιωθῆτε αὐτοῖς· οἶδε γὰρ
9 ὁ πατὴρ ὑμῶν, ὧν χρείαν ἔχετε, πρὸ τοῦ ὑμᾶς αἰτῆσαι αὐτόν. Οὕτως οὖν προςεύ-
10 χεσθε ὑμεῖς· πάτερ ἡμῶν ὁ ἐν τοῖς οὐρανοῖς, ἁγιασθήτω τὸ ὄνομά σου· | ἐλθέτω
11 ἡ βασιλεία σου· γενηθήτω τὸ θέλημά σου ὡς ἐν οὐρανῷ καὶ ἐπὶ τῆς γῆς· | τὸν
12 ἄρτον ἡμῶν τὸν ἐπιούσιον δὸς ἡμῖν σήμερον· καὶ ἄφες ἡμῖν τὰ ὀφειλήματα ἡμῶν,
13 ὡς καὶ ἡμεῖς ἀφίεμεν τοῖς ὀφειλέταις ἡμῶν· καὶ μὴ εἰσενέγκῃς ἡμᾶς εἰς πειρασμόν,
ἀλλὰ ῥῦσαι ἡμᾶς ἀπὸ τοῦ πονηροῦ. [ὅτι σοῦ ἐστιν ἡ βασιλεία καὶ ἡ δύναμις καὶ
14 ἡ δόξα εἰς τοὺς αἰῶνας· ἀμήν.] Ἐὰν γὰρ ἀφῆτε τοῖς ἀνθρώποις τὰ παραπτώ-
15 ματα αὐτῶν, ἀφήσει καὶ ὑμῖν ὁ πατὴρ ὑμῶν ὁ οὐράνιος· ἐὰν δὲ μὴ ἀφῆτε τοῖς
ἀνθρώποις τὰ παραπτώματα αὐτῶν, οὐδὲ ὁ πατὴρ ὑμῶν ἀφήσει τὰ παραπτώ-
ματα ὑμῶν.

16 Ὅταν δὲ νηστεύητε, μὴ γίνεσθε, ὥσπερ οἱ ὑποκριταί, σκυθρωποί· ἀφανίζουσι γὰρ
τὰ πρόσωπα αὐτῶν, ὅπως φανῶσι τοῖς ἀνθρώποις νηστεύοντες· ἀμὴν λέγω ὑμῖν,
17 ὅτι ἀπέχουσι τὸν μισθὸν αὐτῶν. Σὺ δὲ νηστεύων ἄλειψαί σου τὴν κεφαλὴν καὶ
18 τὸ πρόσωπόν σου νίψαι, | ὅπως μὴ φανῇς τοῖς ἀνθρώποις νηστεύων, ἀλλὰ τῷ πατρί
σου τῷ ἐν τῷ κρυπτῷ· καὶ ὁ πατήρ σου, ὁ βλέπων ἐν τῷ κρυπτῷ, ἀποδώσει σοι
[ἐν τῷ φανερῷ].

19 Μὴ θησαυρίζετε ὑμῖν θησαυροὺς ἐπὶ τῆς γῆς, ὅπου σὴς καὶ βρῶσις ἀφανίζει, καὶ
20 ὅπου κλέπται διορύσσουσι καὶ κλέπτουσι· θησαυρίζετε δὲ ὑμῖν θησαυροὺς ἐν
οὐρανῷ, ὅπου οὔτε σὴς οὔτε βρῶσις ἀφανίζει, καὶ ὅπου κλέπται οὐ διορύσσουσιν
21 οὐδὲ κλέπτουσιν. Ὅπου γάρ ἐστιν ὁ θησαυρὸς ὑμῶν, ἐκεῖ ἔσται καὶ ἡ καρδία ὑμῶν.
22 Ὁ λύχνος τοῦ σώματός ἐστιν ὁ ὀφθαλμός· ἐὰν οὖν ὁ ὀφθαλμός σου ἁπλοῦς ᾖ,
23 ὅλον τὸ σῶμά σου φωτεινὸν ἔσται· ἐὰν δὲ ὁ ὀφθαλμός σου πονηρὸς ᾖ, ὅλον
τὸ σῶμά σου σκοτεινὸν ἔσται. εἰ οὖν τὸ φῶς τὸ ἐν σοὶ σκότος ἐστί, τὸ σκότος
πόσον;

24 Οὐδεὶς δύναται δυσὶ κυρίοις δουλεύειν· ἢ γὰρ τὸν ἕνα μισήσει καὶ τὸν ἕτερον
ἀγαπήσει· ἢ ἑνὸς ἀνθέξεται καὶ τοῦ ἑτέρου καταφρονήσει. οὐ δύνασθε θεῷ δου-
25 λεύειν καὶ μαμωνᾷ. Διὰ τοῦτο λέγω ὑμῖν· μὴ μεριμνᾶτε τῇ ψυχῇ ὑμῶν, τί φάγητε
καὶ τί πίητε· μηδὲ τῷ σώματι ὑμῶν, τί ἐνδύσησθε. οὐχὶ ἡ ψυχὴ πλεῖόν ἐστι τῆς
26 τροφῆς, καὶ τὸ σῶμα τοῦ ἐνδύματος; Ἐμβλέψατε εἰς τὰ πετεινὰ τοῦ οὐρανοῦ, ὅτι
οὐ σπείρουσιν οὐδὲ θερίζουσιν οὐδὲ συνάγουσιν εἰς ἀποθήκας· καὶ ὁ πατὴρ ὑμῶν
27 ὁ οὐράνιος τρέφει αὐτά. οὐχ ὑμεῖς μᾶλλον διαφέρετε αὐτῶν; Τίς δὲ ἐξ ὑμῶν
28 μεριμνῶν δύναται προσθεῖναι ἐπὶ τὴν ἡλικίαν αὐτοῦ πῆχυν ἕνα; Καὶ περὶ ἐνδύ-
ματος τί μεριμνᾶτε; καταμάθετε τὰ κρίνα τοῦ ἀγροῦ, πῶς αὐξάνει· οὐ κοπιᾷ
29 οὐδὲ νήθει· λέγω δὲ ὑμῖν, ὅτι οὐδὲ Σολομὼν ἐν πάσῃ τῇ δόξῃ αὐτοῦ περιεβάλετο
30 ὡς ἓν τούτων. Εἰ δὲ τὸν χόρτον τοῦ ἀγροῦ, σήμερον ὄντα καὶ αὔριον εἰς κλίβα-
νον βαλλόμενον, ὁ θεὸς οὕτως ἀμφιέννυσιν, οὐ πολλῷ μᾶλλον ὑμᾶς, ὀλιγόπιστοι;

4

ΜΑΤΤΗ. VI.

3! Μὴ οὖν μεριμνήσητε, λέγοντες· τί φάγωμεν ἢ τί πίωμεν ἢ τί περιβαλώμεθα;
32 ¹πάντα γὰρ ταῦτα τὰ ἔθνη ἐπιζητεῖ. οἶδε γὰρ ὁ πατὴρ ὑμῶν ὁ οὐράνιος, ὅτι
33 χρῄζετε τούτων ἁπάντων. Ζητεῖτε δὲ πρῶτον τὴν βασιλείαν τοῦ θεοῦ καὶ τὴν
34 δικαιοσύνην αὐτοῦ· καὶ ταῦτα πάντα προστεθήσεται ὑμῖν. Μὴ οὖν μεριμνή-
    σητε εἰς τὴν αὔριον· ἡ γὰρ αὔριον μεριμνήσει τὰ ἑαυτῆς. ἀρκετὸν τῇ ἡμέρᾳ ἡ
    κακία αὐτῆς.   LUKE VI.

VII. 1 Μὴ κρίνετε, ἵνα μὴ κριθῆτε.   37   Καὶ μὴ κρίνετε, καὶ οὐ μὴ κριθῆτε·
  2 Ἐν ᾧ γὰρ κρίματι κρίνετε, κριθήσε-   μὴ καταδικάζετε, καὶ οὐ μὴ καταδι-
    σθε· καὶ ἐν ᾧ μέτρῳ μετρεῖτε, μετρη- 38   κασθῆτε. Ἀπολύετε, καὶ ἀπολυθή-
    θήσεται ὑμῖν.   σεσθε· δίδοτε, καὶ δοθήσεται ὑμῖν·
                                                μέτρον καλόν, πεπιεσμένον καὶ σεσα-
          λευμένον καὶ ὑπερεκχυνόμενον δώσουσιν εἰς τὸν κόλπον ὑμῶν. τῷ γὰρ
       39 αὐτῷ μέτρῳ, ᾧ μετρεῖτε, ἀντιμετρηθήσεται ὑμῖν. Εἶπε δὲ παραβολὴν
          αὐτοῖς· μήτι δύναται τυφλὸς τυφλὸν ὁδηγεῖν; οὐχὶ ἀμφότεροι εἰς βόθυνον
       40 πεσοῦνται; Οὐκ ἔστι μαθητὴς ὑπὲρ τὸν διδάσκαλον αὐτοῦ· κατηρτισμέ-
                                                νος δὲ πᾶς ἔσται ὡς ὁ διδάσκαλος αὐ-
  3 Τί δὲ βλέπεις τὸ κάρφος τὸ ἐν τῷ 41   τοῦ. Τί δὲ βλέπεις τὸ κάρφος τὸ ἐν
    ὀφθαλμῷ τοῦ ἀδελφοῦ σου, τὴν δὲ ἐν   τῷ ὀφθαλμῷ τοῦ ἀδελφοῦ σου, τὴν
    τῷ σῷ ὀφθαλμῷ δοκὸν οὐ κατανοεῖς;   δὲ δοκὸν τὴν ἐν τῷ ἰδίῳ ὀφθαλμῷ οὐ
  4 Ἢ πῶς ἐρεῖς τῷ ἀδελφῷ σου· ἄφες, 42   κατανοεῖς; Ἢ πῶς δύνασαι λέγειν τῷ
    ἐκβάλω τὸ κάρφος ἀπὸ τοῦ ὀφθαλ-   ἀδελφῷ σου· ἀδελφέ, ἄφες, ἐκβάλω
    μοῦ σου· καὶ ἰδού, ἡ δοκὸς ἐν τῷ   τὸ κάρφος τὸ ἐν τῷ ὀφθαλμῷ σου, αὐ-
  5 ὀφθαλμῷ σου; Ὑποκριτά, ἔκβαλε   τὸς τὴν ἐν τῷ ὀφθαλμῷ σου δοκὸν οὐ
    πρῶτον τὴν δοκὸν ἐκ τοῦ ὀφθαλμοῦ   βλέπων; Ὑποκριτά, ἔκβαλε πρῶτον
    σου, καὶ τότε διαβλέψεις ἐκβαλεῖν τὸ   τὴν δοκὸν ἐκ τοῦ ὀφθαλμοῦ σου, καὶ
    κάρφος ἐκ τοῦ ὀφθαλμοῦ τοῦ ἀδελ-   τότε διαβλέψεις ἐκβαλεῖν τὸ κάρφος
    φοῦ σου.   τὸ ἐν τῷ ὀφθαλμῷ τοῦ ἀδελφοῦ σου.—
  6   Μὴ δῶτε τὸ ἅγιον τοῖς κυσί, μηδὲ βά-
    λητε τοὺς μαργαρίτας ὑμῶν ἔμπροσθεν τῶν χοίρων· μήποτε καταπατή-
    σωσιν αὐτοὺς ἐν τοῖς ποσὶν αὐτῶν καὶ στραφέντες ῥήξωσιν ὑμᾶς.

  7   Αἰτεῖτε, καὶ δοθήσεται ὑμῖν· ζητεῖτε, καὶ εὑρήσετε· κρούετε, καὶ
  8 ἀνοιγήσεται ὑμῖν. Πᾶς γὰρ ὁ αἰτῶν λαμβάνει, καὶ ὁ ζητῶν εὑρίσκει, καὶ
  9 τῷ κρούοντι ἀνοιγήσεται. Ἢ τίς ἐστιν ἐξ ὑμῶν ἄνθρωπος, ὃν ἐὰν αἰτήσῃ
 10 ὁ υἱὸς αὐτοῦ ἄρτον, μὴ λίθον ἐπιδώσει αὐτῷ; ¹καὶ ἐὰν ἰχθὺν αἰτήσῃ,
 11 μὴ ὄφιν ἐπιδώσει αὐτῷ; Εἰ οὖν ὑμεῖς πονηροὶ ὄντες οἴδατε δόματα
    ἀγαθὰ διδόναι τοῖς τέκνοις ὑμῶν, πόσῳ μᾶλλον ὁ πατὴρ ὑμῶν ὁ ἐν τοῖς
    οὐρανοῖς δώσει ἀγαθὰ τοῖς αἰτοῦσιν αὐτόν.

 12   Πάντα οὖν ὅσα ἂν θέλητε, ἵνα ποι- 31   Καὶ καθὼς θέλετε ἵνα ποιῶσιν ὑμῖν
    ῶσιν ὑμῖν οἱ ἄνθρωποι, οὕτω καὶ ὑμεῖς   οἱ ἄνθρωποι, καὶ ὑμεῖς ποιεῖτε αὐτοῖς
    ποιεῖτε αὐτοῖς· οὗτος γάρ ἐστιν ὁ νό-   ὁμοίως.—
    μος καὶ οἱ προφῆται.

 13   Εἰσέλθετε διὰ τῆς στενῆς πύλης· ὅτι πλατεῖα ἡ πύλη καὶ εὐρύχωρος ἡ ὁδὸς ἡ
 14 ἀπάγουσα εἰς τὴν ἀπώλειαν, καὶ πολλοί εἰσιν οἱ εἰσερχόμενοι δι᾽ αὐτῆς. Τί στενὴ

MATTH. VII.

ἡ πύλη καὶ τεθλιμμένη ἡ ὁδὸς ἡ ἀπάγουσα εἰς τὴν ζωήν, καὶ ὀλίγοι εἰσὶν εὑρίσκοντες αὐτήν.

15 Προσέχετε δὲ ἀπὸ τῶν ψευδοπροφητῶν, οἵτινες ἔρχονται πρὸς ὑμᾶς ἐν ἐνδύμασι προβάτων, ἔσωθεν δέ εἰσι λύκοι ἅρ-

LUKE VI.

16 παγες. Ἀπὸ τῶν καρπῶν αὐτῶν ἐπι-
γνώσεσθε αὐτούς. μήτι συλλέγουσιν
ἀπὸ ἀκανθῶν σταφυλὴν ἢ ἀπὸ τρι-
17 βόλων σῦκα; οὕτω πᾶν δένδρον ἀγα-
θὸν καρποὺς καλοὺς ποιεῖ, τὸ δὲ σα-
πρὸν δένδρον καρποὺς πονηροὺς ποιεῖ.
18 Οὐ δύναται δένδρον ἀγαθὸν καρποὺς
πονηροὺς ποιεῖν, οὐδὲ δένδρον σαπρὸν
19 καρποὺς καλοὺς ποιεῖν. Πᾶν δένδρον
μὴ ποιοῦν καρπὸν καλὸν ἐκκόπτεται
20 καὶ εἰς πῦρ βάλλεται. Ἄραγε ἀπὸ
τῶν καρπῶν αὐτῶν ἐπιγνώσεσθε αὐ-
τούς.

21 Οὐ πᾶς ὁ λέγων μοι, κύριε, κύριε,
εἰσελεύσεται εἰς τὴν βασιλείαν τῶν
οὐρανῶν· ἀλλ' ὁ ποιῶν τὸ θέλημα

44 Ἕκαστον γὰρ δένδρον ἐκ τοῦ ἰδίου
καρποῦ γινώσκεται· οὐ γὰρ ἐξ ἀκαν-
θῶν συλλέγουσι σῦκα, οὐδὲ ἐκ βάτου
43 τρυγῶσι σταφυλήν.—Οὐ γάρ ἐστι
δένδρον καλὸν ποιοῦν καρπὸν σαπρόν,
οὐδὲ δένδρον σαπρὸν ποιοῦν καρπὸν
45 καλόν.—Ὁ ἀγαθὸς ἄνθρωπος ἐκ τοῦ
ἀγαθοῦ θησαυροῦ τῆς καρδίας αὐτοῦ
προφέρει τὸ ἀγαθόν, καὶ ὁ πονηρὸς
ἄνθρωπος ἐκ τοῦ πονηροῦ θησαυροῦ
τῆς καρδίας αὐτοῦ προφέρει τὸ πονη-
ρόν· ἐκ γὰρ τοῦ περισσεύματος τῆς
καρδίας λαλεῖ τὸ στόμα αὐτοῦ.

46 Τί δέ με καλεῖτε, κύριε, κύριε, καὶ οὐ
ποιεῖτε ἃ λέγω;

22 τοῦ πατρός μου τοῦ ἐν οὐρανοῖς. Πολλοὶ ἐροῦσί μοι ἐν
ἐκείνῃ τῇ ἡμέρᾳ· κύριε, κύριε, οὐ τῷ σῷ ὀνόματι προεφη-
τεύσαμεν, καὶ τῷ σῷ ὀνόματι δαιμόνια ἐξεβάλομεν, καὶ τῷ
23 σῷ ὀνόματι δυνάμεις πολλὰς ἐποιήσαμεν; Καὶ τότε ὁμο-
λογήσω αὐτοῖς· ὅτι οὐδέποτε ἔγνων ὑμᾶς· ἀποχωρεῖτε ἀπ'
ἐμοῦ οἱ ἐργαζόμενοι τὴν ἀνομίαν.

24 Πᾶς οὖν ὅστις ἀκούει μου τοὺς λό-
γους τούτους καὶ ποιεῖ αὐτούς, ὁμοιώσω
αὐτὸν ἀνδρὶ φρονίμῳ, ὅστις ᾠκοδόμησε
25 τὴν οἰκίαν αὐτοῦ ἐπὶ τὴν πέτραν. Καὶ
κατέβη ἡ βροχή, καὶ ἦλθον οἱ ποτα-
μοί, καὶ ἔπνευσαν οἱ ἄνεμοι, καὶ προς-
έπεσον τῇ οἰκίᾳ ἐκείνῃ· καὶ οὐκ ἔπεσε·
26 τεθεμελίωτο γὰρ ἐπὶ τὴν πέτραν. Καὶ
πᾶς ὁ ἀκούων μου τοὺς λόγους τού-
τους, καὶ μὴ ποιῶν αὐτούς, ὁμοιωθή-
σεται ἀνδρὶ μωρῷ, ὅστις ᾠκοδόμησε
27 τὴν οἰκίαν αὐτοῦ ἐπὶ τὴν ἄμμον. Καὶ
κατέβη ἡ βροχή, καὶ ἦλθον οἱ ποτα-
μοί, καὶ ἔπνευσαν οἱ ἄνεμοι, καὶ προς-
έκοψαν τῇ οἰκίᾳ ἐκείνῃ· καὶ ἔπεσε, καὶ
ἦν ἡ πτῶσις αὐτῆς μεγάλη.

47 Πᾶς ὁ ἐρχόμενος πρός με καὶ ἀκούων
μου τῶν λόγων καὶ ποιῶν αὐτούς,
48 ὑποδείξω ὑμῖν, τίνι ἐστὶν ὅμοιος. Ὅμοι-
ός ἐστιν ἀνθρώπῳ οἰκοδομοῦντι οἰ-
κίαν, ὃς ἔσκαψε καὶ ἐβάθυνε καὶ ἔθηκε
θεμέλιον ἐπὶ τὴν πέτραν· πλημμύρας
δὲ γενομένης προσέρρηξεν ὁ ποταμὸς
τῇ οἰκίᾳ ἐκείνῃ, καὶ οὐκ ἴσχυσε σαλεῦ-
σαι αὐτήν· τεθεμελίωτο γὰρ ἐπὶ τὴν
49 πέτραν. Ὁ δὲ ἀκούσας καὶ μὴ ποιή-
σας ὅμοιός ἐστιν ἀνθρώπῳ οἰκοδομή-
σαντι οἰκίαν ἐπὶ τὴν γῆν χωρὶς θεμε-
λίου, ᾗ προσέρρηξεν ὁ ποταμός, καὶ
εὐθέως ἔπεσε, καὶ ἐγένετο τὸ ῥῆγμα
τῆς οἰκίας ἐκείνης μέγα.

28 Καὶ ἐγένετο, ὅτε συνετέλεσεν ὁ Ἰησοῦς τοὺς λόγους τούτους, ἐξεπλήσσοντο οἱ

ΜΑΤΤΗ. VII.

. 29 ὄχλοι ἐπὶ τῇ διδαχῇ αὐτοῦ· ἦν γὰρ διδάσκων αὐτοὺς ὡς ἐξουσίαν ἔχων, καὶ οὐχ ὡς
οἱ γραμματεῖς.

VIII. 1 Καταβάντι δὲ αὐτῷ ἀπὸ τοῦ ὄρους ἠκολούθησαν αὐτῷ ὄχλοι πολλοί.

§ 42. The healing of the Centurion's servant.—*Capernaum.*

ΜΑΤΤΗ. VIII. 5–13.	LUKE VII. 1–10.

5 Εἰσελθόντι δὲ αὐτῷ εἰς Καπερ-
ναοὺμ προσῆλθεν αὐτῷ ἑκατόνταρχος
6 παρακαλῶν αὐτὸν � καὶ λέγων· κύριε,
ὁ παῖς μου βέβληται ἐν τῇ οἰκίᾳ
παραλυτικός, δεινῶς βασανιζόμενος.

1 Ἐπεὶ δὲ ἐπλήρωσε πάντα τὰ ῥήματα
αὐτοῦ εἰς τὰς ἀκοὰς τοῦ λαοῦ, εἰσῆλ-
2 θεν εἰς Καπερναούμ. Ἑκατοντάρχου
δέ τινος δοῦλος κακῶς ἔχων ἤμελλε
3 τελευτᾶν, ὃς ἦν αὐτῷ ἔντιμος. Ἀκού-
σας δὲ περὶ τοῦ Ἰησοῦ ἀπέστειλε

πρὸς αὐτὸν πρεσβυτέρους τῶν Ἰουδαίων ἐρωτῶν αὐτόν, ὅπως ἐλ-
4 θὼν διασώσῃ τὸν δοῦλον αὐτοῦ. Οἱ δὲ παραγενόμενοι πρὸς
τὸν Ἰησοῦν παρεκάλουν αὐτὸν σπουδαίως λέγοντες· ὅτι ἄξιός
5 ἐστιν, ᾧ παρέξει τοῦτο· ἀγαπᾷ γὰρ τὸ ἔθνος ἡμῶν, καὶ τὴν
συναγωγὴν αὐτὸς ᾠκοδόμησεν ἡμῖν.

7 Καὶ λέγει αὐτῷ ὁ Ἰησοῦς· ἐγὼ ἐλθὼν
θεραπεύσω αὐτόν.

6 Ὁ δὲ Ἰησοῦς ἐπορεύετο σὺν αὐτοῖς.
ἤδη δὲ αὐτοῦ οὐ μακρὰν ἀπέχοντος
ἀπὸ τῆς οἰκίας, ἔπεμψε πρὸς αὐτὸν

8   Καὶ ἀποκριθεὶς ὁ
ἑκατόνταρχος ἔφη· κύριε, οὐκ εἰμὶ ἱκα-
νός, ἵνα μου ὑπὸ τὴν στέγην εἰσέλθῃς·

ὁ ἑκατόνταρχος φίλους λέγων αὐτῷ·
κύριε, μὴ σκύλλου· οὐ γάρ εἰμι ἱκα-
νός, ἵνα ὑπὸ τὴν στέγην μου εἰσέλθῃς·
7 διὸ οὐδὲ ἐμαυτὸν ἠξίωσα πρός σε ἐλ-

ἀλλὰ μόνον εἰπὲ λόγῳ, καὶ ἰαθήσεται
9 ὁ παῖς μου. Καὶ γὰρ ἐγὼ ἄνθρωπός
εἰμι ὑπὸ ἐξουσίαν, ἔχων ὑπ᾽ ἐμαυτὸν
στρατιώτας, καὶ λέγω τούτῳ· πορεύ-
θητι, καὶ πορεύεται· καὶ ἄλλῳ· ἔρχου,
καὶ ἔρχεται· καὶ τῷ δούλῳ μου· ποίη-
10 σον τοῦτο, καὶ ποιεῖ. Ἀκούσας δὲ ὁ
Ἰησοῦς ἐθαύμασε καὶ εἶπε τοῖς ἀκο-
λουθοῦσιν· ἀμὴν λέγω ὑμῖν, οὐδὲ ἐν
τῷ Ἰσραὴλ τοσαύτην πίστιν εὗρον.
11 Λέγω δὲ ὑμῖν, ὅτι πολλοὶ ἀπὸ ἀνατο-
λῶν καὶ δυσμῶν ἥξουσι καὶ ἀνακλιθή-
12 σονται μετὰ Ἀβραὰμ καὶ Ἰσαὰκ καὶ Ἰακὼβ

θεῖν· ἀλλὰ εἰπὲ λόγῳ, καὶ ἰαθήσεται
8 ὁ παῖς μου. Καὶ γὰρ ἐγὼ ἄνθρωπός
εἰμι ὑπὸ ἐξουσίαν τασσόμενος, ἔχων
ὑπ᾽ ἐμαυτὸν στρατιώτας, καὶ λέγω
τούτῳ· πορεύθητι, καὶ πορεύεται· καὶ
ἄλλῳ· ἔρχου, καὶ ἔρχεται· καὶ τῷ
δούλῳ μου· ποίησον τοῦτο, καὶ ποιεῖ.
9 Ἀκούσας δὲ ταῦτα ὁ Ἰησοῦς ἐθαύμασεν
αὐτόν, καὶ στραφεὶς τῷ ἀκολουθοῦντι
αὐτῷ ὄχλῳ εἶπε· λέγω ὑμῖν, οὐδὲ ἐν τῷ
Ἰσραὴλ τοσαύτην πίστιν εὗρον.

ἐν τῇ βασιλείᾳ τῶν οὐρανῶν, ᵗoἱ δὲ
υἱοὶ τῆς βασιλείας ἐκβληθήσονται εἰς τὸ σκότος τὸ ἐξώτερον· ἐκεῖ ἔσται ὁ
κλαυθμὸς καὶ ὁ βρυγμὸς τῶν ὀδόντων.

13 Καὶ εἶπεν ὁ Ἰησοῦς τῷ ἑκατοντάρχῃ·
ὕπαγε, καὶ ὡς ἐπίστευσας γενηθήτω σοι.
καὶ ἰάθη ὁ παῖς αὐτοῦ ἐν τῇ ὥρᾳ ἐκείνῃ.

10 Καὶ ὑποστρέψαντες οἱ πεμφθέντες εἰς
τὸν οἶκον εὗρον τὸν ἀσθενοῦντα δοῦλον
ὑγιαίνοντα.

§ 43. The raising of the Widow's son.—*Nain.*

LUKE VII. 11–17.

11 Καὶ ἐγένετο ἐν τῇ ἑξῆς, ἐπορεύετο εἰς πόλιν καλουμένην Ναΐν, καὶ συνεπορεύοντο
12 αὐτῷ οἱ μαθηταὶ αὐτοῦ ἱκανοὶ καὶ ὄχλος πολύς. Ὡς δὲ ἤγγισε τῇ πύλῃ τῆς πό-
λεως, καὶ ἰδού, ἐξεκομίζετο τεθνηκώς, υἱὸς μονογενὴς τῇ μητρὶ αὐτοῦ, καὶ αὕτη χήρα,
13 καὶ ὄχλος τῆς πόλεως ἱκανὸς [ἦν] σὺν αὐτῇ. Καὶ ἰδὼν αὐτὴν ὁ κύριος ἐσπλαγχνί-
14 σθη ἐπ᾽ αὐτῇ καὶ εἶπεν αὐτῇ· μὴ κλαῖε. Καὶ προσελθὼν ἥψατο τῆς σοροῦ· οἱ δὲ
15 βαστάζοντες ἔστησαν. καὶ εἶπε· νεανίσκε, σοὶ λέγω, ἐγέρθητι. Καὶ ἀνεκάθισεν
16 ὁ νεκρὸς καὶ ἤρξατο λαλεῖν, καὶ ἔδωκεν αὐτὸν τῇ μητρὶ αὐτοῦ. Ἔλαβε δὲ φόβος
ἅπαντας, καὶ ἐδόξαζον τὸν θεὸν λέγοντες· ὅτι προφήτης μέγας ἐγήγερται ἐν ἡμῖν,
17 καὶ ὅτι ἐπεσκέψατο ὁ θεὸς τὸν λαὸν αὐτοῦ. Καὶ ἐξῆλθεν ὁ λόγος οὗτος ἐν ὅλῃ τῇ
Ἰουδαίᾳ περὶ αὐτοῦ καὶ ἐν πάσῃ τῇ περιχώρῳ.

§ 44. John the Baptist in prison sends Disciples to Jesus.—*Galilee: Capernaum?*

MATTH. XI. 2–19.

2   Ὁ δὲ Ἰωάννης, ἀκούσας ἐν τῷ δε-
σμωτηρίῳ τὰ ἔργα τοῦ Χριστοῦ, πέμ-
3 ψας δύο τῶν μαθητῶν αὐτοῦ ¹ εἶπεν
αὐτῷ· σὺ εἶ ὁ ἐρχόμενος, ἢ ἕτερον
προσδοκῶμεν;

LUKE VII. 18–35.

18   Καὶ ἀπήγγειλαν Ἰωάννῃ οἱ μαθη-
19 ταὶ αὐτοῦ περὶ πάντων τούτων. Καὶ
προσκαλεσάμενος δύο τινὰς τῶν μαθη-
τῶν αὐτοῦ ὁ Ἰωάννης ἔπεμψε πρὸς
τὸν Ἰησοῦν λέγων· σὺ εἶ ὁ ἐρχό-
20 μενος, ἢ ἄλλον προσδοκῶμεν; Παρα-
γενόμενοι δὲ πρὸς αὐτὸν οἱ ἄνδρες εἶπον· Ἰωάννης ὁ βαπτι-
στὴς ἀπέσταλκεν ἡμᾶς πρός σε λέγων· σὺ εἶ ὁ ἐρχόμενος, ἢ
21 ἄλλον προσδοκῶμεν; Ἐν αὐτῇ δὲ τῇ ὥρᾳ ἐθεράπευσε πολλοὺς
ἀπὸ νόσων καὶ μαστίγων καὶ πνευμάτων πονηρῶν, καὶ τυφλοῖς πολ-
22 λοῖς ἐχαρίσατο τὸ βλέπειν. Καὶ ἀπο-
κριθεὶς ὁ Ἰησοῦς εἶπεν αὐτοῖς· πο-
ρευθέντες ἀπαγγείλατε Ἰωάννῃ, ἃ εἴ-
δετε καὶ ἠκούσατε· ὅτι τυφλοὶ ἀνα-
βλέπουσι, χωλοὶ περιπατοῦσι, λεπροὶ
καθαρίζονται, κωφοὶ ἀκούουσι, νεκροὶ
ἐγείρονται, πτωχοὶ εὐαγγελίζονται·ᵃ
23 καὶ μακάριός ἐστιν, ὃς ἐὰν μὴ σκαν-
δαλισθῇ ἐν ἐμοί.

4 Καὶ ἀποκριθεὶς ὁ Ἰησοῦς εἶπεν αὐ-
τοῖς· πορευθέντες ἀπαγγείλατε Ἰω-
5 άννῃ, ἃ ἀκούετε καὶ βλέπετε· τυφλοὶ
ἀναβλέπουσι καὶ χωλοὶ περιπατοῦσι,
λεπροὶ καθαρίζονται καὶ κωφοὶ ἀκού-
ουσι, νεκροὶ ἐγείρονται καὶ πτωχοὶ
6 εὐαγγελίζονται·ᵃ καὶ μακάριός ἐστιν,
ὃς ἐὰν μὴ σκανδαλισθῇ ἐν ἐμοί.

7 Τούτων δὲ πορευομένων ἤρξατο ὁ
Ἰησοῦς λέγειν τοῖς ὄχλοις περὶ Ἰωάν-
νου· τί ἐξήλθετε εἰς τὴν ἔρημον θεά-
σασθαι; κάλαμον ὑπὸ ἀνέμου σαλευό-
8 μενον; Ἀλλὰ τί ἐξήλθετε ἰδεῖν; ἄν-
θρωπον ἐν μαλακοῖς ἱματίοις ἠμφι-

21   Ἀπελθόντων δὲ τῶν ἀγγέλων Ἰωάν-
νου, ἤρξατο λέγειν πρὸς τοὺς ὄχλους περὶ
Ἰωάννου· τί ἐξεληλύθατε εἰς τὴν ἔρη-
μον θεάσασθαι; κάλαμον ὑπὸ ἀνέμου
25 σαλευόμενον; Ἀλλὰ τί ἐξεληλύθατε
ἰδεῖν; ἄνθρωπον ἐν μαλακοῖς ἱματίοις

ᵃ 5 etc Comp. Is. 35, 5 sq. 61, 1 sq.

MATTH. XI.

εσμένον; ἰδού, οἱ τὰ μαλακὰ φοροῦν-
τες ἐν τοῖς οἴκοις τῶν βασιλέων εἰσίν.
9 Ἀλλὰ τί ἐξήλθετε ἰδεῖν; προφήτην;
ναί, λέγω ὑμῖν, καὶ περισσότερον προ-
10 φήτου. Οὗτος γάρ ἐστι, περὶ οὗ
γέγραπται.ᵃ ἰδού, ἐγὼ ἀποστέλλω τὸν
ἄγγελόν μου πρὸ προςώπου σου, ὃς
κατασκευάσει τὴν ὁδόν σου ἔμπροσθέν
11 σου. Ἀμὴν λέγω ὑμῖν, οὐκ ἐγήγερται
ἐν γεννητοῖς γυναικῶν μείζων Ἰωάννου
τοῦ βαπτιστοῦ· ὁ δὲ μικρότερος ἐν τῇ
βασιλείᾳ τῶν οὐρανῶν μείζων αὐτοῦ
12 ἐστιν. Ἀπὸ δὲ τῶν ἡμερῶν Ἰωάννου
τοῦ βαπτιστοῦ ἕως ἄρτι ἡ βασιλεία
τῶν οὐρανῶν βιάζεται, καὶ βιασταὶ
13 ἁρπάζουσιν αὐτήν. Πάντες γὰρ οἱ προ-
φῆται καὶ ὁ νόμος ἕως Ἰωάννου προε-
14 φήτευσαν. Καὶ εἰ θέλετε δέξασθαι,
αὐτός ἐστιν Ἠλίας ὁ μέλλων ἔρχε-
15 σθαι.ᵇ Ὁ ἔχων ὦτα ἀκούειν, ἀκουέτω.
16 Τίνι δὲ ὁμοιώσω τὴν γενεὰν ταύτην;
ὁμοία ἐστὶ παιδίοις ἐν ἀγοραῖς καθη-
μένοις καὶ προσφωνοῦσι τοῖς ἑταίροις
17 αὐτῶν ¹καὶ λέγουσιν· ηὐλήσαμεν ὑ-
μῖν, καὶ οὐκ ὠρχήσασθε· ἐθρηνήσαμεν
18 ὑμῖν, καὶ οὐκ ἐκόψασθε. Ἦλθε γὰρ
Ἰωάννης μήτε ἐσθίων μήτε πίνων, καὶ
19 λέγουσι· δαιμόνιον ἔχει. Ἦλθεν ὁ
υἱὸς τοῦ ἀνθρώπου ἐσθίων καὶ πίνων,
καὶ λέγουσιν· ἰδού, ἄνθρωπος φάγος
καὶ οἰνοπότης, τελωνῶν φίλος καὶ ἁμαρ-
τωλῶν. Καὶ ἐδικαιώθη ἡ σοφία ἀπὸ
τῶν τέκνων αὐτῆς.

LUKE VII.

ἠμφιεσμένον; ἰδού, οἱ ἐν ἱματισμῷ ἐν-
δόξῳ καὶ τρυφῇ ὑπάρχοντες ἐν τοῖς
26 βασιλείοις εἰσίν. Ἀλλὰ τί ἐξεληλύ-
θατε ἰδεῖν; προφήτην; ναί, λέγω
ὑμῖν, καὶ περισσότερον προφήτου.
27 Οὗτός ἐστι, περὶ οὗ γέγραπται·ᵃ ἰδού,
ἐγὼ ἀποστέλλω τὸν ἄγγελόν μου πρὸ
προςώπου σου, ὃς κατασκευάσει τὴν
28 ὁδόν σου ἔμπροσθέν σου. Λέγω γὰρ
ὑμῖν, μείζων ἐν γεννητοῖς γυναικῶν
προφήτης Ἰωάννου τοῦ βαπτιστοῦ οὐ-
δείς ἐστιν· ὁ δὲ μικρότερος ἐν τῇ βα-
σιλείᾳ τοῦ θεοῦ μείζων αὐτοῦ ἐστι.
29 (Καὶ πᾶς ὁ λαὸς ἀκούσας καὶ οἱ τελῶ-
ναι ἐδικαίωσαν τὸν θεὸν βαπτισθέντες
30 τὸ βάπτισμα Ἰωάννου· οἱ δὲ Φαρισαῖοι
καὶ οἱ νομικοὶ τὴν βουλὴν τοῦ θεοῦ
ἠθέτησαν εἰς ἑαυτούς, μὴ βαπτισθέν-
τες ὑπ' αὐτοῦ.)

31 Τίνι οὖν ὁμοιώσω τοὺς ἀνθρώπους
τῆς γενεᾶς ταύτης; καὶ τίνι εἰσὶν ὅμοι-
32 οι; Ὅμοιοί εἰσι παιδίοις τοῖς ἐν ἀγορᾷ
καθημένοις καὶ προσφωνοῦσιν ἀλλήλοις
καὶ λέγουσιν· ηὐλήσαμεν ὑμῖν, καὶ οὐκ
ὠρχήσασθε· ἐθρηνήσαμεν ὑμῖν, καὶ
33 οὐκ ἐκλαύσατε. Ἐλήλυθε γὰρ Ἰωάν-
νης ὁ βαπτιστὴς μήτε ἄρτον ἐσθίων
μήτε οἶνον πίνων, καὶ λέγετε· δαιμό-
34 νιον ἔχει. Ἐλήλυθεν ὁ υἱὸς τοῦ ἀν-
θρώπου ἐσθίων καὶ πίνων, καὶ λέγετε·
ἰδού, ἄνθρωπος φάγος καὶ οἰνοπότης,
35 φίλος τελωνῶν καὶ ἁμαρτωλῶν. Καὶ
ἐδικαιώθη ἡ σοφία ἀπὸ τῶν τέκνων αὐτῆς πάντων.

§ 45. Reflections of Jesus on appealing to his mighty Works.—*Capernaum?*

MATTH. XI. 20-30.

20 Τότε ἤρξατο ὀνειδίζειν τὰς πόλεις, ἐν αἷς ἐγένοντο αἱ πλεῖσται δυνάμεις αὐτοῦ,
21 ὅτι οὐ μετενόησαν· Οὐαί σοι, Χοραζίν, οὐαί σοι, Βηθσαϊδάν· ὅτι εἰ ἐν Τύρῳ καὶ
Σιδῶνι ἐγένοντο αἱ δυνάμεις αἱ γενόμεναι ἐν ὑμῖν, πάλαι ἂν ἐν σάκκῳ καὶ σποδῷ

ᵃ 10 etc. Mal. 3, 1.　　　　ᵇ 14. Mal. 3, 23 [4, 5].

MATTH. XI.

22 μετενόησαν. Πλὴν λέγω ὑμῖν· Τύρῳ καὶ Σιδῶνι ἀνεκτότερον ἔσται ἐν ἡμέρᾳ κρί-
23 σεως, ἢ ὑμῖν. Καὶ σύ, Καπερναούμ, ἡ ἕως τοῦ οὐρανοῦ ὑψωθεῖσα, ἕως ᾅδου κατα-
βιβασθήσῃ· ὅτι εἰ ἐν Σοδόμοις ἐγένοντο αἱ δυνάμεις αἱ γενόμεναι ἐν σοί, ἔμειναν ἂν
24 μέχρι τῆς σήμερον. Πλὴν λέγω ὑμῖν, ὅτι γῇ Σοδόμων ἀνεκτότερον ἔσται ἐν ἡμέρᾳ
κρίσεως, ἢ σοί.
25 Ἐν ἐκείνῳ τῷ καιρῷ ἀποκριθεὶς ὁ Ἰησοῦς εἶπεν· ἐξομολογοῦμαί σοι, πάτερ,
κύριε τοῦ οὐρανοῦ καὶ τῆς γῆς, ὅτι ἀπέκρυψας ταῦτα ἀπὸ σοφῶν καὶ συνετῶν,
26 καὶ ἀπεκάλυψας αὐτὰ νηπίοις. Ναί, ὁ πατήρ, ὅτι οὕτως ἐγένετο εὐδοκία ἔμπρο-
27 σθέν σου. Πάντα μοι παρεδόθη ὑπὸ τοῦ πατρός μου· καὶ οὐδεὶς ἐπιγινώσκει
τὸν υἱόν, εἰ μὴ ὁ πατήρ· οὐδὲ τὸν πατέρα τις ἐπιγινώσκει, εἰ μὴ ὁ υἱὸς καὶ ᾧ
28 ἐὰν βούληται ὁ υἱὸς ἀποκαλύψαι. Δεῦτε πρός με πάντες οἱ κοπιῶντες καὶ πεφορτι-
29 σμένοι· κἀγὼ ἀναπαύσω ὑμᾶς. Ἄρατε τὸν ζυγόν μου ἐφ᾽ ὑμᾶς καὶ μάθετε ἀπ᾽
ἐμοῦ, ὅτι πρᾶός εἰμι καὶ ταπεινὸς τῇ καρδίᾳ· καὶ εὑρήσετε ἀνάπαυσιν ταῖς ψυχαῖς
30 ὑμῶν. Ὁ γὰρ ζυγός μου χρηστὸς καὶ τὸ φορτίον μου ἐλαφρόν ἐστιν.

§ 46. While sitting at meat with a Pharisee, Jesus is anointed by a woman who
had been a sinner.—*Capernaum?*

LUKE VII. 36–50.

36 Ἠρώτα δέ τις αὐτὸν τῶν Φαρισαίων, ἵνα φάγῃ μετ᾽ αὐτοῦ· καὶ εἰσελθὼν εἰς τὴν
37 οἰκίαν τοῦ Φαρισαίου ἀνεκλίθη. Καὶ ἰδού, γυνὴ ἐν τῇ πόλει, ἥτις ἦν ἁμαρτωλός,
ἐπιγνοῦσα, ὅτι ἀνάκειται ἐν τῇ οἰκίᾳ τοῦ Φαρισαίου, κομίσασα ἀλάβαστρον μύρου
38 ¹καὶ στᾶσα παρὰ τοὺς πόδας αὐτοῦ ὀπίσω κλαίουσα, ἤρξατο βρέχειν τοὺς πόδας
αὐτοῦ τοῖς δάκρυσι· καὶ ταῖς θριξὶ τῆς κεφαλῆς αὐτῆς ἐξέμασσε, καὶ κατεφίλει τοὺς
πόδας αὐτοῦ, καὶ ἤλειφε τῷ μύρῳ.
39 Ἰδὼν δὲ ὁ Φαρισαῖος ὁ καλέσας αὐτὸν εἶπεν ἐν ἑαυτῷ λέγων· οὗτος εἰ ἦν προφή-
της, ἐγίνωσκεν ἄν, τίς καὶ ποταπὴ ἡ γυνή, ἥτις ἅπτεται αὐτοῦ, ὅτι ἁμαρτωλός ἐστι.
40 Καὶ ἀποκριθεὶς ὁ Ἰησοῦς εἶπε πρὸς αὐτόν· Σίμων, ἔχω σοί τι εἰπεῖν. ὁ δέ φησι·
41 διδάσκαλε, εἰπέ. Δύο χρεωφειλέται ἦσαν δανειστῇ τινι· ὁ εἷς ὤφειλε δηνάρια
42 πεντακόσια, ὁ δὲ ἕτερος πεντήκοντα. Μὴ ἐχόντων δὲ αὐτῶν ἀποδοῦναι, ἀμφοτέροις
43 ἐχαρίσατο. τίς οὖν αὐτῶν, εἰπέ, πλεῖον αὐτὸν ἀγαπήσει; Ἀποκριθεὶς δὲ ὁ Σίμων
εἶπεν· ὑπολαμβάνω, ὅτι ᾧ τὸ πλεῖον ἐχαρίσατο. ὁ δὲ εἶπεν αὐτῷ· ὀρθῶς ἔκρινας.
44 Καὶ στραφεὶς πρὸς τὴν γυναῖκα τῷ Σίμωνι ἔφη· βλέπεις ταύτην τὴν γυναῖκα;
εἰσῆλθόν σου εἰς τὴν οἰκίαν, ὕδωρ ἐπὶ τοὺς πόδας μου οὐκ ἔδωκας· αὕτη δὲ τοῖς
δάκρυσιν ἔβρεξέ μου τοὺς πόδας καὶ ταῖς θριξὶ [τῆς κεφαλῆς] αὐτῆς ἐξέμαξε.
45 Φίλημά μοι οὐκ ἔδωκας· αὕτη δέ, ἀφ᾽ ἧς εἰσῆλθον, οὐ διέλιπε καταφιλοῦσά μου
46 τοὺς πόδας. Ἐλαίῳ τὴν κεφαλήν μου οὐκ ἤλειψας· αὕτη δὲ μύρῳ ἤλειψέ μου τοὺς
47 πόδας. Οὗ χάριν, λέγω σοι, ἀφέωνται αἱ ἁμαρτίαι αὐτῆς αἱ πολλαί, ὅτι ἠγάπησε
48 πολύ· ᾧ δὲ ὀλίγον ἀφίεται, ὀλίγον ἀγαπᾷ. Εἶπε δὲ αὐτῇ· ἀφέωνταί σου αἱ
ἁμαρτίαι.
49 Καὶ ἤρξαντο οἱ συνανακείμενοι λέγειν ἐν ἑαυτοῖς· τίς οὗτός ἐστιν, ὃς καὶ ἁμαρ-
50 τίας ἀφίησιν; Εἶπε δὲ πρὸς τὴν γυναῖκα· ἡ πίστις σου σέσωκέ σε· πορεύου εἰς
εἰρήνην.

§ 47. Jesus, with the Twelve, makes a second circuit in Galilee.

Luke VIII. 1–3.

1 Καὶ ἐγένετο ἐν τῷ καθεξῆς, καὶ αὐτὸς διώδευε κατὰ πόλιν καὶ κώμην κηρύσσων καὶ
2 εὐαγγελιζόμενος τὴν βασιλείαν τοῦ θεοῦ, καὶ οἱ δώδεκα σὺν αὐτῷ ¹ καὶ γυναῖκές τινες,
αἳ ἦσαν τεθεραπευμέναι ἀπὸ πνευμάτων πονηρῶν καὶ ἀσθενειῶν, Μαρία, ἡ καλουμένη
3 Μαγδαληνή, ἀφ' ἧς δαιμόνια ἑπτὰ ἐξεληλύθει, ¹ καὶ Ἰωάννα, γυνὴ Χουζᾶ ἐπιτρόπου
Ἡρώδου, καὶ Σουσάννα, καὶ ἕτεραι πολλαί, αἵτινες διηκόνουν αὐτῷ ἀπὸ τῶν ὑπαρ-
χόντων αὐταῖς.

§ 48. The healing of a Demoniac.   The Scribes and Pharisees blaspheme.—*Galilee.*

Mark III. 20–30.

20 Καὶ ἔρχονται εἰς οἶκον · καὶ συνέρχεται πάλιν ὄχλος, ὥςτε μὴ δύνασθαι αὐτοὺς
21 μήτε ἄρτον φαγεῖν. Καὶ ἀκούσαντες οἱ παρ' αὐτοῦ ἐξῆλθον κρατῆσαι αὐτόν · ἔλεγον
γάρ · ὅτι ἐξέστη.

Matth. XII. 22–37.		Luke XI. 14, 15, 17–23.
22 Τότε προσηνέχθη αὐτῷ δαιμονιζό-μενος, τυφλὸς καὶ κωφός, καὶ ἐθερά-πευσεν αὐτόν, ὥςτε τὸν τυφλὸν καὶ 23 κωφὸν καὶ λαλεῖν καὶ βλέπειν. Καὶ ἐξίσταντο πάντες οἱ ὄχλοι καὶ ἔλεγον · μήτι οὗτός ἐστιν ὁ υἱὸς 24 Δαυίδ ; Οἱ δὲ Φαρι-σαῖοι ἀκούσαντες εἶπον · οὗτος οὐκ ἐκβάλλει τὰ δαιμόνια, εἰ μὴ ἐν τῷ Βεελζεβοὺλ ἄρχοντι τῶν 25 δαιμονίων. Εἰδὼς δὲ ὁ Ἰησοῦς τὰς ἐνθυμήσεις αὐτῶν εἶπεν αὐτοῖς · πᾶσα βασιλεία μερι-σθεῖσα καθ' ἑαυτῆς ἐρη-μοῦται, καὶ πᾶσα πόλις ἢ οἰκία μερισθεῖσα καθ' ἑαυτῆς οὐ σταθήσεται. 26 Καὶ εἰ ὁ σατανᾶς τὸν σατανᾶν ἐκβάλλει, ἐφ' ἑαυτὸν ἐμερίσθη · πῶς οὖν σταθήσεται ἡ βασι-λεία αὐτοῦ ;	MARK III. 22 Καὶ οἱ γραμματεῖς οἱ ἀπὸ Ἱεροσολύμων κατα-βάντες ἔλεγον · ὅτι Βεελ-ζεβοὺλ ἔχει, καί · ὅτι ἐν τῷ ἄρχοντι τῶν δαιμο-νίων ἐκβάλλει τὰ δαιμό-23 νια. Καὶ προσκαλεσά-μενος αὐτοὺς ἐν παρα-βολαῖς ἔλεγεν αὐτοῖς · πῶς δύναται σατανᾶς σατανᾶν ἐκβάλλειν ; 24 Καὶ ἐὰν βασιλεία ἐφ' ἑαυτὴν μερισθῇ, οὐ δύ-ναται σταθῆναι ἡ βασι-25 λεία ἐκείνη · καὶ ἐὰν οἰ-κία ἐφ' ἑαυτὴν μερισθῇ, οὐ δύναται σταθῆναι ἡ 26 οἰκία ἐκείνη · καὶ εἰ ὁ σα-τανᾶς ἀνέστη ἐφ' ἑαυτὸν	14 Καὶ ἦν ἐκβάλλων δαιμόνιον, καὶ αὐτὸ ἦν κωφόν · ἐγένετο δὲ τοῦ δαιμο-νίου ἐξελθόντος, ἐλάλησεν ὁ κωφός · καὶ ἐθαύμασαν οἱ ὄχλοι. 15 Τινὲς δὲ ἐξ αὐτῶν εἶ-πον · ἐν Βεελζεβοὺλ ἄρ-χοντι τῶν δαιμονίων ἐκβάλλει τὰ δαιμόνια.— 17 Αὐτὸς δὲ εἰδὼς αὐτῶν τὰ διανοήματα εἶπεν αὐτοῖς · πᾶσα βασι-λεία ἐφ' ἑαυτὴν διαμερι-σθεῖσα ἐρημοῦται, καὶ οἶκος ἐπὶ οἶκον πίπτει. 18 Εἰ δὲ καὶ ὁ σατανᾶς ἐφ' ἑαυτὸν διεμερίσθη, πῶς σταθήσεται ἡ βα-σιλεία αὐτοῦ ; ὅτι λέγε-τε, ἐν Βεελζεβοὺλ ἐκβάλ-λειν με τὰ δαιμόνια.

καὶ μεμέρισται, οὐ δύναται σταθῆναι, ἀλλὰ τέλος ἔχει.

MATTH. XII.

LUKE XI.

27 Καὶ εἰ ἐγὼ ἐν Βεελζεβοὺλ ἐκβάλλω τὰ δαιμόνια, οἱ υἱοὶ ὑμῶν ἐν τίνι ἐκβάλλουσι; διὰ τοῦτο αὐτοὶ ὑμῶν ἔσονται 28 κριταί. Εἰ δὲ ἐν πνεύματι θεοῦ ἐγὼ ἐκβάλλω τὰ δαιμόνια, ἄρα ἔφθασεν ἐφ᾿ ὑμᾶς ἡ βασιλεία τοῦ θεοῦ.

19 Εἰ δὲ ἐγὼ ἐν Βεελζεβοὺλ ἐκβάλλω τὰ δαιμόνια, οἱ υἱοὶ ὑμῶν ἐν τίνι ἐκβάλλουσι; διὰ τοῦτο κριταὶ ὑμῶν αὐτοὶ 20 ἔσονται. Εἰ δὲ ἐν δακτύλῳ θεοῦ ἐκβάλλω τὰ δαιμόνια, ἄρα ἔφθασεν ἐφ᾿ ὑμᾶς ἡ βασιλεία τοῦ θεοῦ.

MARK III.

29 *Η πῶς δύναταί τις εἰσελθεῖν εἰς τὴν οἰκίαν τοῦ ἰσχυροῦ καὶ τὰ σκεύη αὐτοῦ διαρπάσαι, ἐὰν μὴ πρῶτον δήσῃ τὸν ἰσχυρόν, καὶ τότε τὴν οἰκίαν αὐτοῦ διαρπάσει; 30 Ὁ μὴ ὢν μετ᾿ ἐμοῦ κατ᾿ ἐμοῦ ἐστι· καὶ ὁ μὴ συνάγων μετ᾿ ἐμοῦ σκορπίζει.

27 Οὐδεὶς δύναται τὰ σκεύη τοῦ ἰσχυροῦ, εἰσελθὼν εἰς τὴν οἰκίαν αὐτοῦ, διαρπάσαι, ἐὰν μὴ πρῶτον τὸν ἰσχυρὸν δήσῃ· καὶ τότε τὴν οἰκίαν αὐτοῦ διαρπάσει.

21 "Οταν ὁ ἰσχυρὸς καθωπλισμένος φυλάσσῃ τὴν ἑαυτοῦ αὐλήν, ἐν εἰρήνῃ ἐστὶ τὰ ὑπάρ- 22 χοντα αὐτοῦ· ἐπὰν δὲ ὁ ἰσχυρότερος αὐτοῦ ἐπελθὼν νικήσῃ αὐτόν, τὴν πανοπλίαν αὐτοῦ αἴρει, ἐφ᾿ ᾗ ἐπεποίθει, καὶ τὰ σκῦλα αὐτοῦ διαδί- 23 δωσιν. Ὁ μὴ ὢν μετ᾿ ἐμοῦ κατ᾿ ἐμοῦ ἐστι· καὶ ὁ μὴ συνάγων μετ᾿ ἐμοῦ σκορπίζει.

MARK III.

31 Διὰ τοῦτο λέγω ὑμῖν· πᾶσα ἁμαρτία καὶ βλασφημία ἀφεθήσεται τοῖς ἀνθρώποις· ἡ δὲ τοῦ πνεύματος βλασφημία οὐκ ἀφεθήσεται τοῖς ἀνθρώποις. 32 Καὶ ὃς ἂν εἴπῃ λόγον κατὰ τοῦ υἱοῦ ἀνθρώπου, ἀφεθήσεται αὐτῷ· ὃς δ᾿ ἂν εἴπῃ κατὰ τοῦ πνεύματος τοῦ ἁγίου, οὐκ ἀφεθήσεται αὐτῷ οὔτε ἐν τούτῳ τῷ αἰῶνι οὔτε ἐν τῷ μέλλοντι.

28 Ἀμὴν λέγω ὑμῖν, ὅτι πάντα ἀφεθήσεται τὰ ἁμαρτήματα τοῖς υἱοῖς τῶν ἀνθρώπων, καὶ αἱ βλασφημίαι, ὅσας ἂν 29 βλασφημήσωσιν· ὃς δ᾿ ἂν βλασφημήσῃ εἰς τὸ πνεῦμα τὸ ἅγιον, οὐκ ἔχει ἄφεσιν εἰς τὸν αἰῶνα, ἀλλ᾿ ἔνοχός ἐστιν 30 αἰωνίου κρίσεως. Ὅτι ἔλεγον· πνεῦμα ἀκάθαρτον ἔχει.

33 *Η ποιήσατε τὸ δένδρον καλόν, καὶ τὸν καρπὸν αὐτοῦ καλόν· ἢ ποιήσατε τὸ δένδρον σαπρόν, καὶ τὸν καρπὸν αὐτοῦ σαπρόν· ἐκ γὰρ τοῦ καρποῦ τὸ δένδρον γινώ- 34 σκεται. Γεννήματα ἐχιδνῶν, πῶς δύνασθε ἀγαθὰ λαλεῖν, πονηροὶ ὄντες; ἐκ γὰρ 35 τοῦ περισσεύματος τῆς καρδίας τὸ στόμα λαλεῖ. Ὁ ἀγαθὸς ἄνθρωπος ἐκ τοῦ ἀγαθοῦ θησαυροῦ [τῆς καρδίας] ἐκβάλλει τὰ ἀγαθά· καὶ ὁ πονηρὸς ἄνθρωπος ἐκ τοῦ 36 πονηροῦ θησαυροῦ ἐκβάλλει πονηρά. Λέγω δὲ ὑμῖν, ὅτι πᾶν ῥῆμα ἀργόν, ὃ ἐὰν 37 λαλήσωσιν οἱ ἄνθρωποι, ἀποδώσουσι περὶ αὐτοῦ λόγον ἐν ἡμέρᾳ κρίσεως. Ἐκ γὰρ τῶν λόγων σου δικαιωθήσῃ, καὶ ἐκ τῶν λόγων σου καταδικασθήσῃ.

§ 49. The Scribes and Pharisees seek a sign. Our Lord's reflections.—*Galilee.*

MATTH. XII. 38-45.

LUKE XI. 16, 24-26, 29-36.

38 Τότε ἀπεκρίθησάν τινες τῶν γραμματέων καὶ Φαρισαίων λέγοντες· διδάσκαλε, θέλομεν ἀπὸ σοῦ σημεῖον 39 ἰδεῖν. Ὁ δὲ ἀποκριθεὶς εἶπεν αὐτοῖς·

16 Ἕτεροι δὲ πειράζοντες σημεῖον παρ᾿ αὐτοῦ ἐζήτουν ἐξ οὐρανοῦ.—

29 Τῶν δὲ ὄχλων ἐπαθροιζομένων ἤρξατο

MATTH. XII.	LUKE XI.
γενεὰ πονηρὰ καὶ μοιχαλὶς σημεῖον ἐπιζητεῖ· καὶ σημεῖον οὐ δοθήσεται αὐτῇ, εἰ μὴ τὸ σημεῖον 'Ιωνᾶ τοῦ 40 προφήτου. Ὥσπερ γὰρ ἦν 'Ιωνᾶς ἐν τῇ κοιλίᾳ τοῦ κήτους τρεῖς ἡμέρας καὶ τρεῖς νύκτας,[a] οὕτως ἔσται ὁ υἱὸς τοῦ ἀνθρώπου ἐν τῇ καρδίᾳ τῆς γῆς 41 τρεῖς ἡμέρας καὶ τρεῖς νύκτας. Ἄνδρες Νινευῖται ἀναστήσονται ἐν τῇ κρίσει μετὰ τῆς γενεᾶς ταύτης καὶ κατακρινοῦσιν αὐτήν, ὅτι μετενόησαν εἰς τὸ κήρυγμα 'Ιωνᾶ·[b] καὶ ἰδού, 42 πλεῖον 'Ιωνᾶ ὧδε. Βασίλισσα νότου ἐγερθήσεται ἐν τῇ κρίσει μετὰ τῆς γενεᾶς ταύτης καὶ κατακρινεῖ αὐτήν, ὅτι ἦλθεν ἐκ τῶν περάτων τῆς γῆς ἀκοῦσαι τὴν σοφίαν Σολομῶνος· καὶ ἰδού, πλεῖον Σολομῶνος ὧδε.	λέγειν· ἡ γενεὰ αὕτη πονηρά ἐστι· σημεῖον ἐπιζητεῖ, καὶ σημεῖον οὐ δοθήσεται αὐτῇ, εἰ μὴ τὸ σημεῖον 'Ιωνᾶ τοῦ 30 προφήτου. Καθὼς γὰρ ἐγένετο 'Ιωνᾶς σημεῖον τοῖς Νινευῖταις,[a] οὕτως ἔσται καὶ ὁ υἱὸς τοῦ ἀνθρώπου τῇ γενεᾷ ταύτῃ.— 32 Ἄνδρες Νινευῒ ἀναστήσονται ἐν τῇ κρίσει μετὰ τῆς γενεᾶς ταύτης καὶ κατακρινοῦσιν αὐτήν, ὅτι μετενόησαν εἰς τὸ κήρυγμα 'Ιωνᾶ·[b] καὶ ἰδού, 31 πλεῖον 'Ιωνᾶ ὧδε.—Βασίλισσα νότου ἐγερθήσεται ἐν τῇ κρίσει μετὰ τῶν ἀνδρῶν τῆς γενεᾶς ταύτης καὶ κατακρινεῖ αὐτούς, ὅτι ἦλθεν ἐκ τῶν περάτων τῆς γῆς ἀκοῦσαι τὴν σοφίαν Σολομῶνος·[c] καὶ ἰδού, πλεῖον Σολομῶνος ὧδε.—

33 Οὐδεὶς δὲ λύχνον ἅψας εἰς κρυπτὴν τίθησιν οὐδὲ ὑπὸ τὸν μόδιον, ἀλλ' ἐπὶ τὴν λυχνίαν, ἵνα οἱ εἰσπορευό- 34 μενοι τὸ φέγγος βλέπωσιν. Ὁ λύχνος τοῦ σώματός ἐστιν ὁ ὀφθαλ- μός· ὅταν οὖν ὁ ὀφθαλμός σου ἁπλοῦς ᾖ, καὶ ὅλον τὸ σῶμά σου φωτεινόν ἐστιν· ἐπὰν δὲ πονηρὸς ᾖ, καὶ τὸ σῶμά σου σκοτεινόν. 35 36 Σκόπει οὖν, μὴ τὸ φῶς τὸ ἐν σοὶ σκότος ἐστίν. Εἰ οὖν τὸ σῶμά σου ὅλον φωτεινόν, μὴ ἔχον τὶ μέρος σκοτεινόν, ἔσται φωτεινὸν ὅλον, ὡς ὅταν ὁ λύχνος τῇ ἀστραπῇ φωτίζῃ σε.—

43 Ὅταν δὲ τὸ ἀκάθαρτον πνεῦμα ἐξέλθῃ ἀπὸ τοῦ ἀνθρώπου, διέρχεται δι' ἀνύδρων τόπων ζητοῦν ἀνάπαυσιν, 44 καὶ οὐχ εὑρίσκει. Τότε λέγει· ἐπι- στρέψω εἰς τὸν οἶκόν μου, ὅθεν ἐξῆλ- θον. Καὶ ἐλθὸν εὑρίσκει σχολάζοντα, 45 σεσαρωμένον καὶ κεκοσμημένον. Τότε πορεύεται καὶ παραλαμβάνει μεθ' ἑαυ- τοῦ ἑπτὰ ἕτερα πνεύματα πονηρότερα ἑαυτοῦ, καὶ εἰσελθόντα κατοικεῖ ἐκεῖ· καὶ γίνεται τὰ ἔσχατα τοῦ ἀνθρώπου ἐκείνου χείρονα τῶν πρώτων. οὕτως ἔσται καὶ τῇ γενεᾷ ταύτῃ τῇ πονηρᾷ.	24 Ὅταν τὸ ἀκάθαρτον πνεῦμα ἐξέλθῃ ἀπὸ τοῦ ἀνθρώπου, διέρχεται δι' ἀνύ- δρων τόπων ζητοῦν ἀνάπαυσιν, καὶ μὴ εὑρίσκον λέγει· ὑποστρέψω εἰς 25 τὸν οἶκόν μου, ὅθεν ἐξῆλθον. Καὶ ἐλθὸν εὑρίσκει σεσαρωμένον καὶ κε- 26 κοσμημένον. Τότε πορεύεται καὶ παραλαμβάνει ἑπτὰ ἕτερα πνεύματα πονηρότερα ἑαυτοῦ, καὶ εἰσελθόντα κατοικεῖ ἐκεῖ· καὶ γίνεται τὰ ἔσχατα τοῦ ἀνθρώπου ἐκείνου χείρονα τῶν πρώτων.

---

[a] 40 etc. Jon. 2, 1. [1, 17.]   [b] 41 etc. Jon. 3, 4. 5.   [c] 42 etc. 1 K. 10, 1 sq.

§ 50. The true Disciples of Christ his nearest relatives.—*Galilee.*

LUKE XI. 27, 28.

27　Ἐγένετο δὲ ἐν τῷ λέγειν αὐτὸν ταῦτα, ἐπάρασά τις γυνὴ φωνὴν ἐκ τοῦ ὄχλου
28　εἶπεν αὐτῷ· μακαρία ἡ κοιλία ἡ βαστάσασά σε, καὶ μαστοί, οὓς ἐθήλασας. Αὐτὸς
δὲ εἶπε· μενοῦνγε μακάριοι οἱ ἀκούοντες τὸν λόγον τοῦ θεοῦ καὶ φυλάσσοντες
αὐτόν.

MATTH. XII. 46–50.	MARK III. 31–35.	LUKE VIII. 19–21.
46 Ἔτι δὲ αὐτοῦ λαλοῦν- τος τοῖς ὄχλοις, ἰδού, ἡ μήτηρ καὶ οἱ ἀδελφοὶ αὐτοῦ εἱστήκεισαν ἔξω, ζητοῦντες αὐτῷ λαλῆ- 47 σαι. Εἶπε δέ τις αὐτῷ· ἰδού, ἡ μήτηρ σου καὶ οἱ ἀδελφοί σου ἔξω ἑστήκασι, ζητοῦντές σοι 48 λαλῆσαι. Ὁ δὲ ἀπο- κριθεὶς εἶπε τῷ εἰπόντι αὐτῷ· τίς ἐστιν ἡ μήτηρ μου, καὶ τίνες εἰσὶν οἱ 49 ἀδελφοί μου; Καὶ ἐκ- τείνας τὴν χεῖρα αὐτοῦ ἐπὶ τοὺς μαθητὰς αὐτοῦ εἶπεν· ἰδού, ἡ μήτηρ μου καὶ οἱ ἀδελφοί μου. 50 Ὅστις γὰρ ἂν ποιήσῃ τὸ θέλημα τοῦ πατρός μου τοῦ ἐν οὐρανοῖς, αὐτός μου ἀδελφὸς καὶ ἀδελ- φὴ καὶ μήτηρ ἐστίν.	31 Ἔρχονται οὖν ἡ μήτηρ αὐτοῦ καὶ οἱ ἀδελφοὶ αὐτοῦ, καὶ ἔξω ἑστῶτες ἀπέστειλαν πρὸς αὐτὸν 32 φωνοῦντες αὐτόν. Καὶ ἐκάθητο ὄχλος περὶ αὐ- τόν· εἶπον δὲ αὐτῷ· ἰδού, ἡ μήτηρ σου καὶ οἱ ἀδελφοί σου ἔξω ζη- 33 τοῦσί σε. Καὶ ἀπεκρί- θη αὐτοῖς λέγων· τίς ἐστιν ἡ μήτηρ μου ἢ οἱ ἀδελφοί μου; 34 Καὶ περιβλεψάμενος κύκλῳ τοὺς αὐτὸν καθημένους λέγει· ἴδε, ἡ μήτηρ μου καὶ οἱ ἀδελφοί μου. 35 Ὃς γὰρ ἂν ποιήσῃ τὸ θέλημα τοῦ θεοῦ, οὗτος ἀδελφός μου καὶ ἀδελφή μου καὶ μήτηρ ἐστί.	19 Παρεγένοντο δὲ πρὸς αὐτὸν ἡ μήτηρ καὶ οἱ ἀδελφοὶ αὐτοῦ, καὶ οὐκ ἠδύναντο συντυχεῖν αὐ- τῷ διὰ τὸν ὄχλον. 20 Καὶ ἀπηγγέλη αὐτῷ, λεγόν- των· ἡ μήτηρ σου καὶ οἱ ἀδελφοί σου ἑστήκα- σιν ἔξω ἰδεῖν σε θέλον- 21 τες. Ὁ δὲ ἀποκριθεὶς εἶπε πρὸς αὐτούς· μήτηρ μου καὶ ἀδελφοί μου οὗτοί εἰσιν οἱ τὸν λόγον τοῦ θεοῦ ἀκούοντες καὶ ποι- οῦντες αὐτόν.

§ 51. At a Pharisee's table, Jesus denounces woes aginst the Pharisees and others. [Comp. § 123.]—*Galilee.*

LUKE XI. 37–54.

37　Ἐν δὲ τῷ λαλῆσαι ἠρώτα αὐτὸν Φαρισαῖός τις, ὅπως ἀριστήσῃ παρ' αὐτῷ. εἰσ-
38　ελθὼν δὲ ἀνέπεσεν. Ὁ δὲ Φαρισαῖος ἰδὼν ἐθαύμασεν, ὅτι οὐ πρῶτον ἐβαπτίσθη
39　πρὸ τοῦ ἀρίστου. Εἶπε δὲ ὁ κύριος πρὸς αὐτόν· νῦν ὑμεῖς οἱ Φαρισαῖοι τὸ ἔξωθεν
τοῦ ποτηρίου καὶ τοῦ πίνακος καθαρίζετε, τὸ δὲ ἔσωθεν ὑμῶν γέμει ἁρπαγῆς καὶ
40 41 πονηρίας. Ἄφρονες, οὐχ ὁ ποιήσας τὸ ἔξωθεν καὶ τὸ ἔσωθεν ἐποίησε; | πλὴν τὰ
42　ἐνόντα δότε ἐλεημοσύνην· καὶ ἰδού, πάντα καθαρὰ ὑμῖν ἐστιν. Ἀλλ' οὐαὶ ὑμῖν
τοῖς Φαρισαίοις, ὅτι ἀποδεκατοῦτε τὸ ἡδύοσμον καὶ τὸ πήγανον καὶ πᾶν λάχανον,
καὶ παρέρχεσθε τὴν κρίσιν καὶ τὴν ἀγάπην τοῦ θεοῦ. ταῦτα ἔδει ποιῆσαι, κἀκεῖνα

LUKE XI.

13 μὴ ἀφιέναι. Οὐαὶ ὑμῖν τοῖς Φαρισαίοις, ὅτι ἀγαπᾶτε τὴν πρωτοκαθεδρίαν ἐν ταῖς
44 συναγωγαῖς καὶ τοὺς ἀσπασμοὺς ἐν ταῖς ἀγοραῖς. Οὐαὶ ὑμῖν, γραμματεῖς καὶ
Φαρασαῖοι, ὑποκριταί· ὅτι ἐστὲ ὡς τὰ μνημεῖα τὰ ἄδηλα, καὶ οἱ ἄνθρωποι οἱ περι-
πατοῦντες ἐπάνω οὐκ οἴδασιν.
45 Ἀποκριθεὶς δέ τις τῶν νομικῶν λέγει αὐτῷ· διδάσκαλε, ταῦτα λέγων καὶ ἡμᾶς
46 ὑβρίζεις. Ὁ δὲ εἶπε· καὶ ὑμῖν τοῖς νομικοῖς οὐαί, ὅτι φορτίζετε τοὺς ἀνθρώπους
φορτία δυσβάστακτα, καὶ αὐτοὶ ἑνὶ τῶν δακτύλων ὑμῶν οὐ προςψαύετε τοῖς φορτίοις.
47 Οὐαὶ ὑμῖν, ὅτι οἰκοδομεῖτε τὰ μνημεῖα τῶν προφητῶν, οἱ δὲ πατέρες ὑμῶν ἀπέκτει-
48 ναν αὐτούς. Ἄρα μαρτυρεῖτε καὶ συνευδοκεῖτε τοῖς ἔργοις τῶν πατέρων ὑμῶν, ὅτι
49 αὐτοὶ μὲν ἀπέκτειναν αὐτούς, ὑμεῖς δὲ οἰκοδομεῖτε αὐτῶν τὰ μνημεῖα. Διὰ τοῦτο
καὶ ἡ σοφία τοῦ θεοῦ εἶπεν· ἀποστελῶ εἰς αὐτοὺς προφήτας καὶ ἀποστόλους, καὶ
50 ἐξ αὐτῶν ἀποκτενοῦσι καὶ ἐκδιώξουσιν, | ἵνα ἐκζητηθῇ τὸ αἷμα πάντων τῶν προφη-
51 τῶν, τὸ ἐκχυνόμενον ἀπὸ καταβολῆς κόσμου, ἀπὸ τῆς γενεᾶς ταύτης, | ἀπὸ τοῦ
αἵματος Ἄβελ ἕως τοῦ αἵματος Ζαχαρίου, τοῦ ἀπολομένου μεταξὺ τοῦ θυσιαστηρίου
καὶ τοῦ οἴκου.ᵃ ναί, λέγω ὑμῖν, ἐκζητηθήσεται ἀπὸ τῆς γενεᾶς ταύτης.
52 Οὐαὶ ὑμῖν τοῖς νομικοῖς, ὅτι ἤρατε τὴν κλεῖδα τῆς γνώσεως· αὐτοὶ οὐκ εἰσήλθετε,
καὶ τοὺς εἰσερχομένους ἐκωλύσατε.
53 Λέγοντος δὲ αὐτοῦ ταῦτα πρὸς αὐτοὺς ἤρξαντο οἱ γραμματεῖς καὶ οἱ Φαρισαῖοι
54 δεινῶς ἐνέχειν καὶ ἀποστοματίζειν αὐτὸν περὶ πλειόνων, | ἐνεδρεύοντες αὐτόν, ζη-
τοῦντες θηρεῦσαί τι ἐκ τοῦ στόματος αὐτοῦ, ἵνα κατηγορήσωσιν αὐτοῦ.

§ 52. Jesus discourses to his Disciples and the multitude.—*Galilee.*

LUKE XII. 1–59.

1 Ἐν οἷς ἐπισυναχθεισῶν τῶν μυριάδων τοῦ ὄχλου, ὥστε καταπατεῖν ἀλλήλους,
ἤρξατο λέγειν πρὸς τοὺς μαθητὰς αὐτοῦ πρῶτον· προσέχετε ἑαυτοῖς ἀπὸ τῆς ζύμης
2 τῶν Φαρισαίων, ἥτις ἐστὶν ὑπόκρισις. Οὐδὲν δὲ συγκεκαλυμμένον ἐστίν, ὃ οὐκ
3 ἀποκαλυφθήσεται, καὶ κρυπτόν, ὃ οὐ γνωσθήσεται. Ἀνθ᾽ ὧν ὅσα ἐν τῇ σκοτίᾳ
εἴπατε, ἐν τῷ φωτὶ ἀκουσθήσεται· καὶ ὃ πρὸς τὸ οὖς ἐλαλήσατε ἐν τοῖς ταμείοις,
4 κηρυχθήσεται ἐπὶ τῶν δωμάτων. Λέγω δὲ ὑμῖν τοῖς φίλοις μου· μὴ φοβηθῆτε
ἀπὸ τῶν ἀποκτεινόντων τὸ σῶμα καὶ μετὰ ταῦτα μὴ ἐχόντων περισσότερόν τι ποιῆ-
5 σαι. Ὑποδείξω δὲ ὑμῖν, τίνα φοβηθῆτε· φοβήθητε τὸν μετὰ τὸ ἀποκτεῖναι
6 ἐξουσίαν ἔχοντα ἐμβαλεῖν εἰς τὴν γέενναν· ναί, λέγω ὑμῖν, τοῦτον φοβήθητε. Οὐχὶ
πέντε στρουθία πωλεῖται ἀσσαρίων δύο; καὶ ἓν ἐξ αὐτῶν οὐκ ἔστιν ἐπιλελησμένον
7 ἐνώπιον τοῦ θεοῦ· | ἀλλὰ καὶ αἱ τρίχες τῆς κεφαλῆς ὑμῶν πᾶσαι ἠρίθμηνται. μὴ οὖν
8 φοβεῖσθε· πολλῶν στρουθίων διαφέρετε. Λέγω δὲ ὑμῖν· πᾶς ὃς ἂν ὁμολογήσῃ
ἐν ἐμοὶ ἔμπροσθεν τῶν ἀνθρώπων, καὶ ὁ υἱὸς τοῦ ἀνθρώπου ὁμολογήσει ἐν αὐτῷ
9 ἔμπροσθεν τῶν ἀγγέλων τοῦ θεοῦ· ὁ δὲ ἀρνησάμενός με ἐνώπιον τῶν ἀνθρώπων
10 ἀπαρνηθήσεται ἐνώπιον τῶν ἀγγέλων τοῦ θεοῦ. Καὶ πᾶς ὃς ἐρεῖ λόγον εἰς τὸν
υἱὸν τοῦ ἀνθρώπου, ἀφεθήσεται αὐτῷ· τῷ δὲ εἰς τὸ ἅγιον πνεῦμα βλασφημήσαντι
11 οὐκ ἀφεθήσεται. Ὅταν δὲ προσφέρωσιν ὑμᾶς ἐπὶ τὰς συναγωγὰς καὶ τὰς ἀρχὰς

ᵃ 51. Gen. 4, 8. 2 Chr. 24, 20 sq.

LUKE XII.

12 καὶ τὰς ἐξουσίας, μὴ μεριμνᾶτε, πῶς ἢ τί ἀπολογήσησθε ἢ τί εἴπητε· τὸ γὰρ ἅγιον
πνεῦμα διδάξει ὑμᾶς ἐν αὐτῇ τῇ ὥρᾳ, ἃ δεῖ εἰπεῖν.
13 Εἶπε δέ τις αὐτῷ ἐκ τοῦ ὄχλου· διδάσκαλε, εἰπὲ τῷ ἀδελφῷ μου μερίσασθαι
14 μετ᾿ ἐμοῦ τὴν κληρονομίαν. Ὁ δὲ εἶπεν αὐτῷ· ἄνθρωπε, τίς με κατέστησε δικα-
15 στὴν ἢ μεριστὴν ἐφ᾿ ὑμᾶς; Εἶπε δὲ πρὸς αὐτούς· ὁρᾶτε καὶ φυλάσσεσθε ἀπὸ τῆς
πλεονεξίας· ὅτι οὐκ ἐν τῷ περισσεύειν τινὶ ἡ ζωὴ αὐτοῦ ἐστιν ἐκ τῶν ὑπαρχόντων
16 αὐτοῦ. Εἶπε δὲ παραβολὴν πρὸς αὐτοὺς λέγων· ἀνθρώπου τινὸς πλουσίου εὐφό-
17 ρησεν ἡ χώρα· Ι καὶ διελογίζετο ἐν ἑαυτῷ λέγων· τί ποιήσω; ὅτι οὐκ ἔχω ποῦ
18 συνάξω τοὺς καρπούς μου. Καὶ εἶπε· τοῦτο ποιήσω· καθελῶ μου τὰς ἀποθήκας
καὶ μείζονας οἰκοδομήσω, καὶ συνάξω ἐκεῖ πάντα τὰ γενήματά μου καὶ τὰ ἀγαθά
19 μου, Ι καὶ ἐρῶ τῇ ψυχῇ μου· ψυχή, ἔχεις πολλὰ ἀγαθὰ κείμενα εἰς ἔτη πολλά·
20 ἀναπαύου, φάγε, πίε, εὐφραίνου. Εἶπε δὲ αὐτῷ ὁ θεός· ἄφρον, ταύτῃ τῇ νυκτὶ τὴν
21 ψυχήν σου ἀπαιτοῦσιν ἀπὸ σοῦ· ἃ δὲ ἡτοίμασας, τίνι ἔσται; Οὕτως ὁ θησαυρίζων
ἑαυτῷ καὶ μὴ εἰς θεὸν πλουτῶν.
22 Εἶπε δὲ πρὸς τοὺς μαθητὰς αὐτοῦ· διὰ τοῦτο ὑμῖν λέγω, μὴ μεριμνᾶτε τῇ ψυχῇ
23 ὑμῶν, τί φάγητε, μηδὲ τῷ σώματι, τί ἐνδύσησθε. Ἡ ψυχὴ πλεῖόν ἐστι τῆς τροφῆς;
24 καὶ τὸ σῶμα τοῦ ἐνδύματος. Κατανοήσατε τοὺς κόρακας, ὅτι οὐ σπείρουσιν οὐδὲ
θερίζουσιν, οἷς οὐκ ἔστι ταμεῖον οὐδὲ ἀποθήκη, καὶ ὁ θεὸς τρέφει αὐτούς. πόσῳ
25 μᾶλλον ὑμεῖς διαφέρετε τῶν πετεινῶν. Τίς δὲ ἐξ ὑμῶν μεριμνῶν δύναται προσ-
26 θεῖναι ἐπὶ τὴν ἡλικίαν αὐτοῦ πῆχυν ἕνα; Εἰ οὖν οὔτε ἐλάχιστον δύνασθε, τί περὶ
27 τῶν λοιπῶν μεριμνᾶτε; Κατανοήσατε τὰ κρίνα, πῶς αὐξάνει· οὐ κοπιᾷ οὐδὲ νήθει.
λέγω δὲ ὑμῖν, οὐδὲ Σολομὼν ἐν πάσῃ τῇ δόξῃ αὐτοῦ περιεβάλετο ὡς ἓν τούτων.
28 Εἰ δὲ τὸν χόρτον ἐν τῷ ἀγρῷ σήμερον ὄντα καὶ αὔριον εἰς κλίβανον βαλλόμενον ὁ
29 θεὸς οὕτως ἀμφιέννυσι, πόσῳ μᾶλλον ὑμᾶς, ὀλιγόπιστοι. Καὶ ὑμεῖς μὴ ζητεῖτε, τί
30 φάγητε ἢ τί πίητε, καὶ μὴ μετεωρίζεσθε. Ταῦτα γὰρ πάντα τὰ ἔθνη τοῦ κόσμου
31 ἐπιζητεῖ· ὑμῶν δὲ ὁ πατὴρ οἶδεν, ὅτι χρῄζετε τούτων. Πλὴν ζητεῖτε τὴν βασιλείαν
τοῦ θεοῦ, καὶ ταῦτα πάντα προστεθήσεται ὑμῖν.
32 Μὴ φοβοῦ, τὸ μικρὸν ποίμνιον, ὅτι εὐδόκησεν ὁ πατὴρ ὑμῶν δοῦναι ὑμῖν τὴν
33 βασιλείαν. Πωλήσατε τὰ ὑπάρχοντα ὑμῶν καὶ δότε ἐλεημοσύνην. ποιήσατε ἑαυ-
τοῖς βαλάντια μὴ παλαιούμενα, θησαυρὸν ἀνέκλειπτον ἐν τοῖς οὐρανοῖς, ὅπου
34 κλέπτης οὐκ ἐγγίζει οὐδὲ σὴς διαφθείρει. Ὅπου γάρ ἐστιν ὁ θησαυρὸς ὑμῶν, ἐκεῖ
35 καὶ ἡ καρδία ὑμῶν ἔσται. Ἔστωσαν ὑμῶν αἱ ὀσφύες περιεζωσμέναι καὶ οἱ λύχνοι
36 καιόμενοι· καὶ ὑμεῖς ὅμοιοι ἀνθρώποις προσδεχομένοις τὸν κύριον ἑαυτῶν, πότε
ἀναλύσει ἐκ τῶν γάμων, ἵνα ἐλθόντος καὶ κρούσαντος εὐθέως ἀνοίξωσιν αὐτῷ.
37 Μακάριοι οἱ δοῦλοι ἐκεῖνοι, οὓς ἐλθὼν ὁ κύριος εὑρήσει γρηγοροῦντας· ἀμὴν λέγω
38 ὑμῖν, ὅτι περιζώσεται καὶ ἀνακλινεῖ αὐτοὺς καὶ παρελθὼν διακονήσει αὐτοῖς. Καὶ
ἐὰν ἔλθῃ ἐν τῇ δευτέρᾳ φυλακῇ καὶ ἐν τῇ τρίτῃ φυλακῇ ἔλθῃ καὶ εὕρῃ οὕτω, μακά-
39 ριοί εἰσιν οἱ δοῦλοι ἐκεῖνοι. Τοῦτο δὲ γινώσκετε, ὅτι εἰ ᾔδει ὁ οἰκοδεσπότης, ποίᾳ
ὥρᾳ ὁ κλέπτης ἔρχεται, ἐγρηγόρησεν ἂν καὶ οὐκ ἂν ἀφῆκε διορυγῆναι τὸν οἶκον αὐτοῦ.
40 Καὶ ὑμεῖς οὖν γίνεσθε ἕτοιμοι, ὅτι ᾗ ὥρᾳ οὐ δοκεῖτε ὁ υἱὸς τοῦ ἀνθρώπου ἔρχεται.
41 Εἶπε δὲ αὐτῷ ὁ Πέτρος· κύριε, πρὸς ἡμᾶς τὴν παραβολὴν ταύτην λέγεις, ἢ καὶ
42 πρὸς πάντας; Εἶπε δὲ ὁ κύριος· τίς ἄρα ἐστὶν ὁ πιστὸς οἰκονόμος καὶ φρόνιμος,
ὃν καταστήσει ὁ κύριος ἐπὶ τῆς θεραπείας αὐτοῦ, τοῦ διδόναι ἐν καιρῷ τὸ σιτομέ-

LUKE XII.

43 τριον ; Μακάριος ὁ δοῦλος ἐκεῖνος, ὃν ἐλθὼν ὁ κύριος αὐτοῦ εὑρήσει ποιοῦντα οὕτως.
44 Ἀληθῶς λέγω ὑμῖν, ὅτι ἐπὶ πᾶσι τοῖς ὑπάρχουσιν αὐτοῦ καταστήσει αὐτόν.
45 Ἐὰν δὲ εἴπῃ ὁ δοῦλος ἐκεῖνος ἐν τῇ καρδίᾳ αὐτοῦ· χρονίζει ὁ κύριός μου ἔρχεσθαι·
   καὶ ἄρξηται τύπτειν τοὺς παῖδας καὶ τὰς παιδίσκας, ἐσθίειν τε καὶ πίνειν καὶ μεθύ-
46 σκεσθαι· ἥξει ὁ κύριος τοῦ δούλου ἐκείνου ἐν ἡμέρᾳ, ᾗ οὐ προσδοκᾷ, καὶ ἐν ὥρᾳ,
   ᾗ οὐ γινώσκει, καὶ διχοτομήσει αὐτόν, καὶ τὸ μέρος αὐτοῦ μετὰ τῶν ἀπίστων θήσει.
47 Ἐκεῖνος δὲ ὁ δοῦλος ὁ γνοὺς τὸ θέλημα τοῦ κυρίου ἑαυτοῦ, καὶ μὴ· ἑτοιμάσας μηδὲ
48 ποιήσας πρὸς τὸ θέλημα αὐτοῦ, δαρήσεται πολλάς· ὁ δὲ μὴ γνούς, ποιήσας δὲ ἄξια
   πληγῶν, δαρήσεται ὀλίγας. παντὶ δὲ ᾧ ἐδόθη πολύ, πολὺ ζητηθήσεται παρ' αὐτοῦ·
   καὶ ᾧ παρέθεντο πολύ, περισσότερον αἰτήσουσιν αὐτόν.
49 50 Πῦρ ἦλθον βαλεῖν εἰς τὴν γῆν, καὶ τί θέλω, εἰ ἤδη ἀνήφθη ; Βάπτισμα δὲ ἔχω
51 βαπτισθῆναι, καὶ πῶς συνέχομαι, ἕως οὗ τελεσθῇ ; Δοκεῖτε, ὅτι εἰρήνην παρεγενό-
52 μην δοῦναι ἐν τῇ γῇ ; οὐχί, λέγω ὑμῖν, ἀλλ' ἢ διαμερισμόν. Ἔσονται γὰρ ἀπὸ τοῦ
53 νῦν πέντε ἐν οἴκῳ ἑνὶ διαμεμερισμένοι, τρεῖς ἐπὶ δυσὶ καὶ δύο ἐπὶ τρισί. Διαμερι-
   σθήσεται πατὴρ ἐφ' υἱῷ καὶ υἱὸς ἐπὶ πατρί, μήτηρ ἐπὶ θυγατρὶ καὶ θυγάτηρ ἐπὶ
   μητρί, πενθερὰ ἐπὶ τὴν νύμφην αὐτῆς καὶ νύμφη ἐπὶ τὴν πενθερὰν αὐτῆς.
54 Ἔλεγε δὲ καὶ τοῖς ὄχλοις· ὅταν ἴδητε τὴν νεφέλην ἀνατέλλουσαν ἀπὸ δυσμῶν,
55 εὐθέως λέγετε· ὄμβρος ἔρχεται· καὶ γίνεται οὕτω. Καὶ ὅταν νότον πνέοντα,
56 λέγετε· ὅτι καύσων ἔσται· καὶ γίνεται. Ὑποκριταί, τὸ πρόσωπον τῆς γῆς καὶ
57 τοῦ οὐρανοῦ οἴδατε δοκιμάζειν, τὸν δὲ καιρὸν τοῦτον πῶς οὐ δοκιμάζετε ; Τί δὲ
58 καὶ ἀφ' ἑαυτῶν οὐ κρίνετε τὸ δίκαιον ; Ὡς γὰρ ὑπάγεις μετὰ τοῦ ἀντιδίκου σου
   ἐπ' ἄρχοντα, ἐν τῇ ὁδῷ δὸς ἐργασίαν ἀπηλλάχθαι ἀπ' αὐτοῦ· μήποτε κατασύρῃ
   σε πρὸς τὸν κριτήν, καὶ ὁ κριτής σε παραδῷ τῷ πράκτορι, καὶ ὁ πράκτωρ σε
59 βάλῃ εἰς φυλακήν. Λέγω σοι, οὐ μὴ ἐξέλθῃς ἐκεῖθεν, ἕως οὗ καὶ τὸ ἔσχατον
   λεπτὸν ἀποδῷς.

§ 53. The slaughter of certain Galileans. Parable of the barren Fig-tree.—*Galilee.*

Luke XIII. 1–9.

1 Παρῆσαν δέ τινες ἐν αὐτῷ τῷ καιρῷ ἀπαγγέλλοντες αὐτῷ περὶ τῶν Γαλιλαίων,
2 ὧν τὸ αἷμα Πιλάτος ἔμιξε μετὰ τῶν θυσιῶν αὐτῶν. Καὶ ἀποκριθεὶς ὁ Ἰησοῦς
   εἶπεν αὐτοῖς· δοκεῖτε, ὅτι οἱ Γαλιλαῖοι οὗτοι ἁμαρτωλοὶ παρὰ πάντας τοὺς
3 Γαλιλαίους ἐγένοντο, ὅτι τοιαῦτα πεπόνθασιν ; Οὐχί, λέγω ὑμῖν· ἀλλ' ἐὰν μὴ
4 μετανοῆτε, πάντες ὡσαύτως ἀπολεῖσθε. Ἢ ἐκεῖνοι οἱ δέκα καὶ ὀκτώ, ἐφ' οὓς
   ἔπεσεν ὁ πύργος ἐν τῷ Σιλωὰμ καὶ ἀπέκτεινεν αὐτούς, δοκεῖτε, ὅτι οὗτοι ὀφειλέται
5 ἐγένοντο παρὰ πάντας ἀνθρώπους τοὺς κατοικοῦντας ἐν Ἱερουσαλήμ ; Οὐχί, λέγω
   ὑμῖν· ἀλλ' ἐὰν μὴ μετανοῆτε, πάντες ὁμοίως ἀπολεῖσθε.
6 Ἔλεγε δὲ ταύτην τὴν παραβολήν· συκῆν εἶχέ τις ἐν τῷ ἀμπελῶνι αὐτοῦ πεφυ-
7 τευμένην· καὶ ἦλθε ζητῶν καρπὸν ἐν αὐτῇ καὶ οὐχ εὗρεν. Εἶπε δὲ πρὸς τὸν ἀμ-
   πελουργόν· ἰδού, τρία ἔτη ἔρχομαι ζητῶν καρπὸν ἐν τῇ συκῇ ταύτῃ καὶ οὐχ εὑρίσκω·
8 ἔκκοψον αὐτήν· ἵνα τί καὶ τὴν γῆν καταργεῖ ; Ὁ δὲ ἀποκριθεὶς λέγει αὐτῷ· κύριε,
9 ἄφες αὐτὴν καὶ τοῦτο τὸ ἔτος, ἕως ὅτου σκάψω περὶ αὐτὴν καὶ βάλω κόπριαν· κἂν
   μὲν ποιήσῃ καρπόν· εἰ δὲ μήγε, εἰς τὸ μέλλον ἐκκόψεις αὐτήν.

§ 54. Parable of the Sower.—*Lake of Galilee: Near Capernaum?*

MATTH. XIII. 1-23.

1 Ἐν δὲ τῇ ἡμέρᾳ ἐκείνῃ ἐξελθὼν ὁ Ἰη-
σοῦς ἀπὸ τῆς οἰκίας ἐκάθητο παρὰ τὴν
2 θάλασσαν· καὶ συνήχθησαν πρὸς αὐτὸν
ὄχλοι πολλοί, ὥστε αὐτὸν εἰς τὸ πλοῖ-
ον ἐμβάντα καθῆσθαι·
καὶ πᾶς ὁ ὄχλος ἐπὶ τὸν
3 αἰγιαλὸν εἱστήκει. Καὶ
ἐλάλησεν αὐτοῖς πολλὰ
ἐν παραβολαῖς, λέγων·

ἰδού, ἐξῆλθεν ὁ σπείρων
4 τοῦ σπείρειν. Καὶ ἐν
τῷ σπείρειν αὐτὸν ἃ μὲν
ἔπεσε παρὰ τὴν ὁδόν·
καὶ ἦλθε τὰ πετεινὰ καὶ
κατέφαγεν αὐτά.

5   Ἄλλα
δὲ ἔπεσεν ἐπὶ τὰ πετρώ-
δη, ὅπου οὐκ εἶχε γῆν
πολλήν· καὶ εὐθέως ἐξ-
ανέτειλε διὰ τὸ μὴ ἔχειν
6 βάθος γῆς· ἡλίου δὲ
ἀνατείλαντος ἐκαυμα-
τίσθη, καὶ διὰ τὸ μὴ
ἔχειν ῥίζαν ἐξηράνθη.
7 Ἄλλα δὲ ἔπεσεν ἐπὶ τὰς
ἀκάνθας· καὶ ἀνέβησαν
αἱ ἄκανθαι καὶ ἀπέπνι-
ξαν αὐτά.

8   Ἄλλα δὲ
ἔπεσεν ἐπὶ τὴν γῆν τὴν
καλήν· καὶ ἐδίδου καρ-
πόν, ὃ μὲν ἑκατόν, ὃ δὲ
ἑξήκοντα, ὃ δὲ τριά-
κοντα.

9 Ὁ ἔχων ὦτα ἀκούειν, ἀ-
κουέτω.

10 Καὶ προσελθόντες οἱ

MARK IV. 1-25.

1 Καὶ πάλιν ἤρξατο διδάσκειν παρὰ
τὴν θάλασσαν· καὶ συνήχθη πρὸς
αὐτὸν ὄχλος πολύς, ὥστε αὐτὸν ἐμ-
βάντα εἰς τὸ πλοῖον καθῆσθαι ἐν
τῇ θαλάσσῃ· καὶ πᾶς ὁ ὄχλος πρὸς
τὴν θάλασσαν ἐπὶ τῆς
2 γῆς ἦν. Καὶ ἐδίδασκεν
αὐτοὺς ἐν παραβολαῖς
πολλά, καὶ ἔλεγεν αὐ-
τοῖς ἐν τῇ διδαχῇ αὐτοῦ·
3 Ἀκούετε· ἰδού, ἐξῆλθεν
ὁ σπείρων τοῦ σπεῖραι.
4 Καὶ ἐγένετο ἐν τῷ σπεί-
ρειν ὃ μὲν ἔπεσε παρὰ
τὴν ὁδόν, καὶ ἦλθε τὰ
πετεινὰ [τοῦ οὐρανοῦ]
καὶ κατέφαγεν αὐτό.

5 Ἄλλο δὲ ἔπεσεν ἐπὶ
τὸ πετρῶδες, ὅπου οὐκ
εἶχε γῆν πολλήν· καὶ
εὐθέως ἐξανέτειλε διὰ
τὸ μὴ ἔχειν βάθος
6 γῆς· ἡλίου δὲ ἀνατεί-
λαντος ἐκαυματίσθη, καὶ
διὰ τὸ μὴ ἔχειν ῥίζαν
7 ἐξηράνθη. Καὶ ἄλλο
ἔπεσεν εἰς τὰς ἀκάνθας,
καὶ ἀνέβησαν αἱ ἄκαν-
θαι καὶ συνέπνιξαν αὐ-
τό, καὶ καρπὸν οὐκ ἔδω-
8 κε. Καὶ ἄλλο ἔπεσεν
εἰς τὴν γῆν τὴν καλήν,
καὶ ἐδίδου καρπὸν ἀνα-
βαίνοντα καὶ αὐξάνοντα,
καὶ ἔφερεν ἐν τριάκοντα
9 καὶ ἐν ἑξήκοντα καὶ ἐν
ἑκατόν. Καὶ ἔλεγεν [αὐ-
τοῖς]· ὁ ἔχων ὦτα ἀκού-
ειν, ἀκουέτω.

10 Ὅτε δὲ ἐγένετο κατα-

LUKE VIII. 4-18.

4 Συνιόντος δὲ ὄχλου
πολλοῦ καὶ τῶν κατὰ
πόλιν ἐπιπορευομένων
πρὸς αὐτόν, εἶπε διὰ
5 παραβολῆς· ἐξῆλθεν ὁ
σπείρων τοῦ σπεῖραι τὸν
σπόρον αὐτοῦ. Καὶ ἐν
τῷ σπείρειν αὐτὸν ὃ μὲν
ἔπεσε παρὰ τὴν ὁδόν,
καὶ κατεπατήθη, καὶ τὰ
πετεινὰ τοῦ οὐρανοῦ
6 κατέφαγεν αὐτό. Καὶ
ἕτερον ἔπεσεν ἐπὶ τὴν
πέτραν, καὶ φυὲν ἐξη-
ράνθη διὰ τὸ μὴ ἔχειν
ἰκμάδα.

7 Καὶ ἕτερον ἔπεσεν ἐν
μέσῳ τῶν ἀκανθῶν, καὶ
συμφυεῖσαι αἱ ἄκανθαι
ἀπέπνιξαν αὐτό.

8   Καὶ ἕτερον
ἔπεσεν εἰς τὴν γῆν τὴν
ἀγαθήν, καὶ φυὲν ἐποί-
ησε καρπὸν ἑκατοντα-
πλασίονα.

Ταῦτα λέγων ἐφώνει·
ὁ ἔχων ὦτα ἀκούειν, ἀ-
κουέτω.

9 Ἐπηρώτων δὲ αὐτὸν

MATTH. XIII.

μαθηταὶ εἶπον αὐτῷ·
διὰ τί ἐν παραβολαῖς λα-
11 λεῖς αὐτοῖς; Ὁ δὲ ἀπο-
κριθεὶς εἶπεν αὐτοῖς·
ὅτι ὑμῖν δέδοται γνῶναι
τὰ μυστήρια τῆς βασι-
λείας τῶν οὐρανῶν, ἐκεί-
12 νοις δὲ οὐ δέδοται. Ὅς-
τις γὰρ ἔχει, δοθήσεται
αὐτῷ, καὶ περισσευθή-
σεται· ὅστις δὲ οὐκ ἔχει, καὶ ὃ ἔχει ἀρθή-
13 σεται ἀπ' αὐτοῦ. Διὰ τοῦτο ἐν παραβο-
λαῖς αὐτοῖς λαλῶ, ὅτι
βλέποντες οὐ βλέπουσι
καὶ ἀκούοντες οὐκ ἀκού-
ουσιν, οὐδὲ συνιοῦσι.
14 Καὶ ἀναπληροῦται αὐ-
τοῖς ἡ προφητεία Ἡσαΐ-
ου, ἡ λέγουσα·ᵃ ἀκοῇ

MARK IV.

μόνας, ἠρώτησαν αὐτὸν
οἱ περὶ αὐτὸν σὺν τοῖς
δώδεκα τὴν παραβολήν.
11 Καὶ ἔλεγεν αὐτοῖς· ὑμῖν
δέδοται γνῶναι τὸ μυ-
στήριον τῆς βασιλείας
τοῦ θεοῦ· ἐκείνοις δὲ
τοῖς ἔξω ἐν παραβο-
λαῖς τὰ πάντα γίνεται·

12 ἵνα βλέποντες βλέπωσι
καὶ μὴ ἴδωσι, καὶ ἀκού-
οντες ἀκούωσι καὶ μὴ
συνιῶσι·ᵃ μήποτε ἐπι-
στρέψωσι, καὶ ἀφεθῇ αὐτοῖς τὰ ἁμαρτήματα.

LUKE VIII.

οἱ μαθηταὶ αὐτοῦ λέγον-
τες, τίς εἴη ἡ παραβο-
10 λὴ αὕτη· Ὁ δὲ εἶπεν·
ὑμῖν δίδοται γνῶναι τὰ
μυστήρια τῆς βασιλεί-
ας τοῦ θεοῦ, τοῖς δὲ
λοιποῖς ἐν παραβολαῖς·

ἵνα βλέποντες μὴ βλέ-
πωσι καὶ ἀκούοντες μὴ
συνιῶσιν.ᵃ

ἀκούσετε, καὶ οὐ μὴ συνῆτε, καὶ βλέποντες βλέψετε, καὶ οὐ μὴ ἴδητε.
15 Ἐπαχύνθη γὰρ ἡ καρδία τοῦ λαοῦ τούτου, καὶ τοῖς ὠσὶ βαρέως ἤκου-
σαν, καὶ τοὺς ὀφθαλμοὺς αὐτῶν ἐκάμμυσαν· μήποτε ἴδωσι τοῖς ὀφθαλ-
μοῖς, καὶ τοῖς ὠσὶν ἀκούσωσι, καὶ τῇ καρδίᾳ συνῶσι, καὶ ἐπιστρέψωσι,
16 καὶ ἰάσωμαι αὐτούς. Ὑμῶν δὲ μακάριοι οἱ ὀφθαλμοί, ὅτι βλέπουσι,
17 καὶ τὰ ὦτα ὑμῶν, ὅτι ἀκούει. Ἀμὴν γὰρ λέγω ὑμῖν, ὅτι πολλοὶ προ-
φῆται καὶ δίκαιοι ἐπε-
θύμησαν ἰδεῖν ἃ βλέ-
πετε, καὶ οὐκ εἶδον· καὶ

MATTH.

ἀκοῦσαι ἃ ἀκούετε, καὶ
οὐκ ἤκουσαν.
18 Ὑμεῖς οὖν ἀκούσατε
τὴν παραβολὴν τοῦ σπεί-
19 ροντος. Παντὸς ἀκούον-
τος τὸν λόγον τῆς βασι-
λείας, καὶ μὴ συνιέντος,
ἔρχεται ὁ πονηρὸς καὶ
ἁρπάζει τὸ ἐσπαρμένον
ἐν τῇ καρδίᾳ αὐτοῦ· οὗ-
τός ἐστιν ὁ παρὰ τὴν
20 ὁδὸν σπαρείς. Ὁ δὲ
ἐπὶ τὰ πετρώδη σπαρείς,

MARK.

13 Καὶ λέγει αὐτοῖς· οὐκ οἴδατε τὴν
παραβολὴν ταύτην; καὶ
πῶς πάσας τὰς παρα-
βολὰς γνώσεσθε;
14 Ὁ σπείρων τὸν λόγον
15 σπείρει. Οὗτοι δέ εἰσιν
οἱ παρὰ τὴν ὁδόν, ὅπου
σπείρεται ὁ λόγος, καὶ
ὅταν ἀκούσωσιν, εὐθέως
ἔρχεται ὁ σατανᾶς καὶ
αἴρει τὸν λόγον τὸν ἐ-
σπαρμένον ἐν ταῖς καρ-
16 δίαις αὐτῶν. Καὶ οὗ-
τοί εἰσιν ὁμοίως οἱ ἐπὶ
τὰ πετρώδη σπειρόμενοι,

LUKE.

11 Ἔστι δὲ αὕτη ἡ παρα-
βολή· ὁ σπόρος ἐστὶν ὁ
12 λόγος τοῦ θεοῦ. Οἱ δὲ
παρὰ τὴν ὁδὸν εἰσὶν οἱ
ἀκούοντες· εἶτα ἔρχεται
ὁ διάβολος καὶ αἴρει τὸν
λόγον ἀπὸ τῆς καρδίας
αὐτῶν, ἵνα μὴ πιστεύ-
σαντες σωθῶσιν.
13 Οἱ δὲ ἐπὶ τῆς πέτρας,

ᵃ 14 etc. Is. 6, 9. 10.

MATTH. XIII.

οὗτός ἐστιν ὁ τὸν λόγον ἀκούων καὶ εὐθὺς μετὰ χαρᾶς λαμβάνων αὐτόν·
21 οὐκ ἔχει δὲ ῥίζαν ἐν ἑαυτῷ, ἀλλὰ πρόσκαιρός ἐστι· γενομένης δὲ θλίψεως ἢ διωγμοῦ διὰ τὸν λόγον, εὐθὺς σκαν-
22 δαλίζεται. Ὁ δὲ εἰς τὰς ἀκάνθας σπαρείς, οὗτός ἐστιν ὁ τὸν λόγον ἀκούων, καὶ ἡ μέριμνα τοῦ αἰῶνος τούτου καὶ ἡ ἀπάτη τοῦ πλούτου συμπνίγει τὸν λόγον· καὶ ἄκαρπος γίνεται.

23 Ὁ δὲ ἐπὶ τὴν γῆν τὴν καλὴν σπαρείς, οὗτός ἐστιν ὁ τὸν λόγον ἀκούων, καὶ συνιών· ὃς δὴ καρποφορεῖ, καὶ ποιεῖ ὁ μὲν ἑκατόν, ὁ δὲ ἑξήκοντα, ὁ δὲ τριάκοντα.

MARK IV.

21 Καὶ ἔλεγεν αὐτοῖς· μήτι ὁ λύχνος ἔρχεται, ἵνα ὑπὸ τὸν μόδιον τεθῇ ἢ ὑπὸ τὴν κλίνην; οὐχ ἵνα ἐπὶ τὴν
22 λυχνίαν ἐπιτεθῇ; Οὐ γάρ ἐστί τι κρυπτόν, ὃ ἐὰν μὴ φανερωθῇ· οὐδὲ ἐγένετο ἀπόκρυφον, ἀλλ᾽ ἵνα εἰς φα-
23 νερὸν ἔλθῃ. Εἴ τις ἔχει ὦτα ἀκούειν,
24 ἀκουέτω. Καὶ ἔλεγεν αὐτοῖς· βλέπετε, τί ἀκούετε. ἐν ᾧ μέτρῳ μετρεῖτε, μετρηθήσεται ὑμῖν, καὶ προστεθήσε-
25 ται ὑμῖν τοῖς ἀκούουσιν. Ὃς γὰρ ἂν ἔχῃ, δοθήσεται αὐτῷ· καὶ ὃς οὐκ ἔχει, καὶ ὃ ἔχει ἀρθήσεται ἀπ᾽ αὐτοῦ.

MARK IV.

οἵ, ὅταν ἀκούσωσι τὸν λόγον, εὐθέως μετὰ χαρᾶς λαμβάνουσιν αὐτόν.
17 Καὶ οὐκ ἔχουσι ῥίζαν ἐν ἑαυτοῖς, ἀλλὰ πρόσκαιροί εἰσιν· εἶτα, γενομένης θλίψεως ἢ διωγμοῦ διὰ τὸν λόγον, εὐθέως
18 σκανδαλίζονται. Καὶ ἄλλοι εἰσὶν οἱ εἰς τὰς ἀκάνθας σπειρόμενοι· οὗτοί εἰσιν οἱ τὸν λόγον
19 ἀκούοντες, ¹ καὶ αἱ μέριμναι τοῦ αἰῶνος [τούτου] καὶ ἡ ἀπάτη τοῦ πλούτου καὶ αἱ περὶ τὰ λοιπὰ ἐπιθυμίαι εἰσπορευόμεναι συμπνίγουσι τὸν λόγον, καὶ ἄκαρπος
20 γίνεται. Καὶ οὗτοί εἰσιν οἱ ἐπὶ τὴν γῆν τὴν καλὴν σπαρέντες, οἵτινες ἀκούουσι τὸν λόγον καὶ παραδέχονται, καὶ καρποφοροῦσιν ἐν τριάκοντα καὶ ἐν ἑξήκοντα καὶ ἐν ἑκατόν.

MARK IV.

16 Οὐδεὶς δὲ λύχνον ἅψας καλύπτει αὐτὸν σκεύει ἢ ὑποκάτω κλίνης τίθησιν, ἀλλ᾽ ἐπὶ λυχνίας ἐπιτίθησιν, ἵνα οἱ εἰσπορευόμενοι βλέπωσι τὸ φῶς.
17 Οὐ γάρ ἐστι κρυπτόν, ὃ οὐ φανερὸν γενήσεται, οὐδὲ ἀπόκρυφον, ὃ οὐ γνω-
18 σθήσεται καὶ εἰς φανερὸν ἔλθῃ. Βλέπετε οὖν, πῶς ἀκούετε· ὃς γὰρ ἂν ἔχῃ, δοθήσεται αὐτῷ, καὶ ὃς ἂν μὴ ἔχῃ, καὶ ὃ δοκεῖ ἔχειν ἀρθήσεται ἀπ᾽ αὐτοῦ.

LUKE VIII.

οἵ, ὅταν ἀκούσωσι, μετὰ χαρᾶς δέχονται τὸν λόγον· καὶ οὗτοι ῥίζαν οὐκ ἔχουσιν, οἳ πρὸς καιρὸν πιστεύουσι καὶ ἐν καιρῷ πειρασμοῦ ἀφίστανται.
14 Τὸ δὲ εἰς τὰς ἀκάνθας πεσόν, οὗτοί εἰσιν οἱ ἀκούσαντες, καὶ ὑπὸ μεριμνῶν καὶ πλούτου καὶ ἡδονῶν τοῦ βίου πορευόμενοι συμπνίγονται καὶ οὐ τελεσφοροῦσι.

15 Τὸ δὲ ἐν τῇ καλῇ γῇ, οὗτοί εἰσιν, οἵτινες ἐν καρδίᾳ καλῇ καὶ ἀγαθῇ ἀκούσαντες τὸν λόγον κατέχουσι καὶ καρποφοροῦσιν ἐν ὑπομονῇ.

LUKE VIII.

§ 55. Parable of the Tares. Other Parables.—*Near Capernaum?*

MATTH. XIII. 24-53.

24 Ἄλλην παραβολὴν παρέθηκεν αὐτοῖς λέγων· ὡμοιώθη ἡ βασιλεία τῶν οὐρανῶν
25 ἀνθρώπῳ σπείροντι καλὸν σπέρμα ἐν τῷ ἀγρῷ αὐτοῦ. Ἐν δὲ τῷ καθεύδειν τοὺς

MATTH. XIII.

ἀνθρώπους, ἦλθεν αὐτοῦ ὁ ἐχθρὸς καὶ ἔσπειρε ζιζάνια ἀνὰ μέσον τοῦ σίτου καὶ
26 ἀπῆλθεν. Ὅτε δὲ ἐβλάστησεν ὁ χόρτος καὶ καρπὸν ἐποίησε, τότε ἐφάνη καὶ τὰ
27 ζιζάνια. Προσελθόντες δὲ οἱ δοῦλοι τοῦ οἰκοδεσπότου εἶπον αὐτῷ· κύριε, οὐχὶ
28 καλὸν σπέρμα ἔσπειρας ἐν τῷ σῷ ἀγρῷ; πόθεν οὖν ἔχει ζιζάνια; Ὁ δὲ ἔφη αὐτοῖς·
ἐχθρὸς ἄνθρωπος τοῦτο ἐποίησεν. οἱ δὲ δοῦλοι εἶπον αὐτῷ· θέλεις οὖν ἀπελθόντες
29 συλλέξωμεν αὐτά; Ὁ δὲ ἔφη· οὔ· μήποτε συλλέγοντες τὰ ζιζάνια ἐκριζώσητε
30 ἅμα αὐτοῖς τὸν σῖτον. Ἄφετε συναυξάνεσθαι ἀμφότερα μέχρι τοῦ θερισμοῦ· καὶ
ἐν καιρῷ τοῦ θερισμοῦ ἐρῶ τοῖς θερισταῖς· συλλέξατε πρῶτον τὰ ζιζάνια καὶ
δήσατε αὐτὰ εἰς δέσμας, πρὸς τὸ κατακαῦσαι αὐτά· τὸν δὲ σῖτον συναγάγετε εἰς
τὴν ἀποθήκην μου.

MARK IV. 26–34.

26 Καὶ ἔλεγεν· οὕτως ἐστὶν ἡ βασιλεία τοῦ θεοῦ, ὡς ἐὰν ἄνθρωπος βάλῃ τὸν σπό-
27 ρον ἐπὶ τῆς γῆς, ¹ καὶ καθεύδῃ καὶ ἐγείρηται νύκτα καὶ ἡμέραν, καὶ ὁ σπόρος
28 βλαστάνῃ καὶ μηκύνηται, ὡς οὐκ οἶδεν αὐτός. Αὐτομάτη γὰρ ἡ γῆ καρποφορεῖ,
29 πρῶτον χόρτον, εἶτα στάχυν, εἶτα πλήρη σῖτον ἐν τῷ στάχυϊ. Ὅταν δὲ παραδῷ
ὁ καρπός, εὐθέως ἀποστέλλει τὸν δρέ-
πανον, ὅτι παρέστηκεν ὁ θερισμός.

MATTH. XIII.

31 Ἄλλην παραβολὴν παρέθηκεν αὐ- 30 Καὶ ἔλεγε· τίνι ὁμοιώσωμεν τὴν
τοῖς λέγων· ὁμοία ἐστὶν ἡ βασιλεία βασιλείαν τοῦ θεοῦ; ἢ ἐν ποίᾳ παρα-
τῶν οὐρανῶν κόκκῳ σινάπεως, ὃν λαβὼν 31 βολῇ παραβάλωμεν αὐτήν; Ὡς κόκ-
ἄνθρωπος ἔσπειρεν ἐν τῷ ἀγρῷ αὐ- κον σινάπεως, ὅς, ὅταν σπαρῇ ἐπὶ τῆς
32 τοῦ· ὃ μικρότερον μέν ἐστι πάντων γῆς, μικρότερος πάντων τῶν σπερμά-
τῶν σπερμάτων· ὅταν δὲ αὐξηθῇ, 32 των ἐστὶ τῶν ἐπὶ τῆς γῆς· καὶ ὅταν
μεῖζον τῶν λαχάνων ἐστί, καὶ γίνεται σπαρῇ, ἀναβαίνει καὶ γίνεται πάντων
δένδρον, ὥστε ἐλθεῖν τὰ πετεινὰ τοῦ τῶν λαχάνων μείζων, καὶ ποιεῖ κλά-
οὐρανοῦ καὶ κατασκηνοῦν ἐν τοῖς κλά- δους μεγάλους, ὥστε δύνασθαι ὑπὸ τὴν
δοις αὐτοῦ. σκιὰν αὐτοῦ τὰ πετεινὰ τοῦ οὐρανοῦ
33 Ἄλλην παραβολὴν ἐλάλησεν αὐ- κατασκηνοῦν.
τοῖς· ὁμοία ἐστὶν ἡ βασιλεία τῶν οὐ-
ρανῶν ζύμῃ, ἣν λαβοῦσα γυνὴ ἐνέκρυψεν εἰς ἀλεύρου σάτα τρία,
ἕως οὗ ἐζυμώθη ὅλον.

34 Ταῦτα πάντα ἐλάλησεν ὁ Ἰησοῦς 33 Καὶ τοιαύταις παραβολαῖς πολλαῖς
ἐν παραβολαῖς τοῖς ὄχλοις, καὶ χωρὶς ἐλάλει αὐτοῖς τὸν λόγον, καθὼς ἠδύ-
35 παραβολῆς οὐκ ἐλάλει αὐτοῖς· ὅπως 34 ναντο ἀκούειν. Χωρὶς δὲ παραβολῆς
πληρωθῇ τὸ ῥηθὲν διὰ τοῦ προφήτου οὐκ ἐλάλει αὐτοῖς· κατ' ἰδίαν δὲ τοῖς
λέγοντος·ᵃ ἀνοίξω ἐν παραβολαῖς τὸ μαθηταῖς αὐτοῦ ἐπέλυε πάντα.
στόμα μου· ἐρεύξομαι κεκρυμμένα
ἀπὸ καταβολῆς κόσμου.

36 Τότε ἀφεὶς τοὺς ὄχλους ἦλθεν εἰς τὴν οἰκίαν ὁ Ἰησοῦς. καὶ προσῆλθον αὐτῷ
οἱ μαθηταὶ αὐτοῦ λέγοντες· φράσον ἡμῖν τὴν παραβολὴν τῶν ζιζανίων τοῦ ἀγροῦ.
37 Ὁ δὲ ἀποκριθεὶς εἶπεν αὐτοῖς· ὁ σπείρων τὸ καλὸν σπέρμα ἔστιν ὁ υἱὸς τοῦ

ᵃ 35. Ps. 78, 2.

MATTH. XIII.

38 ἀνθρώπου· ¹ ὁ δὲ ἀγρός ἐστιν ὁ κόσμος· τὸ δὲ καλὸν σπέρμα, οὗτοί εἰσιν οἱ υἱοὶ
39 τῆς βασιλείας· τὰ δὲ ζιζάνιά εἰσιν οἱ υἱοὶ τοῦ πονηροῦ· ¹ ὁ δὲ ἐχθρός, ὁ σπείρας
   αὐτά, ἔστιν ὁ διάβολος· ὁ δὲ θερισμὸς συντέλεια τοῦ αἰῶνός ἐστιν· οἱ δὲ θερι-
40 σταὶ ἄγγελοί εἰσιν. Ὥσπερ οὖν συλλέγεται τὰ ζιζάνια καὶ πυρὶ κατακαίεται·
41 οὕτως ἔσται ἐν τῇ συντελείᾳ τοῦ αἰῶνος τούτου. Ἀποστελεῖ ὁ υἱὸς τοῦ ἀνθρώ-
   που τοὺς ἀγγέλους αὐτοῦ, καὶ συλλέξουσιν ἐκ τῆς βασιλείας αὐτοῦ πάντα τὰ
42 σκάνδαλα καὶ τοὺς ποιοῦντας τὴν ἀνομίαν, ¹ καὶ βαλοῦσιν αὐτοὺς εἰς τὴν κάμινον
43 τοῦ πυρός· ἐκεῖ ἔσται ὁ κλαυθμὸς καὶ ὁ βρυγμὸς τῶν ὀδόντων. Τότε οἱ δίκαιοι
   ἐκλάμψουσιν, ὡς ὁ ἥλιος, ἐν τῇ βασιλείᾳ τοῦ πατρὸς αὐτῶν. ὁ ἔχων ὦτα ἀκούειν,
   ἀκουέτω.

44 Πάλιν ὁμοία ἐστὶν ἡ βασιλεία τῶν οὐρανῶν θησαυρῷ κεκρυμμένῳ ἐν τῷ ἀγρῷ,
   ὃν εὑρὼν ἄνθρωπος ἔκρυψε, καὶ ἀπὸ τῆς χαρᾶς αὐτοῦ ὑπάγει καὶ πάντα ὅσα ἔχει
   πωλεῖ καὶ ἀγοράζει τὸν ἀγρὸν ἐκεῖνον.

45 Πάλιν ὁμοία ἐστὶν ἡ βασιλεία τῶν οὐρανῶν ἀνθρώπῳ ἐμπόρῳ ζητοῦντι καλοὺς
46 μαργαρίτας· ὃς εὑρὼν ἕνα πολύτιμον μαργαρίτην, ἀπελθὼν πέπρακε πάντα ὅσα
   εἶχε, καὶ ἠγόρασεν αὐτόν.

47 Πάλιν ὁμοία ἐστὶν ἡ βασιλεία τῶν οὐρανῶν σαγήνῃ βληθείσῃ εἰς τὴν θάλασσαν
48 καὶ ἐκ παντὸς γένους συναγαγούσῃ· ἥν, ὅτε ἐπληρώθη, ἀναβιβάσαντες ἐπὶ τὸν
   αἰγιαλὸν καὶ καθίσαντες συνέλεξαν τὰ καλὰ εἰς ἀγγεῖα, τὰ δὲ σαπρὰ ἔξω ἔβαλον.
49 Οὕτως ἔσται ἐν τῇ συντελείᾳ τοῦ αἰῶνος· ἐξελεύσονται οἱ ἄγγελοι, καὶ ἀφοριοῦσι
50 τοὺς πονηροὺς ἐκ μέσου τῶν δικαίων, ¹ καὶ βαλοῦσιν αὐτοὺς εἰς τὴν κάμινον τοῦ
   πυρός· ἐκεῖ ἔσται ὁ κλαυθμὸς καὶ ὁ βρυγμὸς τῶν ὀδόντων.

51 Λέγει αὐτοῖς ὁ Ἰησοῦς· συνήκατε ταῦτα πάντα; λέγουσιν αὐτῷ· ναί, κύριε.
52 Ὁ δ᾽ εἶπεν αὐτοῖς· διὰ τοῦτο πᾶς γραμματεὺς μαθητευθεὶς εἰς τὴν βασιλείαν τῶν
   οὐρανῶν ὅμοιός ἐστιν ἀνθρώπῳ οἰκοδεσπότῃ, ὅστις ἐκβάλλει ἐκ τοῦ θησαυροῦ αὐτοῦ
   καινὰ καὶ παλαιά.

53 Καὶ ἐγένετο, ὅτε ἐτέλεσεν ὁ Ἰησοῦς τὰς παραβολὰς ταύτας, μετῆρεν ἐκεῖθεν.

§ 56. Jesus directs to cross the Lake. Incidents. The Tempest stilled.—
Lake of Galilee.

MATTH. VIII. 18–27.	MARK IV. 35–41.	LUKE VIII. 22–25. IX. 57–62.
18 Ἰδὼν δὲ ὁ Ἰησοῦς πολλοὺς ὄχλους περὶ αὐτὸν ἐκέλευσεν ἀπελθεῖν εἰς τὸ πέραν.	35 Καὶ λέγει αὐτοῖς ἐν ἐκείνῃ τῇ ἡμέρᾳ ὀψίας γενομένης· διέλθωμεν εἰς τὸ πέραν.	22 Καὶ ἐγένετο ἐν μιᾷ τῶν ἡμερῶν, καὶ αὐτὸς ἐνέβη εἰς πλοῖον καὶ οἱ μαθηταὶ αὐτοῦ. καὶ εἶπε πρὸς αὐτούς· διέλθωμεν εἰς τὸ πέραν τῆς λίμνης.—
MATTH. VIII.		
19 Καὶ προσελθὼν εἷς γραμματεὺς εἶπεν αὐτῷ· διδάσκαλε, ἀκολουθήσω 20 σοι, ὅπου ἐὰν ἀπέρχῃ. Καὶ λέγει αὐτῷ ὁ Ἰησοῦς· αἱ ἀλώπεκες φωλεοὺς ἔχουσι καὶ τὰ πετεινὰ τοῦ οὐρανοῦ		IX. 57 Ἐγένετο δὲ πορευομένων αὐτῶν ἐν τῇ ὁδῷ, εἶπέ τις πρὸς αὐτόν· ἀκολουθήσω σοι, ὅπου ἂν ἀπέρχῃ, 58 κύριε. Καὶ εἶπεν αὐτῷ ὁ Ἰησοῦς· αἱ ἀλώπεκες φωλεοὺς ἔχουσι καὶ τὰ

MATTH. VIII.

κατασκηνώσεις· ὁ δὲ υἱὸς τοῦ ἀνθρώ-
που οὐκ ἔχει, ποῦ τὴν κεφαλὴν κλίνῃ.
21 Ἕτερος δὲ τῶν μαθητῶν αὐτοῦ εἶπεν
αὐτῷ· κύριε, ἐπίτρεψόν μοι πρῶτον
ἀπελθεῖν καὶ θάψαι τὸν πατέρα μου.
22 Ὁ δὲ Ἰησοῦς εἶπεν αὐτῷ· ἀκολούθει
μοι, καὶ ἄφες τοὺς νεκροὺς θάψαι τοὺς
ἑαυτῶν νεκρούς.

LUKE IX.

πετεινὰ τοῦ οὐρανοῦ κατασκηνώσεις·
ὁ δὲ υἱὸς τοῦ ἀνθρώπου οὐκ ἔχει, ποῦ
59 τὴν κεφαλὴν κλίνῃ. Εἶπε δὲ πρὸς
ἕτερον· ἀκολούθει μοι. ὁ δὲ εἶπε·
κύριε, ἐπίτρεψόν μοι ἀπελθόντι πρῶ-
60 τον θάψαι τὸν πατέρα μου. Εἶπε δὲ
αὐτῷ ὁ Ἰησοῦς· ἄφες τοὺς νεκροὺς
θάψαι τοὺς ἑαυτῶν νεκρούς, σὺ δὲ
ἀπελθὼν διάγγελλε τὴν βασιλείαν τοῦ
61 θεοῦ. Εἶπε δὲ καὶ ἕτερος· ἀκολουθήσω σοι, κύριε· πρῶτον δὲ
62 ἐπίτρεψόν μοι ἀποτάξασθαι τοῖς εἰς τὸν οἶκόν μου. Εἶπε δὲ πρὸς
αὐτὸν ὁ Ἰησοῦς· οὐδεὶς ἐπιβαλὼν τὴν χεῖρα αὐτοῦ ἐπ᾽ ἄροτρον
καὶ βλέπων εἰς τὰ ὀπίσω εὔθετός ἐστιν εἰς τὴν βασιλείαν τοῦ θεοῦ.

MATTH· VIII.

23 Καὶ ἐμβάντι αὐτῷ
εἰς τὸ πλοῖον ἠκολούθη-
σαν αὐτῷ οἱ μαθηταὶ
24 αὐτοῦ. Καὶ ἰδού, σει-
σμὸς μέγας ἐγένετο ἐν
τῇ θαλάσσῃ, ὥστε τὸ
πλοῖον καλύπτεσθαι ὑ-
πὸ τῶν κυμάτων· αὐτὸς
25 δὲ ἐκάθευδε. Καὶ προς-
ελθόντες οἱ μαθηταὶ
[αὐτοῦ] ἤγειραν αὐτὸν
λέγοντες· κύριε, σῶσον
26 ἡμᾶς, ἀπολλύμεθα. Καὶ
λέγει αὐτοῖς· τί δειλοί
ἐστε, ὀλιγόπιστοι; τότε
ἐγερθεὶς ἐπετίμησε τοῖς
ἀνέμοις καὶ τῇ θαλάσ-
σῃ· καὶ ἐγένετο γαλήνη
μεγάλη.

MARK IV.

36 Καὶ ἀφέντες τὸν ὄχ-
λον παραλαμβάνουσιν
αὐτόν, ὡς ἦν ἐν τῷ
πλοίῳ· καὶ ἄλλα δὲ
πλοῖα ἦν μετ᾽ αὐτοῦ.
37 Καὶ γίνεται λαῖλαψ ἀνέ-
μου μεγάλη· τὰ δὲ κύ-
ματα ἐπέβαλλεν εἰς τὸ
πλοῖον, ὥστε αὐτὸ ἤδη
38 γεμίζεσθαι. Καὶ ἦν
αὐτὸς ἐπὶ τῇ πρύμνῃ
ἐπὶ τὸ προσκεφάλαιον
καθεύδων· καὶ διεγεί-
ρουσιν αὐτόν, καὶ λέ-
γουσιν αὐτῷ· διδάσκαλε,
οὐ μέλει σοι, ὅτι ἀπολ-
39 λύμεθα; Καὶ διεγερ-
θεὶς ἐπετίμησε τῷ ἀνέ-
μῳ, καὶ εἶπε τῇ θαλάσ-
σῃ· σιώπα, πεφίμωσο.
καὶ ἐκόπασεν ὁ ἄνεμος,
καὶ ἐγένετο γαλήνη με-
40 γάλη. Καὶ εἶπεν αὐτοῖς· τί δειλοί
41 ἐστε οὕτω; πῶς οὐκ ἔχετε πίστιν; Καὶ
ἐφοβήθησαν φόβον μέ-
γαν, καὶ ἔλεγον πρὸς ἀλ-
λήλους· τίς ἄρα οὗτός
ἐστιν, ὅτι καὶ ὁ ἄνεμος
καὶ ἡ θάλασσα ὑπακού-
ουσιν αὐτῷ;

LUKE VIII.

22 —Καὶ ἀνήχθησαν.
23 Πλεόντων δὲ αὐτῶν
ἀφύπνωσε. καὶ κατέβη
λαῖλαψ ἀνέμου εἰς τὴν
λίμνην, καὶ συνεπλη-
ροῦντο καὶ ἐκινδύνευον.

24 Προσελθόντες δὲ διήγει-
ραν αὐτὸν λέγοντες· ἐπι-
στάτα, ἐπιστάτα, ἀπ-
ολλύμεθα. ὁ δὲ ἐγερθεὶς
ἐπετίμησε τῷ ἀνέμῳ καὶ
τῷ κλύδωνι τοῦ ὕδατος·
καὶ ἐπαύσαντο, καὶ ἐγέ-
νετο γαλήνη.

25 Εἶπε δὲ αὐτοῖς· ποῦ ἔσ-
τιν ἡ πίστις ὑμῶν; φο-
βηθέντες δὲ ἐθαύμασαν,
λέγοντες πρὸς ἀλλήλους·
τίς ἄρα οὗτός ἐστιν, ὅτι
καὶ τοῖς ἀνέμοις ἐπιτάσ-
σει καὶ τῷ ὕδατι, καὶ
ὑπακούουσιν αὐτῷ;

27 Οἱ δὲ ἄνθρωποι ἐθαύ-
μασαν λέγοντες· ποτα-
πός ἐστιν οὗτος, ὅτι καὶ
οἱ ἄνεμοι καὶ ἡ θάλασσα
ὑπακούουσιν αὐτῷ;

Matth. VIII. 28–34. IX. 1.	Mark V. 1–21.	Luke VIII. 26–40.
28 Καὶ ἐλθόντι αὐτῷ εἰς τὸ πέραν, εἰς τὴν χώραν τῶν Γεργεσηνῶν, ὑπήντησαν αὐτῷ δύο δαιμονιζόμενοι, ἐκ τῶν μνημείων ἐξερχόμενοι, χαλεποὶ λίαν, ὥστε μὴ ἰσχύειν τινὰ παρελθεῖν διὰ τῆς ὁδοῦ ἐκείνης.	1 Καὶ ἦλθον εἰς τὸ πέραν τῆς θαλάσσης, εἰς τὴν χώραν τῶν Γα- 2 δαρηνῶν. Καὶ ἐξελθόντι αὐτῷ ἐκ τοῦ πλοίου εὐθέως ἀπήντησεν αὐτῷ ἐκ τῶν μνημείων ἄνθρωπος ἐν 3 πνεύματι ἀκαθάρτῳ, ¹ὃς τὴν κατοίκησιν εἶχεν ἐν	26 Καὶ κατέπλευσαν εἰς τὴν χώραν τῶν Γαδαρηνῶν, ἥτις ἐστὶν ἀντιπέραν τῆς Γαλιλαίας. 27 Ἐξελθόντι δὲ αὐτῷ ἐπὶ τὴν γῆν ὑπήντησεν αὐτῷ ἀνήρ τις ἐκ τῆς πόλεως, ὃς εἶχε δαιμόνια ἐκ χρόνων ἱκανῶν, καὶ ἱμάτιον οὐκ ἐνεδιδύσκετο καὶ ἐν οἰκίᾳ οὐκ ἔμενεν, ἀλλ᾽ ἐν τοῖς μνήμασιν.

τοῖς μνήμασι· καὶ οὔτε ἁλύσεσιν οὐδεὶς ἠδύ- 4 νατο αὐτὸν δῆσαι, ¹ διὰ τὸ αὐτὸν πολλάκις πέδαις καὶ ἁλύσεσι δεδέσθαι καὶ διεσπᾶ- σθαι ὑπ᾽ αὐτοῦ τὰς ἁλύσεις, καὶ τὰς πέδας συντετρίφθαι· 5 καὶ οὐδεὶς αὐτὸν ἴσχυε δαμάσαι. Καὶ διαπαντός, νυκτὸς καὶ ἡμέρας, ἐν τοῖς μνήμασι καὶ ἐν τοῖς ὄρεσιν ἦν κράζων 6 καὶ κατακόπτων ἑαυτὸν λίθοις. Ἰδὼν δὲ τὸν Ἰησοῦν ἀπὸ μακρόθεν ἔδραμε καὶ

Matth.	Mark	Luke
29 Καὶ ἰδού, ἔκραξαν λέ- γοντες· τί ἡμῖν καὶ σοί, υἱὲ τοῦ θεοῦ; ἦλθες ὧδε πρὸ καιροῦ βασανί- σαι ἡμᾶς;	7 προσεκύνησεν αὐτῷ, ¹καὶ κράξας φωνῇ μεγάλῃ εἶπε· τί ἐμοὶ καὶ σοί, Ἰησοῦ, υἱὲ τοῦ θεοῦ τοῦ ὑψίστου; ὁρκίζω σε τὸν θεόν, μή με βασανί- 8 σῃς. Ἔλεγε γὰρ αὐτῷ· ἔξελθε τὸ πνεῦμα τὸ ἀκάθαρτον ἐκ τοῦ ἀνθρώπου.	28 Ἰδὼν δὲ τὸν Ἰησοῦν καὶ ἀνακράξας προσέπεσεν αὐτῷ καὶ φωνῇ μεγάλῃ εἶπε· τί ἐμοὶ καὶ σοί, Ἰησοῦ, υἱὲ τοῦ θεοῦ τοῦ ὑψίστου; δέομαί σου, 29 μη μὲ βασανίσῃς. Πα- ρήγγειλε γὰρ τῷ πνεύ- ματι τῷ ἀκαθάρτῳ ἐξ-

ελθεῖν ἀπὸ τοῦ ἀνθρώπου· πολλοῖς γὰρ χρόνοις συνηρπάκει αὐτόν, καὶ ἐδεσμεῖτο ἁλύσεσι καὶ πέδαις φυλασσόμενος, καὶ διαρρήσσων τὰ δεσμὰ ἠλαύνετο ὑπὸ τοῦ δαίμονος εἰς τὰς ἐρήμους.

MARK V.	LUKE VIII.
9 Καὶ ἐπηρώτα αὐτόν· τί σοι ὄνομα; καὶ λέγει αὐτῷ· λεγεὼν ὄνομά μοι, 10 ὅτι πολλοί ἐσμεν. Καὶ παρεκάλει αὐτὸν πολλά, ἵνα μὴ αὐτοὺς ἀποστείλῃ ἔξω τῆς χώρας.	30 Ἐπηρώτησε δὲ αὐτὸν ὁ Ἰησοῦς λέ- γων· τί σοί ἐστιν ὄνομα; ὁ δὲ εἶπε· λεγεών· ὅτι δαιμόνια πολλὰ εἰσῆλθεν 31 εἰς αὐτόν. Καὶ παρεκάλει αὐτόν, ἵνα μὴ ἐπιτάξῃ αὐτοῖς εἰς τὴν ἄβυσσον ἀπελθεῖν.

MATTH. VIII.

30 Ἦν δὲ μακρὰν ἀπ' αὐτῶν ἀγέλη χοίρων
31 πολλῶν βοσκομένη. Οἱ δὲ δαίμονες παρεκάλουν αὐτὸν λέγοντες· εἰ ἐκβάλλεις ἡμᾶς, ἐπίτρεψον ἡμῖν ἀπελθεῖν εἰς τὴν
32 ἀγέλην τῶν χοίρων. Καὶ εἶπεν αὐτοῖς· ὑπάγετε. οἱ δὲ ἐξελθόντες ἀπῆλθον εἰς τὴν ἀγέλην τῶν χοίρων. καὶ ἰδού, ὥρμησε πᾶσα ἡ ἀγέλη [τῶν χοίρων] κατὰ τοῦ κρημνοῦ εἰς τὴν θάλασσαν, καὶ ἀπέθανον ἐν τοῖς ὕδασιν.

33 Οἱ δὲ βόσκοντες ἔφυγον, καὶ ἀπελθόντες εἰς τὴν πόλιν ἀπήγγειλαν πάντα καὶ τὰ τῶν δαι-
34 μονιζομένων. Καὶ ἰδού, πᾶσα ἡ πόλις ἐξῆλθεν εἰς συνάντησιν τῷ Ἰησοῦ·

δαιμονιζόμενον καθήμενον καὶ ἱματισμένον καὶ σωφρονοῦντα, τὸν ἐσχηκότα τὸν λεγεῶνα· καὶ ἐφο-
16 βήθησαν. Καὶ διηγήσαντο αὐτοῖς οἱ ἰδόντες, πῶς ἐγένετο τῷ δαιμονιζομένῳ, καὶ περὶ τῶν χοίρων.

MATTH. VIII.

καὶ ἰδόντες αὐτὸν παρεκάλεσαν, ὅπως μεταβῇ ἀπὸ τῶν ὁρίων αὐτῶν.

MARK V.

18 Καὶ ἐμβάντος αὐτοῦ εἰς τὸ πλοῖον παρεκάλει αὐτὸν ὁ δαιμονισθείς, ἵνα
19 ᾖ μετ' αὐτοῦ. Καὶ οὐκ ἀφῆκεν αὐτόν, ἀλλὰ λέγει αὐτῷ· ὕπαγε εἰς τὸν οἶκόν σου πρὸς τοὺς σούς, καὶ ἀνάγγειλον αὐτοῖς, ὅσα σοι ὁ κύριος πεποίηκε

MARK V.

11 Ἦν δὲ ἐκεῖ πρὸς τῷ ὄρει ἀγέλη χοίρων με-
12 γάλη βοσκομένη. Καὶ παρεκάλεσαν αὐτὸν [πάντες] οἱ δαίμονες λέγοντες· πέμψον ἡμᾶς εἰς τοὺς χοίρους, ἵνα εἰς
13 αὐτοὺς εἰσέλθωμεν. Καὶ ἐπέτρεψεν αὐτοῖς εὐθέως ὁ Ἰησοῦς. καὶ ἐξελθόντα τὰ πνεύματα τὰ ἀκάθαρτα εἰσῆλθον εἰς τοὺς χοίρους, καὶ ὥρμησεν ἡ ἀγέλη κατὰ τοῦ κρημνοῦ εἰς τὴν θάλασσαν (ἦσαν δὲ ὡς δισχίλιοι), καὶ ἐπνίγοντο ἐν τῇ θαλάσσῃ.

14 Οἱ δὲ βόσκοντες αὐτοὺς ἔφυγον καὶ ἀπήγγειλαν εἰς τὴν πόλιν καὶ εἰς τοὺς ἀγρούς· καὶ ἐξῆλθον ἰδεῖν, τί
15 ἐστι τὸ γεγονός. Καὶ ἔρχονται πρὸς τὸν Ἰησοῦν, καὶ θεωροῦσι τὸν

MARK V.

17 Καὶ ἤρξαντο παρακαλεῖν αὐτὸν ἀπελθεῖν ἀπὸ τῶν ὁρίων αὐτῶν.

LUKE VIII.

32 Ἦν δὲ ἐκεῖ ἀγέλη χοίρων ἱκανῶν βοσκομένων ἐν τῷ ὄρει· καὶ παρεκάλουν αὐτόν, ἵνα ἐπιτρέψῃ αὐτοῖς εἰς ἐκείνους εἰσελθεῖν. καὶ ἐπέτρεψεν αὐτοῖς.

33 Ἐξελθόντα δὲ τὰ δαιμόνια ἀπὸ τοῦ ἀνθρώπου εἰσῆλθον εἰς τοὺς χοίρους, καὶ ὥρμησεν ἡ ἀγέλη κατὰ τοῦ κρημνοῦ εἰς τὴν λίμνην καὶ ἀπεπνίγη.

34 Ἰδόντες δὲ οἱ βόσκοντες τὸ γεγονὸς ἔφυγον καὶ ἀπήγγειλαν εἰς τὴν πόλιν καὶ εἰς τοὺς ἀ-
35 γρούς. Ἐξῆλθον δὲ ἰδεῖν τὸ γεγονός, καὶ ἦλθον πρὸς τὸν Ἰησοῦν καὶ εὗρον καθήμενον τὸν ἄνθρωπον, ἀφ' οὗ τὰ δαιμόνια ἐξεληλύθει, ἱματισμένον καὶ σωφρονοῦντα παρὰ τοὺς πόδας τοῦ
36 Ἰησοῦ· καὶ ἐφοβήθησαν. Ἀπήγγειλαν δὲ αὐτοῖς καὶ οἱ ἰδόντες, πῶς ἐσώθη ὁ δαιμονισθείς.

37 Καὶ ἠρώτησαν αὐτὸν ἅπαν τὸ πλῆθος τῆς περιχώρου τῶν Γαδαρηνῶν ἀπελθεῖν ἀπ' αὐτῶν, ὅτι φόβῳ μεγάλῳ συνείχοντο. Αὐτὸς δὲ ἐμβὰς εἰς τὸ πλοῖον ὑπέ-
38 στρεψεν. Ἐδέετο δὲ αὐτοῦ ὁ ἀνὴρ ἀφ' οὗ ἐξεληλύθει τὰ δαιμόνια, εἶναι σὺν αὐτῷ. ἀπέλυσε δὲ αὐτὸν ὁ Ἰησοῦς
39 λέγων· ὑπόστρεφε εἰς τὸν οἶκόν σου καὶ διηγοῦ, ὅσα ἐποίησέ σοι ὁ θεός.

MARK V.

20 καὶ ἠλέησέ σε. Καὶ ἀπῆλθε καὶ ἤρξατο κηρύσσειν ἐν τῇ Δεκαπόλει, ὅσα ἐποίησεν αὐτῷ ὁ Ἰησοῦς· καὶ πάντες ἐθαύμαζον.

LUKE VIII.

Καὶ ἀπῆλθε καθ᾽ ὅλην τὴν πόλιν κηρύσσων, ὅσα ἐποίησεν αὐτῷ ὁ Ἰησοῦς.

MATTH. IX.

1 Καὶ ἐμβὰς εἰς τὸ πλοῖον διεπέρασε, καὶ ἦλθεν εἰς τὴν ἰδίαν πόλιν.

MARK V.

21 Καὶ διαπεράσαντος τοῦ Ἰησοῦ ἐν τῷ πλοίῳ πάλιν εἰς τὸ πέραν, συνήχθη ὄχλος πολὺς ἐπ᾽ αὐτόν· καὶ ἦν παρὰ τὴν θάλασσαν.

LUKE VIII.

40 Ἐγένετο δὲ ἐν τῷ ὑποστρέψαι τὸν Ἰησοῦν, ἀπεδέξατο αὐτὸν ὁ ὄχλος· ἦσαν γὰρ πάντες προσδοκῶντες αὐτόν.

§ 58. Levi's Feast.—Capernaum.

MATTH. IX. 10-17.

10 Καὶ ἐγένετο αὐτοῦ ἀνακειμένου ἐν τῇ οἰκίᾳ, καὶ ἰδού, πολλοὶ τελῶναι καὶ ἁμαρτωλοὶ ἐλθόντες συνανέκειντο τῷ Ἰησοῦ καὶ τοῖς μαθηταῖς αὐτοῦ.

11 Καὶ ἰδόντες οἱ Φαρισαῖοι εἶπον τοῖς μαθηταῖς αὐτοῦ· διὰ τί μετὰ τῶν τελωνῶν καὶ ἁμαρτωλῶν ἐσθίει ὁ διδάσκαλος ὑμῶν;

12 Ὁ δὲ Ἰησοῦς ἀκούσας εἶπεν αὐτοῖς. οὐ χρείαν ἔχουσιν οἱ ἰσχύοντες ἰατροῦ, ἀλλ᾽ οἱ κακῶς 13 ἔχοντες. Πορευθέντες δὲ μάθετε, τί ἐστιν· ἔλεον θέλω καὶ οὐ θυσίαν.ᵃ οὐ γὰρ ἦλθον καλέσαι δικαίους, ἀλλ᾽ ἁμαρτωλοὺς [εἰς μετάνοιαν].

MARK II. 15-22.

15 Καὶ ἐγένετο ἐν τῷ κατακεῖσθαι αὐτὸν ἐν τῇ οἰκίᾳ αὐτοῦ, καὶ πολλοὶ τελῶναι καὶ ἁμαρτωλοὶ συνανέκειντο τῷ Ἰησοῦ καὶ τοῖς μαθηταῖς αὐτοῦ· ἦσαν γὰρ πολλοί, καὶ ἠκολούθη16 σαν αὐτῷ. Καὶ οἱ γραμματεῖς καὶ οἱ Φαρισαῖοι ἰδόντες αὐτὸν ἐσθίοντα μετὰ τῶν τελωνῶν καὶ ἁμαρτωλῶν ἔλεγον τοῖς μαθηταῖς αὐτοῦ· τί ὅτι μετὰ τῶν τελωνῶν καὶ ἁμαρτωλῶν ἐσθίει καὶ 17 πίνει; Καὶ ἀκούσας ὁ Ἰησοῦς λέγει αὐτοῖς· οὐ χρείαν ἔχουσιν οἱ ἰσχύοντες ἰατροῦ, ἀλλ᾽ οἱ κακῶς ἔχοντες.

οὐκ ἦλθον καλέσαι δικαίους, ἀλλὰ ἁμαρτωλοὺς [εἰς μετάνοιαν].

LUKE V. 29-39.

29 Καὶ ἐποίησε δοχὴν μεγάλην Λευῒς αὐτῷ ἐν τῇ οἰκίᾳ αὐτοῦ· καὶ ἦν ὄχλος τελωνῶν πολὺς καὶ ἄλλων, οἳ ἦσαν μετ᾽ αὐτῶν κατακείμενοι.

30 Καὶ ἐγόγγυζον οἱ γραμματεῖς αὐτῶν καὶ οἱ Φαρισαῖοι πρὸς τοὺς μαθητὰς αὐτοῦ λέγοντες· διὰ τί μετὰ τελωνῶν καὶ ἁμαρτωλῶν ἐσθίετε καὶ πίνετε;

31 Καὶ ἀποκριθεὶς ὁ Ἰησοῦς, εἶπε πρὸς αὐτούς· οὐ χρείαν ἔχουσιν οἱ ὑγιαίνοντες ἰατροῦ, ἀλλ᾽ οἱ κακῶς ἔχοντες·

32 οὐκ ἐλήλυθα καλέσαι δικαίους, ἀλλὰ ἁμαρτωλοὺς εἰς μετάνοιαν.

ᵃ 13. Hos. 6, 6. Comp. 1 Sam. 15, 22.

MATTH. IX.

14 Τότε προσέρχονται αὐτῷ οἱ μαθηταὶ Ἰωάννου λέγοντες· διὰ τί ἡμεῖς καὶ οἱ Φαρισαῖοι νηστεύομεν πολλά, οἱ δὲ μαθηταί σου οὐ νηστεύ- 15 ουσι; Καὶ εἶπεν αὐτοῖς ὁ Ἰησοῦς· μὴ δύνανται οἱ υἱοὶ τοῦ νυμφῶνος πενθεῖν, ἐφ' ὅσον μετ' αὐτῶν ἐστιν ὁ νυμφίος;

Ἐλεύσονται δὲ ἡμέραι, ὅταν ἀπαρθῇ ἀπ' αὐτῶν ὁ νυμφίος, καὶ τότε νηστεύσουσιν.

16 Οὐδεὶς δὲ ἐπιβάλλει ἐπίβλημα ῥάκους ἀγνάφου ἐπὶ ἱματίῳ παλαιῷ· αἴρει γὰρ τὸ πλήρωμα αὐτοῦ ἀπὸ τοῦ ἱματίου, καὶ χεῖρον σχίσμα γίνεται.

17 Οὐδὲ βάλλουσιν οἶνον νέον εἰς ἀσκοὺς παλαιούς· εἰ δὲ μήγε, ῥήγνυνται οἱ ἀσκοί, καὶ ὁ οἶνος ἐκχεῖται, καὶ οἱ ἀσκοὶ ἀπολοῦνται· ἀλλὰ βάλλουσιν οἶνον νέον εἰς ἀσκοὺς καινούς, καὶ ἀμφότεροι συντηροῦνται.

MARK II.

18 Καὶ ἦσαν οἱ μαθηταὶ Ἰωάννου καὶ οἱ Φαρισαῖοι νηστεύοντες. καὶ ἔρχονται καὶ λέγουσιν αὐτῷ· διὰ τί οἱ μαθηταὶ Ἰωάννου καὶ οἱ τῶν Φαρισαίων νηστεύουσιν, οἱ δὲ σοὶ μαθηταὶ οὐ 19 νηστεύουσι; Καὶ εἶπεν αὐτοῖς ὁ Ἰησοῦς· μὴ δύνανται οἱ υἱοὶ τοῦ νυμφῶνος, ἐν ᾧ ὁ νυμφίος μετ' αὐτῶν ἐστι, νηστεύειν; ὅσον χρόνον μεθ' ἑαυτῶν ἔχουσι τὸν νυμφίον, οὐ δύνανται νηστεύειν.

20 Ἐλεύσονται δὲ ἡμέραι, ὅταν ἀπαρθῇ ἀπ' αὐτῶν ὁ νυμφίος, καὶ τότε νηστεύσουσιν ἐν ἐκείνῃ τῇ ἡμέρᾳ.

21 Οὐδεὶς ἐπίβλημα ῥάκους ἀγνάφου ἐπιρράπτει ἐπὶ ἱματίῳ παλαιῷ· εἰ δὲ μή, αἴρει τὸ πλήρωμα αὐτοῦ τὸ καινὸν τοῦ παλαιοῦ, καὶ χεῖρον σχίσμα γίνεται.

22 Καὶ οὐδεὶς βάλλει οἶνον νέον εἰς ἀσκοὺς παλαιούς· εἰ δὲ μή, ῥήσσει ὁ οἶνος ὁ νέος τοὺς ἀσκούς, καὶ ὁ οἶνος ἐκχεῖται καὶ οἱ ἀσκοὶ ἀπολοῦνται· ἀλλὰ οἶνον νέον εἰς ἀσκοὺς καινοὺς βλητέον.

LUKE V.

33 Οἱ δὲ εἶπον πρὸς αὐτόν· διὰ τί οἱ μαθηταὶ Ἰωάννου νηστεύουσι πυκνὰ καὶ δεήσεις ποιοῦνται, ὁμοίως καὶ οἱ τῶν Φαρισαίων· οἱ δὲ σοὶ ἐσθίουσι καὶ πίνου- 34 σιν; Ὁ δὲ εἶπε πρὸς αὐτούς· μὴ δύνασθε τοὺς υἱοὺς τοῦ νυμφῶνος, ἐν ᾧ ὁ νυμφίος μετ' αὐτῶν ἐστι, ποιῆσαι νηστεύειν;

35 Ἐλεύσονται δὲ ἡμέραι, καὶ ὅταν ἀπαρθῇ ἀπ' αὐτῶν ὁ νυμφίος, τότε νηστεύσουσιν ἐν ἐκείναις ταῖς ἡμέραις.

36 Ἔλεγε δὲ καὶ παραβολὴν πρὸς αὐτούς· ὅτι οὐδεὶς ἐπίβλημα ἱματίου καινοῦ ἐπιβάλλει ἐπὶ ἱμάτιον παλαιόν· εἰ δὲ μήγε, καὶ τὸ καινὸν σχίζει, καὶ τῷ παλαιῷ οὐ συμφωνεῖ ἐπίβλημα τὸ 37 ἀπὸ τοῦ καινοῦ. Καὶ οὐδεὶς βάλλει οἶνον νέον εἰς ἀσκοὺς παλαιούς· εἰ δὲ μήγε, ῥήξει ὁ νέος οἶνος τοὺς ἀσκούς, καὶ αὐτὸς ἐκχυθήσεται καὶ οἱ 38 ἀσκοὶ ἀπολοῦνται· ἀλλὰ οἶνον νέον εἰς ἀσκοὺς καινοὺς βλητέον, καὶ ἀμφότεροι συντηροῦνται.

39 Καὶ οὐδεὶς πιὼν παλαιὸν εὐθέως θέλει νέον· λέγει γάρ· ὁ παλαιὸς χρηστότερός ἐστιν.

§ 59. The raising of Jairus' daughter.　The woman with a bloody flux.—*Capernaum.*

Matth. IX. 18–26.	Mark V. 22–43.	Luke VIII. 41–56.
18 Ταῦτα αὐτοῦ λαλοῦντος αὐτοῖς, ἰδού, ἄρχων εἷς ἐλθὼν προσεκύνει αὐτῷ, λέγων· ὅτι ἡ θυγάτηρ μου ἄρτι ἐτελεύτησεν· ἀλλὰ ἐλθὼν ἐπίθες τὴν χεῖρά σου ἐπ' αὐτήν, καὶ ζήσεται.	22 Καὶ ἰδού, ἔρχεται εἷς τῶν ἀρχισυναγώγων, ὀνόματι Ἰάειρος· καὶ ἰδὼν αὐτὸν πίπτει πρὸς 23 τοὺς πόδας αὐτοῦ, ¹ καὶ παρεκάλει αὐτὸν πολλά, λέγων· ὅτι τὸ θυγάτριόν μου ἐσχάτως ἔχει· ἵνα ἐλθὼν ἐπιθῇς αὐτῇ τὰς χεῖρας, ὅπως σωθῇ· καὶ	41 Καὶ ἰδού, ἦλθεν ἀνήρ, ᾧ ὄνομα Ἰάειρος, καὶ αὐτὸς ἄρχων τῆς συναγωγῆς ὑπῆρχε· καὶ πεσὼν παρὰ τοὺς πόδας τοῦ Ἰησοῦ παρεκάλει αὐτὸν εἰσελθεῖν εἰς τὸν 42 οἶκον αὐτοῦ, ¹ ὅτι θυγάτηρ μονογενὴς ἦν αὐτῷ ὡς ἐτῶν δώδεκα, καὶ αὕτη ἀπέθνησκεν. ἐν δὲ τῷ ὑπάγειν αὐτὸν οἱ ὄχλοι συνέπνιγον αὐτόν.
19 Καὶ ἐγερθεὶς ὁ Ἰησοῦς ἠκολούθησεν αὐτῷ, καὶ οἱ μαθηταὶ αὐτοῦ.	24 ζήσεται. Καὶ ἀπῆλθε μετ' αὐτοῦ, καὶ ἠκολούθει αὐτῷ ὄχλος πολύς, καὶ συνέθλιβον αὐτόν.	
20 Καὶ ἰδού, γυνὴ αἱμορροοῦσα δώδεκα ἔτη,	25 Καὶ γυνή τις οὖσα ἐν ῥύσει αἵματος ἔτη δώ- 26 δεκα, ¹ καὶ πολλὰ παθοῦσα ὑπὸ πολλῶν ἰατρῶν, καὶ δαπανήσασα τὰ παρ' αὐτῆς πάντα, καὶ μηδὲν ὠφεληθεῖσα, ἀλλὰ μᾶλλον εἰς τὸ χεῖρον 27 ἐλθοῦσα, ¹ ἀκούσασα	43 Καὶ γυνὴ οὖσα ἐν ῥύσει αἵματος ἀπὸ ἐτῶν δώδεκα, ἥτις ἰατροῖς προσαναλώσασα ὅλον τὸν βίον οὐκ ἴσχυσεν ὑπ' οὐδενὸς θεραπευθῆναι,
προσελθοῦσα ὄπισθεν, ἥψατο τοῦ κρασπέδου τοῦ ἱματίου αὐτοῦ. 21 Ἔλεγε γὰρ ἐν ἑαυτῇ· ἐὰν μόνον ἅψωμαι τοῦ ἱματίου αὐτοῦ, σωθήσο- 22 μαι.—Καὶ ἐσώθη ἡ γυνὴ ἀπὸ τῆς ὥρας ἐκείνης.—	περὶ τοῦ Ἰησοῦ, ἐλθοῦσα ἐν τῷ ὄχλῳ ὄπισθεν, ἥψατο τοῦ ἱματίου αὐ- 28 τοῦ. Ἔλεγε γάρ· ὅτι κἂν τῶν ἱματίων αὐτοῦ ἅψωμαι, σωθήσομαι. 29 Καὶ εὐθέως ἐξηράνθη ἡ πηγὴ τοῦ αἵματος αὐτῆς, καὶ ἔγνω τῷ σώ-	44 ¹ προσελθοῦσα ὄπισθεν ἥψατο τοῦ κρασπέδου τοῦ ἱματίου αὐτοῦ· καὶ παραχρῆμα ἔστη ἡ ῥύσις τοῦ αἵματος αὐτῆς.
	ματι, ὅτι ἴαται ἀπὸ τῆς μάστιγος.	LUKE VIII.
30 Καὶ εὐθέως ὁ Ἰησοῦς ἐπιγνοὺς ἐν ἑαυτῷ τὴν ἐξ αὐτοῦ δύναμιν ἐξελθοῦσαν, ἐπιστραφεὶς ἐν τῷ ὄχλῳ ἔλεγε· 31 τίς μου ἥψατο τῶν ἱματίων; Καὶ ἔλεγον αὐτῷ οἱ μαθηταὶ αὐτοῦ· βλέπεις τὸν ὄχλον συνθλίβοντά σε, καὶ λέγεις· τίς 32 μου ἥψατο; Καὶ περιεβλέπετο ἰδεῖν τὴν 33 τοῦτο ποιήσασαν. Ἡ δὲ γυνὴ φοβηθεῖσα καὶ τρέμουσα, εἰδυῖα ὃ γέγονεν ἐπ' αὐτῇ, ἦλθε καὶ προσέπεσεν αὐτῷ	45 Καὶ εἶπεν ὁ Ἰησοῦς· τίς ὁ ἁψάμενός μου; ἀρνουμένων δὲ πάντων εἶπεν ὁ Πέτρος καὶ οἱ μετ' αὐτοῦ· ἐπιστάτα, οἱ ὄχλοι συνέχουσί σε καὶ ἀποθλί- βουσι, καὶ λέγεις· τίς ὁ ἁψάμενός 46 μου; Ὁ δὲ Ἰησοῦς εἶπεν· ἥψατό μού τις· ἐγὼ γὰρ ἔγνων δύναμιν ἐξελθοῦ- 47 σαν ἀπ' ἐμοῦ. Ἰδοῦσα δὲ ἡ γυνή, ὅτι οὐκ ἔλαθε, τρέμουσα ἦλθε καὶ προσπεσοῦσα αὐτῷ, δι' ἣν αἰτίαν ἥψατο	

MATTH. IX.

22 Ὁ δὲ Ἰησοῦς ἐπιστρα-
φεὶς καὶ ἰδὼν αὐτὴν εἶ-
πε· Θάρσει, θύγατερ·
ἡ πίστις σου σέσωκέ
σε.—

MARK V.

35 Ἔτι αὐτοῦ λαλοῦντος ἔρχονται ἀπὸ
τοῦ ἀρχισυναγώγου λέγοντες· ὅτι ἡ θυ-
γάτηρ σου ἀπέθανε· τί ἔτι σκύλλεις
36 τὸν διδάσκαλον; Ὁ δὲ Ἰησοῦς εὐθέως
ἀκούσας τὸν λόγον λαλούμενον, λέγει
τῷ ἀρχισυναγώγῳ· μὴ φοβοῦ, μόνον
πίστευε.

MATTH. IX.

23 Καὶ ἐλθὼν ὁ Ἰησοῦς
εἰς τὴν οἰκίαν τοῦ ἄρ-
χοντος,

καὶ ἰδὼν τοὺς
αὐλητὰς καὶ τὸν ὄχλον
24 θορυβούμενον, | λέγει
αὐτοῖς· ἀναχωρεῖτε· οὐ
γὰρ ἀπέθανε τὸ κορά-
σιον, ἀλλὰ καθεύδει.
καὶ κατεγέλων αὐτοῦ.
25 Ὅτε δὲ ἐξεβλήθη ὁ ὄχ-
λος,

εἰσελθὼν ἐκράτησε
τῆς χειρὸς αὐτῆς· καὶ ἠ-
26 γέρθη τὸ κοράσιον. Καὶ
ἐξῆλθεν ἡ φήμη αὕτη
εἰς ὅλην τὴν γῆν ἐκείνην.

MARK V.

καὶ εἶπεν αὐτῷ πᾶσαν
34 τὴν ἀλήθειαν. Ὁ δὲ
εἶπεν αὐτῇ· Θύγατερ, ἡ
πίστις σου σέσωκέ σε·
ὕπαγε εἰς εἰρήνην, καὶ
ἴσθι ὑγιὴς ἀπὸ τῆς μά-
στιγός σου.

MARK V.

38 Καὶ ἔρχεται εἰς τὸν
οἶκον τοῦ ἀρχισυναγώ-
37 γου,—καὶ οὐκ ἀφῆκεν οὐ-
δένα αὐτῷ συνακολουθῆσαι, εἰ μὴ Πέτρον
καὶ Ἰάκωβον καὶ Ἰωάννην τὸν ἀδελφὸν
38 Ἰακώβου,—καὶ θεωρεῖ
θόρυβον, κλαίοντας καὶ
ἀλαλάζοντας πολλά.
39 Καὶ εἰσελθὼν λέγει αὐ-
τοῖς· τί θορυβεῖσθε
καὶ κλαίετε; τὸ παιδίον
οὐκ ἀπέθανεν, ἀλλὰ κα-
40 θεύδει. Καὶ κατεγέλων
αὐτοῦ. ὁ δὲ ἐκβαλὼν
ἅπαντας παραλαμβάνει
τὸν πατέρα τοῦ παιδίου
καὶ τὴν μητέρα καὶ τοὺς μετ' αὐτοῦ, καὶ
εἰσπορεύεται ὅπου ἦν τὸ παιδίον [ἀνακεί-
41 μενον]. Καὶ κρατήσας
τῆς χειρὸς τοῦ παιδίου
λέγει αὐτῇ· ταλιθὰ κοῦ-
μι· ὅ ἐστι μεθερμηνευ-
όμενον· τὸ κοράσιον,
42 σοὶ λέγω, ἔγειραι. Καὶ

LUKE VIII.

αὐτοῦ, ἀπήγγειλεν αὐτῷ
ἐνώπιον παντὸς τοῦ λα-
οῦ, καὶ ὡς ἰάθη παρα-
43 χρῆμα. Ὁ δὲ εἶπεν αὐ-
τῇ· Θάρσει, θύγατερ· ἡ
πίστις σου σέσωκέ σε·
πορεύου εἰς εἰρήνην.

49 Ἔτι αὐτοῦ λαλοῦντος ἔρχεταί τις
παρὰ τοῦ ἀρχισυναγώγου λέγων αὐ-
τῷ· ὅτι τέθνηκεν ἡ θυγάτηρ σου·
50 μὴ σκύλλε τὸν διδάσκαλον. Ὁ δὲ
Ἰησοῦς ἀκούσας ἀπεκρίθη αὐτῷ λέ-
γων· μὴ φοβοῦ· μόνον πίστευε, καὶ
σωθήσεται.

LUKE VIII.

51 Ἐλθὼν δὲ εἰς τὴν οἰ-
κίαν οὐκ ἀφῆκεν εἰσελ-
θεῖν οὐδένα, εἰ μὴ Πέ-
τρον καὶ Ἰωάννην καὶ
Ἰάκωβον καὶ τὸν πα-
τέρα τῆς παιδὸς καὶ τὴν
52 μητέρα. Ἔκλαιον δὲ
πάντες καὶ ἐκόπτοντο
αὐτήν· ὁ δὲ εἶπε· μὴ
κλαίετε· οὐκ ἀπέθα-
νεν, ἀλλὰ καθεύδει.
53 Καὶ κατεγέλων αὐτοῦ
εἰδότες, ὅτι ἀπέθανεν.
54 Αὐτὸς δὲ ἐκβαλὼν ἔξω
πάντας,

καὶ κρατήσας
τῆς χειρὸς αὐτῆς ἐφώ-
νησε λέγων· ἡ παῖς,
55 ἔγειρου. Καὶ ἐπέστρεψε
τὸ πνεῦμα αὐτῆς, καὶ
ἀνέστη παραχρῆμα. καὶ
56 διέταξεν αὐτῇ δοθῆναι φαγεῖν. Καὶ
ἐξέστησαν οἱ γονεῖς αὐτῆς· ὁ δὲ παρ-
ήγγειλεν αὐτοῖς μηδενὶ εἰπεῖν τὸ γε-
γονός.

εὐθέως ἀνέστη τὸ κοράσιον καὶ περιε-
πάτει· ἦν γὰρ ἐτῶν δώδεκα. καὶ ἐξέστη-
43 σαν ἐκστάσει μεγάλῃ. Καὶ διεστείλα-
το αὐτοῖς πολλά, ἵνα μηδεὶς γνῷ τοῦτο·
καὶ εἶπε δοθῆναι αὐτῇ φαγεῖν.

§ 60. Two blind men healed, and a dumb spirit cast out.—*Capernaum?*

MATTH. IX. 27-34.

27 Καὶ παράγοντι ἐκεῖθεν τῷ Ἰησοῦ ἠκολούθησαν αὐτῷ δύο τυφλοὶ κράζοντες καὶ
28 λέγοντες· ἐλέησον ἡμᾶς, υἱὲ Δαυίδ. Ἐλθόντι δὲ εἰς τὴν οἰκίαν προσῆλθον αὐτῷ
οἱ τυφλοί, καὶ λέγει αὐτοῖς ὁ Ἰησοῦς· πιστεύετε, ὅτι δύναμαι τοῦτο ποιῆσαι;
29 λέγουσιν αὐτῷ· ναί, κύριε. Τότε ἥψατο τῶν ὀφθαλμῶν αὐτῶν λέγων· κατὰ τὴν
30 πίστιν ὑμῶν γενηθήτω ὑμῖν. Καὶ ἀνεῴχθησαν αὐτῶν οἱ ὀφθαλμοί. καὶ ἐνεβριμή-
31 σατο αὐτοῖς ὁ Ἰησοῦς λέγων· ὁρᾶτε, μηδεὶς γινωσκέτω. Οἱ δὲ ἐξελθόντες διεφή-
μισαν αὐτὸν ἐν ὅλῃ τῇ γῇ ἐκείνῃ.
32 Αὐτῶν δὲ ἐξερχομένων, ἰδού, προσήνεγκαν αὐτῷ ἄνθρωπον κωφόν, δαιμονιζόμενον.
33 Καὶ ἐκβληθέντος τοῦ δαιμονίου ἐλάλησεν ὁ κωφός. καὶ ἐθαύμασαν οἱ ὄχλοι, λέγον-
34 τες· [ὅτι] οὐδέποτε ἐφάνη οὕτως ἐν τῷ Ἰσραήλ. Οἱ δὲ Φαρισαῖοι ἔλεγον· ἐν τῷ
ἄρχοντι τῶν δαιμονίων ἐκβάλλει τὰ δαιμόνια.

§ 61. Jesus again at Nazareth, and again rejected.

MARK VI. 1-6.

1 Καὶ ἐξῆλθεν ἐκεῖθεν καὶ ἦλθεν εἰς τὴν πατρίδα αὐτοῦ· καὶ ἀκολουθοῦσιν

MATTH. XIII. 54-58.

54 Καὶ ἐλθὼν εἰς τὴν πατρίδα αὐτοῦ
ἐδίδασκεν αὐτοὺς ἐν τῇ συναγωγῇ αὐ-
τῶν, ὥστε ἐκπλήττεσθαι αὐτοὺς καὶ
λέγειν· πόθεν τούτῳ ἡ σοφία αὕτη
καὶ αἱ δυνάμεις;
55   Οὐχ οὗτός ἐστιν
ὁ τοῦ τέκτονος υἱός; οὐχὶ ἡ μήτηρ
αὐτοῦ λέγεται Μαριάμ; καὶ οἱ ἀδελ-
φοὶ αὐτοῦ Ἰάκωβος καὶ Ἰωσῆς καὶ
56 Σίμων καὶ Ἰούδας; καὶ αἱ ἀδελφαὶ
αὐτοῦ οὐχὶ πᾶσαι πρὸς ἡμᾶς εἰσι;
57 πόθεν οὖν τούτῳ ταῦτα πάντα; Καὶ
ἐσκανδαλίζοντο ἐν αὐτῷ. ὁ δὲ Ἰησοῦς
εἶπεν αὐτοῖς· οὐκ ἔστι προφήτης ἄτι-
μος, εἰ μὴ ἐν τῇ πατρίδι αὐτοῦ καὶ
58 ἐν τῇ οἰκίᾳ αὐτοῦ. Καὶ οὐκ ἐποίησεν
ἐκεῖ δυνάμεις πολλὰς διὰ τὴν ἀπιστίαν
αὐτῶν.

2 αὐτῷ οἱ μαθηταὶ αὐτοῦ· Καὶ γενομέ-
νου σαββάτου ἤρξατο ἐν τῇ συναγωγῇ
διδάσκειν· καὶ πολλοὶ ἀκούοντες ἐξε-
πλήσσοντο λέγοντες· πόθεν τούτῳ
ταῦτα; καὶ τίς ἡ σοφία ἡ δοθεῖσα αὐ-
τῷ; καὶ δυνάμεις τοιαῦται διὰ τῶν
3 χειρῶν αὐτοῦ γίνονται. Οὐχ οὗτός
ἐστιν ὁ τέκτων, ὁ υἱὸς Μαρίας; ἀδελ-
φὸς δὲ Ἰακώβου καὶ Ἰωσῆ καὶ Ἰούδα
καὶ Σίμωνος; καὶ οὐκ εἰσὶν αἱ ἀδελφαὶ
αὐτοῦ ὧδε πρὸς ἡμᾶς; καὶ ἐσκανδαλί-
4 ζοντο ἐν αὐτῷ. Ἔλεγε δὲ αὐτοῖς ὁ
Ἰησοῦς· ὅτι οὐκ ἔστι προφήτης ἄτι-
μος, εἰ μὴ ἐν τῇ πατρίδι αὐτοῦ καὶ ἐν
τοῖς συγγενέσι καὶ ἐν τῇ οἰκίᾳ αὐτοῦ.
5 Καὶ οὐκ ἠδύνατο ἐκεῖ οὐδεμίαν δύναμιν
ποιῆσαι, εἰ μὴ ὀλίγοις ἀρρώστοις ἐπι-
6 θεὶς τὰς χεῖρας ἐθεράπευσε. Καὶ ἐθαύ-
μαζε διὰ τὴν ἀπιστίαν αὐτῶν.—

§ 62. A third circuit in Galilee. The Twelve instructed and sent forth.—*Galilee.*

Ματτη. IX. 35–38. X. 1, 5–42. XI. 1.   Mark VI. 6–13.

35 Καὶ περιῆγεν ὁ Ἰησοῦς τὰς πόλεις πάσας καὶ   6 —Καὶ περιῆγε τὰς κώ-
τὰς κώμας, διδάσκων ἐν ταῖς συναγωγαῖς αὐτῶν,   μας κύκλῳ διδάσκων.
καὶ κηρύσσων τὸ εὐαγγέλιον· τῆς βασιλείας, καὶ θε-
36 ραπεύων πᾶσαν νόσον καὶ πᾶσαν μαλακίαν [ἐν τῷ λαῷ]. Ἰδὼν δὲ τοὺς ὄχλους,
ἐσπλαγχνίσθη περὶ αὐτῶν, ὅτι ἦσαν ἐσκυλμένοι καὶ ἐρριμμένοι, ὡσεὶ πρόβατα μὴ
37 ἔχοντα ποιμένα. Τότε λέγει τοῖς μαθηταῖς αὐτοῦ· ὁ μὲν θερισμὸς πολύς, οἱ δὲ
38 ἐργάται ὀλίγοι· ¹ δεήθητε οὖν τοῦ κυρίου τοῦ θηρισμοῦ, ὅπως ἐκβάλῃ ἐργάτας
εἰς τὸν θερισμὸν αὐτοῦ.   MARK VI.   Luke IX. 1–6.

X. 1 Καὶ προςκαλεσάμε-   7 Καὶ προσκαλεῖται   1 Συγκαλεσάμενος δὲ
νος τοὺς δώδεκα μαθη-   τοὺς δώδεκα, καὶ ἤρ-   τοὺς δώδεκα [μαθη-
τὰς αὐτοῦ ἔδωκεν αὐ-   ξατο αὐτοὺς ἀποστέλ-   τὰς αὐτοῦ] ἔδωκεν αὐ-
τοῖς ἐξουσίαν πνευμά-   λειν δύο δύο, καὶ ἐδί-   τοῖς δύναμιν καὶ ἐξου-
των ἀκαθάρτων, ὥστε   δου αὐτοῖς ἐξουσίαν   σίαν ἐπὶ πάντα τὰ
ἐκβάλλειν αὐτὰ καὶ θε-   τῶν πνευμάτων τῶν   δαιμόνια καὶ νόσους
ραπεύειν πᾶσαν νόσον   ἀκαθάρτων.   2 θεραπεύειν. Καὶ ἀπέ-
καὶ πᾶσαν μαλακίαν.—   στειλεν αὐτοὺς κηρύσ-
5 Τούτους τοὺς δώδεκα ἀπέστειλεν ὁ Ἰησοῦς παραγ-   σειν τὴν βασιλείαν τοῦ
γείλας αὐτοῖς, λέγων· εἰς ὁδὸν ἐθνῶν μὴ ἀπέλθητε,   θεοῦ καὶ ἰᾶσθαι τοὺς
6 καὶ εἰς πόλιν Σαμαρειτῶν μὴ εἰσέλθητε· πορεύεσθε   ἀσθενοῦντας.
δὲ μᾶλλον πρὸς τὰ πρόβατα τὰ ἀπολωλότα οἴκου
7 Ἰσραήλ. Πορευόμενοι δὲ κηρύσσετε λέγοντες· ὅτι ἤγγικεν ἡ
8 βασιλεία τῶν οὐρανῶν. Ἀσθενοῦντας θεραπεύετε, νεκροὺς
ἐγείρετε, λεπροὺς καθαρίζετε, δαιμόνια ἐκβάλλετε· δωρεὰν
ἐλάβετε, δωρεὰν δότε.   MARK VI.

9 Μὴ κτήσησθε χρυσὸν   8 Καὶ παρήγγειλεν αὐτοῖς,   3 Καὶ εἶπε πρὸς αὐτούς·
μηδὲ ἄργυρον μηδὲ χαλ-   ἵνα μηδὲν αἴρωσιν εἰς   μηδὲν αἴρετε εἰς τὴν
κὸν εἰς τὰς ζώνας ὑμῶν,   ὁδόν, εἰ μὴ ῥάβδον μό-   ὁδόν, μήτε ῥάβδον μήτε
10 ¹ μὴ πήραν εἰς ὁδὸν μηδὲ   νον· μὴ πήραν, μὴ ἄρ-   πήραν μήτε ἄρτον μήτε
δύο χιτῶνας μηδὲ ὑποδή-   τον, μὴ εἰς τὴν ζώνην   ἀργύριον μήτε ἀνὰ δύο
ματα μηδὲ ῥάβδον· ἄξιος   9 χαλκόν· ¹ ἀλλ' ὑποδεδε-   χιτῶνας ἔχειν.
γὰρ ὁ ἐργάτης τῆς τροφῆς   μένους σανδάλια· καὶ
11 αὐτοῦ ἐστιν. Εἰς ἣν δ'   μὴ ἐνδύσησθε δύο χιτῶ-
ἂν πόλιν ἢ κώμην εἰσέλ- 10 νας. Καὶ ἔλεγεν αὐ-
θητε, ἐξετάσατε, τίς ἐν   τοῖς· ὅπου ἐὰν εἰσέλθη-
αὐτῇ ἄξιός ἐστι· κἀκεῖ   τε εἰς οἰκίαν, ἐκεῖ μένετε 4 Καὶ εἰς ἣν ἂν οἰκίαν
μείνατε ἕως ἂν ἐξέλ-   ἕως ἂν ἐξέλθητε ἐκεῖθεν.   εἰσέλθητε, ἐκεῖ μένετε
12 θητε. Εἰσερχόμενοι δὲ   καὶ ἐκεῖθεν ἐξέρχεσθε.
13 εἰς τὴν οἰκίαν ἀσπάσασθε αὐτήν. Καὶ ἐὰν μὲν ᾖ ἡ οἰκία ἀξία, ἐλθέτω ἡ
εἰρήνη ὑμῶν ἐπ' αὐτήν· ἐὰν δὲ μὴ ᾖ ἀξία, ἡ εἰρήνη ὑμῶν πρὸς ὑμᾶς ἐπιστρα-

MATTH. X.	MARK VI.	LUKE IX.
14 φήτω. Καὶ ὃς ἐὰν μὴ δέξηται ὑμᾶς μηδὲ ἀκούσῃ τοὺς λόγους ὑμῶν, ἐξερχόμενοι τῆς οἰκίας ἢ τῆς πόλεως ἐκείνης ἐκτινάξατε τὸν κονιορτὸν 15 τῶν ποδῶν ὑμῶν. Ἀμὴν λέγω ὑμῖν, ἀνεκτότερον ἔσται γῇ Σοδόμων καὶ Γομόρρων ἐν ἡμέρᾳ κρίσεως, ἢ τῇ πόλει ἐκείνῃ.	11 Καὶ ὅσοι ἂν μὴ δέξωνται ὑμᾶς μηδὲ ἀκούσωσιν ὑμῶν, ἐκπορευόμενοι ἐκεῖθεν ἐκτινάξατε τὸν χοῦν τὸν ὑποκάτω τῶν ποδῶν ὑμῶν εἰς μαρτύριον αὐτοῖς. [Ἀμὴν λέγω ὑμῖν, ἀνεκτότερον ἔσται Σοδόμοις ἢ Γομόρροις ἐν ἡμέρᾳ κρίσεως, ἢ τῇ πόλει ἐκείνῃ.]	5 Καὶ ὅσοι ἂν μὴ δέξωνται ὑμᾶς, ἐξερχόμενοι ἀπὸ τῆς πόλεως ἐκείνης καὶ τὸν κονιορτὸν ἀπὸ τῶν ποδῶν ὑμῶν ἀποτινάξατε εἰς μαρτύριον ἐπ᾿ αὐτούς.

16 Ἰδού, ἐγὼ ἀποστέλλω ὑμᾶς ὡς πρόβατα ἐν μέσῳ λύκων· γίνεσθε οὖν φρόνιμοι
17 ὡς οἱ ὄφεις, καὶ ἀκέραιοι ὡς αἱ περιστεραί. Προσέχετε δὲ ἀπὸ τῶν ἀνθρώπων·
παραδώσουσι γὰρ ὑμᾶς εἰς συνέδρια, καὶ ἐν ταῖς συναγωγαῖς αὐτῶν μαστιγώ-
18 σουσιν ὑμᾶς· καὶ ἐπὶ ἡγεμόνας δὲ καὶ βασιλεῖς ἀχθήσεσθε ἕνεκεν ἐμοῦ, εἰς μαρ-
19 τύριον αὐτοῖς καὶ τοῖς ἔθνεσιν. Ὅταν δὲ παραδιδῶσιν ὑμᾶς, μὴ μεριμνήσητε, πῶς
20 ἢ τί λαλήσητε· δοθήσεται γὰρ ὑμῖν ἐν ἐκείνῃ τῇ ὥρᾳ, τί λαλήσετε· ¹ οὐ γὰρ ὑμεῖς
21 ἐστε οἱ λαλοῦντες, ἀλλὰ τὸ πνεῦμα τοῦ πατρὸς ὑμῶν τὸ λαλοῦν ἐν ὑμῖν. Παραδώ-
σει δὲ ἀδελφὸς ἀδελφὸν εἰς θάνατον, καὶ πατὴρ τέκνον· καὶ ἐπαναστήσονται τέκνα
22 ἐπὶ γονεῖς, καὶ θανατώσουσιν αὐτούς. Καὶ ἔσεσθε μισούμενοι ὑπὸ πάντων διὰ τὸ
23 ὄνομά μου· ὁ δὲ ὑπομείνας εἰς τέλος, οὗτος σωθήσεται. Ὅταν δὲ διώκωσιν ὑμᾶς
ἐν τῇ πόλει ταύτῃ, φεύγετε εἰς τὴν ἄλλην. ἀμὴν γὰρ λέγω ὑμῖν, οὐ μὴ τελέσητε
τὰς πόλεις τοῦ Ἰσραήλ, ἕως ἂν ἔλθῃ ὁ υἱὸς τοῦ ἀνθρώπου.
24 Οὐκ ἔστι μαθητὴς ὑπὲρ τὸν διδάσκαλον οὐδὲ δοῦλος ὑπὲρ τὸν κύριον αὐτοῦ.
25 Ἀρκετὸν τῷ μαθητῇ, ἵνα γένηται ὡς ὁ διδάσκαλος αὐτοῦ, καὶ ὁ δοῦλος ὡς ὁ κύριος
αὐτοῦ. εἰ τὸν οἰκοδεσπότην Βεελζεβοὺλ ἐπεκάλεσαν, πόσῳ μᾶλλον τοὺς οἰκιακοὺς
26 αὐτοῦ; Μὴ οὖν φοβηθῆτε αὐτούς. οὐδὲν γάρ ἐστι κεκαλυμμένον, ὃ οὐκ ἀποκα-
27 λυφθήσεται, καὶ κρυπτόν, ὃ οὐ γνωσθήσεται. Ὃ λέγω ὑμῖν ἐν τῇ σκοτίᾳ, εἴπατε
28 ἐν τῷ φωτί· καὶ ὃ εἰς τὸ οὖς ἀκούετε, κηρύξατε ἐπὶ τῶν δωμάτων. Καὶ μὴ φοβεῖ-
σθε ἀπὸ τῶν ἀποκτεινόντων τὸ σῶμα, τὴν δὲ ψυχὴν μὴ δυναμένων ἀποκτεῖναι·
φοβήθητε δὲ μᾶλλον τὸν δυνάμενον καὶ ψυχὴν καὶ σῶμα ἀπολέσαι ἐν γεέννῃ.
29 Οὐχὶ δύο στρουθία ἀσσαρίου πωλεῖται; καὶ ἓν ἐξ αὐτῶν οὐ πεσεῖται ἐπὶ τὴν γῆν
30 ἄνευ τοῦ πατρὸς ὑμῶν· ὑμῶν δὲ καὶ αἱ τρίχες τῆς κεφαλῆς πᾶσαι ἠριθμημέναι εἰσί.
31 32 Μὴ οὖν φοβηθῆτε· πολλῶν στρουθίων διαφέρετε ὑμεῖς. Πᾶς οὖν ὅστις
ὁμολογήσει ἐν ἐμοὶ ἔμπροσθεν τῶν ἀνθρώπων, ὁμολογήσω κἀγὼ ἐν αὐτῷ ἔμ-
33 προσθεν τοῦ πατρός μου τοῦ ἐν οὐρανοῖς· ὅστις δ᾿ ἂν ἀρνήσηταί με ἔμπροσθεν
τῶν ἀνθρώπων, ἀρνήσομαι αὐτὸν κἀγὼ ἔμπροσθεν τοῦ πατρός μου τοῦ ἐν οὐρανοῖς.
34 Μὴ νομίσητε, ὅτι ἦλθον βαλεῖν εἰρήνην ἐπὶ τὴν γῆν· οὐκ ἦλθον βαλεῖν
35 εἰρήνην, ἀλλὰ μάχαιραν. Ἦλθον γὰρ διχάσαι ἄνθρωπον κατὰ τοῦ πατρὸς
αὐτοῦ, καὶ θυγατέρα κατὰ τῆς μητρὸς αὐτῆς, καὶ νύμφην κατὰ τῆς πενθερᾶς
36 37 αὐτῆς· καὶ ἐχθροὶ τοῦ ἀνθρώπου οἱ οἰκιακοὶ αὐτοῦ.ᵃ Ὁ φιλῶν πατέρα ἢ μη-

---

ᵃ **36.** Comp. Mic. 7, 6.

MATTH. X.

τέρα ὑπὲρ ἐμὲ οὐκ ἔστι μου ἄξιος· καὶ ὁ φιλῶν υἱὸν ἢ θυγατέρα ὑπὲρ ἐμὲ οὐκ
38 ἔστι μου ἄξιος· καὶ ὃς οὐ λαμβάνει τὸν σταυρὸν αὐτοῦ καὶ ἀκολουθεῖ ὀπίσω μου,
39 οὐκ ἔστι μου ἄξιος. Ὁ εὑρὼν τὴν ψυχὴν αὐτοῦ ἀπολέσει αὐτήν· καὶ ὁ ἀπολέσας
τὴν ψυχὴν αὐτοῦ ἕνεκεν ἐμοῦ εὑρήσει αὐτήν.
40 Ὁ δεχόμενος ὑμᾶς ἐμὲ δέχεται· καὶ ὁ ἐμὲ δεχόμενος δέχεται τὸν ἀποστείλαντά
41 με. Ὁ δεχόμενος προφήτην εἰς ὄνομα προφήτου μισθὸν προφήτου λήψεται· καὶ
42 ὁ δεχόμενος δίκαιον εἰς ὄνομα δικαίου μισθὸν δικαίου λήψεται. Καὶ ὃς ἐὰν ποτίσῃ
ἕνα τῶν μικρῶν τούτων ποτήριον ψυχροῦ μόνον εἰς ὄνομα μαθητοῦ, ἀμὴν λέγω ὑμῖν,
οὐ μὴ ἀπωλέσῃ τὸν μισθὸν αὐτοῦ.
XI. 1 Καὶ ἐγένετο ὅτε ἐτέλεσεν ὁ Ἰησοῦς διατάσσων τοῖς δώδεκα μαθηταῖς αὐτοῦ,
μετέβη ἐκεῖθεν τοῦ διδάσκειν καὶ κηρύσσειν ἐν ταῖς πόλεσιν αὐτῶν.

MARK VI.	LUKE IX.
12 Καὶ ἐξελθόντες ἐκήρυσσον, ἵνα με- 13 τανοήσωσι· καὶ δαιμόνια πολλὰ ἐξέ- βαλλον· καὶ ἤλειφον ἐλαίῳ πολλοὺς ἀρρώστους καὶ ἐθεράπευον.	6 Ἐξερχόμενοι δὲ διήρχοντο κατὰ τὰς κώμας εὐαγγελιζόμενοι καὶ θεραπεύ- οντες πανταχοῦ.

§ 63. Herod holds Jesus to be John the Baptist, whom he had just before
beheaded.—*Galilee? Perea.*

MATTH. XIV. 1, 2, 6–12.	MARK VI. 14–16, 21–29.	LUKE IX. 7–9.
1 Ἐν ἐκείνῳ τῷ καιρῷ ἤκουσεν Ἡρώδης ὁ τε- τράρχης τὴν ἀκοὴν Ἰη- 2 σοῦ, ¹ καὶ εἶπε τοῖς παι- σὶν αὐτοῦ· οὗτός ἐστιν Ἰωάννης ὁ βαπτιστής· αὐτὸς ἠγέρθη ἀπὸ τῶν νεκρῶν, καὶ διὰ τοῦτο αἱ δυνάμεις ἐνεργοῦσιν ἐν αὐτῷ.—	14 Καὶ ἤκουσεν ὁ βασι- λεὺς Ἡρώδης (φανερὸν γὰρ ἐγένετο τὸ ὄνομα αὐτοῦ) καὶ ἔλεγεν· ὅτι Ἰωάννης ὁ βαπτίζων ἐκ νεκρῶν ἠγέρθη, καὶ διὰ τοῦτο ἐνεργοῦσιν αἱ δυ- 15 νάμεις ἐν αὐτῷ. Ἄλλοι ἔλεγον· ὅτι Ἠλίας ἐστίν. ἄλλοι δὲ ἔλεγον· ὅτι προ- φήτης ἐστὶν ὡς εἷς τῶν 16 προφητῶν. · Ἀκούσας δὲ ὁ Ἡρώδης εἶπεν· ὅτι ὃν ἐγὼ ἀπεκεφάλισα Ἰωάννην, οὗτός ἐστιν· αὐτὸς ἠγέρθη ἐκ νεκρῶν.—	7 Ἤκουσε δὲ Ἡρώδης ὁ τετράρχης τὰ γινόμενα ὑπ' αὐτοῦ πάντα, καὶ διηπόρει διὰ τὸ λέγε- σθαι ὑπό τινων, ὅτι Ἰωάννης ἐγήγερται ἐκ 8 νεκρῶν, ¹ ὑπό τινων δέ, ὅτι Ἠλίας ἐφάνη, ἄλ- λων δέ, ὅτι προφήτης εἷς τῶν ἀρχαίων ἀνέστη. 9 Καὶ εἶπεν Ἡρώδης· Ἰω- άννην ἐγὼ ἀπεκεφάλισα· τίς δέ ἐστιν οὗτος, περὶ οὗ ἐγὼ ἀκούω τοιαῦτα ; καὶ ἐζήτει ἰδεῖν αὐτόν.

MARK VI.

6 Γενεσίων δὲ ἀγομένων τοῦ Ἡρώδου ὠρχήσατο ἡ θυγάτηρ τῆς Ἡρω- διάδος ἐν τῷ μέσῳ, καὶ 7 ἤρεσε τῷ Ἡρώδῃ· ὅθεν μεθ' ὅρκου ὡμολόγησεν	21 Καὶ γενομένης ἡμέρας εὐκαίρου, ὅτε Ἡρώδης τοῖς γενεσίοις αὐτοῦ δεῖπνον ἐποίει τοῖς μεγιστᾶσιν αὐτοῦ καὶ τοῖς χιλιάρχοις καὶ τοῖς πρώτοις τῆς Γαλιλαίας, 22 ¹ καὶ εἰσελθούσης τῆς θυγατρὸς αὐτῆς τῆς Ἡρωδιάδος καὶ ὀρχησαμένης καὶ ἀρεσάσης τῷ Ἡρώδῃ καὶ τοῖς συνανακειμένοις, εἶπεν ὁ βασιλεὺς τῷ κορασίῳ· αἰ-	

MATTH. XIV.

8 αὐτῇ δοῦναι, ὃ ἐὰν αἰτήσηται. Ἡ δὲ προβιβασθεῖσα ὑπὸ τῆς μητρὸς αὐτῆς, δός μοι, φησίν, ὧδε ἐπὶ πίνακι τὴν κεφαλὴν Ἰωάννου 9 τοῦ βαπτιστοῦ. Καὶ ἐλυπήθη ὁ βασιλεύς· διὰ δὲ τοὺς ὅρκους καὶ τοὺς συνανακειμένους 10 ἐκέλευσε δοθῆναι. Καὶ πέμψας ἀπεκεφάλισε τὸν Ἰωάν- 11 νην ἐν τῇ φυλακῇ. Καὶ ἠνέχθη ἡ κεφαλὴ αὐτοῦ ἐπὶ πίνακι καὶ ἐδόθη τῷ κορασίῳ· καὶ ἤνεγκε τῇ μητρὶ αὐ- 12 τῆς. Καὶ προσελθόντες οἱ μαθηταὶ αὐτοῦ ἦραν τὸ σῶμα καὶ ἔθαψαν αὐτό· καὶ ἐλθόντες ἀπήγγειλαν τῷ Ἰησοῦ.

MARK VI.

23 τησόν με ὃ ἐὰν θέλῃς, καὶ δώσω σοί. Καὶ ὤμοσεν αὐτῇ· ὅτι, ὃ ἐάν με αἰτήσῃς, δώσω σοὶ ἕως ἡμί- 24 σους τῆς βασιλείας μου. Ἡ δὲ ἐξελθοῦσα εἶπε τῇ μητρὶ αὐτῆς· τί αἰτήσομαι; ἡ δὲ εἶπε· τὴν κεφαλὴν 25 Ἰωάννου τοῦ βαπτιστοῦ. Καὶ εἰσελθοῦσα εὐθέως μετὰ σπουδῆς πρὸς τὸν βασιλέα ᾐτήσατο λέγουσα· θέλω, ἵνα μοι δῷς ἐξαυτῆς ἐπὶ πίνακι τὴν κεφαλὴν 26 Ἰωάννου τοῦ βαπτιστοῦ. Καὶ περίλυπος γενόμενος ὁ βασιλεὺς διὰ τοὺς ὅρκους καὶ τοὺς συνανακειμέ- 27 νους οὐκ ἠθέλησεν αὐτὴν ἀθετῆσαι. Καὶ εὐθέως ἀποστείλας ὁ βασιλεὺς σπεκουλάτωρα ἐπέταξεν ἐνεχθῆναι τὴν κεφαλὴν αὐτοῦ. 28 Ὁ δὲ ἀπελθὼν ἀπεκεφάλισεν αὐτὸν ἐν τῇ φυλακῇ· καὶ ἤνεγκε τὴν κεφαλὴν αὐτοῦ ἐπὶ πίνακι, καὶ ἔδωκεν αὐτὴν τῷ κορασίῳ, καὶ τὸ κοράσιον 29 ἔδωκεν αὐτὴν τῇ μητρὶ αὐτῆς. Καὶ ἀκούσαντες οἱ μαθηταὶ αὐτοῦ ἦλθον καὶ ἦραν τὸ πτῶμα αὐτοῦ καὶ ἔθηκαν αὐτὸ ἐν μνημείῳ.

§ 64. The Twelve return, and Jesus retires with them across the Lake. Five thousand are fed.—N. W. coast of the Lake of Galilee. N. E. coast of the same.

MARK VI. 30-44.

30 Καὶ συνάγονται οἱ ἀπόστολοι πρὸς τὸν Ἰησοῦν καὶ ἀπήγγειλαν αὐτῷ πάντα, καὶ ὅσα ἐποίησαν καὶ ὅσα 31 ἐδίδαξαν. Καὶ εἶπεν αὐτοῖς· δεῦτε ὑμεῖς αὐτοὶ κατ᾽ ἰδίαν εἰς ἔρημον τόπον καὶ

LUKE IX. 10-17.

10 Καὶ ὑποστρέψαντες οἱ ἀπόστολοι διηγήσαντο αὐτῷ ὅσα ἐποίησαν.—
ἀναπαύεσθε ὀλίγον. ἦσαν γὰρ οἱ ἐρχόμενοι καὶ οἱ ὑπάγοντες πολλοί, καὶ οὐδὲ φαγεῖν ηὐκαίρουν.

MATTH. XIV. 13-21.

13 Καὶ ἀκούσας ὁ Ἰησοῦς ἀνεχώρησεν ἐκεῖθεν ἐν πλοίῳ εἰς ἔρημον τόπον κατ᾽ ἰδίαν. καὶ ἀκούσαντες οἱ ὄχλοι ἠκολούθησαν αὐτῷ πεζῇ ἀπὸ τῶν πόλεων.

MARK VI.

32 Καὶ ἀπῆλθον εἰς ἔρημον τόπον τῷ πλοίῳ κατ᾽ ἰδίαν. 33 Καὶ εἶδον αὐτοὺς ὑπάγοντας [οἱ ὄχλοι], κὰι ἐπέγνωσαν [αὐτὸν] πολλοί· καὶ πεζῇ ἀπὸ πασῶν τῶν πόλεων συνέδραμον ἐκεῖ καὶ προῆλθον αὐτοὺς καὶ συνῆλθον πρὸς αὐτόν.

LUKE IX.

10 —Καὶ παραλαβὼν αὐτοὺς ὑπεχώρησε κατ᾽ ἰδίαν εἰς τόπον ἔρημον πόλεως καλουμένης Βηθσαϊδά. 11 Οἱ δὲ ὄχλοι γνόντες ἠκολούθησαν αὐτῷ.—

3 ἐπὶ τῶν ἀσθενούντων. Ἀν-

JOHN VI. 1-14.

1 Μετὰ ταῦτα ἀπῆλθεν ὁ Ἰησοῦς πέραν τῆς θαλάσσης τῆς Γαλιλαίας, τῆς Τιβεριάδος· καὶ ἠκολούθει αὐτῷ ὄχλος πολύς, ὅτι ἑώρων [αὐτοῦ] τὰ σημεῖα, ἃ ἐποίει

ἦλθε δὲ εἰς τὸ ὄρος ὁ Ἰησοῦς,

JOHN VI.

4 καὶ ἐκεῖ ἐκάθητο μετὰ τῶν μαθητῶν αὐτοῦ.   Ἦν δὲ ἐγγὺς τὸ πάσχα, ἡ ἑορτὴ τῶν Ἰουδαίων.

MATTH. XIV.	MARK VI.	LUKE IX.	JOHN VI.
14 Καὶ ἐξελθὼν [ὁ Ἰησοῦς] εἶδε πολὺν ὄχλον· καὶ ἐσπλαγχνίσθη ἐπ' αὐτοῖς, καὶ ἐθεράπευσε τοὺς ἀρρώστους αὐτῶν.	34 Καὶ ἐξελθὼν εἶδεν [ὁ Ἰησοῦς] πολὺν ὄχλον, καὶ ἐσπλαγχνίσθη ἐπ' αὐτοῖς, ὅτι ἦσαν ὡς πρόβατα μὴ ἔχοντα ποιμένα· καὶ ἤρξατο διδάσκειν αὐτοὺς πολ-	11 —Καὶ δεξάμενος αὐτοὺς ἐλάλει αὐτοῖς περὶ τῆς βασιλείας τοῦ θεοῦ καὶ τοὺς χρείαν ἔχοντας θεραπείας ἰᾶτο.	5 Ἐπάρας οὖν ὁ Ἰησοῦς τοὺς ὀφθαλμοὺς καὶ θεασάμενος, ὅτι πολὺς ὄχλος ἔρχεται πρὸς αὐτόν,
15 Ὀψίας δὲ γενομένης προσῆλθον αὐτῷ οἱ μαθηταὶ αὐτοῦ λέγοντες· ἔρημός ἐστιν ὁ τόπος καὶ ἡ ὥρα ἤδη παρῆλθεν· ἀπόλυσον τοὺς ὄχλους, ἵνα ἀπελθόντες εἰς τὰς κώμας ἀγοράσωσιν ἑαυτοῖς βρώματα.	35 λά. Καὶ ἤδη ὥρας πολλῆς γενομένης προςελθόντες αὐτῷ οἱ μαθηταὶ αὐτοῦ λέγουσιν· ὅτι ἔρημός ἐστιν ὁ τόπος καὶ ἤδη ὥρα 36 πολλή· ἀπόλυσον αὐτούς, ἵνα ἀπελθόντες εἰς τοὺς κύκλῳ ἀγροὺς καὶ κώμας ἀγοράσωσιν ἑαυτοῖς ἄρτους·	12 Ἡ δὲ ἡμέρα ἤρξατο κλίνειν· προσελθόντες δὲ οἱ δώδεκα εἶπον αὐτῷ· ἀπόλυσον τὸν ὄχλον, ἵνα ἀπελθόντες εἰς τὰς κύκλῳ κώμας καὶ τοὺς ἀγροὺς καταλύσωσι καὶ εὕρωσιν ἐπισιτισμόν, ὅτι ὧδε ἐν ἐρήμῳ τόπῳ ἐσμέν.	λέγει πρὸς τὸν Φίλιππον· πόθεν ἀγοράσομεν ἄρτους, ἵνα φάγωσιν 6 οὗτοι; Τοῦτο δὲ ἔλεγε πειράζων αὐτόν· αὐτὸς γὰρ ᾔδει, τί ἔμελλε 7 ποιεῖν. Ἀπεκρίθη αὐτῷ Φίλιππος· διακοσίων δηναρίων ἄρτοι οὐκ
16 Ὁ δὲ Ἰησοῦς εἶπεν αὐτοῖς· οὐ χρείαν ἔχουσιν ἀπελθεῖν· δότε αὐτοῖς ὑμεῖς φαγεῖν.	37 ἔχουσιν. Ὁ δὲ ἀποκριθεὶς εἶπεν αὐτοῖς· δότε αὐτοῖς ὑμεῖς φαγεῖν. καὶ λέγουσιν αὐτῷ· ἀπελθόντες ἀγοράσωμεν δηναρίων διακοσίων ἄρτους, καὶ δῶμεν αὐτοῖς φα-	13 Εἶπε δὲ πρὸς αὐτούς· δότε αὐτοῖς ὑμεῖς φαγεῖν.	ἀρκοῦσιν αὐτοῖς, ἵνα ἕκαστος αὐτῶν βραχύ τι λά- 8 βῃ. Λέγει αὐτῷ εἷς ἐκ τῶν μαθητῶν αὐτοῦ, Ἀνδρέας ὁ ἀδελφὸς Σίμω- 9 νος Πέτρου· ἔστι
17 Οἱ δὲ λέγουσιν αὐτῷ· οὐκ ἔχομεν ὧδε εἰ μὴ πέντε ἄρτους καὶ 18 δύο ἰχθύας. Ὁ δὲ εἶπε· φέρετέ μοι	38 γεῖν; Ὁ δὲ λέγει αὐτοῖς· πόσους ἄρτους ἔχετε; ὑπάγετε καὶ ἴδετε. καὶ γνόντες λέγουσι· πέντε, καὶ	Οἱ δὲ εἶπον· οὐκ εἰσὶν ἡμῖν πλεῖον ἢ πέντε ἄρτοι καὶ ἰχθύες δύο, εἰ μήτι πορευθέντες ἡμεῖς ἀγοράσωμεν εἰς πάντα τὸν λαὸν τοῦτον βρώματα·	παιδάριον ἓν ὧδε, ὃ ἔχει πέντε ἄρτους κριθίνους καὶ δύο ὀψάρια· ἀλλὰ ταῦτα τί ἐστιν εἰς το-

MATTH. XIV.	MARK VI.	LUKE IX.	JOHN VI.

MATTH. XIV.

19 αὐτοὺς ὧδε. Καὶ κελεύσας τοὺς ὄχλους ἀνακλιθῆναι ἐπὶ τοὺς χόρτους, 40 χόρτῳ. λαβὼν τοὺς πέντε ἄρτους καὶ τοὺς δύο ἰχθύας, ἀναβλέψας εἰς τὸν οὐρανόν, εὐλόγησε· καὶ κλάσας ἔδωκε τοῖς μαθηταῖς τοὺς ἄρτους, οἱ δὲ μαθηταὶ τοῖς ὄχλοις.

20 Καὶ ἔφαγον πάντες, καὶ ἐχορτάσθησαν·

καὶ ἦραν τὸ περισσεῦον τῶν κλασμάτων, δώδεκα κοφίνους πλήρεις.

21 Οἱ δὲ ἐσθίοντες ἦσαν ἄνδρες ὡσεὶ πεντακισχίλιοι χωρὶς γυναικῶν καὶ παιδίων.

MARK VI.

39 δύο ἰχθύας. Καὶ ἐπέταξεν αὐτοῖς ἀνακλῖναι πάντας, συμπόσια συμπόσια, ἐπὶ τῷ χλωρῷ χόρτῳ. Καὶ ἀνέπεσον πρασιαὶ πρασιαί, ἀνὰ ἑκατὸν καὶ ἀνὰ πεντήκον- 41 τα. Καὶ λαβὼν τοὺς πέντε ἄρτους καὶ τοὺς δύο ἰχθύας, ἀναβλέψας εἰς τὸν οὐρανόν, εὐλόγησε· καὶ κατέκλασε τοὺς ἄρτους καὶ ἐδίδου τοῖς μαθηταῖς αὐτοῦ, ἵνα παραθῶσιν αὐτοῖς· καὶ τοὺς δύο ἰχθύας ἐμέρισε πᾶσι.

42 Καὶ ἔφαγον πάντες καὶ ἐχορτάσθησαν·

43 καὶ ἦραν κλασμάτων δώδεκα κοφίνους πλήρεις, καὶ ἀπὸ τῶν ἰχθύων.

44 Καὶ ἦσαν οἱ φαγόντες τοὺς ἄρτους πεντακισχίλιοι ἄνδρες.

LUKE IX.

14 —Εἶπε δὲ πρὸς τοὺς μαθητὰς αὐτοῦ· κατακλίνατε αὐτοὺς κλισίας ἀνὰ πεντήκον- 15 τα. Καὶ ἐποίησαν οὕτω καὶ ἀνέκλιναν ἅπαντας. 16 Λαβὼν δὲ τοὺς πέντε ἄρτους καὶ τοὺς δύο ἰχθύας, ἀναβλέψας εἰς τὸν οὐρανόν, εὐλόγησεν αὐτούς· καὶ κατέκλασε καὶ ἐδίδου τοῖς μαθηταῖς παρατιθέναι τῷ ὄχλῳ.

17 Καὶ ἔφαγον, καὶ ἐχορτάσθησαν πάντες·

ρισσεύσαντα κλάσματα, καὶ ἤρθη τὸ περισσεῦσαν αὐτοῖς κλασμάτων, κόφινοι δώδεκα.

14 Ἦσαν γὰρ ὡσεὶ ἄνδρες πεντακισχίλιοι.—

JOHN VI.

10 σούτους; Εἶπε δὲ ὁ Ἰησοῦς· ποιήσατε τοὺς ἀνθρώπους ἀναπεσεῖν. ἦν δὲ χόρτος πολὺς ἐν τῷ τόπῳ.—

11 Ἔλαβε δὲ τοὺς ἄρτους ὁ Ἰησοῦς καὶ εὐχαριστήσας διέδωκε τοῖς μαθηταῖς, οἱ δὲ μαθηταὶ τοῖς ἀνακειμένοις· ὁμοίως καὶ ἐκ τῶν ὀψαρίων ὅσον ἤθελον.

12 Ὡς δὲ ἐνεπλήσθησαν, λέγει τοῖς μαθηταῖς αὐτοῦ· συναγάγετε τὰ περισσεύσαντα κλάσματα, ἵνα μή τι ἀπόληται. 13 Συνήγαγον οὖν καὶ ἐγέμισαν δώδεκα κοφίνους κλασμάτων ἐκ τῶν πέντε ἄρτων τῶν κριθίνων, ἃ ἐπερίσσευσε τοῖς βεβρωκόσιν.—Ἀνέπεσον 10 οὖν οἱ ἄνδρες τὸν ἀριθμὸν ὡσεὶ πεν- 14 τακισχίλιοι. — Οἱ οὖν ἄνθρωποι, ἰδόντες ὃ ἐποίησε σημεῖον ὁ Ἰησοῦς, ἔλεγον· ὅτι οὗτός ἐστιν ἀληθῶς ὁ προφήτης ὁ ἐρχόμενος εἰς τὸν κόσμον.

§ 65. Jesus walks upon the water.—*Lake of Galilee.　Gennesareth.*

MATTH. XIV. 22-36.　　　　　　　MARK VI. 45-56.

22 Καὶ εὐθέως ἠνάγκασεν [ὁ Ἰη- 45 Καὶ εὐθέως ἠνάγκασε τοὺς μα-
σοῦς] τοὺς μαθητὰς [αὐτοῦ] ἐμβῆ- θητὰς αὐτοῦ ἐμβῆναι εἰς τὸ πλοῖον
ναι εἰς τὸ πλοῖον καὶ προάγειν αὐτὸν καὶ προάγειν εἰς τὸ πέραν πρὸς Βηθ-
εἰς τὸ πέραν, ἕως οὗ ἀπολύσῃ τοὺς σαϊδάν, ἕως αὐτὸς ἀπολύσῃ τὸν ὄχλον.
23 ὄχλους. Καὶ ἀπολύσας τοὺς ὄχλους 46 Καὶ ἀποταξάμενος αὐτοῖς ἀπῆλθεν εἰς
ἀνέβη εἰς τὸ ὄρος κατ᾽ ἰδίαν προςεύξα- τὸ ὄρος προσεύξασθαι.
σθαι.

　　　　　　　　　　　　　　　JOHN VI. 15-21.

15　Ἰησοῦς οὖν γνούς, ὅτι μέλλουσιν ἔρχεσθαι καὶ ἁρπάζειν
αὐτόν, ἵνα ποιήσωσιν αὐτὸν βασιλέα, ἀνεχώρησε πάλιν εἰς

MARK VI.　　　　　　　τὸ ὄρος αὐτὸς μόνος.

Ὀψίας δὲ γενομένης 47　Καὶ ὀψίας γενομένης 16 Ὡς δὲ ὀψία ἐγένετο,
24 μόνος ἦν ἐκεῖ. Τὸ δὲ ἦν τὸ πλοῖον ἐν μέσῳ κατέβησαν οἱ μαθηταὶ
πλοῖον ἤδη μέσον τῆς τῆς θαλάσσης· καὶ αὐ- αὐτοῦ ἐπὶ τὴν θάλασ-
θαλάσσης ἦν, βασανι- τὸς μόνος ἐπὶ τῆς γῆς. 17 σαν· καὶ ἐμβάντες εἰς
ζόμενον ὑπὸ τῶν κυμά- 48 Καὶ εἶδεν αὐτοὺς βασα- τὸ πλοῖον ἤρχοντο πέ-
των· ἦν γὰρ ἐναντίος ὁ νιζομένους ἐν τῷ ἐλαύ- ραν τῆς θαλάσσης εἰς
25 ἄνεμος. Τετάρτῃ δὲ φυ- νειν· ἦν γὰρ ὁ ἄνεμος Καπερναούμ. καὶ σκο-
λακῇ τῆς νυκτὸς ἀπῆλθε ἐναντίος αὐτοῖς. καὶ περὶ τία ἤδη ἐγεγόνει, καὶ οὐκ
πρὸς αὐτοὺς [ὁ Ἰησοῦς] τετάρτην φυλακὴν τῆς ἐληλύθει πρὸς αὐτοὺς ὁ
περιπατῶν ἐπὶ τῆς θα- νυκτὸς ἔρχεται πρὸς αὐ- 18 Ἰησοῦς, ¹ ἥ τε θάλασσα
26 λάσσης. Καὶ ἰδόντες τοὺς περιπατῶν ἐπὶ τῆς ἀνέμου μεγάλου πνέον-
αὐτὸν οἱ μαθηταὶ ἐπὶ θαλάσσης· καὶ ἤθελε 19 τος διηγείρετο. Ἐληλα-
τὴν θάλασσαν περιπα- 49 παρελθεῖν αὐτούς. Οἱ κότες οὖν ὡς σταδίους
τοῦντα, ἐταράχθησαν, δὲ ἰδόντες αὐτὸν περιπα- εἰκοσιπέντε ἢ τριάκοντα
λέγοντες· ὅτι φάντα- τοῦντα ἐπὶ τῆς θαλάσσης θεωροῦσι τὸν Ἰησοῦν
σμά ἐστι· καὶ ἀπὸ τοῦ ἔδοξαν φάντασμα εἶναι, περιπατοῦντα ἐπὶ τῆς
27 φόβου ἔκραξαν. Εὐθέως 50 καὶ ἀνέκραξαν. Πάντες θαλάσσης καὶ ἐγγὺς τοῦ
δὲ ἐλάλησεν αὐτοῖς ὁ γὰρ αὐτὸν εἶδον καὶ ἐτα- πλοίου γινόμενον, καὶ
Ἰησοῦς λέγων· θαρ- ράχθησαν. καὶ εὐθέως 20 ἐφοβήθησαν. Ὁ δὲ λέ-
σεῖτε, ἐγώ εἰμι· μὴ φο- ἐλάλησε μετ᾽ αὐτῶν καὶ γει αὐτοῖς· ἐγώ εἰμι, μὴ
βεῖσθε. λέγει αὐτοῖς· θαρσεῖτε, φοβεῖσθε.
28 Ἀποκριθεὶς δὲ αὐτῷ ὁ ἐγώ εἰμι· μὴ φοβεῖσθε.
Πέτρος εἶπε· κύριε, εἰ

29 σὺ εἶ, κέλευσόν με πρός σε ἐλθεῖν ἐπὶ τὰ ὕδατα. Ὁ δὲ εἶπεν· ἐλθέ.
καὶ καταβὰς ἀπὸ τοῦ πλοίου ὁ Πέτρος περιεπάτησεν ἐπὶ τὰ ὕδατα, ἐλθεῖν
30 πρὸς τὸν Ἰησοῦν. Βλέπων δὲ τὸν ἄνεμον ἰσχυρὸν ἐφοβήθη· καὶ ἀρξά-
31 μενος καταποντίζεσθαι ἔκραξε λέγων· κύριε, σῶσόν με. Εὐθέως δὲ ὁ
Ἰησοῦς ἐκτείνας τὴν χεῖρα ἐπελάβετο αὐτοῦ, καὶ λέγει αὐτῷ· ὀλιγόπι-
στε, εἰς τί ἐδίστασας;　　　MARK VI.　　　　　JOHN VI.
32 Καὶ ἐμβάντων αὐτῶν εἰς 51 Καὶ ἀνέβη πρὸς αὐ- 21　　Ἤθελον οὖν
τὸ πλοῖον ἐκόπασεν ὁ τοὺς εἰς τὸ πλοῖον· καὶ λαβεῖν αὐτὸν εἰς τὸ

MATTH. XIV.	MARK VI.	JOHN VI.

33 ἄνεμος. Οἱ δὲ ἐν τῷ πλοίῳ ἐλθόντες προςεκύνησαν αὐτῷ λέγοντες· ἀληθῶς θεοῦ υἱὸς εἶ.

ἐκόπασεν ὁ ἄνεμος. καὶ λίαν ἐκ περισσοῦ ἐν ἑαυτοῖς ἐξίσταντο καὶ 52 ἐθαύμαζον. Οὐ γὰρ συνῆκαν ἐπὶ τοῖς ἄρτοις·

πλοῖον, καὶ εὐθέως τὸ πλοῖον ἐγένετο ἐπὶ τῆς γῆς, εἰς ἣν ὑπῆγον.

MATTH. XIV.

ἦν γὰρ ἡ καρδία αὐτῶν πεπωρωμένη.

34 Καὶ διαπεράσαντες ἦλθον εἰς τὴν
35 γῆν Γεννησαρέτ. Καὶ ἐπιγνόντες αὐτὸν οἱ ἄνδρες τοῦ τόπου ἐκείνου ἀπέστειλαν εἰς ὅλην τὴν περίχωρον ἐκείνην, καὶ προςήνεγκαν αὐτῷ πάντας τοὺς
36 κακῶς ἔχοντας· καὶ παρεκάλουν αὐτόν, ἵνα μόνον ἅψωνται τοῦ κρασπέδου τοῦ ἱματίου αὐτοῦ· καὶ ὅσοι ἥψαντο, διεσώθησαν.

53 Καὶ διαπεράσαντες ἦλθον ἐπὶ τὴν γῆν Γεννησαρέτ· καὶ προςωρμίσθη-
54 σαν. Καὶ ἐξελθόντων αὐτῶν ἐκ τοῦ
55 πλοίου εὐθέως ἐπιγνόντες αὐτόν, | περιδραμόντες ὅλην τὴν περίχωρον ἐκείνην, ἤρξαντο ἐπὶ τοῖς κραββάτοις τοὺς κακῶς ἔχοντας περιφέρειν, ὅπου ἤκουον,
56 ὅτι ἐκεῖ ἐστι. Καὶ ὅπου ἂν εἰσεπορεύετο εἰς κώμας ἢ πόλεις ἢ ἀγρούς, ἐν ταῖς ἀγοραῖς ἐτίθουν τοὺς ἀσθενοῦντας, καὶ παρεκάλουν αὐτόν, ἵνα κἂν τοῦ κρασπέδου τοῦ ἱματίου αὐτοῦ ἅψωνται· καὶ ὅσοι ἂν ἥπτοντο αὐτοῦ, ἐσώζοντο.

§ 66. Our Lord's discourse to the multitude in the Synagogue at Capernaum. Many disciples turn back. Peter's profession of faith.—*Capernaum.*

JOHN VI. 22-71. VII. 1.

22 Τῇ ἐπαύριον ὁ ὄχλος ὁ ἑστηκὼς πέραν τῆς θαλάσσης ἰδών, ὅτι πλοιάριον ἄλλο οὐκ ἦν ἐκεῖ, εἰ μὴ ἓν ἐκεῖνο, εἰς ὃ ἐνέβησαν οἱ μαθηταὶ αὐτοῦ, καὶ ὅτι οὐ συνεισῆλθε τοῖς μαθηταῖς αὐτοῦ ὁ Ἰησοῦς εἰς τὸ πλοιάριον, ἀλλὰ μόνοι οἱ μαθηταὶ αὐτοῦ
23 ἀπῆλθον· (ἄλλα δὲ ἦλθε πλοιάρια ἐκ Τιβεριάδος ἐγγὺς τοῦ τόπου, ὅπου ἔφαγον
24 τὸν ἄρτον εὐχαριστήσαντος τοῦ κυρίου·) ὅτε οὖν εἶδεν ὁ ὄχλος, ὅτι Ἰησοῦς οὐκ ἔστιν ἐκεῖ οὐδὲ οἱ μαθηταὶ αὐτοῦ, ἐνέβησαν αὐτοὶ εἰς τὰ πλοῖα καὶ ἦλθον εἰς
25 Καπερναοὺμ ζητοῦντες τὸν Ἰησοῦν. Καὶ εὑρόντες αὐτὸν πέραν τῆς θαλάσσης
26 εἶπον αὐτῷ· ῥαββί, πότε ὧδε γέγονας ; Ἀπεκρίθη αὐτοῖς ὁ Ἰησοῦς καὶ εἶπεν· ἀμὴν ἀμὴν λέγω ὑμῖν· ζητεῖτέ με, οὐχ ὅτι εἴδετε σημεῖα, ἀλλ' ὅτι ἐφάγετε ἐκ τῶν
27 ἄρτων καὶ ἐχορτάσθητε. Ἐργάζεσθε μὴ τὴν βρῶσιν τὴν ἀπολλυμένην, ἀλλὰ τὴν βρῶσιν τὴν μένουσαν εἰς ζωὴν αἰώνιον, ἣν ὁ υἱὸς τοῦ ἀνθρώπου ὑμῖν δώσει· τοῦτον
28 γὰρ ὁ πατὴρ ἐσφράγισεν ὁ θεός. Εἶπον οὖν πρὸς αὐτόν· τί ποιῶμεν, ἵνα ἐργαζώ-
29 μεθα τὰ ἔργα τοῦ θεοῦ; Ἀπεκρίθη ὁ Ἰησοῦς καὶ εἶπεν αὐτοῖς· τοῦτό ἐστι τὸ ἔργον τοῦ θεοῦ, ἵνα πιστεύσητε εἰς ὃν ἀπέστειλεν ἐκεῖνος.
30 Εἶπον οὖν αὐτῷ· τί οὖν ποιεῖς σὺ σημεῖον, ἵνα ἴδωμεν καὶ πιστεύσωμέν σοι ;
31 τί ἐργάζῃ ; Οἱ πατέρες ἡμῶν τὸ μάννα ἔφαγον ἐν τῇ ἐρήμῳ, καθώς ἐστι γεγραμ-
32 μένον· ᵃ ἄρτον ἐκ τοῦ οὐρανοῦ ἔδωκεν αὐτοῖς φαγεῖν. Εἶπεν οὖν αὐτοῖς ὁ Ἰησοῦς·

ᵃ 31. Ps. 78, 24. Comp. Ex. 16, 13 sq.

JOHN VI.

ἀμὴν ἀμὴν λέγω ὑμῖν, οὐ Μωϋσῆς δέδωκεν ὑμῖν τὸν ἄρτον ἐκ τοῦ οὐρανοῦ, ἀλλ᾿ ὁ
33 πατήρ μου δίδωσιν ὑμῖν τὸν ἄρτον ἐκ τοῦ οὐρανοῦ τὸν ἀληθινόν. Ὁ γὰρ ἄρτος
34 τοῦ θεοῦ ἐστιν ὁ καταβαίνων ἐκ τοῦ οὐρανοῦ καὶ ζωὴν διδοὺς τῷ κόσμῳ. Εἶπον
35 οὖν πρὸς αὐτόν· κύριε, πάντοτε δὸς ἡμῖν τὸν ἄρτον τοῦτον. Εἶπε δὲ αὐτοῖς ὁ
Ἰησοῦς· ἐγώ εἰμι ὁ ἄρτος τῆς ζωῆς· ὁ ἐρχόμενος πρός με οὐ μὴ πεινάσῃ, καὶ ὁ
36 πιστεύων εἰς ἐμὲ οὐ μὴ διψήσῃ πώποτε· ἀλλ᾿ εἶπον ὑμῖν, ὅτι καὶ ἑωράκατέ με καὶ
37 οὐ πιστεύετε. Πᾶν, ὃ δίδωσί μοι ὁ πατήρ, πρὸς ἐμὲ ἥξει, καὶ τὸν ἐρχόμενον
38 πρός με οὐ μὴ ἐκβάλω ἔξω· ὅτι καταβέβηκα ἐκ τοῦ οὐρανοῦ, οὐχ ἵνα ποιῶ τὸ
39 θέλημα τὸ ἐμόν, ἀλλὰ τὸ θέλημα τοῦ πέμψαντός με. Τοῦτο δέ ἐστι τὸ θέλημα
τοῦ πέμψαντός με [πατρός], ἵνα πᾶν ὃ δέδωκέ μοι, μὴ ἀπολέσω ἐξ αὐτοῦ, ἀλλὰ
40 ἀναστήσω αὐτὸ ἐν τῇ ἐσχάτῃ ἡμέρᾳ. Τοῦτο γάρ ἐστι τὸ θέλημα τοῦ πέμψαντός
με, ἵνα πᾶς ὁ θεωρῶν τὸν υἱὸν καὶ πιστεύων εἰς αὐτὸν ἔχῃ ζωὴν αἰώνιον, καὶ ἀνα-
στήσω αὐτὸν ἐγὼ τῇ ἐσχάτῃ ἡμέρᾳ.

41 Ἐγόγγυζον οὖν οἱ Ἰουδαῖοι περὶ αὐτοῦ, ὅτι εἶπεν· ἐγώ εἰμι ὁ ἄρτος ὁ καταβὰς
42 ἐκ τοῦ οὐρανοῦ, ᾿καὶ ἔλεγον· οὐχ οὗτός ἐστιν Ἰησοῦς ὁ υἱὸς Ἰωσήφ, οὗ ἡμεῖς
οἴδαμεν τὸν πατέρα καὶ τὴν μητέρα; πῶς οὖν λέγει οὗτος· ὅτι ἐκ τοῦ οὐρανοῦ
43 καταβέβηκα; Ἀπεκρίθη οὖν ὁ Ἰησοῦς καὶ εἶπεν αὐτοῖς· μὴ γογγύζετε μετ᾿
44 ἀλλήλων. Οὐδεὶς δύναται ἐλθεῖν πρός με, ἐὰν μὴ ὁ πατὴρ ὁ πέμψας με ἑλκύσῃ
45 αὐτόν, καὶ ἐγὼ ἀναστήσω αὐτὸν ἐν τῇ ἐσχάτῃ ἡμέρᾳ. Ἔστι γεγραμμένον ἐν τοῖς
προφήταις·[a] καὶ ἔσονται πάντες διδακτοὶ θεοῦ· πᾶς οὖν ὁ ἀκούσας παρὰ τοῦ
46 πατρὸς καὶ μαθὼν ἔρχεται πρός με· οὐχ ὅτι τὸν πατέρα τις ἑώρακεν, εἰ μὴ ὁ ὢν
47 παρὰ τοῦ θεοῦ, οὗτος ἑώρακε τὸν πατέρα. Ἀμὴν ἀμὴν λέγω ὑμῖν, ὁ πιστεύων
48 49 εἰς ἐμὲ ἔχει ζωὴν αἰώνιον. Ἐγώ εἰμι ὁ ἄρτος τῆς ζωῆς. Οἱ πατέρες ὑμῶν
50 ἔφαγον τὸ μάννα ἐν τῇ ἐρήμῳ καὶ ἀπέθανον·[b] οὗτός ἐστιν ὁ ἄρτος ὁ ἐκ τοῦ οὐρα-
51 νοῦ καταβαίνων, ἵνα τις ἐξ αὐτοῦ φάγῃ καὶ μὴ ἀποθάνῃ. Ἐγώ εἰμι ὁ ἄρτος ὁ ζῶν,
ὁ ἐκ τοῦ οὐρανοῦ καταβάς· ἐάν τις φάγῃ ἐκ τούτου τοῦ ἄρτου, ζήσεται εἰς τὸν
αἰῶνα. καὶ ὁ ἄρτος δέ, ὃν ἐγὼ δώσω, ἡ σάρξ μου ἐστίν, ἣν ἐγὼ δώσω ὑπὲρ τῆς τοῦ
κόσμου ζωῆς.

52 Ἐμάχοντο οὖν πρὸς ἀλλήλους οἱ Ἰουδαῖοι λέγοντες· πῶς δύναται οὗτος ἡμῖν
53 δοῦναι τὴν σάρκα φαγεῖν; Εἶπεν οὖν αὐτοῖς ὁ Ἰησοῦς· ἀμὴν ἀμὴν λέγω ὑμῖν, ἐὰν
μὴ φάγητε τὴν σάρκα τοῦ υἱοῦ τοῦ ἀνθρώπου καὶ πίητε αὐτοῦ τὸ αἷμα, οὐκ ἔχετε
54 ζωὴν ἐν ἑαυτοῖς. Ὁ τρώγων μου τὴν σάρκα καὶ πίνων μου τὸ αἷμα ἔχει ζωὴν αἰώ-
55 νιον, καὶ ἐγὼ ἀναστήσω αὐτὸν τῇ ἐσχάτῃ ἡμέρᾳ. Ἡ γὰρ σάρξ μου ἀληθῶς ἐστι
56 βρῶσις, καὶ τὸ αἷμά μου ἀληθῶς ἐστι πόσις. Ὁ τρώγων μου τὴν σάρκα καὶ πίνων
57 μου τὸ αἷμα ἐν ἐμοὶ μένει κἀγὼ ἐν αὐτῷ. Καθὼς ἀπέστειλέ με ὁ ζῶν πατὴρ κἀγὼ
58 ζῶ διὰ τὸν πατέρα, καὶ ὁ τρώγων με κἀκεῖνος ζήσεται δι᾿ ἐμέ. Οὗτός ἐστιν ὁ ἄρτος
ὁ ἐκ τοῦ οὐρανοῦ καταβάς, οὐ καθὼς ἔφαγον οἱ πατέρες ὑμῶν τὸ μάννα καὶ ἀπέ-
59 θανον· ὁ τρώγων τοῦτον τὸν ἄρτον ζήσεται εἰς τὸν αἰῶνα. Ταῦτα εἶπεν ἐν συνα-
γωγῇ διδάσκων ἐν Καπερναούμ.

60 Πολλοὶ οὖν ἀκούσαντες ἐκ τῶν μαθητῶν αὐτοῦ εἶπον· σκληρός ἐστιν οὗτος ὁ
61 λόγος· τίς δύναται αὐτοῦ ἀκούειν; Εἰδὼς δὲ ὁ Ἰησοῦς ἐν ἑαυτῷ, ὅτι γογγύζουσι

---

a 45. Is. 54, 13. Comp. Jer. 31, 33 sq.   b 49. Comp. Ex. 16, 15

JOHN VI.

62 περὶ τούτου οἱ μαθηταὶ αὐτοῦ, εἶπεν αὐτοῖς· τοῦτο ὑμᾶς σκανδαλίζει; | ἐὰν οὖν
63 θεωρῆτε τὸν υἱὸν τοῦ ἀνθρώπου ἀναβαίνοντα ὅπου ἦν τὸ πρότερον; Τὸ πνεῦμά
ἐστι τὸ ζωοποιοῦν, ἡ σὰρξ οὐκ ὠφελεῖ οὐδέν· τὰ ῥήματα, ἃ ἐγὼ λαλῶ ὑμῖν, πνεῦμά
64 ἐστι καὶ ζωή ἐστιν. | Ἀλλ᾽ εἰσὶν ἐξ ὑμῶν τινες, οἳ οὐ πιστεύουσιν. Ἤδει γὰρ ἐξ
ἀρχῆς ὁ Ἰησοῦς, τίνες εἰσὶν οἱ μὴ πιστεύοντες καὶ τίς ἐστιν ὁ παραδώσων αὐτόν.
65 Καὶ ἔλεγε· διὰ τοῦτο εἴρηκα ὑμῖν, ὅτι οὐδεὶς δύναται ἐλθεῖν πρός με, ἐὰν μὴ ᾖ
δεδομένον αὐτῷ ἐκ τοῦ πατρός μου.
66 Ἐκ τούτου πολλοὶ ἀπῆλθον τῶν μαθητῶν αὐτοῦ εἰς τὰ ὀπίσω καὶ οὐκέτι μετ᾽
67 αὐτοῦ περιεπάτουν. Εἶπεν οὖν ὁ Ἰησοῦς τοῖς δώδεκα· μὴ καὶ ὑμεῖς θέλετε ὑπά-
68 γειν; Ἀπεκρίθη οὖν αὐτῷ Σίμων Πέτρος· κύριε, πρὸς τίνα ἀπελευσόμεθα; ῥήματα
69 ζωῆς αἰωνίου ἔχεις· καὶ ἡμεῖς πεπιστεύκαμεν καὶ ἐγνώκαμεν, ὅτι σὺ εἶ ὁ Χριστός,
70 ὁ υἱὸς τοῦ θεοῦ [τοῦ ζῶντος]. Ἀπεκρίθη αὐτοῖς ὁ Ἰησοῦς· οὐκ ἐγὼ ὑμᾶς
71 τοὺς δώδεκα ἐξελεξάμην; καὶ ἐξ ὑμῶν εἷς διάβολός ἐστιν. Ἔλεγε δὲ τὸν Ἰούδαν
Σίμωνος Ἰσκαριώτην· οὗτος γὰρ ἤμελλεν αὐτὸν παραδιδόναι εἷς ὢν ἐκ τῶν
δώδεκα.
VII. 1 Καὶ περιεπάτει ὁ Ἰησοῦς μετὰ ταῦτα ἐν τῇ Γαλιλαίᾳ· οὐ γὰρ ἤθελεν ἐν τῇ
Ἰουδαίᾳ περιπατεῖν, ὅτι ἐζήτουν αὐτὸν οἱ Ἰουδαῖοι ἀποκτεῖναι.

7

PART V.

FROM OUR LORD'S THIRD PASSOVER UNTIL HIS FINAL DEPARTURE FROM
GALILEE AT THE FESTIVAL OF TABERNACLES.

TIME: *Six months.*

---

§ 67. Our Lord justifies his Disciples for eating with unwashen hands.
Pharisaic Traditions.—*Capernaum.*

MATTH. XV. 1–20.	MARK VII. 1–23.

1 Τότε προσέρχονται τῷ Ἰησοῦ οἱ ἀπὸ Ἱεροσολύμων γραμματεῖς καὶ Φαρισαῖοι λέγοντες·

1 Καὶ συνάγονται πρὸς αὐτὸν οἱ Φαρισαῖοι καί τινες τῶν γραμματέων, ἐλ-
2 θόντες ἀπὸ Ἱεροσολύμων. Καὶ ἰδόντες τινὰς τῶν μαθητῶν αὐτοῦ κοι-
3 ναῖς χερσί, τοῦτ' ἔστιν ἀνίπτοις, ἐσθίοντας ἄρτους· (οἱ γὰρ Φαρισαῖοι καὶ πάντες οἱ Ἰουδαῖοι, ἐὰν μὴ πυγμῇ νίψωνται τὰς χεῖρας, οὐκ ἐσθί-
4 ουσι, κρατοῦντες τὴν παράδοσιν τῶν πρεσβυτέρων· καὶ ἀπὸ ἀγορᾶς, ἐὰν μὴ βαπτίσωνται, οὐκ ἐσθίουσι· καὶ ἄλλα πολλά ἐστιν, ἃ παρέλαβον κρατεῖν, βαπτισμοὺς ποτηρίων καὶ ξεστῶν καὶ χαλκίων καὶ κλινῶν·)
5 ἔπειτα ἐπερωτῶσιν αὐτὸν οἱ Φαρισαῖοι

2 διὰ τί οἱ μαθηταί σου παραβαίνουσι τὴν παράδοσιν τῶν πρεσβυτέρων; οὐ γὰρ νίπτονται τὰς χεῖρας αὐτῶν, ὅταν
3 ἄρτον ἐσθίωσιν. Ὁ δὲ ἀποκριθεὶς
7 εἶπεν αὐτοῖς·—Ὑποκριταί, καλῶς προεφήτευσε περὶ ὑμῶν Ἡσαΐας λέ-
8 γων·[a] ἐγγίζει μοι ὁ λαὸς οὗτος τῷ στόματι αὐτῶν, καὶ τοῖς χείλεσί με τιμᾷ, ἡ δὲ καρδία αὐτῶν πόρρω ἀπέχει

καὶ οἱ γραμματεῖς· διὰ τί οἱ μαθηται σου οὐ περιπατοῦσι κατὰ τὴν παράδο-
6 σιν τῶν πρεσβυτέρων, ἀλλὰ ἀνίπτοις χερσὶν ἐσθίουσι τὸν ἄρτον; Ὁ δὲ ἀποκριθεὶς εἶπεν αὐτοῖς· ὅτι καλῶς προεφήτευσεν Ἡσαΐας περὶ ὑμῶν τῶν ὑποκριτῶν, ὡς γέγραπται·[a] οὗτος ὁ λαὸς τοῖς χείλεσί με τιμᾷ, ἡ δὲ καρδία αὐτῶν πόρρω ἀπέχει ἀπ' ἐμοῦ.

---

[a] 7 etc. Is. 29, 13.

MATTH. XV.

9 ἀπ' ἐμοῦ.   Μάτην δὲ σέβονταί με διδάσκοντες διδασκαλίας, ἐντάλματα ἀνθρώπων.—

3 —Διὰ τί καὶ ὑμεῖς παραβαίνετε τὴν ἐντολὴν τοῦ θεοῦ διὰ τὴν παράδοσιν
4 ὑμῶν; Ὁ γὰρ θεὸς ἐνετείλατο λέγων·ᵃ τίμα τὸν πατέρα καὶ τὴν μητέρα· καί· ὁ κακολογῶν πατέρα ἢ
5 μητέρα θανάτῳ τελευτάτω. Ὑμεῖς δὲ λέγετε· ὃς ἂν εἴπῃ τῷ πατρὶ ἢ τῇ μητρί· δῶρον, ὃ ἐὰν ἐξ ἐμοῦ ὠφεληθῇς· καὶ οὐ μὴ τιμήσῃ τὸν πατέρα αὐτοῦ ἢ τὴν μητέρα αὐτοῦ.

6 Καὶ ἠκυρώσατε τὴν ἐντολὴν τοῦ θεοῦ διὰ τὴν παράδοσιν ὑμῶν.—

10 Καὶ προςκαλεσάμενος τὸν ὄχλον εἶ-
11 πεν αὐτοῖς· ἀκούετε καὶ συνίετε. Οὐ τὸ εἰσερχόμενον εἰς τὸ στόμα κοινοῖ τὸν ἄνθρωπον, ἀλλὰ τὸ ἐκπορευόμενον ἐκ τοῦ στόματος, τοῦτο κοινοῖ τὸν ἄνθρωπον.

MARK VII.

7 Μάτην δὲ σέβονταί με διδάσκοντες διδασκαλίας, ἐντάλματα ἀνθρώπων.
8 Ἀφέντες γὰρ τὴν ἐντολὴν τοῦ θεοῦ κρατεῖτε τὴν παράδοσιν τῶν ἀνθρώπων, βαπτισμοὺς ξεστῶν καὶ ποτηρίων, καὶ ἄλλα παρόμοια τοιαῦτα πολλὰ ποιεῖτε.
9 Καὶ ἔλεγεν αὐτοῖς· καλῶς ἀθετεῖτε τὴν ἐντολὴν τοῦ θεοῦ, ἵνα τὴν παρά-
10 δοσιν ὑμῶν τηρήσητε. Μωϋσῆς γὰρ εἶπε·ᵃ τίμα τὸν πατέρα σου καὶ τὴν μητέρα σου· καί· ὁ κακολογῶν πατέρα ἢ μητέρα θανάτῳ τελευτάτω.
11 Ὑμεῖς δὲ λέγετε· ἐὰν εἴπῃ ἄνθρωπος τῷ πατρὶ ἢ τῇ μητρί· κορβᾶν, (ὅ ἐστι δῶρον,) ὃ ἐὰν ἐξ ἐμοῦ ὠφελη-
12 θῇς· καὶ οὐκέτι ἀφίετε αὐτὸν οὐδὲν ποιῆσαι τῷ πατρὶ αὐτοῦ ἢ τῇ μητρὶ
13 αὐτοῦ, ακρούντες τὸν λόγον τοῦ θεοῦ τῇ παραδόσει ὑμῶν, ᾗ παρεδώκατε· καὶ παρόμοια τοιαῦτα πολλὰ ποιεῖτε.
14 Καὶ προςκαλεσάμενος πάντα τὸν ὄχλον ἔλεγεν αὐτοῖς· ἀκούετέ μου πάν-
15 τες καὶ συνίετε. Οὐδέν ἐστιν ἔξωθεν τοῦ ἀνθρώπου εἰσπορευόμενον εἰς αὐτόν, ὃ δύναται αὐτὸν κοινῶσαι· ἀλλὰ τὰ ἐκπορευόμενα ἀπ' αὐτοῦ, ἐκεῖνά ἐστι
16 τὰ κοινοῦντα τὸν ἄνθρωπον.   Εἴ τις ἔχει ὦτα ἀκούειν, ἀκουέτω.

MATTH. XV.

12 Τότε προσελθόντες οἱ μαθηταὶ αὐτοῦ εἶπαν αὐτῷ· οἶδας, ὅτι οἱ Φαρισαῖοι ἀκού-
13 σαντες τὸν λόγον ἐσκανδαλίσθησαν; Ὁ δὲ ἀποκριθεὶς εἶπε· πᾶσα φυτεία, ἣν
14 οὐκ ἐφύτευσεν ὁ πατήρ μου ὁ οὐράνιος, ἐκριζωθήσεται. Ἄφετε αὐτούς· ὁδηγοί εἰσι τυφλοὶ τυφλῶν· τυφλὸς δὲ τυφλὸν ἐὰν ὁδηγῇ, ἀμφότεροι εἰς βόθυνον
15 πεσοῦνται. Ἀποκριθεὶς δὲ ὁ Πέτρος εἶπεν αὐτῷ· φράσον ἡμῖν τὴν παρα-
16 βολὴν ταύτην. Ὁ δὲ Ἰησοῦς εἶπεν·
17 ἀκμὴν καὶ ὑμεῖς ἀσύνετοί ἐστε; Οὔπω νοεῖτε, ὅτι πᾶν τὸ εἰσπορευόμενον εἰς τὸ στόμα εἰς τὴν κοιλίαν χωρεῖ καὶ εἰς ἀφεδρῶνα ἐκβάλλεται;

MARK VII.

17 Καὶ ὅτε εἰσῆλθεν εἰς οἶκον ἀπὸ τοῦ ὄχλου, ἐπηρώτων αὐτὸν οἱ μαθηταὶ
18 αὐτοῦ περὶ τῆς παραβολῆς. Καὶ λέγει αὐτοῖς· οὕτω καὶ ὑμεῖς ἀσύνετοί ἐστε; οὐ νοεῖτε, ὅτι πᾶν τὸ ἔξωθεν εἰσπορευόμενον εἰς τὸν ἄνθρωπον οὐ
19 δύναται αὐτὸν κοινῶσαι; ὅτι οὐκ εἰσπορεύεται αὐτοῦ εἰς τὴν καρδίαν, ἀλλ'

εἰς τὴν κοιλίαν· καὶ εἰς τὸν ἀφεδρῶνα ἐκπορεύεται, καθαρίζον πάντα τὰ βρώματα.

ᵃ 4 etc Ex. 20, 12. Comp. Ex. 21, 17. Deut. 5, 16.

MATTH. XV.

MARK VII.

18 Τὰ δὲ ἐκπορευόμενα ἐκ τοῦ στόματος ἐκ τῆς καρδίας ἐξέρχεται, κἀκεῖνα κοι-
19 νοῖ τὸν ἄνθρωπον. Ἐκ γὰρ τῆς καρδίας ἐξέρχονται διαλογισμοὶ πονηροί, φόνοι, μοιχεῖαι, πορνεῖαι, κλοπαί, ψευ-
20 δομαρτυρίαι, βλασφημίαι. Ταῦτά ἐστι τὰ κοινοῦντα τὸν ἄνθρωπον· τὸ δὲ ἀνίπτοις χερσὶ φαγεῖν οὐ κοινοῖ τὸν ἄνθρωπον.

20 Ἔλεγε δέ· ὅτι τὸ ἐκ τοῦ ἀνθρώπου ἐκπορευόμενον, ἐκεῖνο κοινοῖ τὸν ἄν-
21 θρωπον. Ἔσωθεν γὰρ ἐκ τῆς καρδίας τῶν ἀνθρώπων οἱ διαλογισμοὶ οἱ κακοὶ ἐκπορεύονται, μοιχεῖαι, πορνεῖαι, φόνοι,
22 κλοπαί, πλεονεξίαι, πονηρίαι, δόλος, ἀσέλγεια, ὀφθαλμὸς πονηρός, βλασφη-
23 μία, ὑπερηφανία, ἀφροσύνη. Πάντα ταῦτα τὰ πονηρὰ ἔσωθεν ἐκπορεύεται καὶ κοινοῖ τὸν ἄνθρωπον.

§ 68. The daughter of a Syrophenician woman is healed.—*Region of Tyre and Sidon.*

MATTH. XV. 21-28.

MARK VII. 24-30.

21 Καὶ ἐξελθὼν ἐκεῖθεν ὁ Ἰησοῦς ἀνε-
χώρησεν εἰς τὰ μέρη Τύρου καὶ Σι-
22 δῶνος. Καὶ ἰδού, γυνὴ Χαναναία ἀπὸ τῶν ὁρίων ἐκείνων ἐξελθοῦσα ἐκραύγασεν αὐτῷ λέγουσα· ἐλέησόν με, κύριε, υἱὲ Δαυίδ· ἡ θυγάτηρ μου
23 κακῶς δαιμονίζεται. Ὁ δὲ οὐκ ἀπε-
κρίθη αὐτῇ λόγον· καὶ προσελθόντες οἱ μαθηταὶ αὐτοῦ ἠρώτων αὐτὸν λέ-
γοντες· ἀπόλυσον αὐτήν, ὅτι κράζει
24 ὄπισθεν ἡμῶν. Ὁ δὲ ἀποκριθεὶς εἶ-
πεν· οὐκ ἀπεστάλην εἰ μὴ εἰς τὰ πρόβατα τὰ ἀπολωλότα οἴκου Ἰσ-
25 ραήλ. Ἡ δὲ ἐλθοῦσα προςεκύνει αὐτῷ λέγουσα· κύριε, βοήθει μοι.
26 Ὁ δὲ ἀποκριθεὶς εἶπεν· οὐκ ἔστι κα-
λὸν λαβεῖν τὸν ἄρτον τῶν τέκνων καὶ
27 βαλεῖν τοῖς κυναρίοις. Ἡ δὲ εἶπε· ναί, κύριε· καὶ γὰρ τὰ κυνάρια ἐσθίει ἀπὸ τῶν ψιχίων τῶν πιπτόντων ἀπὸ τῆς τραπέζης τῶν κυρίων αὐτῶν.
28 Τότε ἀποκριθεὶς ὁ Ἰησοῦς εἶπεν αὐ-
τῇ· ὦ γύναι, μεγάλη σου ἡ πίστις· γενηθήτω σοι ὡς θέλεις. Καὶ ἰάθη ἡ θυγάτηρ αὐτῆς ἀπὸ τῆς ὥρας ἐκείνης.

24 Καὶ ἐκεῖθεν ἀναστὰς ἀπῆλθεν εἰς τὰ μεθόρια Τύρου καὶ Σιδῶνος. Καὶ εἰσελθὼν εἰς οἰκίαν οὐδένα ἤθελε γνῶναι· καὶ οὐκ ἠδυνήθη λαθεῖν.
25 Ἀκούσασα γὰρ γυνὴ περὶ αὐτοῦ, ἧς εἶχε τὸ θυγάτριον αὐτῆς πνεῦμα ἀκά-
θαρτον, ἐλθοῦσα προσέπεσε πρὸς τοὺς
26 πόδας αὐτοῦ. Ἦν δὲ ἡ γυνὴ Ἑλληνίς, Συροφοινίκισσα τῷ γένει, καὶ ἠρώτα αὐτόν, ἵνα τὸ δαιμόνιον ἐκβάλῃ ἐκ τῆς θυγατρὸς αὐτῆς.

27 Ὁ δὲ Ἰησοῦς εἶπεν αὐτῇ· ἄφες πρῶ-
τον χορτασθῆναι τὰ τέκνα· οὐ γὰρ καλόν ἐστι λαβεῖν τὸν ἄρτον τῶν τέκ-
28 νων καὶ βαλεῖν τοῖς κυναρίοις. Ἡ δὲ ἀπεκρίθη καὶ λέγει αὐτῷ· ναί, κύριε· καὶ γὰρ τὰ κυνάρια ὑποκάτω τῆς τρα-
πέζης ἐσθίει ἀπὸ τῶν ψιχίων τῶν παι-
29 δίων. Καὶ εἶπεν αὐτῇ· διὰ τοῦτον τὸν λόγον ὕπαγε· ἐξελήλυθε τὸ δαι-
30 μόνιον ἐκ τῆς θυγατρός σου. Καὶ ἀπελθοῦσα εἰς τὸν οἶκον αὐτῆς εὗρε τὸ δαιμόνιον ἐξεληλυθός, καὶ τὴν θυ-
γατέρα βεβλημένην ἐπὶ τῆς κλίνης·

§ 69. A deaf and dumb man healed; also many others.　Four thousand are fed.—
The Decapolis.

Ματτη. XV. 29–38.　　　　　　　Mark VII. 31–37. VIII. 1–9.

29　Καὶ μεταβὰς ἐκεῖθεν ὁ Ἰησοῦς ἦλ-　31　Καὶ πάλιν ἐξελθὼν ἐκ τῶν ὁρίων
θε παρὰ τὴν θάλασσαν τῆς Γαλι-　　Τύρου καὶ Σιδῶνος ἦλθε πρὸς τὴν
λαίας· καὶ ἀναβὰς εἰς τὸ ὄρος ἐκά-　　θάλασσαν τῆς Γαλιλαίας ἀνὰ μέσον
θητο ἐκεῖ.　　　　　　　　　　　32　τῶν ὁρίων Δεκαπόλεως. Καὶ φέρου-
　　　　　　　　　　　　　　　　σιν αὐτῷ κωφὸν μογιλάλον, καὶ παρα-
33　καλοῦσιν αὐτόν, ἵνα ἐπιθῇ αὐτῷ τὴν χεῖρα. Καὶ ἀπολαβόμενος αὐτὸν ἀπὸ
τοῦ ὄχλου κατ᾽ ἰδίαν ἔβαλε τοὺς δακτύλους αὐτοῦ εἰς τὰ ὦτα αὐτοῦ, καὶ πτύσας
34　ἥψατο τῆς γλώσσης αὐτοῦ, ¹ καὶ ἀναβλέψας εἰς τὸν οὐρανὸν ἐστέναξε καὶ λέγει
35　αὐτῷ· ἐφφαθά, ὅ ἐστι, διανοίχθητι. Καὶ εὐθέως διηνοίχθησαν αὐτοῦ αἱ ἀκοαί,
36　καὶ ἐλύθη ὁ δεσμὸς τῆς γλώσσης αὐτοῦ, καὶ ἐλάλει ὀρθῶς. Καὶ διεστείλατο
αὐτοῖς, ἵνα μηδενὶ εἴπωσιν· ὅσον δὲ αὐτὸς αὐτοῖς διεστέλλετο, μᾶλλον περισσό-
37　τερον ἐκήρυσσον. Καὶ ὑπερπερισσῶς ἐξεπλήσσοντο, λέγοντες· καλῶς πάντα
πεποίηκε· καὶ τοὺς κωφοὺς ποιεῖ ἀκούειν καὶ τοὺς ἀλάλους λαλεῖν.

MATTH. XV.

30　Καὶ προσῆλθον αὐτῷ ὄχλοι πολλοὶ ἔχοντες μεθ᾽ ἑαυτῶν χωλούς, τυφλούς, κωφούς,
κυλλούς, καὶ ἑτέρους πολλούς, καὶ ἔρριψαν αὐτοὺς παρὰ τοὺς πόδας τοῦ Ἰησοῦ·
31　καὶ ἐθεράπευσεν αὐτούς, ¹ ὥστε τοὺς ὄχλους θαυμάσαι βλέποντας κωφοὺς λαλοῦν-
τας, κυλλοὺς ὑγιεῖς, χωλοὺς περιπατοῦντας, καὶ τυφλοὺς βλέποντας· καὶ ἐδόξα-
σαν τὸν θεὸν Ἰσραήλ.

MARK VIII.

1　Ἐν ἐκείναις ταῖς ἡμέραις, παμπόλλου ὄχλου ὄντος καὶ μὴ ἐχόντων τί

MATTH. XV.　　　　　　　　　　　φάγωσι, προσκαλεσάμενος [ὁ Ἰη-
32　Ὁ δὲ Ἰησοῦς προσκαλεσάμενος τοὺς　　σοῦς] τοὺς μαθητὰς αὐτοῦ λέγει αὐ-
μαθητὰς αὐτοῦ εἶπε· σπλαγχνίζομαι　2　τοῖς· σπλαγχνίζομαι ἐπὶ τὸν ὄχλον,
ἐπὶ τὸν ὄχλον, ὅτι ἤδη ἡμέραι τρεῖς　　ὅτι ἤδη ἡμέραι τρεῖς προσμένουσί μοι,
προσμένουσί μοι, καὶ οὐκ ἔχουσι τί　3　καὶ οὐκ ἔχουσι τί φάγωσι. Καὶ ἐὰν
φάγωσι· καὶ ἀπολῦσαι αὐτοὺς νήστεις　　ἀπολύσω αὐτοὺς νήστεις εἰς οἶκον αὐ-
οὐ θέλω, μήποτε ἐκλυθῶσιν ἐν τῇ ὁδῷ.　　τῶν, ἐκλυθήσονται ἐν τῇ ὁδῷ· τινὲς
33　Καὶ λέγουσιν αὐτῷ οἱ μαθηταὶ αὐ-　4　γὰρ αὐτῶν μακρόθεν ἥκουσι. Καὶ
τοῦ· πόθεν ἡμῖν ἐν ἐρημίᾳ ἄρτοι　　ἀπεκρίθησαν αὐτῷ οἱ μαθηταὶ αὐτοῦ·
τοσοῦτοι, ὥστε χορτάσαι ὄχλον τοσοῦ-　　πόθεν τούτους δυνήσεταί τις ὧδε χορ-
34　τον; Καὶ λέγει αὐτοῖς ὁ Ἰησοῦς·　5　τάσαι ἄρτων ἐπ᾽ ἐρημίας; Καὶ ἐπη-
πόσους ἄρτους ἔχετε; οἱ δὲ εἶπον·　　ρώτα αὐτούς· πόσους ἔχετε ἄρτους; οἱ
35　ἑπτά, καὶ ὀλίγα ἰχθύδια. Καὶ ἐκέ-　6　δὲ εἶπον· ἑπτά. Καὶ παρήγγειλε τῷ
λευσε τοῖς ὄχλοις ἀναπεσεῖν ἐπὶ τὴν　　ὄχλῳ ἀναπεσεῖν ἐπὶ τῆς γῆς· καὶ λα-
35　γῆν. Καὶ λαβὼν τοὺς ἑπτὰ ἄρτους　　βὼν τοὺς ἑπτὰ ἄρτους εὐχαριστήσας
καὶ τοὺς ἰχθύας εὐχαριστήσας ἔκλασε　　ἔκλασε καὶ ἐδίδου τοῖς μαθηταῖς αὐτοῦ,
καὶ ἔδωκε τοῖς μαθηταῖς αὐτοῦ, οἱ δὲ　　ἵνα παραθῶσι· καὶ παρέθηκαν τῷ ὄχ-
μαθηταὶ τῷ ὄχλῳ.　　　　　　　7　λῳ. Καὶ εἶχον ἰχθύδια ὀλίγα· καὶ
　　　　　　　　　　　　　　　　εὐλογήσας εἶπε παραθεῖναι καὶ αὐτά.

MATTH. XV.	MARK VIII.

37 Καὶ ἔφαγον πάντες καὶ ἐχορτάσθησαν· καὶ ἦραν τὸ περισσεῦον τῶν κλασμά-
38 των, ἑπτὰ σπυρίδας πλήρεις. Οἱ δὲ ἐσθίοντες ἦσαν τετρακισχίλιοι ἄνδρες χωρὶς γυναικῶν καὶ παιδίων.

8 Ἔφαγον δὲ καὶ ἐχορτάσθησαν· καὶ ἦραν περισσεύματα κλασμάτων, ἑπτὰ
9 σπυρίδας. Ἦσαν δὲ οἱ φαγόντες ὡς τετρακισχίλιοι. καὶ ἀπέλυσεν αὐτούς.

§ 70. The Pharisees and Sadducees again require a sign. [See § 49.]—*Near Magdala.*

MATTH. XV. 39. XVI. 1–4.	MARK VIII. 10–12.

39 Καὶ ἀπολύσας τοὺς ὄχλους ἐνέβη εἰς τὸ πλοῖον καὶ ἦλθεν εἰς τὰ ὅρια Μαγδαλά.
XVI. 1 Καὶ προσελθόντες οἱ Φαρισαῖοι καὶ Σαδδουκαῖοι πειράζοντες ἐπηρώτησαν αὐτόν, σημεῖον ἐκ τοῦ
2 οὐρανοῦ ἐπιδεῖξαι αὐτοῖς. Ὁ δὲ ἀποκριθεὶς εἶπεν αὐτοῖς· ὀψίας γενο-
3 μένης λέγετε· εὐδία, πυρράζει γὰρ ὁ οὐρανός· χειμών, πυρράζει γὰρ στυγνάζων ὁ οὐρανός. ὑποκριταί, τὸ μὲν πρόσωπον τοῦ οὐρανοῦ γινώσκετε διακρίνειν, τὰ δὲ σημεῖα τῶν καιρῶν οὐ δύνασθε;
4 Γενεὰ πονηρὰ καὶ μοιχαλὶς σημεῖον ἐπιζητεῖ· καὶ σημεῖον οὐ δοθήσεται αὐτῇ, εἰ μὴ τὸ σημεῖον Ἰωνᾶ τοῦ προφήτου.—

10 Καὶ εὐθέως ἐμβὰς εἰς τὸ πλοῖον μετὰ τῶν μαθητῶν αὐτοῦ ἦλθεν εἰς τὰ μέρη Δαλμανουθά.
11 Καὶ ἐξῆλθον οἱ Φαρισαῖοι καὶ ἤρξαντο συζητεῖν αὐτῷ, ζητοῦντες παρ' αὐτοῦ σημεῖον ἀπὸ τοῦ οὐρανοῦ, πειράζοντες αὐτόν.
12 Καὶ ἀναστενάξας τῷ πνεύματι αὐτοῦ λέγει· τί ἡ γενεὰ αὕτη σημεῖον ἐπιζητεῖ; ἀμὴν λέγω ὑμῖν, εἰ δοθήσεται τῇ γενεᾷ ταύτῃ σημεῖον.

§ 71. The Disciples cautioned against the leaven of the Pharisees, etc.— *N. E. coast of the Lake of Galilee.*

MATTH. XVI. 4–12.	MARK VIII. 13–21.

4 —Καὶ καταλιπὼν αὐτοὺς ἀπῆλθε.
5 Καὶ ἐλθόντες οἱ μαθηταὶ αὐτοῦ εἰς τὸ πέραν ἐπελάθοντο ἄρτους λα-
6 βεῖν. Ὁ δὲ Ἰησοῦς εἶπεν αὐτοῖς· ὁρᾶτε καὶ προσέχετε ἀπὸ τῆς ζύμης
7 τῶν Φαρισαίων καὶ Σαδδουκαίων. Οἱ δὲ διελογίζοντο ἐν ἑαυτοῖς λέγοντες·
8 ὅτι ἄρτους οὐκ ἐλάβομεν. Γνοὺς δὲ ὁ Ἰησοῦς εἶπεν [αὐτοῖς]· τί διαλογί-

13 Καὶ ἀφεὶς αὐτοὺς ἐμβὰς πάλιν εἰς τὸ πλοῖον ἀπῆλθεν εἰς τὸ πέραν.
14 Καὶ ἐπελάθοντο λαβεῖν ἄρτους, καὶ εἰ μὴ ἕνα ἄρτον οὐκ εἶχον μεθ' ἑαυτῶν
15 ἐν τῷ πλοίῳ. Καὶ διεστέλλετο αὐτοῖς λέγων· ὁρᾶτε, βλέπετε ἀπὸ τῆς ζύμης τῶν Φαρισαίων καὶ τῆς ζύμης Ἡρώδου.
16 Καὶ διελογίζοντο πρὸς ἀλλήλους λέ-
17 γοντες· ὅτι ἄρτους οὐκ ἔχομεν. Καὶ γνοὺς ὁ Ἰησοῦς λέγει αὐτοῖς· τί διαλο-

MATTH. XVI.

ζεσθε ἐν ἑαυτοῖς, ὀλιγόπιστοι, ὅτι
9 ἄρτους οὐκ ἐλάβετε; Οὔπω νοεῖτε;

οὐδὲ μνημονεύετε τοὺς πέντε ἄρτους
τῶν πεντακισχιλίων, καὶ πόσους κοφί-
10 νους ἐλάβετε; οὐδὲ τοὺς ἑπτὰ ἄρτους
τῶν τετρακισχιλίων, καὶ πόσας σπυρί-
11 δας ἐλάβετε; Πῶς οὐ νοεῖτε, ὅτι οὐ
περὶ ἄρτου εἶπον ὑμῖν, προσέχειν ἀπὸ
τῆς ζύμης τῶν Φαρισαίων καὶ Σαδδου-
12 καίων; Τότε συνῆκαν, ὅτι οὐκ εἶπε
προσέχειν ἀπὸ τῆς ζύμης τοῦ ἄρτου,
ἀλλ᾿ ἀπὸ τῆς διδαχῆς τῶν Φαρισαίων
καὶ Σαδδουκαίων.

MARK VIII.

γίζεσθε, ὅτι ἄρτους οὐκ ἔχετε; Οὔπω
νοεῖτε, οὐδὲ συνίετε; ἔτι πεπωρωμένην
13 ἔχετε τὴν καρδίαν ὑμῶν; Ὀφθαλμοὺς
ἔχοντες οὐ βλέπετε; καὶ ὦτα ἔχοντες
19 οὐκ ἀκούετε; καὶ οὐ μνημονεύετε; Ὅτε
τοὺς πέντε ἄρτους ἔκλασα εἰς τοὺς πεν-
τακισχιλίους, πόσους κοφίνους πλήρεις
κλασμάτων ἤρατε; λέγουσιν αὐτῷ·
20 δώδεκα. Ὅτε δὲ τοὺς ἑπτὰ εἰς τοὺς
τετρακισχιλίους, πόσων σπυρίδων πλη-
ρώματα κλασμάτων ἤρατε; οἱ δὲ εἶ-
21 πον· ἑπτά. Καὶ ἔλεγεν αὐτοῖς· πῶς
οὐ συνίετε;

§ 72. A blind man healed.—Bethsaida (Julias).

MARK VIII. 22–26.

22 Καὶ ἔρχεται εἰς Βηθσαϊδάν, καὶ φέρουσιν αὐτῷ τυφλόν, καὶ παρακαλοῦσιν αὐτόν,
23 ἵνα αὐτοῦ ἅψηται. Καὶ ἐπιλαβόμενος τῆς χειρὸς τοῦ τυφλοῦ ἐξήγαγεν αὐτὸν ἔξω
τῆς κώμης· καὶ πτύσας εἰς τὰ ὄμματα αὐτοῦ, ἐπιθεὶς τὰς χεῖρας αὐτῷ, ἐπηρώτα
24 αὐτόν, εἴ τι βλέπει. Καὶ ἀναβλέψας ἔλεγε· βλέπω τοὺς ἀνθρώπους ὡς δένδρα
25 περιπατοῦντας. Εἶτα πάλιν ἐπέθηκε τὰς χεῖρας ἐπὶ τοὺς ὀφθαλμοὺς αὐτοῦ, καὶ
ἐποίησεν αὐτὸν ἀναβλέψαι· καὶ ἀποκατεστάθη, καὶ ἐνέβλεψε τηλαυγῶς ἅπαντας.
26 Καὶ ἀπέστειλεν αὐτὸν εἰς οἶκον αὐτοῦ λέγων· μηδὲ εἰς τὴν κώμην εἰσέλθῃς, μηδὲ
εἴπῃς τινὶ ἐν τῇ κώμῃ.

§ 73. Peter and the rest again profess their faith in Christ. [See § 66.]—Region of Cesarea Philippi.

MATTH. XVI. 13–20.

13 Ἐλθὼν δὲ ὁ Ἰησοῦς
εἰς τὰ μέρη Καισαρείας
τῆς Φιλίππου ἠρώτα
τοὺς μαθητὰς αὐτοῦ λέ-
γων· τίνα με λέγουσιν
οἱ ἄνθρωποι εἶναι, τὸν
υἱὸν τοῦ ἀνθρώπου;
14   Οἱ δὲ
εἶπον· οἱ μὲν Ἰωάννην
τὸν βαπτιστήν· ἄλλοι

MARK VIII. 27–30.

27 Καὶ ἐξῆλθεν ὁ Ἰησοῦς
καὶ οἱ μαθηταὶ αὐτοῦ εἰς
τὰς κώμας Καισαρείας
τῆς Φιλίππου· καὶ ἐν τῇ
ὁδῷ ἐπηρώτα τοὺς μα-
θητὰς αὐτοῦ, λέγων αὐ-
τοῖς· τίνα με λέγουσιν οἱ
28 ἄνθρωποι εἶναι; Οἱ δὲ
ἀπεκρίθησαν· Ἰωάννην
τὸν βαπτιστήν· καὶ ἄλ-

LUKE IX. 18–21.

18 Καὶ ἐγένετο ἐν τῷ
εἶναι αὐτὸν προσευχό-
μενον καταμόνας, συν-
ῆσαν αὐτῷ οἱ μαθη-
ταί. καὶ ἐπηρώτησεν
αὐτοὺς λέγων· τίνα με
λέγουσιν οἱ ὄχλοι εἶ-
19 ναι; Οἱ δὲ ἀποκριθέν-
τες εἶπον· Ἰωάννην τὸν
βαπτιστήν· ἄλλοι δέ,

MATTH. XVI.	MARK VIII.	LUKE IX.

δέ, Ἠλίαν· ἕτεροι δέ, Ἰερεμίαν ἢ ἕνα τῶν προ-
15 φητῶν. Λέγει αὐτοῖς· ὑμεῖς δὲ τίνα με λέγετε
16 εἶναι; Ἀποκριθεὶς δὲ Σίμων Πέτρος εἶπε· σὺ εἶ ὁ Χριστός, ὁ υἱὸς τοῦ θεοῦ τοῦ ζῶντος.

λοι Ἠλίαν· ἄλλοι δέ,
20 ἕνα τῶν προφητῶν. Καὶ αὐτὸς λέγει αὐτοῖς· ὑμεῖς δὲ τίνα με λέγετε εἶναι; ἀποκριθεὶς δὲ ὁ Πέτρος λέγει αὐτῷ· σὺ εἶ ὁ Χριστός.

Ἠλίαν· ἄλλοι δέ, ὅτι προφήτης τις τῶν ἀρ-
20 χαίων ἀνέστη. Εἶπε δὲ αὐτοῖς· ὑμεῖς δὲ τίνα με λέγετε εἶναι; ἀποκρι-θεὶς δὲ ὁ Πέτρος εἶπε· τὸν Χριστὸν τοῦ θεοῦ.

17 Καὶ ἀποκριθεὶς ὁ Ἰησοῦς εἶπεν αὐτῷ· μακάριος εἶ, Σίμων βὰρ Ἰωνᾶ· ὅτι σὰρξ καὶ αἷμα οὐκ ἀπεκάλυψέ σοι, ἀλλ' ὁ πατήρ μου
18 ὁ ἐν τοῖς οὐρανοῖς. Κἀγὼ δέ σοι λέγω, ὅτι σὺ εἶ Πέτρος, καὶ ἐπὶ ταύτῃ τῇ πέτρᾳ οἰκοδομήσω μου τὴν ἐκκλησίαν, καὶ πύλαι ᾅδου
19 οὐ κατισχύσουσιν αὐτῆς. Καὶ δώσω σοι τὰς κλεῖς τῆς βασιλείας τῶν οὐρανῶν· καὶ ὃ ἐὰν δήσῃς ἐπὶ τῆς γῆς, ἔσται δεδεμένον ἐν τοῖς οὐρανοῖς· καὶ ὃ ἐὰν λύσῃς ἐπὶ τῆς γῆς, ἔσται λελυμέ-νον ἐν τοῖς οὐρανοῖς.

20 Τότε διεστείλατο τοῖς μαθηταῖς αὐτοῦ, ἵνα μη-δενὶ εἴπωσιν, ὅτι αὐτός ἐστιν ὁ Χριστός.

30 Καὶ ἐπετίμησεν αὐτοῖς, ἵνα μηδενὶ λέγωσι περὶ αὐτοῦ.

21 Ὁ δὲ ἐπιτιμήσας αὐτοῖς παρήγγειλε μηδενὶ λέ-γειν τοῦτο·

§ 74. Our Lord foretells his own death and resurrection. and the trials of his followers.—Region of Cesarea Philippi.

MATTH. XVI. 21–28.	MARK VIII. 31–38. IX. 1.	LUKE IX. 22–27.

21 Ἀπὸ τότε ἤρξατο ὁ Ἰησοῦς δεικνύειν τοῖς μαθηταῖς αὐτοῦ, ὅτι δεῖ αὐτὸν ἀπελθεῖν εἰς Ἱεροσόλυμα καὶ πολλὰ παθεῖν ἀπὸ τῶν πρεσ-βυτέρων καὶ ἀρχιερέων καὶ γραμματέων καὶ ἀπο-κτανθῆναι καὶ τῇ τρίτῃ
22 ἡμέρᾳ ἐγερθῆναι. Καὶ προσλαβόμενος αὐτὸν ὁ Πέτρος ἤρξατο ἐπιτιμᾷν αὐτῷ λέγων· Ἵλεώς σοι, κύριε, οὐ μὴ ἔσται σοι
23 τοῦτο. Ὁ δὲ στραφεὶς εἶπε τῷ Πέτρῳ· ὕπαγε ὀπίσω μου, σατανᾶ· σκάνδαλόν μου εἶ, ὅτι οὐ φρονεῖς τὰ τοῦ θεοῦ, ἀλλὰ τὰ τῶν ἀνθρώ-πων.

31 Καὶ ἤρξατο διδάσκειν αὐτούς, ὅτι δεῖ τὸν υἱὸν τοῦ ἀνθρώπου πολλὰ παθεῖν καὶ ἀποδοκιμα-σθῆναι ἀπὸ τῶν πρεσ-βυτέρων καὶ τῶν ἀρχιε-ρέων καὶ τῶν γραμμα-τέων καὶ ἀποκτανθῆ-ναι καὶ μετὰ τρεῖς ἡμέ-
32 ρας ἀναστῆναι· ‖ καὶ παρρησίᾳ τὸν λόγον ἐλάλει. Καὶ προσλαβόμενος αὐτὸν ὁ Πέτρος
33 ἤρξατο ἐπιτιμᾷν αὐτῷ. Ὁ δὲ ἐπι-στραφεὶς καὶ ἰδὼν τοὺς μαθητὰς αὐ-τοῦ ἐπετίμησε τῷ Πέτρῳ λέγων· ὕπαγε ὀπίσω μου, σατανᾶ, ὅτι οὐ φρονεῖς τὰ τοῦ θεοῦ, ἀλλὰ τὰ τῶν ἀνθρώπων.

22 Εἰπών· ὅτι δεῖ τὸν υἱὸν τοῦ ἀνθρώπου πολλὰ παθεῖν καὶ ἀπο-δοκιμασθῆναι ἀπὸ τῶν πρεσβυτέρων καὶ ἀρ-χιερέων καὶ γραμματέων καὶ ἀποκτανθῆναι καὶ τῇ τρίτῃ ἡμέρᾳ ἐγερθῆναι.

MATTH. XVI.

24 Τότε ὁ Ἰησοῦς εἶπε τοῖς μαθηταῖς αὐτοῦ· εἴ τις θέλει ὀπίσω μου ἐλθεῖν, ἀπαρνησάσθω ἑαυτόν, καὶ ἀράτω τὸν σταυρὸν αὐτοῦ καὶ ἀκολουθείτω μοι.

25 Ὃς γὰρ ἂν θέλῃ τὴν ψυχὴν αὐτοῦ σῶσαι, ἀπολέσει αὐτήν· ὃς δ᾽ ἂν ἀπολέσῃ τὴν ψυχὴν αὐτοῦ ἕνεκεν ἐμοῦ, εὑρήσει αὐτήν.

26 Τί γὰρ ὠφελεῖται ἄνθρωπος, ἐὰν τὸν κόσμον ὅλον κερδήσῃ, τὴν δὲ ψυχὴν αὐτοῦ ζημιωθῇ; ἢ τί δώσει ἄνθρωπος ἀντάλλαγμα τῆς

27 ψυχῆς αὐτοῦ; Μέλλει γὰρ ὁ υἱὸς τοῦ ἀνθρώπου ἔρχεσθαι ἐν τῇ δόξῃ τοῦ πατρὸς αὐτοῦ μετὰ τῶν ἀγγέλων αὐτοῦ, καὶ τότε ἀποδώσει ἑκάστῳ κατὰ τὴν πρᾶξιν αὐτοῦ.

MARK VIII.

34 Καὶ προσκαλεσάμενος τὸν ὄχλον σὺν τοῖς μαθηταῖς αὐτοῦ εἶπεν αὐτοῖς· ὅστις θέλει ὀπίσω μου ἐλθεῖν, ἀπαρνησάσθω ἑαυτόν, καὶ ἀράτω τὸν σταυρὸν αὐτοῦ καὶ ἀκο-

35 λουθείτω μοι. Ὃς γὰρ ἂν θέλῃ τὴν ψυχὴν αὐτοῦ σῶσαι, ἀπολέσει αὐτήν· ὃς δ᾽ ἂν ἀπολέσῃ τὴν ψυχὴν αὐτοῦ ἕνεκεν ἐμοῦ καὶ τοῦ εὐαγγελίου, [οὗτος] σώσει αὐτήν.

36 Τί γὰρ ὠφελήσει ἄνθρωπον, ἐὰν κερδήσῃ τὸν κόσμον ὅλον καὶ ζημιωθῇ

37 τὴν ψυχὴν αὐτοῦ; ἢ τί δώσει ἄνθρωπος ἀντάλλαγ-

38 μα τῆς ψυχῆς αὐτοῦ; Ὃς γὰρ ἂν ἐπαισχυνθῇ με καὶ τοὺς ἐμοὺς λόγους ἐν τῇ γενεᾷ ταύτῃ τῇ μοιχαλίδι καὶ ἁμαρτωλῷ, καὶ ὁ υἱὸς τοῦ ἀνθρώπου ἐπαισχυνθήσεται αὐτόν, ὅταν ἔλ-

LUKE IX.

23 Ἔλεγε δὲ πρὸς πάντας· εἴ τις θέλει ὀπίσω μου ἐλθεῖν, ἀπαρνησάσθω ἑαυτόν, καὶ ἀράτω τὸν σταυρὸν αὐτοῦ καθ᾽ ἡμέραν καὶ ἀκολουθείτω μοι.

21 Ὃς γὰρ ἂν θέλῃ τὴν ψυχὴν αὐτοῦ σῶσαι, ἀπολέσει αὐτήν· ὃς δ᾽ ἂν ἀπολέσῃ τὴν ψυχὴν αὐτοῦ ἕνεκεν ἐμοῦ, οὗτος σώσει αὐτήν.

25 Τί γὰρ ὠφελεῖται ἄνθρωπος κερδήσας τὸν κόσμον ὅλον, ἑαυτὸν δὲ ἀπολέσας ἢ ζημιωθείς;

26 Ὃς γὰρ ἂν ἐπαισχυνθῇ με καὶ τοὺς ἐμοὺς λόγους, τοῦτον ὁ υἱὸς τοῦ ἀνθρώπου ἐπαισχυνθήσεται, ὅταν ἔλθῃ ἐν τῇ δόξῃ αὐτοῦ καὶ τοῦ πατρὸς καὶ τῶν ἁγίων ἀγγέλων

θῃ ἐν τῇ δόξῃ τοῦ πατρὸς αὐτοῦ μετὰ τῶν ἀγγέλων τῶν

IX. 1 ἁγίων. Καὶ ἔλεγεν

28 Ἀμὴν λέγω ὑμῖν, εἰσὶ τινες τῶν ὧδε ἑστώτων, οἵτινες οὐ μὴ γεύσωνται θανάτου, ἕως ἂν ἴδωσι τὸν υἱὸν τοῦ ἀνθρώπου ἐρχόμενον ἐν τῇ βασιλείᾳ αὐτοῦ.

αὐτοῖς· ἀμὴν λέγω ὑμῖν, ὅτι εἰσί τινες τῶν ὧδε ἑστηκότων, οἵτινες οὐ μὴ γεύσωνται θανάτου, ἕως ἂν ἴδωσι τὴν βασιλείαν τοῦ θεοῦ ἐληλυθυῖαν ἐν δυνάμει.

27 Λέγω δὲ ὑμῖν ἀληθῶς, εἰσί τινες τῶν ὧδε ἑστώτων, οἳ οὐ μὴ γεύσωνται θανάτου, ἕως ἂν ἴδωσι τὴν βασιλείαν τοῦ θεοῦ.

§ 75. The Transfiguration. Our Lord's subsequent discourse with the three Disciples.—*Region of Cesarea Philippi.*

MATTH. XVII. 1-13.

1 Καὶ μεθ᾽ ἡμέρας ἓξ παραλαμβάνει ὁ Ἰησοῦς

MARK IX. 2-13.

2 Καὶ μεθ᾽ ἡμέρας ἓξ παραλαμβάνει ὁ Ἰησοῦς

LUKE IX. 28-36.

28 Ἐγένετο δὲ μετὰ τοὺς λόγους τούτους, ὡσεὶ

MATTH. XVII.	MARK IX.	LUKE IX.
τὸν Πέτρον καὶ Ἰάκωβον καὶ Ἰωάννην τὸν ἀδελφὸν αὐτοῦ, καὶ ἀναφέρει αὐτοὺς εἰς ὄρος 2 ὑψηλὸν κατ᾽ ἰδίαν. Καὶ μετεμορφώθη ἔμπροσθεν αὐτῶν, καὶ ἔλαμψε τὸ πρόσωπον αὐτοῦ ὡς ὁ ἥλιος, τὰ δὲ ἱμάτια αὐτοῦ ἐγένετο λευκὰ 3 ὡς τὸ φῶς. Καὶ ἰδού, ὤφθησαν αὐτοῖς Μωϋσῆς καὶ Ἠλίας, μετ᾽ αὐτοῦ συλλαλοῦντες.	τὸν Πέτρον καὶ τὸν Ἰάκωβον καὶ Ἰωάννην, καὶ ἀναφέρει αὐτοὺς εἰς ὄρος ὑψηλὸν κατ᾽ ἰδίαν μόνους· καὶ μετεμορφώθη ἔμπροσθεν αὐ- 3 τῶν, ¹ καὶ τὰ ἱμάτια αὐτοῦ ἐγένετο στίλβοντα, λευκὰ λίαν ὡς χιών, οἷα γναφεὺς ἐπὶ τῆς γῆς οὐ δύναται λευκᾶναι. 4 Καὶ ὤφθη αὐτοῖς Ἠλίας σὺν Μωϋσεῖ· καὶ ἦσαν συλλαλοῦντες τῷ Ἰησοῦ.	ἡμέραι ὀκτώ, καὶ παραλαβὼν Πέτρον καὶ Ἰωάννην καὶ Ἰάκωβον ἀνέβη εἰς τὸ ὄρος προσεύ- 29 ξασθαι. Καὶ ἐγένετο ἐν τῷ προσεύχεσθαι αὐτὸν τὸ εἶδος τοῦ προσώπου αὐτοῦ ἕτερον, καὶ ὁ ἱματισμὸς αὐτοῦ λευκὸς 30 ἐξαστράπτων. Καὶ ἰδού, ἄνδρες δύο συνελάλουν αὐτῷ, οἵτινες ἦσαν Μω- 31 ϋσῆς καὶ Ἠλίας, ¹ οἳ ὀφθέντες ἐν δόξῃ ἔλεγον τὴν ἔξοδον αὐτοῦ, ἣν ἔμελλε πληροῦν ἐν Ἰε-

32 ρουσαλήμ. Ὁ δὲ Πέτρος καὶ οἱ σὺν αὐτῷ ἦσαν βεβαρημένοι ὕπνῳ. διαγρηγορήσαντες δὲ εἶδον τὴν δόξαν αὐτοῦ καὶ τοὺς δύο ἄνδρας τοὺς συνεστῶτας αὐτῷ.

4 Ἀποκριθεὶς δὲ ὁ Πέτρος εἶπε τῷ Ἰησοῦ· κύριε, καλόν ἐστιν ἡμᾶς ὧδε εἶναι· εἰ θέλεις, ποιήσωμεν ὧδε τρεῖς σκηνάς, σοὶ μίαν καὶ Μωϋσῇ μίαν καὶ μίαν 5 Ἠλίᾳ. Ἔτι αὐτοῦ λαλοῦντος, ἰδού, νεφέλη φωτεινὴ ἐπεσκίασεν αὐτούς· καὶ ἰδού, φωνὴ ἐκ τῆς νεφέλης λέγουσα·ᵃ οὗτός ἐστιν ὁ υἱός μου ὁ ἀγαπητός, ἐν ᾧ εὐδόκησα· αὐτοῦ ἀκούετε. 6 Καὶ ἀκούσαντες οἱ μαθηταὶ ἔπεσον ἐπὶ πρόσωπον αὐτῶν καὶ ἐφοβή- 7 θησαν σφόδρα. Καὶ προσελθὼν ὁ Ἰησοῦς ἥψατο αὐτῶν καὶ εἶπεν· 8 καὶ μὴ φοβεῖσθε. Ἐπάραντες δὲ	5 Καὶ ἀποκριθεὶς ὁ Πέτρος λέγει τῷ Ἰησοῦ· ῥαββί, καλόν ἐστιν ἡμᾶς ὧδε εἶναι· καὶ ποιήσωμεν σκηνὰς τρεῖς, σοὶ μίαν καὶ Μωϋσεῖ μίαν 6 καὶ Ἠλίᾳ μίαν. Οὐ γὰρ ᾔδει τί λαλήσῃ· ἦσαν 7 γὰρ ἔκφοβοι. Καὶ ἐγένετο νεφέλη ἐπισκιάζουσα αὐτοῖς· καὶ ἦλθε φωνὴ ἐκ τῆς νεφέλης [λέγουσα]·ᵃ οὗτός ἐστιν ὁ υἱός μου ὁ ἀγαπητός· 8 αὐτοῦ ἀκούετε. Καὶ ἐξάπινα περιβλεψάμενοι οὐκέτι οὐδένα εἶδον, ἀλλὰ τὸν Ἰησοῦν μόνον μεθ᾽ ἑαυτῶν. ἐγέρθητε	33 Καὶ ἐγένετο ἐν τῷ διαχωρίζεσθαι αὐτοὺς ἀπ᾽ αὐτοῦ, εἶπεν ὁ Πέτρος πρὸς τὸν Ἰησοῦν· ἐπιστάτα, καλόν ἐστιν ἡμᾶς ὧδε εἶναι· καὶ ποιήσωμεν σκηνὰς τρεῖς, μίαν σοὶ καὶ μίαν Μωϋσεῖ, καὶ μίαν Ἠλίᾳ, μὴ εἰ- 34 δὼς ὃ λέγει. Ταῦτα δὲ αὐτοῦ λέγοντος ἐγένετο νεφέλη καὶ ἐπεσκίασεν αὐτούς· ἐφοβήθησαν δὲ ἐν τῷ ἐκείνους εἰσελθεῖν 35 εἰς τὴν νεφέλην. Καὶ φωνὴ ἐγένετο ἐκ τῆς νεφέλης λέγουσα·ᵃ οὗτός ἐστιν ὁ υἱός μου ὁ ἀγαπητός· αὐτοῦ ἀκούετε. Καὶ ἐν τῷ γενέσθαι τὴν φωνὴν εὑρέθη ὁ Ἰησοῦς μόνος.

36 Καὶ αὐτοὶ ἐσίγησαν καὶ οὐδενὶ ἀπήγγει-

ᵃ 5 etc. Comp. 2 Pet. 1, 17.

MATTH. XVII.

τοὺς ὀφθαλμοὺς αὐτῶν οὐδένα εἶδον, εἰ μὴ τὸν Ἰησοῦν μόνον.

9 Καὶ καταβαινόντων αὐτῶν ἐκ τοῦ ὄρους, ἐνετείλατο αὐτοῖς ὁ Ἰησοῦς λέγων· μηδενὶ εἴπητε τὸ ὅραμα, ἕως οὗ ὁ υἱὸς τοῦ ἀνθρώπου ἐκ νεκρῶν

10 ἀναστῇ. Καὶ ἐπηρώτησαν αὐτὸν οἱ μαθηταὶ αὐτοῦ λέγοντες· τί οὖν οἱ γραμματεῖς λέγουσιν, ὅτι Ἠλίαν δεῖ

11 ἐλθεῖν πρῶτον; Ὁ δὲ Ἰησοῦς ἀποκριθεὶς εἶπεν αὐτοῖς· Ἠλίας μὲν ἔρχεται πρῶτον, καὶ ἀποκαταστήσει πάντα·

12 λέγω δὲ ὑμῖν, ὅτι Ἠλίας ἤδη ἦλθε, καὶ οὐκ ἐπέγνωσαν αὐτόν, ἀλλ' ἐποίησαν ἐν αὐτῷ ὅσα ἠθέλησαν· οὕτω καὶ ὁ υἱὸς τοῦ ἀνθρώπου μέλλει πάσχειν

13 ὑπ' αὐτῶν. Τότε συνῆκαν οἱ μαθηταί, ὅτι περὶ Ἰωάννου τοῦ βαπτιστοῦ εἶπεν αὐτοῖς.

LUKE IX.

λαν ἐν ἐκείναις ταῖς ἡμέραις οὐδὲν ὧν ἑωράκασιν.

MARK IX.

9 Καταβαινόντων δὲ αὐτῶν ἀπὸ τοῦ ὄρους, διεστείλατο αὐτοῖς, ἵνα μηδενὶ διηγήσωνται ἃ εἶδον, εἰ μὴ ὅταν ὁ υἱὸς τοῦ ἀνθρώπου ἐκ νεκρῶν ἀναστῇ.

10 Καὶ τὸν λόγον ἐκράτησαν πρὸς ἑαυτοὺς συζητοῦντες, τί ἐστι τὸ ἐκ

11 νεκρῶν ἀναστῆναι. Καὶ ἐπηρώτων αὐτὸν λέγοντες· ὅτι λέγουσιν οἱ γραμματεῖς, ὅτι Ἠλίαν δεῖ ἐλθεῖν πρῶτον;

12 Ὁ δὲ ἀποκριθεὶς εἶπεν αὐτοῖς· Ἠλίας μὲν ἐλθὼν πρῶτον ἀποκαθιστᾷ πάντα· καὶ πῶς γέγραπται ἐπὶ τὸν υἱὸν τοῦ ἀνθρώπου, ἵνα πολλὰ πάθῃ καὶ ἐξου-

13 δενωθῇ; Ἀλλὰ λέγω ὑμῖν, ὅτι καὶ Ἠλίας ἐλήλυθε, καὶ ἐποίησαν αὐτῷ ὅσα ἠθέλησαν· καθὼς γέγραπται ἐπ' αὐτόν.

§ 76. The healing of a Demoniac, whom the Disciples could not heal.—Region of Cesarea Philippi.

MATTH. XVII. 14–21.   MARK IX. 14–29.   LUKE IX. 37–43.

14 Καὶ ἐλθόντων αὐτῶν πρὸς τὸν ὄχλον,

14 Καὶ ἐλθὼν πρὸς τοὺς μαθητὰς εἶδεν ὄχλον πολὺν περὶ αὐτοὺς καὶ

15 γραμματεῖς συζητοῦντας αὐτοῖς. Καὶ εὐθέως πᾶς ὁ ὄχλος ἰδὼν αὐτὸν ἐξεθαμβήθη, καὶ προστρέχοντες ἠσπάζοντο αὐ-

16 τόν. Καὶ ἐπηρώτησε τοὺς γραμματεῖς· τί συζητεῖτε πρὸς αὐτούς;

προσῆλθεν αὐτῷ ἄνθρωπος, γονυ-

15 πετῶν αὐτὸν | καὶ λέγων· κύριε, ἐλέησόν μου τὸν υἱόν, ὅτι σεληνιάζεται καὶ κακῶς πάσχει· πολλάκις γὰρ πίπτει εἰς τὸ πῦρ, καὶ πολλάκις εἰς τὸ

17 Καὶ ἀποκριθεὶς εἷς ἐκ τοῦ ὄχλου εἶπε· διδάσκαλε, ἤνεγκα τὸν υἱόν μου πρός σε, ἔχοντα

18 πνεῦμα ἄλαλον. Καὶ ὅπου ἂν αὐτὸν καταλάβῃ, ῥήσσει αὐτόν· καὶ ἀφρίζει, καὶ τρίζει τοὺς

37 Ἐγένετο δὲ ἐν τῇ ἑξῆς ἡμέρᾳ, κατελθόντων αὐτῶν ἀπὸ τοῦ ὄρους, συνήντησεν αὐτῷ ὄχλος πολύς.

38 Καὶ ἰδού, ἀνὴρ ἀπὸ τοῦ ὄχλου ἀνεβόησε λέγων· διδάσκαλε, δέομαί σου, ἐπίβλεψον ἐπὶ τὸν υἱόν μου, ὅτι μονο-

39 γενής ἐστί μοι· καὶ ἰδού, πνεῦμα λαμβάνει αὐτόν, καὶ ἐξαίφνης κράζει, καὶ

MATTH. XVII.	MARK IX.	LUKE IX.

16 ὕδωρ. Καὶ προσήνεγκα αὐτὸν τοῖς μαθηταῖς σου, καὶ οὐκ ἠδυνήθησαν αὐτὸν θεραπεῦσαι.

17 Ἀποκριθεὶς δὲ ὁ Ἰησοῦς εἶπεν· ὦ γενεὰ ἄπιστος καὶ διεστραμμένη, ἕως πότε ἔσομαι μεθ' ὑμῶν; ἕως πότε ἀνέξομαι ὑμῶν; φέρετέ μοι αὐτὸν ὧδε.

ὀδόντας αὐτοῦ καὶ ξηραίνεται. Καὶ εἶπον τοῖς μαθηταῖς σου, ἵνα αὐτὸ ἐκβάλωσι, καὶ οὐκ
19 ἴσχυσαν. Ὁ δὲ ἀποκριθεὶς αὐτοῖς λέγει· ὦ γενεὰ ἄπιστος, ἕως πότε πρὸς ὑμᾶς ἔσομαι; ἕως πότε ἀνέξομαι ὑμῶν; φέρετε αὐτὸν πρός με.
20 Καὶ ἤνεγκαν αὐτὸν πρὸς αὐτόν· καὶ ἰδὼν αὐτόν,
εὐθέως τὸ πνεῦμα ἐσπάραξεν αὐτόν· καὶ πεσὼν ἐπὶ
21 τῆς γῆς ἐκυλίετο ἀφρίζων. Καὶ ἐπηρώτησε τὸν πατέρα αὐτοῦ· πόσος χρόνος ἐστίν, ὡς τοῦτο γέγονεν
22 αὐτῷ; ὁ δὲ εἶπε· παιδιόθεν· ¹ καὶ πολλάκις αὐτὸν καὶ εἰς πῦρ ἔβαλε καὶ εἰς ὕδατα, ἵνα ἀπολέσῃ αὐτόν· ἀλλ' εἴ τι δύνασαι, βοήθησον ἡμῖν, σπλαγχνισθεὶς
23 ἐφ' ἡμᾶς. Ὁ δὲ Ἰησοῦς εἶπεν αὐτῷ· τό, εἰ δύνασαι πιστεῦσαι· πάντα δυνατὰ
24 τῷ πιστεύοντι. Καὶ εὐθέως κράξας ὁ πατὴρ τοῦ παιδίου μετὰ δακρύων ἔλεγε·
25 πιστεύω [κύριε]· βοήθει μου τῇ ἀπιστίᾳ. Ἰδὼν δὲ ὁ Ἰησοῦς, ὅτι ἐπισυντρέχει

σπαράσσει αὐτὸν μετὰ ἀφροῦ, καὶ μόγις ἀπο-χωρεῖ ἀπ' αὐτοῦ συντρί-
40 βον αὐτόν. Καὶ ἐδεήθην τῶν μαθητῶν σου, ἵνα ἐκβάλωσιν αὐτό, καὶ
41 οὐκ ἠδυνήθησαν. Ἀποκριθεὶς δὲ ὁ Ἰησοῦς εἶπεν· ὦ γενεὰ ἄπιστος καὶ διεστραμμένη, ἕως πότε ἔσομαι πρὸς ὑμᾶς καὶ ἀνέξομαι ὑμῶν; προσάγαγε ὧδε τὸν υἱόν
42 σου. Ἔτι δὲ προσερχομένου αὐτοῦ ἔρρηξεν αὐτὸν τὸ δαιμόνιον καὶ συνεσπάραξεν.

MATTH. XVII.		LUKE IX.

18 Καὶ ἐπετίμησεν αὐτῷ ὁ Ἰησοῦς, καὶ ἐξῆλθεν ἀπ' αὐτοῦ τὸ δαιμόνιον, καὶ ἐθεραπεύθη ὁ παῖς ἀπὸ
19 τῆς ὥρας ἐκείνης. Τότε προσελθόντες οἱ μαθηταὶ τῷ Ἰησοῦ κατ' ἰδίαν εἶπον· διὰ τί ἡμεῖς οὐκ ἠδυνήθημεν ἐκβαλεῖν
20 αὐτό; Ὁ δὲ Ἰησοῦς εἶπεν αὐτοῖς· διὰ τὴν ἀπιστίαν ὑμῶν. ἀμὴν γὰρ λέγω ὑμῖν, ἐὰν ἔχητε πίστιν ὡς κόκκον σινάπεως, ἐρεῖτε τῷ ὄρει τούτῳ· μετάβηθι ἐντεῦθεν ἐκεῖ, καὶ μεταβήσεται, καὶ
21 οὐδὲν ἀδυνατήσει ὑμῖν. Τοῦτο δὲ τὸ γένος οὐκ ἐκπορεύεται, εἰ μὴ ἐν προσευχῇ καὶ νηστείᾳ.

ὄχλος, ἐπετίμησε τῷ πνεύματι τῷ ἀκαθάρτῳ, λέγων αὐτῷ· τὸ πνεῦμα τὸ ἄλαλον καὶ κωφόν, ἐγώ σοι ἐπιτάσσω· ἔξελθε ἐξ αὐτοῦ, καὶ μηκέτι εἰσέλθῃς εἰς
26 αὐτόν. Καὶ κράξαν καὶ πολλὰ σπαράξαν αὐτὸν ἐξῆλθε. καὶ ἐγένετο ὡσεὶ νεκρός, ὥστε πολλοὺς λεγεῖν, ὅτι ἀπέθανεν.
27 Ὁ δὲ Ἰησοῦς κρατήσας αὐτὸν τῆς χειρὸς ἤγειρεν αὐτόν· καὶ ἀνέστη.
28 Καὶ εἰσελθόντα αὐτὸν εἰς οἶκον οἱ μαθηταὶ αὐτοῦ ἐπηρώτων αὐτὸν κατ' ἰδίαν· ὅτι ἡμεῖς οὐκ ἠδυνήθημεν ἐκ-
29 βαλεῖν αὐτό; Καὶ εἶπεν αὐτοῖς· τοῦτο τὸ γένος ἐν οὐδενὶ δύναται ἐξελθεῖν, εἰ μὴ ἐν προσευχῇ καὶ νηστείᾳ.

Ἐπιτίμησε δὲ ὁ Ἰησοῦς τῷ πνεύματι τῷ ἀκαθάρτῳ, καὶ ἰάσατο τὸν παῖδα καὶ ἀπέδωκεν αὐτὸν τῷ πατρὶ αὐτοῦ.
43 Ἐξεπλήσσοντο δὲ πάντες ἐπὶ τῇ μεγαλειότητι τοῦ θεοῦ.—

§ 77. Jesus again foretells his own Death and Resurrection. [See § 74.]—*Galilee.*

MATTH. XVII. 22. 23.

MARK IX. 30-32.

LUKE IX. 43-45.

22 Ἀναστρεφομένων δὲ αὐτῶν ἐν τῇ Γαλιλαίᾳ,

εἶπεν αὐτοῖς ὁ Ἰησοῦς· μέλλει ὁ υἱὸς τοῦ ἀνθρώπου παραδίδοσθαι εἰς χεῖρας ἀνθρώπων, 23 Ι καὶ ἀποκτενοῦσιν αὐτόν, καὶ τῇ τρίτῃ ἡμέρᾳ ἐγερθήσεται. Καὶ ἐλυπήθησαν σφόδρα.

30 Καὶ ἐκεῖθεν ἐξελθόντες παρεπορεύοντο διὰ τῆς Γαλιλαίας· καὶ οὐκ ἤθελεν, ἵνα τις γνῷ. 31 Ἐδίδασκε γὰρ τοὺς μαθητὰς αὐτοῦ καὶ ἔλεγεν αὐτοῖς· ὅτι ὁ υἱὸς τοῦ ἀνθρώπου παραδίδοται εἰς χεῖρας ἀνθρώπων, καὶ ἀποκτενοῦσιν αὐτόν· καὶ ἀποκτανθεὶς τῇ τρίτῃ ἡμέρᾳ ἀναστήσεται. Οἱ δὲ ἠγνόουν τὸ 32 ῥῆμα, καὶ ἐφοβοῦντο αὐτὸν ἐπερωτῆσαι.

43—Πάντων δὲ θαυμαζόντων ἐπὶ πᾶσιν οἷς ἐποίησεν ὁ Ἰησοῦς, εἶπε πρὸς τοὺς μαθητὰς αὐτοῦ· 44 Ι θέσθε ὑμεῖς εἰς τὰ ὦτα ὑμῶν τοὺς λόγους τούτους· ὁ γὰρ υἱὸς τοῦ ἀνθρώπου μέλλει παραδίδοσθαι εἰς χεῖρας ἀνθρώπων. Οἱ δὲ 45 ἠγνόουν τὸ ῥῆμα τοῦτο, καὶ ἦν παρακεκαλυμμένον ἀπ᾽ αὐτῶν, ἵνα μὴ αἴσθωνται αὐτό· καὶ ἐφοβοῦντο ἐρωτῆσαι αὐτὸν περὶ τοῦ ῥήματος τούτου.

§ 78. The Tribute-money miraculously provided.—*Capernaum.*

MATTH. XVII. 24-27.

MARK IX. 3?.

24 Ἐλθόντων δὲ αὐτῶν εἰς Καπερ- 33 Καὶ ἦλθεν εἰς Καπερναούμ.— ναούμ, προσῆλθον οἱ τὰ δίδραχμα λαμβάνοντες τῷ Πέτρῳ καὶ εἶπον· ὁ διδάσκαλος ὑμῶν οὐ τελεῖ τὰ δίδραχμα ; 25 Ι λέγει· ναί. Καὶ ὅτε εἰσῆλθεν εἰς τὴν οἰκίαν, προέφθασεν αὐτὸν ὁ Ἰησοῦς λέγων· τί σοι δοκεῖ, Σίμων ; οἱ βασιλεῖς τῆς γῆς ἀπὸ τίνων λαμβάνουσι τέλη ἢ κῆνσον ; 26 ἀπὸ τῶν υἱῶν αὐτῶν, ἢ ἀπὸ τῶν ἀλλοτρίων; Λέγει αὐτῷ ὁ Πέτρος· ἀπὸ τῶν ἀλλο- 27 τρίων. ἔφη αὐτῷ ὁ Ἰησοῦς· ἄραγε ἐλεύθεροί εἰσιν οἱ υἱοί. Ἵνα δὲ μὴ σκανδαλί- σωμεν αὐτούς, πορευθεὶς εἰς τὴν θάλασσαν βάλε ἄγκιστρον, καὶ τὸν ἀναβάντα πρῶτον ἰχθὺν ἆρον· καὶ ἀνοίξας τὸ στόμα αὐτοῦ, εὑρήσεις στατῆρα· ἐκεῖνον λαβὼν δὸς αὐτοῖς ἀντὶ ἐμοῦ καὶ σοῦ.

§ 79. The Disciples contend who should be the greatest. Jesus exhorts to humility, forbearance, and brotherly love.—*Capernaum.*

MATTH. XVIII. 1-35.

MARK IX. 33-50.

LUKE IX. 46-50.

1 Ἐν ἐκείνῃ τῇ ὥρᾳ προσῆλθον οἱ μαθηταὶ τῷ Ἰησοῦ λέγοντες· τίς ἄρα μείζων ἐστὶν ἐν τῇ βασιλείᾳ τῶν οὐρανῶν ;

33 —Καὶ ἐν τῇ οἰκίᾳ γενόμενος ἐπηρώτα αὐτούς· τί ἐν τῇ ὁδῷ πρὸς ἑαυτοὺς διελογίζεσθε ; 34 Οἱ δὲ ἐσιώπων· πρὸς

46 Εἰσῆλθε δὲ διαλογισμὸς ἐν αὐτοῖς, τὸ τίς ἂν εἴη μείζων αὐτῶν. Ὁ δὲ 47 Ἰησοῦς ἰδὼν τὸν διαλογισμὸν τῆς καρδίας αὐτῶν,

MARK IX.

35 ἀλλήλους γὰρ διελέχθησαν ἐν τῇ ὁδῷ, τίς μείζων. Καὶ καθίσας ἐφώνησε τοὺς δώδεκα καὶ λέγει αὐτοῖς · εἴ τις θέλει πρῶτος εἶναι, ἔσται πάντων ἔσχατος καὶ πάντων διάκονος.

MATTH. XVIII. | καὶ πάντων διάκονος. | LUKE IX.

2 Καὶ προςκαλεσάμενος ὁ Ἰησοῦς παιδίον ἔστησεν αὐτὸ ἐν μέσῳ αὐτῶν 3 ¹ καὶ εἶπεν · ἀμὴν λέγω ὑμῖν, ἐὰν μὴ στραφῆτε καὶ γένησθε ὡς τὰ παιδία, οὐ μὴ εἰςέλθητε εἰς τὴν βασιλείαν τῶν οὐ- 4 ρανῶν. Ὅστις οὖν ταπεινώσῃ ἑαυτὸν ὡς τὸ παιδίον τοῦτο, οὗτός ἐστιν ὁ μείζων ἐν τῇ 5 βασιλείᾳ τῶν οὐρανῶν · καὶ ὃς ἐὰν δέξηται παιδίον τοιοῦτον ἓν ἐπὶ τῷ ὀνόματί μου, ἐμὲ δέχεται.

36 Καὶ λαβὼν παιδίον ἔστησεν αὐτὸ ἐν μέσῳ αὐτῶν, καὶ ἐναγκαλισάμενος αὐτὸ εἶπεν αὐτοῖς · 37 ὃς ἐὰν ἓν τῶν τοιούτων παιδίων δέξηται ἐπὶ τῷ ὀνόματί μου, ἐμὲ δέχεται · καὶ ὃς ἐὰν ἐμὲ δέξηται, οὐκ ἐμὲ δέχεται, ἀλλὰ τὸν ἀποστείλαντά με.

ἐπιλαβόμενος παιδίου, ἔστησεν αὐτὸ παρ' ἑαυτῷ ¹ καὶ εἶπεν αὐτοῖς · 48 ὃς ἐὰν δέξηται τοῦτο τὸ παιδίον ἐπὶ τῷ ὀνόματί μου, ἐμὲ δέχεται · καὶ ὃς ἐὰν ἐμὲ δέξηται, δέχεται τὸν ἀποστείλαντά με. ὁ γὰρ μικρότερος ἐν πᾶσιν ὑμῖν ὑπάρχων, οὗτος ἔσται μέγας.

MARK IX.

38 Ἀπεκρίθη δὲ αὐτῷ Ἰωάννης λέγων · διδάσκαλε, εἴδομέν τινα ἐν τῷ ὀνόματί σου ἐκβάλλοντα δαιμόνια, ὃς οὐκ ἀκολουθεῖ ἡμῖν · καὶ ἐκωλύσαμεν αὐτόν, ὅτι 39 οὐκ ἀκολουθεῖ ἡμῖν. Ὁ δὲ Ἰησοῦς εἶπε · μὴ κωλύετε αὐτόν. οὐδεὶς γάρ ἐστιν, ὃς ποιήσει δύναμιν ἐπὶ τῷ ὀνόματί μου καὶ δυνήσεται ταχὺ κακολογῆσαί με. 40 Ὃς γὰρ οὐκ ἔστι καθ' ἡμῶν, ὑπὲρ ἡμῶν ἐστιν. 41 Ὃς γὰρ ἂν ποτίσῃ ὑμᾶς ποτήριον ὕδατος ἐν ὀνόματι ὅτι Χριστοῦ ἐστε, ἀμὴν λέγω ὑμῖν, οὐ μή ἀπολέσῃ τὸν μισθὸν αὐτοῦ.

49 Ἀποκριθεὶς δὲ ὁ Ἰωάννης εἶπεν · ἐπιστάτα, εἴδομέν τινα ἐπὶ τῷ ὀνόματί σου ἐκβάλλοντα τὰ δαιμόνια, καὶ ἐκωλύσαμεν αὐτόν, ὅτι οὐκ ἀκολουθεῖ 50 μεθ' ἡμῶν. Καὶ εἶπε πρὸς αὐτὸν ὁ Ἰησοῦς · μὴ κωλύετε · ὃς γὰρ οὐκ ἔστι καθ' ἡμῶν, ὑπὲρ ἡμῶν ἐστιν.

MATTH. XVIII.

6 Ὃς δ' ἂν σκανδαλίσῃ ἕνα τῶν μικρῶν τούτων, τῶν πιστευόντων εἰς ἐμέ, συμφέρει αὐτῷ, ἵνα κρεμασθῇ μύλος ὀνικὸς εἰς τὸν τράχηλον αὐτοῦ καὶ καταποντισθῇ ἐν τῷ πελάγει τῆς θαλάσσης. 7 Οὐαὶ τῷ κόσμῳ ἀπὸ τῶν σκανδάλων · ἀνάγκη γάρ ἐστιν ἐλθεῖν τὰ σκάνδαλα · πλὴν οὐαὶ τῷ ἀνθρώπῳ ἐκείνῳ, 8 δι' οὗ τὸ σκάνδαλον ἔρχεται. Εἰ δὲ ἡ χείρ σου ἢ ὁ πούς σου σκανδαλίζει σε, ἔκκοψον αὐτὰ καὶ βάλε ἀπὸ σοῦ · καλόν σοί ἐστιν εἰςελθεῖν εἰς τὴν ζωὴν χωλὸν ἢ κυλλόν, ἢ δύο χεῖρας ἢ

MARK IX.

42 Καὶ ὃς ἂν σκανδαλίσῃ ἕνα τῶν μικρῶν τῶν πιστευόντων εἰς ἐμέ, καλόν ἐστιν αὐτῷ μᾶλλον, εἰ περίκειται λίθος μυλικὸς περὶ τὸν τράχηλον αὐτοῦ καὶ 43 βέβληται εἰς τὴν θάλασσαν. Καὶ ἐὰν σκανδαλίζῃ σε ἡ χείρ σου, ἀπόκοψον αὐτήν · καλόν σοί ἐστι κυλλὸν εἰς τὴν ζωὴν εἰσελθεῖν, ἢ τὰς δύο χεῖρας ἔχοντα ἀπελθεῖν εἰς τὴν γέεν- 44 ναν, εἰς τὸ πῦρ τὸ ἄσβεστον, ¹ ὅποι ὁ σκώληξ αὐτῶν οὐ τελευτᾷ καὶ τὸ 45 πῦρ οὐ σβέννυται.ᵃ Καὶ ἐὰν ὁ πούς σου σκανδαλίζῃ σε, ἀπόκοψον αὐτόν ·

ᵃ 44. Comp. Is. 66, 24.

MATTH. XVIII.

δύο πόδας ἔχοντα βληθῆναι εἰς τὸ πῦρ
τὸ αἰώνιον.

46 Θῆναι εἰς τὴν γέενναν, εἰς τὸ πῦρ τὸ ἄσβεστον,

9 Καὶ εἰ ὁ ὀφθαλμός σου σκανδαλίζει
σε, ἔξελε αὐτὸν καὶ βάλε ἀπὸ σοῦ·
καλόν σοί ἐστι μονόφθαλμον εἰς τὴν
ζωὴν εἰσελθεῖν, ἢ δύο ὀφθαλμοὺς
ἔχοντα βληθῆναι εἰς τὴν γέενναν τοῦ
πυρός.

MARK IX.

καλόν ἐστί σοι εἰσελθεῖν εἰς τὴν ζωὴν
χωλόν, ἢ τοὺς δύο πόδας ἔχοντα βλη-
ὅπου ὁ σκώληξ αὐ-
τῶν οὐ τελευτᾷ καὶ τὸ πῦρ οὐ σβέννυται. Καὶ ἐὰν ὁ ὀφθαλμός σου
47 σκανδαλίζῃ σε, ἔκβαλε αὐτόν· καλόν
σοί ἐστι μονόφθαλμον εἰσελθεῖν εἰς
τὴν βασιλείαν τοῦ θεοῦ, ἢ δύο
ὀφθαλμοὺς ἔχοντα βληθῆναι εἰς τὴν
48 γέενναν τοῦ πυρός, ὅπου ὁ σκώληξ
αὐτῶν οὐ τελευτᾷ καὶ τὸ πῦρ οὐ
49 σβέννυται. Πᾶς γὰρ πυρὶ ἁλισθήσε-
50 ται, καὶ πᾶσα θυσία ἁλὶ ἁλισθήσεται. Καλὸν τὸ
ἅλας· ἐὰν δὲ ἅλας ἄναλον γένηται, ἐν τίνι αὐτὸ ἀρτύ-
σετε; ἔχετε ἐν ἑαυτοῖς ἅλας, καὶ εἰρηνεύετε ἐν ἀλλήλοις.

MATTH. XVIII.

10 Ὁρᾶτε, μὴ καταφρονήσητε ἑνὸς τῶν μικρῶν τούτων· λέγω γὰρ ὑμῖν, ὅτι οἱ
ἄγγελοι αὐτῶν ἐν οὐρανοῖς διαπαντὸς βλέπουσι τὸ πρόσωπον τοῦ πατρός μου
11 12 τοῦ ἐν οὐρανοῖς. Ἦλθε γὰρ ὁ υἱὸς τοῦ ἀνθρώπου σῶσαι τὸ ἀπολωλός. Τί
ὑμῖν δοκεῖ; ἐὰν γένηταί τινι ἀνθρώπῳ ἑκατὸν πρόβατα, καὶ πλανηθῇ ἓν ἐξ αὐτῶν·
13 οὐχὶ ἀφεὶς τὰ ἐννενηκονταεννέα ἐπὶ τὰ ὄρη πορευθεὶς ζητεῖ τὸ πλανώμενον; Καὶ
ἐὰν γένηται εὑρεῖν αὐτό, ἀμὴν λέγω ὑμῖν, ὅτι χαίρει ἐπ' αὐτῷ μᾶλλον, ἢ ἐπὶ τοῖς
14 ἐννενηκονταεννέα τοῖς μὴ πεπλανημένοις. Οὕτως οὐκ ἔστι θέλημα ἔμπροσθεν τοῦ
πατρὸς ὑμῶν τοῦ ἐν οὐρανοῖς, ἵνα ἀπόληται εἷς τῶν μικρῶν τούτων.
15 Ἐὰν δὲ ἁμαρτήσῃ εἰς σὲ ὁ ἀδελφός σου, ὕπαγε καὶ ἔλεγξον αὐτὸν μεταξὺ σοῦ
16 καὶ αὐτοῦ μόνου· [a] ἐάν σου ἀκούσῃ, ἐκέρδησας τὸν ἀδελφόν σου· ἐὰν δὲ μὴ
ἀκούσῃ, παράλαβε μετὰ σοῦ ἔτι ἕνα ἢ δύο, ἵνα ἐπὶ στόματος δύο μαρτύρων ἢ τριῶν
17 σταθῇ πᾶν ῥῆμα. [b] Ἐὰν δὲ παρακούσῃ αὐτῶν, εἰπὲ τῇ ἐκκλησίᾳ. ἐὰν δὲ καὶ τῆς
18 ἐκκλησίας παρακούσῃ, ἔστω σοι ὥσπερ ὁ ἐθνικὸς καὶ ὁ τελώνης. Ἀμὴν λέγω ὑμῖν,
ὅσα ἐὰν δήσητε ἐπὶ τῆς γῆς, ἔσται δεδεμένα ἐν τῷ οὐρανῷ· καὶ ὅσα ἐὰν λύσητε ἐπὶ
19 τῆς γῆς, ἔσται λελυμένα ἐν τῷ οὐρανῷ. Πάλιν λέγω ὑμῖν, ὅτι ἐὰν δύο ὑμῶν συμ-
φωνήσωσιν ἐπὶ τῆς γῆς περὶ παντὸς πράγματος, οὗ ἐὰν αἰτήσωνται, γενήσεται αὐ-
20 τοῖς παρὰ τοῦ πατρός μου τοῦ ἐν οὐρανοῖς. Οὗ γάρ εἰσι δύο ἢ τρεῖς συνηγμένοι
εἰς τὸ ἐμὸν ὄνομα, ἐκεῖ εἰμι ἐν μέσῳ αὐτῶν.
21 Τότε προσελθὼν αὐτῷ ὁ Πέτρος εἶπε· κύριε, ποσάκις ἁμαρτήσει εἰς ἐμὲ ὁ
22 ἀδελφός μου καὶ ἀφήσω αὐτῷ; ἕως ἑπτάκις; Λέγει αὐτῷ ὁ Ἰησοῦς· οὐ λέγω
23 σοι, ἕως ἑπτάκις, ἀλλ' ἕως ἑβδομηκοντάκις ἑπτά. Διὰ τοῦτο ὡμοιώθη ἡ βασι-
λεία τῶν οὐρανῶν ἀνθρώπῳ βασιλεῖ, ὃς ἠθέλησε συνᾶραι λόγον μετὰ τῶν δού-
24 λων αὐτοῦ. Ἀρξαμένου δὲ αὐτοῦ συναίρειν, προσηνέχθη αὐτῷ εἷς ὀφειλέτης
25 μυρίων ταλάντων. Μὴ ἔχοντος δὲ αὐτοῦ ἀποδοῦναι, ἐκέλευσεν αὐτὸν ὁ κύριος
αὐτοῦ πραθῆναι, καὶ· τὴν γυναῖκα αὐτοῦ καὶ τὰ τέκνα καὶ πάντα ὅσα εἶχε, καὶ
26 ἀποδοθῆναι. Πεσὼν οὖν ὁ δοῦλος προσεκύνει αὐτῷ λέγων· κύριε, μακροθύμησον

---

a 15. Comp. Lev. 19, 17. 18.   b 16. Deut. 19, 15.

ΜΑΤΤΗ. XVIII.

27 ἐπ' ἐμοί, καὶ πάντα σοι ἀποδώσω. Σπλαγχνισθεὶς δὲ ὁ κύριος τοῦ δούλου
28 ἐκείνου ἀπέλυσεν αὐτόν, καὶ τὸ δάνειον ἀφῆκεν αὐτῷ. Ἐξελθὼν δὲ ὁ δοῦλος
ἐκεῖνος εὗρεν ἕνα τῶν συνδούλων αὐτοῦ, ὃς ὤφειλεν αὐτῷ ἑκατὸν δηνάρια· καὶ
29 κρατήσας αὐτὸν ἔπνιγε λέγων· ἀπόδος μοι εἴ τι ὀφείλεις. Πεσὼν οὖν ὁ σύνδου-
λος αὐτοῦ [εἰς τοὺς πόδας αὐτοῦ] παρεκάλει αὐτὸν λέγων· μακροθύμησον ἐπ' ἐμοί,
30 καὶ πάντα ἀποδώσω σοι. Ὁ δὲ οὐκ ἤθελεν· ἀλλὰ ἀπελθὼν ἔβαλεν αὐτὸν εἰς
31 φυλακήν, ἕως οὗ ἀποδῷ τὸ ὀφειλόμενον. Ἰδόντες δὲ οἱ σύνδουλοι αὐτοῦ τὰ γενό-
μενα ἐλυπήθησαν σφόδρα· καὶ ἐλθόντες διεσάφησαν τῷ κυρίῳ αὐτῶν πάντα τὰ
32 γενόμενα. Τότε προσκαλεσάμενος αὐτὸν ὁ κύριος αὐτοῦ λέγει αὐτῷ· δοῦλε πονηρέ,
33 πᾶσαν τὴν ὀφειλὴν ἐκείνην ἀφῆκά σοι, ἐπεὶ παρεκάλεσάς με· οὐκ ἔδει καὶ σὲ
34 ἐλεῆσαι τὸν σύνδουλόν σου, ὡς καὶ ἐγώ σε ἠλέησα; Καὶ ὀργισθεὶς ὁ κύριος αὐτοῦ
35 παρέδωκεν αὐτὸν τοῖς βασανισταῖς, ἕως οὗ ἀποδῷ πᾶν τὸ ὀφειλόμενον αὐτῷ. Οὕτω
καὶ ὁ πατήρ μου ὁ ἐπουράνιος ποιήσει ὑμῖν, ἐὰν μὴ ἀφῆτε ἕκαστος τῷ ἀδελφῷ
αὐτοῦ ἀπὸ τῶν καρδιῶν ὑμῶν τὰ παραπτώματα αὐτῶν.

§ 80. The Seventy instructed and sent out.—*Capernaum.*

LUKE X. 1-16.

1 Μετὰ δὲ ταῦτα ἀνέδειξεν ὁ κύριος καὶ ἑτέρους ἑβδομήκοντα, καὶ ἀπέστειλεν
αὐτοὺς ἀνὰ δύο πρὸ προσώπου αὐτοῦ εἰς πᾶσαν πόλιν καὶ τόπον, οὗ ἔμελλεν αὐτὸς
ἔρχεσθαι.
2 Ἔλεγεν οὖν πρὸς αὐτούς· ὁ μὲν θερισμὸς πολύς, οἱ δὲ ἐργάται ὀλίγοι· δεήθητε
οὖν τοῦ κυρίου τοῦ θερισμοῦ, ὅπως ἐκβάλῃ ἐργάτας εἰς τὸν θερισμὸν αὐτοῦ.
3 4 Ὑπάγετε· ἰδού, ἐγὼ ἀποστέλλω ὑμᾶς ὡς ἄρνας ἐν μέσῳ λύκων. Μὴ βαστάζετε
βαλάντιον, μὴ πήραν, μηδὲ ὑποδήματα· καὶ μηδένα κατὰ τὴν ὁδὸν ἀσπάσησθε.ᵃ
5 6 Εἰς ἣν δ' ἂν οἰκίαν εἰσέρχησθε, πρῶτον λέγετε· εἰρήνη τῷ οἴκῳ τούτῳ. Καὶ ἐὰν
ᾖ ἐκεῖ υἱὸς εἰρήνης, ἐπαναπαύσεται ἐπ' αὐτὸν ἡ εἰρήνη ὑμῶν· εἰ δὲ μήγε, ἐφ' ὑμᾶς
7 ἀνακάμψει. Ἐν αὐτῇ δὲ τῇ οἰκίᾳ μένετε ἐσθίοντες καὶ πίνοντες τὰ παρ' αὐτῶν·
ἄξιος γὰρ ὁ ἐργάτης τοῦ μισθοῦ αὐτοῦ ἐστι· μὴ μεταβαίνετε ἐξ οἰκίας εἰς οἰκίαν.
8 Καὶ εἰς ἣν δ' ἂν πόλιν εἰσέρχησθε καὶ δέχωνται ὑμᾶς, ἐσθίετε τὰ παρατιθέμενα
9 ὑμῖν, καὶ θεραπεύετε τοὺς ἐν αὐτῇ ἀσθενεῖς, καὶ λέγετε αὐτοῖς· ἤγγικεν ἐφ' ὑμᾶς
10 ἡ βασιλεία τοῦ θεοῦ. Εἰς ἣν δ' ἂν πόλιν εἰσέρχησθε καὶ μὴ δέχωνται ὑμᾶς,
11 ἐξελθόντες εἰς τὰς πλατείας αὐτῆς εἴπατε· καὶ τὸν κονιορτὸν τὸν κολληθέντα ἡμῖν
ἐκ τῆς πόλεως ὑμῶν ἀπομασσόμεθα ὑμῖν· πλὴν τοῦτο γινώσκετε, ὅτι ἤγγικεν [ἐφ'
12 ὑμᾶς] ἡ βασιλεία τοῦ θεοῦ· Λέγω [δὲ] ὑμῖν, ὅτι Σοδόμοις ἐν τῇ ἡμέρᾳ ἐκείνῃ
13 ἀνεκτότερον ἔσται, ἢ τῇ πόλει ἐκείνῃ. Οὐαί σοι, Χοραζίν· οὐαί σοι, Βηθσαϊδά·
ὅτι εἰ ἐν Τύρῳ καὶ Σιδῶνι ἐγένοντο αἱ δυνάμεις αἱ γενόμεναι ἐν ὑμῖν, πάλαι ἂν ἐν
14 σάκκῳ καὶ σποδῷ καθήμεναι μετενόησαν. Πλὴν Τύρῳ καὶ Σιδῶνι ἀνεκτότερον
15 ἔσται ἐν τῇ κρίσει, ἢ ὑμῖν. Καὶ σύ, Καπερναούμ, ἡ ἕως τοῦ οὐρανοῦ ὑψωθεῖσα,
16 ἕως ᾅδου καταβιβασθήσῃ. Ὁ ἀκούων ὑμῶν ἐμοῦ ἀκούει, καὶ ὁ ἀθετῶν ὑμᾶς ἐμὲ
ἀθετεῖ· ὁ δὲ ἐμὲ ἀθετῶν ἀθετεῖ τὸν ἀποστείλαντά με.

ᵃ 4, Comp. 2 K. 1, 29

§ 81. Jesus goes up to the Festival of Tabernacles. His final departure from
Galilee. Incidents in Samaria.

JOHN VII. 2-10.

2 3 Ἦν δὲ ἐγγὺς ἡ ἑορτὴ τῶν Ἰουδαίων, ἡ σκηνοπηγία. Εἶπον οὖν πρὸς αὐτὸν οἱ
ἀδελφοὶ αὐτοῦ· μετάβηθι ἐντεῦθεν καὶ ὕπαγε εἰς τὴν Ἰουδαίαν, ἵνα καὶ οἱ μαθηταί
4 σου θεωρήσωσι τὰ ἔργα σου, ἃ ποιεῖς. Οὐδεὶς γὰρ ἐν κρυπτῷ τι ποιεῖ καὶ ζητεῖ
5 αὐτὸς ἐν παρρησίᾳ εἶναι. εἰ ταῦτα ποιεῖς, φανέρωσον σεαυτὸν τῷ κόσμῳ. Οὐδὲ
6 γὰρ οἱ ἀδελφοὶ αὐτοῦ ἐπίστευον εἰς αὐτόν. Λέγει οὖν αὐτοῖς ὁ Ἰησοῦς· ὁ καιρὸς
7 ὁ ἐμὸς οὔπω πάρεστιν, ὁ δὲ καιρὸς ὁ ὑμέτερος πάντοτέ ἐστιν ἕτοιμος. Οὐ δύναται
ὁ κόσμος μισεῖν ὑμᾶς, ἐμὲ δὲ μισεῖ, ὅτι ἐγὼ μαρτυρῶ περὶ αὐτοῦ, ὅτι τὰ ἔργα αὐτοῦ
8 πονηρά ἐστιν. Ὑμεῖς ἀνάβητε εἰς τὴν ἑορτὴν ταύτην· ἐγὼ οὔπω ἀναβαίνω εἰς τὴν
9 ἑορτὴν ταύτην, ὅτι ὁ καιρὸς ὁ ἐμὸς οὔπω πεπλήρωται. Ταῦτα δὲ εἰπὼν αὐτοῖς
10 ἔμεινεν ἐν τῇ Γαλιλαίᾳ. Ὡς δὲ ἀνέβησαν οἱ ἀδελφοὶ αὐτοῦ, τότε καὶ αὐτὸς ἀνέβη
εἰς τὴν ἑορτήν, οὐ φανερῶς, ἀλλ' ὡς ἐν κρυπτῷ.

LUKE IX. 51-56.

51 Ἐγένετο δὲ ἐν τῷ συμπληροῦσθαι τὰς ἡμέρας τῆς ἀναλήψεως αὐτοῦ, καὶ αὐτὸς
52 τὸ πρόσωπον αὐτοῦ ἐστήριξε τοῦ πορεύεσθαι εἰς Ἱερουσαλήμ. Καὶ ἀπέστειλεν
ἀγγέλους πρὸ προσώπου αὐτοῦ· καὶ πορευθέντες εἰσῆλθον εἰς κώμην Σαμαρειτῶν,
53 ὥστε ἑτοιμάσαι αὐτῷ. Καὶ οὐκ ἐδέξαντο αὐτόν, ὅτι τὸ πρόσωπον αὐτοῦ ἦν πορευό-
54 μενον εἰς Ἱερουσαλήμ. Ἰδόντες δὲ οἱ μαθηταὶ αὐτοῦ Ἰάκωβος καὶ Ἰωάννης εἶπον·
κύριε, θέλεις εἴπωμεν πῦρ καταβῆναι ἀπὸ τοῦ οὐρανοῦ καὶ ἀναλῶσαι αὐτούς, ὡς καὶ
55 Ἡλίας ἐποίησε; Στραφεὶς δὲ ἐπετίμησεν αὐτοῖς καὶ εἶπεν· οὐκ οἴδατε, οἵου πνεύ-
56 ματός ἐστε ὑμεῖς; Ὁ γὰρ υἱὸς τοῦ ἀνθρώπου οὐκ ἦλθε ψυχὰς ἀνθρώπων ἀπολέσαι,
ἀλλὰ σῶσαι. Καὶ ἐπορεύθησαν εἰς ἑτέραν κώμην.

§ 82. Ten Lepers cleansed.—Samaria.

LUKE XVII. 11-19.

11 Καὶ ἐγένετο ἐν τῷ πορεύεσθαι αὐτὸν εἰς Ἱερουσαλήμ, καὶ αὐτὸς διήρχετο διὰ
12 μέσου Σαμαρείας καὶ Γαλιλαίας. Καὶ εἰσερχομένου αὐτοῦ εἴς τινα κώμην ἀπήν-
13 τησαν αὐτῷ δέκα λεπροὶ ἄνδρες, οἳ ἔστησαν πόρρωθεν· καὶ αὐτοὶ ἦραν φωνὴν
14 λέγοντες· Ἰησοῦ ἐπιστάτα, ἐλέησον ἡμᾶς. Καὶ ἰδὼν εἶπεν αὐτοῖς· πορευθέντες
ἐπιδείξατε ἑαυτοὺς τοῖς ἱερεῦσι. καὶ ἐγένετο ἐν τῷ ὑπάγειν αὐτούς, ἐκαθαρίσθη-
15 σαν. Εἷς δὲ ἐξ αὐτῶν ἰδών, ὅτι ἰάθη, ὑπέστρεψε μετὰ φωνῆς μεγάλης δοξάζων
16 τὸν θεόν· καὶ ἔπεσεν ἐπὶ πρόσωπον παρὰ τοὺς πόδας αὐτοῦ εὐχαριστῶν αὐτῷ.
17 καὶ αὐτὸς ἦν Σαμαρείτης. Ἀποκριθεὶς δὲ ὁ Ἰησοῦς εἶπεν· οὐχὶ οἱ δέκα ἐκαθα-
18 ρίσθησαν; οἱ δὲ ἐννέα ποῦ; Οὐχ εὑρέθησαν ὑποστρέψαντες δοῦναι δόξαν τῷ
19 θεῷ, εἰ μὴ ὁ ἀλλογενὴς οὗτος; Καὶ εἶπεν αὐτῷ· ἀναστὰς πορεύου· ἡ πίστις σου
σέσωκέ σε.

PART VI.

THE FESTIVAL OF TABERNACLES, AND THE SUBSEQUENT TRANSACTIONS UNTIL OUR LORD'S ARRIVAL AT BETHANY SIX DAYS BEFORE THE FOURTH PASSOVER.

Time : *Six months less six days.*

§ 88. Jesus at the Festival of Tabernacles. His public teaching.—*Jerusalem.*

John VII. 11–53. VIII. 1.

11 Οἱ οὖν Ἰουδαῖοι ἐζήτουν αὐτὸν ἐν τῇ ἑορτῇ καὶ ἔλεγον· ποῦ ἐστιν ἐκεῖνος;
12 Καὶ γογγυσμὸς πολὺς περὶ αὐτοῦ ἦν ἐν τοῖς ὄχλοις. οἱ μὲν ἔλεγον· ὅτι ἀγαθός
13 ἐστιν. ἄλλοι δὲ ἔλεγον· οὔ· ἀλλὰ πλανᾷ τὸν ὄχλον. Οὐδεὶς μέντοι παρρησίᾳ
ἐλάλει περὶ αὐτοῦ διὰ τὸν φόβον τῶν Ἰουδαίων.
14 Ἤδη δὲ τῆς ἑορτῆς μεσούσης ἀνέβη ὁ Ἰησοῦς εἰς τὸ ἱερὸν καὶ ἐδίδασκε.
15 Καὶ ἐθαύμαζον οἱ Ἰουδαῖοι λέγοντες· πῶς οὗτος γράμματα οἶδε μὴ μεμαθηκώς;
16 Ἀπεκρίθη οὖν αὐτοῖς ὁ Ἰησοῦς καὶ εἶπεν· ἡ ἐμὴ διδαχὴ οὐκ ἔστιν ἐμή, ἀλλὰ τοῦ
17 πέμψαντός με· ἐάν τις θέλῃ τὸ θέλημα αὐτοῦ ποιεῖν, γνώσεται περὶ τῆς διδαχῆς,
18 πότερον ἐκ τοῦ θεοῦ ἐστιν, ἢ ἐγὼ ἀπ᾽ ἐμαυτοῦ λαλῶ. Ὁ ἀφ᾽ ἑαυτοῦ λαλῶν τὴν
δόξαν τὴν ἰδίαν ζητεῖ, ὁ δὲ ζητῶν τὴν δόξαν τοῦ πέμψαντος αὐτόν, οὗτος ἀληθής
19 ἐστι, καὶ ἀδικία ἐν αὐτῷ οὐκ ἔστιν. Οὐ Μωϋσῆς δέδωκεν ὑμῖν τὸν νόμον; καὶ οὐ-
20 δεὶς ἐξ ὑμῶν ποιεῖ τὸν νόμον. τί με ζητεῖτε ἀποκτεῖναι; Ἀπεκρίθη ὁ ὄχλος καὶ
21 εἶπε· δαιμόνιον ἔχεις· τίς σε ζητεῖ ἀποκτεῖναι; Ἀπεκρίθη ὁ Ἰησοῦς καὶ εἶπεν
22 αὐτοῖς· ἓν ἔργον ἐποίησα, καὶ πάντες θαυμάζετε ¦ διὰ τοῦτο. Μωϋσῆς δέδωκεν
ὑμῖν τὴν περιτομήν, (οὐχ ὅτι ἐκ τοῦ Μωϋσέως ἐστιν, ἀλλ᾽ ἐκ τῶν πατέρων,) καὶ ἐν
23 σαββάτῳ περιτέμνετε ἄνθρωπον.ᵃ Εἰ περιτομὴν λαμβάνει ἄνθρωπος ἐν σαββάτῳ,
ἵνα μὴ λυθῇ ὁ νόμος Μωϋσέως, ἐμοὶ χολᾶτε, ὅτι ὅλον ἄνθρωπον ὑγιῆ ἐποίησα ἐν
24 σαββάτῳ; Μὴ κρίνετε κατ᾽ ὄψιν, ἀλλὰ τὴν δικαίαν κρίσιν κρίνετε.

ᵃ 22. Lev. 12, 3.

JOHN VII.

25 Ἔλεγον οὖν τινες ἐκ τῶν Ἱεροσολυμιτῶν· οὐχ οὗτός ἐστιν, ὃν ζητοῦσιν ἀποκτεῖναι;
26 ! καὶ ἴδε, παρρησίᾳ λαλεῖ, καὶ οὐδὲν αὐτῷ λέγουσι· μήποτε ἀληθῶς ἔγνωσαν οἱ
27 ἄρχοντες, ὅτι οὗτός ἐστιν [ἀληθῶς] ὁ Χριστός; ! ἀλλὰ τοῦτον οἴδαμεν πόθεν ἐστίν·
ὁ δὲ Χριστὸς ὅταν ἔρχηται, οὐδεὶς γινώσκει πόθεν ἐστίν.
28 Ἔκραξεν οὖν ἐν τῷ ἱερῷ διδάσκων ὁ Ἰησοῦς καὶ λέγων· κἀμὲ οἴδατε, καὶ οἴδατε
πόθεν εἰμί· καὶ ἀπ᾽ ἐμαυτοῦ οὐκ ἐλήλυθα, ἀλλ᾽ ἔστιν ἀληθινὸς ὁ πέμψας με, ὃν
29 ὑμεῖς οὐκ οἴδατε. Ἐγὼ οἶδα αὐτόν, ὅτι παρ᾽ αὐτοῦ εἰμι, κἀκεῖνός με ἀπέστειλεν.
30 Ἐζήτουν οὖν αὐτὸν πιάσαι, καὶ οὐδεὶς ἐπέβαλεν ἐπ᾽ αὐτὸν τὴν χεῖρα, ὅτι οὔπω ἐλη-
31 λύθει ἡ ὥρα αὐτοῦ. Πολλοὶ δὲ ἐκ τοῦ ὄχλου ἐπίστευσαν εἰς αὐτὸν καὶ ἔλεγον· ὅτι
ὁ Χριστός, ὅταν ἔλθῃ, μήτι πλείονα σημεῖα τούτων ποιήσει, ὧν οὗτος ἐποίησεν;
32 Ἤκουσαν οἱ Φαρισαῖοι τοῦ ὄχλου γογγύζοντος περὶ αὐτοῦ ταῦτα, καὶ ἀπέστειλαν
33 οἱ Φαρισαῖοι καὶ οἱ ἀρχιερεῖς ὑπηρέτας, ἵνα πιάσωσιν αὐτόν. Εἶπεν οὖν ὁ Ἰησοῦς·
34 ἔτι μικρὸν χρόνον μεθ᾽ ὑμῶν εἰμι, καὶ ὑπάγω πρὸς τὸν πέμψαντά με. Ζητήσετέ με,
35 καὶ οὐχ εὑρήσετε· καὶ ὅπου εἰμὶ ἐγώ, ὑμεῖς οὐ δύνασθε ἐλθεῖν. Εἶπον οὖν οἱ Ἰου-
δαῖοι πρὸς ἑαυτούς· ποῦ οὗτος μέλλει πορεύεσθαι, ὅτι ἡμεῖς οὐχ εὑρήσομεν αὐτόν;
μὴ εἰς τὴν διασπορὰν τῶν Ἑλλήνων μέλλει πορεύεσθαι καὶ διδάσκειν τοὺς Ἕλληνας;
36 Τίς ἐστιν οὗτος ὁ λόγος, ὃν εἶπε· ζητήσετέ με, καὶ οὐχ εὑρήσετε, καὶ ὅπου εἰμὶ ἐγώ,
ὑμεῖς οὐ δύνασθε ἐλθεῖν;
37 Ἐν δὲ τῇ ἐσχάτῃ ἡμέρᾳ τῇ μεγάλῃ τῆς ἑορτῆς εἱστήκει ὁ Ἰησοῦς καὶ ἔκραξε λέ-
38 γων· ἐάν τις διψᾷ, ἐρχέσθω πρός με καὶ πινέτω. Ὁ πιστεύων εἰς ἐμέ, καθὼς εἶπεν
39 ἡ γραφή, ποταμοὶ ἐκ τῆς κοιλίας αὐτοῦ ῥεύσουσιν ὕδατος ζῶντος.[a] Τοῦτο δὲ εἶπε
περὶ τοῦ πνεύματος, οὗ ἔμελλον λαμβάνειν οἱ πιστεύοντες εἰς αὐτόν· οὔπω γὰρ ἦν
40 πνεῦμα ἅγιον, ὅτι ὁ Ἰησοῦς οὐδέπω ἐδοξάσθη. Πολλοὶ οὖν ἐκ τοῦ ὄχλου ἀκούσαντες
41 τὸν λόγον ἔλεγον· οὗτός ἐστιν ἀληθῶς ὁ προφήτης. Ἄλλοι ἔλεγον· οὗτός ἐστιν ὁ
42 Χριστός. ἄλλοι δὲ ἔλεγον· μὴ γὰρ ἐκ τῆς Γαλιλαίας ὁ Χριστὸς ἔρχεται, Οὐχὶ ἡ
γραφὴ εἶπεν, ὅτι ἐκ τοῦ σπέρματος Δαυὶδ καὶ ἀπὸ Βηθλεὲμ τῆς κώμης, ὅπου ἦν
43 44 Δαυΐδ, ὁ Χριστὸς ἔρχεται;[b] ! σχίσμα οὖν ἐν τῷ ὄχλῳ ἐγένετο δι᾽ αὐτόν. Τινὲς
δὲ ἤθελον ἐξ αὐτῶν πιάσαι αὐτόν, ἀλλ᾽ οὐδεὶς ἐπέβαλεν ἐπ᾽ αὐτὸν τὰς χεῖρας.
45 Ἦλθον οὖν οἱ ὑπηρέται πρὸς τοὺς ἀρχιερεῖς καὶ Φαρισαίους· καὶ εἶπον αὐτοῖς
46 ἐκεῖνοι· διὰ τί οὐκ ἠγάγετε αὐτόν; Ἀπεκρίθησαν οἱ ὑπηρέται· οὐδέποτε οὕτως
47 ἐλάλησεν ἄνθρωπος, ὡς οὗτος ὁ ἄνθρωπος. Ἀπεκρίθησαν οὖν αὐτοῖς οἱ Φαρισαῖοι·
48 μὴ καὶ ὑμεῖς πεπλάνησθε; Μή τις ἐκ τῶν ἀρχόντων ἐπίστευσεν εἰς αὐτὸν ἢ ἐκ τῶν
49 Φαρισαίων; Ἀλλ᾽ ὁ ὄχλος οὗτος, ὁ μὴ γινώσκων τὸν νόμον, ἐπικατάρατοί εἰσι.
50 51 Λέγει Νικόδημος πρὸς αὐτούς, ὁ ἐλθὼν νυκτὸς πρὸς αὐτόν, εἷς ὢν ἐξ αὐτῶν· μὴ ὁ
νόμος ἡμῶν κρίνει τὸν ἄνθρωπον, ἐὰν μὴ ἀκούσῃ παρ᾽ αὐτοῦ πρότερον καὶ γνῷ, τί
52 ποιεῖ; Ἀπεκρίθησαν καὶ εἶπον αὐτῷ· μὴ καὶ σὺ ἐκ τῆς Γαλιλαίας εἶ; ἐρεύνησον
καὶ ἴδε, ὅτι προφήτης ἐκ τῆς Γαλιλαίας οὐκ ἐγήγερται.
53. VIII. 1 Καὶ ἐπορεύθη ἕκαστος εἰς τὸν οἶκον αὐτοῦ· Ἰησοῦς δὲ ἐπορεύθη εἰς τὸ
ὄρος τῶν ἐλαιῶν.

---

a 38. Is. 55, 1. 58, 11. Comp. Is. 44, 3. Zech. 13, 1. 14, 8.
b 42. Comp. Ps. 89, 4. 132, 11. Mic. 5, 1 [2].

§ 84. The Woman taken in Adultery.—*Jerusalem.*

JOHN VIII. 2-11.

2 Ὄρθρου δὲ πάλιν παρεγένετο εἰς τὸ ἱερόν, καὶ πᾶς ὁ λαὸς ἤρχετο πρὸς αὐτόν·
3 καὶ καθίσας ἐδίδασκεν αὐτούς. Ἄγουσι δὲ οἱ γραμματεῖς καὶ οἱ Φαρισαῖοι πρὸς
4 αὐτὸν γυναῖκα ἐν μοιχείᾳ κατειλημμένην, καὶ στήσαντες αὐτὴν ἐν μέσῳ | λέγουσιν
5 αὐτῷ· διδάσκαλε, αὕτη ἡ γυνὴ κατειλήφθη ἐπ᾽ αὐτοφώρῳ μοιχευομένη. Ἐν δὲ
τῷ νόμῳ Μωϋσῆς ἡμῖν ἐνετείλατο τὰς τοιαύτας λιθοβολεῖσθαι·ᵃ σὺ οὖν τί λέ-
6 γεις; Τοῦτο δὲ ἔλεγον πειράζοντες αὐτόν, ἵνα ἔχωσι κατηγορεῖν αὐτοῦ. ὁ δὲ Ἰησοῦς
7 κάτω κύψας, τῷ δακτύλῳ ἔγραφεν εἰς τὴν γῆν. Ὡς δὲ ἐπέμενον ἐρωτῶντες αὐ-
τόν, ἀνακύψας εἶπε πρὸς αὐτούς· ὁ ἀναμάρτητος ὑμῶν πρῶτος τὸν λίθον ἐπ᾽ αὐτῇ
8 9 βαλέτω. Καὶ πάλιν κάτω κύψας ἔγραφεν εἰς τὴν γῆν. Οἱ δὲ ἀκούσαντες καὶ
ὑπὸ τῆς συνειδήσεως ἐλεγχόμενοι ἐξήρχοντο εἷς καθ᾽ εἷς, ἀρξάμενοι ἀπὸ τῶν πρεσβυ-
τέρων ἕως τῶν ἐσχάτων· καὶ κατελείφθη μόνος ὁ Ἰησοῦς καὶ ἡ γυνὴ ἐν μέσῳ
10 ἑστῶσα. Ἀνακύψας δὲ ὁ Ἰησοῦς καὶ μηδένα θεασάμενος πλὴν τῆς γυναικὸς
εἶπεν αὐτῇ· ἡ γυνή, ποῦ εἰσιν ἐκεῖνοι οἱ κατήγοροί σου; οὐδείς σε κατέκρινεν;
11 Ἡ δὲ εἶπεν· οὐδείς, κύριε. εἶπε δὲ αὐτῇ ὁ Ἰησοῦς· οὐδὲ ἐγώ σε κατακρίνω. πο-
ρεύου καὶ μηκέτι ἁμάρτανε.

§ 85. Further public teaching of our Lord. He reproves the unbelieving Jews, and escapes from their hands.—*Jerusalem.*

JOHN VIII. 12-59.

12 Πάλιν οὖν ὁ Ἰησοῦς αὐτοῖς ἐλάλησε λέγων· ἐγώ εἰμι τὸ φῶς τοῦ κόσμου· ὁ
ἀκολουθῶν ἐμοὶ οὐ·μὴ περιπατήσει ἐν τῇ σκοτίᾳ, ἀλλ᾽ ἕξει τὸ φῶς τῆς ζωῆς.
13 Εἶπον οὖν αὐτῷ οἱ Φαρισαῖοι· σὺ περὶ σεαυτοῦ μαρτυρεῖς· ἡ μαρτυρία σου οὐκ
14 ἔστιν ἀληθής. Ἀπεκρίθη Ἰησοῦς καὶ εἶπεν αὐτοῖς· κἂν ἐγὼ μαρτυρῶ περὶ ἐμαυ-
τοῦ, ἀληθής ἐστιν ἡ μαρτυρία μου, ὅτι οἶδα πόθεν ἦλθον καὶ ποῦ ὑπάγω· ὑμεῖς
15 δὲ οὐκ οἴδατε, πόθεν ἔρχομαι, καὶ ποῦ ὑπάγω. Ὑμεῖς κατὰ τὴν σάρκα κρίνετε,
16 ἐγὼ οὐ κρίνω οὐδένα. Καὶ ἐὰν κρίνω δὲ ἐγώ, ἡ κρίσις ἡ ἐμὴ ἀληθής ἐστιν, ὅτι
17 μόνος οὐκ εἰμί, ἀλλ᾽ ἐγὼ καὶ ὁ πέμψας με πατήρ. Καὶ ἐν τῷ νόμῳ δὲ τῷ ὑμε-
18 τέρῳ γέγραπται·ᵇ ὅτι δύο ἀνθρώπων ἡ μαρτυρία ἀληθής ἐστιν. Ἐγώ εἰμι ὁ
19 μαρτυρῶν περὶ ἐμαυτοῦ, καὶ μαρτυρεῖ περὶ ἐμοῦ ὁ πέμψας με πατήρ. Ἔλεγον
οὖν αὐτῷ· ποῦ ἔστιν ὁ πατήρ σου; ἀπεκρίθη ὁ Ἰησοῦς· οὔτε ἐμὲ οἴδατε οὔτε
20 τὸν πατέρα μου· εἰ ἐμὲ ᾔδειτε, καὶ τὸν πατέρα μου ᾔδειτε ἄν. Ταῦτα τὰ ῥήματα
ἐλάλησεν [ὁ Ἰησοῦς] ἐν τῷ γαζοφυλακίῳ διδάσκων ἐν τῷ ἱερῷ· καὶ οὐδεὶς ἐπίασεν
αὐτόν, ὅτι οὔπω ἐληλύθει ἡ ὥρα αὐτοῦ.
21 Εἶπεν οὖν πάλιν αὐτοῖς ὁ Ἰησοῦς· ἐγὼ ὑπάγω, καὶ ζητήσετέ με, καὶ ἐν τῇ ἁμαρ-
22 τίᾳ ὑμῶν ἀποθανεῖσθε· ὅπου ἐγὼ ὑπάγω ὑμεῖς οὐ δύνασθε ἐλθεῖν. Ἔλεγον οὖν
οἱ Ἰουδαῖοι· μήτι ἀποκτενεῖ ἑαυτόν, ὅτι λέγει· ὅπου ἐγὼ ὑπάγω, ὑμεῖς οὐ δύνασθε
23 ἐλθεῖν; Καὶ εἶπεν αὐτοῖς· ὑμεῖς ἐκ τῶν κάτω ἐστέ, ἐγὼ ἐκ τῶν ἄνω εἰμί· ὑμεῖς
24 ἐκ τοῦ κόσμου τούτου ἐστέ, ἐγὼ οὐκ εἰμί ἐκ τοῦ κόσμου τούτου. Εἶπον οὖν

ᵃ 5. Lev. 20, 10. Comp. Deut. 22, 21.   ᵇ 17. Deut. 17, 6. Comp. Deut. 19, 15

JOHN VIII.

ὑμῖν, ὅτι ἀποθανεῖσθε ἐν ταῖς ἁμαρτίαις ὑμῶν· ἐὰν γὰρ μὴ πιστεύσητε, ὅτι ἐγώ εἰμι,
25 ἀποθανεῖσθε ἐν ταῖς ἁμαρτίαις ὑμῶν. Ἔλεγον οὖν αὐτῷ· σὺ τίς εἶ; καὶ εἶπεν
26 αὐτοῖς ὁ Ἰησοῦς· τὴν ἀρχὴν ὅ,τι καὶ λαλῶ ὑμῖν. Πολλὰ ἔχω περὶ ὑμῶν λαλεῖν
καὶ κρίνειν· ἀλλ᾽ ὁ πέμψας με ἀληθής ἐστι, κἀγώ, ἃ ἤκουσα παρ᾽ αὐτοῦ, ταῦτα
27 28 λέγω εἰς τὸν κόσμον. Οὐκ ἔγνωσαν, ὅτι τὸν πατέρα αὐτοῖς ἔλεγεν. Εἶπεν
οὖν αὐτοῖς ὁ Ἰησοῦς· ὅταν ὑψώσητε τὸν υἱὸν τοῦ ἀνθρώπου, τότε γνώσεσθε, ὅτι
ἐγώ εἰμι καὶ ἀπ᾽ ἐμαυτοῦ ποιῶ οὐδέν, ἀλλὰ καθὼς ἐδίδαξέ με ὁ πατήρ μου, ταῦτα
29 λαλῶ, ¹ καὶ ὁ πέμψας με μετ᾽ ἐμοῦ ἐστιν· οὐκ ἀφῆκέ με μόνον ὁ πατήρ, ὅτι ἐγὼ τὰ
ἀρεστὰ αὐτῷ ποιῶ πάντοτε.
30 31   Ταῦτα αὐτοῦ λαλοῦντος, πολλοὶ ἐπίστευσαν εἰς αὐτόν. Ἔλεγεν οὖν ὁ Ἰησοῦς
πρὸς τοὺς πεπιστευκότας αὐτῷ Ἰουδαίους· ἐὰν ὑμεῖς μείνητε ἐν τῷ λόγῳ τῷ ἐμῷ,
32 ἀληθῶς μαθηταί μου ἐστέ, ¹ καὶ γνώσεσθε τὴν ἀλήθειαν, καὶ ἡ ἀλήθεια ἐλευθε-
33 ρώσει ὑμᾶς. Ἀπεκρίθησαν αὐτῷ· σπέρμα Ἀβραάμ ἐσμεν καὶ οὐδενὶ δεδουλεύ-
34 καμεν πώποτε· πῶς σὺ λέγεις· ὅτι ἐλεύθεροι γενήσεσθε; Ἀπεκρίθη αὐτοῖς ὁ
Ἰησοῦς· ἀμὴν ἀμὴν λέγω ὑμῖν, ὅτι πᾶς ὁ ποιῶν τὴν ἁμαρτίαν δοῦλός ἐστι τῆς
35 ἁμαρτίας. Ὁ δὲ δοῦλος οὐ μένει ἐν τῇ οἰκίᾳ εἰς τὸν αἰῶνα· ὁ υἱὸς μένει εἰς τὸν
36 37 αἰῶνα. Ἐὰν οὖν ὁ υἱὸς ὑμᾶς ἐλευθερώσῃ, ὄντως ἐλεύθεροι ἔσεσθε. Οἶδα, ὅτι
σπέρμα Ἀβραάμ ἐστε· ἀλλὰ ζητεῖτέ με ἀποκτεῖναι, ὅτι ὁ λόγος ὁ ἐμὸς οὐ χωρεῖ
38 ἐν ὑμῖν. Ἐγὼ ὃ ἑώρακα παρὰ τῷ πατρί μου λαλῶ· καὶ ὑμεῖς οὖν ὃ ἑωράκατε παρὰ
τῷ πατρὶ ὑμῶν ποιεῖτε.
39   Ἀπεκρίθησαν καὶ εἶπον αὐτῷ· ὁ πατὴρ ἡμῶν Ἀβραάμ ἐστι. λέγει αὐτοῖς ὁ
40 Ἰησοῦς· εἰ τέκνα τοῦ Ἀβραὰμ ἦτε, τὰ ἔργα τοῦ Ἀβραὰμ ἐποιεῖτε ἄν. Νῦν δὲ
ζητεῖτέ με ἀποκτεῖναι, ἄνθρωπον, ὃς τὴν ἀλήθειαν ὑμῖν λελάληκα, ἣν ἤκουσα παρὰ
41 τοῦ θεοῦ· τοῦτο Ἀβραὰμ οὐκ ἐποίησεν. ¹ ὑμεῖς ποιεῖτε τὰ ἔργα τοῦ πατρὸς ὑμῶν.
Εἶπον οὖν αὐτῷ· ἡμεῖς ἐκ πορνείας οὐ γεγεννήμεθα· ἕνα πατέρα ἔχομεν, τὸν θεόν.
42 Εἶπεν οὖν αὐτοῖς ὁ Ἰησοῦς· εἰ ὁ θεὸς πατὴρ ὑμῶν ἦν, ἠγαπᾶτε ἂν ἐμέ· ἐγὼ γὰρ ἐκ
τοῦ θεοῦ ἐξῆλθον καὶ ἥκω· οὐδὲ γὰρ ἀπ᾽ ἐμαυτοῦ ἐλήλυθα, ἀλλ᾽ ἐκεῖνός με ἀπέ-
43 στειλε. Διὰ τί τὴν λαλιὰν τὴν ἐμὴν οὐ γινώσκετε; ὅτι οὐ δύνασθε ἀκούειν τὸν
44 λόγον τὸν ἐμόν. Ὑμεῖς ἐκ τοῦ πατρὸς τοῦ διαβόλου ἐστὲ καὶ τὰς ἐπιθυμίας τοῦ
πατρὸς ὑμῶν θέλετε ποιεῖν. ἐκεῖνος ἀνθρωποκτόνος ἦν ἀπ᾽ ἀρχῆς καὶ ἐν τῇ ἀληθείᾳ
οὐχ ἕστηκεν, ὅτι οὐκ ἔστιν ἀλήθεια ἐν αὐτῷ. ὅταν λαλῇ τὸ ψεῦδος, ἐκ τῶν ἰδίων
45 λαλεῖ, ὅτι ψεύστης ἐστὶ καὶ ὁ πατὴρ αὐτοῦ. Ἐγὼ δὲ ὅτι τὴν ἀλήθειαν λέγω, οὐ
46 πιστεύετέ μοι. Τίς ἐξ ὑμῶν ἐλέγχει με περὶ ἁμαρτίας; εἰ δὲ ἀλήθειαν λέγω, διὰ
47 τί ὑμεῖς οὐ πιστεύετέ μοι; Ὁ ὢν ἐκ τοῦ θεοῦ τὰ ῥήματα τοῦ θεοῦ ἀκούει· διὰ
τοῦτο ὑμεῖς οὐκ ἀκούετε, ὅτι ἐκ τοῦ θεοῦ οὐκ ἐστέ.
48   Ἀπεκρίθησαν οὖν οἱ Ἰουδαῖοι καὶ εἶπον αὐτῷ· οὐ καλῶς λέγομεν ἡμεῖς, ὅτι
49 Σαμαρείτης εἶ σὺ καὶ δαιμόνιον ἔχεις; Ἀπεκρίθη Ἰησοῦς· ἐγὼ δαιμόνιον οὐκ ἔχω,
50 ἀλλὰ τιμῶ τὸν πατέρα μου, καὶ ὑμεῖς ἀτιμάζετέ με. Ἐγὼ δὲ οὐ ζητῶ τὴν δόξαν
51 μου· ἔστιν ὁ ζητῶν καὶ κρίνων. Ἀμὴν ἀμὴν λέγω ὑμῖν, ἐάν τις τὸν λόγον τὸν
52 ἐμὸν τηρήσῃ, θάνατον οὐ μὴ θεωρήσῃ εἰς τὸν αἰῶνα. Εἶπον οὖν αὐτῷ οἱ Ἰουδαῖοι·
νῦν ἐγνώκαμεν, ὅτι δαιμόνιον ἔχεις. Ἀβραὰμ ἀπέθανε καὶ οἱ προφῆται, καὶ σὺ
53 λέγεις· ἐάν τις τὸν λόγον μου τηρήσῃ, οὐ μὴ γεύσηται θανάτου εἰς τὸν αἰῶνα· ¹ μὴ
σὺ μείζων εἶ τοῦ πατρὸς ἡμῶν Ἀβραάμ, ὅστις ἀπέθανε; καὶ οἱ προφῆται

JOHN VIII.

54 ἀπέθανον· τίνα σεαυτὸν ποιεῖς; Ἀπεκρίθη Ἰησοῦς· ἐὰν ἐγὼ δοξάζω ἐμαυτόν, ἡ δόξα μου οὐδέν ἐστιν· ἔστιν ὁ πατήρ μου ὁ δοξάζων με, ὃν ὑμεῖς λέγετε, ὅτι θεὸς 55 ὑμῶν ἐστι, ¹ καὶ οὐκ ἐγνώκατε αὐτόν· ἐγὼ δὲ οἶδα αὐτόν· καὶ ἐὰν εἴπω, ὅτι οὐκ οἶδα αὐτόν, ἔσομαι ὅμοιος ὑμῶν, ψεύστης· ἀλλ' οἶδα αὐτὸν καὶ τὸν λόγον αὐτοῦ 56 τηρῶ. Ἀβραὰμ ὁ πατὴρ ὑμῶν ἠγαλλιάσατο, ἵνα ἴδῃ τὴν ἡμέραν τὴν ἐμήν· καὶ 57 εἶδε καὶ ἐχάρη. Εἶπον οὖν οἱ Ἰουδαῖοι πρὸς αὐτόν· πεντήκοντα ἔτη οὔπω ἔχεις, 58 καὶ Ἀβραὰμ ἑώρακας; Εἶπεν αὐτοῖς ὁ Ἰησοῦς· ἀμὴν ἀμὴν λέγω ὑμῖν, πρὶν Ἀβραὰμ γενέσθαι ἐγώ εἰμι. 59 Ἦραν οὖν λίθους, ἵνα βάλωσιν ἐπ' αὐτόν· Ἰησοῦς δὲ ἐκρύβη καὶ ἐξῆλθεν ἐκ τοῦ ἱεροῦ διελθὼν διὰ μέσου αὐτῶν, καὶ παρῆγεν οὕτως.

§ 86. A Lawyer instructed. Love to our neighbour defined. Parable of the good Samaritan.—*Near Jerusalem.*

LUKE X. 25–37.

25 Καὶ ἰδού, νομικός τις ἀνέστη ἐκπειράζων αὐτὸν καὶ λέγων· διδάσκαλε, τί ποι- 26 ήσας ζωὴν αἰώνιον κληρονομήσω; Ὁ δὲ εἶπε πρὸς αὐτόν· ἐν τῷ νόμῳ τί γέγρα- 27 πται; πῶς ἀναγινώσκεις;. Ὁ δὲ ἀποκριθεὶς εἶπεν·ᵃ ἀγαπήσεις κύριον τὸν θεόν σου ἐξ ὅλης τῆς καρδίας σου καὶ ἐξ ὅλης τῆς ψυχῆς σου καὶ ἐξ ὅλης τῆς ἰσχύος 28 σου καὶ ἐξ ὅλης τῆς διανοίας σου, καὶ τὸν πλησίον σου ὡς σεαυτόν. Εἶπε δὲ αὐτῷ· ὀρθῶς ἀπεκρίθης· τοῦτο ποίει, καὶ ζήσῃ. 29 Ὁ δὲ θέλων δικαιοῦν ἑαυτὸν εἶπε πρὸς τὸν Ἰησοῦν· καὶ τίς ἐστί μου πλησίον; 30 Ὑπολαβὼν δὲ ὁ Ἰησοῦς εἶπεν· ἄνθρωπός τις κατέβαινεν ἀπὸ Ἰερουσαλὴμ εἰς Ἰεριχώ, καὶ λῃσταῖς περιέπεσεν· οἳ καὶ ἐκδύσαντες αὐτὸν καὶ πληγὰς ἐπιθέντες 31 ἀπῆλθον, ἀφέντες ἡμιθανὴ τυγχάνοντα. Κατὰ συγκυρίαν δὲ ἱερεύς τις κατέβαινεν 32 ἐν τῇ ὁδῷ ἐκείνῃ, καὶ ἰδὼν αὐτὸν ἀντιπαρῆλθεν. Ὁμοίως δὲ καὶ Λευΐτης, γενόμενος 33 κατὰ τὸν τόπον, ἐλθὼν καὶ ἰδὼν ἀντιπαρῆλθε. Σαμαρείτης δέ τις ὁδεύων ἦλθε κατ' 34 αὐτόν, καὶ ἰδὼν αὐτὸν ἐσπλαγχνίσθη. Καὶ προσελθὼν κατέδησε τὰ τραύματα αὐτοῦ, ἐπιχέων ἔλαιον καὶ οἶνον· ἐπιβιβάσας δὲ αὐτὸν ἐπὶ τὸ ἴδιον κτῆνος ἤγαγεν 35 αὐτὸν εἰς πανδοχεῖον καὶ ἐπεμελήθη αὐτοῦ. Καὶ ἐπὶ τὴν αὔριον ἐξελθών, ἐκβαλὼν δύο δηνάρια ἔδωκε τῷ πανδοχεῖ καὶ εἶπεν αὐτῷ· ἐπιμελήθητι αὐτοῦ, καὶ ὅ,τι ἂν 36 προσδαπανήσῃς, ἐγὼ ἐν τῷ ἐπανέρχεσθαί με ἀποδώσω σοι. Τίς οὖν τούτων τῶν 37 τριῶν δοκεῖ σοι πλησίον γεγονέναι τοῦ ἐμπεσόντος εἰς τοὺς λῃστάς; Ὁ δὲ εἶπεν· ὁ ποιήσας τὸ ἔλεος μετ' αὐτοῦ. εἶπεν οὖν αὐτῷ ὁ Ἰησοῦς· πορεύου καὶ σύ, ποίει ὁμοίως.

§ 87. Jesus in the house of Martha and Mary.—*Bethany.*

LUKE X. 38–42.

38 Ἐγένετο δὲ ἐν τῷ πορεύεσθαι αὐτούς, καὶ αὐτὸς εἰσῆλθεν εἰς κώμην τινά· 39 γυνὴ δέ τις ὀνόματι Μάρθα ὑπεδέξατο αὐτὸν εἰς τὸν οἶκον αὐτῆς. Καὶ τῇδε ἦν ἀδελφὴ καλουμένη Μαρία, ἣ καὶ παρακαθίσασα παρὰ τοὺς πόδας τοῦ Ἰησοῦ

ᵃ 27. Deut. 6, 5. Lev. 19, 18. Comp. Lev. 18, 5.

LUKE X.

40 ἤκουε τὸν λόγον αὐτοῦ. Ἡ δὲ Μάρθα περιεσπᾶτο περὶ πολλὴν διακονίαν· ἐπιστᾶσα δὲ εἶπε· κύριε, οὐ μέλει σοι, ὅτι ἡ ἀδελφή μου μόνην με κατέλιπε διακονεῖν;
41 εἰπὲ οὖν αὐτῇ, ἵνα μοι συναντιλάβηται. Ἀποκριθεὶς δὲ εἶπεν αὐτῇ ὁ Ἰησοῦς·
42 Μάρθα, Μάρθα, μεριμνᾷς καὶ τυρβάζῃ περὶ πολλά· ἑνὸς δέ ἐστι χρεία. Μαρία δὲ τὴν ἀγαθὴν μερίδα ἐξελέξατο, ἥτις οὐκ ἀφαιρεθήσεται ἀπ' αὐτῆς.

§ 88. The Disciples again taught how to pray.—*Near Jerusalem.*

LUKE XI. 1-13.

1 Καὶ ἐγένετο ἐν τῷ εἶναι αὐτὸν ἐν τόπῳ τινὶ προςευχόμενον, ὡς ἐπαύσατο, εἶπέ τις τῶν μαθητῶν αὐτοῦ πρὸς αὐτόν· κύριε, δίδαξον ἡμᾶς προσεύχεσθαι, καθὼς καὶ
2 Ἰωάννης ἐδίδαξε τοὺς μαθητὰς αὐτοῦ. Εἶπε δὲ αὐτοῖς· ὅταν προσεύχησθε, λέγετε· πάτερ ἡμῶν ὁ ἐν τοῖς οὐρανοῖς, ἁγιασθήτω τὸ ὄνομά σου· ἐλθέτω ἡ βασιλεία σου·
3 γενηθήτω τὸ θέλημά σου ὡς ἐν οὐρανῷ καὶ ἐπὶ τῆς γῆς· τὸν ἄρτον ἡμῶν τὸν
4 ἐπιούσιον δίδου ἡμῖν τὸ καθ' ἡμέραν· καὶ ἄφες ἡμῖν τὰς ἁμαρτίας ἡμῶν, καὶ γὰρ αὐτοὶ ἀφίεμεν παντὶ ὀφείλοντι ἡμῖν· καὶ μὴ εἰσενέγκῃς ἡμᾶς εἰς πειρασμόν· ἀλλὰ ῥῦσαι ἡμᾶς ἀπὸ τοῦ πονηροῦ.
5 Καὶ εἶπε πρὸς αὐτούς· τίς ἐξ ὑμῶν ἕξει φίλον, καὶ πορεύσεται πρὸς αὐτὸν μεσο-
6 νυκτίου καὶ εἴπῃ αὐτῷ· φίλε, χρῆσόν μοι τρεῖς ἄρτους, ἐπειδὴ φίλος μου παρε-
7 γένετο ἐξ ὁδοῦ πρός με καὶ οὐκ ἔχω ὃ παραθήσω αὐτῷ· κἀκεῖνος ἔσωθεν ἀποκρι-
θεὶς εἴπῃ· μή μοι κόπους πάρεχε· ἤδη ἡ θύρα κέκλεισται, καὶ τὰ παιδία μου μετ'
8 ἐμοῦ εἰς τὴν κοίτην εἰσίν· οὐ δύναμαι ἀναστὰς δοῦναί σοι. Λέγω ὑμῖν, εἰ καὶ οὐ δώσει αὐτῷ ἀναστὰς διὰ τὸ εἶναι αὐτοῦ φίλον, διά γε τὴν ἀναίδειαν αὐτοῦ ἐγερθεὶς
9 δώσει αὐτῷ ὅσων χρῄζει. Κἀγὼ ὑμῖν λέγω· αἰτεῖτε, καὶ δοθήσεται ὑμῖν· ζητεῖτε
10 καὶ εὑρήσετε· κρούετε, καὶ ἀνοιγήσεται ὑμῖν. Πᾶς γὰρ ὁ αἰτῶν λαμβάνει, καὶ ὁ
11 ζητῶν εὑρίσκει, καὶ τῷ κρούοντι ἀνοιγήσεται. Τίνα δὲ ἐξ ὑμῶν τὸν πατέρα αἰτήσει ὁ υἱὸς ἄρτον, μὴ λίθον ἐπιδώσει αὐτῷ; ἢ καὶ ἰχθύν, μὴ ἀντὶ ἰχθύος ὄφιν ἐπιδώσει
12 13 αὐτῷ; ἢ καὶ ἐὰν αἰτήσῃ ᾠόν, μὴ ἐπιδώσει αὐτῷ σκορπίον; Εἰ οὖν ὑμεῖς πονηροὶ ὑπάρχοντες οἴδατε δόματα ἀγαθὰ διδόναι τοῖς τέκνοις ὑμῶν, πόσῳ μᾶλλον ὁ πατὴρ ὁ ἐξ οὐρανοῦ δώσει πνεῦμα ἅγιον τοῖς αἰτοῦσιν αὐτόν.

§ 89. The Seventy return.—*Jerusalem?*

LUKE X. 17-24.

17 Ὑπέστρεψαν δὲ οἱ ἑβδομήκοντα μετὰ χαρᾶς λέγοντες· κύριε, καὶ τὰ δαιμόνια
18 ὑποτάσσεται ἡμῖν ἐν τῷ ὀνόματί σου. Εἶπε δὲ αὐτοῖς· ἐθεώρουν τὸν σατανᾶν
19 ὡς ἀστραπὴν ἐκ τοῦ οὐρανοῦ πεσόντα. Ἰδού, δίδωμι ὑμῖν τὴν ἐξουσίαν τοῦ πατεῖν ἐπάνω ὄφεων καὶ σκορπίων, καὶ ἐπὶ πᾶσαν τὴν δύναμιν τοῦ ἐχθροῦ· καὶ οὐδὲν
20 ὑμᾶς οὐ μὴ ἀδικήσει. Πλὴν ἐν τούτῳ μὴ χαίρετε, ὅτι τὰ πνεύματα ὑμῖν ὑποτάσσεται· χαίρετε δὲ [μᾶλλον], ὅτι τὰ ὀνόματα ὑμῶν ἐγράφη ἐν τοῖς οὐρανοῖς.
21 Ἐν αὐτῇ τῇ ὥρᾳ ἠγαλλιάσατο τῷ πνεύματι ὁ Ἰησοῦς καὶ εἶπεν· ἐξομολογοῦμαί σοι, πάτερ, κύριε τοῦ οὐρανοῦ καὶ τῆς γῆς, ὅτι ἀπέκρυψας ταῦτα ἀπὸ σοφῶν καὶ συνετῶν καὶ ἀπεκάλυψας αὐτὰ νηπίοις. ναί, ὁ πατήρ, ὅτι οὕτως ἐγένετο εὐδοκία

LUKE X.

22 ἔμπροσθέν σου. Καὶ στραφεὶς πρὸς τοὺς μαθητὰς εἶπε· πάντα μοι παρεδόθη ὑπὸ τοῦ πατρός μου· καὶ οὐδεὶς γινώσκει, τίς ἐστιν ὁ υἱός, εἰ μὴ ὁ πατήρ, καὶ τίς ἐστιν ὁ πατήρ, εἰ μὴ ὁ υἱός, καὶ ᾧ ἐὰν βούληται ὁ υἱὸς ἀποκαλύψαι.
23 Καὶ στραφεὶς πρὸς τοὺς μαθητὰς κατ᾽ ἰδίαν εἶπε· μακάριοι οἱ ὀφθαλμοὶ 24 οἱ βλέποντες, ἃ βλέπετε. Λέγω γὰρ ὑμῖν, ὅτι πολλοὶ προφῆται καὶ βασιλεῖς ἠθέλησαν ἰδεῖν, ἃ ὑμεῖς βλέπετε, καὶ οὐκ εἶδον· καὶ ἀκοῦσαι, ἃ ἀκούετε, καὶ οὐκ ἤκουσαν.

§ 90. A man born blind is healed on the Sabbath. Our Lord's subsequent discourses.—*Jerusalem.*

JOHN IX. 1–41. X. 1–21.

1 2 Καὶ παράγων εἶδεν ἄνθρωπον τυφλὸν ἐκ γενετῆς. Καὶ ἠρώτησαν αὐτὸν οἱ μαθηταὶ αὐτοῦ λέγοντες· ῥαββί, τίς ἥμαρτεν; οὗτος ἢ οἱ γονεῖς αὐτοῦ, ἵνα τυφλὸς 3 γεννηθῇ; Ἀπεκρίθη Ἰησοῦς· οὔτε οὗτος ἥμαρτεν οὔτε οἱ γονεῖς αὐτοῦ, ἀλλ᾽ ἵνα 4 φανερωθῇ τὰ ἔργα τοῦ θεοῦ ἐν αὐτῷ. Ἐμὲ δεῖ ἐργάζεσθαι τὰ ἔργα τοῦ πέμψαντός 5 με, ἕως ἡμέρα ἐστίν· ἔρχεται νύξ, ὅτε οὐδεὶς δύναται ἐργάζεσθαι. Ὅταν ἐν τῷ 6 κόσμῳ ὦ, φῶς εἰμι τοῦ κόσμου. Ταῦτα εἰπὼν ἔπτυσε χαμαί, καὶ ἐποίησε πηλὸν ἐκ 7 τοῦ πτύσματος, καὶ ἐπέχρισε τὸν πηλὸν ἐπὶ τοὺς ὀφθαλμοὺς τοῦ τυφλοῦ, | καὶ εἶπεν αὐτῷ· ὕπαγε, νίψαι εἰς τὴν κολυμβήθραν τοῦ Σιλωάμ (ὃ ἑρμηνεύεται ἀπεσταλμένος). ἀπῆλθεν οὖν καὶ ἐνίψατο, καὶ ἦλθε βλέπων.
8 Οἱ οὖν γείτονες καὶ οἱ θεωροῦντες αὐτὸν τὸ πρότερον, ὅτι προσαίτης ἦν, ἔλεγον· 9 οὐχ οὗτός ἐστιν ὁ καθήμενος καὶ προσαιτῶν; Ἄλλοι ἔλεγον· ὅτι οὗτός ἐστιν. 10 ἄλλοι δέ· ὅτι ὅμοιος αὐτῷ ἐστιν. ἐκεῖνος ἔλεγεν· ὅτι ἐγώ εἰμι. Ἔλεγον οὖν αὐτῷ· 11 πῶς ἀνεῴχθησάν σου οἱ ὀφθαλμοί; Ἀπεκρίθη ἐκεῖνος καὶ εἶπεν· ἄνθρωπος λεγόμενος Ἰησοῦς πηλὸν ἐποίησε καὶ ἐπέχρισέ μου τοὺς ὀφθαλμούς, καὶ εἶπέ μοι· ὕπαγε εἰς τὴν κολυμβήθραν τοῦ Σιλωὰμ καὶ νίψαι. ἀπελθὼν δὲ καὶ νιψάμενος 12 ἀνέβλεψα. Εἶπον οὖν αὐτῷ· ποῦ ἐστιν ἐκεῖνος; λέγει· οὐκ οἶδα.
13 14 Ἄγουσιν αὐτὸν πρὸς τοὺς Φαρισαίους, τόν ποτε τυφλόν. Ἦν δὲ σάββατον, 15 ὅτε τὸν πηλὸν ἐποίησεν ὁ Ἰησοῦς καὶ ἀνέῳξεν αὐτοῦ τοὺς ὀφθαλμούς. Πάλιν οὖν ἠρώτων αὐτὸν καὶ οἱ Φαρισαῖοι, πῶς ἀνέβλεψεν. ὁ δὲ εἶπεν αὐτοῖς· πηλὸν 16 ἐπέθηκέ μου ἐπὶ τοὺς ὀφθαλμούς, καὶ ἐνιψάμην, καὶ βλέπω. Ἔλεγον οὖν ἐκ τῶν Φαρισαίων τινές· οὗτος ὁ ἄνθρωπος οὐκ ἔστι παρὰ τοῦ θεοῦ, ὅτι τὸ σάββατον οὐ τηρεῖ. ἄλλοι ἔλεγον· πῶς δύναται ἄνθρωπος ἁμαρτωλὸς τοιαῦτα σημεῖα 17 ποιεῖν; καὶ σχίσμα ἦν ἐν αὐτοῖς. Λέγουσι τῷ τυφλῷ πάλιν· σὺ τί λέγεις περὶ 18 αὐτοῦ, ὅτι ἤνοιξέ σου τοὺς ὀφθαλμούς; ὁ δὲ εἶπεν· ὅτι προφήτης ἐστίν. Οὐκ ἐπίστευσαν οὖν οἱ Ἰουδαῖοι περὶ αὐτοῦ, ὅτι τυφλὸς ἦν καὶ ἀνέβλεψεν, ἕως ὅτου 19 ἐφώνησαν τοὺς γονεῖς αὐτοῦ τοῦ ἀναβλέψαντος. Καὶ ἠρώτησαν αὐτοὺς λέγοντες· οὗτός ἐστιν ὁ υἱὸς ὑμῶν, ὃν ὑμεῖς λέγετε ὅτι τυφλὸς ἐγεννήθη; πῶς οὖν ἄρτι βλέ- 20 πει; Ἀπεκρίθησαν αὐτοῖς οἱ γονεῖς αὐτοῦ καὶ εἶπον· οἴδαμεν, ὅτι οὗτός ἐστιν ὁ 21 υἱὸς ἡμῶν καὶ ὅτι τυφλὸς ἐγεννήθη· πῶς δὲ νῦν βλέπει, οὐκ οἴδαμεν, ἢ τίς ἤνοιξεν αὐτοῦ τοὺς ὀφθαλμούς, ἡμεῖς οὐκ οἴδαμεν· αὐτὸς ἡλικίαν ἔχει, αὐτὸν ἐρωτήσατε,

JOHN IX.

22 αὐτὸς περὶ αὑτοῦ λαλήσει. Ταῦτα εἶπον οἱ γονεῖς αὐτοῦ, ὅτι ἐφοβοῦντο τοὺς Ἰουδαίους. ἤδη γὰρ συνετέθειντο οἱ Ἰουδαῖοι, ἵνα ἐάν τις αὐτὸν ὁμολογήσῃ Χριστόν,
23 ἀποσυνάγωγος γένηται. Διὰ τοῦτο οἱ γονεῖς αὐτοῦ εἶπον· ὅτι ἡλικίαν ἔχει, αὐτὸν ἐρωτήσατε.
24 Ἐφώνησαν οὖν ἐκ δευτέρου τὸν ἄνθρωπον, ὃς ἦν τυφλός, καὶ εἶπον αὐτῷ· δὸς
25 δόξαν τῷ θεῷ· ἡμεῖς οἴδαμεν, ὅτι ὁ ἄνθρωπος οὗτος ἁμαρτωλός ἐστιν. Ἀπεκρίθη οὖν ἐκεῖνος καὶ εἶπεν· εἰ ἁμαρτωλός ἐστιν, οὐκ οἶδα· ἓν οἶδα, ὅτι τυφλὸς ὢν ἄρτι
26 βλέπω. Εἶπον δὲ αὐτῷ πάλιν· τί ἐποίησέ σοι; πῶς ἤνοιξέ σου τοὺς ὀφθαλμούς;
27 Ἀπεκρίθη αὐτοῖς· εἶπον ὑμῖν ἤδη, καὶ οὐκ ἠκούσατε· τί πάλιν θέλετε ἀκούειν; μὴ
28 καὶ ὑμεῖς θέλετε αὐτοῦ μαθηταὶ γενέσθαι; Ἐλοιδόρησαν αὐτὸν καὶ εἶπον· σὺ εἶ
29 μαθητὴς ἐκείνου· ἡμεῖς δὲ τοῦ Μωϋσέως ἐσμὲν μαθηταί· ¹ ἡμεῖς οἴδαμεν, ὅτι
30 Μωϋσῇ λελάληκεν ὁ θεός· τοῦτον δὲ οὐκ οἴδαμεν πόθεν ἐστίν. Ἀπεκρίθη ὁ ἄνθρωπος καὶ εἶπεν αὐτοῖς· ἐν γὰρ τούτῳ θαυμαστόν ἐστιν, ὅτι ὑμεῖς οὐκ οἴδατε
31 πόθεν ἐστί, καὶ ἀνέῳξέ μου τοὺς ὀφθαλμούς. Οἴδαμεν δέ, ὅτι ἁμαρτωλῶν ὁ θεὸς οὐκ ἀκούει,ᵃ ἀλλ' ἐάν τις θεοσεβὴς ᾖ καὶ τὸ θέλημα αὐτοῦ ποιῇ, τούτου ἀκούει.
32 Ἐκ τοῦ αἰῶνος οὐκ ἠκούσθη, ὅτι ἤνοιξέ τις ὀφθαλμοὺς τυφλοῦ γεγεννημένου.
33 34 Εἰ μὴ ἦν οὗτος παρὰ θεοῦ, οὐκ ἠδύνατο ποιεῖν οὐδέν. Ἀπεκρίθησαν καὶ εἶπον αὐτῷ· ἐν ἁμαρτίαις σὺ ἐγεννήθης ὅλος, καὶ σὺ διδάσκεις ἡμᾶς; καὶ ἐξέβαλον αὐτὸν ἔξω.
35 Ἤκουσεν ὁ Ἰησοῦς, ὅτι ἐξέβαλον αὐτὸν ἔξω, καὶ εὑρὼν αὐτὸν εἶπεν αὐτῷ· σὺ
36 πιστεύεις εἰς τὸν υἱὸν τοῦ θεοῦ; Ἀπεκρίθη ἐκεῖνος καὶ εἶπε· τίς ἐστι, κύριε, ἵνα
37 πιστεύσω εἰς αὐτόν; Εἶπε δὲ αὐτῷ ὁ Ἰησοῦς· καὶ ἑώρακας αὐτόν, καὶ ὁ λαλῶν
38 μετὰ σοῦ ἐκεῖνός ἐστιν. Ὁ δὲ ἔφη· πιστεύω, κύριε· καὶ προσεκύνησεν αὐτῷ.
39 Καὶ εἶπεν ὁ Ἰησοῦς· εἰς κρίμα ἐγὼ εἰς τὸν κόσμον τοῦτον ἦλθον, ἵνα οἱ μὴ βλέ-
40 ποντες βλέπωσι καὶ οἱ βλέποντες τυφλοὶ γένωνται. Καὶ ἤκουσαν ἐκ τῶν Φαρισαίων
41 ταῦτα οἱ ὄντες μετ' αὐτοῦ, καὶ εἶπον αὐτῷ· μὴ καὶ ἡμεῖς τυφλοί ἐσμεν; Εἶπεν αὐτοῖς ὁ Ἰησοῦς· εἰ τυφλοὶ ἦτε, οὐκ ἂν εἴχετε ἁμαρτίαν· νῦν δὲ λέγετε· ὅτι βλέπομεν· ἡ οὖν ἁμαρτία ὑμῶν μένει.

X. 1 Ἀμὴν ἀμὴν λέγω ὑμῖν, ὁ μὴ εἰσερχόμενος διὰ τῆς θύρας εἰς τὴν αὐλὴν τῶν
2 προβάτων, ἀλλὰ ἀναβαίνων ἀλλαχόθεν, ἐκεῖνος κλέπτης ἐστὶ καὶ λῃστής· ¹ ὁ δὲ
3 εἰσερχόμενος διὰ τῆς θύρας ποιμήν ἐστι τῶν προβάτων. Τούτῳ ὁ θυρωρὸς ἀνοίγει, καὶ τὰ πρόβατα τῆς φωνῆς αὐτοῦ ἀκούει, καὶ τὰ ἴδια πρόβατα καλεῖ κατ' ὄνομα καὶ
4 ἐξάγει αὐτά. Καὶ ὅταν τὰ ἴδια πρόβατα ἐκβάλῃ, ἔμπροσθεν αὐτῶν πορεύεται,
5 καὶ τὰ πρόβατα αὐτῷ ἀκολουθεῖ, ὅτι οἴδασι τὴν φωνὴν αὐτοῦ. Ἀλλοτρίῳ δὲ οὐ μὴ ἀκολουθήσωσιν, ἀλλὰ φεύξονται ἀπ' αὐτοῦ, ὅτι οὐκ οἴδασι τῶν ἀλλοτρίων τὴν
6 φωνήν. Ταύτην τὴν παροιμίαν εἶπεν αὐτοῖς ὁ Ἰησοῦς· ἐκεῖνοι δὲ οὐκ ἔγνωσαν, τίνα ἦν, ἃ ἐλάλει αὐτοῖς.
7 Εἶπεν οὖν πάλιν αὐτοῖς ὁ Ἰησοῦς· ἀμὴν ἀμὴν λέγω ὑμῖν, ὅτι ἐγώ εἰμι ἡ θύρα
8 τῶν προβάτων. Πάντες, ὅσοι πρὸ ἐμοῦ ἦλθον, κλέπται εἰσὶ καὶ λῃσταί· ἀλλ' οὐκ
9 ἤκοισαν αὐτῶν τὰ πρόβατα. Ἐγώ εἰμι ἡ θύρα· δι' ἐμοῦ ἐάν τις εἰσέλθῃ, σωθή-
10 σεται, καὶ εἰσελεύσεται καὶ ἐξελεύσεται, καὶ νομὴν εὑρήσει. Ὁ κλέπτης οὐκ ἔρχεται, εἰ μὴ ἵνα κλέψῃ καὶ θύσῃ καὶ ἀπολέσῃ· ἐγὼ ἦλθον, ἵνα ζωὴν ἔχωσι καὶ

<hr>

ᵃ 31. Comp. Prov. 28, 9.

9

JOHN X.

11 περισσὸν ἔχωσιν. Ἐγώ εἰμι ὁ ποιμὴν ὁ καλός. ὁ ποιμὴν ὁ καλὸς τὴν ψυχὴν αὐτοῦ
12 τίθησιν ὑπὲρ τῶν προβάτων· ὁ μισθωτὸς δέ, καὶ οὐκ ὢν ποιμήν, οὗ οὐκ εἰσὶ τὰ
πρόβατα ἴδια, θεωρεῖ τὸν λύκον ἐρχόμενον, καὶ ἀφίησι τὰ πρόβατα καὶ φεύγει·
13 καὶ ὁ λύκος ἁρπάζει αὐτὰ καὶ σκορπίζει τὰ πρόβατα. Ὁ δὲ μισθωτὸς φεύγει, ὅτι
14 μισθωτός ἐστι καὶ οὐ μέλει αὐτῷ περὶ τῶν προβάτων. Ἐγώ εἰμι ὁ ποιμὴν ὁ καλός,
15 καὶ γινώσκω τὰ ἐμὰ καὶ γινώσκομαι ὑπὸ τῶν ἐμῶν, | καθὼς γινώσκει με ὁ πατὴρ
16 κἀγὼ γινώσκω τὸν πατέρα, καὶ τὴν ψυχήν μου τίθημι ὑπὲρ τῶν προβάτων. Καὶ
ἄλλα πρόβατα ἔχω, ἃ οὐκ ἔστιν ἐκ τῆς αὐλῆς ταύτης· κἀκεῖνά με δεῖ ἀγαγεῖν,
17 καὶ τῆς φωνῆς μου ἀκούσουσι, καὶ γενήσεται μία ποίμνη, εἰς ποιμήν. Διὰ τοῦτο
18 ὁ πατήρ με ἀγαπᾷ, ὅτι ἐγὼ τίθημι τὴν ψυχήν μου, ἵνα πάλιν λάβω αὐτήν. Οὐδεὶς
αἴρει αὐτὴν ἀπ᾽ ἐμοῦ, ἀλλ᾽ ἐγὼ τίθημι αὐτὴν ἀπ᾽ ἐμαυτοῦ· ἐξουσίαν ἔχω θεῖναι
αὐτήν, καὶ ἐξουσίαν ἔχω πάλιν λαβεῖν αὐτήν. ταύτην τὴν ἐντολὴν ἔλαβον παρὰ
τοῦ πατρός μου.·
19 20 Σχίσμα οὖν πάλιν ἐγένετο ἐν τοῖς Ἰουδαίοις διὰ τοὺς λόγους τούτους. Ἔλεγον
21 δὲ πολλοὶ ἐξ αὐτῶν· δαιμόνιον ἔχει καὶ μαίνεται· τί αὐτοῦ ἀκούετε ; Ἄλλοι ἔλεγον·
ταῦτα τὰ ῥήματα οὐκ ἔστι δαιμονιζομένου· μὴ δαιμόνιον δύναται τυφλῶν ὀφθαλ-
μοὺς ἀνοίγειν ;

§ 91. Jesus in Jerusalem at the Festival of Dedication. He retires beyond
Jordan.—*Jerusalem. Bethany beyond Jordan.*

JOHN X. 22-42.

22 23 Ἐγένετο δὲ τὰ ἐγκαίνια ἐν τοῖς Ἱεροσολύμοις, καὶ χειμὼν ἦν, | καὶ περιεπάτει
24 ὁ Ἰησοῦς ἐν τῷ ἱερῷ ἐν τῇ στοᾷ Σολομῶνος. Ἐκύκλωσαν οὖν αὐτὸν οἱ Ἰουδαῖοι
καὶ ἔλεγον αὐτῷ· ἕως πότε τὴν ψυχὴν ἡμῶν αἴρεις ; εἰ σὺ εἶ ὁ Χριστός, εἰπὲ ἡμῖν
25 παρρησίᾳ. Ἀπεκρίθη αὐτοῖς ὁ Ἰησοῦς· εἶπον ὑμῖν, καὶ οὐ πιστεύετε. τὰ ἔργα, ἃ
26 ἐγὼ ποιῶ ἐν τῷ ὀνόματι τοῦ πατρός μου, ταῦτα μαρτυρεῖ περὶ ἐμοῦ. Ἀλλ᾽
ὑμεῖς οὐ πιστεύετε· οὐ γάρ ἐστε ἐκ τῶν προβάτων τῶν ἐμῶν, καθὼς εἶπον ὑμῖν.
27 Τὰ πρόβατα τὰ ἐμὰ τῆς φωνῆς μου ἀκούει, κἀγὼ γινώσκω αὐτά, καὶ ἀκολουθοῦσί
28 μοι, | κἀγὼ ζωὴν αἰώνιον δίδωμι αὐτοῖς· καὶ οὐ μὴ ἀπόλωνται εἰς τὸν αἰῶνα, καὶ
29 οὐχ ἁρπάσει τις αὐτὰ ἐκ τῆς χειρός μου. Ὁ πατήρ μου, ὃς δέδωκέ μοι, μείζων
30 πάντων ἐστί, καὶ οὐδεὶς δύναται ἁρπάζειν ἐκ τῆς χειρὸς τοῦ πατρός μου. Ἐγὼ καὶ
ὁ πατὴρ ἕν ἐσμεν.
31 32 Ἐβάστασαν οὖν πάλιν λίθους οἱ Ἰουδαῖοι, ἵνα λιθάσωσιν αὐτόν. Ἀπεκρίθη
αὐτοῖς ὁ Ἰησοῦς· πολλὰ καλὰ ἔργα ἔδειξα ὑμῖν ἐκ τοῦ πατρός μου· διὰ ποῖον
33 αὐτῶν ἔργον λιθάζετέ με ; Ἀπεκρίθησαν αὐτῷ οἱ Ἰουδαῖοι λέγοντες· περὶ καλοῦ
ἔργου οὐ λιθάζομέν σε, ἀλλὰ περὶ βλασφημίας, καὶ ὅτι σὺ ἄνθρωπος ὢν ποιεῖς
34 σεαυτὸν θεόν. Ἀπεκρίθη αὐτοῖς ὁ Ἰησοῦς· οὐκ ἔστι γεγραμμένον ἐν τῷ νόμῳ
35 ὑμῶν·ᵃ ἐγὼ εἶπα, θεοί ἐστε ; Εἰ ἐκείνους εἶπε θεούς, πρὸς οὓς ὁ λόγος τοῦ θεοῦ
36 ἐγένετο, καὶ οὐ δύναται λυθῆναι ἡ γραφή· ὃν ὁ πατὴρ ἡγίασε καὶ ἀπέστειλεν εἰς
τὸν κόσμον, ὑμεῖς λέγετε· ὅτι βλασφημεῖς, ὅτι εἶπον· υἱὸς τοῦ θεοῦ εἰμι ;
37 38 Εἰ οὐ ποιῶ τὰ ἔργα τοῦ πατρός μου, μὴ πιστεύετέ μοι. Εἰ δὲ ποιῶ, κἂν ἐμοὶ

ᵃ **31.** Ps. 82, 6. Comp. Ex. 22, 7 sq.

JOHN X.

μὴ πιστεύητε, τοῖς ἔργοις πιστεύσατε, ἵνα γνῶτε καὶ πιστεύσητε, ὅτι ἐν ἐμοὶ ὁ πατήρ, κἀγὼ ἐν αὐτῷ.

39 40 Ἐζήτουν οὖν πάλιν αὐτὸν πιάσαι · καὶ ἐξῆλθεν ἐκ τῆς χειρὸς αὐτῶν · | καὶ ἀπῆλθε πάλιν πέραν τοῦ Ἰορδάνου εἰς τὸν τόπον, ὅπου ἦν Ἰωάννης τὸ πρῶτον 41 βαπτίζων, καὶ ἔμεινεν ἐκεῖ. Καὶ πολλοὶ ἦλθον πρὸς αὐτὸν καὶ ἔλεγον · ὅτι Ἰωάννης μὲν σημεῖον ἐποίησεν οὐδέ‹, πάντα δέ, ὅσα εἶπεν Ἰωάννης περὶ τούτου, ἀληθῆ 42 ἦν. Καὶ ἐπίστευσαν πολλοὶ ἐκεῖ εἰς αὐτόν.

§ 92. The raising of Lazarus.—Bethany.

JOHN XI. 1–46.

1 Ἦν δέ τις ἀσθενῶν, Λάζαρος ἀπὸ Βηθανίας, ἐκ τῆς κώμης Μαρίας καὶ Μάρθας 2 τῆς ἀδελφῆς αὐτῆς. Ἦν δὲ Μαρία ἡ ἀλείψασα τὸν κύριον μύρῳ καὶ ἐκμάξασα 3 τοὺς πόδας αὐτοῦ ταῖς θριξὶν αὐτῆς, ἧς ὁ ἀδελφὸς Λάζαρος ἠσθένει. Ἀπέστει- 4 λαν οὖν αἱ ἀδελφαὶ πρὸς αὐτὸν λέγουσαι · κύριε, ἴδε, ὃν φιλεῖς, ἀσθενεῖ. Ἀκούσας δὲ ὁ Ἰησοῦς εἶπεν · αὕτη ἡ ἀσθένεια οὐκ ἔστι πρὸς θάνατον, ἀλλ' ὑπὲρ τῆς δόξης 5 τοῦ θεοῦ, ἵνα δοξασθῇ ὁ υἱὸς τοῦ θεοῦ δι' αὐτῆς. Ἠγάπα δὲ ὁ Ἰησοῦς τὴν Μάρθαν 6 καὶ τὴν ἀδελφὴν αὐτῆς καὶ τὸν Λάζαρον. Ὡς οὖν ἤκουσεν, ὅτι ἀσθενεῖ, τότε μὲν 7 ἔμεινεν ἐν ᾧ ἦν τόπῳ δύο ἡμέρας. Ἔπειτα μετὰ τοῦτο λέγει τοῖς μαθηταῖς · 8 ἄγωμεν εἰς τὴν Ἰουδαίαν πάλιν. Λέγουσιν αὐτῷ οἱ μαθηταί · ῥαββί, νῦν ἐζήτουν 9 σε λιθάσαι οἱ Ἰουδαῖοι, καὶ πάλιν ὑπάγεις ἐκεῖ; Ἀπεκρίθη Ἰησοῦς · οὐχὶ δώδεκά εἰσιν ὧραι τῆς ἡμέρας; ἐάν τις περιπατῇ ἐν τῇ ἡμέρᾳ, οὐ προσκόπτει, ὅτι τὸ φῶς 10 τοῦ κόσμου τούτου βλέπει · ἐὰν δέ τις περιπατῇ ἐν τῇ νυκτί, προσκόπτει, ὅτι τὸ φῶς οὐκ ἔστιν ἐν αὐτῷ.

11 Ταῦτα εἶπε, καὶ μετὰ τοῦτο λέγει αὐτοῖς · Λάζαρος ὁ φίλος ἡμῶν κεκοίμηται · 12 ἀλλὰ πορεύομαι, ἵνα ἐξυπνίσω αὐτόν. Εἶπον οὖν οἱ μαθηταὶ αὐτοῦ · κύριε, εἰ κεκοί- 13 μηται, σωθήσεται. Εἰρήκει δὲ ὁ Ἰησοῦς περὶ τοῦ θανάτου αὐτοῦ · ἐκεῖνοι δὲ ἔδοξαν, 14 ὅτι περὶ τῆς κοιμήσεως τοῦ ὕπνου λέγει. Τότε οὖν εἶπεν αὐτοῖς ὁ Ἰησοῦς παρρησίᾳ · 15 Λάζαρος ἀπέθανε, | καὶ χαίρω δι' ὑμᾶς, ἵνα πιστεύσητε, ὅτι οὐκ ἤμην ἐκεῖ · ἀλλ' 16 ἄγωμεν πρὸς αὐτόν. Εἶπεν οὖν Θωμᾶς, ὁ λεγόμενος Δίδυμος, τοῖς συμμαθηταῖς · ἄγωμεν καὶ ἡμεῖς, ἵνα ἀποθάνωμεν μετ' αὐτοῦ.

17 Ἐλθὼν οὖν ὁ Ἰησοῦς εὗρεν αὐτὸν τέσσαρας ἡμέρας ἤδη ἔχοντα ἐν τῷ μνημείῳ. 18 19 Ἦν δὲ ἡ Βηθανία ἐγγὺς τῶν Ἱεροσολύμων ὡς ἀπὸ σταδίων δεκαπέντε · | καὶ πολλοὶ ἐκ τῶν Ἰουδαίων ἐληλύθεισαν πρὸς τὰς περὶ Μάρθαν καὶ Μαρίαν, ἵνα 20 παραμυθήσωνται αὐτὰς περὶ τοῦ ἀδελφοῦ αὐτῶν. Ἡ οὖν Μάρθα ὡς ἤκουσεν, 21 ὅτι Ἰησοῦς ἔρχεται, ὑπήντησεν αὐτῷ · Μαρία δὲ ἐν τῷ οἴκῳ ἐκαθέζετο. Εἶπεν οὖν ἡ Μάρθα πρὸς τὸν Ἰησοῦν · κύριε, εἰ ἦς ὧδε, ὁ ἀδελφός μου οὐκ ἂν ἐτεθνήκει · 22 23 ἀλλὰ καὶ νῦν οἶδα, ὅτι, ὅσα ἂν αἰτήσῃ τὸν θεόν, δώσει σοι ὁ θεός. Λέγει 24 αὐτῇ ὁ Ἰησοῦς · ἀναστήσεται ὁ ἀδελφός σου. Λέγει αὐτῷ Μάρθα · οἶδα, ὅτι 25 ἀναστήσεται ἐν τῇ ἀναστάσει ἐν τῇ ἐσχάτῃ ἡμέρᾳ. Εἶπεν αὐτῇ ὁ Ἰησοῦς · ἐγώ 26 εἰμι ἡ ἀνάστασις καὶ ἡ ζωή · ὁ πιστεύων εἰς ἐμέ, κἂν ἀποθάνῃ, ζήσεται, | καὶ πᾶς ὁ ζῶν καὶ πιστεύων εἰς ἐμὲ οὐ μὴ ἀποθάνῃ εἰς τὸν αἰῶνα. πιστεύεις τοῦτο; 27 Λέγει αὐτῷ · ναί, κύριε · ἐγὼ πεπίστευκα, ὅτι σὺ εἶ ὁ Χριστός, ὁ υἱὸς τοῦ θεοῦ,

JOHN XI.

28 ὁ εἰς τὸν κόσμον ἐρχόμενος. Καὶ ταῦτα εἰποῦσα ἀπῆλθε καὶ ἐφώνησε Μαρίαν τὴν
29 ἀδελφὴν αὐτῆς λάθρα εἰποῦσα· ὁ διδάσκαλος πάρεστι καὶ φωνεῖ σε. Ἐκείνη ὡς
ἤκουσεν, ἐγείρεται ταχὺ καὶ ἔρχεται πρὸς αὐτόν.
30 Οὔπω δὲ ἐληλύθει ὁ Ἰησοῦς εἰς τὴν κώμην· ἀλλ' ἦν ἐν τῷ τόπῳ, ὅπου ὑπήντησεν
31 αὐτῷ ἡ Μάρθα. Οἱ οὖν Ἰουδαῖοι οἱ ὄντες μετ' αὐτῆς ἐν τῇ οἰκίᾳ καὶ παραμυθούμε-
νοι αὐτήν, ἰδόντες τὴν Μαρίαν, ὅτι ταχέως ἀνέστη καὶ ἐξῆλθεν, ἠκολούθησαν αὐτῇ
32 λέγοντες· ὅτι ὑπάγει εἰς τὸ μνημεῖον, ἵνα κλαύσῃ ἐκεῖ. Ἡ οὖν Μαρία ὡς ἦλθεν
ὅπου ἦν ὁ Ἰησοῦς, ἰδοῦσα αὐτὸν ἔπεσεν εἰς τοὺς πόδας αὐτοῦ λέγουσα αὐτῷ· κύριε,
33 εἰ ἧς ὧδε, οὐκ ἂν ἀπέθανέ μου ὁ ἀδελφός. Ἰησοῦς οὖν ὡς εἶδεν αὐτὴν κλαίουσαν
καὶ τοὺς συνελθόντας αὐτῇ Ἰουδαίους κλαίοντας, ἐνεβριμήσατο τῷ πνεύματι καὶ
34 ἐτάραξεν ἑαυτὸν ‖ καὶ εἶπε· ποῦ τεθείκατε αὐτόν; λέγουσιν αὐτῷ· κύριε, ἔρχου καὶ
35 36 ἴδε. Ἐδάκρυσεν ὁ Ἰησοῦς. Ἔλεγον οὖν οἱ Ἰουδαῖοι· ἴδε, πῶς ἐφίλει αὐτόν.
37 Τινὲς δὲ ἐξ αὐτῶν εἶπον· οὐκ ἠδύνατο οὗτος ὁ ἀνοίξας τοὺς ὀφθαλμοὺς τοῦ τυφλοῦ
ποιῆσαι, ἵνα καὶ οὗτος μὴ ἀποθάνῃ;
38 Ἰησοῦς οὖν πάλιν ἐμβριμώμενος ἐν ἑαυτῷ ἔρχεται εἰς τὸ μνημεῖον. ἦν δὲ σπή-
39 λαιον, καὶ λίθος ἐπέκειτο ἐπ' αὐτῷ. Λέγει ὁ Ἰησοῦς· ἄρατε τὸν λίθον. λέγει αὐτῷ
40 ἡ ἀδελφὴ τοῦ τεθνηκότος Μάρθα· κύριε, ἤδη ὄζει· τεταρταῖος γάρ ἐστι. Λέγει
41 αὐτῇ ὁ Ἰησοῦς· οὐκ εἶπόν σοι, ὅτι, ἐὰν πιστεύσῃς, ὄψει τὴν δόξαν τοῦ θεοῦ; Ἦραν
οὖν τὸν λίθον [οὗ ἦν ὁ τεθνηκὼς κείμενος]· ὁ δὲ Ἰησοῦς ἦρε τοὺς ὀφθαλμοὺς ἄνω
42 καὶ εἶπε· πάτερ, εὐχαριστῶ σοι, ὅτι ἤκουσάς μου. Ἐγὼ δὲ ᾔδειν, ὅτι πάντοτέ
μου ἀκούεις· ἀλλὰ διὰ τὸν ὄχλον τὸν περιεστῶτα εἶπον, ἵνα πιστεύσωσιν, ὅτι σύ
43 με ἀπέστειλας. Καὶ ταῦτα εἰπὼν φωνῇ μεγάλῃ ἐκραύγασε· Λάζαρε, δεῦρο ἔξω.
44 Καὶ ἐξῆλθεν ὁ τεθνηκώς, δεδεμένος τοὺς πόδας καὶ τὰς χεῖρας κειρίαις, καὶ ἡ ὄψις
αὐτοῦ σουδαρίῳ περιεδέδετο. Λέγει αὐτοῖς ὁ Ἰησοῦς· λύσατε αὐτὸν καὶ ἄφετε
ὑπάγειν.
45 Πολλοὶ οὖν ἐκ τῶν Ἰουδαίων οἱ ἐλθόντες πρὸς τὴν Μαρίαν καὶ θεασάμενοι, ἃ
46 ἐποίησεν [ὁ Ἰησοῦς], ἐπίστευσαν εἰς αὐτόν. Τινὲς δὲ ἐξ αὐτῶν ἀπῆλθον πρὸς τοὺς
Φαρισαίους καὶ εἶπον αὐτοῖς, ἃ ἐποίησεν ὁ Ἰησοῦς.

§ 93. The counsel of Caiaphas against Jesus. He retires from Jerusalem.—*Jerusalem. Ephraim.*

JOHN XI. 47-54.

47 Συνήγαγον οὖν οἱ ἀρχιερεῖς καὶ οἱ Φαρισαῖοι συνέδριον, καὶ ἔλεγον· τί ποιοῦμεν;
48 ὅτι οὗτος ὁ ἄνθρωπος πολλὰ σημεῖα ποιεῖ. Ἐὰν ἀφῶμεν αὐτὸν οὕτω, πάντες
πιστεύσουσιν εἰς αὐτόν· καὶ ἐλεύσονται οἱ Ῥωμαῖοι καὶ ἀροῦσιν ἡμῶν καὶ τὸν τόπον
49 καὶ τὸ ἔθνος. Εἷς δέ τις ἐξ αὐτῶν, Καϊάφας, ἀρχιερεὺς ὢν τοῦ ἐνιαυτοῦ ἐκείνου,
50 εἶπεν αὐτοῖς· ὑμεῖς οὐκ οἴδατε οὐδέν, ‖ οὐδὲ διαλογίζεσθε, ὅτι συμφέρει ἡμῖν, ἵνα εἷς
51 ἄνθρωπος ἀποθάνῃ ὑπὲρ τοῦ λαοῦ καὶ μὴ ὅλον τὸ ἔθνος ἀπόληται. Τοῦτο δὲ ἀφ'
ἑαυτοῦ οὐκ εἶπεν, ἀλλὰ ἀρχιερεὺς ὢν τοῦ ἐνιαυτοῦ ἐκείνου προεφήτευσεν, ὅτι ἔμελλεν
52 ὁ Ἰησοῦς ἀποθνήσκειν ὑπὲρ τοῦ ἔθνους· καὶ οὐχ ὑπὲρ τοῦ ἔθνους μόνον, ἀλλ' ἵνα
53 καὶ τὰ τέκνα τοῦ θεοῦ τὰ διεσκορπισμένα συναγάγῃ εἰς ἕν. Ἀπ' ἐκείνης οὖν τῆς
ἡμέρας συνεβουλεύσαντο, ἵνα ἀποκτείνωσιν αὐτόν.

JOHN XI.

51 Ἰησοῦς οὖν οὐκέτι παρρησίᾳ περιεπάτει ἐν τοῖς Ἰουδαίοις, ἀλλὰ ἀπῆλθεν ἐκεῖθεν
εἰς τὴν χώραν ἐγγὺς τῆς ἐρήμου, εἰς Ἐφραὶμ λεγομένην πόλιν· κἀκεῖ διέτριβε μετὰ
τῶν μαθητῶν αὐτοῦ.

§ 94. Jesus beyond Jordan is followed by multitudes. The healing of the infirm
Woman on the Sabbath.—*Valley of Jordan. Perea.*

MATTH. XIX. 1, 2.

1 Καὶ ἐγένετο, ὅτε ἐτέλεσεν ὁ Ἰησοῦς
τοὺς λόγους τούτους, μετῆρεν ἀπὸ τῆς
Γαλιλαίας, καὶ ἦλθεν εἰς τὰ ὅρια τῆς
2 Ἰουδαίας, πέραν τοῦ Ἰορδάνου. Καὶ
ἠκολούθησαν αὐτῷ ὄχλοι πολλοί, καὶ
ἐθεράπευσεν αὐτοὺς ἐκεῖ.

MARK X. 1.

1 Κἀκεῖθεν ἀναστὰς ἔρχεται εἰς τὰ
ὅρια τῆς Ἰουδαίας διὰ τοῦ πέραν τοῦ
Ἰορδάνου· καὶ συμπορεύονται πάλιν
ὄχλοι πρὸς αὐτόν, καί, ὡς εἰώθει, πά-
λιν ἐδίδασκεν αὐτούς.

LUKE XIII. 10-21.

10 11 Ἦν δὲ διδάσκων ἐν μιᾷ τῶν συναγωγῶν ἐν τοῖς σάββασι. Καὶ ἰδού, γυνὴ
ἦν πνεῦμα ἔχουσα ἀσθενείας ἔτη δέκα καὶ ὀκτώ· καὶ ἦν συγκύπτουσα καὶ μὴ
12 δυναμένη ἀνακύψαι εἰς τὸ παντελές. Ἰδὼν δὲ αὐτὴν ὁ Ἰησοῦς προσεφώνησε καὶ
13 εἶπεν αὐτῇ· γύναι, ἀπολέλυσαι τῆς ἀσθενείας σου. Καὶ ἐπέθηκεν αὐτῇ τὰς
14 χεῖρας, καὶ παραχρῆμα ἀνωρθώθη, καὶ ἐδόξαζε τὸν θεόν. Ἀποκριθεὶς δὲ ὁ
ἀρχισυνάγωγος, ἀγανακτῶν, ὅτι τῷ σαββάτῳ ἐθεράπευσεν ὁ Ἰησοῦς, ἔλεγε τῷ
ὄχλῳ· ἓξ ἡμέραι εἰσίν, ἐν αἷς δεῖ ἐργάζεσθαι· ἐν ταύταις οὖν ἐρχόμενοι θερα-
15 πεύεσθε, καὶ μὴ τῇ ἡμέρᾳ τοῦ σαββάτου. Ἀπεκρίθη οὖν αὐτῷ ὁ κύριος καὶ
εἶπεν· ὑποκριτά, ἕκαστος ὑμῶν τῷ σαββάτῳ οὐ λύει τὸν βοῦν αὐτοῦ ἢ τὸν ὄνον
16 ἀπὸ τῆς φάτνης καὶ ἀπαγαγὼν ποτίζει; Ταύτην δὲ θυγατέρα Ἀβραὰμ οὖσαν,
ἣν ἔδησεν ὁ σατανᾶς, ἰδού, δέκα καὶ ὀκτὼ ἔτη, οὐκ ἔδει λυθῆναι ἀπὸ τοῦ δεσμοῦ
17 τούτου τῇ ἡμέρᾳ τοῦ σαββάτου; Καὶ ταῦτα λέγοντος αὐτοῦ κατῃσχύνοντο πάντες
οἱ ἀντικείμενοι αὐτῷ, καὶ πᾶς ὁ ὄχλος ἔχαιρεν ἐπὶ πᾶσι τοῖς ἐνδόξοις τοῖς γινομένοις
ὑπ' αὐτοῦ.

18 Ἔλεγε δέ· τίνι ὁμοία ἐστὶν ἡ βασιλεία τοῦ θεοῦ; καὶ τίνι ὁμοιώσω αὐτήν;
19 Ὁμοία ἐστὶ κόκκῳ σινάπεως, ὃν λαβὼν ἄνθρωπος ἔβαλεν εἰς κῆπον ἑαυτοῦ· καὶ
ηὔξησε καὶ ἐγένετο εἰς δένδρον μέγα, καὶ τὰ πετεινὰ τοῦ οὐρανοῦ κατεσκήνωσεν
20 ἐν τοῖς κλάδοις αὐτοῦ. Καὶ πάλιν εἶπε· τίνι ὁμοιώσω τὴν βασιλείαν τοῦ θεοῦ;
21 Ὁμοία ἐστὶ ζύμῃ, ἣν λαβοῦσα γυνὴ ἐνέκρυψεν εἰς ἀλεύρου σάτα τρία, ἕως οὗ
ἐζυμώθη ὅλον.

§ 95. Our Lord goes teaching and journeying towards Jerusalem. He is warned
against Herod.—*Perea.*

LUKE XIII. 22-35.

22 Καὶ διεπορεύετο κατὰ πόλεις καὶ κώμας διδάσκων καὶ πορείαν ποιούμενος εἰς
Ἱερουσαλήμ.
23 Εἶπε δέ τις αὐτῷ· κύριε, εἰ ὀλίγοι οἱ σωζόμενοι; ὁ δὲ εἶπε πρὸς αὐτούς·
24 ἀγωνίζεσθε εἰσελθεῖν διὰ τῆς στενῆς πύλης· ὅτι πολλοί, λέγω ὑμῖν, ζητήσουσιν

9*

LUKE XIII.

25 εἰσελθεῖν καὶ οὐκ ἰσχύσουσιν. Ἀφ' οὗ ἂν ἐγερθῇ ὁ οἰκοδεσπότης καὶ ἀποκλείσῃ
τὴν θύραν, καὶ ἄρξησθε ἔξω ἑστάναι καὶ κρούειν τὴν θύραν λέγοντες· κύριε, κύριε,
26 ἄνοιξον ἡμῖν· καὶ ἀποκριθεὶς ἐρεῖ ὑμῖν· οὐκ οἶδα ὑμᾶς, πόθεν ἐστέ. Τότε ἄρξεσθε
λέγειν· ἐφάγομεν ἐνώπιόν σου καὶ ἐπίομεν, καὶ ἐν ταῖς πλατείαις ἡμῶν ἐδίδαξας.
27 Καὶ ἐρεῖ· λέγω ὑμῖν, οὐκ οἶδα ὑμᾶς, πόθεν ἐστέ· ἀπόστητε ἀπ' ἐμοῦ πάντες οἱ
28 ἐργάται τῆς ἀδικίας. Ἐκεῖ ἔσται ὁ κλαυθμὸς καὶ ὁ βρυγμὸς τῶν ὀδόντων, ὅταν
ὄψησθε Ἀβραὰμ καὶ Ἰσαὰκ καὶ Ἰακὼβ καὶ πάντας τοὺς προφήτας ἐν τῇ βασιλείᾳ
29 τοῦ θεοῦ, ὑμᾶς δὲ ἐκβαλλομένους ἔξω. Καὶ ἥξουσιν ἀπὸ ἀνατολῶν καὶ δυσμῶν,
30 καὶ ἀπὸ βορρᾶ καὶ νότου, καὶ ἀνακλιθήσονται ἐν τῇ βασιλείᾳ τοῦ θεοῦ. Καὶ
ἰδού, εἰσὶν ἔσχατοι, οἳ ἔσονται πρῶτοι, καί εἰσι πρῶτοι, οἳ ἔσονται ἔσχατοι.
31 Ἐν αὐτῇ τῇ ἡμέρᾳ προσῆλθόν τινες Φαρισαῖοι λέγοντες αὐτῷ· ἔξελθε καὶ
32 πορεύου ἐντεῦθεν, ὅτι Ἡρώδης θέλει σε ἀποκτεῖναι. Καὶ εἶπεν αὐτοῖς· πορευ-
θέντες εἴπατε τῇ ἀλώπεκι ταύτῃ· ἰδού, ἐκβάλλω δαιμόνια καὶ ἰάσεις ἐπιτελῶ
33 σήμερον καὶ αὔριον, καὶ τῇ τρίτῃ τελειοῦμαι. Πλὴν δεῖ με σήμερον καὶ αὔριον καὶ
τῇ ἐχομένῃ πορεύεσθαι, ὅτι οὐκ ἐνδέχεται προφήτην ἀπολέσθαι ἔξω Ἱερουσαλήμ.
34 Ἱερουσαλήμ, Ἱερουσαλήμ, ἡ ἀποκτείνουσα τοὺς προφήτας καὶ λιθοβολοῦσα τοὺς
ἀπεσταλμένους πρὸς αὐτήν, ποσάκις ἠθέλησα ἐπισυνάξαι τὰ τέκνα σου, ὃν τρόπον
35 ὄρνις τὴν ἑαυτῆς νοσσιὰν ὑπὸ τὰς πτέρυγας ; καὶ οὐκ ἠθελήσατε. Ἰδού, ἀφίεται
ὑμῖν ὁ οἶκος ὑμῶν ἔρημος.ᵃ λέγω δὲ ὑμῖν, ὅτι οὐ μή με ἴδητε, ἕως ἂν ἥξῃ ὅτε εἴπητε·
εὐλογημένος ὁ ἐρχόμενος ἐν ὀνόματι κυρίου.

§ 96. Our Lord dines with a chief Pharisee on the Sabbath. Incidents.—*Perea.*

LUKE XIV. 1–24.

1 Καὶ ἐγένετο ἐν τῷ ἐλθεῖν αὐτὸν εἰς οἶκόν τινος τῶν ἀρχόντων τῶν Φαρισαίων
2 σαββάτῳ φαγεῖν ἄρτον, καὶ αὐτοὶ ἦσαν παρατηρούμενοι αὐτόν. Καὶ ἰδού, ἄν-
3 θρωπός τις ἦν ὑδρωπικὸς ἔμπροσθεν αὐτοῦ. Καὶ ἀποκριθεὶς ὁ Ἰησοῦς εἶπε πρὸς
4 τοὺς νομικοὺς καὶ Φαρισαίους λέγων· εἰ ἔξεστι τῷ σαββάτῳ θεραπεύειν ; Οἱ δὲ
5 ἡσύχασαν· καὶ ἐπιλαβόμενος ἰάσατο αὐτὸν καὶ ἀπέλυσε. Καὶ ἀποκριθεὶς πρὸς
αὐτοὺς εἶπε· τίνος ὑμῶν ὄνος ἢ βοῦς εἰς φρέαρ ἐμπεσεῖται, καὶ οὐκ εὐθέως ἀνασπά-
6 σει αὐτὸν ἐν τῇ ἡμέρᾳ τοῦ σαββάτου ; Καὶ οὐκ ἴσχυσαν ἀνταποκριθῆναι αὐτῷ
πρὸς ταῦτα.
7 Ἔλεγε δὲ πρὸς τοὺς κεκλημένους παραβολήν, ἐπέχων πῶς τὰς πρωτοκλισίας
8 ἐξελέγοντο, λέγων πρὸς αὐτούς· ὅταν κληθῇς ὑπό τινος εἰς γάμους, μὴ κατακλιθῇς
9 εἰς τὴν πρωτοκλισίαν,ᵇ μήποτε ἐντιμότερός σου ᾖ κεκλημένος ὑπ' αὐτοῦ, Ικαὶ
ἐλθὼν ὁ σὲ καὶ αὐτὸν καλέσας ἐρεῖ σοι· δὸς τούτῳ τόπον· καὶ τότε ἄρξῃ μετ'
10 αἰσχύνης τὸν ἔσχατον τόπον κατέχειν. Ἀλλ' ὅταν κληθῇς, πορευθεὶς ἀνάπεσαι
εἰς τὸν ἔσχατον τόπον, ἵνα ὅταν ἔλθῃ ὁ κεκληκώς σε, εἴπῃ σοι· φίλε, προσανάβηθι
11 ἀνώτερον· τότε ἔσται σοι δόξα ἐνώπιον τῶν συνανακειμένων σοι. Ὅτι πᾶς ὁ ὑψῶν
ἑαυτὸν ταπεινωθήσεται, καὶ ὁ ταπεινῶν ἑαυτὸν ὑψωθήσεται.

ᵃ 35. Comp. Ps. 69, 26 [25]. Jer. 12, 7. 22, 5.   ᵇ 8. Comp. Prov. 25. 6.

LUKE XIV.

12 Ἔλεγε δὲ καὶ τῷ κεκληκότι αὐτόν· ὅταν ποιῇς ἄριστον ἢ δεῖπνον, μὴ φώνει τοὺς
φίλους σου μηδὲ τοὺς ἀδελφούς σου μηδὲ τοὺς συγγενεῖς σου μηδὲ γείτονας πλου-
13 σίους, μήποτε καὶ αὐτοί σε ἀντικαλέσωσι, καὶ γένηταί σοι ἀνταπόδομα. Ἀλλ'
14 ὅταν ποιῇς δοχήν, κάλει πτωχούς, ἀναπήρους, χωλούς, τυφλούς, | καὶ μακάριος ἔσῃ,
ὅτι οὐκ ἔχουσιν ἀνταποδοῦναί σοι· ἀνταποδοθήσεται γάρ σοι ἐν τῇ ἀναστάσει τῶν
δικαίων.
15 Ἀκούσας δέ τις τῶν συνανακειμένων ταῦτα εἶπεν αὐτῷ· μακάριος, ὃς φάγεται
16 ἄρτον ἐν τῇ βασιλείᾳ τοῦ θεοῦ. Ὁ δὲ εἶπεν αὐτῷ· ἄνθρωπός τις ἐποίησε δεῖπνον
17 μέγα καὶ ἐκάλεσε πολλούς. Καὶ ἀπέστειλε τὸν δοῦλον αὐτοῦ τῇ ὥρᾳ τοῦ δείπνου
18 εἰπεῖν τοῖς κεκλημένοις· ἔρχεσθε, ὅτι ἤδη ἕτοιμά ἐστι πάντα. Καὶ ἤρξαντο ἀπὸ
μιᾶς παραιτεῖσθαι πάντες. ὁ πρῶτος εἶπεν αὐτῷ· ἀγρὸν ἠγόρασα καὶ ἔχω ἀνάγκην
19 ἐξελθεῖν καὶ ἰδεῖν αὐτόν· ἐρωτῶ σε, ἔχε με παρῃτημένον. Καὶ ἕτερος εἶπε· ζεύγη
βοῶν ἠγόρασα πέντε καὶ πορεύομαι δοκιμάσαι αὐτά· ἐρωτῶ σε, ἔχε με παρῃτη-
20 21 μένον. Καὶ ἕτερος εἶπε· γυναῖκα ἔγημα καὶ διὰ τοῦτο οὐ δύναμαι ἐλθεῖν. Καὶ
παραγενόμενος ὁ δοῦλος ἐκεῖνος ἀπήγγειλε τῷ κυρίῳ αὐτοῦ ταῦτα. τότε ὀργισθεὶς ὁ
οἰκοδεσπότης εἶπε τῷ δούλῳ αὐτοῦ· ἔξελθε ταχέως εἰς τὰς πλατείας καὶ ῥύμας τῆς
πόλεως, καὶ τοὺς πτωχοὺς καὶ ἀναπήρους καὶ χωλοὺς καὶ τυφλοὺς εἰσάγαγε ὧδε.
22 23 Καὶ εἶπεν ὁ δοῦλος· κύριε, γέγονεν ὡς ἐπέταξας, καὶ ἔτι τόπος ἐστί. Καὶ εἶπεν
ὁ κύριος πρὸς τὸν δοῦλον· ἔξελθε εἰς τὰς ὁδοὺς καὶ φραγμούς, καὶ ἀνάγκασον εἰσ-
24 ελθεῖν, ἵνα γεμισθῇ ὁ οἶκός μου. Λέγω γὰρ ὑμῖν, ὅτι οὐδεὶς τῶν ἀνδρῶν ἐκείνων
τῶν κεκλημένων γεύσεταί μου τοῦ δείπνου.

§ 97. What is required of true Disciples.—Perea.

LUKE XIV. 25-35.

25 26 Συνεπορεύοντο δὲ αὐτῷ ὄχλοι πολλοί. καὶ στραφεὶς εἶπε πρὸς αὐτούς· | εἴ τις
ἔρχεται πρός με καὶ οὐ μισεῖ τὸν πατέρα ἑαυτοῦ καὶ τὴν μητέρα καὶ τὴν γυναῖκα
καὶ τὰ τέκνα καὶ τοὺς ἀδελφοὺς καὶ τὰς ἀδελφάς, ἔτι δὲ καὶ τὴν ἑαυτοῦ ψυχήν,
27 οὐ δύναταί μου μαθητὴς εἶναι. Καὶ ὅστις οὐ βαστάζει τὸν σταυρὸν αὐτοῦ καὶ
28 ἔρχεται ὀπίσω μου, οὐ δύναταί μου εἶναι μαθητής. Τίς γὰρ ἐξ ὑμῶν, θέλων
πύργον οἰκοδομῆσαι, οὐχὶ πρῶτον καθίσας ψηφίζει τὴν δαπάνην, εἰ ἔχει τὰ πρὸς
29 ἀπαρτισμόν; ἵνα μή ποτε θέντος αὐτοῦ θεμέλιον καὶ μὴ ἰσχύοντος ἐκτελέσαι,
30 πάντες οἱ θεωροῦντες ἄρξωνται ἐμπαίζειν αὐτῷ | λέγοντες· ὅτι οὗτος ὁ ἄνθρωπος
31 ἤρξατο οἰκοδομεῖν καὶ οὐκ ἴσχυσεν ἐκτελέσαι. Ἢ τίς βασιλεύς, πορευόμενος
συμβαλεῖν ἑτέρῳ βασιλεῖ εἰς πόλεμον, οὐχὶ καθίσας πρῶτον βουλεύεται, εἰ δυνα-
τός ἐστιν ἐν δέκα χιλιάσιν ἀπαντῆσαι τῷ μετὰ εἴκοσι χιλιάδων ἐρχομένῳ ἐπ' αὐτόν;
32 Εἰ δὲ μήγε, ἔτι αὐτοῦ πόρρω ὄντος, πρεσβείαν ἀποστείλας ἐρωτᾷ τὰ πρὸς εἰρήνην.
33 Οὕτως οὖν πᾶς ἐξ ὑμῶν, ὃς οὐκ ἀποτάσσεται πᾶσι τοῖς ἑαυτοῦ ὑπάρχουσιν, οὐ δύνα-
ταί μου εἶναι μαθητής.
34 35 Καλὸν τὸ ἅλας· ἐὰν δὲ τὸ ἅλας μωρανθῇ, ἐν τίνι ἀρτυθήσεται; Οὔτε εἰς γῆν
οὔτε εἰς κοπρίαν εὔθετόν ἐστιν· ἔξω βάλλουσιν αὐτό. Ὁ ἔχων ὦτα ἀκούειν,
ἀκουέτω.

§ 98. Parable of the Lost Sheep, etc.   Parable of the Prodigal Son.—*Perea.*

LUKE XV. 1-32.

1 Ἦσαν δὲ ἐγγίζοντες αὐτῷ πάντες οἱ τελῶναι καὶ οἱ ἁμαρτωλοὶ ἀκούειν αὐτοῦ.
2 Καὶ διεγόγγυζον οἱ Φαρισαῖοι καὶ οἱ γραμματεῖς λέγοντες · ὅτι οὗτος ἁμαρτωλοὺς
   προσδέχεται καὶ συνεσθίει αὐτοῖς.
3 4 Εἶπε δὲ πρὸς αὐτοὺς τὴν παραβολὴν ταύτην λέγων · τίς ἄνθρωπος ἐξ ὑμῶν
   ἔχων ἑκατὸν πρόβατα καὶ ἀπολέσας ἓν ἐξ αὐτῶν οὐ καταλείπει τὰ ἐννενηκονταεννέα
5 ἐν τῇ ἐρήμῳ καὶ πορεύεται ἐπὶ τὸ ἀπολωλός, ἕως εὕρῃ αὐτό ; Καὶ εὑρὼν ἐπιτίθησιν
6 ἐπὶ τοὺς ὤμους ἑαυτοῦ χαίρων, ¹ καὶ ἐλθὼν εἰς τὸν οἶκον συγκαλεῖ τοὺς φίλους καὶ
   τοὺς γείτονας λέγων αὐτοῖς · συγχάρητέ μοι, ὅτι εὗρον τὸ πρόβατόν μου τὸ ἀπολω-
7 λός. Λέγω ὑμῖν, ὅτι οὕτω χαρὰ ἔσται ἐν τῷ οὐρανῷ ἐπὶ ἑνὶ ἁμαρτωλῷ μετανοοῦντι,
   ἢ ἐπὶ ἐννενηκονταεννέα δικαίοις, οἵτινες οὐ χρείαν ἔχουσι μετανοίας.
8 Ἢ τίς γυνὴ δραχμὰς ἔχουσα δέκα, ἐὰν ἀπολέσῃ δραχμὴν μίαν, οὐχὶ ἅπτει λύχνον
9 καὶ σαροῖ τὴν οἰκίαν καὶ ζητεῖ ἐπιμελῶς, ἕως ὅτου εὕρῃ ; Καὶ εὑροῦσα συγκαλεῖται
   τὰς φίλας καὶ τὰς γείτονας λέγουσα · συγχάρητέ μοι, ὅτι εὗρον τὴν δραχμήν, ἣν
10 ἀπώλεσα. Οὕτω, λέγω ὑμῖν, χαρὰ γίνεται ἐνώπιον τῶν ἀγγέλων τοῦ θεοῦ ἐπὶ ἑνὶ
   ἁμαρτωλῷ μετανοοῦντι.
11 12 Εἶπε δέ · ἄνθρωπός τις εἶχε δύο υἱούς. Καὶ εἶπεν ὁ νεώτερος αὐτῶν τῷ πατρί ·
   πάτερ, δός μοι τὸ ἐπιβάλλον μέρος τῆς οὐσίας. καὶ διεῖλεν αὐτοῖς τὸν βίον.
13 Καὶ μετ᾽ οὐ πολλὰς ἡμέρας συναγαγὼν ἅπαντα ὁ νεώτερος υἱὸς ἀπεδήμησεν εἰς
14 χώραν μακράν, καὶ ἐκεῖ διεσκόρπισε τὴν οὐσίαν αὐτοῦ ζῶν ἀσώτως. Δαπανή-
   σαντος δὲ αὐτοῦ πάντα ἐγένετο λιμὸς ἰσχυρὸς κατὰ τὴν χώραν ἐκείνην, καὶ
15 αὐτὸς ἤρξατο ὑστερεῖσθαι. Καὶ πορευθεὶς ἐκολλήθη ἑνὶ τῶν πολιτῶν τῆς χώρας
16 ἐκείνης · καὶ ἔπεμψεν αὐτὸν εἰς τοὺς ἀγροὺς αὐτοῦ βόσκειν χοίρους. Καὶ ἐπε-
   θύμει γεμίσαι τὴν κοιλίαν αὐτοῦ ἀπὸ τῶν κερατίων, ὧν ἤσθιον οἱ χοῖροι, καὶ
17 οὐδεὶς ἐδίδου αὐτῷ. Εἰς ἑαυτὸν δὲ ἐλθὼν εἶπε · πόσοι μίσθιοι τοῦ πατρός μου
18 περισσεύουσιν ἄρτων, ἐγὼ δὲ λιμῷ ἀπόλλυμαι. Ἀναστὰς πορεύσομαι πρὸς τὸν
   πατέρα μου καὶ ἐρῶ αὐτῷ · πάτερ, ἥμαρτον εἰς τὸν οὐρανὸν καὶ ἐνώπιόν σου ·
19 ¹ οὐκέτι εἰμὶ ἄξιος κληθῆναι υἱός σου · ποίησόν με ὡς ἕνα τῶν μισθίων σου.
20 Καὶ ἀναστὰς ἦλθε πρὸς τὸν πατέρα ἑαυτοῦ. ἔτι δὲ αὐτοῦ μακρὰν ἀπέχοντος,
   εἶδεν αὐτὸν ὁ πατὴρ αὐτοῦ, καὶ ἐσπλαγχνίσθη καὶ δραμὼν ἐπέπεσεν ἐπὶ τὸν
21 τράχηλον αὐτοῦ καὶ κατεφίλησεν αὐτόν. Εἶπε δὲ αὐτῷ ὁ υἱός · πάτερ, ἥμαρτον
22 εἰς τὸν οὐρανὸν καὶ ἐνώπιόν σου, καὶ οὐκέτι εἰμὶ ἄξιος κληθῆναι υἱός σου. Εἶπε
   δὲ ὁ πατὴρ πρὸς τοὺς δούλους αὐτοῦ · ἐξενέγκατε τὴν στολὴν τὴν πρώτην καὶ
   ἐνδύσατε αὐτόν, καὶ δότε δακτύλιον εἰς τὴν χεῖρα αὐτοῦ καὶ ὑποδήματα εἰς τοὺς
23 πόδας, ¹ καὶ ἐνέγκαντες τὸν μόσχον τὸν σιτευτὸν θύσατε, καὶ φαγόντες εὐφραν-
24 θῶμεν · ὅτι οὗτος ὁ υἱός μου νεκρὸς ἦν καὶ ἀνέζησε, καὶ ἀπολωλὼς ἦν καὶ
25 εὑρέθη. καὶ ἤρξαντο εὐφραίνεσθαι. Ἦν δὲ ὁ υἱὸς αὐτοῦ ὁ πρεσβύτερος ἐν ἀγρῷ ·
26 καὶ ὡς ἐρχόμενος ἤγγισε τῇ οἰκίᾳ, ἤκουσε συμφωνίας καὶ χορῶν. Καὶ προσκαλε-
27 σάμενος ἕνα τῶν παίδων ἐπυνθάνετο, τί εἴη ταῦτα. Ὁ δὲ εἶπεν αὐτῷ · ὅτι ὁ
   ἀδελφός σου ἥκει, καὶ ἔθυσεν ὁ πατήρ σου τὸν μόσχον τὸν σιτευτόν, ὅτι ὑγιαί-
28 νοντα αὐτὸν ἀπέλαβεν. Ὠργίσθη δὲ καὶ οὐκ ἤθελεν εἰσελθεῖν. ὁ οὖν πατὴρ αὐ-
29 τοῦ ἐξελθὼν παρεκάλει αὐτόν. Ὁ δὲ ἀποκριθεὶς εἶπε τῷ πατρί · ἰδού, τοσαῦτα

LUKE XV.

ἔτη δουλεύω σοι καὶ οὐδέποτε ἐντολήν σου παρῆλθον, καὶ ἐμοὶ οὐδέποτε ἔδωκας
30 ἔριφον, ἵνα μετὰ τῶν φίλων μου εὐφρανθῶ· ὅτε δὲ ὁ υἱός σου οὗτος, ὁ καταφαγών
31 σου τὸν βίον μετὰ πορνῶν, ἦλθεν, ἔθυσας αὐτῷ τὸν μόσχον τὸν σιτευτόν. Ὁ
δὲ εἶπεν αὐτῷ· τέκνον, σὺ πάντοτε μετ' ἐμοῦ εἶ, καὶ πάντα τὰ ἐμὰ σά ἐστιν·
32 ! εὐφρανθῆναι δὲ καὶ χαρῆναι ἔδει, ὅτι ὁ ἀδελφός σου οὗτος νεκρὸς ἦν καὶ ἀνέζησε,
καὶ ἀπολωλὼς ἦν καὶ εὑρέθη.

§ 99. Parable of the Unjust Steward.—*Perea.*

LUKE XVI. 1-13.

1 Ἔλεγε δὲ καὶ πρὸς τοὺς μαθητὰς αὐτοῦ· ἄνθρωπός τις ἦν πλούσιος, ὃς εἶχεν οἰκο-
2 νόμον, καὶ οὗτος διεβλήθη αὐτῷ ὡς διασκορπίζων τὰ ὑπάρχοντα αὐτοῦ. Καὶ φωνή-
σας αὐτὸν εἶπεν αὐτῷ· τί τοῦτο ἀκούω περὶ σοῦ; ἀπόδος τὸν λόγον τῆς οἰκονομίας
3 σου· οὐ γὰρ δυνήσῃ ἔτι οἰκονομεῖν. Εἶπε δὲ ἐν ἑαυτῷ ὁ οἰκονόμος· τί ποιήσω,
ὅτι ὁ κύριός μου ἀφαιρεῖται τὴν οἰκονομίαν ἀπ' ἐμοῦ; σκάπτειν οὐχ ἰσχύω, ἐπαιτεῖν
4 αἰσχύνομαι. Ἔγνων τί ποιήσω, ἵνα ὅταν μετασταθῶ τῆς οἰκονομίας, δέξωνταί με
5 εἰς τοὺς οἴκους αὐτῶν. Καὶ προσκαλεσάμενος ἕνα ἕκαστον τῶν χρεωφειλετῶν τοῦ
6 κυρίου ἑαυτοῦ ἔλεγε τῷ πρώτῳ· πόσον ὀφείλεις τῷ κυρίῳ μου; Ὁ δὲ εἶπεν· ἑκα-
τὸν βάτους ἐλαίου. καὶ εἶπεν αὐτῷ· δέξαι σου τὸ γράμμα καὶ καθίσας ταχέως
7 γράψον πεντήκοντα. Ἔπειτα ἑτέρῳ εἶπε· σὺ δὲ πόσον ὀφείλεις; ὁ δὲ εἶπεν·
ἑκατὸν κόρους σίτου. καὶ λέγει αὐτῷ· δέξαι σου τὸ γράμμα καὶ γράψον ὀγδοήκοντα.
8 Καὶ ἐπήνεσεν ὁ κύριος τὸν οἰκονόμον τῆς ἀδικίας, ὅτι φρονίμως ἐποίησεν· ὅτι οἱ
υἱοὶ τοῦ αἰῶνος τούτου φρονιμώτεροι ὑπὲρ τοὺς υἱοὺς τοῦ φωτὸς εἰς τὴν γενεὰν τὴν
ἑαυτῶν εἰσι.
9 Κἀγὼ ὑμῖν λέγω· ποιήσατε ἑαυτοῖς φίλους ἐκ τοῦ μαμωνᾶ τῆς ἀδικίας, ἵνα, ὅταν
10 ἐκλίπητε, δέξωνται ὑμᾶς εἰς τὰς αἰωνίους σκηνάς. Ὁ πιστὸς ἐν ἐλαχίστῳ καὶ ἐν
11 πολλῷ πιστός ἐστι, καὶ ὁ ἐν ἐλαχίστῳ ἄδικος καὶ ἐν πολλῷ ἄδικός ἐστιν. Εἰ οὖν
12 ἐν τῷ ἀδίκῳ μαμωνᾷ πιστοὶ οὐκ ἐγένεσθε, τὸ ἀληθινὸν τίς ὑμῖν πιστεύσει; Καὶ
13 εἰ ἐν τῷ ἀλλοτρίῳ πιστοὶ οὐκ ἐγένεσθε, τὸ ὑμέτερον τίς ὑμῖν δώσει; Οὐδεὶς οἰκέτης
δύναται δυσὶ κυρίοις δουλεύειν· ἢ γὰρ τὸν ἕνα μισήσει καὶ τὸν ἕτερον ἀγαπήσει, ἢ
ἑνὸς ἀνθέξεται καὶ τοῦ ἑτέρου καταφρονήσει. οὐ δύνασθε θεῷ δουλεύειν καὶ μαμωνᾷ.

§ 100. The Pharisees reproved.   Parable of the Rich Man and Lazarus.—*Perea.*

LUKE XVI. 14-31.

14 Ἤκουον δὲ ταῦτα πάντα καὶ οἱ Φαρισαῖοι, φιλάργυροι ὑπάρχοντες, καὶ ἐξεμυκτή-
15 ριζον αὐτόν. Καὶ εἶπεν αὐτοῖς· ὑμεῖς ἐστε οἱ δικαιοῦντες ἑαυτοὺς ἐνώπιον τῶν
ἀνθρώπων, ὁ δὲ θεὸς γινώσκει τὰς καρδίας ὑμῶν· ὅτι τὸ ἐν ἀνθρώποις ὑψηλὸν
16 βδέλυγμα ἐνώπιον τοῦ θεοῦ. Ὁ νόμος καὶ οἱ προφῆται ἕως Ἰωάννου· ἀπὸ τότε
17 ἡ βασιλεία τοῦ θεοῦ εὐαγγελίζεται, καὶ πᾶς εἰς αὐτὴν βιάζεται. Εὐκοπώτερον δε
18 ἐστι τὸν οὐρανὸν καὶ τὴν γῆν παρελθεῖν, ἢ τοῦ νόμου μίαν κεραίαν πεσεῖν. Πᾶς
ὁ ἀπολύων τὴν γυναῖκα αὐτοῦ καὶ γαμῶν ἑτέραν μοιχεύει, καὶ πᾶς ὁ ἀπολελυμένην
ἀπὸ ἀνδρὸς γαμῶν μοιχεύει.

LUKE XVI.

19 Ἄνθρωπος δέ τις ἦν πλούσιος, καὶ ἐνεδιδύσκετο πορφύραν καὶ βύσσον εὐφραινό-
20 μενος καθ᾽ ἡμέραν λαμπρῶς. Πτωχὸς δέ τις ἦν ὀνόματι Λάζαρος, ὃς ἐβέβλητο
21 πρὸς τὸν πυλῶνα αὐτοῦ ἡλκωμένος ! καὶ ἐπιθυμῶν χορτασθῆναι ἀπὸ τῶν ψιχίων
τῶν πιπτόντων ἀπὸ τῆς τραπέζης τοῦ πλουσίου · ἀλλὰ καὶ οἱ κύνες ἐρχόμενοι ἀπέ·
22 λειχον τὰ ἕλκη αὐτοῦ. Ἐγένετο δὲ ἀποθανεῖν τὸν πτωχὸν καὶ ἀπενεχθῆναι αὐτὸν
ὑπὸ τῶν ἀγγέλων εἰς τὸν κόλπον Ἀβραάμ. ἀπέθανε δὲ καὶ ὁ πλούσιος, καὶ ἐτάφη.
23 Καὶ ἐν τῷ ᾅδῃ ἐπάρας τοὺς ὀφθαλμοὺς αὐτοῦ, ὑπάρχων ἐν βασάνοις, ὁρᾷ τὸν
24 Ἀβραὰμ ἀπὸ μακρόθεν καὶ Λάζαρον ἐν τοῖς κόλποις αὐτοῦ. Καὶ αὐτὸς φωνήσας
εἶπε · πάτερ Ἀβραάμ, ἐλέησόν με καὶ πέμψον Λάζαρον, ἵνα βάψῃ τὸ ἄκρον τοῦ
δακτύλου αὐτοῦ ὕδατος καὶ καταψύξῃ τὴν γλῶσσάν μου, ὅτι ὀδυνῶμαι ἐν τῇ φλογὶ
25 ταύτῃ. Εἶπε δὲ Ἀβραάμ · τέκνον, μνήσθητι, ὅτι ἀπέλαβες σὺ τὰ ἀγαθά σου ἐν
τῇ ζωῇ σου, καὶ Λάζαρος ὁμοίως τὰ κακά · νῦν δὲ ὅδε παρακαλεῖται, σὺ δὲ ὀδυνᾶ-
26 σαι. Καὶ ἐπὶ πᾶσι τούτοις μεταξὺ ἡμῶν καὶ ὑμῶν χάσμα μέγα ἐστήρικται, ὅπως
οἱ θέλοντες διαβῆναι ἔνθεν πρὸς ὑμᾶς μὴ δύνωνται, μηδὲ οἱ ἐκεῖθεν πρὸς ἡμᾶς
27 διαπερῶσιν. Εἶπε δέ · ἐρωτῶ οὖν σε, πάτερ, ἵνα πέμψῃς αὐτὸν εἰς τὸν οἶκον τοῦ
28 πατρός μου · ! ἔχω γὰρ πέντε ἀδελφούς · ὅπως διαμαρτύρηται αὐτοῖς, ἵνα μὴ καὶ
29 αὐτοὶ ἔλθωσιν εἰς τὸν τόπον τοῦτον τῆς βασάνου. Λέγει αὐτῷ Ἀβραάμ · ἔχουσι
30 Μωϋσέα καὶ τοὺς προφήτας · ἀκουσάτωσαν αὐτῶν. Ὁ δὲ εἶπεν · οὐχί, πάτερ
31 Ἀβραάμ, ἀλλ᾽ ἐάν τις ἀπὸ νεκρῶν πορευθῇ πρὸς αὐτούς, μετανοήσουσιν. Εἶπε δὲ
αὐτῷ · εἰ Μωϋσέως καὶ τῶν προφητῶν οὐκ ἀκούουσιν, οὐδὲ ἐάν τις ἐκ νεκρῶν ἀνα-
στῇ, πεισθήσονται.

§ 101. Jesus inculcates forbearance, faith, humility.—*Perea.*

LUKE XVII. 1–10.

1 Εἶπε δὲ πρὸς τοὺς μαθητάς · ἀνένδεκτόν ἐστι τοῦ μὴ ἐλθεῖν τὰ σκάνδαλα · οὐαὶ
2 δέ, δι᾽ οὗ ἔρχεται. Λυσιτελεῖ αὐτῷ, εἰ μύλος ὀνικὸς περίκειται περὶ τὸν τράχηλον
αὐτοῦ καὶ ἔρριπται εἰς τὴν θάλασσαν, ἢ ἵνα σκανδαλίσῃ ἕνα τῶν μικρῶν τούτων.
3 Προσέχετε ἑαυτοῖς. ἐὰν δὲ ἁμάρτῃ εἰς σὲ ὁ ἀδελφός σου, ἐπιτίμησον αὐτῷ, καὶ ἐὰν
4 μετανοήσῃ, ἄφες αὐτῷ. Καὶ ἐὰν ἑπτάκις τῆς ἡμέρας ἁμάρτῃ εἰς σὲ καὶ ἑπτάκις τῆς
ἡμέρας ἐπιστρέψῃ πρὸς σε λέγων · μετανοῶ · ἀφήσεις αὐτῷ.ᵃ
5 6 Καὶ εἶπον οἱ ἀπόστολοι τῷ κυρίῳ · πρόσθες ἡμῖν πίστιν. Εἶπε δὲ ὁ κύριος · εἰ
εἴχετε πίστιν ὡς κόκκον σινάπεως, ἐλέγετε ἂν τῇ συκαμίνῳ ταύτῃ · ἐκριζώθητι καὶ
7 φυτεύθητι ἐν τῇ θαλάσσῃ · καὶ ὑπήκουσεν ἂν ὑμῖν. Τίς δὲ ἐξ ὑμῶν δοῦλον ἔχων
ἀροτριῶντα ἢ ποιμαίνοντα, ὃς εἰσελθόντι ἐκ τοῦ ἀγροῦ ἐρεῖ · εὐθέως παρελθὼν ἀνά-
8 πεσαι; ! ἀλλ᾽ οὐχὶ ἐρεῖ αὐτῷ · ἑτοίμασον, τί δειπνήσω, καὶ περιζωσάμενος διακόνει
9 μοι, ἕως φάγω καὶ πίω, καὶ μετὰ ταῦτα φάγεσαι καὶ πίεσαι σύ; Μὴ χάριν ἔχει τῷ
10 δούλῳ ἐκείνῳ, ὅτι ἐποίησε τὰ διαταχθέντα; οὐ δοκῶ. Οὕτω καὶ ὑμεῖς, ὅταν ποιήσητε
πάντα τὰ διαταχθέντα ὑμῖν, λέγετε · ὅτι δοῦλοι ἀχρεῖοί ἐσμεν · ὅτι, ὃ ὠφείλομεν
ποιῆσαι, πεποιήκαμεν.

ᵃ 4. Comp. Lev. 19, 17. 18.

§ 102. Christ's coming will be sudden.—*Perea.*

LUKE XVII. 20–37.

20 Ἐπερωτηθεὶς δὲ ὑπὸ τῶν Φαρισαίων, πότε ἔρχεται ἡ βασιλεία τοῦ θεοῦ, ἀπεκρίθη αὐτοῖς καὶ εἶπεν· οὐκ ἔρχεται ἡ βασιλεία τοῦ θεοῦ μετὰ παρατηρήσεως,
21 ¹ οὐδὲ ἐροῦσιν· ἰδού, ὧδε, ἤ, ἰδού, ἐκεῖ· ἰδοὺ γάρ, ἡ βασιλεία τοῦ θεοῦ ἐντὸς ὑμῶν
22 ἐστιν. Εἶπε δὲ πρὸς τοὺς μαθητάς· ἐλεύσονται ἡμέραι, ὅτε ἐπιθυμήσετε μίαν
23 τῶν ἡμερῶν τοῦ υἱοῦ τοῦ ἀνθρώπου ἰδεῖν, καὶ οὐκ ὄψεσθε. Καὶ ἐροῦσιν ὑμῖν·
24 ἰδού, ὧδε, ἤ, ἰδού, ἐκεῖ· μὴ ἀπέλθητε, μηδὲ διώξητε. Ὥσπερ γὰρ ἡ ἀστραπὴ ἡ ἀστράπτουσα ἐκ τῆς ὑπ' οὐρανὸν εἰς τὴν ὑπ' οὐρανὸν λάμπει, οὕτως ἔσται [καὶ] ὁ
25 υἱὸς τοῦ ἀνθρώπου ἐν τῇ ἡμέρᾳ αὐτοῦ. Πρῶτον δὲ δεῖ αὐτὸν πολλὰ παθεῖν καὶ
26 ἀποδοκιμασθῆναι ἀπὸ τῆς γενεᾶς ταύτης. Καὶ καθὼς ἐγένετο ἐν ταῖς ἡμέραις Νῶε,
27 οὕτως ἔσται καὶ ἐν ταῖς ἡμέραις τοῦ υἱοῦ τοῦ ἀνθρώπου. Ἤσθιον, ἔπινον, ἐγάμουν, ἐξεγαμίζοντο, ἄχρι ἧς ἡμέρας εἰσῆλθε Νῶε εἰς τὴν κιβωτόν, καὶ ἦλθεν ὁ κατακλυ-
28 σμὸς καὶ ἀπώλεσεν ἅπαντας.ᵃ Ὁμοίως καὶ ὡς ἐγένετο ἐν ταῖς ἡμέραις Λώτ·
29 ἤσθιον, ἔπινον, ἠγόραζον, ἐπώλουν, ἐφύτευον, ᾠκοδόμουν· ᾗ δὲ ἡμέρᾳ ἐξῆλθε Λὼτ
30 ἀπὸ Σοδόμων, ἔβρεξε πῦρ καὶ θεῖον ἀπ' οὐρανοῦ καὶ ἀπώλεσεν ἅπαντας·ᵇ κατὰ ταῦτὰ ἔσται ᾗ ἡμέρᾳ ὁ υἱὸς τοῦ ἀνθρώπου ἀποκαλύπτεται.
31 Ἐν ἐκείνῃ τῇ ἡμέρᾳ ὃς ἔσται ἐπὶ τοῦ δώματος καὶ τὰ σκεύη αὐτοῦ ἐν τῇ οἰκίᾳ, μὴ καταβάτω ἆραι αὐτά· καὶ ὁ ἐν τῷ ἀγρῷ ὁμοίως μὴ ἐπιστρεψάτω εἰς τὰ ὀπίσω.
32 33 Μνημονεύετε τῆς γυναικὸς Λώτ.ᶜ Ὃς ἐὰν ζητήσῃ τὴν ψυχὴν αὐτοῦ σῶσαι, ἀπο-
34 λέσει αὐτήν· καὶ ὃς ἐὰν ἀπολέσῃ αὐτήν, ζωογονήσει αὐτήν. Λέγω ὑμῖν· ταύτῃ τῇ νυκτὶ ἔσονται δύο ἐπὶ κλίνης μιᾶς· εἷς παραληφθήσεται, καὶ ὁ ἕτερος ἀφεθή-
35 σεται. Δύο ἔσονται ἀλήθουσαι ἐπὶ τὸ αὐτό· ἡ μία παραληφθήσεται, καὶ ἡ ἑτέρα
36 ἀφεθήσεται. [Δύο ἔσονται ἐν τῷ ἀγρῷ· εἷς παραληφθήσεται, καὶ ὁ ἕτερος
37 ἀφεθήσεται.] Καὶ ἀποκριθέντες λέγουσιν αὐτῷ· ποῦ, κύριε; ὁ δὲ εἶπεν αὐτοῖς· ὅπου τὸ σῶμα, ἐκεῖ συναχθήσονται οἱ ἀετοί.

§ 103. Parables: The Importunate Widow. The Pharisee and Publican.—
Perea.

LUKE XVIII. 1–14.

1 Ἔλεγε δὲ καὶ παραβολὴν αὐτοῖς πρὸς τὸ δεῖν πάντοτε προσεύχεσθαι καὶ μὴ
2 ἐκκακεῖν, ¹ λέγων· κριτής τις ἦν ἔν τινι πόλει τὸν θεὸν μὴ φοβούμενος καὶ ἄνθρω-
3 πον μὴ ἐντρεπόμενος. Χήρα δὲ ἦν ἐν τῇ πόλει ἐκείνῃ, καὶ ἤρχετο πρὸς αὐτὸν
4 λέγουσα· ἐκδίκησόν με ἀπὸ τοῦ ἀντιδίκου μου. Καὶ οὐκ ἠθέλησεν ἐπὶ χρόνον. μετὰ δὲ ταῦτα εἶπεν ἐν ἑαυτῷ· εἰ καὶ τὸν θεὸν οὐ φοβοῦμαι καὶ ἄνθρωπον οὐκ
5 ἐντρέπομαι, ¹ διά γε τὸ παρέχειν μοι κόπον τὴν χήραν ταύτην ἐκδικήσω αὐτήν, ἵνα
6 μὴ εἰς τέλος ἐρχομένη ὑπωπιάζῃ με. Εἶπε δὲ ὁ κύριος· ἀκούσατε, τί ὁ κριτὴς τῆς
7 ἀδικίας λέγει. Ὁ δὲ θεὸς οὐ μὴ ποιήσει τὴν ἐκδίκησιν τῶν ἐκλεκτῶν αὐτοῦ, τῶν
8 βοώντων πρὸς αὐτὸν ἡμέρας καὶ νυκτός, καὶ μακροθυμῶν ἐπ' αὐτοῖς; Λέγω ὑμῖν, ὅτι ποιήσει τὴν ἐκδίκησιν αὐτῶν ἐν τάχει. πλὴν ὁ υἱὸς τοῦ ἀνθρώπου ἐλθὼν ἆρα εὑρήσει τὴν πίστιν ἐπὶ τῆς γῆς;

ᵃ 27. Gen. 7, 4 7   ᵇ 29. Gen. 19, 15 sq.   ᶜ 32. Gen. 19, 26.

LUKE XVIII.

9 Εἶπε δὲ καὶ πρός τινας τοὺς πεποιθότας ἐφ' ἑαυτοῖς, ὅτι εἰσὶ δίκαιοι, καὶ
10 ἐξουθενοῦντας τοὺς λοιποὺς τὴν παραβολὴν ταύτην· ἄνθρωποι δύο ἀνέβησαν
11 εἰς τὸ ἱερὸν προσεύξασθαι· ὁ εἷς Φαρισαῖος καὶ ὁ ἕτερος τελώνης. Ὁ Φαρισαῖος
σταθεὶς πρὸς ἑαυτὸν ταῦτα προσηύχετο· ὁ θεός, εὐχαριστῶ σοι, ὅτι οὐκ εἰμὶ ὥσπερ
οἱ λοιποὶ τῶν ἀνθρώπων, ἅρπαγες, ἄδικοι, μοιχοί, ἢ καὶ ὡς οὗτος ὁ τελώνης.
12 13 Νηστεύω δὶς τοῦ σαββάτου, ἀποδεκατῶ πάντα ὅσα κτῶμαι. Καὶ ὁ τελώνης
μακρόθεν ἑστὼς οὐκ ἤθελεν οὐδὲ τοὺς ὀφθαλμοὺς εἰς τὸν οὐρανὸν ἐπᾶραι, ἀλλ'
14 ἔτυπτεν εἰς τὸ στῆθος αὐτοῦ λέγων· ὁ θεός, ἱλάσθητί μοι τῷ ἁμαρτωλῷ. Λέγω
ὑμῖν, κατέβη οὗτος δεδικαιωμένος εἰς τὸν οἶκον αὐτοῦ παρ' ἐκεῖνον· ὅτι πᾶς ὁ ὑψῶν
ἑαυτὸν ταπεινωθήσεται, ὁ δὲ ταπεινῶν ἑαυτὸν ὑψωθήσεται.

§ 104. Precepts respecting Divorce.—Perea.

MATTH. XIX. 3-12.

3 Καὶ προσῆλθον αὐτῷ οἱ Φαρισαῖοι
πειράζοντες αὐτὸν καὶ λέγοντες αὐτῷ·
εἰ ἔξεστιν ἀνθρώπῳ ἀπολῦσαι τὴν
γυναῖκα αὐτοῦ κατὰ πᾶσαν αἰτίαν;

4 Ὁ δὲ ἀποκριθεὶς εἶπεν αὐτοῖς· οὐκ
ἀνέγνωτε, ὅτι ὁ ποιήσας ἀπ' ἀρχῆς ἄρ-
5 σεν καὶ θῆλυ ἐποίησεν αὐτούς;ᵃ Καὶ
εἶπεν· ἕνεκεν τούτου καταλείψει ἄν-
θρωπος τὸν πατέρα καὶ τὴν μητέρα καὶ
προσκολληθήσεται τῇ γυναικὶ αὐτοῦ·
καὶ ἔσονται οἱ δύο εἰς σάρκα μίαν.ᵇ
6 Ὥστε οὐκέτι εἰσὶ δύο, ἀλλὰ σὰρξ μία.
ὃ οὖν ὁ θεὸς συνέζευξεν, ἄνθρωπος μὴ
7 χωριζέτω. Λέγουσιν αὐτῷ· τί οὖν
Μωϋσῆς ἐνετείλατο δοῦναι βιβλίον
ἀποστασίου, καὶ ἀπολῦσαι αὐτήν;ᶜ
8 Λέγει αὐτοῖς· ὅτι Μωϋσῆς πρὸς τὴν
σκληροκαρδίαν ὑμῶν ἐπέτρεψεν ὑμῖν
ἀπολῦσαι τὰς γυναῖκας ὑμῶν· ἀπ'
9 ἀρχῆς δὲ οὐ γέγονεν οὕτω. Λέγω δὲ
ὑμῖν, ὅτι ὃς ἂν ἀπολύσῃ τὴν γυναῖκα
αὐτοῦ, μὴ ἐπὶ πορνείᾳ, καὶ γαμήσῃ ἄλ-
λην, μοιχᾶται· καὶ ὁ ἀπολελυμένην
γαμήσας μοιχᾶται.

MARK X. 2-12.

2 Καὶ προσελθόντες Φαρισαῖοι ἐπη-
ρώτησαν αὐτόν, εἰ ἔξεστιν ἀνδρὶ γυ-
ναῖκα ἀπολῦσαι, πειράζοντες αὐτόν.
3 Ὁ δὲ ἀποκριθεὶς εἶπεν αὐτοῖς· τί
4 ὑμῖν ἐνετείλατο Μωϋσῆς; Οἱ δὲ
εἶπον· Μωϋσῆς ἐπέτρεψε βιβλίον ἀποστασίου γράψαι, καὶ
5 ἀπολῦσαι.ᶜ Καὶ ἀποκριθεὶς ὁ Ἰη-
σοῦς εἶπεν αὐτοῖς· πρὸς τὴν σκληρο-
καρδίαν ὑμῶν ἔγραψεν ὑμῖν τὴν ἐν-
6 τολὴν ταύτην. ἀπὸ δὲ ἀρχῆς κτίσεως
ἄρσεν καὶ θῆλυ ἐποίησεν αὐτοὺς ὁ
7 θεός.ᵃ Ἕνεκεν τούτου καταλείψει
ἄνθρωπος τὸν πατέρα αὐτοῦ καὶ τὴν
μητέρα, καὶ προσκολληθήσεται πρὸς
8 τὴν γυναῖκα αὐτοῦ· καὶ ἔσονται οἱ
δύο εἰς σάρκα μίαν.ᵇ ὥστε οὐκέτι εἰσὶ
9 δύο, ἀλλὰ μία σάρξ. Ὃ οὖν ὁ θεὸς
συνέζευξεν, ἄνθρωπος μὴ χωριζέτω.

10 Καὶ ἐν τῇ οἰκίᾳ πάλιν οἱ μαθηταὶ
αὐτοῦ περὶ τοῦ αὐτοῦ ἐπηρώτησαν αὐ-
11 τόν. Καὶ λέγει αὐτοῖς· ὃς ἐὰν ἀπο-
λύσῃ τὴν γυναῖκα αὐτοῦ καὶ γαμήσῃ
12 ἄλλην, μοιχᾶται ἐπ' αὐτήν· Καὶ ἐὰν
γυνὴ ἀπολύσῃ τὸν ἄνδρα αὐτῆς καὶ
γαμηθῇ ἄλλῳ, μοιχᾶται.

ᵃ 4 etc. Gen. 1, 27.   ᵇ 5 etc. Gen. 2, 24.   ᶜ 7 and 4. Deut. 24, 1.

ΜΑΤΤΗ. ΧΙΧ.

10 Λέγουσιν αὐτῷ οἱ μαθηταὶ αὐτοῦ· εἰ οὕτως ἐστὶν ἡ αἰτία τοῦ ἀνθρώπου μετὰ τῆς
11 γυναικός, οὐ συμφέρει γαμῆσαι.   Ὁ δὲ εἶπεν αὐτοῖς· οὐ πάντες χωροῦσι τὸν λόγον
12 τοῦτον, ἀλλ' οἷς δέδοται.   Εἰσὶ γὰρ εὐνοῦχοι, οἵτινες ἐκ κοιλίας μητρὸς ἐγεννήθησαν
οὕτω· καί εἰσιν εὐνοῦχοι, οἵτινες εὐνουχίσθησαν ὑπὸ τῶν ἀνθρώπων· καί εἰσιν εὐ-
νοῦχοι, οἵτινες εὐνούχισαν ἑαυτοὺς διὰ τὴν βασιλείαν τῶν οὐρανῶν. ὁ δυνάμενος
χωρεῖν χωρείτω.

§ 105. Jesus receives and blesses little Children.—Perea.

MATTH. XIX. 13-15.	MARK X. 13-16.	LUKE XVIII. 15-17.
13 Τότε προσηνέχθη αὐ-τῷ παιδία, ἵνα τὰς χεῖ-ρας ἐπιθῇ αὐτοῖς καὶ προσεύξηται. οἱ δὲ μα-θηταὶ ἐπετίμησαν αὐ-14 τοῖς. Ὁ δὲ Ἰησοῦς εἶπεν· ἄφετε τὰ παι-δία, καὶ μὴ κωλύετε αὐ-τὰ ἐλθεῖν πρός με· τῶν γὰρ τοιούτων ἐστὶν ἡ βασιλεία τῶν οὐρανῶν. 15 Καὶ ἐπιθεὶς αὐτοῖς τὰς χεῖρας ἐπορεύθη ἐκεῖ-θεν.	13 Καὶ προσέφερον αὐ-τῷ παιδία, ἵνα ἅψηται αὐτῶν· οἱ δὲ μαθηταὶ ἐπετίμων τοῖς προσφέ-14 ρουσιν. Ἰδὼν δὲ ὁ Ἰη-σοῦς ἠγανάκτησε καὶ εἶ-πεν αὐτοῖς· ἄφετε τὰ παιδία ἔρχεσθαι πρός με, καὶ μὴ κωλύετε αὐ-τά· τῶν γὰρ τοιούτων ἐστὶν ἡ βασιλεία τοῦ 15 θεοῦ. Ἀμὴν λέγω ὑμῖν, ὃς ἐὰν μὴ δέξηται τὴν βασιλείαν τοῦ θεοῦ ὡς παιδίον, οὐ μὴ εἰσέλθῃ	15 Προσέφερον δὲ αὐ-τῷ καὶ τὰ βρέφη, ἵνα αὐτῶν ἅπτηται· ἰδόν-τες δὲ οἱ μαθηταὶ ἐπ-16 ετίμησαν αὐτοῖς. Ὁ δὲ Ἰησοῦς προσκαλεσάμε-νος αὐτὰ εἶπεν· ἄφετε τὰ παιδία ἔρχεσθαι πρός με, καὶ μὴ κωλύετε αὐ-τά· τῶν γὰρ τοιούτων ἐστὶν ἡ βασιλεία τοῦ 17 θεοῦ. Ἀμὴν λέγω ὑμῖν, ὃς ἐὰν μὴ δέξηται τὴν βασιλείαν τοῦ θεοῦ ὡς παιδίον, οὐ μὴ εἰσέλθῃ εἰς αὐτήν.
	16 εἰς αὐτήν. Καὶ ἐναγκαλισάμενος αὐτά, τιθεὶς τὰς χεῖρας ἐπ' αὐτά, ηὐλόγει αὐτά.	

§ 106. The rich Young Man.   Parable of the Labourers in the Vineyard.—Perea.

MATTH. XIX. 16-30. XX. 1-16.	MARK X. 17-31.	LUKE XVIII. 18-30.
16 Καὶ ἰδού, εἷς προσελ-θὼν εἶπεν αὐτῷ· διδά-σκαλε ἀγαθέ, τί ἀγα-θὸν ποιήσω, ἵνα ἔχω ζω-17 ὴν αἰώνιον ; Ὁ δὲ εἶπεν αὐτῷ· τί με λέγεις ἀγα-θόν ; οὐδεὶς ἀγαθός, εἰ μὴ εἷς, ὁ θεός. εἰ δὲ θέλεις εἰσελθεῖν εἰς τὴν ζωήν, τήρησον τὰς ἐν-18 τολάς. Λέγει αὐτῷ·	17 Καὶ ἐκπορευομένου αὐτοῦ εἰς ὁδόν, προσ-δραμὼν εἷς καὶ γονυπε-τήσας αὐτὸν ἐπηρώτα αὐτόν· διδάσκαλε ἀγα-θέ, τί ποιήσω, ἵνα ζωὴν αἰώνιον κληρονομήσω ; 18 Ὁ δὲ Ἰησοῦς εἶπεν αὐ-τῷ· τί με λέγεις ἀγα-θόν ; οὐδεὶς ἀγαθός, 19 εἰ μὴ εἷς, ὁ θεός. Τὰς	18 Καὶ ἐπηρώτησέ τις αὐτὸν ἄρχων λέγων· διδάσκαλε ἀγαθέ, τί ποιήσας ζωὴν αἰώνιον 19 κληρονομήσω ; Εἶπε δὲ αὐτῷ ὁ Ἰησοῦς· τί με λέγεις ἀγαθόν ; οὐδεὶς ἀγαθός, εἰ μὴ εἷς, ὁ θεός.
		20 Τὰς ἐντολὰς οἶ-

10

MATTH. XIX.

ποίας; ὁ δὲ Ἰησοῦς εἶπε· τό·ᵃ οὐ φονεύσεις· οὐ μοιχεύσεις· οὐ κλέψεις· οὐ ψευδομαρτυ-
19 ρήσεις· | τίμα τὸν πατέρα καὶ τὴν μητέρα. καί· ἀγαπήσεις τὸν πλησίον σου ὡς σεαυτόν.
20 Λέγει αὐτῷ ὁ νεανίσκος· πάντα ταῦτα ἐφυλαξάμην ἐκ νεότητός μου· τί ἔτι ὑστερῶ;
21 Ἔφη αὐτῷ ὁ Ἰησοῦς· εἰ θέλεις τέλειος εἶναι, ὕπαγε, πώλησόν σου τὰ ὑπάρχοντα καὶ δὸς πτωχοῖς, καὶ ἕξεις θησαυρὸν ἐν οὐρανῷ· καὶ δεῦρο,
22 ἀκολούθει μοι. Ἀκούσας δὲ ὁ νεανίσκος τὸν λόγον ἀπῆλθε λυπούμενος· ἦν γὰρ ἔχων κτή-
23 ματα πολλά. Ὁ δὲ Ἰησοῦς εἶπε τοῖς μαθηταῖς αὐτοῦ· ἀμὴν λέγω ὑμῖν, ὅτι δυσκόλως πλούσιος εἰσελεύσεται εἰς τὴν βασιλείαν τῶν οὐρανῶν.

24 Πάλιν δὲ λέγω ὑμῖν, εὐκοπώτερόν ἐστι, κάμηλον διὰ τρυπήματος ῥαφίδος διελθεῖν, ἢ πλούσιον εἰς τὴν βασιλείαν τοῦ θεοῦ εἰσελ-
25 θεῖν. Ἀκούσαντες δὲ οἱ μαθηταὶ ἐξεπλήσσοντο σφόδρα, λέγοντες·

MARK X.

ἐντολὰς οἶδας·ᵃ μὴ μοιχεύσῃς· μὴ φονεύσῃς· μὴ κλέψῃς· μὴ ψευδομαρτυρήσῃς· μὴ ἀποστερήσῃς· τίμα τὸν πατέρα σου καὶ τὴν μη-
20 τέρα. Ὁ δὲ ἀποκριθεὶς εἶπεν αὐτῷ· διδάσκαλε, ταῦτα πάντα ἐφυλαξάμην ἐκ νεότητός μου.
21 Ὁ δὲ Ἰησοῦς ἐμβλέψας αὐτῷ ἠγάπησεν αὐτὸν καὶ εἶπεν αὐτῷ· ἕν σοι ὑστερεῖ· ὕπαγε, ὅσα ἔχεις πώλησον καὶ δὸς τοῖς πτωχοῖς· καὶ ἕξεις θησαυρὸν ἐν οὐρανῷ· καὶ δεῦρο, ἀκολούθει μοι, ἄρας τὸν σταυρόν.
22 Ὁ δὲ στυγνάσας ἐπὶ τῷ λόγῳ ἀπῆλθε λυπούμενος· ἦν γὰρ ἔχων κτή-
23 ματα πολλά. Καὶ περιβλεψάμενος ὁ Ἰησοῦς λέγει τοῖς μαθηταῖς αὐτοῦ· πῶς δυσκόλως οἱ τὰ χρήματα ἔχοντες εἰς τὴν βασιλείαν τοῦ θεοῦ
24 εἰσελεύσονται. Οἱ δὲ

μαθηταὶ ἐθαμβοῦντο ἐπὶ τοῖς λόγοις αὐτοῦ. ὁ δὲ Ἰησοῦς πάλιν ἀποκριθεὶς λέγει αὐτοῖς· τέκνα, πῶς δύσκολόν ἐστι, τοὺς πεποιθότας ἐπὶ τοῖς χρήμασιν εἰς τὴν βασιλείαν τοῦ
25 θεοῦ εἰσελθεῖν. Εὐκοπώτερόν ἐστι, κάμηλον διὰ τῆς τρυμαλιᾶς τῆς ῥαφίδος διελθεῖν, ἢ πλούσιον εἰς τὴν βασιλείαν τοῦ θεοῦ εἰσελ-
26 θεῖν. Οἱ δὲ περισσῶς ἐξεπλήσσοντο, λέγοντες

LUKE XVIII.

δας·ᵃ μὴ μοιχεύσῃς· μὴ φονεύσῃς· μὴ κλέψῃς· μὴ ψευδομαρτυρήσῃς· τίμα τὸν πατέρα σου καὶ τὴν μητέρα σου.
21 Ὁ δὲ εἶπε· ταῦτα πάντα ἐφυλαξάμην ἐκ νεότητός μου.
22 Ἀκούσας δὲ ταῦτα ὁ Ἰησοῦς εἶπεν αὐτῷ· ἔτι ἕν σοι λείπει· πάντα, ὅσα ἔχεις, πώλησον, καὶ διάδος πτωχοῖς, καὶ ἕξεις θησαυρὸν ἐν οὐρανῷ· καὶ δεῦρο, ἀκολούθει μοι.
23 Ὁ δὲ ἀκούσας ταῦτα περίλυπος ἐγένετο· ἦν γὰρ πλούσιος σφόδρα.
24 Ἰδὼν δὲ αὐτὸν ὁ Ἰησοῦς περίλυπον γενόμενον εἶπε· πῶς δυσκόλως οἱ τὰ χρήματα ἔχοντες εἰσελεύσονται εἰς τὴν βασιλείαν τοῦ θεοῦ.
25 Εὐκοπώτερον γάρ ἐστι, κάμηλον διὰ τρυμαλιᾶς ῥαφίδος εἰσελθεῖν, ἢ πλούσιον εἰς τὴν βασιλείαν τοῦ θεοῦ εἰσελθεῖν.
26 Εἶπον δὲ οἱ ἀκού-

ᵃ 18 etc. Ex. 20, 12 sq. Deut. 5, 16 sq.—Lev. 19, 18.

MATTH. XIX.	MARK X.	LUKE XVIII.
τίς ἄρα δύναται σωθῆ- 26 ναι; Ἐλβλέψας δὲ ὁ Ἰησοῦς εἶπεν αὐτοῖς· παρὰ ἀνθρώποις τοῦτο ἀδύνατόν ἐστι· παρὰ δὲ θεῷ πάντα δυνατά.	27 πρὸς ἑαυτούς· καὶ τίς δύναται σωθῆναι; Ἐμβλέψας δὲ αὐτοῖς ὁ Ἰησοῦς λέγει· παρὰ ἀνθρώποις ἀδύνατον, αλλ' οὐ παρὰ τῷ θεῷ· πάντα γὰρ δυνατά ἐστι παρὰ τῷ θεῷ.	σαντες· καὶ τίς δύνα- 27 ται σωθῆναι; Ὁ δὲ εἶπε· τὰ ἀδύνατα παρὰ ἀνθρώποις δυνατά ἐστι παρὰ τῷ θεῷ.
27 Τότε ἀποκριθεὶς ὁ Πέτρος εἶπεν αὐτῷ· ἰδού, ἡμεῖς ἀφήκαμεν πάντα, καὶ ἠκολουθήσαμέν σοι· τί ἄρα ἔσται 28 ἡμῖν; Ὁ δὲ Ἰησοῦς εἶπεν αὐτοῖς· ἀμὴν λέγω ὑμῖν, ὅτι ὑμεῖς οἱ ἀκολουθήσαντές μοι ἐν τῇ παλιγγενεσίᾳ, ὅταν καθίσῃ ὁ υἱὸς τοῦ ἀνθρώπου ἐπὶ θρόνου δόξης αὐτοῦ, καθίσεσθε καὶ	28 Ἤρξατο ὁ Πέτρος λέγειν αὐτῷ· ἰδού, ἡμεῖς ἀφήκαμεν πάντα καὶ 29 ἠκολουθήσαμέν σοι. Ἀποκριθεὶς δὲ ὁ Ἰησοῦς εἶπεν· ἀμὴν λέγω ὑμῖν, οὐδείς ἐστιν, ὃς ἀφῆκεν οἰκίαν ἢ ἀδελφοὺς ἢ ἀδελφὰς ἢ πατέρα ἢ μητέρα ἢ γυναῖκα ἢ τέκνα ἢ ἀγροὺς ἕνεκεν ἐμοῦ καὶ τοῦ εὐαγγελίου,	28 Εἶπε δὲ ὁ Πέτρος· ἰδού, ἡμεῖς ἀφήκαμεν πάντα καὶ ἠκολουθή- 29 σαμέν σοι. Ὁ δὲ εἶπεν αὐτοῖς· ἀμὴν λέγω ὑμῖν, ὅτι οὐδείς ἐστιν, ὃς ἀφῆκεν οἰκίαν ἢ γονεῖς ἢ ἀδελφοὺς ἢ γυναῖκα ἢ τέκνα ἕνεκεν τῆς βασιλείας τοῦ θεοῦ,

ὑμεῖς ἐπὶ δώδεκα θρόνους, κρίνοντες τὰς δώδεκα φυλὰς τοῦ Ἰσραήλ.

| 29 Καὶ πᾶς ὅστις ἀφῆκεν οἰκίας ἢ ἀδελφοὺς ἢ ἀδελφὰς ἢ πατέρα ἢ μητέρα ἢ γυναῖκα ἢ τέκνα ἢ ἀγροὺς ἕνεκεν τοῦ ὀνόματός μου, ἑκατονταπλασίονα λήψεται καὶ ζωὴν αἰώνιον κληρονομήσει. Πολλοὶ 30 δὲ ἔσονται πρῶτοι ἔσχατοι, καὶ ἔσχατοι πρῶτοι. | 30 ἐὰν μὴ λάβῃ ἑκατονταπλασίονα νῦν ἐν τῷ καιρῷ τούτῳ οἰκίας καὶ ἀδελφοὺς καὶ ἀδελφὰς καὶ μητέρας καὶ τέκνα καὶ ἀγροὺς μετὰ διωγμῶν, καὶ ἐν τῷ αἰῶνι τῷ ἐρχομέ- 31 νῳ ζωὴν αἰώνιον. Πολλοὶ δὲ ἔσονται πρῶτοι ἔσχατοι, καὶ ἔσχατοι πρῶτοι. | 30 ὃς οὐ μὴ ἀπολάβῃ πολλαπλασίονα ἐν τῷ καιρῷ τούτῳ καὶ ἐν τῷ αἰῶνι τῷ ἐρχομένῳ ζωὴν αἰώνιον. |

XX. 1 Ὁμοία γάρ ἐστιν ἡ βασιλεία τῶν οὐρανῶν ἀνθρώπῳ οἰκοδεσπότῃ, ὅστις
2 ἐξῆλθεν ἅμα πρωῒ μισθώσασθαι ἐργάτας εἰς τὸν ἀμπελῶνα αὐτοῦ. Συμφωνήσας
δὲ μετὰ τῶν ἐργατῶν ἐκ δηναρίου τὴν ἡμέραν, ἀπέστειλεν αὐτοὺς εἰς τὸν ἀμπε-
3 λῶνα αὐτοῦ. Καὶ ἐξελθὼν περὶ τρίτην ὥραν εἶδεν ἄλλους ἑστῶτας ἐν τῇ ἀγορᾷ
4 ἀργούς· κἀκείνοις εἶπεν· ὑπάγετε καὶ ὑμεῖς εἰς τὸν ἀμπελῶνα, καὶ ὃ ἐὰν ᾖ
5 δίκαιον, δώσω ὑμῖν. οἱ δὲ ἀπῆλθον. Πάλιν ἐξελθὼν περὶ ἕκτην καὶ ἐννάτην ὥραν
6 ἐποίησεν ὡσαύτως. Περὶ δὲ τὴν ἑνδεκάτην ὥραν ἐξελθὼν εὗρεν ἄλλους ἑστῶτας
7 [ἀργοὺς] καὶ λέγει αὐτοῖς· τί ὧδε ἑστήκατε ὅλην τὴν ἡμέραν ἀργοί; Λέγουσιν
αὐτῷ· ὅτι οὐδεὶς ἡμᾶς ἐμισθώσατο. λέγει αὐτοῖς· ὑπάγετε καὶ ὑμεῖς εἰς τὴν ἀμπε-
8 λῶνα, καὶ ὃ ἐὰν ᾖ δίκαιον, λήψεσθε. Ὀψίας δὲ γενομένης λέγει ὁ κύριος τοῦ ἀμπε-
λῶνος τῷ ἐπιτρόπῳ αὐτοῦ· κάλεσον τοὺς ἐργάτας, καὶ ἀπόδος αὐτοῖς τὸν μισθόν,
9 ἀρξάμενος ἀπὸ τῶν ἐσχάτων ἕως τῶν πρώτων. Καὶ ἐλθόντες οἱ περὶ τὴν ἑνδεκάτην

MATTH. XX.

10 ὥραν ἔλαβον ἀνὰ δηνάριον. Ἐλθόντες δὲ οἱ πρῶτοι ἐνόμισαν, ὅτι πλείονα λήψον-
11 ται· καὶ ἔλαβον καὶ αὐτοὶ ἀνὰ δηνάριον. Λαβόντες δὲ ἐγόγγυζον κατὰ τοῦ οἰκοδε-
12 σπότου Ι λέγοντες· ὅτι οὗτοι οἱ ἔσχατοι μίαν ὥραν ἐποίησαν, καὶ ἴσους ἡμῖν αὐτοὺς
13 ἐποίησας, τοῖς βαστάσασι τὸ βάρος τῆς ἡμέρας καὶ τὸν καύσωνα. Ὁ δὲ ἀποκριθεὶς
14 εἶπεν ἑνὶ αὐτῶν· ἑταῖρε, οὐκ ἀδικῶ σε· οὐχὶ δηναρίου συνεφώνησάς μοι; Ἆρον τὸ
15 σὸν καὶ ὕπαγε. θέλω δὲ τούτῳ τῷ ἐσχάτῳ δοῦναι ὡς καὶ σοί. Ἢ οὐκ ἔξεστί μοι
ποιῆσαι ὃ θέλω ἐν τοῖς ἐμοῖς; ἢ ὁ ὀφθαλμός σου πονηρός ἐστιν, ὅτι ἐγὼ ἀγαθός
16 εἰμι; Οὕτως ἔσονται οἱ ἔσχατοι πρῶτοι, καὶ οἱ πρῶτοι ἔσχατοι. πολλοὶ γάρ εἰσι
κλητοί, ὀλίγοι δὲ ἐκλεκτοί.

§ 107. Jesus a third time foretells his Death and Resurrection. [See §§ 74, 77.]—
Perea.

MATTH. XX. 17–19.	MARK X. 32–34.	LUKE XVIII. 31–34.
17 Καὶ ἀναβαίνων ὁ Ἰησοῦς εἰς Ἱεροσόλυμα παρέλαβε τοὺς δώδεκα μαθητὰς κατ᾽ ἰδίαν ἐν τῇ ὁδῷ καὶ εἶπεν αὐτοῖς·	32 Ἦσαν δὲ ἐν τῇ ὁδῷ ἀναβαίνοντες εἰς Ἱεροσόλυμα, καὶ ἦν προάγων αὐτοὺς ὁ Ἰησοῦς, καὶ ἐθαμβοῦντο καὶ ἀκολουθοῦντες ἐφοβοῦντο. καὶ παραλαβὼν πάλιν τοὺς δώδεκα ἤρξατο αὐτοῖς λέγειν τὰ μέλλοντα αὐτῷ συμβαίνειν·	31 Παραλαβὼν δὲ τοὺς δώδεκα εἶπε πρὸς αὐτούς·
18 ἰδού, ἀναβαίνομεν εἰς Ἱεροσόλυμα, καὶ ὁ υἱὸς τοῦ ἀνθρώπου παραδοθήσεται τοῖς ἀρχιερεῦσι καὶ γραμματεῦσι· καὶ κατακρινοῦσιν αὐτὸν θα-19 νάτῳ, Ι καὶ παραδώσουσιν αὐτὸν τοῖς ἔθνεσιν εἰς τὸ ἐμπαῖξαι καὶ μαστιγῶσαι καὶ σταυρῶσαι· καὶ τῇ τρίτῃ ἡμέρᾳ ἀναστήσεται.	33 ὅτι ἰδοὺ ἀναβαίνομεν εἰς Ἱεροσόλυμα, καὶ ὁ υἱὸς τοῦ ἀνθρώπου παραδοθήσεται τοῖς ἀρχιερεῦσι καὶ τοῖς γραμματεῦσι· καὶ κατακρινοῦσιν αὐτὸν θανάτῳ, καὶ παραδώσουσιν αὐτὸν τοῖς ἔθνεσι, 34 Ι καὶ ἐμπαίξουσιν αὐτῷ, καὶ μαστιγώσουσιν αὐτόν, καὶ ἐμπτύσουσιν αὐτῷ, καὶ ἀποκτενοῦσιν αὐτόν· καὶ τῇ τρίτῃ ἡμέρᾳ ἀναστήσεται.	ἰδού, ἀναβαίνομεν εἰς Ἱεροσόλυμα, καὶ τελεσθήσεται πάντα τὰ γεγραμμένα διὰ τῶν προφητῶν τῷ υἱῷ τοῦ ἀνθρώπου. 32 Παραδοθήσεται γὰρ τοῖς ἔθνεσι, καὶ ἐμπαιχθήσεται καὶ ὑβρισθήσεται καὶ ἐμ-33 πτυσθήσεται, Ι καὶ μαστιγώσαντες ἀποκτενοῦσιν αὐτόν· καὶ τῇ ἡμέρᾳ τῇ τρίτῃ ἀναστήσεται. 34 Καὶ αὐτοὶ οὐδὲν τούτων

συνῆκαν, καὶ ἦν τὸ ῥῆμα τοῦτο κεκρυμμένον ἀπ᾽ αὐτῶν, καὶ οὐκ ἐγίνωσκον τὰ λεγόμενα.

§ 108. James and John prefer their ambitious request.—Perea.

MATTH. XX. 20–28.	MARK X. 35–45.
20 Τότε προσῆλθεν αὐτῷ ἡ μήτηρ τῶν υἱῶν Ζεβεδαίου μετὰ τῶν υἱ-ῶν αὐτῆς, προσκυνοῦσα καὶ αἰτοῦσά 21 τι παρ᾽ αὐτοῦ. Ὁ δὲ εἶπεν αὐτῇ·	35 Καὶ προσπορεύονται αὐτῷ Ἰάκωβος καὶ Ἰωάννης, οἱ υἱοὶ Ζεβεδαίου, λέγοντες· διδάσκαλε, θέλομεν, ἵνα ὃ 36 ἐὰν αἰτήσωμεν, ποιήσῃς ἡμῖν. Ὁ δὲ

MATTH. XX.	MARK X.
τί θέλεις; λέγει αὐτῷ· εἰπέ, ἵνα καθίσωσιν οὗτοι οἱ δύο υἱοί μου, εἷς ἐκ δεξιῶν σου καὶ εἷς ἐξ εὐωνύμων σου ἐν τῇ βασιλείᾳ σου.	εἶπεν αὐτοῖς· τί θέλετε ποιῆσαί με 37 ὑμῖν; Οἱ δὲ εἶπον αὐτῷ· δὸς ἡμῖν, ἵνα εἷς ἐκ δεξιῶν σου καὶ εἷς ἐξ εὐωνύμων σου καθίσωμεν ἐν τῇ δόξῃ σου.
22 Ἀποκριθεὶς δὲ ὁ Ἰησοῦς εἶπεν· οὐκ οἴδατε, τί αἰτεῖσθε. δύνασθε πιεῖν τὸ ποτήριον, ὃ ἐγὼ μέλλω πίνειν; ἢ τὸ βάπτισμα, ὃ ἐγὼ βαπτίζομαι, βαπτισθῆναι; λέγουσιν αὐτῷ· δυνάμεθα.	38 Ὁ δὲ Ἰησοῦς εἶπεν αὐτοῖς· οὐκ οἴδατε, τί αἰτεῖσθε. δύνασθε πιεῖν -· ποτήριον, ὃ ἐγὼ πίνω, καὶ τὸ βάπτι σμα, ὃ ἐγὼ βαπτίζομαι, βαπτισθῆναι; 39 οἱ δὲ εἶπον αὐτῷ· δυνάμεθα. Ὁ δὲ
23 Καὶ λέγει αὐτοῖς· τὸ μὲν ποτήριόν μου πίεσθε καὶ τὸ βάπτισμα, ὃ ἐγὼ βαπτίζομαι, βαπτισθήσεσθε· τὸ δὲ καθίσαι ἐκ δεξιῶν μου καὶ ἐξ εὐωνύμων μου οὐκ ἔστιν ἐμὸν δοῦναι, ἀλλ' οἷς ἡτοίμασται ὑπὸ τοῦ πατρός μου.	Ἰησοῦς εἶπεν αὐτοῖς· τὸ μὲν ποτήριον, ὃ ἐγὼ πίνω, πίεσθε, καὶ τὸ βάπτισμα, ὃ ἐγὼ βαπτίζομαι, βα- 40 πτισθήσεσθε· τὸ δὲ καθίσαι ἐκ δεξιῶν μου καὶ ἐξ εὐωνύμων οὐκ ἔστιν ἐμὸν δοῦναι, ἀλλ' οἷς ἡτοίμασται.
24 Καὶ ἀκούσαντες οἱ δέκα ἠγανάκτη- 25 σαν περὶ τῶν δύο ἀδελφῶν. Ὁ δὲ Ἰησοῦς προσκαλεσάμενος αὐτοὺς εἶπεν· οἴδατε, ὅτι οἱ ἄρχοντες τῶν ἐθνῶν κατακυριεύουσιν αὐτῶν, καὶ οἱ μεγάλοι 26 κατεξουσιάζουσιν αὐτῶν. Οὐχ οὕτως ἔσται ἐν ὑμῖν· ἀλλ' ὃς ἐὰν θέλῃ ἐν ὑμῖν μέγας γενέσθαι, ἔστω ὑμῶν διά- 27 κονος· καὶ ὃς ἐὰν θέλῃ ἐν ὑμῖν εἶναι 28 πρῶτος, ἔστω ὑμῶν δοῦλος· ὥσπερ ὁ υἱὸς τοῦ ἀνθρώπου οὐκ ἦλθε διακονηθῆναι, ἀλλὰ διακονῆσαι καὶ δοῦναι τὴν ψυχὴν αὐτοῦ λύτρον ἀντὶ πολλῶν.	41 Καὶ ἀκούσαντες οἱ δέκα ἤρξαντο ἀγανακτεῖν περὶ Ἰακώβου καὶ Ἰωάννου. 42 Ὁ δὲ Ἰησοῦς προσκαλεσάμενος αὐτοὺς λέγει αὐτοῖς· οἴδατε, ὅτι οἱ δοκοῦντες ἄρχειν τῶν ἐθνῶν κατακυριεύουσιν αὐτῶν, καὶ οἱ μεγάλοι αὐτῶν κατεξουσιά- 43 ζουσιν αὐτῶν. Οὐχ οὕτω δὲ ἔσται ἐν ὑμῖν· ἀλλ' ὃς ἐὰν θέλῃ γενέσθαι μέ- 44 γας ἐν ὑμῖν, ἔσται ὑμῶν διάκονος· καὶ ὃς ἂν θέλῃ ὑμῶν γενέσθαι πρῶτος, 45 ἔσται πάντων δοῦλος· καὶ γὰρ ὁ υἱὸς τοῦ ἀνθρώπου οὐκ ἦλθε διακονηθῆναι, ἀλλὰ διακονῆσαι καὶ δοῦναι τὴν ψυχὴν αὐτοῦ λύτρον ἀντὶ πολλῶν.

§ 109. The healing of two blind men near Jericho.

MATTH. XX. 29-34.	MARK X. 46-52.	LUKE XVIII. 35-43. XIX. 1.
29 Καὶ ἐκπορευομένων αὐτῶν ἀπὸ Ἱεριχώ, ἠκολούθησεν αὐτῷ ὄχ- 30 λος πολύς. Καὶ ἰδού, δύο τυφλοὶ καθήμενοι παρὰ τὴν ὁδόν, ἀκούσαντες ὅτι Ἰησοῦς παράγει, ἔκραξαν λέγον-	46 Καὶ ἔρχονται εἰς Ἱεριχώ· καὶ ἐκπορευομένου αὐτοῦ ἀπὸ Ἱεριχὼ καὶ τῶν μαθητῶν αὐτοῦ καὶ ὄχλου ἱκανοῦ, ὁ υἱὸς Τιμαίου, Βαρτίμαιος ὁ τυφλός, ἐκάθητο παρὰ τὴν ὁδὸν προσ- 47 αιτῶν. Καὶ ἀκούσας, ὅτι Ἰησοῦς ὁ Ναζωραῖός ἐστιν, ἤρξατο κρά-	35 Ἐγένετο δὲ ἐν τῷ ἐγγίζειν αὐτὸν εἰς Ἱεριχώ, τυφλός τις ἐκάθητο παρὰ τὴν ὁδὸν 36 προσαιτῶν. Ἀκούσας δὲ ὄχλου διαπορευομένου ἐπυνθάνετο, τί εἴη 37 τοῦτο. Ἀπήγγειλαν δὲ αὐτῷ, ὅτι Ἰησοῦς ὁ Ναζωραῖος παρέρχεται. 38 Καὶ ἐβόησε λέγων· Ἰη-

MATTH. XX.	MARK X.	LUKE XVIII.

τες· ἐλέησον ἡμᾶς, κύ-
31 ριε, υἱὸς Δαυΐδ. Ὁ δὲ
ὄχλος ἐπετίμησεν αὐ-
τοῖς, ἵνα σιωπήσωσιν.
· οἱ δὲ μεῖζον ἔκραζον λέ-
γοντες· ἐλέησον ἡμᾶς,
κύριε, υἱὸς Δαυΐδ.
32 Καὶ στὰς ὁ Ἰησοῦς
ἐφώνησεν αὐτούς,

ζειν καὶ λέγειν· ὁ υἱὸς
Δαυΐδ, Ἰησοῦ, ἐλέησόν
48 με. Καὶ ἐπετίμων αὐτῷ
πολλοί, ἵνα σιωπήσῃ· ὁ
δὲ πολλῷ μᾶλλον ἔκρα-
ζεν· υἱὲ Δαυΐδ, ἐλέησόν
με.
49 Καὶ στὰς ὁ Ἰη-
σοῦς, εἶπεν αὐτὸν φω-
νηθῆναι. καὶ φωνοῦσι
τὸν τυφλόν, λέγοντες

σοῦ, υἱὲ Δαυΐδ, ἐλέησόν
39 με. Καὶ οἱ προάγοντες
ἐπετίμων αὐτῷ, ἵνα
σιωπήσῃ· αὐτὸς δὲ
πολλῷ μᾶλλον ἔκραζεν·
υἱὲ Δαυΐδ, ἐλέησόν με.
40 Σταθεὶς δὲ ὁ Ἰησοῦς
ἐκέλευσεν αὐτὸν ἀχθῆ-
ναι πρὸς αὐτόν·

50 αὐτῷ· θάρσει, ἔγειραι· φωνεῖ σε. Ὁ δὲ
ἀποβαλὼν τὸ ἱμάτιον αὐτοῦ ἀναστὰς
ἦλθε πρὸς τὸν Ἰησοῦν.

ἐγγίσαντος
δὲ αὐτοῦ ἐπηρώτησεν

καὶ εἶπε·
τί θέλετε ποιήσω ὑμῖν;
33 Λέγουσιν αὐτῷ· κύριε,
ἵνα ἀνοιχθῶσιν ἡμῶν οἱ
34 ὀφθαλμοί. Σπλαγχνι-
σθεὶς δὲ ὁ Ἰησοῦς
ἥψατο τῶν ὀφθαλμῶν
αὐτῶν· καὶ εὐθέως ἀνέ-
βλεψαν αὐτῶν οἱ ὀφθαλ-
μοί· καὶ ἠκολούθησαν
αὐτῷ.

51 Καὶ ἀποκριθεὶς λέγει
αὐτῷ ὁ Ἰησοῦς· τί θέ-
λεις ποιήσω σοι; ὁ δὲ
τυφλὸς εἶπεν αὐτῷ·
ῥαββουνί, ἵνα ἀναβλέ-
52 ψω. Ὁ δὲ Ἰησοῦς εἶ-
πεν αὐτῷ· ὕπαγε, ἡ
πίστις σου σέσωκέ σε·
καὶ εὐθέως ἀνέβλεψε,
καὶ ἠκολούθει τῷ Ἰησοῦ
ἐν τῇ ὁδῷ.

41 αὐτόν λέγων· τί σοι
θέλεις ποιήσω; ὁ δὲ
εἶπε· κύριε, ἵνα ἀνα-
42 βλέψω. Καὶ ὁ Ἰησοῦς
εἶπεν αὐτῷ· ἀνάβλεψον·
ἡ πίστις σου σέσωκέ σε.
43 Καὶ παραχρῆμα ἀν-
έβλεψε, καὶ ἠκολούθει
αὐτῷ δοξάζων τὸν θεόν·
καὶ πᾶς ὁ λαὸς ἰδὼν
XIX. 1 ἔδωκεν αἶνον τῷ θεῷ. Καὶ
εἰσελθὼν διήρχετο τὴν Ἱεριχώ.

§ 110. The visit to Zaccheus.   Parable of the ten Minae.—*Jericho.*

Luke XIX. 2-28.

2 Καὶ ἰδού, ἀνὴρ ὀνόματι καλούμενος Ζακχαῖος· καὶ αὐτὸς ἦν ἀρχιτελώνης, καὶ
3 οὗτος ἦν πλούσιος. Καὶ ἐζήτει ἰδεῖν τὸν Ἰησοῦν, τίς ἐστι, καὶ οὐκ ἠδύνατο ἀπὸ τοῦ
4 ὄχλου, ὅτι τῇ ἡλικίᾳ μικρὸς ἦν. Καὶ προδραμὼν ἔμπροσθεν ἀνέβη ἐπὶ συκομορέαν,
5 ἵνα ἴδῃ αὐτόν, ὅτι ἐκείνης ἤμελλε διέρχεσθαι. Καὶ ὡς ἦλθεν ἐπὶ τὸν τόπον, ἀνα-
βλέψας ὁ Ἰησοῦς εἶδεν αὐτὸν καὶ εἶπε πρὸς αὐτόν· Ζακχαῖε, σπεύσας κατάβηθι·
6 σήμερον γὰρ ἐν τῷ οἴκῳ σου δεῖ με μεῖναι. Καὶ σπεύσας κατέβη καὶ ὑπεδέξατο
7 αὐτὸν χαίρων. Καὶ ἰδόντες ἅπαντες διεγόγγυζον λέγοντες· ὅτι παρὰ ἁμαρτωλῷ
8 ἀνδρὶ εἰσῆλθε καταλῦσαι. Σταθεὶς δὲ Ζακχαῖος εἶπε πρὸς τὸν κύριον· ἰδού, τὰ
ἡμίση τῶν ὑπαρχόντων μου, κύριε, δίδωμι τοῖς πτωχοῖς· καὶ εἴ τινός τι ἐσυκοφάν-
9 τησα, ἀποδίδωμι τετραπλοῦν. Εἶπε δὲ πρὸς αὐτὸν ὁ Ἰησοῦς· ὅτι σήμερον σωτηρία
10 τῷ οἴκῳ τούτῳ ἐγένετο, καθότι καὶ αὐτὸς υἱὸς Ἀβραάμ ἐστιν· ἦλθε γὰρ ὁ υἱὸς τοῦ
ἀνθρώπου ζητῆσαι καὶ σῶσαι τὸ ἀπολωλός.

LUKE XIX.

11 Ἀκουόντων δὲ αὐτῶν ταῦτα προσθεὶς εἶπε παραβολὴν διὰ τὸ ἐγγὺς αὐτὸν εἶναι
Ἱερουσαλὴμ καὶ δοκεῖν αὐτούς, ὅτι παραχρῆμα μέλλει ἡ βασιλεία τοῦ θεοῦ ἀναφαί-
12 νεσθαι. Εἶπεν οὖν· ἄνθρωπός τις εὐγενὴς ἐπορεύθη εἰς χώραν μακράν, λαβεῖν
13 ἑαυτῷ βασιλείαν καὶ ὑποστρέψαι. Καλέσας δὲ δέκα δούλους ἑαυτοῦ ἔδωκεν αὐτοῖς
14 δέκα μνᾶς καὶ εἶπε πρὸς αὐτούς· πραγματεύσασθε ἕως ἔρχομαι. Οἱ δὲ πολῖται
αὐτοῦ ἐμίσουν αὐτόν, καὶ ἀπέστειλαν πρεσβείαν ὀπίσω αὐτοῦ λέγοντες· οὐ θέλομεν
15 τοῦτον βασιλεῦσαι ἐφ' ἡμᾶς. Καὶ ἐγένετο ἐν τῷ ἐπανελθεῖν αὐτὸν λαβόντα τὴν
βασιλείαν, καὶ εἶπε φωνηθῆναι αὐτῷ τοὺς δούλους τούτους, οἷς ἔδωκε τὸ ἀργύριον,
16 ἵνα γνῷ, τίς τί διεπραγματεύσατο. Παρεγένετο δὲ ὁ πρῶτος λέγων· κύριε, ἡ μνᾶ
17 σου προσειργάσατο δέκα μνᾶς. Καὶ εἶπεν αὐτῷ· εὖ, ἀγαθὲ δοῦλε, ὅτι ἐν ἐλαχίστῳ
18 πιστὸς ἐγένου, ἴσθι ἐξουσίαν ἔχων ἐπάνω δέκα πόλεων. Καὶ ἦλθεν ὁ δεύτερος
19 λέγων· κύριε, ἡ μνᾶ σου ἐποίησε πέντε μνᾶς. Εἶπε δὲ καὶ τούτῳ· καὶ σὺ γίνου
20 ἐπάνω πέντε πόλεων. Καὶ ἕτερος ἦλθε λέγων· κύριε, ἰδού, ἡ μνᾶ σου, ἣν εἶχον
21 ἀποκειμένην ἐν σουδαρίῳ. Ἐφοβούμην γάρ σε, ὅτι ἄνθρωπος αὐστηρὸς εἶ· αἴρεις,
22 ὃ οὐκ ἔθηκας, καὶ θερίζεις, ὃ οὐκ ἔσπειρας. Λέγει δὲ αὐτῷ· ἐκ τοῦ στόματός σου
κρινῶ σε, πονηρὲ δοῦλε· ᾔδεις, ὅτι ἐγὼ ἄνθρωπος αὐστηρός εἰμι, αἴρων, ὃ οὐκ
23 ἔθηκα, καὶ θερίζων, ὃ οὐκ ἔσπειρα; Καὶ διὰ τί οὐκ ἔδωκας τὸ ἀργύριόν μου ἐπὶ τὴν
24 τράπεζαν, καὶ ἐγὼ ἐλθὼν σὺν τόκῳ ἂν ἔπραξα αὐτό; Καὶ τοῖς παρεστῶσιν εἶπεν·
25 ἄρατε ἀπ' αὐτοῦ τὴν μνᾶν καὶ δότε τῷ τὰς δέκα μνᾶς ἔχοντι. Καὶ εἶπον αὐτῷ·
26 κύριε, ἔχει δέκα μνᾶς. Λέγω γὰρ ὑμῖν, ὅτι παντὶ τῷ ἔχοντι δοθήσεται, ἀπὸ δὲ τοῦ
27 μὴ ἔχοντος καὶ ὃ ἔχει ἀρθήσεται ἀπ' αὐτοῦ. Πλὴν τοὺς ἐχθρούς μου ἐκείνους, τοὺς
μὴ θελήσαντάς με βασιλεῦσαι ἐπ' αὐτούς, ἀγάγετε ὧδε καὶ κατασφάξατε ἔμπρο-
σθέν μου.
28 Καὶ εἰπὼν ταῦτα ἐπορεύετο ἔμπροσθεν, ἀναβαίνων εἰς Ἱεροσόλυμα.

§ 111. Jesus arrives at Bethany six days before the Passover.—*Bethany.*

First Day of the Week.

JOHN XI. 55–57. XII. 1, 9–11.

55 Ἦν δὲ ἐγγὺς τὸ πάσχα τῶν Ἰουδαίων, καὶ ἀνέβησαν πολλοὶ εἰς Ἱεροσόλυμα ἐκ
56 τῆς χώρας πρὸ τοῦ πάσχα, ἵνα ἁγνίσωσιν ἑαυτούς. Ἐζήτουν οὖν τὸν Ἰησοῦν, καὶ
ἔλεγον μετ' ἀλλήλων ἐν τῷ ἱερῷ ἑστηκότες· τί δοκεῖ ὑμῖν, ὅτι οὐ μὴ ἔλθῃ εἰς τὴν
57 ἑορτήν; Δεδώκεισαν δὲ καὶ οἱ ἀρχιερεῖς καὶ οἱ Φαρισαῖοι ἐντολήν, ἵνα, ἐάν τις γνῷ
ποῦ ἔστι, μηνύσῃ, ὅπως πιάσωσιν αὐτόν.
XII. 1 Ὁ οὖν Ἰησοῦς πρὸ ἓξ ἡμερῶν τοῦ πάσχα ἦλθεν εἰς Βηθανίαν, ὅπου ἦν
9 Λάζαρος ὁ τεθνηκώς, ὃν ἤγειρεν ἐκ νεκρῶν.——Ἔγνω οὖν ὄχλος πολὺς ἐκ τῶν
Ἰουδαίων, ὅτι ἐκεῖ ἐστι, καὶ ἦλθον οὐ διὰ τὸν Ἰησοῦν μόνον, ἀλλ' ἵνα καὶ τὸν
10 Λάζαρον ἴδωσιν, ὃν ἤγειρεν ἐκ νεκρῶν. Ἐβουλεύσαντο δὲ οἱ ἀρχιερεῖς, ἵνα καὶ τὸν
11 Λάζαρον ἀποκτείνωσιν, | ὅτι πολλοὶ δι' αὐτὸν ὑπῆγον τῶν Ἰουδαίων καὶ ἐπίστευον
εἰς τὸν Ἰησοῦν.

PART VII

OUR LORD'S PUBLIC ENTRY INTO JERUSALEM, AND THE SUBSEQUENT
TRANSACTIONS BEFORE THE FOURTH PASSOVER.

Time: *Four days.*

§ 112. Our Lord's public Entry into Jerusalem.—*Bethany, Jerusalem.*

Second Day of the Week.

JOHN XII. 12-19.

12 Τῇ ἐπαύριον ὄχλος πολύς, ὁ ἐλθὼν εἰς τὴν ἑορτήν, ἀκούσαντες ὅτι ἔρχεται ὁ
Ἰησοῦς εἰς Ἱεροσόλυμα,—

MATTH. XXI. 1-11. 14-17.	MARK XI. 1-11.	LUKE XIX. 29-44.
1 Καὶ ὅτε ἤγγισαν εἰς Ἱεροσόλυμα καὶ ἦλθον εἰς Βηθφαγὴ πρὸς τὸ ὄρος τῶν ἐλαιῶν, τότε ὁ Ἰησοῦς ἀπέστειλε δύο 2 μαθητάς, ¹λέγων αὐτοῖς· πορεύθητε εἰς τὴν κώμην τὴν ἀπέναντι ὑμῶν, καὶ εὐθέως εὑρήσετε ὄνον δεδεμένην, καὶ πῶλον μετ᾽ αὐτῆς· λύσαντες ἀγάγετέ μοι.	1 Καὶ ὅτε ἐγγίζουσιν εἰς Ἱερουσαλήμ, εἰς Βηθφαγὴ καὶ Βηθανίαν, πρὸς τὸ ὄρος τῶν ἐλαιῶν, ἀποστέλλει δύο τῶν μαθητῶν αὐτοῦ 2 ¹καὶ λέγει αὐτοῖς· ὑπάγετε εἰς τὴν κώμην τὴν κατέναντι ὑμῶν· καὶ εὐθέως εἰσπορευόμενοι εἰς αὐτὴν εὑρήσετε πῶλον δεδεμένον, ἐφ᾽ ὃν οὐδεὶς ἀνθρώπων κεκάθικε· λύσαντες αὐτὸν ἀγάγετε. Καὶ ἐάν τις	29 Καὶ ἐγένετο ὡς ἤγγισεν εἰς Βηθφαγὴ καὶ Βηθανίαν, πρὸς τὸ ὄρος τὸ καλούμενον ἐλαιῶν, ἀπέστειλε δύο τῶν μα- 30 θητῶν αὐτοῦ ¹εἰπών· ὑπάγετε εἰς τὴν κατέναντι κώμην, ἐν ᾗ εἰσπορευόμενοι εὑρήσετε πῶλον δεδεμένον, ἐφ᾽ ὃν οὐδεὶς πώποτε ἀνθρώπων ἐκάθισε· λύσαντες αὐτὸν ἀγάγετε.
3 Καὶ ἐάν τις ὑμῖν εἴπῃ τι, ἐρεῖτε· ὅτι ὁ κύριος αὐτῶν χρείαν ἔχει· εὐθέως δὲ ἀπο- 6 στελεῖ αὐτούς. — Πο-	3 ὑμῖν εἴπῃ· τί ποιεῖτε τοῦτο; εἴπατε· ὅτι ὁ κύριος αὐτοῦ χρείαν ἔ- χει· καὶ εὐθέως αὐτὸν	31 Καὶ ἐάν τις ὑμᾶς ἐρω- τᾷ· διὰ τί λύετε; οὕ- τως ἐρεῖτε αὐτῷ· ὅτι ὁ κύριος αὐτοῦ χρείαν 32 ἔχει. Ἀπελθόντες δὲ

MATTH. XXI.	MARK XI.	LUKE XIX.

MATTH. XXI.

ρευθέντες δὲ οἱ μαθη-
ταὶ καὶ ποιήσαντες κα-
θὼς προσέταξεν αὐτοῖς
ὁ Ἰησοῦς,

5 τόν. Καί τινες τῶν ἐκεῖ ἑστηκότων ἔλε-
γον αὐτοῖς· τί ποιεῖτε λύοντες τὸν πῶλον;
6 Οἱ δὲ εἶπον αὐτοῖς καθὼς ἐνετείλατο ὁ Ἰη-
σοῦς· καὶ ἀφῆκαν αὐ-

7 | ἤγαγον τὴν
ὄνον καὶ τὸν πῶλον,
καὶ ἐπέθηκαν ἐπάνω
αὐτῶν τὰ ἱμάτια αὐ-
τῶν· καὶ ἐπεκάθισεν
ἐπάνω αὐτῶν.—

MARK XI.

4 ἀποστέλλει ὧδε. Ἀπῆλ-
θον δὲ καὶ εὗρον πῶλον
δεδεμένον πρὸς τὴν θύ-
ραν ἔξω ἐπὶ τοῦ ἀμ-
φόδου, καὶ λύουσιν αὐ-

7 τούς. Καὶ ἤγαγον τὸν
πῶλον πρὸς τὸν Ἰησοῦν
καὶ ἐπέβαλον αὐτῷ τὰ
ἱμάτια αὐτῶν, καὶ ἐκά-
θισεν ἐπ' αὐτῷ.

LUKE XIX.

οἱ ἀπεσταλμένοι εὗρον
καθὼς εἶπεν αὐτοῖς.

33 Λυόντων δὲ αὐτῶν τὸν
πῶλον εἶπον ,οἱ κύριοι
αὐτοῦ πρὸς αὐτούς· τί
31 λύετε τὸν πῶλον; Οἱ
δὲ εἶπον· ὁ κύριος αὐ-
35 τοῦ χρείαν ἔχει. Καὶ
ἤγαγον αὐτὸν πρὸς τὸν
Ἰησοῦν, καὶ ἐπιρρίψαν-
τες ἑαυτῶν τὰ ἱμάτια
ἐπὶ τὸν πῶλον ἐπεβί-
βασαν τὸν Ἰησοῦν.

MATTH. XXI.

4 Τοῦτο δὲ ὅλον γέγονεν, ἵνα πληρωθῇ
τὸ ῥηθὲν διὰ τοῦ προφήτου λέγον-
5 τος · ᵃ | εἴπατε τῇ θυγατρὶ Σιών · ἰδού,
ὁ βασιλεύς σου ἔρχεταί σοι, πραῢς
καὶ ἐπιβεβηκὼς ἐπὶ ὄνον καὶ πῶλον,
υἱὸν ὑποζυγίου.—

JOHN XII.

14 Εὑρὼν δὲ ὁ Ἰησοῦς ὀνάριον ἐκάθι-
σεν ἐπ' αὐτό, καθώς ἐστι γεγραμμέ-
15 νον · ᵃ | μὴ φοβοῦ, θύγατερ Σιών · ἰδού,
ὁ βασιλεύς σου ἔρχεται καθήμενος
ἐπὶ πῶλον ὄνου.—

MARK XI.

8 Πολλοὶ δὲ τὰ ἱμά-
τια αὐτῶν ἔστρω-
σαν εἰς τὴν ὁδόν ·
ἄλλοι δὲ στοιβά-
δας ἔκοπτον ἐκ
τῶν δένδρων καὶ
ἐστρώννυον εἰς τὴν
9 ὁδόν. Καὶ οἱ προ-
άγοντες καὶ οἱ
ἀκολουθοῦντες ἔ-
κραζον λέγοντες ·

ὡσαννά, εὐλογη-
μένος ὁ ἐρχόμενος
ἐν ὀνόματι κυρίου ·
10 εὐλογημένη ἡ ἐρχο-
μένη βασιλεία [ἐν
ὀνόματι κυρίου]
τοῦ πατρὸς ἡμῶν
Δαυΐδ · ὡσαννὰ ἐν τοῖς ὑψίστοις.

MATTH. XXI.

8 Ὁ δὲ πλεῖστος ὄχ-
λος ἔστρωσαν ἑαυ-
τῶν τὰ ἱμάτια ἐν
τῇ ὁδῷ · ἄλλοι δὲ
ἔκοπτον κλάδους
ἀπὸ τῶν δένδρων
καὶ ἐστρώννυον ἐν
9 τῇ ὁδῷ. Οἱ δὲ ὄχ-
λοι οἱ προάγοντες
καὶ οἱ ἀκολου-
θοῦντες ἔκραζον
λέγοντες ·

ὡσαννὰ
τῷ υἱῷ Δαυΐδ · εὐ-
λογημένος ὁ ἐρχό-
μενος ἐν ὀνόματι
κυρίου · ὡσαννὰ ἐν
τοῖς ὑψίστοις.

LUKE XIX.

36 Πορευομένου δὲ
αὐτοῦ ὑπεστρών-
νυον τὰ ἱμάτια
αὐτῶν ἐν τῇ ὁδῷ.
37 Ἐγγίζοντος δὲ αὐ-
τοῦ ἤδη πρὸς τῇ
καταβάσει τοῦ ὄ-
ρους τῶν ἐλαιῶν
ἤρξαντο ἅπαν τὸ πλῆθος τῶν μα-
θητῶν χαίροντες αἰνεῖν τὸν θεὸν
φωνῇ μεγάλῃ περὶ πασῶν ὧν
εἶδον δυνάμεων,

38 | λέγοντες · εὐλο-
γημένος ὁ ἐρχόμε-
νος βασιλεὺς ἐν
ὀνόματι κυρίου ·
εἰρήνη ἐν οὐρανῷ
καὶ δόξα ἐν ὑψί-
στοις.

JOHN XII.

13 | ἔλαβον τὰ βαΐα
τῶν φοινίκων καὶ
ἐξῆλθον εἰς ὑπάν-
τησιν αὐτῷ,

καὶ
ἔκραζον · ὡσαννά,
εὐλογημένος ὁ ἐρ-
χόμενος, ἐν ὀνό-
ματι κυρίου, ὁ βα-
σιλεὺς τοῦ Ἰσρα-
ήλ. ᵇ—

ᵃ 5 etc. Zech. 9, 9.   ᵇ 13. Comp. Ps. 118, 26.

JOHN XII.

16 Ταῦτα δὲ οὐκ ἔγνωσαν οἱ μαθηταὶ αὐτοῦ τὸ πρῶτον, ἀλλ' ὅτε ἐδοξάσθη ὁ Ἰησοῦς,
τότε ἐμνήσθησαν, ὅτι ταῦτα ἦν ἐπ' αὐτῷ γεγραμμένα καὶ ταῦτα ἐποίησαν αὐτῷ.
17 Ἐμαρτύρει οὖν ὁ ὄχλος ὁ ὢν μετ' αὐτοῦ, ὅτι τὸν Λάζαρον ἐφώνησεν ἐκ τοῦ μνημείου
18 καὶ ἤγειρεν αὐτὸν ἐκ νεκρῶν. Διὰ τοῦτο καὶ ὑπήντησεν αὐτῷ ὁ ὄχλος, ὅτι ἤκουσαν
19 τοῦτο αὐτὸν πεποιηκέναι τὸ σημεῖον. Οἱ οὖν Φαρισαῖοι εἶπον πρὸς ἑαυτούς· θεω-
ρεῖτε, ὅτι οὐκ ὠφελεῖτε οὐδέν· ἴδε, ὁ κόσμος ὀπίσω αὐτοῦ ἀπῆλθεν.

LUKE XIX.

39 Καί τινες τῶν Φαρισαίων ἀπὸ τοῦ ὄχλου εἶπον πρὸς αὐτόν· διδάσκαλε, ἐπιτίμη-
40 σον τοῖς μαθηταῖς σου. Καὶ ἀποκριθεὶς εἶπεν αὐτοῖς· λέγω ὑμῖν, ὅτι, ἐὰν οὗτοι
41 σιωπήσωσιν, οἱ λίθοι κεκράξονται. Καὶ ὡς ἤγγισεν, ἰδὼν τὴν πόλιν ἔκλαυσεν ἐπ'
42 αὐτῇ, ¹ λέγων · ὅτι εἰ ἔγνως καὶ σύ, καίγε ἐν τῇ ἡμέρᾳ σου ταύτῃ, τὰ πρὸς εἰρήνην
43 σου · νῦν δὲ ἐκρύβη ἀπὸ ὀφθαλμῶν σου. Ὅτι ἥξουσιν ἡμέραι ἐπὶ σέ, καὶ περιβα-
λοῦσιν οἱ ἐχθροί σου χάρακά σοι καὶ περικυκλώσουσί σε καὶ συνέξουσί σε πάντοθεν,
44 ¹ καὶ ἐδαφιοῦσί σε καὶ τὰ τέκνα σου ἐν σοί, καὶ οὐκ ἀφήσουσιν ἐν σοὶ λίθον ἐπὶ
λίθῳ, ἀνθ' ὧν οὐκ ἔγνως τὸν καιρὸν τῆς ἐπισκοπῆς σου.

MATTH. XXI.	MARK XI.
10 Καὶ εἰσελθόντος αὐτοῦ εἰς Ἱεροσό-	11 Καὶ εἰσῆλθεν εἰς Ἱεροσόλυμα ὁ Ἰη-
λυμα ἐσείσθη πᾶσα ἡ πόλις λέγουσα ·	σοῦς καὶ εἰς τὸ ἱερόν · καὶ περιβλεψά-
11 τίς ἐστιν οὗτος; Οἱ δὲ ὄχλοι ἔλεγον ·	μενος πάντα,—
οὗτός ἐστιν Ἰησοῦς ὁ προφήτης, ὁ ἀπὸ	
14 Ναζαρὲτ τῆς Γαλιλαίας.—Καὶ προσῆλθον αὐτῷ τυφλοὶ καὶ χωλοὶ ἐν τῷ ἱερῷ,	
15 καὶ ἐθεράπευσεν αὐτούς. Ἰδόντες δὲ οἱ ἀρχιερεῖς καὶ οἱ γραμματεῖς τὰ θαυμά-	
σια, ἃ ἐποίησε, καὶ τοὺς παῖδας κράζοντας ἐν τῷ ἱερῷ καὶ λέγοντας · ὡσαννὰ τῷ	
16 υἱῷ Δαυίδ, ἠγανάκτησαν ¹ καὶ εἶπον αὐτῷ · ἀκούεις τί οὗτοι λέγουσιν; ὁ δὲ Ἰησοῦς	
λέγει αὐτοῖς · ναί · οὐδέποτε ἀνέγνωτε,ᵃ ὅτι ἐκ στόματος νηπίων καὶ θηλαζόντων	
κατηρτίσω αἶνον;	MARK XI.
17 Καὶ καταλιπὼν αὐτοὺς ἐξῆλθεν ἔξω	11 —ὀψίας ἤδη οὔσης τῆς ὥρας, ἐξῆλθεν
τῆς πόλεως εἰς Βηθανίαν, καὶ ηὐλίσθη	εἰς Βηθανίαν μετὰ τῶν δώδεκα.
ἐκεῖ.	

§ 113. The barren Fig-tree.   The cleansing of the Temple. [Comp. § 21.]—
Bethany, Jerusalem.

Third Day of the Week.

MATTH. XXI. 12, 13. 18, 19.	MARK XI. 12-19.
18 Πρωίας δὲ ἐπανάγων εἰς τὴν πόλιν	12 Καὶ τῇ ἐπαύριον ἐξελθόντων αὐ
19 ἐπείνασε. Καὶ ἰδὼν συκῆν μίαν ἐπὶ	13 τῶν ἀπὸ Βηθανίας ἐπείνασε. Καὶ
τῆς ὁδοῦ ἦλθεν ἐπ' αὐτήν, καὶ οὐδὲν	ἰδὼν συκῆν μακρόθεν, ἔχουσαν φύλλα,
εὗρεν ἐν αὐτῇ, εἰ μὴ φύλλα μόνον. καὶ	ἦλθεν, εἰ ἄρα εὑρήσει τι ἐν αὐτῇ · καὶ
λέγει αὐτῇ · μηκέτι ἐκ σοῦ καρπὸς γέ-	ἐλθὼν ἐπ' αὐτὴν οὐδὲν εὗρεν εἰ μὴ
νηται εἰς τὸν αἰῶνα · καὶ ἐξηράνθη	φύλλα · οὐ γὰρ ἦν καιρὸς σύκων.
παραχρῆμα ἡ συκῆ.—	14 Καὶ ἀποκριθεὶς [ὁ Ἰησοῦς] εἶπεν

ᵃ 16. Ps. 8, 3.

MARK XI.

αὐτῇ· μηκέτι ἐκ σοῦ εἰς τὸν αἰῶνα μηδεὶς καρπὸν φάγοι. καὶ ἤκουον οἱ μαθηταὶ αὐτοῦ.

ΜΑΤΤΗ. XXI.	MARK XI.	LUKE XIX. 45-48.
12 Καὶ εἰσῆλθεν ὁ Ἰησοῦς εἰς τὸ ἱερὸν τοῦ θεοῦ, καὶ ἐξέβαλε πάντας τοὺς πωλοῦντας καὶ ἀγοράζοντας ἐν τῷ ἱερῷ, καὶ τὰς τραπέζας τῶν κολλυβιστῶν κατέστρεψε, καὶ τὰς καθέδρας τῶν πωλούντων τὰς πε- 13 ριστεράς, ¹ καὶ λέγει αὐτοῖς· γέγραπται·ᵃ ὁ οἶκός μου οἶκος προσευχῆς κληθήσεται, ὑμεῖς δὲ αὐτὸν ἐποιήσατε σπήλαιον λῃστῶν.	15 Καὶ ἔρχονται εἰς Ἱεροσόλυμα. καὶ εἰσελθὼν [ὁ Ἰησοῦς] εἰς τὸ ἱερὸν ἤρξατο ἐκβάλλειν τοὺς πωλοῦντας καὶ ἀγοράζοντας ἐν τῷ ἱερῷ, καὶ τὰς τραπέζας τῶν κολλυβιστῶν καὶ τὰς καθέδρας τῶν πωλούντων τὰς περιστερὰς 16 κατέστρεψε· ¹ καὶ οὐκ ἤφιεν, ἵνα τις διενέγκῃ σκεῦος διὰ τοῦ ἱεροῦ. 17 Καὶ ἐδίδασκε λέγων αὐτοῖς· οὐ γέγραπται·ᵃ ὅτι ὁ οἶκός μου οἶκος προσευχῆς κληθήσεται πᾶσι τοῖς ἔθνεσιν; ὑμεῖς δὲ ἐποιήσατε αὐτὸν σπή- 18 λαιον λῃστῶν. Καὶ	45 Καὶ εἰσελθὼν εἰς τὸ ἱερὸν ἤρξατο ἐκβάλλειν τοὺς πωλοῦντας ἐν αὐτῷ καὶ ἀγοράζοντας, 46 ¹ λέγων αὐτοῖς· γέγραπται·ᵃ ὁ οἶκός μου οἶκος προσευχῆς ἐστιν, ὑμεῖς δὲ αὐτὸν ἐποιήσατε 47 σπήλαιον λῃστῶν. Καὶ ἦν διδάσκων τὸ καθ᾽ ἡμέραν ἐν τῷ ἱερῷ· οἱ δὲ ἀρχιερεῖς καὶ οἱ γραμματεῖς ἐζήτουν αὐτὸν ἀπολέσαι, καὶ 48 οἱ πρῶτοι τοῦ λαοῦ. Καὶ οὐχ εὕρισκον τὸ τί ποιήσωσιν· ὁ λαὸς γὰρ ἅπας ἐξεκρέματο αὐτοῦ ἀκούων.

ἤκουσαν οἱ γραμματεῖς καὶ οἱ ἀρχιερεῖς, καὶ ἐζήτουν πῶς αὐτὸν ἀπολέσουσιν· ἐφοβοῦντο γὰρ αὐτόν, ὅτι πᾶς ὁ ὄχλος ἐξεπλήσσετο ἐπὶ τῇ διδαχῇ 19 αὐτοῦ. Καὶ ὅτε ὀψὲ ἐγένετο, ἐξεπορεύετο ἔξω τῆς πόλεως.

LUKE XXI. 37, 38.

37 Ἦν δὲ τὰς ἡμέρας ἐν τῷ ἱερῷ διδάσκων, τὰς δὲ νύκτας ἐξερχόμενος ηὐλίζετο εἰς 38 τὸ ὄρος τὸ καλούμενον ἐλαιῶν. Καὶ πᾶς ὁ λαὸς ὤρθριζε πρὸς αὐτὸν ἐν τῷ ἱερῷ ἀκούειν αὐτοῦ.

§ 114. The barren Fig-tree withers away. [Comp. § 53.]—Between Bethany and Jerusalem.

Fourth Day of the Week.

ΜΑΤΤΗ. XXI. 20-22.	MARK XI. 20-26.
20 Καὶ ἰδόντες οἱ μαθηταὶ ἐθαύμασαν λέγοντες· πῶς παραχρῆμα ἐξηράνθη 21 ἡ συκῆ; Ἀποκριθεὶς δὲ ὁ Ἰησοῦς εἶπεν αὐτοῖς· ἀμὴν λέγω ὑμῖν, ἐὰν ἔχητε πίστιν καὶ μὴ διακριθῆτε, οὐ μόνον τὸ τῆς συκῆς ποιήσετε, ἀλλὰ κἂν τῷ ὄρει	20 Καὶ πρωῒ παραπορευόμενοι εἶδον 21 τὴν συκῆν ἐξηραμμένην ἐκ ῥιζῶν. Καὶ ἀναμνησθεὶς ὁ Πέτρος λέγει αὐτῷ· ῥαββί, ἴδε, ἡ συκῆ, ἣν κατηράσω, 22 ἐξήρανται. Καὶ ἀποκριθεὶς ὁ Ἰησοῦς 23 λέγει αὐτοῖς· ἔχετε πίστιν θεοῦ. Ἀμὴν γὰρ λέγω ὑμῖν, ὅτι ὃς ἂν εἴπῃ τῷ ὄρει

ᵃ 13 etc. Is. 56, 7. Comp. Jer. 7, 11.

MATTH. XXI.

τούτῳ εἴπητε· ἄρθητι καὶ βλήθητι
εἰς τὴν θάλασσαν, γενήσεται.

22 Καὶ πάντα ὅσα ἂν αἰτήσητε ἐν τῇ
προσευχῇ πιστεύοντες, λήψεσθε.

MARK XI.

τούτῳ· ἄρθητι καὶ βλήθητι εἰς τὴν
θάλασσαν, καὶ μὴ διακριθῇ ἐν τῇ
καρδίᾳ αὐτοῦ, ἀλλὰ πιστεύσῃ, ὅτι ἃ
λέγει γίνεται, ἔσται αὐτῷ ὃ ἐὰν εἴπῃ.

24 Διὰ τοῦτο λέγω ὑμῖν, πάντα ὅσα ἂν
προσευχόμενοι αἰτεῖσθε, πιστεύετε, ὅτι
25 λαμβάνετε· καὶ ἔσται ὑμῖν. Καὶ ὅταν
στήκητε προσευχόμενοι, ἀφίετε, εἴ τι ἔχετε κατά τινος· ἵνα καὶ ὁ πατὴρ ὑμῶν ὁ
26 ἐν τοῖς οὐρανοῖς ἀφῇ ὑμῖν τὰ παραπτώματα ὑμῶν. Εἰ δὲ ὑμεῖς οὐκ ἀφίετε, οὐδὲ ὁ
πατὴρ ὑμῶν ὁ ἐν τοῖς οὐρανοῖς ἀφήσει τὰ παραπτώματα ὑμῶν.

§ 115. Christ's authority questioned.   Parable of the Two Sons.—*Jerusalem*.

Fourth Day of the Week.

MATTH. XXI. 23-32.

23   Καὶ ἐλθόντι αὐτῷ εἰς
τὸ ἱερὸν προσῆλθον αὐ-
τῷ διδάσκοντι οἱ ἀρχιε-
ρεῖς καὶ οἱ πρεσβύτεροι
τοῦ λαοῦ λέγοντες·
ἐν ποίᾳ ἐξουσίᾳ ταῦτα
ποιεῖς; καὶ τίς σοι ἔδω-
κε τὴν ἐξουσίαν ταύτην;
24 Ἀποκριθεὶς δὲ ὁ Ἰη-
σοῦς εἶπεν αὐτοῖς· ἐρω-
τήσω ὑμᾶς κἀγὼ λόγον
ἕνα, ὃν ἐὰν εἴπητέ μοι,
κἀγὼ ὑμῖν ἐρῶ, ἐν ποίᾳ
ἐξουσίᾳ ταῦτα ποιῶ·
25 τὸ βάπτισμα Ἰωάννου
πόθεν ἦν; ἐξ οὐρανοῦ,
ἢ ἐξ ἀνθρώπων; Οἱ
δὲ διελογίζοντο παρ'
ἑαυτοῖς λέγοντες· ἐὰν
εἴπωμεν· ἐξ οὐρανοῦ,
ἐρεῖ ἡμῖν· διὰ τί οὖν οὐκ
26 ἐπιστεύσατε αὐτῷ; Ἐὰν
δὲ εἴπωμεν· ἐξ ἀνθρώ-
πων, φοβούμεθα τὸν
ὄχλον· πάντες γὰρ ἔ-
χουσι τὸν Ἰωάννην ὡς

MARK XI. 27-33.

27   Καὶ ἔρχονται πάλιν
εἰς Ἱεροσόλυμα. καὶ ἐν
τῷ ἱερῷ περιπατοῦντος
αὐτοῦ ἔρχονται πρὸς
αὐτὸν οἱ ἀρχιερεῖς καὶ
οἱ γραμματεῖς καὶ οἱ
28 πρεσβύτεροι, ¹ καὶ λέ-
γουσιν αὐτῷ· ἐν ποίᾳ
ἐξουσίᾳ ταῦτα ποιεῖς;
καὶ τίς σοι τὴν ἐξουσίαν
ταύτην ἔδωκεν, ἵνα ταῦ-
29 τα ποιῇς; Ὁ δὲ Ἰησοῦς
ἀποκριθεὶς εἶπεν αὐ-
τοῖς· ἐπερωτήσω ὑμᾶς
κἀγὼ ἕνα λόγον· καὶ
ἀποκρίθητέ μοι, καὶ ἐρῶ
ὑμῖν, ἐν ποίᾳ ἐξουσίᾳ
30 ταῦτα ποιῶ· τὸ βά-
πτισμα Ἰωάννου ἐξ οὐ-
ρανοῦ ἦν, ἢ ἐξ ἀνθρώ-
πων; ἀποκρίθητέ μοι.
31 Καὶ ἐλογίζοντο πρὸς
ἑαυτοὺς λέγοντες· ἐὰν
εἴπωμεν· ἐξ οὐρανοῦ,
ἐρεῖ· διὰ τί οὖν οὐκ ἐπι-
32 στεύσατε αὐτῷ; Ἀλλ'
ἐὰν εἴπωμεν· ἐξ ἀνθρώ-
πων· ἐφοβοῦντο τὸν
λαόν· ἅπαντες γὰρ εἶ-

LUKE XX. 1-8.

1   Καὶ ἐγένετο ἐν μιᾷ
τῶν ἡμερῶν ἐκείνων,
διδάσκοντος αὐτοῦ τὸν
λαὸν ἐν τῷ ἱερῷ καὶ εὐ-
αγγελιζομένου, ἐπέστη-
σαν οἱ ἀρχιερεῖς καὶ οἱ
γραμματεῖς σὺν τοῖς
2 πρεσβυτέροις, ¹ καὶ εἶ-
πον πρὸς αὐτὸν λέγον-
τες· εἰπὲ ἡμῖν, ἐν ποίᾳ
ἐξουσίᾳ ταῦτα ποιεῖς;
ἢ τίς ἐστιν ὁ δούς σοι
τὴν ἐξουσίαν ταύτην;
3 Ἀποκριθεὶς δὲ εἶπε πρὸς
αὐτούς· ἐρωτήσω ὑμᾶς
κἀγὼ ἕνα λόγον, καὶ εἴ-
πατέ μοι·
4   τὸ βάπτισμα
Ἰωάννου ἐξ οὐρανοῦ ἦν,
5 ἢ ἐξ ἀνθρώπων; Οἱ δὲ
συνελογίσαντο πρὸς ἑαυ-
τοὺς λέγοντες· ὅτι ἐὰν
εἴπωμεν· ἐξ οὐρανοῦ,
ἐρεῖ· διὰ τί οὖν οὐκ ἐπι-
6 στεύσατε αὐτῷ; Ἐὰν δὲ
εἴπωμεν· ἐξ ἀνθρώπων,
πᾶς ὁ λαὸς καταλιθά-
σει ἡμᾶς· πεπεισμένος
γάρ ἐστιν Ἰωάννην προ-

MATTH. XXI.	MARK XI.	LUKE XX.
27 προφήτην. Καὶ ἀπο-κριθέντες τῷ Ἰησοῦ εἶ-πον· οὐκ οἴδαμεν. ἔφη αὐτοῖς καὶ αὐτός· οὐδὲ ἐγὼ λέγω ὑμῖν, ἐν ποίᾳ ἐξουσίᾳ ταῦτα ποιῶ.	χον τὸν Ἰωάννην, ὅτι ὄν-33 τως προφήτης ἦν. Καὶ ἀποκριθέντες λέγουσι τῷ Ἰησοῦ· οὐκ οἴδαμεν. καὶ ὁ Ἰησοῦς ἀποκριθεὶς λέγει αὐτοῖς· οὐδὲ ἐγὼ λέγω ὑμῖν, ἐν ποίᾳ ἐξου-σίᾳ ταῦτα ποιῶ.	7 φήτην εἶναι. Καὶ ἀπε-κρίθησαν μὴ εἰδέναι πό-8 θεν. Καὶ ὁ Ἰησοῦς εἶπεν αὐτοῖς· οὐδὲ ἐγὼ λέγω ὑμῖν, ἐν ποίᾳ ἐξου-σίᾳ ταῦτα ποιῶ.
28 Τί δὲ ὑμῖν δοκεῖ; ἄν-θρωπος εἶχε τέκνα δύο· καὶ προσελθὼν τῷ πρώ-		

29 τῷ εἶπε· τέκνον, ὕπαγε σήμερον, ἐργάζου ἐν τῷ ἀμπελῶνί μου. Ὁ δὲ ἀποκριθεὶς
30 εἶπεν· οὐ θέλω· ὕστερον δὲ μεταμεληθεὶς ἀπῆλθε. Καὶ προσελθὼν τῷ δευτέρῳ
31 εἶπεν ὡσαύτως. ὁ δὲ ἀποκριθεὶς εἶπεν· ἐγώ, κύριε· καὶ οὐκ ἀπῆλθε. Τίς ἐκ τῶν δύο ἐποίησε τὸ θέλημα τοῦ πατρός; Λέγουσιν αὐτῷ· ὁ πρῶτος. λέγει αὐτοῖς ὁ Ἰησοῦς· ἀμὴν λέγω ὑμῖν, ὅτι οἱ τελῶναι καὶ αἱ πόρναι προάγουσιν ὑμᾶς εἰς τὴν
32 βασιλείαν τοῦ θεοῦ. Ἦλθε γὰρ πρὸς ὑμᾶς Ἰωάννης ἐν ὁδῷ δικαιοσύνης, καὶ οὐκ ἐπιστεύσατε αὐτῷ· οἱ δὲ τελῶναι καὶ αἱ πόρναι ἐπίστευσαν αὐτῷ· ὑμεῖς δὲ ἰδόντες οὐ μετεμελήθητε ὕστερον, τοῦ πιστεῦσαι αὐτῷ.

§ 116. Parable of the wicked Husbandmen.—*Jerusalem.*

Fourth Day of the Week.

MATTH. XXI. 33–46.	MARK XII. 1–12.	LUKE XX. 9–19.
33 Ἄλλην παραβολὴν ἀ-κούσατε. ἄνθρωπος ἦν οἰκοδεσπότης, ὅστις ἐ-φύτευσεν ἀμπελῶνα, καὶ φραγμὸν αὐτῷ περιέθη-κε, καὶ ὤρυξεν ἐν αὐτῷ ληνόν, καὶ ᾠκοδόμησε πύργον· καὶ ἐξέδοτο αὐ-τὸν γεωργοῖς, καὶ ἀπε-34 δήμησεν. Ὅτε δὲ ἤγγι-σεν ὁ καιρὸς τῶν καρ-πῶν, ἀπέστειλε τοὺς δούλους αὐτοῦ πρὸς τοὺς γεωργούς, λαβεῖν τοὺς 35 καρποὺς αὐτοῦ· καὶ λαβόντες οἱ γεωργοὶ τοὺς δούλους αὐτοῦ, ὃν μὲν ἔδειραν, ὃν δὲ ἀπέ-κτειναν, ὃν δὲ ἐλιθοβό-36 λησαν. Πάλιν ἀπέστει-λεν ἄλλους δούλους, πλείονας τῶν πρώτων·	1 Καὶ ἤρξατο αὐτοῖς ἐν παραβολαῖς λέγειν· ἀμ-πελῶνα ἐφύτευσεν ἄν-θρωπος, καὶ περιέθηκε φραγμόν, καὶ ὤρυξεν ὑπολήνιον, καὶ ᾠκοδό-μησε πύργον· καὶ ἐξέ-δοτο αὐτὸν γεωργοῖς, 2 καὶ ἀπεδήμησε. Καὶ ἀπέστειλε πρὸς τοὺς γεωργοὺς τῷ καιρῷ δοῦ-λον, ἵνα παρὰ τῶν γεωρ-γῶν λάβῃ ἀπὸ τοῦ καρ-3 ποῦ τοῦ ἀμπελῶνος· οἱ δὲ λαβόντες αὐτὸν ἔδει-ραν καὶ ἀπέστειλαν κε-4 νόν. Καὶ πάλιν ἀπέ-στειλε πρὸς αὐτοὺς ἄλ-λον δοῦλον· κἀκεῖνον λιθοβολήσαντες ἐκεφα-λαίωσαν καὶ ἀπέστειλαν 5 ἠτιμωμένον. Καὶ [πάλιν]	9 Ἤρξατο δὲ πρὸς τὸν λαὸν λέγειν τὴν παρα-βολὴν ταύτην· ἄνθρω-πος ἐφύτευσεν ἀμπελῶ-να, καὶ ἐξέδοτο αὐτὸν γεωργοῖς, καὶ ἀπεδήμησε χρόνους ἱκανούς. •10 Καὶ ἐν καιρῷ ἀπέστειλε πρὸς τοὺς γεωργοὺς δοῦλον, ἵνα ἀπὸ τοῦ καρποῦ τοῦ ἀμπελῶνος δῶσιν αὐτῷ· οἱ δὲ γεωργοὶ δείραντες αὐτὸν ἐξαπέστειλαν κε-11 νόν. Καὶ προσέθετο πέμ-ψαι ἕτερον δοῦλον· οἱ δὲ κἀκεῖνον δείραντες καὶ ἀτιμάσαντες ἐξαπέστει-12 λαν κενόν. Καὶ προσ-έθετο πέμψαι τρίτον·

11

MATTH. XXI.

MARK XII.

LUKE XX.

καὶ ἐποίησαν αὐτοῖς ὡς-
αὔτως.

37 Ὕστερον δὲ ἀπέστειλε
πρὸς αὐτοὺς τὸν υἱὸν
αὐτοῦ λέγων· ἐντραπή-
38 σονται τὸν υἱόν μου. Οἱ
δὲ γεωργοὶ ἰδόντες τὸν
υἱὸν εἶπον ἐν ἑαυτοῖς·
οὗτός ἐστιν ὁ κληρονό-
μος· δεῦτε, ἀποκτείνω-
μεν αὐτόν, καὶ κατά-
σχωμεν τὴν κληρονομίαν
αὐτοῦ.
39   Καὶ λαβόντες
αὐτὸν ἐξέβαλον ἔξω τοῦ
ἀμπελῶνος καὶ ἀπέ-
40 κτειναν. Ὅταν οὖν ἔλ-
- θῃ ὁ κύριος τοῦ ἀμπε-
λῶνος, τί ποιήσει τοῖς
41 γεωργοῖς ἐκείνοις; Λέ-
γουσιν αὐτῷ· κακοὺς
κακῶς ἀπολέσει αὐτούς,

ἄλλον ἀπέστειλε· κἀκεῖ-
νον ἀπέκτειναν, καὶ
πολλοὺς ἄλλους, τοὺς μὲν δέροντες,
τοὺς δὲ ἀποκτείνοντες.
6 Ἔτι οὖν ἕνα υἱὸν ἔχων
ἀγαπητὸν αὐτοῦ ἀπέ-
στειλε καὶ αὐτὸν πρὸς
αὐτοὺς ἔσχατον, λέγων·
ὅτι ἐντραπήσονται τὸν
7 υἱόν μου. Ἐκεῖνοι δὲ
οἱ γεωργοὶ εἶπον πρὸς
ἑαυτούς· ὅτι οὗτός ἐσ-
τιν ὁ κληρονόμος· δεῦ-
τε, ἀποκτείνωμεν αὐτόν,
καὶ ἡμῶν ἔσται ἡ κληρο-
8 νομία. Καὶ λαβόντες αὐ-
τὸν ἀπέκτειναν καὶ ἐξ-
έβαλον ἔξω τοῦ ἀμπελῶ-
9 νος. Τί οὖν ποιήσει ὁ
κύριος τοῦ ἀμπελῶνος;
ἐλεύσεται καὶ ἀπολέσει
τοὺς γεωργούς, καὶ δώσει
τὸν ἀμπελῶνα ἄλλοις.

οἱ δὲ καὶ τοῦτον τραυ-
ματίσαντες ἐξέβαλον.
13 Εἶπε δὲ ὁ κύριος τοῦ
ἀμπελῶνος· τί ποιήσω;
πέμψω τὸν υἱόν μου τὸν
ἀγαπητόν· ἴσως τοῦτον
ἰδόντες ἐντραπήσονται.
14 Ἰδόντες δὲ αὐτὸν οἱ
γεωργοὶ διελογίζοντο
πρὸς ἑαυτοὺς λέγοντες·
οὗτός ἐστιν ὁ κληρονό-
μος· δεῦτε, ἀποκτείνω-
μεν αὐτόν, ἵνα ἡμῶν
γένηται ἡ κληρονομία.
15 Καὶ ἐκβαλόντες αὐτὸν
ἔξω τοῦ ἀμπελῶνος ἀπ-
έκτειναν. τί οὖν ποιή-
σει αὐτοῖς ὁ κύριος τοῦ
16 ἀμπελῶνος; Ἐλεύσεται
καὶ ἀπολέσει τοὺς γεωρ-
γοὺς τούτους, καὶ δώσει
τὸν ἀμπελῶνα ἄλλοις.
ἀκούσαντες δὲ εἶπον·
μὴ γένοιτο.

καὶ τὸν ἀμπελῶνα ἐκδώσεται ἄλλοις γεωρ-
γοῖς, οἵτινες ἀποδώσουσιν αὐτῷ τοὺς καρποὺς
ἐν τοῖς καιροῖς αὐτῶν.
42   Λέγει αὐτοῖς ὁ Ἰη-
σοῦς· οὐδέποτε ἀνέγνω-
τε ἐν ταῖς γραφαῖς· [a] λί-
θον ὃν ἀπεδοκίμασαν οἱ
οἰκοδομοῦντες, οὗτος ἐγε-
νήθη εἰς κεφαλὴν γω-
νίας· παρὰ κυρίου ἐγέ-
νετο αὕτη, καὶ ἔστι θαυ-
μαστὴ ἐν ὀφθαλμοῖς ἡ-
43 μῶν; Διὰ τοῦτο λέγω

10   Οὐδὲ τὴν γραφὴν
ταύτην ἀνέγνωτε· [a] λί-
θον ὃν ἀπεδοκίμασαν οἱ
οἰκοδομοῦντες, οὗτος ἐγε-
νήθη εἰς κεφαλὴν γω-
11 νίας· παρὰ κυρίου ἐγέ-
νετο αὕτη, καὶ ἔστι
θαυμαστὴ ἐν ὀφθαλ-
μοῖς ἡμῶν;

17   Ὁ δὲ ἐμβλέψας αὐ-
τοῖς εἶπε· τί οὖν ἐστι
τὸ γεγραμμένον τοῦτο· [a]
λίθον ὃν ἀπεδοκίμασαν
οἱ οἰκοδομοῦντες, οὗτος
ἐγενήθη εἰς κεφαλὴν
γωνίας;

ὑμῖν, ὅτι ἀρθήσεται ἀφ' ὑμῶν ἡ βασιλεία τοῦ θεοῦ καὶ δοθήσεται
ἔθνει ποιοῦντι τοὺς καρποὺς αὐτῆς.

LUKE XX.

44 Καὶ ὁ πεσὼν ἐπὶ τὸν λίθον τοῦτον
συνθλασθήσεται· ἐφ' ὃν δ' ἂν πέσῃ,

18 Πᾶς ὁ πεσὼν ἐπ' ἐκεῖνον τὸν λί-
θον συνθλασθήσεται· ἐφ' ὃν δ' ἂν

---

[a] 42 etc. Ps. 118, 22.

MATTH. XXI.	MARK XII.	LUKE XX.

45 λικμήσει αὐτόν.ᵃ Καὶ ἀκούσαντες οἱ ἀρχιερεῖς καὶ οἱ Φαρισαῖοι τὰς παραβολὰς αὐτοῦ ἔγνω- σαν, ὅτι περὶ αὐτῶν λέ- 46 γει. Καὶ ζητοῦντες αὐ- τὸν κρατῆσαι ἐφοβήθη- σαν τοὺς ὄχλους, ἐπειδὴ ὡς προφήτην αὐτὸν εἶχον.

12 Καὶ ἐζήτουν αὐτὸν κρα- τῆσαι, καὶ ἐφοβήθησαν τὸν ὄχλον· ἔγνωσαν γάρ, ὅτι πρὸς αὐτοὺς τὴν παραβολὴν εἶπε. καὶ ἀφέντες αὐτὸν ἀπῆλ- θον.

πέσῃ, λικμήσει αὐτόν.ᵃ 19 Καὶ ἐζήτησαν οἱ ἀρχι- ερεῖς καὶ οἱ γραμμα- τεῖς ἐπιβαλεῖν ἐπ᾽ αὐτὸν τὰς χεῖρας ἐν αὐτῇ τῇ ὥρᾳ, καὶ ἐφοβήθησαν τὸν λαόν· ἔγνωσαν γάρ, ὅτι πρὸς αὐτοὺς τὴν πα- ραβολὴν ταύτην εἶπε.

§ 117. Parable of the Marriage of the King's Son.—*Jerusalem.*

Fourth Day of the Week.

MATTH. XXII. 1–14.

1 2 Καὶ ἀποκριθεὶς ὁ Ἰησοῦς πάλιν εἶπεν αὐτοῖς ἐν παραβολαῖς λέγων· ὡμοιώθη ἡ βασιλεία τῶν οὐρανῶν ἀνθρώπῳ βασιλεῖ, ὅστις ἐποίησε γάμους τῷ υἱῷ αὐτοῦ.
3 Καὶ ἀπέστειλε τοὺς δούλους αὐτοῦ, καλέσαι τοὺς κεκλημένους εἰς τοὺς γάμους· καὶ
4 οὐκ ἤθελον ἐλθεῖν. Πάλιν ἀπέστειλεν ἄλλους δούλους λέγων· εἴπατε τοῖς κεκλη- μένοις· ἰδού, τὸ ἄριστόν μου ἡτοίμασα· οἱ ταῦροί μου καὶ τὰ σιτιστὰ τεθυμένα,
5 καὶ πάντα ἕτοιμα· δεῦτε εἰς τοὺς γάμους. Οἱ δὲ ἀμελήσαντες ἀπῆλθον, ὁ μὲν εἰς
6 τὸν ἴδιον ἀγρόν, ὁ δὲ εἰς τὴν ἐμπορίαν αὐτοῦ. Οἱ δὲ λοιποὶ κρατήσαντες τοὺς δού-
7 λους αὐτοῦ ὕβρισαν καὶ ἀπέκτειναν. Ἀκούσας δὲ ὁ βασιλεὺς ὠργίσθη· καὶ πέμ-ψας τὰ στρατεύματα αὐτοῦ ἀπώλεσε τοὺς φονεῖς ἐκείνους, καὶ τὴν πόλιν αὐτῶν
8 ἐνέπρησε. Τότε λέγει τοῖς δούλοις αὐτοῦ· ὁ μὲν γάμος ἕτοιμός ἐστιν, οἱ δὲ κεκλη-
9 μένοι οὐκ ἦσαν ἄξιοι. Πορεύεσθε οὖν ἐπὶ τὰς διεξόδους τῶν ὁδῶν, καὶ ὅσους ἂν
10 εὕρητε, καλέσατε εἰς τοὺς γάμους. Καὶ ἐξελθόντες οἱ δοῦλοι ἐκεῖνοι εἰς τὰς ὁδοὺς συνήγαγον πάντας ὅσους εὗρον, πονηρούς τε καὶ ἀγαθούς· καὶ ἐπλήσθη ὁ γάμος ἀνακειμένων.
11 Εἰσελθὼν δὲ ὁ βασιλεὺς θεάσασθαι τοὺς ἀνακειμένους εἶδεν ἐκεῖ ἄνθρωπον
12 οὐκ ἐνδεδυμένον ἔνδυμα γάμου. Καὶ λέγει αὐτῷ· ἑταῖρε, πῶς εἰσῆλθες ὧδε μὴ
13 ἔχων ἔνδυμα γάμου; ὁ δὲ ἐφιμώθη. Τότε εἶπεν ὁ βασιλεὺς τοῖς διακόνοις· δή- σαντες αὐτοῦ πόδας καὶ χεῖρας ἄρατε αὐτὸν καὶ ἐκβάλετε εἰς τὸ σκότος τὸ ἐξώτερον·
14 ἐκεῖ ἔσται ὁ κλαυθμὸς καὶ ὁ βρυγμὸς τῶν ὀδόντων. Πολλοὶ γάρ εἰσι κλητοί, ὀλί- γοι δὲ ἐκλεκτοί.

§ 118. Insidious question of the Pharisees: Tribute to Cesar.—*Jerusalem.*

Fourth Day of the Week.

MATTH. XXII. 15–22.	LUKE XX. 20–26.

15 Τότε πορευθέντες οἱ Φαρισαῖοι συμ- βούλιον ἔλαβον, ὅπως αὐτὸν παγιδεύσωσιν ἐν

MARK XII. 13–17.
13 Καὶ ἀποστέλλουσι

20 Καὶ παρατηρήσαντες ἀπέστειλαν ἐγκαθέτους ὑποκρινομέ- νους ἑαυτοὺς δικαίους

ᵃ 44 etc. Comp. Is. 8, 14 sq. Zech. 12, 3. Dan. 2, 34 sq. 44 sq.

MATTH. XXII.	MARK XII.	LUKE XX.
16 λόγῳ. Καὶ ἀποστέλλουσιν αὐτῷ τοὺς μαθητὰς αὐτῶν μετὰ τῶν Ἡρωδιανῶν λέγοντες· διδάσκαλε, οἴδαμεν, ὅτι ἀληθὴς εἶ καὶ τὴν ὁδὸν τοῦ θεοῦ ἐν ἀληθείᾳ διδάσκεις, καὶ οὐ μέλει σοι περὶ οὐδενός· οὐ γὰρ βλέπεις εἰς πρός- 17 ωπον ἀνθρώπων. Εἰπὲ οὖν ἡμῖν, τί σοὶ δοκεῖ; ἔξεστι δοῦναι κῆνσον 18 Καίσαρι, ἢ οὔ; Γνοὺς δὲ ὁ Ἰησοῦς τὴν πονηρίαν αὐτῶν εἶπε· τί με πειρά- 19 ζετε, ὑποκριταί; ἐπιδείξατέ μοι τὸ νόμισμα τοῦ κήνσου. οἱ δὲ προσήνεγ- 20 καν αὐτῷ δηνάριον. Καὶ λέγει αὐτοῖς· τίνος ἡ εἰκὼν αὕτη καὶ ἡ ἐπιγρα- 21 φή; λέγουσιν αὐτῷ· Καίσαρος. Τότε λέγει αὐτοῖς· ἀπόδοτε οὖν τὰ Καίσαρος Καίσαρι, καὶ τὰ τοῦ θεοῦ τῷ θεῷ. 22 Καὶ ἀκούσαντες ἐθαύμασαν, καὶ ἀφέντες αὐτὸν ἀπῆλθον.	πρὸς αὐτόν τινας τῶν Φαρισαίων καὶ τῶν Ἡρωδιανῶν, ἵνα αὐτὸν 14 ἀγρεύσωσι λόγῳ. Οἱ δὲ ἐλθόντες λέγουσιν αὐτῷ· διδάσκαλε, οἴδαμεν, ὅτι ἀληθὴς εἶ, καὶ οὐ μέλει σοι περὶ οὐδενός· οὐ γὰρ βλέπεις εἰς πρόσωπον ἀνθρώπων, ἀλλ' ἐπ' ἀληθείας τὴν ὁδὸν τοῦ θεοῦ διδάσκεις· ἔξεστι κῆνσον Καίσαρι δοῦναι, ἢ οὔ; δῶμεν, ἢ 15 μὴ δῶμεν; Ὁ δὲ εἰδὼς αὐτῶν τὴν ὑπόκρισιν εἶπεν αὐτοῖς· τί με πειράζετε; φέρετέ μοι δη- 16 νάριον, ἵνα ἴδω. Οἱ δὲ ἤνεγκαν. καὶ λέγει αὐτοῖς· τίνος ἡ εἰκὼν αὕτη καὶ ἡ ἐπιγραφή; οἱ δὲ εἶπον αὐτῷ· Καίσα- 17 ρος. Καὶ ἀποκριθεὶς ὁ Ἰησοῦς εἶπεν αὐτοῖς· ἀπόδοτε τὰ Καίσαρος Καίσαρι, καὶ τὰ τοῦ θεοῦ τῷ θεῷ. καὶ ἐθαύμασαν ἐπ' αὐτῷ.	εἶναι, ἵνα ἐπιλάβωνται αὐτοῦ λόγου, εἰς τὸ παραδοῦναι αὐτὸν τῇ ἀρχῇ καὶ τῇ ἐξουσίᾳ τοῦ 21 ἡγεμόνος. Καὶ ἐπηρώτησαν αὐτὸν λέγοντες· διδάσκαλε, οἴδαμεν, ὅτι ὀρθῶς λέγεις καὶ διδάσκεις καὶ οὐ λαμβάνεις πρόσωπον, ἀλλ' ἐπ' ἀληθείας τὴν ὁδὸν τοῦ 22 θεοῦ διδάσκεις· ἔξεστιν ἡμῖν Καίσαρι φόρον δοῦ- 23 ναι, ἢ οὔ; Κατανοήσας δὲ αὐτῶν τὴν πανουργίαν εἶπε πρὸς αὐτούς· τί με 24 πειράζετε; δείξατέ μοι δηνάριον· τίνος ἔχει εἰκόνα καὶ ἐπιγραφήν; ἀποκριθέντες δὲ εἶπον· 25 Καίσαρος. Ὁ δὲ εἶπεν αὐτοῖς· ἀπόδοτε τοίνυν τὰ Καίσαρος Καίσαρι, καὶ τὰ τοῦ θεοῦ τῷ θεῷ. 26 Καὶ οὐκ ἴσχυσαν ἐπιλαβέσθαι αὐτοῦ ῥήματος ἐναντίον τοῦ λαοῦ, καὶ θαυμάσαντες ἐπὶ τῇ ἀποκρίσει αὐτοῦ ἐσίγησαν.

§ 119. Insidious question of the Sadducees: The Resurrection.—*Jerusalem.*

Fourth Day of the Week.

MATTH. XXII. 23-33.	MARK XII. 18-27.	LUKE XX. 27-40.
23 Ἐν ἐκείνῃ τῇ ἡμέρᾳ προσῆλθον αὐτῷ Σαδδουκαῖοι, οἱ λέγοντες μὴ εἶναι ἀνάστασιν, καὶ 24 ἐπηρώτησαν αὐτὸν ‖ λέγοντες· διδάσκαλε, Μωϋσῆς εἶπεν· ᵃ ἐάν τις ἀ-	18 Καὶ ἔρχονται Σαδδουκαῖοι πρὸς αὐτόν, οἵτινες λέγουσιν ἀνάστασιν μὴ εἶναι· καὶ ἐπηρώτησαν αὐτὸν λέγοντες· 19 ‖ διδάσκαλε, Μωϋσῆς ἔγραψεν ἡμῖν,ᵃ ὅτι ἐάν	27 Προσελθόντες δέ τινες τῶν Σαδδουκαίων, οἱ ἀντιλέγοντες ἀνάστασιν μὴ εἶναι, ἐπηρώτησαν αὐτὸν ‖ λέγοντες· 28 διδάσκαλε, Μωϋσῆς ἔγραψεν ἡμῖν,ᵃ ἐάν τινος

ᵃ 24 etc. Deut. 25, 5.

MATTH. XXII.

ποθάνῃ μὴ ἔχων τέκνα, ἐπιγαμβρεύσει ὁ ἀδελφὸς αὐτοῦ τὴν γυναῖκα αὐτοῦ, καὶ ἀναστήσει σπέρμα τῷ ἀδελφῷ αὐτοῦ.

25 Ἦσαν δὲ παρ᾽ ἡμῖν ἑπτὰ ἀδελφοί· καὶ ὁ πρῶτος γαμήσας ἐτελεύτησε· καὶ μὴ ἔχων σπέρμα ἀφῆκε τὴν γυναῖκα αὐτοῦ τῷ ἀδελφῷ αὐτοῦ.

26 Ὁμοίως καὶ ὁ δεύτερος καὶ ὁ τρίτος, ἕως τῶν ἑπτά.

27 Ὕστερον δὲ πάντων ἀπέθανε καὶ ἡ γυνή.

28 Ἐν τῇ οὖν ἀναστάσει τίνος τῶν ἑπτὰ ἔσται γυνή; πάντες γὰρ ἔσχον αὐτήν.

29 Ἀποκριθεὶς δὲ ὁ Ἰησοῦς εἶπεν αὐτοῖς· πλανᾶσθε, μὴ εἰδότες τὰς γραφὰς μηδὲ τὴν δύναμιν τοῦ θεοῦ.

30 Ἐν γὰρ τῇ ἀναστάσει οὔτε γαμοῦσιν οὔτε ἐκγαμίζονται, ἀλλ᾽ ὡς ἄγγελοι τοῦ θεοῦ ἐν οὐρανῷ εἰσι.

31 Περὶ δὲ τῆς ἀναστάσεως τῶν νεκρῶν οὐκ ἀνέγνωτε τὸ ῥηθὲν ὑμῖν ὑπὸ τοῦ θεοῦ λέγοντος·[a]

32 ἐγώ

MARK XII.

τινος ἀδελφὸς ἀποθάνῃ καὶ καταλίπῃ γυναῖκα καὶ τέκνα μὴ ἀφῇ, ἵνα λάβῃ ὁ ἀδελφὸς αὐτοῦ τὴν γυναῖκα αὐτοῦ καὶ ἐξαναστήσῃ σπέρμα τῷ

20 ἀδελφῷ αὐτοῦ. Ἑπτὰ ἀδελφοὶ ἦσαν· καὶ ὁ πρῶτος ἔλαβε γυναῖκα, καὶ ἀποθνῄσκων οὐκ

21 ἀφῆκε σπέρμα. Καὶ ὁ δεύτερος ἔλαβεν αὐτὴν καὶ ἀπέθανε, καὶ οὐδὲ αὐτὸς ἀφῆκε σπέρμα· καὶ ὁ τρίτος ὡσαύτως.

22 Καὶ ἔλαβον αὐτὴν οἱ ἑπτά, καὶ οὐκ ἀφῆκαν σπέρμα. ἐσχάτη πάντων ἀπέθανε καὶ ἡ γυνή.

23 Ἐν τῇ οὖν ἀναστάσει, ὅταν ἀναστῶσι, τίνος αὐτῶν ἔσται γυνή; οἱ γὰρ ἑπτὰ ἔσχον αὐτὴν γυναῖκα.

24 Καὶ ἀποκριθεὶς ὁ Ἰησοῦς εἶπεν αὐτοῖς· οὐ διὰ τοῦτο πλανᾶσθε, μὴ εἰδότες τὰς γραφάς, μηδὲ τὴν δύναμιν τοῦ θεοῦ;

25 Ὅταν γὰρ ἐκ νεκρῶν ἀναστῶσιν, οὔτε γαμοῦσιν οὔτε γαμίσκονται, ἀλλ᾽ εἰσὶν ὡς ἄγγελοι ἐν τοῖς οὐρανοῖς.

26 Περὶ δὲ τῶν νεκρῶν, ὅτι ἐγείρονται, οὐκ ἀνέγνωτε ἐν τῇ βίβλῳ Μωϋσέως, ἐπὶ τοῦ βάτου,[a] ὡς εἶπεν αὐ-

LUKE XX.

ἀδελφὸς ἀποθάνῃ ἔχων γυναῖκα, καὶ οὗτος ἄτεκνος ἀποθάνῃ, ἵνα λάβῃ ὁ ἀδελφὸς αὐτοῦ τὴν γυναῖκα καὶ ἐξαναστήσῃ σπέρμα τῷ ἀδελφῷ αὐ-

29 τοῦ. Ἑπτὰ οὖν ἀδελφοὶ ἦσαν· καὶ ὁ πρῶτος λαβὼν γυναῖκα ἀπέθανεν

30 ἄτεκνος. Καὶ ἔλαβεν ὁ δεύτερος τὴν γυναῖκα, καὶ οὗτος ἀπέθανεν

31 ἄτεκνος. Καὶ ὁ τρίτος ἔλαβεν αὐτήν· ὡσαύτως δὲ καὶ οἱ ἑπτά· οὐ κατέλιπον τέκνα καὶ ἀπέθανον.

32 Ὕστερον δὲ πάντων ἀπέθανε καὶ ἡ γυνή.

33 Ἐν τῇ οὖν ἀναστάσει τίνος αὐτῶν γίνεται γυνή; οἱ γὰρ ἑπτὰ ἔσχον αὐτὴν γυναῖκα.

34 Καὶ ἀποκριθεὶς εἶπεν αὐτοῖς ὁ Ἰησοῦς· οἱ υἱοὶ τοῦ αἰῶνος τούτου γαμοῦσι καὶ ἐκγαμίσκον-

35 ται,[1] οἱ δὲ καταξιωθέντες τοῦ αἰῶνος ἐκείνου τυχεῖν καὶ τῆς ἀναστάσεως τῆς ἐκ νεκρῶν οὔτε γαμοῦσιν οὔτε ἐκγαμί-

36 σκονται· οὔτε γὰρ ἀποθανεῖν ἔτι δύνανται· ἰσάγγελοι γάρ εἰσι καὶ υἱοί εἰσι τοῦ θεοῦ, τῆς ἀναστάσεως υἱοὶ ὄντες.

37 Ὅτι δὲ ἐγείρονται οἱ νεκροί, καὶ Μωϋσῆς ἐμήνυσεν ἐπὶ τῆς βάτου,[a] ὡς λέγει κύριον τὸν θεὸν Ἀβραὰμ καὶ τὸν θεὸν

---

[a] 31 etc. Ex. 3, 6.

11*

MATTH. XXII.	MARK XII.	LUKE XX.
εἰμι ὁ θεὸς Ἀβραὰμ καὶ ὁ θεὸς Ἰσαὰκ καὶ ὁ θεὸς Ἰακώβ; οὐκ ἔστιν ὁ θεὸς νεκρῶν, ἀλλὰ ζών- 33 των. Καὶ ἀκούσαντες οἱ ὄχλοι ἐξεπλήσσοντο ἐπὶ τῇ διδαχῇ αὐτοῦ.	τῷ ὁ θεὸς λέγων· ἐγὼ ὁ θεὸς Ἀβραὰμ καὶ ὁ θεὸς Ἰσαὰκ καὶ ὁ θεὸς 27 Ἰακώβ; Οὐκ ἔστιν ὁ θεὸς νεκρῶν, ἀλλὰ [θε-ὸς] ζώντων. ὑμεῖς οὖν πολὺ πλανᾶσθε.	Ἰσαὰκ καὶ τὸν θεὸν Ἰα-38 κώβ. Θεὸς δὲ οὐκ ἔστι νεκρῶν, ἀλλὰ ζώντων· πάντες γὰρ αὐτῷ ζῶσιν. 39 Ἀποκριθέντες δέ τινες τῶν γραμματέων εἶπον· διδάσκαλε, καλῶς εἶπας. 40 Οὐκέτι δὲ ἐτόλμων ἐπε-ρωτᾶν αὐτὸν οὐδέν.

§ 120. A Lawyer questions Jesus. The two great Commandments.—*Jerusalem.*

Fourth Day of the Week.

MATTH. XXII. 34–40.   MARK XII. 28–34.

34 Οἱ δὲ Φαρισαῖοι ἀκούσαντες, ὅτι   28 Καὶ προσελθὼν εἰς τῶν γραμματέων,
ἐφίμωσε τοὺς Σαδδουκαίους, συνήχθη-   ἀκούσας αὐτῶν συζητούντων, εἰδὼς ὅτι
35 σαν ἐπὶ τὸ αὐτό. Καὶ ἐπηρώτησεν   καλῶς αὐτοῖς ἀπεκρίθη, ἐπηρώτησεν αὐ-
εἷς ἐξ αὐτῶν νομικὸς πειράζων αὐτὸν   τόν· ποία ἐστὶ πρώτη πάντων ἐντολή;
36 καὶ λέγων· διδάσκαλε, ποία ἐντολὴ 29 Ὁ δὲ Ἰησοῦς ἀπεκρίθη αὐτῷ· ὅτι πρώ-
37 μεγάλη ἐν τῷ νόμῳ; Ὁ δὲ Ἰησοῦς   τη πάντων ἐντολή·[a] ἄκουε Ἰσραήλ,
εἶπεν αὐτῷ·[a] ἀγαπήσεις κύριον τὸν   30 κύριος ὁ θεὸς ἡμῶν κύριος εἷς ἐστι· καὶ
θεόν σου ἐν ὅλῃ τῇ καρδίᾳ σου καὶ ἐν   ἀγαπήσεις κύριον τὸν θεόν σου ἐξ ὅλης
ὅλῃ τῇ ψυχῇ σου καὶ ἐν ὅλῃ τῇ δια-   τῆς καρδίας σου καὶ ἐξ ὅλης τῆς ψυχῆς
38 νοίᾳ σου. Αὕτη ἐστὶ πρώτη καὶ με-   σου καὶ ἐξ ὅλης τῆς διανοίας σου καὶ
39 γάλη ἐντολή. Δευτέρα δὲ ὁμοία αὐ-   ἐξ ὅλης τῆς ἰσχύος σου. αὕτη πρώτη
τῇ·[b] ἀγαπήσεις τὸν πλησίον σου ὡς   31 ἐντολή. Καὶ δευτέρα ὁμοία αὕτη·[b]
40 σεαυτόν. Ἐν ταύταις ταῖς δυσὶν ἐν-   ἀγαπήσεις τὸν πλησίον σου ὡς σεαυτόν.
τολαῖς ὅλος ὁ νόμος καὶ οἱ προφῆται   μείζων τούτων ἄλλη ἐντολὴ οὐκ ἔστι.
κρέμανται.   32 Καὶ εἶπεν αὐτῷ ὁ γραμματεύς· κα-
                                         λῶς, διδάσκαλε· ἐπ᾽ ἀληθείας εἶπας,
33 ὅτι εἷς ἐστι καὶ οὐκ ἔστιν ἄλλος πλὴν αὐτοῦ· καὶ τὸ ἀγαπᾶν αὐτὸν ἐξ ὅλης τῆς
καρδίας καὶ ἐξ ὅλης τῆς συνέσεως καὶ ἐξ ὅλης τῆς ψυχῆς καὶ ἐξ ὅλης τῆς ἰσχύος,
καὶ τὸ ἀγαπᾶν τὸν πλησίον ὡς ἑαυτόν, πλεῖόν ἐστι πάντων τῶν ὁλοκαυτωμάτων καὶ
34 θυσιῶν. Καὶ ὁ Ἰησοῦς ἰδὼν αὐτόν, ὅτι νουνεχῶς ἀπεκρίθη, εἶπεν αὐτῷ· οὐ μακρὰν
εἶ ἀπὸ τῆς βασιλείας τοῦ θεοῦ. Καὶ οὐδεὶς οὐκέτι ἐτόλμα αὐτὸν ἐπερωτῆσαι.

§ 121. How is Christ the Son of David?—*Jerusalem.*

Fourth Day of the Week.

MATTH. XXII. 41–46.	MARK XII. 35–37.	LUKE XX. 41–44.
41 Συνηγμένων δὲ τῶν Φαρισαίων ἐπηρώτησεν 42 αὐτοὺς ὁ Ἰησοῦς ¹ λέ-	35 Καὶ ἀποκριθεὶς ὁ Ἰη-σοῦς ἔλεγε, διδάσκων ἐν	41 Εἶπε δὲ πρὸς αὐτούς· πῶς λέγουσι τὸν Χρι-

ᵃ 37 etc. Deut. 6, 4. 5.   ᵇ 39 etc. Lev 19, 18.

MATTH. XXII.	MARK XII.	LUKE XX.

γων· τί ὑμῖν δοκεῖ περὶ τοῦ Χριστοῦ; τίνος υἱός ἐστι; λέγουσιν αὐτῷ·

43 τοῦ Δαυΐδ. Λέγει αὐτοῖς· πῶς οὖν Δαυΐδ ἐν πνεύματι κύριον αὐτὸν

44 καλεῖ; λέγων·[a] | εἶπεν ὁ κύριος τῷ κυρίῳ μου· κάθου ἐκ δεξιῶν μου, ἕως ἂν θῶ τοὺς ἐχθρούς σου ὑποπόδιον τῶν πο-

45 δῶν σου. Εἰ οὖν Δαυΐδ καλεῖ αὐτὸν κύριον, πῶς

46 υἱὸς αὐτοῦ ἐστι; Καὶ οὐδεὶς ἐδύνατο αὐτῷ ἀποκριθῆναι λόγον, οὐδὲ

τῷ ἱερῷ· πῶς λέγουσιν οἱ γραμματεῖς, ὅτι ὁ Χριστὸς υἱός ἐστι Δαυ-

36 ΐδ; Αὐτὸς γὰρ Δαυΐδ εἶπεν ἐν τῷ πνεύματι τῷ ἁγίῳ·[a] εἶπεν ὁ κύριος τῷ κυρίῳ μου· κάθου ἐκ δεξιῶν μου, ἕως ἂν θῶ τοὺς ἐχθρούς σου ὑποπόδιον τῶν πο-

37 δῶν σου. Αὐτὸς οὖν Δαυΐδ λέγει αὐτὸν κύριον· καὶ πόθεν υἱός αὐτοῦ ἐστι; Καὶ ὁ πολὺς ὄχλος ἤκουεν αὐτοῦ ἡδέως.

στὸν υἱὸν Δαυΐδ εἶναι;

42 Καὶ αὐτὸς Δαυΐδ λέγει ἐν βίβλῳ ψαλμῶν·[a] εἶπεν ὁ κύριος τῷ κυρίῳ μου· κάθου ἐκ δεξιῶν

43 μου, | ἕως ἂν θῶ τοὺς ἐχθρούς σου ὑποπόδιον

44 τῶν ποδῶν σου. Δαυΐδ οὖν κύριον αὐτὸν καλεῖ· καὶ πῶς υἱὸς αὐτοῦ ἐστιν;

ἐτόλμησέ τις ἀπ᾿ ἐκείνης τῆς ἡμέρας ἐπερωτῆσαι αὐτὸν οὐκέτι.

§ 122. Warnings against the evil example of the Scribes and Pharisees.—*Jerusalem.*

Fourth Day of the Week.

MARK XII. 38, 39.

38 Καὶ ἔλεγεν αὐτοῖς ἐν τῇ διδαχῇ αὐτοῦ· βλέπετε ἀπὸ τῶν γραμματέων, τῶν θελόντων ἐν στολαῖς περιπατεῖν καὶ ἀσπασμοὺς ἐν ταῖς ἀγο-

39 ραῖς | καὶ πρωτοκαθεδρίας ἐν ταῖς συναγωγαῖς καὶ πρωτοκλισίας ἐν τοῖς δείπνοις.

LUKE XX. 45, 46.

45 Ἀκούοντος δὲ παντὸς τοῦ λαοῦ εἶπε

46 τοῖς μαθηταῖς αὐτοῦ· προσέχετε ἀπὸ τῶν γραμματέων, τῶν θελόντων περιπατεῖν ἐν στολαῖς καὶ φιλούντων ἀσπασμοὺς ἐν ταῖς ἀγοραῖς καὶ πρωτοκαθεδρίας ἐν ταῖς συναγωγαῖς καὶ πρωτοκλισίας ἐν τοῖς δείπνοις.

MATTH. XXIII. 1–12.

1 2 Τότε ὁ Ἰησοῦς ἐλάλησε τοῖς ὄχλοις καὶ τοῖς μαθηταῖς αὐτοῦ |λέγων· ἐπὶ τῆς

3 Μωϋσέως καθέδρας ἐκάθισαν οἱ γραμματεῖς καὶ οἱ Φαρισαῖοι. Πάντα οὖν ὅσα ἂν εἴπωσιν ὑμῖν τηρεῖν, τηρεῖτε καὶ ποιεῖτε· κατὰ δὲ τὰ ἔργα αὐτῶν μὴ ποιεῖτε·

4 λέγουσι γὰρ καὶ οὐ ποιοῦσι. Δεσμεύουσι γὰρ φορτία βαρέα καὶ δυσβάστακτα, καὶ ἐπιτιθέασιν ἐπὶ τοὺς ὤμους τῶν ἀνθρώπων· τῷ δὲ δακτύλῳ αὐτῶν οὐ θέλουσι

5 κινῆσαι αὐτά. Πάντα δὲ τὰ ἔργα αὐτῶν ποιοῦσι πρὸς τὸ θεαθῆναι τοῖς ἀνθρώποις. πλατύνουσι δὲ τὰ φυλακτήρια αὐτῶν καὶ μεγαλύνουσι τὰ κράσπεδα τῶν ἱματίων

6 αὐτῶν· φιλοῦσί τε τὴν πρωτοκλισίαν ἐν τοῖς δείπνοις καὶ τὰς πρωτοκαθεδρίας ἐν

7 ταῖς συναγωγαῖς | καὶ τοὺς ἀσπασμοὺς ἐν ταῖς ἀγοραῖς καὶ καλεῖσθαι ὑπὸ τῶν

8 ἀνθρώπων ῥαββί, ῥαββί. Ὑμεῖς δὲ μὴ κληθῆτε ῥαββί· εἷς γάρ ἐστιν ὑμῶν ὁ

9 καθηγητὴς [ὁ Χριστός]· πάντες δὲ ὑμεῖς ἀδελφοί ἐστε. Καὶ πατέρα μὴ καλέσητε

10 ὑμῶν ἐπὶ τῆς γῆς· εἷς γάρ ἐστιν ὁ πατὴρ ὑμῶν, ὁ ἐν τοῖς οὐρανοῖς. Μηδὲ κληθῆτε

---

a 44 etc. Ps. 110, 1.

ΜΑΤΘ. XXIII.

11 καθηγηταί· εἷς γὰρ ὑμῶν ἐστιν ὁ καθηγητής, ὁ Χριστός. Ὁ δὲ μείζων ὑμῶν ἔσται
12 ὑμῶν διάκονος. Ὅστις δὲ ὑψώσει ἑαυτόν, ταπεινωθήσεται· καὶ ὅστις ταπεινώσει
ἑαυτόν, ὑψωθήσεται.

§ 123. Woes against the Scribes and Pharisees. Lamentation over Jerusalem.
[Comp. § 51.]—Jerusalem.

Third Day of the Week.

Matth. XXIII. 13–39.	Mark XII. 40.	Luke XX. 47.

14 Οὐαὶ δὲ ὑμῖν, γραμμα-
τεῖς καὶ Φαρισαῖοι, ὑπο-
κριταί, ὅτι κατεσθίετε τὰς
οἰκίας τῶν χηρῶν, καὶ
προφάσει μακρὰ προσευ-
χόμενοι· διὰ τοῦτο λήψε-
σθε περισσότερον κρίμα.

40 Οἱ κατεσθίοντες τὰς
οἰκίας τῶν χηρῶν καὶ
προφάσει μακρὰ προς-
ευχόμενοι· οὗτοι λήψον-
ται περισσότερον κρίμα.

47 Οἳ κατεσθίουσι τὰς
οἰκίας τῶν χηρῶν καὶ
προφάσει μακρὰ προς-
εύχονται· οὗτοι λήψον-
ται περισσότερον κρίμα.

13 Οὐαὶ ὑμῖν, γραμματεῖς καὶ Φαρισαῖοι, ὑποκριταί, ὅτι κλείετε τὴν βασιλείαν τῶν
οὐρανῶν ἔμπροσθεν τῶν ἀνθρώπων· ὑμεῖς γὰρ οὐκ εἰσέρχεσθε, οὐδὲ τοὺς εἰσερχο-
15 μένους ἀφίετε εἰσελθεῖν. Οὐαὶ ὑμῖν, γραμματεῖς καὶ Φαρισαῖοι, ὑποκριταί, ὅτι
περιάγετε τὴν θάλασσαν καὶ τὴν ξηράν, ποιῆσαι ἕνα προσήλυτον· καὶ ὅταν γένηται,
ποιεῖτε αὐτὸν υἱὸν γεέννης διπλότερον ὑμῶν.

16 Οὐαὶ ὑμῖν, ὁδηγοὶ τυφλοί, οἱ λέγοντες· ὃς ἂν ὀμόσῃ ἐν τῷ ναῷ, οὐδέν ἐστιν·
17 ὃς δ᾽ ἂν ὀμόσῃ ἐν τῷ χρυσῷ τοῦ ναοῦ, ὀφείλει. Μωροὶ καὶ τυφλοί· τίς γὰρ μείζων
18 ἐστίν, ὁ χρυσός, ἢ ὁ ναὸς ὁ ἁγιάζων τὸν χρυσόν; Καί· ὃς ἐὰν ὀμόσῃ ἐν τῷ θυσια-
19 στηρίῳ, οὐδέν ἐστιν· ὃς δ᾽ ἂν ὀμόσῃ ἐν τῷ δώρῳ τῷ ἐπάνω αὐτοῦ, ὀφείλει. Μωροὶ
καὶ τυφλοί· τί γὰρ μεῖζον, τὸ δῶρον, ἢ τὸ θυσιαστήριον τὸ ἁγιάζον τὸ δῶρον;
20 Ὁ οὖν ὀμόσας ἐν τῷ θυσιαστηρίῳ ὀμνύει ἐν αὐτῷ καὶ ἐν πᾶσι τοῖς ἐπάνω αὐτοῦ·
21 22 καὶ ὁ ὀμόσας ἐν τῷ ναῷ ὀμνύει ἐν αὐτῷ καὶ ἐν τῷ κατοικοῦντι αὐτόν· καὶ ὁ ὀμό-
σας ἐν τῷ οὐρανῷ ὀμνύει ἐν τῷ θρόνῳ τοῦ θεοῦ καὶ ἐν τῷ καθημένῳ ἐπάνω αὐτοῦ.

23 Οὐαὶ ὑμῖν, γραμματεῖς καὶ Φαρισαῖοι, ὑποκριταί, ὅτι ἀποδεκατοῦτε τὸ ἡδύοσμον
καὶ τὸ ἄνηθον καὶ τὸ κύμινον, καὶ ἀφήκατε τὰ βαρύτερα τοῦ νόμου, τὴν κρίσιν καὶ
24 τὸν ἔλεον καὶ τὴν πίστιν. ταῦτα ἔδει ποιῆσαι, κἀκεῖνα μὴ ἀφιέναι. Ὁδηγοὶ τυφλοί,
25 οἱ διυλίζοντες τὸν κώνωπα, τὴν δὲ κάμηλον καταπίνοντες. Οὐαὶ ὑμῖν, γραμματεῖς καὶ
Φαρισαῖοι, ὑποκριταί, ὅτι καθαρίζετε τὸ ἔξωθεν τοῦ ποτηρίου καὶ τῆς παροψίδος,
26 ἔσωθεν δὲ γέμουσιν ἐξ ἁρπαγῆς καὶ ἀκρασίας. Φαρισαῖε τυφλέ, καθάρισον πρῶτον
τὸ ἐντὸς τοῦ ποτηρίου καὶ τῆς παροψίδος, ἵνα γένηται καὶ τὸ ἐκτὸς αὐτῶν καθαρόν.

27 Οὐαὶ ὑμῖν, γραμματεῖς καὶ Φαρισαῖοι, ὑποκριταί, ὅτι παρομοιάζετε τάφοις κεκο-
νιαμένοις, οἵτινες ἔξωθεν μὲν φαίνονται ὡραῖοι, ἔσωθεν δὲ γέμουσιν ὀστέων νεκρῶν
28 καὶ πάσης ἀκαθαρσίας. Οὕτω καὶ ὑμεῖς ἔξωθεν μὲν φαίνεσθε τοῖς ἀνθρώποις
δίκαιοι, ἔσωθεν δὲ μεστοί ἐστε ὑποκρίσεως καὶ ἀνομίας.

29 Οὐαὶ ὑμῖν, γραμματεῖς καὶ Φαρισαῖοι, ὑποκριταί, ὅτι οἰκοδομεῖτε τοὺς τάφους
30 τῶν προφητῶν καὶ κοσμεῖτε τὰ μνημεῖα τῶν δικαίων, ! καὶ λέγετε· εἰ ἤμεθα ἐν ταῖς
ἡμέραις τῶν πατέρων ἡμῶν, οὐκ ἂν ἤμεθα κοινωνοὶ αὐτῶν ἐν τῷ αἵματι τῶν προφη-
31 τῶν. Ὥστε μαρτυρεῖτε ἑαυτοῖς, ὅτι υἱοί ἐστε τῶν φονευσάντων τοὺς προφήτας.

MATTH. XXIII.

32 33 Καὶ ὑμεῖς πληρώσατε τὸ μέτρον τῶν πατέρων ὑμῶν. Ὄφεις, γεννήματα ἐχιδνῶν, πῶς φύγητε ἀπὸ τῆς κρίσεως τῆς γεέννης ;

34 Διὰ τοῦτο, ἰδού, ἐγὼ ἀποστέλλω πρὸς ὑμᾶς προφήτας καὶ σοφοὺς καὶ γραμματεῖς· καὶ ἐξ αὐτῶν ἀποκτενεῖτε καὶ σταυρώσετε, καὶ ἐξ αὐτῶν μαστιγώσετε ἐν ταῖς

35 συναγωγαῖς ὑμῶν καὶ διώξετε ἀπὸ πόλεως εἰς πόλιν· ὅπως ἔλθῃ ἐφ' ὑμᾶς πᾶν αἷμα δίκαιον, ἐκχυνόμενον ἐπὶ τῆς γῆς ἀπὸ τοῦ αἵματος Ἄβελ τοῦ δικαίου ἕως τοῦ αἵματος Ζαχαρίου υἱοῦ Βαραχίου, ὃν ἐφονεύσατε μεταξὺ τοῦ ναοῦ καὶ τοῦ θυσιαστη-

36 ρίου· ᵃ Ἀμὴν λέγω ὑμῖν, ἥξει ταῦτα πάντα ἐπὶ τὴν γενεὰν ταύτην.

37 Ἰερουσαλήμ, Ἰερουσαλήμ, ἡ ἀποκτείνουσα τοὺς προφήτας καὶ λιθοβολοῦσα τοὺς ἀπεσταλμένους πρὸς αὐτήν, ποσάκις ἠθέλησα ἐπισυναγαγεῖν τὰ τέκνα σου, ὃν τρόπον ἐπισυνάγει ὄρνις τὰ νοσσία ἑαυτῆς ὑπὸ τὰς πτέρυγας ; καὶ οὐκ ἠθελήσατε.

38 39 Ἰδού, ἀφίεται ὑμῖν ὁ οἶκος ὑμῶν ἔρημος.ᵇ Λέγω γὰρ ὑμῖν· οὐ μή μέ ἴδητε ἀπάρτι, ἕως ἂν εἴπητε· εὐλογημένος ὁ ἐρχόμενος ἐν ὀνόματι κυρίου.ᶜ

§ 124. The Widow's Mite.—*Jerusalem.*

Fourth Day of the Week.

MARK XII. 41-44.	LUKE XXI. 1-4.
41 Καὶ καθίσας ὁ Ἰησοῦς κατέναντι τοῦ γαζοφυλακίου ἐθεώρει, πῶς ὁ ὄχλος βάλλει χαλκὸν εἰς τὸ γαζοφυλάκιον. καὶ πολλοὶ πλούσιοι ἔβαλλον 42 πολλά. Καὶ ἐλθοῦσα μία χήρα πτω- 43 χὴ ἔβαλε λεπτὰ δύο, ὅ ἐστι κοδράντης. Καὶ προσκαλεσάμενος τοὺς μαθητὰς αὐτοῦ λέγει αὐτοῖς· ἀμὴν λέγω ὑμῖν, ὅτι ἡ χήρα αὕτη ἡ πτωχὴ πλεῖον πάντων βέβληκε τῶν 44 βαλόντων εἰς τὸ γαζοφυλάκιον. Πάντες γὰρ ἐκ τοῦ περισσεύοντος αὐτοῖς ἔβαλον· αὕτη δὲ ἐκ τῆς ὑστερήσεως αὐτῆς πάντα ὅσα εἶχεν ἔβαλεν, ὅλον τὸν βίον αὐτῆς.	1 Ἀναβλέψας δὲ εἶδε τοὺς βάλλοντας τὰ δῶρα αὐτῶν εἰς τὸ γαζοφυλάκιον 2 πλουσίους. Εἶδε δὲ καί τινα χήραν πενιχρὰν βάλλουσαν ἐκεῖ δύο λεπτά. 3 Καὶ εἶπεν· ἀληθῶς λέγω ὑμῖν, ὅτι ἡ χήρα ἡ πτωχὴ αὕτη πλεῖον πάντων 4 ἔβαλεν. Ἅπαντες γὰρ οὗτοι ἐκ τοῦ περισσεύοντος αὐτοῖς ἔβαλον εἰς τὰ δῶρα τοῦ θεοῦ, αὕτη δὲ ἐκ τοῦ ὑστερήματος αὐτῆς ἅπαντα τὸν βίον, ὃν εἶχεν, ἔβαλε.

§ 125. Certain Greeks desire to see Jesus.—*Jerusalem.*

Fourth Day of the Week.

JOHN XII. 20-36.

20 Ἦσαν δέ τινες Ἕλληνες ἐκ τῶν ἀναβαινόντων, ἵνα προσκυνήσωσιν ἐν τῇ ἑορτῇ.

21 Οὗτοι οὖν προσῆλθον Φιλίππῳ, τῷ ἀπὸ Βηθσαϊδὰ τῆς Γαλιλαίας, καὶ ἠρώτων αὐτὸν

22 λέγοντες· κύριε, θέλομεν τὸν Ἰησοῦν ἰδεῖν. Ἔρχεται Φίλιππος καὶ λέγει τῷ Ἀνδρέᾳ· καὶ πάλιν Ἀνδρέας καὶ Φίλιππος λέγουσι τῷ Ἰησοῦ.

23 Ὁ δὲ Ἰησοῦς ἀπεκρίνατο αὐτοῖς λέγων· ἐλήλυθεν ἡ ὥρα, ἵνα δοξασθῇ ὁ υἱὸς

ᵃ 36. Gen. 4, 8. 2 Chr. 24, 20-22.   ᵇ 38. Comp. Ps. 69, 26. Jer. 12, 7. 22, 5.
ᶜ 39. Comp. Ps. 118, 26

JOHN XII.

24 τοῦ ἀνθρώπου. Ἀμὴν ἀμὴν λέγω ὑμῖν, ἐὰν μὴ ὁ κόκκος τοῦ σίτου πεσὼν εἰς τὴν
25 γῆν ἀποθάνῃ, αὐτὸς μόνος μένει· ἐὰν δὲ ἀποθάνῃ, πολὺν καρπὸν φέρει. Ὁ φιλῶν
   τὴν ψυχὴν αὐτοῦ ἀπολέσει αὐτήν, καὶ ὁ μισῶν τὴν ψυχὴν αὐτοῦ ἐν τῷ κόσμῳ τούτῳ
26 εἰς ζωὴν αἰώνιον φυλάξει αὐτήν. Ἐὰν ἐμοὶ διακονῇ τις, ἐμοὶ ἀκολουθείτω, καὶ
   ὅπου εἰμὶ ἐγώ, ἐκεῖ καὶ ὁ διάκονος ὁ ἐμὸς ἔσται· καὶ ἐάν τις ἐμοὶ διακονῇ, τιμήσει
27 αὐτὸν ὁ πατήρ. Νῦν ἡ ψυχή μου τετάρακται· καὶ τί εἴπω; πάτερ, σῶσόν με ἐκ
28 τῆς ὥρας ταύτης; ἀλλὰ διὰ τοῦτο ἦλθον εἰς τὴν ὥραν ταύτην. Πάτερ, δόξασόν
   σου τὸ ὄνομα. Ἦλθεν οὖν φωνὴ ἐκ τοῦ οὐρανοῦ· καὶ ἐδόξασα καὶ πάλιν δοξάσω.
29 Ὁ οὖν ὄχλος ὁ ἑστὼς καὶ ἀκούσας ἔλεγε βροντὴν γεγονέναι. ἄλλοι ἔλεγον·
30 ἄγγελος αὐτῷ λελάληκεν. Ἀπεκρίθη ὁ Ἰησοῦς καὶ εἶπεν· οὐ δι' ἐμὲ αὕτη ἡ φωνὴ
31 γέγονεν, ἀλλὰ δι' ὑμᾶς. Νῦν κρίσις ἐστὶ τοῦ κόσμου τούτου· νῦν ὁ ἄρχων τοῦ
32 κόσμου τούτου ἐκβληθήσεται ἔξω· κἀγὼ ἐὰν ὑψωθῶ ἐκ τῆς γῆς, πάντας ἑλκύσω
33 πρὸς ἐμαυτόν. Τοῦτο δὲ ἔλεγε σημαίνων, ποίῳ θανάτῳ ἤμελλεν ἀποθνήσκειν.
34 Ἀπεκρίθη αὐτῷ ὁ ὄχλος· ἡμεῖς ἠκούσαμεν ἐκ τοῦ νόμου, ὅτι ὁ Χριστὸς μένει εἰς
   τὸν αἰῶνα·ᵃ καὶ πῶς σὺ λέγεις, ὅτι δεῖ ὑψωθῆναι τὸν υἱὸν τοῦ ἀνθρώπου; τίς ἐστιν
35 οὗτος ὁ υἱὸς τοῦ ἀνθρώπου; Εἶπεν οὖν αὐτοῖς ὁ Ἰησοῦς· ἔτι μικρὸν χρόνον τὸ φῶς
   μεθ' ὑμῶν ἐστι. περιπατεῖτε, ἕως τὸ φῶς ἔχετε, ἵνα μὴ σκοτία ὑμᾶς καταλάβῃ·
36 καὶ ὁ περιπατῶν ἐν τῇ σκοτίᾳ οὐκ οἶδε, ποῦ ὑπάγει. Ἕως τὸ φῶς ἔχετε, πιστεύετε
   εἰς τὸ φῶς, ἵνα υἱοὶ φωτὸς γένησθε. Ταῦτα ἐλάλησεν ὁ Ἰησοῦς, καὶ ἀπελθὼν ἐκρύ-
   βη ἀπ' αὐτῶν.

§ 126. Reflections upon the unbelief of the Jews.—*Jerusalem.*

Fourth Day of the Week.

JOHN XII. 37–50.

37 Τοσαῦτα δὲ αὐτοῦ σημεῖα πεποιηκότος ἔμπροσθεν αὐτῶν, οὐκ ἐπίστευον εἰς αὐτόν,
38 ⸀ἵνα ὁ λόγος Ἡσαΐου τοῦ προφήτου πληρωθῇ, ὃν εἶπε·ᵇ κύριε, τίς ἐπίστευσε τῇ
39 ἀκοῇ ἡμῶν; καὶ ὁ βραχίων κυρίου τίνι ἀπεκαλύφθη; Διὰ τοῦτο οὐκ ἠδύναντο
40 πιστεύειν, ὅτι πάλιν εἶπεν Ἡσαΐας·ᶜ τετύφλωκεν αὐτῶν τοὺς ὀφθαλμοὺς καὶ πεπώ-
   ρωκεν αὐτῶν τὴν καρδίαν, ἵνα μὴ ἴδωσι τοῖς ὀφθαλμοῖς καὶ νοήσωσι τῇ καρδίᾳ καὶ
41 ἐπιστραφῶσι καὶ ἰάσωμαι αὐτούς. Ταῦτα εἶπεν Ἡσαΐας, ὅτε εἶδε τὴν δόξαν αὐτοῦ,
42 καὶ ἐλάλησε περὶ αὐτοῦ.ᵈ Ὅμως μέντοι καὶ ἐκ τῶν ἀρχόντων πολλοὶ ἐπίστευσαν
   εἰς αὐτόν, ἀλλὰ διὰ τοὺς Φαρισαίους οὐχ ὡμολόγουν, ἵνα μὴ ἀποσυνάγωγοι γένων-
43 ται· ἠγάπησαν γὰρ τὴν δόξαν τῶν ἀνθρώπων μᾶλλον, ἤπερ τὴν δόξαν τοῦ θεοῦ.
44 Ἰησοῦς δὲ ἔκραξε καὶ εἶπεν· ὁ πιστεύων εἰς ἐμὲ οὐ πιστεύει εἰς ἐμέ, ἀλλ' εἰς τὸν
45 46 πέμψαντά με· καὶ ὁ θεωρῶν ἐμὲ θεωρεῖ τὸν πέμψαντά με. Ἐγὼ φῶς εἰς τὸν
47 κόσμον ἐλήλυθα, ἵνα πᾶς ὁ πιστεύων εἰς ἐμὲ ἐν τῇ σκοτίᾳ μὴ μείνῃ. Καὶ ἐάν τίς
   μου ἀκούσῃ τῶν ῥημάτων καὶ μὴ πιστεύσῃ, ἐγὼ οὐ κρίνω αὐτόν· οὐ γὰρ ἦλθον, ἵνα
48 κρίνω τὸν κόσμον, ἀλλ' ἵνα σώσω τὸν κόσμον. Ὁ ἀθετῶν ἐμὲ καὶ μὴ λαμβάνων
   τὰ ῥήματά μου ἔχει τὸν κρίνοντα αὐτόν· ὁ λόγος, ὃν ἐλάλησα, ἐκεῖνος κρινεῖ αὐτὸν
49 ἐν τῇ ἐσχάτῃ ἡμέρᾳ· ⸀ὅτι ἐγὼ ἐξ ἐμαυτοῦ οὐκ ἐλάλησα, ἀλλ' ὁ πέμψας με πατὴρ
50 αὐτός μοι ἐντολὴν ἔδωκε, τί εἴπω καὶ τί λαλήσω. Καὶ οἶδα, ὅτι ἡ ἐντολὴ αὐτοῦ ζωὴ
   αἰώνιός ἐστιν. ἃ οὖν λαλῶ ἐγώ, καθὼς εἴρηκέ μοι ὁ πατήρ, οὕτω λαλῶ.

ᵃ **34.** Comp. 2 Sam. 7, 13. Ps. 89, 30. 37. 110, 4.
ᵇ **38.** Is. 53, 1.   ᶜ **40.** Ia. 6, 10.   ᵈ **41.** Ia. 6, 1 sq.

§ 127. Jesus, on taking leave of the Temple, foretells its destruction and the persecution of his Disciples.—*Jerusalem. Mount of Olives.*

Fourth Day of the Week.

Ματτη. XXIV. 1–14.

1 Καὶ ἐξελθὼν ὁ Ἰησοῦς ἐπορεύετο ἀπὸ τοῦ ἱεροῦ, καὶ προσῆλθον οἱ μαθηταὶ αὐτοῦ ἐπιδεῖξαι αὐτῷ τὰς οἰκοδο-
2 μὰς τοῦ ἱεροῦ. Ὁ δὲ Ἰησοῦς εἶπεν αὐτοῖς· οὐ βλέπετε πάντα ταῦτα; ἀμὴν λέγω ὑμῖν, οὐ μὴ ἀφεθῇ ὧδε λίθος ἐπὶ λίθον, ὃς οὐ καταλυθήσεται.
3 Καθημένου δὲ αὐτοῦ ἐπὶ τοῦ ὄρους τῶν ἐλαιῶν, προσῆλθον αὐτῷ οἱ μαθηταὶ κατ᾽ ἰδίαν λέγοντες·
εἰπὲ ἡμῖν, πότε ταῦτα ἔσται; καὶ τί τὸ σημεῖον τῆς σῆς παρουσίας καὶ τῆς συντελείας
4 τοῦ αἰῶνος; Καὶ ἀποκριθεὶς ὁ Ἰησοῦς εἶπεν αὐτοῖς· βλέπετε, μή τις
5 ὑμᾶς πλανήσῃ. Πολλοὶ γὰρ ἐλεύσονται ἐπὶ τῷ ὀνόματί μου λέγοντες· ἐγώ εἰμι ὁ Χριστός· καὶ πολλοὺς πλανήσουσι.
6 Μελλήσετε δὲ ἀκούειν πολέμους καὶ ἀκοὰς πολέμων· ὁρᾶτε, μὴ θροεῖσθε· δεῖ γὰρ πάντα γενέσθαι, ἀλλ᾽ οὔπω ἐστὶ
7 τὸ τέλος. Ἐγερθήσεται γὰρ ἔθνος ἐπὶ ἔθνος καὶ βασιλεία ἐπὶ βασιλείαν· καὶ ἔσονται λιμοὶ καὶ

Mark XIII. 1–13.

1 Καὶ ἐκπορευομένου αὐτοῦ ἐκ τοῦ ἱεροῦ, λέγει αὐτῷ εἷς τῶν μαθητῶν αὐτοῦ· διδάσκαλε, ἴδε, ποταποὶ λίθοι καὶ πο-
2 ταπαὶ οἰκοδομαί. Καὶ ὁ Ἰησοῦς ἀποκριθεὶς εἶπεν αὐτῷ· βλέπεις ταύτας τὰς μεγάλας οἰκοδομάς; οὐ μὴ ἀφεθῇ λίθος ἐπὶ λίθῳ, ὃς οὐ μὴ καταλυθῇ.
3 Καὶ καθημένου αὐτοῦ εἰς τὸ ὄρος τῶν ἐλαιῶν κατέναντι τοῦ ἱεροῦ, ἐπηρώτων αὐτὸν κατ᾽ ἰδίαν Πέτρος καὶ Ἰάκωβος καὶ Ἰωάννης καὶ
4 Ἀνδρέας· εἰπὲ ἡμῖν, ποτε ταῦτα ἔσται; καὶ τί τὸ σημεῖον, ὅταν μέλλῃ πάντα ταῦτα συν-
5 τελεῖσθαι; Ὁ δὲ Ἰησοῦς ἀποκριθεὶς αὐτοῖς ἤρξατο λέγειν· βλέπετε μή τις ὑμᾶς πλανήσῃ.
6 Πολλοὶ γὰρ ἐλεύσονται ἐπὶ τῷ ὀνόματί μου λέγοντες· ὅτι ἐγώ εἰμι· καὶ πολλοὺς πλανήσου-
7 σιν. Ὅταν δὲ ἀκούσητε πολέμους καὶ ἀκοὰς πολέμων, μὴ θροεῖσθε· δεῖ γὰρ γενέσθαι, ἀλλ᾽ οὔπω
8 τὸ τέλος. Ἐγερθήσεται γὰρ ἔθνος ἐπὶ ἔθνος καὶ βασιλεία ἐπὶ βασιλείαν· καὶ ἔσονται σεισμοὶ κατὰ τόπους,

Luke XXI. 5–19.

5 Καί τινων λεγόντων περὶ τοῦ ἱεροῦ, ὅτι λίθοις καλοῖς καὶ ἀναθήμασι κεκόσμηται, εἶπε·

6 ταῦτα, ἃ θεωρεῖτε, ἐλεύσονται ἡμέραι, ἐν αἷς οὐκ ἀφεθήσεται λίθος ἐπὶ λίθῳ, ὃς οὐ καταλυθήσεται.

7 Ἐπηρώτησαν δὲ αὐτὸν λέγοντες· διδάσκαλε, πότε οὖν ταῦτα ἔσται; καὶ τί τὸ σημεῖον, ὅταν μέλλῃ ταῦτα γίνεσθαι;
8 Ὁ δὲ εἶπε· βλέπετε, μὴ πλανηθῆτε. Πολλοὶ γὰρ ἐλεύσονται ἐπὶ τῷ ὀνόματί μου, λέγοντες· ὅτι ἐγώ εἰμι καὶ ὁ καιρὸς ἤγγικε· μὴ οὖν πορευθῆ-
9 τε ὀπίσω αὐτῶν· Ὅταν δὲ ἀκούσητε πολέμους καὶ ἀκαταστασίας, μὴ πτοηθῆτε· δεῖ γὰρ ταῦτα γενέσθαι πρῶτον, ἀλλ᾽ οὐκ εὐθέως τὸ
10 τέλος. Τότε, ἔλεγεν αὐτοῖς, ἐγερθήσεται ἔθνος ἐπὶ ἔθνος καὶ βασιλεία ἐπὶ βασιλείαν·
11 σεισμοί τε μεγάλοι κατὰ

MATTH. XXIV.

λοιμοὶ καὶ σεισμοὶ κατὰ
8 τόπους. Πάντα δὲ ταῦ-
τα ἀρχὴ ὠδίνων.

MARK XIII.

9 —Βλέπετε δὲ ὑμεῖς ἑαυτούς· παρα-
δώσουσι γὰρ ὑμᾶς εἰς συνέδρια, καὶ εἰς
συναγωγὰς δαρήσεσθε, καὶ ἐπὶ ἡγεμό-
νων καὶ βασιλέων σταθήσεσθε ἕνεκεν
11 ἐμοῦ, εἰς μαρτύριον αὐτοῖς.—Ὅταν δὲ
ἄγωσιν ὑμᾶς παραδιδόντες, μὴ προ-
μεριμνᾶτε, τί λαλήσητε, μηδὲ μελετᾶτε·
ἀλλ' ὃ ἐὰν δοθῇ ὑμῖν ἐν ἐκείνῃ τῇ ὥρᾳ,
τοῦτο λαλεῖτε· οὐ γάρ ἐστε ὑμεῖς οἱ
λαλοῦντες, ἀλλὰ τὸ πνεῦμα τὸ ἅγιον.

MATTH. XXIV.

9 Τότε παραδώσουσιν ὑ-
μᾶς εἰς θλῖψιν, καὶ ἀπο-
κτενοῦσιν ὑμᾶς· καὶ
ἔσεσθε μισούμενοι ὑπὸ
πάντων τῶν ἐθνῶν διὰ
10 τὸ ὄνομά μου. Καὶ τό-
τε σκανδαλισθήσονται
πολλοί· καὶ ἀλλήλους
παραδώσουσι, καὶ μισή-
11 σουσιν ἀλλήλους. Καὶ
12 νήσουσι πολλούς. Καὶ

MARK XIII.

καὶ ἔσονται λιμοὶ καὶ
9 ταραχαί. Ἀρχαὶ ὠδί-
νων ταῦτα.—

MARK XIII.

12 Παραδώσει δὲ ἀδελφὸς
ἀδελφὸν εἰς θάνατον,
καὶ πατὴρ τέκνον· καὶ
ἐπαναστήσονται τέκνα
ἐπὶ γονεῖς, καὶ θανατώ-
13 σουσιν αὐτούς. Καὶ ἔσε-
σθε μισούμενοι ὑπὸ πάν-
των διὰ τὸ ὄνομά μου·—

πολλοὶ ψευδοπροφῆται ἐγερθήσονται καὶ πλα-
διὰ τὸ πληθυνθῆναι τὴν ἀνομίαν ψυγήσεται

LUKE XXI.

τόπους καὶ λιμοὶ καὶ
λοιμοὶ ἔσονται· φόβη-
τρά τε καὶ σημεῖα ἀπ'
οὐρανοῦ μεγάλα ἔσται.

12   Πρὸ δὲ τούτων πάντων ἐπιβαλοῦσιν
ἐφ' ὑμᾶς τὰς χεῖρας αὐτῶν καὶ διώξουσι,
παραδιδόντες εἰς συναγωγὰς καὶ φυλα-
κὰς· ἀγομένους ἐπὶ βασιλεῖς καὶ ἡγε-
13 μόνας, ἕνεκεν τοῦ ὀνόματός μου. Ἀπο-
14 βήσεται δὲ ὑμῖν εἰς μαρτύριον. Θέσθε
οὖν εἰς τὰς καρδίας ὑμῶν μὴ προμελε-
15 τᾶν ἀπολογηθῆναι· ἐγὼ γὰρ δώσω
ὑμῖν στόμα καὶ σοφίαν, ᾗ οὐ δυνή-
σονται ἀντειπεῖν οὐδὲ ἀντιστῆναι πάντες
οἱ ἀντικείμενοι ὑμῖν.

16 Παραδοθήσεσθε δὲ καὶ
ὑπὸ γονέων καὶ ἀ-
δελφῶν καὶ συγγενῶν
καὶ φίλων, καὶ θανατώ-
17 σουσιν ἐξ ὑμῶν. Καὶ
ἔσεσθε μισούμενοι ὑπὸ
πάντων διὰ τὸ ὄνομά
μου·

13 Ὁ δὲ ὑπομείνας εἰς τέ-
λος, οὗτος σωθήσεται.
14 Καὶ κηρυχθήσεται τοῦ-
το τὸ εὐαγγέλιον τῆς
βασιλείας ἐν ὅλῃ τῇ οἰ-
κουμένῃ εἰς μαρτύριον
πᾶσι τοῖς ἔθνεσι· καὶ τότε ἥξει τὸ τέλος.

13 —ὃ δὲ ὑπομείνας εἰς τέ-
λος, οὗτος σωθήσεται.—
10 Καὶ εἰς πάντα τὰ ἔθνη
δεῖ πρῶτον κηρυχθῆναι
τὸ εὐαγγέλιον.—

18 καὶ θρὶξ ἐκ τῆς κεφα-
λῆς ὑμῶν οὐ μὴ ἀπόλη-
19 ται. Ἐν τῇ ὑπομονῇ
ὑμῶν κτήσασθε τὰς
ψυχὰς ὑμῶν.

§ 128. The signs of Christ's coming to destroy Jerusalem, and put an end to the
Jewish State and Dispensation.—*Mount of Olives.*

Fourth Day of the Week.

MATTH. XXIV. 15-42.

15   Ὅταν οὖν ἴδητε τὸ
βδέλυγμα τῆς ἐρημώ-
σεως, τὸ ῥηθὲν διὰ

MARK XIII. 14-37.

14   Ὅταν δὲ ἴδητε τὸ βδέ-
λυγμα τῆς ἐρημώσεως,
[τὸ ῥηθὲν ὑπὸ Δανιὴλ

LUKE XXI. 20-36.

20   Ὅταν δὲ ἴδητε κυκλου-
μένην ὑπὸ στρατοπέδων
τὴν Ἱερουσαλήμ, τότε

MATTH. XXIV.

Δανιὴλ τοῦ προφήτου,[a] ἑστὼς ἐν τόπῳ ἁγίῳ, (ὁ ἀναγινώσκων νοείτω,)

16 ! τότε οἱ ἐν τῇ Ἰουδαίᾳ φευγέτωσαν ἐπὶ τὰ ὄρη·

17 ὁ ἐπὶ τοῦ δώματος μὴ καταβαινέτω ἆραι τὰ ἐκ τῆς οἰκίας αὐτοῦ·

18 καὶ ὁ ἐν τῷ ἀγρῷ μὴ ἐπιστρεψάτω ὀπίσω ἆραι τὰ ἱμάτια αὐτοῦ.

19 Οὐαὶ δὲ ταῖς ἐν γαιτρὶ ἐχούσαις καὶ ταῖς θηλαζούσαις ἐν ἐκείναις ταῖς ἡμέ-

20 ραις. Προσεύχεσθε δέ, ἵνα μὴ γένηται ἡ φυγὴ ὑμῶν χειμῶνος, μηδὲ ἐν

21 σαββάτῳ. Ἔσται γὰρ τότε θλῖψις μεγάλη, οἵα οὐ γέγονεν ἀπ' ἀρχῆς κόσμου ἕως τοῦ νῦν, οὐδ'

22 οὐ μὴ γένηται. Καὶ εἰ μὴ ἐκολοβώθησαν αἱ ἡμέραι ἐκεῖναι, οὐκ ἂν ἐσώθη πᾶσα σάρξ· διὰ δὲ τοὺς ἐκλεκτοὺς κολοβωθήσονται αἱ ἡμέραι ἐκεῖναι.

23 Τότε ἐάν τις ὑμῖν εἴπῃ· ἰδού, ὧδε ὁ

24 Χριστός, ἢ ὧδε· μὴ πιστεύσητε. Ἐγερθήσονται γὰρ ψευδόχριστοι καὶ ψευδοπροφῆται, καὶ δώσουσι σημεῖα μεγάλα καὶ τέρατα, ὥστε πλανῆσαι, εἰ δυνατόν,

25 καὶ τοὺς ἐκλεκτούς. Ἰδού, προείρηκα ὑμῖν.

MARK XIII.

τοῦ προφήτου,][a] ἑστὼς ὅπου οὐ δεῖ, (ὁ ἀναγινώσκων νοείτω,) τότε οἱ ἐν τῇ Ἰουδαίᾳ φευγέτωσαν

15 εἰς τὰ ὄρη· Ὁ δὲ ἐπὶ τοῦ δώματος μὴ καταβάτω εἰς τὴν οἰκίαν, μηδὲ εἰσελθέτω ἆραί τι ἐκ τῆς οἰκίας αὐτοῦ·

16 καὶ ὁ εἰς τὸν ἀγρὸν ὢν μὴ ἐπιστρεψάτω εἰς τὰ ὀπίσω ἆραι τὸ ἱμάτιον

17 αὐτοῦ. Οὐαὶ δὲ ταῖς ἐν γαστρὶ ἐχούσαις καὶ ταῖς θηλαζούσαις ἐν ἐκείναις ταῖς ἡμέραις.

18 Προσεύχεσθε δέ, ἵνα μὴ γένηται ἡ φυγὴ ὑμῶν

19 χειμῶνος. Ἔσονται γὰρ αἱ ἡμέραι ἐκεῖναι θλῖψις, οἵα οὐ γέγονε τοιαύτη ἀπ' ἀρχῆς κτίσεως, ἧς ἔκτισεν ὁ θεός, ἕως τοῦ νῦν, καὶ οὐ μὴ γένηται.

20 Καὶ εἰ μὴ κύριος ἐκολόβωσε τὰς ἡμέρας, οὐκ ἂν ἐσώθη πᾶσα σάρξ· ἀλλὰ διὰ τοὺς ἐκλεκτούς, οὓς ἐξελέξατο, ἐκολόβωσε τὰς ἡμέρας.

21 Καὶ τότε ἐάν τις ὑμῖν εἴπῃ· ἰδού, ὧδε ὁ Χριστός, ἤ· ἰδού, ἐκεῖ· μὴ πιστεύετε.

22 Ἐγερθήσονται γὰρ ψευδόχριστοι καὶ ψευδοπροφῆται, καὶ δώσουσι σημεῖα καὶ τέρατα πρὸς τὸ ἀποπλανᾶν, εἰ δυ-

23 νατόν, καὶ τοὺς ἐκλεκτούς. Ὑμεῖς δὲ βλέπετε· ἰδού, προείρηκα ὑμῖν πάντα.

LUKE XXI.

γνῶτε, ὅτι ἤγγικεν ἡ ἐρήμωσις αὐτῆς. Τότε

21 οἱ ἐν τῇ Ἰουδαίᾳ φευγέτωσαν εἰς τὰ ὄρη· καὶ οἱ ἐν μέσῳ αὐτῆς ἐκχωρείτωσαν· καὶ οἱ ἐν ταῖς χώραις μὴ εἰσερχέσθω-

22 σαν εἰς αὐτήν. Ὅτι ἡμέραι ἐκδικήσεως αὗταί εἰσι, τοῦ πλησθῆναι πάντα τὰ γεγραμμένα.

23 Οὐαὶ δὲ ταῖς ἐν γαστρὶ ἐχούσαις καὶ ταῖς θηλαζούσαις ἐν ἐκείναις ταῖς ἡμέραις· ἔσται γὰρ ἀνάγκη μεγάλη ἐπὶ τῆς γῆς καὶ ὀργὴ τῷ λαῷ τούτῳ.

24 Καὶ πεσοῦνται στόματι μαχαίρας καὶ αἰχμαλωτισθήσονται εἰς πάντα τὰ ἔθνη· καὶ Ἰερουσαλὴμ ἔσται πατουμένη ὑπὸ ἐθνῶν, ἄχρι πληρωθῶσι καιροὶ ἐθνῶν.

26 Ἐὰν οὖν εἴπωσιν ὑμῖν· ἰδού, ἐν τῇ

27 ἐρήμῳ ἐστί· μὴ ἐξέλθητε· ἰδού, ἐν τοῖς ταμείοις· μὴ πιστεύσητε. Ὥσπερ γὰρ ἡ ἀστραπὴ ἐξέρχεται ἀπὸ ἀνατολῶν καὶ φαίνεται ἕως δυσμῶν, οὕτως ἔσται καὶ ἡ παρου-

28 σία τοῦ υἱοῦ τοῦ ἀνθρώπου. Ὅπου γὰρ ἐὰν ᾖ τὸ πτῶμα, ἐκεῖ συναχθήσονται οἱ ἀετοί.

MATTH. XXIV.

29 Εὐθέως δὲ μετὰ τὴν

MARK XIII.

24 Ἀλλ' ἐν ἐκείναις ταῖς

LUKE XXI.

25 Καὶ ἔσται σημεῖα ἐν

---

[a] 15 etc. Dan. 9, 27.

MATTH. XXIV.

MARK XIII.

LUKE XXI.

θλῖψιν τῶν ἡμερῶν ἐκεί-
νων ὁ ἥλιος σκοτισθή-
σεται, καὶ ἡ σελήνη
οὐ δώσει τὸ φέγγος αὐ-
τῆς, καὶ οἱ ἀστέρες πε- 25
σοῦνται ἀπὸ τοῦ οὐρα-
νοῦ, καὶ αἱ δυνάμεις τῶν
οὐρανῶν σαλευθήσον-
30 ται.ᵃ Καὶ τότε φανή-
σεται τὸ σημεῖον τοῦ
υἱοῦ τοῦ ἀνθρώπου ἐν τῷ οὐρανῷ· καὶ
τότε κόψονται πᾶσαι
αἱ φυλαὶ τῆς γῆς, καὶ ·26
ὄψονται τὸν υἱὸν τοῦ
ἀνθρώπου ἐρχόμενον ἐπὶ
τῶν νεφελῶν τοῦ οὐρανοῦ
μετὰ δυνάμεως καὶ δόξης 27
31 πολλῆς. Καὶ ἀποστελεῖ
τοὺς ἀγγέλους αὐτοῦ με-
τὰ σάλπιγγος φωνῆς με-
γάλης· καὶ ἐπισυνάξου-
σι τοὺς ἐκλεκτοὺς αὐτοῦ
ἐκ τῶν τεσσάρων ἀνέμων
ἀπ' ἄκρων οὐρανῶν ἕως
ἄκρων αὐτῶν.

32 Ἀπὸ δὲ τῆς συκῆς 28
μάθετε τὴν παραβολήν·
ὅταν ἤδη ὁ κλάδος αὐ-
τῆς γένηται ἁπαλὸς καὶ
τὰ φύλλα ἐκφύῃ, γι-
νώσκετε, ὅτι ἐγγὺς τὸ
33 θέρος. Οὕτω καὶ ὑμεῖς, 29
ὅταν ἴδητε πάντα ταῦ-
τα, γινώσκετε, ὅτι ἐγγύς
34 ἐστιν ἐπὶ θύραις. Ἀμὴν
λέγω ὑμῖν, οὐ μὴ παρέλ- 30
θῃ ἡ γενεὰ αὕτη, ἕως
ἂν πάντα ταῦτα γένηται.
35 Ὁ οὐρανὸς καὶ ἡ γῆ
παρελεύσονται, οἱ δὲ λό-
γοι μου οὐ μὴ παρέλθω- 31
36 σι. Περὶ δὲ τῆς ἡμέρας

ἡμέραις, μετὰ τὴν θλῖ-
ψιν ἐκείνην, ὁ ἥλιος σκο-
τισθήσεται, καὶ ἡ σελή-
νη οὐ δώσει τὸ φέγγος
αὐτῆς, | καὶ οἱ ἀστέρες
τοῦ οὐρανοῦ ἔσονται ἐκ-
πίπτοντες, καὶ αἱ δυνά-
μεις αἱ ἐν τοῖς οὐρανοῖς
σαλευθήσονται.ᵃ

Καὶ τότε
ὄψονται τὸν υἱὸν τοῦ
ἀνθρώπου ἐρχόμενον ἐν
νεφέλαις μετὰ δυνάμεως
πολλῆς καὶ δόξης. Καὶ
τότε ἀποστελεῖ τοὺς
ἀγγέλους αὐτοῦ, καὶ
ἐπισυνάξει τοὺς ἐκλε-
κτοὺς αὐτοῦ ἐκ τῶν τεσ-
σάρων ἀνέμων ἀπ' ἄ-
κρου γῆς ἕως ἄκρου οὐ-
ρανοῦ.

Ἀπὸ δὲ τῆς συκῆς
μάθετε τὴν παραβολήν·
ὅταν αὐτῆς ἤδη ὁ κλά-
δος ἁπαλὸς γένηται καὶ
ἐκφύῃ τὰ φύλλα, γινώ-
σκετε, ὅτι ἐγγὺς τὸ
θέρος ἐστίν. Οὕτω καὶ
ὑμεῖς, ὅταν ταῦτα ἴδη-
τε γινόμενα, γινώσκε-
τε, ὅτι ἐγγύς ἐστιν ἐπὶ
θύραις. Ἀμὴν λέγω
ὑμῖν, ὅτι οὐ μὴ παρέλθῃ
ἡ γενεὰ αὕτη, μέχρις οὗ
πάντα ταῦτα γένηται.
Ὁ οὐρανὸς καὶ ἡ γῆ
παρελεύσονται, οἱ δὲ
λόγοι μου οὐ μὴ παρέλ-

ἡλίῳ καὶ σελήνῃ καὶ
ἄστροις, καὶ ἐπὶ τῆς γῆς
συνοχὴ ἐθνῶν ἐν ἀπο-
ρίᾳ, ἠχούσης θαλάσσης
26 καὶ σάλου, | ἀποψυχόν-
των ἀνθρώπων ἀπὸ φό-
βου καὶ προσδοκίας τῶν
ἐπερχομένων τῇ οἰκου-
μένῃ· αἱ γὰρ δυνάμεις
τῶν οὐρανῶν σαλευθή-
σονται.ᵃ

27   Καὶ τότε
ὄψονται τὸν υἱὸν τοῦ
ἀνθρώπου ἐρχόμενον ἐν
νεφέλῃ μετὰ δυνάμεως
28 καὶ δόξης πολλῆς. Ἀρ-
χομένων δὲ τούτων γί-
νεσθαι ἀνακύψατε καὶ
ἐπάρατε τὰς κεφαλὰς
ὑμῶν, διότι ἐγγίζει ἡ
ἀπολύτρωσις ὑμῶν.

29   Καὶ εἶπε παραβολὴν
αὐτοῖς· ἴδετε τὴν συκῆν
καὶ πάντα τὰ δένδρα·
30 ὅταν προβάλωσιν ἤδη,
βλέποντες ἀφ' ἑαυτῶν
γινώσκετε, ὅτι ἤδη ἐγγὺς
31 τὸ θέρος ἐστίν. Οὕτω
καὶ ὑμεῖς, ὅταν ἴδητε
ταῦτα γινόμενα, γινώ-
σκετε, ὅτι ἐγγύς ἐστιν
ἡ βασιλεία τοῦ θεοῦ.
32 Ἀμὴν λέγω ὑμῖν, ὅτι οὐ
μὴ παρέλθῃ ἡ γενεὰ αὕ-
τη, ἕως ἂν πάντα γένη-
ται. Ὁ οὐρανὸς καὶ ἡ γῆ
33 παρελεύσονται, οἱ δὲ λό-
γοι μου οὐ μὴ παρέλθωσι.

ᵃ 29 etc. Comp. Is. 13, 9. 10. Joel 3, 15. etc.

<table>
<tr><td align="center">MATTH. XXIV.</td><td align="center">MARK XIII.</td></tr>
</table>

ἐκείνης καὶ τῆς ὥρας οὐδεὶς οἶδεν, οὐδὲ 32 θωσι. Περὶ δὲ τῆς ἡμέρας ἐκείνης ἢ
οἱ ἄγγελοι τῶν οὐρανῶν, εἰ μὴ ὁ πατήρ τῆς ὥρας οὐδεὶς οἶδεν, οὐδὲ οἱ ἄγγελοι
μου μόνος. οἱ ἐν οὐρανῷ, οὐδὲ ὁ υἱός, εἰ μὴ ὁ πατήρ.

37 Ὥσπερ δὲ αἱ ἡμέραι τοῦ Νῶε, οὕτως
38 ἔσται καὶ ἡ παρουσία τοῦ υἱοῦ τοῦ ἀνθρώπου. Ὥσπερ γὰρ ἦσαν ἐν ταῖς ἡμέραις
ταῖς πρὸ τοῦ κατακλυσμοῦ τρώγοντες καὶ πίνοντες, γαμοῦντες καὶ ἐκγαμίζοντες,
39 ἄχρι ἧς ἡμέρας εἰσῆλθε Νῶε εἰς τὴν κιβωτόν,ᵃ ¹ καὶ οὐκ ἔγνωσαν, ἕως ἦλθεν ὁ
κατακλυσμὸς καὶ ἦρεν ἅπαντας· οὕτως ἔσται ἡ παρουσία τοῦ υἱοῦ τοῦ ἀνθρώπου.
40 41 Τότε δύο ἔσονται ἐν τῷ ἀγρῷ· ὁ εἷς παραλαμβάνεται, καὶ ὁ εἷς ἀφίεται. Δύο
ἀλήθουσαι ἐν τῷ μύλωνι· μία παραλαμβάνεται, καὶ μία ἀφίεται.

<table>
<tr><td align="center">MARK XIII.</td><td align="center">LUKE XXI.</td></tr>
</table>

33 Βλέπετε, ἀγρυπνεῖτε καὶ προσεύ- 34 Προσέχετε δὲ ἑαυτοῖς, μήποτε βαρη-
χεσθε· οὐκ οἴδατε γὰρ πότε ὁ και- θῶσιν ὑμῶν αἱ καρδίαι ἐν κραιπάλῃ
34 ρός ἐστιν. Ὡς ἄνθρωπος ἀπόδη- καὶ μέθῃ καὶ μερίμναις βιωτικαῖς,
μος ἀφεὶς τὴν οἰκίαν αὐτοῦ, καὶ καὶ αἰφνίδιος ἐφ' ὑμᾶς ἐπιστῇ ἡ ἡμέ-
δοὺς τοῖς δούλοις αὐτοῦ τὴν ἐξου- 35 ρα ἐκείνη. Ὡς παγὶς γὰρ ἐπελεύσεται
σίαν καὶ ἑκάστῳ τὸ ἔργον αὐ- ἐπὶ πάντας τοὺς καθημένους ἐπὶ
τοῦ, καὶ τῷ θυρωρῷ ἐνετείλατο, πρόσωπον πάσης τῆς

<table>
<tr><td align="center">MATTH. XXIV.</td><td align="center">35 ἵνα γρηγορῇ. Γρηγο-</td><td align="center">36 γῆς. Ἀγρυπνεῖτε οὖν ἐν</td></tr>
</table>

42 Γρηγορεῖτε οὖν, ὅτι οὐκ ρεῖτε οὖν· οὐκ οἴδατε γὰρ παντὶ καιρῷ δεόμενοι,
οἴδατε, ποίᾳ ὥρᾳ ὁ κύ- πότε ὁ κύριος τῆς οἰκίας ἵνα καταξιωθῆτε ἐκφυ-
ριος ὑμῶν ἔρχεται. ἔρχεται, ὀψὲ ἢ μεσονυκ- γεῖν ταῦτα πάντα τὰ
τίου ἢ ἀλεκτοροφωνίας ἢ μέλλοντα γίνεσθαι καὶ
36 πρωΐ· μὴ ἐλθὼν ἐξαίφνης εὕρῃ ὑμᾶς καθεύδον- σταθῆναι ἔμπροσθεν τοῦ
37 τας. Ἃ δὲ ὑμῖν λέγω, πᾶσι λέγω· γρηγορεῖτε. υἱοῦ τοῦ ἀνθρώπου.

§ 129. Transition to Christ's final coming at the Day of Judgment. Exhortation
to watchfulness. [Comp. § 52. Luke 12, 39.] Parables: The Ten Virgins;
The Five Talents.—*Mount of Olives.*

Fourth Day of the Week.

MATTH. XXIV. 43–51. XXV. 1–30.

43 Ἐκεῖνο δὲ γινώσκετε, ὅτι, εἰ ᾔδει ὁ οἰκοδεσπότης, ποίᾳ φυλακῇ ὁ κλέπτης ἔρχε-
44 ται, ἐγρηγόρησεν ἄν, καὶ οὐκ ἂν εἴασε διορυγῆναι τὴν οἰκίαν αὐτοῦ. Διὰ τοῦτο
καὶ ὑμεῖς γίνεσθε ἕτοιμοι· ὅτι ᾗ ὥρᾳ οὐ δοκεῖτε ὁ υἱὸς τοῦ ἀνθρώπου ἔρχεται.
45 Τίς ἄρα ἐστὶν ὁ πιστὸς δοῦλος καὶ φρόνιμος, ὃν κατέστησεν ὁ κύριος αὐτοῦ ἐ:
46 τῆς θεραπείας αὐτοῦ, τοῦ διδόναι αὐτοῖς τὴν τροφὴν ἐν καιρῷ; Μακάριος ὁ
47 δοῦλος ἐκεῖνος, ὃν ἐλθὼν ὁ κύριος αὐτοῦ εὑρήσει ποιοῦντα οὕτως. Ἀμὴν λέγω
48 ὑμῖν, ὅτι ἐπὶ πᾶσι τοῖς ὑπάρχουσιν αὐτοῦ καταστήσει αὐτόν. Ἐὰν δὲ εἴπῃ ὁ
49 κακὸς δοῦλος ἐκεῖνος ἐν τῇ καρδίᾳ αὐτοῦ· χρονίζει ὁ κύριός μου ἐλθεῖν· ¹ καὶ
ἄρξηται τύπτειν τοὺς συνδούλους αὐτοῦ, ἐσθίῃ δὲ καὶ πίνῃ μετὰ τῶν μεθυόντων·

ᵃ 38. Gen. 7, 1 sq.

MATTH. XXIV.

50 ¹ ἥξει ὁ κύριος τοῦ δούλου ἐκείνου ἐν ἡμέρᾳ, ᾗ οὐ προσδοκᾷ, καὶ ἐν ὥρᾳ, ᾗ οὐ
51 γινώσκει, ¹ καὶ διχοτομήσει αὐτόν, καὶ τὸ μέρος αὐτοῦ μετὰ τῶν ὑποκριτῶν θήσει·
ἐκεῖ ἔσται ὁ κλαυθμὸς καὶ ὁ βρυγμὸς τῶν ὀδόντων.

XXV. 1 Τότε ὁμοιωθήσεται ἡ βασιλεία τῶν οὐρανῶν δέκα παρθένοις, αἵτινες λαβοῦ-
2 σαι τὰς λαμπάδας αὐτῶν ἐξῆλθον εἰς ἀπάντησιν τοῦ νυμφίου. Πέντε δὲ ἦσαν ἐξ
3 αὐτῶν φρόνιμοι, καὶ πέντε μωραί. Αἵτινες μωραὶ λαβοῦσαι τὰς λαμπάδας αὐτῶν οὐκ
4 ἔλαβον μεθ᾽ ἑαυτῶν ἔλαιον· αἱ δὲ φρόνιμοι ἔλαβον ἔλαιον ἐν τοῖς ἀγγείοις αὐτῶν
5 μετὰ τῶν λαμπάδων αὐτῶν. Χρονίζοντος δὲ τοῦ νυμφίου ἐνύσταξαν πᾶσαι καὶ
6 ἐκάθευδον. Μέσης δὲ νυκτὸς κραυγὴ γέγονεν· ἰδού, ὁ νυμφίος ἔρχεται, ἐξέρχεσθε
7 εἰς ἀπάντησιν αὐτοῦ. Τότε ἠγέρθησαν πᾶσαι αἱ παρθένοι ἐκεῖναι καὶ ἐκόσμησαν
8 τὰς λαμπάδας αὐτῶν. Αἱ δὲ μωραὶ ταῖς φρονίμοις εἶπον· δότε ἡμῖν ἐκ τοῦ ἐλαίου
9 ὑμῶν, ὅτι αἱ λαμπάδες ἡμῶν σβέννυνται. Ἀπεκρίθησαν δὲ αἱ φρόνιμοι λέγουσαι·
μήποτε οὐκ ἀρκέσῃ ἡμῖν καὶ ὑμῖν· πορεύεσθε μᾶλλον πρὸς τοὺς πωλοῦντας καὶ
10 ἀγοράσατε ἑαυταῖς. Ἀπερχομένων δὲ αὐτῶν ἀγοράσαι, ἦλθεν ὁ νυμφίος· καὶ αἱ
11 ἕτοιμοι εἰσῆλθον μετ᾽ αὐτοῦ εἰς τοὺς γάμους, καὶ ἐκλείσθη ἡ θύρα. Ὕστερον δὲ
12 ἔρχονται καὶ αἱ λοιπαὶ παρθένοι λέγουσαι· κύριε, κύριε, ἄνοιξον ἡμῖν. Ὁ δὲ ἀπο-
13 κριθεὶς εἶπεν· ἀμὴν λέγω ὑμῖν, οὐκ οἶδα ὑμᾶς. Γρηγορεῖτε οὖν, ὅτι οὐκ οἴδατε τὴν
ἡμέραν οὐδὲ τὴν ὥραν [ἐν ᾗ ὁ υἱὸς τοῦ ἀνθρώπου ἔρχεται].

14 Ὥσπερ γὰρ ἄνθρωπος ἀποδημῶν ἐκάλεσε τοὺς ἰδίους δούλους καὶ παρέδωκεν
15 αὐτοῖς τὰ ὑπάρχοντα αὐτοῦ· καὶ ᾧ μὲν ἔδωκε πέντε τάλαντα, ᾧ δὲ δύο, ᾧ δὲ ἕν·
16 ἑκάστῳ κατὰ τὴν ἰδίαν δύναμιν· καὶ ἀπεδήμησεν εὐθέως. Πορευθεὶς δὲ ὁ τὰ
πέντε τάλαντα λαβὼν εἰργάσατο ἐν αὐτοῖς καὶ ἐποίησεν ἄλλα πέντε τάλαντα.
17 18 Ὡσαύτως καὶ ὁ τὰ δύο ἐκέρδησε καὶ αὐτὸς ἄλλα δύο. Ὁ δὲ τὸ ἓν λαβὼν ἀπελ-
19 θὼν ὤρυξεν ἐν τῇ γῇ καὶ ἀπέκρυψε τὸ ἀργύριον τοῦ κυρίου αὐτοῦ. Μετὰ δὲ χρόνον
20 πολὺν ἔρχεται ὁ κύριος τῶν δούλων ἐκείνων καὶ συναίρει μετ᾽ αὐτῶν λόγον. Καὶ
προσελθὼν ὁ τὰ πέντε τάλαντα λαβὼν προσήνεγκεν ἄλλα πέντε τάλαντα λέγων·
κύριε, πέντε τάλαντά μοι παρέδωκας· ἴδε, ἄλλα πέντε τάλαντα ἐκέρδησα ἐπ᾽ αὐτοῖς.
21 Ἔφη αὐτῷ ὁ κύριος αὐτοῦ· εὖ, δοῦλε ἀγαθὲ καὶ πιστέ· ἐπὶ ὀλίγα ἦς πιστός, ἐπὶ
22 πολλῶν σε καταστήσω· εἴσελθε εἰς τὴν χαρὰν τοῦ κυρίου σου. Προσελθὼν δὲ καὶ
ὁ τὰ δύο τάλαντα λαβὼν εἶπε· κύριε, δύο τάλαντά μοι παρέδωκας· ἴδε, ἄλλα δύο
23 τάλαντα ἐκέρδησα ἐπ᾽ αὐτοῖς. Ἔφη αὐτῷ ὁ κύριος αὐτοῦ· εὖ, δοῦλε ἀγαθὲ καὶ
πιστέ· ἐπὶ ὀλίγα ἦς πιστός, ἐπὶ πολλῶν σε καταστήσω· εἴσελθε εἰς τὴν χαρὰν
24 τοῦ κυρίου σου. Προσελθὼν δὲ καὶ ὁ τὸ ἓν τάλαντον εἰληφὼς εἶπε· κύριε, ἔγνων
σε, ὅτι σκληρὸς εἶ ἄνθρωπος, θερίζων ὅπου οὐκ ἔσπειρας, καὶ συνάγων ὅθεν οὐ
25 διεσκόρπισας· ¹ καὶ φοβηθεὶς ἀπελθὼν ἔκρυψα τὸ τάλαντόν σου ἐν τῇ γῇ· ἴδε,
26 ἔχεις τὸ σόν. Ἀποκριθεὶς δὲ ὁ κύριος αὐτοῦ εἶπεν αὐτῷ· πονηρὲ δοῦλε καὶ
ὀκνηρέ, ᾔδεις, ὅτι θερίζω ὅπου οὐκ ἔσπειρα, καὶ συνάγω ὅθεν οὐ διεσκόρπισα;
27 Ἔδει οὖν σε βαλεῖν τὸ ἀργύριόν μου τοῖς τραπεζίταις· καὶ ἐλθὼν ἐγὼ ἐκομισά-
28 μην ἂν τὸ ἐμὸν σὺν τόκῳ. Ἄρατε οὖν ἀπ᾽ αὐτοῦ τὸ τάλαντον καὶ δότε τῷ
29 ἔχοντι τὰ δέκα τάλαντα. Τῷ γὰρ ἔχοντι παντὶ δοθήσεται, καὶ περισσευθήσεται·
30 ἀπὸ δὲ τοῦ μὴ ἔχοντος καὶ ὃ ἔχει ἀρθήσεται ἀπ᾽ αὐτοῦ. Καὶ τὸν ἀχρεῖον δοῦλον
ἐκβάλετε εἰς τὸ σκότος τὸ ἐξώτερον· ἐκεῖ ἔσται ὁ κλαυθμὸς καὶ ὁ βρυγμὸς τῶν
ὀδόντων.

§ 130. Scenes of the Judgment Day.—*Mount of Olives.*

Fourth Day of the Week.

Ματθ. XXV. 31–46.

31 Ὅταν δὲ ἔλθῃ ὁ υἱὸς τοῦ ἀνθρώπου ἐν τῇ. δόξῃ αὐτοῦ καὶ πάντες οἱ [ἅγιοι]
32 ἄγγελοι μετ᾽ αὐτοῦ, τότε καθίσει ἐπὶ θρόνου δόξης αὐτοῦ, ¹ καὶ συναχθήσεται
ἔμπροσθεν αὐτοῦ πάντα τὰ ἔθνη· καὶ ἀφοριεῖ αὐτοὺς ἀπ᾽ ἀλλήλων, ὥσπερ ὁ ποιμὴν
33 ἀφορίζει τὰ πρόβατα ἀπὸ τῶν ἐρίφων, ¹ καὶ στήσει τὰ μὲν πρόβατα ἐκ δεξιῶν
αὐτοῦ, τὰ δὲ ἐρίφια ἐξ εὐωνύμων.
34 Τότε ἐρεῖ ὁ βασιλεὺς τοῖς ἐκ δεξιῶν αὐτοῦ· δεῦτε, οἱ εὐλογημένοι τοῦ πατρός
μου, κληρονομήσατε τὴν ἡτοιμασμένην ὑμῖν βασιλείαν ἀπὸ καταβολῆς κόσμου.
35 Ἐπείνασα γάρ, καὶ ἐδώκατέ μοι φαγεῖν· ἐδίψησα, καὶ ἐποτίσατέ με· ξένος ἤμην,
36 καὶ συνηγάγετέ με· ¹ γυμνός, καὶ περιεβάλετέ με· ἠσθένησα, καὶ ἐπεσκέψασθέ με·
37 ἐν φυλακῇ ἤμην, καὶ ἤλθετε πρός με. Τότε ἀποκριθήσονται αὐτῷ οἱ δίκαιοι λέ-
γοντες· κύριε, πότε σε εἴδομεν πεινῶντα, καὶ ἐθρέψαμεν; ἢ διψῶντα, καὶ ἐποτί-
38 σαμεν; ¹ πότε δέ σε εἴδομεν ξένον, καὶ συνηγάγομεν; ἢ γυμνόν, καὶ περιεβάλομεν;
39 40 πότε δέ σε εἴδομεν ἀσθενῆ ἢ ἐν φυλακῇ, καὶ ἤλθομεν πρός σε; Καὶ ἀποκριθεὶς
ὁ βασιλεὺς ἐρεῖ αὐτοῖς· ἀμὴν λέγω ὑμῖν, ἐφ᾽ ὅσον ἐποιήσατε ἑνὶ τούτων τῶν ἀδελ-
φῶν μου τῶν ἐλαχίστων, ἐμοὶ ἐποιήσατε.
41 Τότε ἐρεῖ καὶ τοῖς ἐξ εὐωνύμων· πορεύεσθε ἀπ᾽ ἐμοῦ οἱ κατηραμένοι εἰς τὸ πῦρ
42 τὸ αἰώνιον, τὸ ἡτοιμασμένον τῷ διαβόλῳ καὶ τοῖς ἀγγέλοις αὐτοῦ. Ἐπείνασα
43 γάρ, καὶ οὐκ ἐδώκατέ μοι φαγεῖν· ἐδίψησα, καὶ οὐκ ἐποτίσατέ με· ¹ ξένος ἤμην,
καὶ οὐ συνηγάγετέ με· γυμνός, καὶ οὐ περιεβάλετέ με· ἀσθενὴς καὶ ἐν φυλακῇ,
44 καὶ οὐκ ἐπεσκέψασθέ με. Τότε ἀποκριθήσονται καὶ αὐτοὶ λέγοντες· κύριε, πότε
σε εἴδομεν πεινῶντα ἢ διψῶντα ἢ ξένον ἢ γυμνὸν ἢ ἀσθενῆ ἢ ἐν φυλακῇ, καὶ οὐ
45 διηκονήσαμέν σοι; Τότε ἀποκριθήσεται αὐτοῖς λέγων· ἀμὴν λέγω ὑμῖν, ἐφ᾽ ὅσον
46 οὐκ ἐποιήσατε ἑνὶ τούτων τῶν ἐλαχίστων, οὐδὲ ἐμοὶ ἐποιήσατε. Καὶ ἀπελεύσονται
οὗτοι εἰς κόλασιν αἰώνιον, οἱ δὲ δίκαιοι εἰς ζωὴν αἰώνιον.

§ 131. The Rulers conspire.   The supper at Bethany.   Treachery of Judas.—
Jerusalem. Bethany.

Fourth and Fifth Days of the Week.

Ματθ. XXVI. 1–16.

1 Καὶ ἐγένετο, ὅτε ἐτέλεσεν ὁ Ἰησοῦς πάντας τοὺς λόγους τούτους, εἶπε τοῖς μαθη-
2 ταῖς αὐτοῦ· οἴδατε, ὅτι

	MARK XIV. 1–11.	LUKE XXII. 1–6.
μετὰ δύο ἡμέρας τὸ πά-	1 Ἦν δὲ τὸ πάσχα καὶ	1 Ἤγγιζε δὲ ἡ ἑορτὴ
σχα γίνεται· καὶ ὁ υἱὸς	τὰ ἄζυμα μετὰ δύο ἡ-	τῶν ἀζύμων, ἡ λεγομένη
τοῦ ἀνθρώπου παραδίδο-	μέρας.—	πάσχα.
ται εἰς τὸ σταυρωθῆναι.		

3 Τότε συνήχθησαν οἱ ἀρχιερεῖς καὶ οἱ γραμματεῖς καὶ οἱ
πρεσβύτεροι τοῦ λαοῦ εἰς τὴν αὐλὴν τοῦ ἀρχιερέως,
τοῦ λεγομένου Καϊάφα.

	MARK XIV.	LUKE XXII.
4 Καὶ συνεβουλεύσαντο,	1 Καὶ ἐζήτουν οἱ ἀρχιερεῖς	2 Καὶ ἐζήτουν οἱ ἀρχιε-
ἵνα τὸν Ἰησοῦν δόλῳ	καὶ οἱ γραμματεῖς, πῶς	ρεῖς καὶ οἱ γραμμα-

MATTH. XXVI.

κρατήσωσι καὶ ἀποκτεί-
5 νωσιν. Ἔλεγον δέ· μὴ
ἐν τῇ ἑορτῇ, ἵνα μὴ θόρυ-
βος γένηται ἐν τῷ λαῷ.
6   Τοῦ δὲ Ἰησοῦ γενο-
μένου ἐν Βηθανίᾳ, ἐν
οἰκίᾳ Σίμωνος τοῦ λε-
7 προῦ, ¹προσῆλθεν αὐτῷ
γυνὴ ἀλάβαστρον μύρου
ἔχουσα βαρυτίμου καὶ
κατέχεεν ἐπὶ τὴν κεφα-
λὴν αὐτοῦ ἀνακειμένου.

MARK XIV.

αὐτὸν ἐν δόλῳ κρατήσαντες
2 ἀποκτείνωσιν. Ἔλεγον
δέ· μὴ ἐν τῇ ἑορτῇ, μήποτε
θόρυβος ἔσται τοῦ λαοῦ.
3   Καὶ ὄντος αὐτοῦ ἐν
Βηθανίᾳ ἐν τῇ οἰκίᾳ
Σίμωνος τοῦ λεπροῦ,
κατακειμένου αὐτοῦ ἦλ-
θε γυνὴ ἔχουσα ἀλάβα-
στρον μύρου, νάρδου πι-
στικῆς πολυτελοῦς· καὶ
συντρίψασα τὸ ἀλάβα-
στρον κατέχεεν αὐτοῦ
κατὰ τῆς κεφαλῆς.

LUKE XXII.

τεῖς τὸ πῶς ἀνέλωσιν
αὐτόν· ἐφοβοῦντο γὰρ
τὸν λαόν.

JOHN XII. 2–8.

2   Ἐποίησαν οὖν αὐτῷ
δεῖπνον ἐκεῖ, καὶ ἡ Μάρ-
θα διηκόνει, ὁ δὲ Λάζα-
ρος εἷς ἦν τῶν ἀνακειμέ-
3 νων σὺν αὐτῷ. Ἡ οὖν
Μαρία λαβοῦσα λίτραν
μύρου νάρδου πιστικῆς
πολυτίμου ἤλειψε τοὺς
πόδας τοῦ Ἰησοῦ, καὶ
ἐξέμαξε ταῖς θριξὶν αὐ-
τῆς τοὺς πόδας αὐτοῦ·

4 ἡ δὲ οἰκία ἐπληρώθη ἐκ τῆς ὀσμῆς τοῦ μύρου. Λέγει οὖν
εἷς ἐκ τῶν μαθητῶν αὐτοῦ, Ἰούδας, Σίμωνος Ἰσκαριώτης, ὁ
μέλλων αὐτὸν παρα-

8 Ἰδόντες δὲ οἱ μαθηταὶ
αὐτοῦ ἠγανάκτησαν λέ-
γοντες· εἰς τί ἡ ἀπώ-
9 λεια αὕτη; ἠδύνατο γὰρ
τοῦτο [τὸ μύρον] πρα-
θῆναι πολλοῦ καὶ δοθῆ-
ναι πτωχοῖς.

4 Ἦσαν δέ τινες ἀγανα-
κτοῦντες πρὸς ἑαυτοὺς
καὶ λέγοντες· εἰς τί ἡ
ἀπώλεια αὕτη τοῦ μύρου
5 γέγονεν; ἠδύνατο γὰρ
τοῦτο τὸ μύρον πραθῆ-
ναι ἐπάνω τριακοσίων
δηναρίων καὶ δοθῆναι
τοῖς πτωχοῖς. καὶ ἐνε-
6 βριμῶντο αὐτῇ. Ὁ δὲ

5 διδόναι· διὰ τί τοῦτο τὸ
μύρον οὐκ ἐπράθη τρια-
κοσίων δηναρίων καὶ
6 ἐδόθη πτωχοῖς; Εἶπε δὲ
τοῦτο, οὐχ ὅτι περὶ τῶν
πτωχῶν ἔμελεν αὐτῷ,
ἀλλ᾽ ὅτι κλέπτης ἦν καὶ
τὸ γλωσσόκομον εἶχε καὶ
τὰ βαλλόμενα ἐβάστα-
7 ζεν. Εἶπεν οὖν ὁ Ἰη-
σοῦς· ἄφες αὐτήν· εἰς
τὴν ἡμέραν τοῦ ἐνταφι-
ασμοῦ μου τετήρηκεν
8 αὐτό· τοὺς πτωχοὺς γὰρ
πάντοτε ἔχετε μεθ᾽ ἑαυ-
τῶν, ἐμὲ δὲ οὐ πάντοτε
ἔχετε.

10   Γνοὺς δὲ ὁ
Ἰησοῦς εἶπεν αὐτοῖς· τί
κόπους παρέχετε τῇ γυ-
ναικί; ἔργον γὰρ καλὸν
11 εἰργάσατο εἰς ἐμέ. Πάν-
τοτε γὰρ τοὺς πτωχοὺς
ἔχετε μεθ᾽ ἑαυτῶν· ἐμὲ
δὲ οὐ πάντοτε ἔχετε.
12 Βαλοῦσα γὰρ αὕτη τὸ
μύρον τοῦτο ἐπὶ τοῦ
σώματός μου, πρὸς τὸ ἐνταφιάσαι με
13 ἐποίησεν. Ἀμὴν λέγω ὑμῖν, ὅπου ἐὰν
κηρυχθῇ τὸ εὐαγγέλιον τοῦτο ἐν ὅλῳ
τῷ κόσμῳ, λαληθήσεται καὶ ὃ ἐποίησεν
αὕτη, εἰς μνημόσυνον αὐτῆς.

Ἰησοῦς εἶπεν· ἄφετε
αὐτήν· τί αὐτῇ κόπους
παρέχετε; καλὸν ἔργον
7 εἰργάσατο ἐν ἐμοί. Πάν-
τοτε γὰρ τοὺς πτωχοὺς
ἔχετε μεθ᾽ ἑαυτῶν, καί,
ὅταν θέλητε, δύνασθε
αὐτοὺς εὖ ποιῆσαι· ἐμὲ
8 δὲ οὐ πάντοτε ἔχετε. Ὃ ἔσχεν αὕτη,
ἐποίησε· προέλαβε μυρίσαι μου τὸ
9 σῶμα εἰς τὸν ἐνταφιασμόν. Ἀμὴν λέγω
ὑμῖν, ὅπου ἂν κηρυχθῇ τὸ εὐαγγέλιον
τοῦτο εἰς ὅλον τὸν κόσμον, καὶ ὃ ἐποίη-
σεν αὕτη λαληθήσεται εἰς μνημόσυνον
αὐτῆς.

MATTH. XXVI.	MARK XIV.	LUKE XXII.

14 Τότε πορευθεὶς εἰς τῶν δώδεκα, ὁ λεγόμενος Ἰούδας Ἰσκαριώτης, πρὸς 15 τοὺς ἀρχιερεῖς | εἶπε· τί θέλετέ μοι δοῦναι, κἀγὼ ὑμῖν παραδώσω αὐτόν; οἱ δὲ ἔστησαν αὐτῷ τριά- 16 κοντα ἀργύρια. Καὶ ἀπὸ τότε ἐζήτει εὐκαιρίαν, ἵνα αὐτὸν παραδῷ.

10 Καὶ ὁ Ἰούδας ὁ Ἰσκαριώτης, εἷς τῶν δώδεκα, ἀπῆλθε πρὸς τοὺς ἀρχιερεῖς, ἵνα παραδῷ αὐτὸν 11 αὐτοῖς. Οἱ δὲ ἀκούσαντες ἐχάρησαν, καὶ ἐπηγγείλαντο αὐτῷ ἀργύριον δοῦναι· καὶ ἐζήτει, πῶς εὐκαίρως αὐτὸν παραδῷ.

3 Εἰσῆλθε δὲ σατανᾶς εἰς Ἰούδαν τὸν ἐπικαλούμενον Ἰσκαριώτην, ὄντα ἐκ τοῦ ἀριθμοῦ τῶν δώ- 4 δεκα. Καὶ ἀπελθὼν συνελάλησε τοῖς ἀρχιερεῦσι καὶ τοῖς στρατηγοῖς τὸ πῶς αὐτὸν παρα- 5 δῷ αὐτοῖς. Καὶ ἐχάρησαν καὶ συνέθεντο αὐτῷ 6 ἀργύριον δοῦναι. Καὶ ἐξωμολόγησε καὶ ἐζήτει εὐκαιρίαν τοῦ παραδοῦναι αὐτὸν αὐτοῖς ἄτερ ὄχλου.

§ 132. Preparation for the Passover.—Bethany. Jerusalem.

Fifth Day of the Week.

MATTH. XXVI. 17–19.	MARK XIV. 12–16.	LUKE XXII. 7–13.

17 Τῇ δὲ πρώτῃ τῶν ἀζύμων προσῆλθον οἱ μαθηταὶ τῷ Ἰησοῦ λέγοντες αὐτῷ· ποῦ θέλεις ἑτοιμάσωμέν σοι φαγεῖν τὸ πάσχα;

18 Ὁ δὲ εἶπεν· ὑπάγετε εἰς τὴν πόλιν πρὸς τὸν δεῖνα καὶ εἴπατε αὐτῷ· ὁ διδάσκαλος λέγει· ὁ καιρός μου ἐγγύς ἐστι· πρός σε ποιῶ τὸ πάσχα μετὰ τῶν μαθητῶν μου.

ἐστι τὸ κατάλυμα, ὅπου τὸ πάσχα μετὰ 15 τῶν μαθητῶν μου φάγω; Καὶ αὐτὸς ὑμῖν δείξει ἀνάγαιον μέγα ἐστρωμένον, 16 ἕτοιμον· ἐκεῖ ἑτοιμάσατε ἡμῖν. Καὶ ἐξῆλθον οἱ μαθηταὶ αὐτοῦ, καὶ ἦλθον

MATTH. XXVI.

19 Καὶ ἐποίησαν οἱ μαθηταὶ ὡς συνέταξεν αὐτοῖς ὁ Ἰησοῦς, καὶ ἡτοίμασαν τὸ πάσχα.

12 Καὶ τῇ πρώτῃ ἡμέρᾳ τῶν ἀζύμων, ὅτε τὸ πάσχα ἔθυον, λέγουσιν αὐτῷ οἱ μαθηταὶ αὐτοῦ· ποῦ θέλεις ἀπελθόντες ἑτοιμάσωμεν, ἵνα φάγῃς τὸ 13 πάσχα; Καὶ ἀποστέλλει δύο τῶν μαθητῶν αὐτοῦ καὶ λέγει αὐτοῖς· ὑπάγετε εἰς τὴν πόλιν, καὶ ἀπαντήσει ὑμῖν ἄνθρωπος κεράμιον ὕδατος βαστάζων· ἀκολου- 14 θήσατε αὐτῷ, | καὶ ὅπου ἐὰν εἰσέλθῃ, εἴπατε τῷ οἰκοδεσπότῃ, ὅτι ὁ διδάσκαλος λέγει· ποῦ

εἰς τὴν πόλιν, καὶ εὗρον καθὼς εἶπεν αὐτοῖς· καὶ ἡτοίμασαν τὸ πάσχα.

7 Ἦλθε δὲ ἡ ἡμέρα τῶν ἀζύμων, ἐν ᾗ ἔδει θύε- 8 σθαι τὸ πάσχα. Καὶ ἀπέστειλε Πέτρον καὶ Ἰωάννην εἰπών· πορευθέντες ἑτοιμάσατε ἡμῖν τὸ πάσχα, ἵνα φά- 9 γωμεν· Οἱ δὲ εἶπον αὐτῷ· ποῦ θέλεις ἑτοιμά- 10 σωμεν; Ὁ δὲ εἶπεν αὐτοῖς· ἰδού, εἰσελθόντων ὑμῶν εἰς τὴν πόλιν, συναντήσει ὑμῖν ἄνθρωπος κεράμιον ὕδατος βαστάζων· ἀκολουθήσατε αὐτῷ εἰς τὴν οἰκίαν, οὗ εἰσπορεύεται. 11 Καὶ ἐρεῖτε τῷ οἰκοδεσπότῃ τῆς οἰκίας· λέγει σοι ὁ διδάσκαλος· ποῦ ἐστι τὸ κατάλυμα, ὅπου τὸ πάσχα μετὰ τῶν μαθητῶν μου φά- 12 γω; Κἀκεῖνος ὑμῖν δείξει ἀνάγαιον μέγα ἐστρωμένον· ἐκεῖ ἑτοιμάσατε. 13 Ἀπελθόντες δὲ εὗρον καθὼς εἴρηκεν αὐτοῖς, καὶ ἡτοίμασαν τὸ πάσχα.

PART VIII.

THE FOURTH PASSOVER; OUR LORD'S PASSION; AND THE ACCOMPANY-
ING EVENTS UNTIL THE END OF THE JEWISH SABBATH.

Time: *Two days.*

§ 133. The Passover Meal. Contention among the Twelve.—*Jerusalem.*

Evening introducing the Sixth Day of the Week.

Matth. XXVI. 20.	Mark XIV. 17.	Luke XXII. 14–18. 24–30.
20 Ὀψίας δὲ γενομένης ἀνέκειτο μετὰ τῶν δώδεκα.	17 Καὶ ὀψίας γενομένης ἔρχεται μετὰ τῶν δώδεκα.	14 Καὶ ὅτε ἐγένετο ἡ ὥρα, ἀνέπεσε καὶ οἱ δώδεκα ἀπόστολοι σὺν αὐτῷ.

15 Καὶ εἶπε πρὸς αὐτούς·
16 ἐπιθυμίᾳ ἐπεθύμησα τοῦτο τὸ πάσχα φαγεῖν μεθ᾿ ὑμῶν πρὸ τοῦ με παθεῖν· ¹λέγω
γὰρ ὑμῖν, ὅτι οὐκέτι οὐ μὴ φάγω ἐξ αὐτοῦ, ἕως ὅτου πληρωθῇ ἐν τῇ βασιλείᾳ τοῦ
17 θεοῦ. Καὶ δεξάμενος ποτήριον εὐχαριστήσας εἶπε· λάβετε τοῦτο καὶ διαμερίσατε
18 ἑαυτοῖς· λέγω γὰρ ὑμῖν, ὅτι οὐ μὴ πίω ἀπὸ τοῦ γεννήματος τῆς ἀμπέλου, ἕως ὅτου
ἡ βασιλεία τοῦ θεοῦ ἔλθῃ.—
24 25 Ἐγένετο δὲ καὶ φιλονεικία ἐν αὐτοῖς, τὸ τίς αὐτῶν δοκεῖ εἶναι μείζων. Ὁ δὲ
εἶπεν αὐτοῖς· οἱ βασιλεῖς τῶν ἐθνῶν κυριεύουσιν αὐτῶν, καὶ οἱ ἐξουσιάζοντες αὐτῶν
26 εὐεργέται καλοῦνται. Ὑμεῖς δὲ οὐχ οὕτως· ἀλλ᾿ ὁ μείζων ἐν ὑμῖν γενέσθω ὡς ὁ
27 νεώτερος, καὶ ὁ ἡγούμενος ὡς ὁ διακονῶν. Τίς γὰρ μείζων; ὁ ἀνακείμενος, ἢ ὁ
28 διακονῶν; οὐχὶ ὁ ἀνακείμενος; ἐγὼ δέ εἰμι ἐν μέσῳ ὑμῶν ὡς ὁ διακονῶν. Ὑμεῖς
29 δέ ἐστε οἱ διαμεμενηκότες μετ᾿ ἐμοῦ ἐν τοῖς πειρασμοῖς μου· κἀγὼ διατίθεμαι ὑμῖν,
30 καθὼς διέθετό μοι ὁ πατήρ μου βασιλείαν, ¹ἵνα ἐσθίητε καὶ πίνητε ἐπὶ τῆς τρα-
πέζης μου ἐν τῇ βασιλείᾳ μου καὶ καθίσησθε ἐπὶ θρόνων κρίνοντες τὰς δώδεκα
φυλὰς τοῦ Ἰσραήλ.

§ 134. Jesus washes the feet of his Disciples.—*Jerusalem.*

Evening introducing the Sixth Day of the Week.

JOHN XIII. 1–20.

1 Πρὸ δὲ τῆς ἑορτῆς τοῦ πάσχα εἰδὼς ὁ Ἰησοῦς, ὅτι ἐλήλυθεν αὐτοῦ ἡ ὥρα, ἵνα μεταβῇ ἐκ τοῦ κόσμου τούτου πρὸς τὸν πατέρα, ἀγαπήσας τοὺς ἰδίους τοὺς ἐν τῷ 2 κόσμῳ εἰς τέλος ἠγάπησεν αὐτούς. Καὶ δείπνου γενομένου, τοῦ διαβόλου ἤδη 3 βεβληκότος εἰς τὴν καρδίαν Ἰούδα Σίμωνος Ἰσκαριώτου, ἵνα αὐτὸν παραδῷ, | εἰδὼς ὁ Ἰησοῦς, ὅτι πάντα δέδωκεν αὐτῷ ὁ πατὴρ εἰς τὰς χεῖρας καὶ ὅτι ἀπὸ θεοῦ ἐξῆλθε 4 καὶ πρὸς τὸν θεὸν ὑπάγει, | ἐγείρεται ἐκ τοῦ δείπνου καὶ τίθησι τὰ ἱμάτια, καὶ 5 λαβὼν λέντιον διέζωσεν ἑαυτόν· εἶτα βάλλει ὕδωρ εἰς τὸν νιπτῆρα, καὶ ἤρξατο νίπτειν τοὺς πόδας τῶν μαθητῶν καὶ ἐκμάσσειν τῷ λεντίῳ, ᾧ ἦν διεζωσμένος. 6 Ἔρχεται οὖν πρὸς Σίμωνα Πέτρον· καὶ λέγει αὐτῷ ἐκεῖνος· κύριε, σύ μου νίπτεις 7 τοὺς πόδας; Ἀπεκρίθη Ἰησοῦς καὶ εἶπεν αὐτῷ· ὃ ἐγὼ ποιῶ, σὺ οὐκ οἶδας ἄρτι, 8 γνώσῃ δὲ μετὰ ταῦτα. Λέγει αὐτῷ Πέτρος· οὐ μὴ νίψῃς τοὺς πόδας μου εἰς τὸν 9 αἰῶνα. ἀπεκρίθη αὐτῷ ὁ Ἰησοῦς· ἐὰν μὴ νίψω σε, οὐκ ἔχεις μέρος μετ' ἐμοῦ. Λέγει αὐτῷ Σίμων Πέτρος· κύριε, μὴ τοὺς πόδας μου μόνον, ἀλλὰ καὶ τὰς χεῖρας καὶ τὴν 10 κεφαλήν. Λέγει αὐτῷ ὁ Ἰησοῦς· ὁ λελουμένος οὐ χρείαν ἔχει ἢ τοὺς πόδας νίψασθαι, 11 ἀλλ' ἔστι καθαρὸς ὅλος· καὶ ὑμεῖς καθαροί ἐστε, ἀλλ' οὐχὶ πάντες. Ἤιδει γὰρ τὸν παραδιδόντα αὐτόν· διὰ τοῦτο εἶπεν· οὐχὶ πάντες καθαροί ἐστε. 12 Ὅτε οὖν ἔνιψε τοὺς πόδας αὐτῶν καὶ ἔλαβε τὰ ἱμάτια αὐτοῦ, ἀναπεσὼν πάλιν 13 εἶπεν αὐτοῖς· γινώσκετε, τί πεποίηκα ὑμῖν; Ὑμεῖς φωνεῖτέ με· ὁ διδάσκαλος καὶ 14 ὁ κύριος, καὶ καλῶς λέγετε· εἰμὶ γάρ. Εἰ οὖν ἐγὼ ἔνιψα ὑμῶν τοὺς πόδας, ὁ κύ- 15 ριος καὶ ὁ διδάσκαλος, καὶ ὑμεῖς ὀφείλετε ἀλλήλων νίπτειν τοὺς πόδας. Ὑπόδειγμα 16 γὰρ ἔδωκα ὑμῖν, ἵνα, καθὼς ἐγὼ ἐποίησα ὑμῖν, καὶ ὑμεῖς ποιῆτε. Ἀμὴν ἀμὴν λέγω ὑμῖν, οὐκ ἔστι δοῦλος μείζων τοῦ κυρίου αὐτοῦ, οὐδὲ ἀπόστολος μείζων τοῦ 17 18 πέμψαντος αὐτόν. Εἰ ταῦτα οἴδατε, μακάριοί ἐστε, ἐὰν ποιῆτε αὐτά. Οὐ περὶ πάντων ὑμῶν λέγω· ἐγὼ οἶδα οὓς ἐξελεξάμην· ἀλλ' ἵνα ἡ γραφὴ πληρωθῇ· [a] ὁ 19 τρώγων μετ' ἐμοῦ τὸν ἄρτον ἐπῆρεν ἐπ' ἐμὲ τὴν πτέρναν αὐτοῦ. Ἀπάρτι λέγω 20 ὑμῖν πρὸ τοῦ γενέσθαι, ἵνα, ὅταν γένηται, πιστεύσητε, ὅτι ἐγώ εἰμι. Ἀμὴν ἀμὴν λέγω ὑμῖν· ὁ λαμβάνων, ἐάν τινα πέμψω, ἐμὲ λαμβάνει, ὁ δὲ ἐμὲ λαμβάνων λαμ- βάνει τὸν πέμψαντά με.

§ 185. Jesus points out the Traitor. Judas withdraws.—*Jerusalem.*

Evening introducing the Sixth Day of the Week.

MATTH. XXVI. 21–25.   MARK XIV. 18–21.   LUKE XXII. 21–23.   JOHN XIII. 21–35.

21 Καὶ ἐσθιόντων   18 Καὶ ἀνακειμένων   21 Ταῦτα εἰπὼν ὁ
αὐτῶν εἶπεν· ἀ-   αὐτῶν καὶ ἐσθιόν-   Ἰησοῦς ἐταράχθη
μὴν λέγω ὑμῖν, ὅτι   των εἶπεν ὁ Ἰη-   τῷ πνεύματι καὶ
εἷς ἐξ ὑμῶν παρα-   σοῦς· ἀμὴν λέγω   21 Πλὴν ἰδού, ἡ χεὶρ   ἐμαρτύρησε καὶ
δώσει με.   ὑμῖν, ὅτι εἷς ἐξ   τοῦ παραδιδόντος   εἶπεν· ἀμὴν ἀμὴν

[a] 18. Ps. 41, 10.

MATTH. XXVI.	MARK XIV.	LUKE XXII.	JOHN XIII.
	ὑμῶν παραδώσει	με μετ᾽ ἐμοῦ ἐπὶ	λέγω ὑμῖν, ὅτι εἷς
	με, ὁ ἐσθίων μετ᾽	τῆς τραπέζης.—	ἐξ ὑμῶν παρα-
22 Καὶ λυ-	19 ἐμοῦ. Οἱ δὲ ἤρ-	23 Καὶ αὐτοὶ ἤρ-	22 δώσει με. Ἔβλε-
πούμενοι σφόδρα	ξαντο λυπεῖσθαι	ξαντο συζητεῖν	πον οὖν εἰς ἀλλή-
ἤρξαντο λέγειν αὐ-	καὶ λέγειν αὐτῷ	πρὸς ἑαυτοὺς τὸ	λους οἱ μαθηταί,
τῷ ἕκαστος αὐ-	εἷς καθ᾽ εἷς· μήτι	τίς ἄρα εἴη ἐξ αὐ-	ἀπορούμενοι περὶ
τῶν· μήτι ἐγώ	ἐγώ; καὶ ἄλλος·	τῶν ὁ τοῦτο μέλ-	23 τίνος λέγει. Ἦν
εἰμι, κύριε;	μήτι ἐγώ;	λων πράσσειν.—	δὲ ἀνακείμενος εἷς
			ἐκ τῶν μαθητῶν

24 αὐτοῦ ἐν τῷ κόλπῳ τοῦ Ἰησοῦ, ὃν ἠγάπα ὁ Ἰησοῦς. Νεύει οὖν τούτῳ
25 Σίμων Πέτρος πυθέσθαι, τίς ἂν εἴη, περὶ οὗ λέγει. Ἐπιπεσὼν δὲ ἐκεῖνος
26 ἐπὶ τὸ στῆθος τοῦ Ἰησοῦ λέγει αὐτῷ· κύριε, τίς ἐστιν; Ἀποκρίνεται ὁ
Ἰησοῦς· ἐκεῖνός ἐστιν, ᾧ ἐγὼ βάψας τὸ ψωμίον, ἐπιδώσω.—

MATTH. XXVI.	MARK XIV.	LUKE XXII.
23 Ὁ δὲ ἀποκριθεὶς εἶπεν·	20 Ὁ δὲ ἀποκριθεὶς εἶπεν	
ὁ ἐμβάψας μετ᾽ ἐμοῦ ἐν	αὐτοῖς· εἷς ἐκ τῶν δώδε-	
τῷ τρυβλίῳ τὴν χεῖρα,	κα, ὁ ἐμβαπτόμενος μετ᾽	
οὗτός με παραδώσει.	ἐμοῦ εἰς τὸ τρυβλίον.	
24 Ὁ μὲν υἱὸς τοῦ ἀνθρώ-	21 Ὁ μὲν υἱὸς τοῦ ἀνθρώ-	22 Καὶ ὁ μὲν υἱὸς τοῦ ἀν-
που ὑπάγει, καθὼς γέ-	που ὑπάγει, καθὼς γέ-	θρώπου πορεύεται κατὰ
γραπται περὶ αὐτοῦ·	γραπται περὶ αὐτοῦ· οὐ-	τὸ ὡρισμένον· πλὴν οὐ-
οὐαὶ δὲ τῷ ἀνθρώπῳ	αὶ δὲ τῷ ἀνθρώπῳ ἐκείνῳ,	αὶ τῷ ἀνθρώπῳ ἐκείνῳ,
ἐκείνῳ, δι᾽ οὗ ὁ υἱὸς τοῦ	δι᾽ οὗ ὁ υἱὸς τοῦ ἀνθρώ-	δι᾽ οὗ παραδίδοται.—
ἀνθρώπου παραδίδοται·	που παραδίδοται· καλὸν	
καλὸν ἦν αὐτῷ, εἰ οὐκ	ἦν αὐτῷ, εἰ οὐκ ἐγεννή-	
ἐγεννήθη ὁ ἄνθρωπος	θη ὁ ἄνθρωπος ἐκεῖνος.	
25 ἐκεῖνος. Ἀποκριθεὶς δὲ		JOHN XIII.

Ἰούδας, ὁ παραδιδοὺς αὐτόν, εἶπε· μήτι 26 —Καὶ ἐμβάψας τὸ ψωμίον δίδωσιν
ἐγώ εἰμι, ῥαββί; λέγει αὐτῷ· σὺ εἶπας. Ἰούδᾳ Σίμωνος Ἰσκαριώτῃ.
27 Καὶ μετὰ τὸ ψωμίον, τότε εἰσῆλθεν
εἰς ἐκεῖνον ὁ σατανᾶς. λέγει οὖν αὐτῷ ὁ Ἰησοῦς· ὃ ποιεῖς, ποίησον τάχιον.
28 29 Τοῦτο δὲ οὐδεὶς ἔγνω τῶν ἀνακειμένων, πρὸς τί εἶπεν αὐτῷ. Τινὲς γὰρ ἐδόκουν,
ἐπεὶ τὸ γλωσσόκομον εἶχεν ὁ Ἰούδας, ὅτι λέγει αὐτῷ ὁ Ἰησοῦς· ἀγόρασον, ὧν
30 χρείαν ἔχομεν εἰς τὴν ἑορτήν, ἢ τοῖς πτωχοῖς ἵνα τι δῷ. Λαβὼν οὖν τὸ ψωμίον
31 ἐκεῖνος εὐθέως ἐξῆλθεν· ἦν δὲ νύξ. Ὅτε οὖν ἐξῆλθε, λέγει ὁ Ἰησοῦς· νῦν ἐδο-
32 ξάσθη ὁ υἱὸς τοῦ ἀνθρώπου, καὶ ὁ θεὸς ἐδοξάσθη ἐν αὐτῷ. Εἰ ὁ θεὸς ἐδοξάσθη
33 ἐν αὐτῷ, καὶ ὁ θεὸς δοξάσει αὐτὸν ἐν ἑαυτῷ, καὶ εὐθὺς δοξάσει αὐτόν. Τεκνία, ἔτι
μικρὸν μεθ᾽ ὑμῶν εἰμι· ζητήσετέ με, καὶ καθὼς εἶπον τοῖς Ἰουδαίοις· ὅτι, ὅπου
34 ὑπάγω ἐγώ, ὑμεῖς οὐ δύνασθε ἐλθεῖν, καὶ ὑμῖν λέγω ἄρτι. Ἐντολὴν καινὴν δίδωμι
ὑμῖν, ἵνα ἀγαπᾶτε ἀλλήλους, καθὼς ἠγάπησα ὑμᾶς, ἵνα καὶ ὑμεῖς ἀγαπᾶτε ἀλλή-
35 λους. Ἐν τούτῳ γνώσονται πάντες, ὅτι ἐμοὶ μαθηταί ἐστε, ἐὰν ἀγάπην ἔχητε ἐν
ἀλλήλοις.

§ 136. Jesus foretells the fall of Peter, and the dispersion of the Twelve.—*Jerusalem.*

Evening introducing the Sixth Day of the Week.

JOHN XIII. 36-38.

36 Λέγει αὐτῷ Σίμων Πέτρος· κύριε, ποῦ ὑπάγεις; ἀπεκρίθη αὐτῷ ὁ Ἰησοῦς· ὅπου ὑπάγω, οὐ δύνασαί μοι νῦν ἀκολουθῆσαι, ὕστερον δὲ ἀκολουθήσεις μοι.
37 Λέγει αὐτῷ Πέτρος· κύριε, διὰ τί οὐ δύναμαί σοι ἀκολουθῆσαι ἄρτι; τὴν ψυχήν μου ὑπὲρ σοῦ θήσω.

MATTH. XXVI. 31-35.	MARK XIV. 27-31.
31 Τότε λέγει αὐτοῖς ὁ Ἰησοῦς· πάντες ὑμεῖς σκανδαλισθήσεσθε ἐν ἐμοὶ ἐν τῇ νυκτὶ ταύτῃ. γέγραπται γάρ·ª πατάξω τὸν ποιμένα, καὶ διασκορπισθήσεται τὰ πρόβατα τῆς ποίμνης. 32 Μετὰ δὲ τὸ ἐγερθῆναί με προάξω 33 ὑμᾶς εἰς τὴν Γαλιλαίαν. Ἀποκριθεὶς δὲ ὁ Πέτρος εἶπεν αὐτῷ· εἰ πάντες σκανδαλισθήσονται ἐν σοί, ἐγὼ οὐδέποτε σκανδαλισθήσομαι.	27 Καὶ λέγει αὐτοῖς ὁ Ἰησοῦς· ὅτι πάντες σκανδαλισθήσεσθε ἐν ἐμοὶ ἐν τῇ νυκτὶ ταύτῃ· ὅτι γέγραπται·ª πατάξω τὸν ποιμένα, καὶ διασκορπισθή- 28 σεται τὰ πρόβατα. Ἀλλὰ μετὰ τὸ ἐγερθῆναί με προάξω ὑμᾶς εἰς τὴν 29 Γαλιλαίαν. Ὁ δὲ Πέτρος ἔφη αὐτῷ· καὶ εἰ πάντες σκανδαλισθήσονται, ἀλλ' οὐκ ἐγώ.

LUKE XXII. 31-38.

31 Εἶπε δὲ ὁ κύριος· Σίμων, Σίμων, ἰδού, ὁ σατανᾶς ἐξῃτήσατο ὑμᾶς τοῦ
32 σινιάσαι ὡς τὸν σῖτον· ἐγὼ δὲ ἐδεήθην περὶ σοῦ, ἵνα μὴ ἐκλείπῃ ἡ πίστις
33 σου· καὶ σύ ποτε ἐπιστρέψας στήριξον τοὺς ἀδελφούς σου. Ὁ δὲ εἶπεν αὐτῷ·
κύριε, μετὰ σοῦ ἕτοιμός εἰμι καὶ εἰς φυλακὴν καὶ εἰς θάνα-

MATTH. XXVI.	MARK XIV.	τον πορεύεσθαι.	JOHN XIII.
34 Ἔφη αὐτῷ ὁ Ἰη- σοῦς· ἀμὴν λέγω σοι, ὅτι ἐν ταύτῃ τῇ νυκτὶ πρὶν ἀ- λέκτορα φωνῆσαι τρὶς ἀπαρνήσῃ με. 35 Λέγει αὐτῷ ὁ Πέ- τρος· κἂν δέῃ με σὺν σοὶ ἀποθα- νεῖν, οὐ μή σε ἀπ- αρνήσομαι. ὁμοί- ως καὶ πάντες οἱ μαθηταὶ εἶπον.	30 Καὶ λέγει αὐτῷ ὁ Ἰησοῦς· ἀμὴν λέ- γω σοι, ὅτι σὺ σή- μερον ἐν τῇ νυκτὶ ταύτῃ πρὶν ἢ δὶς ἀλέκτορα φωνῆ- σαι τρὶς ἀπαρνή- 31 σῃ με. Ὁ δὲ ἐκ περισσοῦ ἔλεγε μᾶλλον· ἐάν με δέῃ συναποθανεῖν σοι, οὐ μή σε ἀπ- αρνήσομαι. ὡσαύτως δὲ καὶ πάντες ἔλεγον.	34 Ὁ δὲ εἶπε· λέγω σοι, Πέτρε, οὐ μὴ φωνήσει σήμερον ἀλέκτωρ, πρὶν ἢ τρὶς ἀπαρνήσῃ μὴ εἰδέναι με.	38 Ἀπεκρίθη αὐτῷ ὁ Ἰησοῦς· τὴν ψυχήν σου ὑπὲρ ἐμοῦ θήσεις; ἀ- μὴν ἀμὴν λέγω σοι, οὐ μὴ ἀλέκ- τωρ φωνήσει, ἕως οὗ ἀπαρνήσῃ με τρίς.

LUKE XXII.

35 Καὶ εἶπεν αὐτοῖς· ὅτε ἀπέστειλα ὑμᾶς ἄτερ βαλαντίου καὶ πήρας καὶ ὑποδημά-
36 των, μή τινος ὑστερήσατε; οἱ δὲ εἶπον· οὐδενός. Εἶπεν οὖν αὐτοῖς· ἀλλὰ νῦν
ὁ ἔχων βαλάντιον ἀράτω, ὁμοίως καὶ πήραν· καὶ ὁ μὴ ἔχων πωλησάτω τὸ ἱμάτιον
37 αὐτοῦ καὶ ἀγορασάτω μάχαιραν. Λέγω γὰρ ὑμῖν, ὅτι ἔτι τοῦτο τὸ γεγραμμένον

ª 31 etc. Zech. 13, 7.

LUKE XXII.

δεῖ τελεσθῆναι ἐν ἐμοί, τό·ᵃ καὶ μετὰ ἀνόμων ἐλογίσθη· καὶ γὰρ τὰ περὶ ἐμοῦ
38 τέλος ἔχει. Οἱ δὲ εἶπον· κύριε, ἰδού, μάχαιραι ὧδε δύο. ὁ δὲ εἶπεν αὐτοῖς·
ἱκανόν ἐστι.

§ 137. The Lord's Supper.—*Jerusalem.*

Evening introducing the Sixth Day of the Week.

MATTH. XXVI. 26-29. MARK XIV. 22-25. LUKE XXII. 19. 20. 1 COR. XI. 23-25.

26 Ἐσθιόντων δὲ
αὐτῶν λαβὼν ὁ
Ἰησοῦς τὸν ἄρτον
καὶ εὐλογήσας ἔ-
κλασε καὶ ἐδίδου
τοῖς μαθηταῖς καὶ
εἶπε· λάβετε, φά-
γετε· τοῦτό ἐστι
τὸ σῶμά μου.
27 Καὶ λαβὼν τὸ
ποτήριον καὶ εὐ-
χαριστήσας ἔδω-
κεν αὐτοῖς λέγων·
πίετε ἐξ αὐτοῦ πάν-
28 τες· τοῦτο γάρ ἐστι
τὸ αἷμά μου, τὸ τῆς
καινῆς διαθήκης,
τὸ περὶ πολλῶν
ἐκχυνόμενον εἰς
ἄφεσιν ἁμαρτιῶν.
29 Λέγω δὲ ὑμῖν, ὅτι οὐ μὴ πίω ἀπάρτι
ἐκ τούτου τοῦ γεννήματος τῆς ἀμπέλου,
ἕως τῆς ἡμέρας ἐκείνης, ὅταν αὐτὸ πίνω
μεθ᾽ ὑμῶν καινὸν ἐν τῇ βασιλείᾳ τοῦ
πατρός μου.

22 Καὶ ἐσθιόντων
αὐτῶν λαβὼν ὁ
Ἰησοῦς ἄρτον εὐ-
λογήσας ἔκλασε
καὶ ἔδωκεν αὐτοῖς
καὶ εἶπε· λάβε-
τε [φάγετε]· τοῦ-
τό ἐστι τὸ σῶμά
μου.
23 Καὶ λαβὼν τὸ
ποτήριον εὐχα-
ριστήσας ἔδωκεν
αὐτοῖς, καὶ ἔπιον ἐξ
24 αὐτοῦ πάντες. Καὶ
εἶπεν αὐτοῖς· τοῦ-
τό ἐστι τὸ αἷμά μου,
τὸ τῆς καινῆς δια-
θήκης, τὸ περὶ πολ-
λῶν ἐκχυνόμενον.

19 Καὶ λαβὼν ἄρ-
τον εὐχαριστήσας
ἔκλασε καὶ ἔδωκεν
αὐτοῖς λέγων· τοῦ-
τό ἐστι τὸ σῶμά
μου τὸ ὑπὲρ ὑμῶν
διδόμενον· τοῦτο
ποιεῖτε εἰς τὴν ἐ-
μὴν ἀνάμνησιν.
20 Ὡσαύτως καὶ τὸ
ποτήριον μετὰ τὸ
δειπνῆσαι λέγων·
τοῦτο τὸ ποτήριον
ἡ καινὴ διαθήκη
ἐν τῷ αἵματί μου,
τὸ ὑπὲρ ὑμῶν
ἐκχυνόμενον.

23 Ἔλαβεν ἄρτον,
24 ¹ καὶ εὐχαριστήσας
ἔκλασε καὶ εἶπε·
[λάβετε, φάγετε·]
τοῦτό μου ἐστὶ τὸ
σῶμα τὸ ὑπὲρ ὑμῶν
κλώμενον· τοῦτο
ποιεῖτε εἰς τὴν ἐ-
μὴν ἀνάμνησιν.
25 Ὡσαύτως καὶ τὸ
ποτήριον μετὰ τὸ
δειπνῆσαι λέγων·
τοῦτο τὸ ποτήριον
ἡ καινὴ διαθήκη
ἐστὶν ἐν τῷ ἐμῷ
αἵματι· τοῦτο
ποιεῖτε, ὁσάκις ἂν
πίνητε, εἰς τὴν ἐ-
μὴν ἀνάμνησιν.

MARK XIV.

25 Ἀμὴν λέγω ὑμῖν, ὅτι᾽ οὐκέτι οὐ μὴ
πίω ἐκ τοῦ γεννήματος τῆς ἀμπέλου,
ἕως τῆς ἡμέρας ἐκείνης, ὅταν αὐτὸ
πίνω καινὸν ἐν τῇ βασιλείᾳ τοῦ
θεοῦ.

§ 138. Jesus comforts his Disciples. The Holy Spirit promised.—*Jerusalem.*

Evening introducing the Sixth Day of the Week.

JOHN XIV. 1-31.

1 Μὴ ταρασσέσθω ὑμῶν ἡ καρδία· πιστεύετε εἰς τὸν θεόν, καὶ εἰς ἐμὲ πιστεύετε.
2 Ἐν τῇ οἰκίᾳ τοῦ πατρός μου μοναὶ πολλαί εἰσιν· εἰ δὲ μή, εἶπον ἂν ὑμῖν. πορεύ-
3 ομαι ἑτοιμάσαι τόπον ὑμῖν. Καὶ ἐὰν πορευθῶ καὶ ἑτοιμάσω ὑμῖν τόπον, πάλιν
ἔρχομαι καὶ παραλήψομαι ὑμᾶς πρὸς ἐμαυτόν, ἵνα, ὅπου εἰμὶ ἐγώ, καὶ ὑμεῖς ἦτε.
4 Καὶ ὅπου ἐγὼ ὑπάγω οἴδατε, καὶ τὴν ὁδὸν οἴδατε.

_____

ᵃ 37. Is. 53. 12

JOHN XIV.

5 Λέγει αὐτῷ Θωμᾶς· κύριε, οὐκ οἴδαμεν ποῦ ὑπάγεις, καὶ πῶς δυνάμεθα τὴν ὁδὸν
6 εἰδέναι; Λέγει αὐτῷ ὁ Ἰησοῦς· ἐγώ εἰμι ἡ ὁδὸς καὶ ἡ ἀλήθεια καὶ ἡ ζωή· οὐδεὶς
7 ἔρχεται πρὸς τὸν πατέρα, εἰ μὴ δι' ἐμοῦ. Εἰ ἐγνώκειτέ με, καὶ τὸν πατέρα μου
ἐγνώκειτε ἄν· καὶ ἀπάρτι γινώσκετε αὐτὸν καὶ ἑωράκατε αὐτόν.
8 9 Λέγει αὐτῷ Φίλιππος· κύριε, δεῖξον ἡμῖν τὸν πατέρα, καὶ ἀρκεῖ ἡμῖν. Λέγει
αὐτῷ ὁ Ἰησοῦς· τοσοῦτον χρόνον μεθ' ὑμῶν εἰμι, καὶ οὐκ ἔγνωκάς με, Φίλιππε;
ὁ ἑωρακὼς ἐμὲ ἑώρακε τὸν πατέρα, καὶ πῶς σὺ λέγεις· δεῖξον ἡμῖν τὸν πατέρα;
10 Οὐ πιστεύεις, ὅτι ἐγὼ ἐν τῷ πατρὶ καὶ ὁ πατὴρ ἐν ἐμοί ἐστι; τὰ ῥήματα, ἃ ἐγὼ
λαλῶ ὑμῖν, ἀπ' ἐμαυτοῦ οὐ λαλῶ· ὁ δὲ πατήρ, ὁ ἐν ἐμοὶ μένων, αὐτὸς ποιεῖ τὰ
11 ἔργα. Πιστεύετέ μοι, ὅτι ἐγὼ ἐν τῷ πατρὶ καὶ ὁ πατὴρ ἐν ἐμοί· εἰ δὲ μή, διὰ τὰ
12 ἔργα αὐτὰ πιστεύετέ μοι. Ἀμὴν ἀμὴν λέγω ὑμῖν, ὁ πιστεύων εἰς ἐμὲ τὰ ἔργα, ἃ
ἐγὼ ποιῶ, κἀκεῖνος ποιήσει, καὶ μείζονα τούτων ποιήσει, ὅτι ἐγὼ πρὸς τὸν πατέρα
13 μου πορεύομαι. Καὶ ὅ,τι ἂν αἰτήσητε ἐν τῷ ὀνόματί μου, τοῦτο ποιήσω, ἵνα δοξα-
14 σθῇ ὁ πατὴρ ἐν τῷ υἱῷ. Ἐάν τι αἰτήσητε ἐν τῷ ὀνόματί μου, ἐγὼ ποιήσω.
15 16 Ἐὰν ἀγαπᾶτέ με, τὰς ἐντολὰς τὰς ἐμὰς τηρήσατε. Καὶ ἐγὼ ἐρωτήσω τὸν
πατέρα, καὶ ἄλλον παράκλητον δώσει ὑμῖν, ἵνα μένῃ μεθ' ὑμῶν εἰς τὸν αἰῶνα·
17 τὸ πνεῦμα τῆς ἀληθείας, ὃ ὁ κόσμος οὐ δύναται λαβεῖν, ὅτι οὐ θεωρεῖ αὐτὸ οὐδὲ
18 γινώσκει αὐτό· ὑμεῖς δὲ γινώσκετε αὐτό, ὅτι παρ' ὑμῖν μένει καὶ ἐν ὑμῖν ἔσται. Οὐκ
19 ἀφήσω ὑμᾶς ὀρφανούς· ἔρχομαι πρὸς ὑμᾶς. Ἔτι μικρόν, καὶ ὁ κόσμος με οὐκέτι
20 θεωρεῖ, ὑμεῖς δὲ θεωρεῖτέ με, ὅτι ἐγὼ ζῶ καὶ ὑμεῖς ζήσεσθε. Ἐν ἐκείνῃ τῇ ἡμέρᾳ
21 γνώσεσθε ὑμεῖς, ὅτι ἐγὼ ἐν τῷ πατρί μου καὶ ὑμεῖς ἐν ἐμοὶ κἀγὼ ἐν ὑμῖν. Ὁ ἔχων
τὰς ἐντολάς μου καὶ τηρῶν αὐτάς, ἐκεῖνός ἐστιν ὁ ἀγαπῶν με· ὁ δὲ ἀγαπῶν με
ἀγαπηθήσεται ὑπὸ τοῦ πατρός μου, καὶ ἐγὼ ἀγαπήσω αὐτὸν καὶ ἐμφανίσω αὐτῷ
22 ἐμαυτόν. Λέγει αὐτῷ Ἰούδας, οὐχ ὁ Ἰσκαριώτης· κύριε, τί γέγονεν, ὅτι ἡμῖν μέλ-
23 λεις ἐμφανίζειν σεαυτὸν καὶ οὐχὶ τῷ κόσμῳ; Ἀπεκρίθη Ἰησοῦς καὶ εἶπεν αὐτῷ·
ἐάν τις ἀγαπᾷ με, τὸν λόγον μου τηρήσει, καὶ ὁ πατήρ μου ἀγαπήσει αὐτόν,
24 καὶ πρὸς αὐτὸν ἐλευσόμεθα καὶ μονὴν παρ' αὐτῷ ποιήσομεν. Ὁ μὴ ἀγαπῶν με
τοὺς λόγους μου οὐ τηρεῖ· καὶ ὁ λόγος, ὃν ἀκούετε, οὐκ ἔστιν ἐμός, ἀλλὰ τοῦ πέμ-
ψαντός με πατρός.
25 26 Ταῦτα λελάληκα ὑμῖν παρ' ὑμῖν μένων· ! ὁ δὲ παράκλητος, τὸ πνεῦμα
τὸ ἅγιον, ὃ πέμψει ὁ πατὴρ ἐν τῷ ὀνόματί μου, ἐκεῖνος ὑμᾶς διδάξει πάντα καὶ
27 ὑπομνήσει ὑμᾶς πάντα, ἃ εἶπον ὑμῖν. Εἰρήνην ἀφίημι ὑμῖν, εἰρήνην τὴν ἐμὴν
δίδωμι ὑμῖν· οὐ καθὼς ὁ κόσμος δίδωσιν, ἐγὼ δίδωμι ὑμῖν. μὴ ταρασσέσθω
28 ὑμῶν ἡ καρδία μηδὲ δειλιάτω. Ἠκούσατε, ὅτι ἐγὼ εἶπον ὑμῖν· ὑπάγω καὶ
ἔρχομαι πρὸς ὑμᾶς. εἰ ἠγαπᾶτέ με, ἐχάρητε ἄν, ὅτι πορεύομαι πρὸς τὸν πατέρα·
29 ὅτι ὁ πατήρ μου μείζων μου ἐστί. Καὶ νῦν εἴρηκα ὑμῖν πρὶν γενέσθαι, ἵνα, ὅταν
30 γένηται, πιστεύσητε. Οὐκέτι πολλὰ λαλήσω μεθ' ὑμῶν· ἔρχεται γὰρ ὁ τοῦ
31 κόσμου ἄρχων, καὶ ἐν ἐμοὶ οὐκ ἔχει οὐδέν· ἀλλ' ἵνα γνῷ ὁ κόσμος, ὅτι ἀγαπῶ τὸν
πατέρα, καὶ καθὼς ἐνετείλατό μοι ὁ πατήρ, οὕτω ποιῶ· ἐγείρεσθε, ἄγωμεν
ἐντεῦθεν.

§ 139. Christ the true Vine. His Disciples hated by the World.—*Jerusalem.*

Evening introducing the Sixth Day of the Week.

JOHN XV. 1-27.

1 2 Ἐγώ εἰμι ἡ ἄμπελος ἡ ἀληθινή, καὶ ὁ πατήρ μου ὁ γεωργός ἐστι. Πᾶν κλῆ-
μα ἐν ἐμοὶ μὴ φέρον καρπόν, αἴρει αὐτό, καὶ πᾶν τὸ καρπὸν φέρον, καθαίρει αὐτό,
3 ἵνα πλείονα καρπὸν φέρῃ. Ἤδη ὑμεῖς καθαροί ἐστε διὰ τὸν λόγον, ὃν λελάληκα
4 ὑμῖν. Μείνατε ἐν ἐμοί, κἀγὼ ἐν ὑμῖν. καθὼς τὸ κλῆμα οὐ δύναται καρπὸν φέρειν
ἀφ' ἑαυτοῦ, ἐὰν μὴ μείνῃ ἐν τῇ ἀμπέλῳ, οὕτως οὐδὲ ὑμεῖς, ἐὰν μὴ ἐν ἐμοὶ μείνητε.
5 Ἐγώ εἰμι ἡ ἄμπελος, ὑμεῖς τὰ κλήματα. ὁ μένων ἐν ἐμοὶ κἀγὼ ἐν αὐτῷ, οὗτος φέ-
6 ρει καρπὸν πολύν· ὅτι χωρὶς ἐμοῦ οὐ δύνασθε ποιεῖν οὐδέν. Ἐὰν μή τις μείνῃ ἐν
ἐμοί, ἐβλήθη ἔξω, ὡς τὸ κλῆμα, καὶ ἐξηράνθη, καὶ συνάγουσιν αὐτὰ καὶ εἰς πῦρ βάλ-
7 λουσι, καὶ καίεται. Ἐὰν μείνητε ἐν ἐμοὶ καὶ τὰ ῥήματά μου ἐν ὑμῖν μείνῃ, ὃ ἐὰν
8 θέλητε αἰτήσεσθε· καὶ γενήσεται ὑμῖν. Ἐν τούτῳ ἐδοξάσθη ὁ πατήρ μου, ἵνα καρ-
9 πὸν πολὺν φέρητε, καὶ γενήσεσθε ἐμοὶ μαθηταί. Καθὼς ἠγάπησέ με ὁ πατὴρ κἀγὼ
10 ἠγάπησα ὑμᾶς, μείνατε ἐν τῇ ἀγάπῃ τῇ ἐμῇ. Ἐὰν τὰς ἐντολάς μου τηρήσητε,
μενεῖτε ἐν τῇ ἀγάπῃ μου, καθὼς ἐγὼ τὰς ἐντολὰς τοῦ πατρός μου τετήρηκα καὶ
11 μένω αὐτοῦ ἐν τῇ ἀγάπῃ. Ταῦτα λελάληκα ὑμῖν, ἵνα ἡ χαρὰ ἡ ἐμὴ ἐν ὑμῖν μείνῃ
καὶ ἡ χαρὰ ὑμῶν πληρωθῇ.
12 Αὕτη ἐστὶν ἡ ἐντολὴ ἡ ἐμή, ἵνα ἀγαπᾶτε ἀλλήλους, καθὼς ἠγάπησα ὑμᾶς.
13 Μείζονα ταύτης ἀγάπην οὐδεὶς ἔχει, ἵνα τις τὴν ψυχὴν αὐτοῦ θῇ ὑπὲρ τῶν φίλων
14 15 αὐτοῦ. Ὑμεῖς φίλοι μου ἐστέ, ἐὰν ποιῆτε, ὅσα ἐγὼ ἐντέλλομαι ὑμῖν. Οὐκέτι
ὑμᾶς λέγω δούλους, ὅτι ὁ δοῦλος οὐκ οἶδε, τί ποιεῖ αὐτοῦ ὁ κύριος· ὑμᾶς δὲ εἴρηκα
16 φίλους, ὅτι πάντα, ἃ ἤκουσα παρὰ τοῦ πατρός μου, ἐγνώρισα ὑμῖν. Οὐχ ὑμεῖς με
ἐξελέξασθε, ἀλλ' ἐγὼ ἐξελεξάμην ὑμᾶς, καὶ ἔθηκα ὑμᾶς, ἵνα ὑμεῖς ὑπάγητε καὶ
καρπὸν φέρητε καὶ ὁ καρπὸς ὑμῶν μένῃ, ἵνα ὅ,τι ἂν αἰτήσητε τὸν πατέρα ἐν τῷ
17 18 ὀνόματί μου, δῷ ὑμῖν. Ταῦτα ἐντέλλομαι ὑμῖν, ἵνα ἀγαπᾶτε ἀλλήλους. Εἰ ὁ
19 κόσμος ὑμᾶς μισεῖ, γινώσκετε, ὅτι ἐμὲ πρῶτον ὑμῶν μεμίσηκεν. Εἰ ἐκ τοῦ κόσμου
ἦτε, ὁ κόσμος ἂν τὸ ἴδιον ἐφίλει· ὅτι δὲ ἐκ τοῦ κόσμου οὐκ ἐστέ, ἀλλ' ἐγὼ ἐξελε-
ξάμην ὑμᾶς ἐκ τοῦ κόσμου, διὰ τοῦτο μισεῖ ὑμᾶς ὁ κόσμος.
20 Μνημονεύετε τοῦ λόγου, οὗ ἐγὼ εἶπον ὑμῖν· οὐκ ἔστι δοῦλος μείζων τοῦ κυρίου
αὐτοῦ· εἰ ἐμὲ ἐδίωξαν, καὶ ὑμᾶς διώξουσιν· εἰ τὸν λόγον μου ἐτήρησαν, καὶ τὸν
21 ὑμέτερον τηρήσουσιν. Ἀλλὰ ταῦτα πάντα ποιήσουσιν ὑμῖν διὰ τὸ ὄνομά μου,
22 ὅτι οὐκ οἴδασι τὸν πέμψαντά με. Εἰ μὴ ἦλθον καὶ ἐλάλησα αὐτοῖς, ἁμαρτίαν οὐκ
23 εἶχον· νῦν δὲ πρόφασιν οὐκ ἔχουσι περὶ τῆς ἁμαρτίας αὐτῶν. Ὁ ἐμὲ μισῶν καὶ
24 τὸν πατέρα μου μισεῖ. Εἰ τὰ ἔργα μὴ ἐποίησα ἐν αὐτοῖς, ἃ οὐδεὶς ἄλλος πεποίηκεν,
ἁμαρτίαν οὐκ εἶχον· νῦν δὲ καὶ ἑωράκασι καὶ μεμισήκασι καὶ ἐμὲ καὶ τὸν πατέρα
25 μου. Ἀλλ' ἵνα πληρωθῇ ὁ λόγος ὁ γεγραμμένος ἐν τῷ νόμῳ αὐτῶν·ᵃ ὅτι ἐμίσησάν
26 με δωρεάν. Ὅταν δὲ ἔλθῃ ὁ παράκλητος, ὃν ἐγὼ πέμψω ὑμῖν παρὰ τοῦ πατρός, τὸ
πνεῦμα τῆς ἀληθείας, ὃ παρὰ τοῦ πατρὸς ἐκπορεύεται, ἐκεῖνος μαρτυρήσει περὶ
27 ἐμοῦ· καὶ ὑμεῖς δὲ μαρτυρεῖτε, ὅτι ἀπ' ἀρχῆς μετ' ἐμοῦ ἐστε.

a 25. Ps. 69, 5.

§ 140. Persecution foretold.   Further promise of the Holy Spirit.   Prayer in the
name of Christ.—*Jerusalem.*

Evening introducing the Sixth Day of the Week.

John XVI. 1-33.

1 2   Ταῦτα λελάληκα ὑμῖν, ἵνα μὴ σκανδαλισθῆτε. Ἀποσυναγώγους ποιήσουσιν
ὑμᾶς· ἀλλ' ἔρχεται ὥρα, ἵνα πᾶς ὁ ἀποκτείνας ὑμᾶς δόξῃ λατρείαν προσφέρειν τῷ
3 4 θεῷ. Καὶ ταῦτα ποιήσουσιν, ὅτι οὐκ ἔγνωσαν τὸν πατέρα οὐδὲ ἐμέ. Ἀλλὰ ταῦτα
λελάληκα ὑμῖν, ἵνα, ὅταν ἔλθῃ ἡ ὥρα, μνημονεύητε αὐτῶν, ὅτι ἐγὼ εἶπον ὑμῖν. ταῦτα
5 δὲ ὑμῖν ἐξ ἀρχῆς οὐκ εἶπον, ὅτι μεθ' ὑμῶν ἤμην. Νῦν δὲ ὑπάγω πρὸς τὸν πέμψαντά
6 με, καὶ οὐδεὶς ἐξ ὑμῶν ἐρωτᾷ με· ποῦ ὑπάγεις; | ἀλλ' ὅτι ταῦτα λελάληκα ὑμῖν, ἡ
λύπη πεπλήρωκεν ὑμῶν τὴν καρδίαν.
7   Ἀλλ' ἐγὼ τὴν ἀλήθειαν λέγω ὑμιν· συμφέρει ὑμῖν, ἵνα ἐγὼ ἀπέλθω. ἐὰν γὰρ
μὴ ἀπέλθω, ὁ παράκλητος οὐκ ἐλεύσεται πρὸς ὑμᾶς· ἐὰν δὲ πορευθῶ, πέμψω
8 αὐτὸν πρὸς ὑμᾶς. Καὶ ἐλθὼν ἐκεῖνος ἐλέγξει τὸν κόσμον περὶ ἁμαρτίας καὶ περὶ
9 δικαιοσύνης καὶ περὶ κρίσεως. Περὶ ἁμαρτίας μέν, ὅτι οὐ πιστεύουσιν εἰς ἐμέ·
10 περὶ δικαιοσύνης δέ, ὅτι πρὸς τὸν πατέρα μου ὑπάγω καὶ οὐκέτι θεωρεῖτέ με·
11 12 | περὶ δὲ κρίσεως, ὅτι ὁ ἄρχων τοῦ κόσμου τούτου κέκριται. Ἔτι πολλὰ ἔχω
13 λέγειν ὑμῖν, ἀλλ' οὐ δύνασθε βαστάζειν ἄρτι· ὅταν δὲ ἔλθῃ ἐκεῖνος, τὸ πνεῦμα
τῆς ἀληθείας, ὁδηγήσει ὑμᾶς εἰς πᾶσαν τὴν ἀλήθειαν. οὐ γὰρ λαλήσει ἀφ' ἑαυ-
14 τοῦ, ἀλλ' ὅσα ἂν ἀκούσῃ, λαλήσει, καὶ τὰ ἐρχόμενα ἀναγγελεῖ ὑμῖν. Ἐκεῖνος ἐμὲ
15 δοξάσει, ὅτι ἐκ τοῦ ἐμοῦ λήψεται καὶ ἀναγγελεῖ ὑμῖν. Πάντα, ὅσα ἔχει ὁ πατήρ,
16 ἐμά ἐστι· διὰ τοῦτο εἶπον, ὅτι ἐκ τοῦ ἐμοῦ λαμβάνει καὶ ἀναγγελεῖ ὑμῖν. Μι-
κρόν, καὶ οὐ θεωρεῖτέ με· καὶ πάλιν μικρόν, καὶ ὄψεσθέ με, ὅτι ὑπάγω πρὸς τὸν
πατέρα.
17   Εἶπον οὖν ἐκ τῶν μαθητῶν αὐτοῦ πρὸς ἀλλήλους· τί ἐστι τοῦτο, ὃ λέγει ἡμῖν·
μικρόν, καὶ οὐ θεωρεῖτέ με· καὶ πάλιν μικρόν, καὶ ὄψεσθέ με· καί· ὅτι ἐγὼ
18 ὑπάγω πρὸς τὸν πατέρα; Ἔλεγον οὖν· τοῦτο τί ἐστιν, ὃ λέγει, τὸ μικρόν; οὐκ
19 οἴδαμεν, τί λαλεῖ. Ἔγνω οὖν ὁ Ἰησοῦς, ὅτι ἤθελον αὐτὸν ἐρωτᾶν, καὶ εἶπεν αὐ-
τοῖς· περὶ τούτου ζητεῖτε μετ' ἀλλήλων, ὅτι εἶπον· μικρόν, καὶ οὐ θεωρεῖτέ με·
20 καὶ πάλιν μικρόν, καὶ ὄψεσθέ με; Ἀμὴν ἀμὴν λέγω ὑμῖν, ὅτι κλαύσετε καὶ
θρηνήσετε ὑμεῖς, ὁ δὲ κόσμος χαρήσεται· ὑμεῖς δὲ λυπηθήσεσθε, ἀλλ' ἡ λύπη
21 ὑμῶν εἰς χαρὰν γενήσεται. Ἡ γυνὴ ὅταν τίκτῃ, λύπην ἔχει, ὅτι ἦλθεν ἡ ὥρα
αὐτῆς· ὅταν δὲ γεννήσῃ τὸ παιδίον, οὐκέτι μνημονεύει τῆς θλίψεως διὰ τὴν χαράν,
22 ὅτι ἐγεννήθη ἄνθρωπος εἰς τὸν κόσμον. Καὶ ὑμεῖς οὖν λύπην μὲν νῦν ἔχετε·
πάλιν δὲ ὄψομαι ὑμᾶς, καὶ χαρήσεται ὑμῶν ἡ καρδία, καὶ τὴν χαρὰν ὑμῶν οὐδεὶς
23 αἴρει ἀφ' ὑμῶν. Καὶ ἐν ἐκείνῃ τῇ ἡμέρᾳ ἐμὲ οὐκ ἐρωτήσετε οὐδέν. ἀμὴν ἀμὴν
24 λέγω ὑμῖν, ὅτι, ὅσα ἂν αἰτήσητε τὸν πατέρα ἐν τῷ ὀνόματί μου, δώσει ὑμῖν. Ἕως
ἄρτι οὐκ ᾐτήσατε οὐδὲν ἐν τῷ ὀνόματί μου· αἰτεῖτε, καὶ λήψεσθε, ἵνα ἡ χαρὰ ὑμῶν
ᾖ πεπληρωμένη.
25   Ταῦτα ἐν παροιμίαις λελάληκα ὑμῖν· [ἀλλ'] ἔρχεται ὥρα, ὅτε οὐκέτι ἐν παροι-
26 μίαις λαλήσω ὑμῖν, ἀλλὰ παρρησίᾳ περὶ τοῦ πατρὸς ἀναγγελῶ ὑμῖν. Ἐν ἐκείνῃ
τῇ ἡμέρᾳ ἐν τῷ ὀνόματί μου αἰτήσεσθε, καὶ οὐ λέγω ὑμῖν, ὅτι ἐγὼ ἐρωτήσω τὸν
27 πατέρα περὶ ὑμῶν· αὐτὸς γὰρ ὁ πατὴρ φιλεῖ ὑμᾶς, ὅτι ὑμεῖς ἐμὲ πεφιλήκατε καὶ

JOHN XVI.

28 πεπιστεύκατε, ὅτι ἐγὼ παρὰ τοῦ θεοῦ ἐξῆλθον. Ἐξῆλθον παρὰ τοῦ πατρὸς καὶ
ἐλήλυθα εἰς τὸν κόσμον· πάλιν ἀφίημι τὸν κόσμον καὶ πορεύομαι πρὸς τὸν πατέρα.
29 Λέγουσιν αὐτῷ οἱ μαθηταὶ αὐτοῦ· ἴδε, νῦν παρρησίᾳ λαλεῖς καὶ παροιμίαν οὐδεμίαν
30 λέγεις. Νῦν οἴδαμεν, ὅτι οἶδας πάντα καὶ οὐ χρείαν ἔχεις, ἵνα τίς σε ἐρωτᾷ· ἐν
31 τούτῳ πιστεύομεν, ὅτι ἀπὸ θεοῦ ἐξῆλθες. Ἀπεκρίθη αὐτοῖς ὁ Ἰησοῦς· ἄρτι
32 πιστεύετε· ἰδού, ἔρχεται ὥρα καὶ νῦν ἐλήλυθεν, ἵνα σκορπισθῆτε ἕκαστος εἰς τὰ
33 ἴδια καὶ ἐμὲ μόνον ἀφῆτε· καὶ οὐκ εἰμὶ μόνος, ὅτι ὁ πατὴρ μετ' ἐμοῦ ἐστι. Ταῦτα
λελάληκα ὑμῖν, ἵνα ἐν ἐμοὶ εἰρήνην ἔχητε. ἐν τῷ κόσμῳ θλῖψιν ἕξετε· ἀλλὰ θαρ-
σεῖτε, ἐγὼ νενίκηκα τὸν κόσμον.

§ 141. Christ's last prayer with his Disciples.—*Jerusalem.*

Evening introducing the Sixth Day of the Week.

JOHN XVII. 1-26.

1 Ταῦτα ἐλάλησεν ὁ Ἰησοῦς, καὶ ἐπῆρε τοὺς ὀφθαλμοὺς αὐτοῦ εἰς τὸν οὐρανὸν
καὶ εἶπε· πάτερ, ἐλήλυθεν ἡ ὥρα· δόξασόν σου τὸν υἱόν, ἵνα καὶ ὁ υἱός σου
2 δοξάσῃ σε· καθὼς ἔδωκας αὐτῷ ἐξουσίαν πάσης σαρκός, ἵνα πᾶν, ὃ δέδωκας
3 αὐτῷ, δώσῃ αὐτοῖς ζωὴν αἰώνιον. Αὕτη δέ ἐστιν ἡ αἰώνιος ζωή, ἵνα γινώσκωσί
4 σε τὸν μόνον ἀληθινὸν θεὸν καὶ ὃν ἀπέστειλας Ἰησοῦν Χριστόν. Ἐγώ σε ἐδό-
5 ξασα ἐπὶ τῆς γῆς· τὸ ἔργον ἐτελείωσα, ὃ δέδωκάς μοι ἵνα ποιήσω· | καὶ νῦν
δόξασόν με σύ, πάτερ, παρὰ σεαυτῷ τῇ δόξῃ, ᾗ εἶχον πρὸ τοῦ τὸν κόσμον εἶναι
παρὰ σοί·

6 Ἐφανέρωσά σου τὸ ὄνομα τοῖς ἀνθρώποις, οὓς δέδωκάς μοι ἐκ τοῦ κόσμου.
7 σοὶ ἦσαν, καὶ ἐμοὶ αὐτοὺς δέδωκας, καὶ τὸν λόγον σου τετηρήκασι. Νῦν ἔγνωκαν,
8 ὅτι πάντα, ὅσα δέδωκάς μοι, παρὰ σοῦ ἐστιν· ὅτι τὰ ῥήματα, ἃ δέδωκάς μοι,
δέδωκα αὐτοῖς, καὶ αὐτοὶ ἔλαβον καὶ ἔγνωσαν ἀληθῶς, ὅτι παρὰ σοῦ ἐξῆλθον, καὶ
9 ἐπίστευσαν, ὅτι σύ με ἀπέστειλας. Ἐγὼ περὶ αὐτῶν ἐρωτῶ· οὐ περὶ τοῦ κόσμου
10 ἐρωτῶ, ἀλλὰ περὶ ὧν δέδωκάς μοι, ὅτι σοί εἰσι· καὶ τὰ ἐμὰ πάντα σά ἐστι καὶ τὰ
11 σὰ ἐμά, καὶ δεδόξασμαι ἐν αὐτοῖς. Καὶ οὐκέτι εἰμὶ ἐν τῷ κόσμῳ, καὶ οὗτοι ἐν τῷ
κόσμῳ εἰσί, καὶ ἐγὼ πρός σε ἔρχομαι. πάτερ ἅγιε, τήρησον αὐτοὺς ἐν τῷ ὀνόματί
12 σου, ᾧ δέδωκάς μοι, ἵνα ὦσιν ἓν καθὼς ἡμεῖς. Ὅτε ἤμην μετ' αὐτῶν ἐν τῷ κόσμῳ,
ἐγὼ ἐτήρουν αὐτοὺς ἐν τῷ ὀνόματί σου· οὓς δέδωκάς μοι ἐφύλαξα, καὶ οὐδεὶς ἐξ
13 αὐτῶν ἀπώλετο, εἰ μὴ ὁ υἱὸς τῆς ἀπωλείας, ἵνα ἡ γραφὴ πληρωθῇ·ᵃ νῦν δὲ πρός σε
ἔρχομαι, καὶ ταῦτα λαλῶ ἐν τῷ κόσμῳ, ἵνα ἔχωσι τὴν χαρὰν τὴν ἐμὴν πεπληρωμένην
14 ἐν αὐτοῖς. Ἐγὼ δέδωκα αὐτοῖς τὸν λόγον σου· καὶ ὁ κόσμος ἐμίσησεν αὐτούς, ὅτι
15 οὐκ εἰσὶν ἐκ τοῦ κόσμου, καθὼς ἐγὼ οὐκ εἰμὶ ἐκ τοῦ κόσμου. Οὐκ ἐρωτῶ, ἵνα ἄρῃς
16 αὐτοὺς ἐκ τοῦ κόσμου, ἀλλ' ἵνα τηρήσῃς αὐτοὺς ἐκ τοῦ πονηροῦ. Ἐκ τοῦ κόσμου
17 οὐκ εἰσί, καθὼς ἐγὼ ἐκ τοῦ κόσμου οὐκ εἰμί. Ἁγίασον αὐτοὺς ἐν τῇ ἀληθείᾳ σου·
18 ὁ λόγος ὁ σὸς ἀλήθειά ἐστι. Καθὼς ἐμὲ ἀπέστειλας εἰς τὸν κόσμον, κἀγὼ ἀπέ-
19 στειλα αὐτοὺς εἰς τὸν κόσμον. Καὶ ὑπὲρ αὐτῶν ἐγὼ ἁγιάζω ἐμαυτόν, ἵνα καὶ αὐτοὶ
ὦσιν ἡγιασμένοι ἐν ἀληθείᾳ.

ᵃ 12.. Comp. Ps. 41, 10 [9]. 109, 8.

JOHN XVII.

20 Οὐ περὶ τούτων δὲ ἐρωτῶ μόνον, ἀλλὰ καὶ περὶ τῶν πιστευόντων διὰ τοῦ λόγου
21 αὐτῶν εἰς ἐμέ, | ἵνα πάντες ἓν ὦσι, καθὼς σύ, πάτερ, ἐν ἐμοὶ κἀγὼ ἐν σοί, ἵνα καὶ
22 αὐτοὶ ἐν ἡμῖν ἓν ὦσιν, ἵνα ὁ κόσμος πιστεύσῃ, ὅτι σύ με ἀπέστειλας. Καὶ ἐγὼ τὴν
23 δόξαν, ἣν δέδωκάς μοι, δέδωκα αὐτοῖς, ἵνα ὦσιν ἕν, καθὼς ἡμεῖς ἕν ἐσμεν, | ἐγὼ ἐν
αὐτοῖς καὶ σὺ ἐν ἐμοί, ἵνα ὦσι τετελειωμένοι εἰς ἕν, καὶ ἵνα γινώσκῃ ὁ κόσμος, ὅτι
σύ με ἀπέστειλας καὶ ἠγάπησας αὐτούς, καθὼς ἐμὲ ἠγάπησας.
24 Πάτερ, οὓς δέδωκάς μοι, θέλω, ἵνα ὅπου εἰμὶ ἐγώ, κἀκεῖνοι ὦσι μετ' ἐμοῦ, ἵνα
θεωρῶσι τὴν δόξαν τὴν ἐμήν, ἣν ἔδωκάς μοι, ὅτι ἠγάπησάς με πρὸ καταβολῆς
25 κόσμου. Πάτερ δίκαιε, καὶ ὁ κόσμος σε οὐκ ἔγνω· ἐγὼ δέ σε ἔγνων, καὶ οὗτοι
26 ἔγνωσαν, ὅτι σύ με ἀπέστειλας· καὶ ἐγνώρισα αὐτοῖς τὸ ὄνομά σου καὶ γνωρίσω,
ἵνα ἡ ἀγάπη, ἣν ἠγάπησάς με, ἐν αὐτοῖς ᾖ κἀγὼ ἐν αὐτοῖς.

§ 142. The agony in Gethsemane.—*Mount of Olives.*

Evening introducing the Sixth Day of the Week.

MATTH. XXVI. 30, 36–46.	MARK XIV. 26, 32–42.	LUKE XXII. 39–46.	JOHN XVIII. 1.
30 Καὶ ὑμνήσαντες ἐξῆλθον εἰς τὸ ὄρος τῶν ἐλαιῶν.—	26 Καὶ ὑμνήσαντες ἐξῆλθον εἰς τὸ ὄρος τῶν ἐλαιῶν.—	39 Καὶ ἐξελθὼν ἐπορεύθη κατὰ τὸ ἔθος εἰς τὸ ὄρος τῶν ἐλαιῶν· ἠκο-	1 Ταῦτα εἰπὼν ὁ Ἰησοῦς ἐξῆλθε σὺν τοῖς μαθη-
36 Τότε ἔρχεται μετ' αὐτῶν ὁ Ἰησοῦς εἰς χωρίον λεγόμενον Γεθση-	32 Καὶ ἔρχονται εἰς χωρίον, οὗ τὸ ὄνο- μα Γεθσημανῆ·	λούθησαν δὲ αὐ- τῷ καὶ οἱ μαθη- 40 ταὶ αὐτοῦ. Γενό-	ταῖς αὐτοῦ πέραν τοῦ χειμάρρου τοῦ Κεδρών, ὅπου ἦν κῆπος, εἰς ὃν εἰσ-
μανῆ, καὶ λέγει τοῖς μαθηταῖς· καθίσατε αὐτοῦ, ἕως οὗ ἀπελθὼν προσεύξωμαι ἐκεῖ.	καὶ λέγει τοῖς μα- θηταῖς αὐτοῦ· καθίσατε ὧδε, ἕως προσεύξωμαι.	μενος δὲ ἐπὶ τοῦ τόπου εἶπεν αὐ- τοῖς· προσεύχε- σθε μὴ εἰσελθεῖν εἰς πειρασμόν.	ῆλθεν αὐτὸς καὶ οἱ μαθηταὶ αὐτοῦ.

MARK XIV.

37 Καὶ παραλαβὼν τὸν Πέτρον καὶ τοὺς δύο υἱοὺς Ζεβεδαίου ἤρξατο λυπεῖσθαι
38 καὶ ἀδημονεῖν. Τότε λέγει αὐτοῖς· περί- λυπός ἐστιν ἡ ψυχή μου ἕως θανά- του· · μείνατε ὧδε καὶ γρηγορεῖτε μετ' ἐμοῦ.

33 Καὶ παραλαμβάνει τὸν Πέτρον καὶ Ἰάκωβον καὶ Ἰωάνην μεθ' ἑαυτοῦ· καὶ ἤρξατο ἐκθαμβεῖσθαι καὶ ἀδη- 34 μονεῖν. Καὶ λέγει αὐτοῖς· περίλυπός ἐστιν ἡ ψυχή μου ἕως θανάτου· μείνα- τε ὧδε καὶ γρηγορεῖτε.

LUKE XXII.

39 Καὶ προελθὼν μικρὸν ἔπεσεν ἐπὶ πρόσωπον αὐ- τοῦ προσευχόμενος καὶ λέγων·

πάτερ μου, εἰ δυ- νατόν ἐστι, παρελθέτω ἀπ' ἐμοῦ τὸ ποτήριον

35 Καὶ προελθὼν μικρὸν ἔπεσεν ἐπὶ τῆς γῆς· καὶ προσηύχετο, ἵνα, εἰ δυ- νατόν ἐστι, παρέλθῃ 36 ἀπ' αὐτοῦ ἡ ὥρα. Καὶ ἔλεγεν· ἀββᾶ, ὁ πατήρ, πάντα δυνατά σοι· παρ- ένεγκε τὸ ποτήριον ἀπ'

41 Καὶ αὐτὸς ἀπεσπάσθη ἀπ' αὐτῶν ὡσεὶ λίθου βολήν, καὶ θεὶς τὰ γόνα- 42 τα προσηύχετο | λέγων·

πάτερ, εἰ βούλει παρε- νεγκεῖν τὸ ποτήριον τοῦ- το ἀπ' ἐμοῦ· πλὴν μὴ

13*

MATTH. XXVI.	MARK XIV.	LUKE XXII.

τοῦτο· πλὴν οὐχ ὡς ἐγὼ θέλω, ἀλλ' ὡς σύ.

ἐμοῦ τοῦτο· ἀλλ' οὐ τί ἐγὼ θέλω, ἀλλὰ τί σύ.

τὸ θέλημά μου, ἀλλὰ τὸ 43 σὸν γενέσθω. Ὤφθη δὲ αὐτῷ ἄγγελος ἀπ' οὐ- 44 ρανοῦ ἐνισχύων αὐτόν. Καὶ γενόμενος ἐν ἀγωνίᾳ ἐκτενέστερον προσηύχετο. ἐγένετο δὲ ὁ ἱδρὼς αὐτοῦ ὡσεὶ θρόμβοι αἵματος καταβαίνοντες ἐπὶ τὴν γῆν.

40 Καὶ ἔρχεται πρὸς τοὺς μαθητὰς καὶ εὑρίσκει αὐτοὺς καθεύδοντας, καὶ λέγει τῷ Πέτρῳ· οὕτως οὐκ ἰσχύσατε μίαν ὥραν γρηγο- 41 ρῆσαι μετ' ἐμοῦ; Γρηγορεῖτε καὶ προσεύχεσθε, ἵνα μὴ εἰσέλθητε εἰς πειρασμόν· τὸ μὲν πνεῦμα πρόθυμον, ἡ δὲ σὰρξ ἀσθενής.

37 Καὶ ἔρχεται καὶ εὑρίσκει αὐτοὺς καθεύδοντας, καὶ λέγει τῷ Πέτρῳ· Σίμων, καθεύδεις; οὐκ ἴσχυσας μίαν 38 ὥραν γρηγορῆσαι; Γρηγορεῖτε καὶ προσεύχεσθε, ἵνα μὴ εἰσέλθητε εἰς πειρασμόν· τὸ μὲν πνεῦμα πρόθυμον, ἡ δὲ σὰρξ ἀσθενής.

45 Καὶ ἀναστὰς ἀπὸ τῆς προσευχῆς, ἐλθὼν πρὸς τοὺς μαθητὰς [αὐτοῦ], εὗρεν αὐτοὺς κοιμωμένους ἀπὸ τῆς λύπης· 46 ¹καὶ εἶπεν αὐτοῖς· τί καθεύδετε; ἀναστάντες προσεύχεσθε, ἵνα μὴ εἰσέλθητε εἰς πειρασμόν.

MARK XIV.

42 Πάλιν ἐκ δευτέρου ἀπελθὼν προσηύξατο λέγων· πάτερ μου, εἰ οὐ δύναται τοῦτο τὸ ποτήριον παρελθεῖν ἀπ' ἐμοῦ, ἐὰν μὴ αὐτὸ πίω, γενηθήτω τὸ 43 θέλημά σου. Καὶ ἐλθὼν εὑρίσκει αὐτοὺς πάλιν καθεύδοντας· ἦσαν γὰρ αὐ- 44 τῶν οἱ ὀφθαλμοὶ βεβαρημένοι.

39 Καὶ πάλιν ἀπελθὼν προσηύξατο τὸν 40 αὐτὸν λόγον εἰπών. Καὶ ὑποστρέψας εὗρεν αὐτοὺς πάλιν καθεύδοντας· ἦσαν γὰρ οἱ ὀφθαλμοὶ αὐτῶν βεβαρημένοι, καὶ οὐκ ᾔδεισαν, τί αὐτῷ ἀποκριθῶσι.

Καὶ ἀφεὶς αὐτοὺς ἀπελθὼν πάλιν προσηύξατο ἐκ τρίτου τὸν αὐτὸν λόγον εἰπών.

45 Τότε ἔρχεται πρὸς τοὺς μαθητὰς αὐτοῦ καὶ λέγει αὐτοῖς· καθεύδετε τὸ λοιπὸν καὶ ἀναπαύεσθε; ἰδού, ἤγγικεν ἡ ὥρα, καὶ ὁ υἱὸς τοῦ ἀνθρώπου παραδίδοται εἰς χεῖρας ἁμαρτωλῶν. 46 Ἐγείρεσθε, ἄγωμεν· ἰδού, ἤγγικεν ὁ παραδιδούς με.

41 Καὶ ἔρχεται τὸ τρίτον καὶ λέγει αὐτοῖς· καθεύδετε τὸ λοιπὸν καὶ ἀναπαύεσθε; ἀπέχει· ἦλθεν ἡ ὥρα· ἰδού, παραδίδοται ὁ υἱὸς τοῦ ἀνθρώπου εἰς τὰς χεῖρας τῶν ἁμαρτωλῶν. 42 Ἐγείρεσθε, ἄγωμεν· ἰδού, ὁ παραδιδούς με ἤγγικε.

§ 143. Jesus betrayed, and made prisoner.—*Mount of Olives.*

Evening introducing the Sixth Day of the Week.

John XVIII. 2–12.

2 Ἤιδει δὲ καὶ Ἰούδας, ὁ παραδιδοὺς αὐτόν, τὸν τόπον, ὅτι πολλάκις συνήχθη ὁ 3 Ἰησοῦς ἐκεῖ μετὰ τῶν μαθητῶν αὐτοῦ. Ὁ οὖν Ἰούδας λαβὼν τὴν σπεῖραν καὶ ἐκ τῶν ἀρχιερέων καὶ Φαρισαίων ὑπηρέτας ἔρχεται ἐκεῖ μετὰ φανῶν καὶ λαμπάδων καὶ ὅπλων.

MATTH. XXVI. 47–56.

47 Καὶ ἔτι αὐτοῦ λα-
λοῦντος, ἰδού, Ἰούδας,
εἷς τῶν δώδεκα, ἦλθε,
καὶ μετ' αὐτοῦ ὄχλος
πολὺς μετὰ μαχαιρῶν
καὶ ξύλων ἀπὸ τῶν ἀρ-
χιερέων καὶ πρεσβυτέ-
ρων τοῦ λαοῦ.

MARK XIV. 43–52.

43 Καὶ εὐθέως, ἔτι αὐ-
τοῦ λαλοῦντος, παραγί-
νεται Ἰούδας, εἷς ὢν τῶν
δώδεκα, καὶ μετ' αὐτοῦ
ὄχλος πολὺς μετὰ μα-
χαιρῶν καὶ ξύλων παρὰ
τῶν ἀρχιερέων καὶ τῶν γραμ-
ματέων καὶ τῶν πρεσβυτέρων.

LUKE XXII. 47–53.

47 Ἔτι δὲ αὐτοῦ λαλοῦν-
τος, ἰδοὺ ὄχλος, καὶ ὁ
λεγόμενος Ἰούδας, εἷς
τῶν δώδεκα, προήρχετο
αὐτούς·—

JOHN XVIII.

4 Ἰησοῦς οὖν, εἰδὼς πάντα τὰ ἐρχόμενα ἐπ' αὐτόν, ἐξελθὼν εἶπεν αὐτοῖς· τίνα
5 ζητεῖτε; Ἀπεκρίθησαν αὐτῷ· Ἰησοῦν τὸν Ναζωραῖον. λέγει αὐτοῖς ὁ Ἰησοῦς·
6 ἐγώ εἰμι. εἱστήκει δὲ καὶ Ἰούδας, ὁ παραδιδοὺς αὐτόν, μετ' αὐτῶν. Ὡς οὖν
7 εἶπεν αὐτοῖς· ὅτι ἐγώ εἰμι· ἀπῆλθον εἰς τὰ ὀπίσω καὶ ἔπεσον χαμαί. Πάλιν
οὖν αὐτοὺς ἐπηρώτησε· τίνα ζητεῖτε; οἱ δὲ εἶπον· Ἰησοῦν τὸν Ναζωραῖον.
8 Ἀπεκρίθη ὁ Ἰησοῦς· εἶπον ὑμῖν, ὅτι ἐγώ εἰμι· εἰ οὖν ἐμὲ ζητεῖτε, ἄφετε τούτους
9 ὑπάγειν. Ἵνα πληρωθῇ ὁ λόγος, ὃν εἶπεν· ὅτι οὓς δέδωκάς μοι, οὐκ ἀπώλεσα
ἐξ αὐτῶν οὐδένα.

MATTH. XXVI.

48 Ὁ δὲ παραδιδοὺς αὐτὸν ἔδωκεν αὐ-
τοῖς σημεῖον λέγων· ὃν ἂν φιλήσω,
49 αὐτός ἐστι· κρατήσατε αὐτόν. Καὶ
εὐθέως προσελ-
θὼν τῷ Ἰησοῦ
εἶπε· χαῖρε, ῥαββί·
καὶ κατεφίλησεν
50 αὐτόν. Ὁ δὲ Ἰη-
σοῦς εἶπεν αὐτῷ·
ἑταῖρε, ἐφ' ὃ πά-
ρει; τότε προσελ-
θόντες ἐπέβαλον
τὰς χεῖρας ἐπὶ τὸν
Ἰησοῦν καὶ ἐκρά-
τησαν αὐτόν.
51 Καὶ ἰδού, εἷς τῶν
μετὰ Ἰησοῦ ἐκτεί-
νας τὴν χεῖρα ἀπέ-
σπασε τὴν μάχαι-
ραν αὐτοῦ, καὶ
πατάξας τὸν δοῦ-
λον τοῦ ἀρχιερέως
ἀφεῖλεν αὐτοῦ τὸ
52 ὠτίον. Τότε λέ-
γει αὐτῷ ὁ Ἰη-

MARK XIV.

44 Δεδώκει δὲ ὁ παραδιδοὺς αὐτὸν σύσ-
σημον αὐτοῖς λέγων· ὃν ἂν φιλήσω,
αὐτός ἐστι· κρατήσατε αὐτὸν καὶ ἀπα-
γάγετε ἀσφαλῶς.

MARK XIV.

45 Καὶ ἐλθὼν εὐθέ-
ως προσελθὼν αὐ-
τῷ λέγει· ῥαββί,
ῥαββί· καὶ κατ-
εφίλησεν αὐτόν.
46 Οἱ δὲ ἐπέβαλον
ἐπ' αὐτὸν τὰς
χεῖρας αὐτῶν καὶ
ἐκράτησαν αὐτόν.
47 Εἷς δέ τις τῶν πα-
ρεστηκότων σπα-
σάμενος τὴν μά-
χαιραν ἔπαισε τὸν
δοῦλον τοῦ ἀρχιε-
ρέως καὶ ἀφεῖλεν
αὐτοῦ τὸ ὠτίον.

LUKE XXII.

47 —καὶ ἤγγισε τῷ
Ἰησοῦ φιλῆσαι
48 αὐτόν. Ὁ δὲ Ἰη-
σοῦς εἶπεν αὐτῷ·
Ἰούδα, φιλήματι
τὸν υἱὸν τοῦ ἀν-
θρώπου παραδί-
δως;
49 Ἰδόντες δὲ οἱ περὶ
αὐτὸν τὸ ἐσόμενον
εἶπον αὐτῷ· κύριε,
εἰ πατάξομεν ἐν
50 μαχαίρᾳ; Καὶ ἐ-
πάταξεν εἷς τις ἐξ
αὐτῶν τὸν δοῦλον
τοῦ ἀρχιερέως καὶ
ἀφεῖλεν αὐτοῦ τὸ
51 οὖς τὸ δεξιόν. Ἀποκριθεὶς δὲ ὁ

JOHN XVIII.

12 Ἡ οὖν σπεῖρα καὶ
ὁ χιλίαρχος καὶ
οἱ ὑπηρέται τῶν
Ἰουδαίων συνέλα-
βον τὸν Ἰησοῦν καὶ
ἔδησαν αὐτόν.—
10 Σίμων οὖν Πέ-
τρος ἔχων μάχαι-
ραν εἵλκυσεν αὐ-
τὴν καὶ ἔπαισε τὸν
τοῦ ἀρχιερέως δοῦ-
λον καὶ ἀπέκοψεν
αὐτοῦ τὸ ὠτίον τὸ
δεξιόν. ἦν δὲ ὄνο-
μα τῷ δούλῳ Μάλ-
11 χος. Εἶπεν οὖν ὁ

MATTH. XXVI.

σοῦς· ἀπόστρεψόν σου τὴν μάχαιραν
εἰς τὸν τόπον αὐτῆς· πάντες γὰρ οἱ
λαβόντες μάχαιραν ἐν μαχαίρᾳ ἀπο-
53 λοῦνται.ᵃ Ἢ δοκεῖς, ὅτι οὐ δύναμαι
ἄρτι παρακαλέσαι τὸν πατέρα μου, καὶ
παραστήσει μοι πλείους ἢ δώδεκα λεγε-
54 ῶνας ἀγγέλων ; Πῶς οὖν πληρωθῶσιν αἱ γραφαί,
ὅτι οὕτω δεῖ γενέσθαι ;
55 Ἐν ἐκείνῃ τῇ ὥρᾳ εἶ-
πεν ὁ Ἰησοῦς τοῖς ὄχ-
λοις· ὡς ἐπὶ λῃστὴν
ἐξήλθετε μετὰ μαχαι-
ρῶν καὶ ξύλων συλλα-
βεῖν με· καθ᾽ ἡμέραν
πρὸς ὑμᾶς ἐκαθεζόμην
διδάσκων ἐν τῷ ἱερῷ,
καὶ οὐκ ἐκρατήσατέ με·
56 τοῦτο δὲ ὅλον γέγονεν,
ἵνα πληρωθῶσιν αἱ
γραφαὶ τῶν προφητῶν.
Τότε οἱ μαθηταὶ πάν-
τες ἀφέντες αὐτὸν ἔφυ-
γον.

LUKE XXII.

Ἰησοῦς εἶπεν· ἐᾶ-
τε ἕως τούτου·
καὶ ἁψάμενος τοῦ
ὠτίου αὐτοῦ ἰά-
σατο αὐτόν.

MARK XIV.

48 Καὶ ἀποκριθεὶς ὁ Ἰη-
σοῦς εἶπεν αὐτοῖς· ὡς
ἐπὶ λῃστὴν ἐξήλθετε
μετὰ μαχαιρῶν καὶ ξύ-
49 λων συλλαβεῖν με· καθ᾽
ἡμέραν ἤμην πρὸς ὑμᾶς
ἐν τῷ ἱερῷ διδάσκων,
καὶ οὐκ ἐκρατήσατέ με·
ἀλλ᾽ ἵνα πληρωθῶσιν αἱ
50 γραφαί. Καὶ ἀφέντες
αὐτὸν πάντες ἔφυγον.
51 Καὶ εἷς τις νεανίσκος
ἠκολούθει αὐτῷ περι-
βεβλημένος σινδόνα ἐπὶ γυμνοῦ· καὶ κρα-
52 τοῦσιν αὐτὸν οἱ νεανίσκοι. Ὁ δὲ καταλι-
πὼν τὴν σινδόνα γυμνὸς ἔφυγεν ἀπ᾽ αὐτῶν.

JOHN XVIII.

Ἰησοῦς τῷ Πέτρῳ·
βάλε τὴν μάχαιραν
εἰς τὴν θήκην· τὸ
ποτήριον, ὃ δέδωκέ
μοι ὁ πατήρ, οὐ
μὴ πίω αὐτό ;

LUKE XXII.

52 Εἶπε δὲ ὁ Ἰησοῦς πρὸς
τοὺς παραγενομένους ἐπ᾽
αὐτὸν ἀρχιερεῖς καὶ
στρατηγοὺς τοῦ ἱεροῦ
καὶ πρεσβυτέρους· ὡς
ἐπὶ λῃστὴν ἐξεληλύθατε
μετὰ μαχαιρῶν καὶ ξύ-
53 λων· καθ᾽ ἡμέραν ὄντος
μου μεθ᾽ ὑμῶν ἐν τῷ
ἱερῷ οὐκ ἐξετείνατε τὰς
χεῖρας ἐπ᾽ ἐμέ. Ἀλλ᾽ αὔ-
τη ὑμῶν ἐστιν ἡ ὥρα καὶ
ἡ ἐξουσία τοῦ σκότους.

§ 144. Jesus before Caiaphas.   Peter thrice denies him.—*Jerusalem.*

Night introducing the Sixth Day of the Week.

MATTH. XXVI. 57, 58, 69-75.	MARK XIV. 53, 54, 66-72.	LUKE XXII. 54-62.	JOHN XVIII. 13-18, 25-27.
57 Οἱ δὲ κρατή-σαντες τὸν Ἰησοῦν ἀπήγαγον πρὸς Καϊάφαν τὸν ἀρ-χιερέα. ὅπου οἱ γραμματεῖς καὶ οἱ πρεσβύτεροι συν-ήχθησαν.	53 Καὶ ἀπήγαγον τὸν Ἰησοῦν πρὸς τὸν ἀρχιερέα· καὶ συνέρχονται αὐτῷ πάντες οἱ ἀρχιε-ρεῖς καὶ οἱ πρε-σβύτεροι καὶ οἱ γραμματεῖς.	54 Συλλαβόντες δὲ αὐτὸν ἤγαγον καὶ εἰσήγαγον αὐτὸν εἰς τὸν οἶκον τοῦ ἀρχιερέως.— 14 αὐτοῦ ἐκείνου.	13 Καὶ ἀπήγαγον αὐτὸν πρὸς Ἄν-ναν πρῶτον· ἦν γὰρ πενθερὸς τοῦ Καϊάφα, ὃς ἦν ἀρχιερεὺς τοῦ ἐνι-αυτοῦ ἐκείνου. Ἦν δὲ Καϊάφας ὁ συμβουλεύσας τοῖς Ἰουδαίοις, ὅτι συμφέρει ἕνα ἄνθρωπον ἀπολέσθαι ὑπέρ τοῦ λαοῦ.
58 Ὁ δὲ Πέτρος ἠκο-	54 Καὶ ὁ Πέτρος	54 —Ὁ δὲ Πέτρος	15 Ἠκολούθει δὲ τῷ

ᵃ 52. Comp. Gen. 9, 6.

MATTH. XXVI.	MARK XIV.	LUKE XXII.	JOHN XVIII.
λούθει αὐτῷ ἀπὸ μακρόθεν ἕως τῆς αὐλῆς τοῦ ἀρχιε- ρέως·	ἀπὸ μακρόθεν ἠκο- λούθησεν αὐτῷ ἕως ἔσω εἰς τὴν αὐ- λὴν τοῦ ἀρχιερέως·	ἠκολούθει μακρό- θεν.	Ἰησοῦ Σίμων Πέ- τρος καὶ ὁ ἄλλος

μαθητής. ὁ δὲ μαθητὴς ἐκεῖνος ἦν γνωστὸς τῷ ἀρχιερεῖ καὶ συν- εισῆλθε τῷ Ἰησοῦ εἰς τὴν αὐλὴν

16 τοῦ ἀρχιρέως. Ὁ δὲ Πέτρος εἱστήκει πρὸς τῇ θύρᾳ ἔξω. ἐξῆλθεν οὖν ὁ μαθητὴς ὁ ἄλλος, ὃς ἦν γνωστὸς τῷ ἀρχιερεῖ, καὶ εἶπε τῇ θυρωρῷ,

LUKE XXII. καὶ εἰσήγαγε τὸν

55 Ἀψάντων δὲ πῦρ 18 Πέτρον.—Εἱστή-
ἐν μέσῳ τῆς αὐ- κεισαν δὲ οἱ δοῦ-

		λῆς καὶ συγκαθι-	λοι καὶ οἱ ὑπηρέ-
καὶ εἰςελθὼν ἔσω ἐκάθητο μετὰ τῶν ὑπηρετῶν ἰδεῖν τὸ τέλος.—	καὶ ἦν συγκαθή- μενος μετὰ τῶν ὑ- πηρετῶν καὶ θερ- μαινόμενος πρὸς τὸ φῶς.—	σάντων αὐτῶν ἐ- κάθητο ὁ Πέτρος ἐν μέσῳ αὐτῶν.	ται ἀνθρακιὰν πε- ποιηκότες, ὅτι ψῦ- χος ἦν, καὶ ἐθερ- μαίνοντο.

69 Ὁ δὲ Πέτρος ἔξω 66 Καὶ ὄντος τοῦ Πέτρου ἐν τῇ αὐλῇ   Ἦν δὲ μετ' αὐ-
ἐκάθητο ἐν τῇ κάτω ἔρχεται μία τῶν παιδισκῶν   τῶν ὁ Πέτρος ἑ-
αὐλῇ. καὶ προσ- τοῦ ἀρχιερέως,   στὼς καὶ θερμαι-
ῆλθεν αὐτῷ μία 67 καὶ ἰδοῦσα τὸν 56 Ἰδοῦσα δὲ αὐτὸν 17 νόμενος. — Λέγει
παιδίσκη λέγου- Πέτρον θερμαινό- παιδίσκη τις καθ- οὖν ἡ παιδίσκη ἡ
σα· καὶ σὺ ἦσθα μενον, ἐμβλέψασα ήμενον πρὸς τὸ θυρωρὸς τῷ Πέ-
μετὰ Ἰησοῦ τοῦ αὐτῷ λέγει· καὶ φῶς καὶ ἀτενίσα- τρῳ· μὴ καὶ σὺ
70 Γαλιλαίου. Ὁ δὲ σὺ μετὰ τοῦ Να- σα αὐτῷ εἶπε· ἐκ τῶν μαθητῶν
ἠρνήσατο ἔμπρο- ζαρηνοῦ Ἰησοῦ ἦ- καὶ οὗτος σὺν αὐ- εἶ τοῦ ἀνθρώπου
σθεν πάντων λέ- 68 σθα. Ὁ δὲ ἠρνή- 57 τῷ ἦν. Ὁ δὲ ἠρ- τούτου; λέγει ἐ-
γων· οὐκ οἶδα τί σατο λέγων· οὐκ νήσατο αὐτὸν λέ- κεῖνος· οὐκ εἰμί.—
λέγεις. οἶδα οὐδὲ ἐπίστα- γων· γύναι, οὐκ
μαι, τί σὺ λέγεις. οἶδα αὐτόν.

71 Ἐξελθόντα δὲ αὐ- Καὶ ἐξῆλθεν ἔξω 58 Καὶ μετὰ βραχὺ 25 Ἦν δὲ Σίμων
τὸν εἰς τὸν πυλῶ- εἰς τὸ προαύλιον, ἕτερος ἰδὼν αὐτὸν Πέτρος ἑστὼς καὶ
να εἶδεν αὐτὸν ἄλ- καὶ ἀλέκτωρ ἐφώ- ἔφη· θερμαινόμενος. εἶ-
λη, καὶ λέγει τοῖς 69 νησε. Καὶ ἡ παι- πον οὖν αὐτῷ· μὴ
ἐκεῖ· καὶ οὗτος ἦν δίσκη ἰδοῦσα αὐ- καὶ σὺ ἐξ καὶ σὺ ἐκ τῶν
μετὰ Ἰησοῦ τοῦ τὸν πάλιν ἤρξατο αὐτῶν εἶ. ὁ δὲ μαθητῶν αὐτοῦ
72 Ναζωραίου. Καὶ λέγειν τοῖς παρε- Πέτρος εἶπεν· ἄν- εἶ; ἠρνήσατο ἐ-
πάλιν ἠρνήσατο στηκύσιν· ὅτι οὗ- θρωπε, οὐκ εἰμί. κεῖνος καὶ εἶπεν·
μεθ' ὅρκου· ὅτι τος ἐξ αὐτῶν ἐ- οὐκ εἰμί.
οὐκ οἶδα τὸν ἄν- 70 στιν. Ὁ δὲ πά-
θρωπον. λιν ἠρνεῖτο.

73 Μετὰ μικρὸν δὲ Καὶ μετὰ μικρὸν 59 Καὶ διαστάσης 26 Λέγει εἷς ἐκ τῶν
προσελθόντες οἱ ἑ- πάλιν οἱ παρε- ὡσεὶ ὥρας μιᾶς δούλων τοῦ ἀρχιε-
στῶτες εἶπον τῷ στῶτες ἔλεγον τῷ ἄλλος τις διισχυ- ρέως, συγγενὴς ὢν
Πέτρῳ· ἀληθῶς Πέτρῳ· ἀληθῶς ρίζετο λέγων· ἐπ' οὗ ἀπέκοψε Πέ-

MATTH. XXVI.	MARK XIV.	LUKE XXII.	JOHN XVIII.
καὶ σὺ ἐξ αὐτῶν εἶ· καὶ γὰρ ἡ λαλιά σου δῆλόν σε 74 ποιεῖ. Τότε ἤρξατο καταθεματίζειν καὶ ὀμνύειν· ὅτι οὐκ οἶδα τὸν ἄνθρωπον. Καὶ εὐθέως ἀλέκτωρ ἐφώνησε.	ἐξ αὐτῶν εἶ· καὶ γὰρ Γαλιλαῖος εἶ, καὶ ἡ λαλιά σου 71 ὁμοιάζει. Ὁ δὲ ἤρξατο ἀναθεματίζειν καὶ ὀμνύειν· ὅτι οὐκ οἶδα τὸν ἄνθρωπον τοῦτον, 72 ὃν λέγετε. Καὶ ἐκ δευτέρου ἀλέκτωρ ἐφώνησε.	ἀληθείας καὶ οὗτος μετ᾽ αὐτοῦ ἦν· καὶ γὰρ Γαλι-60 λαῖός ἐστιν. Εἶπε δὲ ὁ Πέτρος· ἄνθρωπε, οὐκ οἶδα ὃ λέγεις.—	τρος τὸ ὠτίον· οὐκ ἐγώ σε εἶδον ἐν τῷ κήπῳ μετ᾽ 27 αὐτοῦ; Πάλιν οὖν ἠρνήσατο ὁ Πέτρος· καὶ εὐθέως ἀλέκτωρ ἐφώνησεν. LUKE XXII. 60 —Καὶ παραχρῆμα, ἔτι λαλοῦντος αὐτοῦ, ἐφώνησεν ἀλέκτωρ.
75 Καὶ ἐμνήσθη ὁ Πέτρος τοῦ ῥήματος τοῦ Ἰησοῦ εἰρηκότος αὐτῷ· ὅτι πρὶν ἀλέκτορα φωνῆσαι τρὶς ἀπαρνήσῃ με. καὶ ἐξελθὼν ἔξω ἔκλαυσε πικρῶς.	Καὶ ἀνεμνήσθη ὁ Πέτρος τὸ ῥῆμα, ὃ εἶπεν αὐτῷ ὁ Ἰησοῦς· ὅτι πρὶν ἀλέκτορα φωνῆσαι δὶς ἀπαρνήσῃ με τρίς. καὶ ἐπιβαλὼν ἔκλαιε.	61 Καὶ στραφεὶς ὁ κύριος ἐνέβλεψε τῷ Πέτρῳ· καὶ ὑπεμνήσθη ὁ Πέτρος τοῦ λόγου τοῦ κυρίου, ὡς εἶπεν αὐτῷ· ὅτι πρὶν ἀλέκτορα φωνῆσαι ἀπ-62 αρνήσῃ με τρίς. Καὶ ἐξελθὼν ἔξω [ὁ Πέτρος] ἔκλαυσε πικρῶς.	

§ 145. Jesus before Caiaphas and the Sanhedrim. He declares himself to be the Christ; is condemned and mocked.—*Jerusalem.*

Morning of the Sixth Day of the Week.

JOHN XVIII. 19-24.

19 Ὁ οὖν ἀρχιερεὺς ἠρώτησε τὸν Ἰησοῦν περὶ τῶν μαθητῶν αὐτοῦ καὶ περὶ τῆς
20 διδαχῆς αὐτοῦ. Ἀπεκρίθη αὐτῷ ὁ Ἰησοῦς· ἐγὼ παρρησίᾳ ἐλάλησα τῷ κόσμῳ.
ἐγὼ πάντοτε ἐδίδαξα ἐν συναγωγῇ καὶ ἐν τῷ ἱερῷ, ὅπου πάντες οἱ Ἰουδαῖοι
21 συνέρχονται, καὶ ἐν κρυπτῷ ἐλάλησα οὐδέν· | τί με ἐπερωτᾷς; ἐπερώτησον τοὺς
22 ἀκηκοότας, τί ἐλάλησα αὐτοῖς· ἴδε, οὗτοι οἴδασιν, ἃ εἶπον ἐγώ. Ταῦτα δὲ αὐτοῦ
εἰπόντος εἷς τῶν ὑπηρετῶν παρεστηκὼς ἔδωκε ῥάπισμα τῷ Ἰησοῦ εἰπών. οὕτως
23 ἀποκρίνῃ τῷ ἀρχιερεῖ; Ἀπεκρίθη αὐτῷ ὁ Ἰησοῦς· εἰ κακῶς ἐλάλησα, μαρτύρησον
24 περὶ τοῦ κακοῦ· εἰ δὲ καλῶς, τί με δέρεις; Ἀπέστειλεν οὖν αὐτὸν ὁ Ἄννας δεδεμένον πρὸς Καϊάφαν τὸν ἀρχιερέα.

LUKE XXII. 63-71.

66 Καὶ ὡς ἐγένετο ἡμέρα, συνήχθη τὸ πρεσβυτέριον τοῦ λαοῦ, ἀρχιερεῖς τε καὶ
γραμματεῖς, καὶ ἀνήγαγον αὐτὸν εἰς τὸ συνέδριον ἑαυτῶν·

MATTH. XXVI. 59-68.	MARK XIV. 55-65.
59 Οἱ δὲ ἀρχιερεῖς καὶ οἱ πρεσβύτεροι καὶ τὸ συνέδριον ὅλον ἐζήτουν ψευδομαρτυρίαν κατὰ τοῦ Ἰησοῦ, ὅπως 60 αὐτὸν θανατώσωσι· καὶ οὐχ εὗρον. καὶ πολλῶν ψευδομαρτύρων προσελ-	55 Οἱ δὲ ἀρχιερεῖς καὶ ὅλον τὸ συνέδριον ἐζήτουν κατὰ τοῦ Ἰησοῦ μαρτυρίαν εἰς τὸ θανατῶσαι αὐτόν, καὶ 56 οὐχ εὕρισκον. Πολλοὶ γὰρ ἐψευδομαρτύρουν κατ᾽ αὐτοῦ, καὶ ἴσαι αἱ

MATTH. XXVI.

θόντων οὐχ εὗρον. ὕστερον δὲ προς-
61 ελθόντες δύο ψευδομάρτυρες ι εἶπον·
οὗτος ἔφη· δύναμαι καταλῦσαι τὸν
ναὸν τοῦ θεοῦ καὶ διὰ τριῶν ἡμερῶν
οἰκοδομῆσαι αὐτόν.

62   Καὶ ἀναστὰς ὁ ἀρχιερεὺς εἶπεν αὐ-
τῷ· οὐδὲν ἀποκρίνῃ; τί οὗτοί σου κα-
63 ταμαρτυροῦσιν; Ὁ δὲ Ἰησοῦς ἐσιώπα.
καὶ ἀποκριθεὶς ὁ ἀρχιε-
ρεὺς εἶπεν αὐτῷ· ἐξορ-
κίζω σε κατὰ τοῦ θεοῦ
τοῦ ζῶντος, ἵνα ἡμῖν εἴ-
πῃς, εἰ σὺ εἶ ὁ Χριστός,
64 ὁ υἱὸς τοῦ θεοῦ. Λέγει
αὐτῷ ὁ Ἰησοῦς· σὺ εἶ-
πας. πλὴν λέγω ὑμῖν,
ἀπάρτι ὄψεσθε τὸν υἱὸν
τοῦ ἀνθρώπου καθήμε-
νον ἐκ δεξιῶν τῆς δυνά-
μεως καὶ ἐρχόμενον ἐπὶ
τῶν νεφελῶν τοῦ οὐρα-
65 νοῦ. Τότε ὁ ἀρχιερεὺς δι-
έρρηξε τὰ ἱμάτια αὐτοῦ
λέγων· ὅτι ἐβλασφήμη-
σε· τί ἔτι χρείαν ἔχομεν
μαρτύρων; ἴδε, νῦν ἠκού-
σατε τὴν βλασφημίαν
66 αὐτοῦ. ι τί ὑμῖν δοκεῖ; οἱ
δὲ ἀποκριθέντες εἶπον·
ἔνοχος θανάτου ἐστί.
67   Τότε ἐνέπτυσαν εἰς
τὸ πρόσωπον αὐτοῦ καὶ
ἐκολάφισαν αὐτόν· οἱ
68 δὲ ἐρράπισαν ι λέγον-
τες· προφήτευσον ἡμῖν,
Χριστέ, τίς ἐστιν ὁ παί-
σας σε;

MARK XIV.

37 μαρτυρίαι οὐκ ἦσαν. Καί τινες ἀνα-
στάντες ἐψευδομαρτύρουν κατ’ αὐ-
58 τοῦ λέγοντες· ὅτι ἡμεῖς ἠκούσαμεν
αὐτοῦ λέγοντος· ὅτι ἐγὼ καταλύσω
τὸν ναὸν τοῦτον τὸν χειροποίητον, καὶ
59 διὰ τριῶν ἡμερῶν ἄλλον ἀχειροποίητον οἰκοδομήσω. Καὶ
οὐδὲ οὕτως ἴση ἦν ἡ μαρτυρία αὐτῶν.
60   Καὶ ἀναστὰς ὁ ἀρχιερεὺς εἰς μέ-
σον ἐπηρώτησε τὸν Ἰησοῦν λέγων· οὐκ
ἀποκρίνῃ οὐδέν; τί οὗτοί σου κατα-
61 μαρτυροῦσιν; Ὁ δὲ ἐσιώπα καὶ οὐ-
δὲν ἀπεκρίνατο· πάλιν ὁ ἀρχιερεὺς
ἐπηρώτα αὐτὸν καὶ λέγει
αὐτῷ·
σὺ εἶ ὁ Χριστός,
ὁ υἱὸς τοῦ εὐλογητοῦ;
62 Ὁ δὲ Ἰησοῦς εἶπεν·
ἐγώ εἰμι· καὶ ὄψεσθε
τὸν υἱὸν τοῦ ἀνθρώπου
ἐκ δεξιῶν καθήμενον τῆς
δυνάμεως καὶ ἐρχόμενον
μετὰ τῶν νεφελῶν τοῦ
63 οὐρανοῦ. Ὁ δὲ ἀρχιε-
ρεὺς διαρρήξας τοὺς χι-
τῶνας αὐτοῦ λέγει· τί
ἔτι χρείαν ἔχομεν μαρ-
64 τύρων; ἠκούσατε τῆς
βλασφημίας· τί ὑμῖν
φαίνεται; οἱ δὲ πάντες
κατέκριναν αὐτὸν εἶναι
ἔνοχον θανάτου.
65   Καὶ ἤρξαντό τινες ἐμ-
πτύειν αὐτῷ καὶ περικα-
λύπτειν τὸ πρόσωπον
αὐτοῦ καὶ κολαφίζειν
αὐτὸν καὶ λέγειν αὐτῷ·
προφήτευσον. καὶ οἱ
ὑπηρέται ῥαπίσμασιν
αὐτὸν ἔβαλλον.

LUKE XXII.

67 ι λέγοντες· εἰ σὺ εἶ ὁ
Χριστός, εἰπὲ ἡμῖν. εἶπε
δὲ αὐτοῖς· ἐὰν ὑμῖν εἴ-
πω, οὐ μὴ πιστεύσητε·
68 ἐὰν δὲ καὶ ἐρωτήσω, οὐ
μὴ ἀποκριθῆτέ μοι ἢ ἀ-
69 πολύσητε. Ἀπὸ τοῦ νῦν
ἔσται ὁ υἱὸς τοῦ ἀνθρώ-
που καθήμενος ἐκ δεξιῶν
τῆς δυνάμεως τοῦ θεοῦ.
70 Εἶπον δὲ πάντες· σὺ
οὖν εἶ ὁ υἱὸς τοῦ θεοῦ;
ὁ δὲ πρὸς αὐτοὺς ἔφη·
ὑμεῖς λέγετε, ὅτι ἐγώ
71 εἰμι. Οἱ δὲ εἶπον· τί
ἔτι χρείαν ἔχομεν μαρ-
τυρίας; αὐτοὶ γὰρ ἠκού-
σαμεν ἀπὸ τοῦ στόμα-
τος αὐτοῦ.—

63   Καὶ οἱ ἄνδρες οἱ συν-
έχοντες τὸν Ἰησοῦν ἐνέ-
παιζον αὐτῷ δέροντες,
64 ι καὶ περικαλύψαντες αὐ-
τὸν ἔτυπτον αὐτοῦ τὸ
πρόσωπον καὶ ἐπηρώτων
αὐτὸν λέγοντες· προ-
φήτευσον, τίς ἐστιν ὁ
65 παίσας σε; Καὶ ἕτερα πολλὰ
βλασφημοῦντες ἔλεγον εἰς αὐτόν.

§ 146. The Sanhedrim lead Jesus away to Pilate.   Pilate seeks to release him.— *Jerusalem.*

Sixth Day of the Week.

MATTH. XXVII. 1, 2, 11–14.	MARK XV. 1–5.	LUKE XXIII. 1–5.	JOHN XVIII. 28–38.
1 Πρωΐας δὲ γενομένης συμβούλιον ἔλαβον πάντες οἱ ἀρχιερεῖς καὶ οἱ πρεσβύτεροι τοῦ λαοῦ κατὰ τοῦ Ἰησοῦ, ὥστε θανατῶ- 2 σαι αὐτόν. Καὶ δήσαντες αὐτὸν ἀπήγαγον καὶ παρέδωκαν αὐτὸν Ποντίῳ Πιλάτῳ τῷ ἡγεμόνι.—	1 Καὶ εὐθέως ἐπὶ τὸ πρωῒ συμβούλιον ποιήσαντες οἱ ἀρχιερεῖς μετὰ τῶν πρεσβυτέρων καὶ γραμματέων, καὶ ὅλον τὸ συνέδριον, δήσαντες τὸν Ἰησοῦν ἀπήνεγκαν καὶ παρέδωκαν τῷ Πιλάτῳ.	1 Καὶ ἀναστὰν ἅπαν τὸ πλῆθος αὐτῶν ἤγαγον αὐτὸν ἐπὶ τὸν Πιλάτον.	28 Ἄγουσιν οὖν τὸν Ἰησοῦν ἀπὸ τοῦ Καϊάφα εἰς τὸ πραιτώριον· ἦν δὲ πρωΐα. καὶ αὐτοὶ οὐκ εἰσῆλθον εἰς τὸ πραιτώριον, ἵνα μὴ μιανθῶσιν, ἀλλ᾽ ἵνα φάγωσι τὸ 29 πάσχα. Ἐξῆλθεν οὖν ὁ Πιλάτος πρὸς αὐτοὺς καὶ εἶπε· τίνα κατηγορίαν φέρετε κατὰ τοῦ ἀνθρώπου 30 τούτου; Ἀπεκρίθησαν καὶ εἶπον αὐτῷ· εἰ μὴ ἦν οὗτος κακοποιός, οὐκ 31 ἄν σοι παρεδώκαμεν αὐτόν.

Εἶπεν οὖν αὐτοῖς ὁ Πιλάτος· λάβετε αὐτὸν ὑμεῖς καὶ κατὰ τὸν νόμον ὑμῶν κρίνατε αὐτόν. εἶπον οὖν αὐτῷ οἱ Ἰουδαῖοι· ἡμῖν οὐκ ἔξεστιν 32 ἀποκτεῖναι οὐδένα. (Ἵνα ὁ

LUKE XXIII.		
2 Ἤρξαντο δὲ κατηγορεῖν αὐτοῦ λέγοντες· τοῦτον εὕρομεν διαστρέφοντα τὸ ἔθνος καὶ κωλύοντα Καίσαρι φόρους διδόναι, λέγοντα ἑαυτὸν Χριστὸν βασιλέα εἶ- 3 ναι.		λόγος τοῦ Ἰησοῦ πληρωθῇ, ὃν εἶπε σημαίνων, ποίῳ θανάτῳ ἤμελλεν ἀποθνήσκειν.)

| 11 Ὁ δὲ Ἰησοῦς ἔστη ἔμπροσθεν τοῦ ἡγεμόνος· καὶ ἐπηρώτησεν αὐτὸν ὁ ἡγεμὼν λέγων· σὺ εἶ ὁ βασιλεὺς τῶν Ἰουδαίων;— | MARK XV. 2 Καὶ ἐπηρώτησεν αὐτὸν ὁ Πιλάτος· σὺ εἶ ὁ βασιλεὺς τῶν Ἰουδαίων;— | Ὁ δὲ Πιλάτος ἐπηρώτησεν αὐτὸν λέγων· σὺ εἶ ὁ βασιλεὺς τῶν Ἰουδαίων;— | 33 Εἰσῆλθεν οὖν εἰς τὸ πραιτώριον πάλιν ὁ Πιλάτος καὶ ἐφώνησε τὸν Ἰησοῦν καὶ εἶπεν αὐτῷ· σὺ εἶ ὁ βασιλεὺς τῶν Ἰουδαίων; 34 Ἀπεκρίθη αὐτῷ ὁ |

35 Ἰησοῦς· ἀφ᾽ ἑαυτοῦ σὺ τοῦτο λέγεις, ἢ ἄλλοι σοι εἶπον περὶ ἐμοῦ; Ἀπεκρίθη ὁ Πιλάτος· μήτι ἐγὼ Ἰουδαῖός εἰμι; τὸ ἔθνος τὸ σὸν καὶ οἱ ἀρχιερεῖς παρέδω- 36 κάν σε ἐμοί· τί ἐποίησας; Ἀπεκρίθη ὁ Ἰησοῦς· ἡ βασιλεία ἡ ἐμὴ οὐκ ἔστιν ἐκ τοῦ κόσμου τούτου. εἰ ἐκ τοῦ κόσμου τούτου ἦν ἡ βασιλεία ἡ ἐμή, οἱ ὑπηρέται ἂν οἱ ἐμοὶ ἠγωνίζοντο, ἵνα μὴ παραδοθῶ τοῖς Ἰουδαίοις· νῦν δὲ ἡ 37 βασιλεία ἡ ἐμὴ οὐκ ἔστιν ἐντεῦθεν. Εἶπεν οὖν αὐτῷ ὁ Πιλάτος· οὐκοῦν

MATTH. XXVII.	MARK XV.	LUKE XXIII.	βασιλεὺς εἶ σύ;
11 —ὁ δὲ Ἰησοῦς ἔφη αὐτῷ· σὺ λέγεις.	2 —ὁ δὲ ἀποκριθεὶς εἶπεν αὐτῷ· σὺ λέγεις.	3 —ὁ δὲ ἀποκριθεὶς αὐτῷ ἔφη· σὺ λέγεις.	ἀπεκρίθη ὁ Ἰησοῦς· σὺ λέγεις, ὅτι βασιλεύς εἰμι

JOHN XVIII.

ἐγώ. ἐγὼ εἰς τοῦτο γεγέννημαι καὶ εἰς τοῦτο ἐλήλυθα εἰς τὸν κόσμον, ἵνα μαρτυ-
38 ρήσω τῇ ἀληθείᾳ. πᾶς ὁ ὢν ἐκ τῆς ἀληθείας ἀκούει μου τῆς φωνῆς. Λέγει αὐτῷ
ὁ Πιλᾶτος· τί ἐστιν ἀλήθεια; καὶ τοῦτο εἰπὼν πάλιν ἐξῆλθε πρὸς τοὺς Ἰουδαίους
καὶ λέγει αὐτοῖς· ἐγὼ οὐδεμίαν αἰτίαν εὑρίσκω ἐν αὐτῷ.

MATTH. XXVII.	MARK XV.
12 Καὶ ἐν τῷ κατηγορεῖσθαι αὐτὸν ὑπὸ τῶν ἀρχιερέων καὶ τῶν πρεσβυτέρων 13 οὐδὲν ἀπεκρίνατο. Τότε λέγει αὐτῷ ὁ Πιλᾶτος· οὐκ ἀκούεις, πόσα σου 14 καταμαρτυροῦσι; Καὶ οὐκ ἀπεκρίθη αὐτῷ πρὸς οὐδὲ ἓν ῥῆμα, ὥστε θαυμά-ζειν τὸν ἡγεμόνα λίαν.	3 Καὶ κατηγόρουν αὐτοῦ οἱ ἀρχιερεῖς 4 πολλά. Ὁ δὲ Πιλᾶτος πάλιν ἐπηρώ-τησεν αὐτὸν λέγων· οὐκ ἀποκρίνῃ οὐ-δέν; ἴδε, πόσα σου καταμαρτυροῦσιν. 5 Ὁ δὲ Ἰησοῦς οὐκέτι οὐδὲν ἀπεκρίθη, ὥστε θαυμάζειν τὸν Πιλᾶτον.

LUKE XXIII.

4 Ὁ δὲ Πιλᾶτος εἶπε πρὸς τοὺς ἀρχιερεῖς καὶ τοὺς ὄχλους· οὐδὲν εὑρίσκω αἴτιον ἐν
5 τῷ ἀνθρώπῳ τούτῳ. Οἱ δὲ ἐπίσχυον λέγοντες· ὅτι ἀνασείει τὸν λαὸν διδάσκων καθ'
ὅλης τῆς Ἰουδαίας, ἀρξάμενος ἀπὸ τῆς Γαλιλαίας ἕως ὧδε.

§ 147. Jesus before Herod.—Jerusalem.

Sixth Day of the Week.

LUKE XXIII. 6-12.

6 Πιλᾶτος δὲ ἀκούσας Γαλιλαίαν ἐπηρώτησεν, εἰ ὁ ἄνθρωπος Γαλιλαῖός ἐστι·
7 καὶ ἐπιγνούς, ὅτι ἐκ τῆς ἐξουσίας Ἡρώδου ἐστίν, ἀνέπεμψεν αὐτὸν πρὸς Ἡρώδην,
ὄντα καὶ αὐτὸν ἐν Ἱεροσολύμοις ἐν ταύταις ταῖς ἡμέραις.
8 Ὁ δὲ Ἡρώδης ἰδὼν τὸν Ἰησοῦν ἐχάρη λίαν· ἦν γὰρ θέλων ἐξ ἱκανοῦ ἰδεῖν αὐτὸν
διὰ τὸ ἀκούειν πολλὰ περὶ αὐτοῦ, καὶ ἤλπιζέ τι σημεῖον ἰδεῖν ὑπ' αὐτοῦ γινόμενον.
9 10 Ἐπηρώτα δὲ αὐτὸν ἐν λόγοις ἱκανοῖς, αὐτὸς δὲ οὐδὲν ἀπεκρίνατο αὐτῷ. Εἱστή-
11 κεισαν δὲ οἱ ἀρχιερεῖς καὶ οἱ γραμματεῖς εὐτόνως κατηγοροῦντες αὐτοῦ. Ἐξου-
θενήσας δὲ αὐτὸν ὁ Ἡρώδης σὺν τοῖς στρατεύμασιν αὐτοῦ καὶ ἐμπαίξας, περιβαλὼν
αὐτὸν ἐσθῆτα λαμπράν, ἀνέπεμψεν αὐτὸν τῷ Πιλάτῳ.
12 Ἐγένοντο δὲ φίλοι ὅ,τε Πιλᾶτος καὶ ὁ Ἡρώδης ἐν αὐτῇ τῇ ἡμέρᾳ μετ' ἀλλήλων·
προϋπῆρχον γὰρ ἐν ἔχθρᾳ ὄντες πρὸς ἑαυτούς.

§ 148. Pilate further seeks to release Jesus. The Jews demand Barabbas.—Jerusalem.

Sixth Day of the Week.

LUKE XXIII. 13-25.

13 Πιλᾶτος δὲ συγκαλεσάμενος τοὺς ἀρχιερεῖς καὶ τοὺς ἄρχοντας καὶ τὸν λαὸν
14 εἶπε πρὸς αὐτούς· προσηνέγκατέ μοι τὸν ἄνθρωπον τοῦτον ὡς ἀποστρέφοντα
τὸν λαόν, καὶ ἰδού, ἐγὼ ἐνώπιον ὑμῶν ἀνακρίνας οὐδὲν εὗρον ἐν τῷ ἀνθρώπῳ τούτῳ

14

LUKE XXIII.

15 αἴτιον, ὧν κατηγορεῖτε κατ᾽ αὐτοῦ· | ἀλλ᾽ οὐδὲ Ἡρώδης· ἀνέπεμψα γὰρ ὑμᾶς
16 πρὸς αὐτόν, καὶ ἰδού, οὐδὲν ἄξιον θανάτου ἐστὶ πεπραγμένον αὐτῷ. Παιδεύσας οὖν
αὐτὸν ἀπολύσω.

MATT. XXVII. 15-26. MARK XV. 6-15. LUKE XXIII. JOHN XVIII. 39, 40.

15. Κατὰ δὲ ἑορτὴν εἰώθει ὁ ἡγεμὼν ἀπολύειν ἕνα τῷ ὄχλῳ δέσμιον, ὃν 16 ἤθελον. Εἶχον δὲ τότε δέσμιον ἐπίσημον, λεγόμενον Βαρ-17 αββᾶν. Συνηγμένων οὖν αὐτῶν εἶπεν αὐτοῖς ὁ Πιλάτος· τίνα θέλετε ἀπολύσω ὑμῖν; Βαραββᾶν; ἢ Ἰησοῦν, τὸν λε-18 γόμενον Χριστόν; Ἤιδει γάρ, ὅτι διὰ φθόνον 19 παρέδωκαν αὐτόν.	6 Κατὰ δὲ ἑορτὴν ἀπέλυεν αὐτοῖς ἕνα δέσμιον, ὅνπερ ᾐ-7 τοῦντο. Ἦν δὲ ὁ λεγόμενος Βαραββᾶς μετὰ τῶν συστασιαστῶν δεδεμένος, οἵτινες ἐν τῇ στάσει φόνον πεποιή-8 κεισαν. Καὶ ἀναβοήσας ὁ ὄχλος ἤρξατο αἰτεῖσθαι, καθὼς ἀεὶ ἐποίει αὐτοῖς. 9 Ὁ δὲ Πιλάτος ἀπεκρίθη αὐτοῖς λέγων· θέλετε ἀπολύσω ὑμῖν τὸν βασιλέα τῶν Ἰουδαίων; 10 Ἐγίνωσκε γάρ, ὅτι διὰ	17 Ἀνάγκην δὲ εἶχεν ἀπολύειν αὐτοῖς κατὰ ἑορτὴν ἕνα.	39 Ἔστι δὲ συνήθεια ὑμῖν, ἵνα ἕνα ὑμῖν ἀπολύσω ἐν τῷ πάσχα·— JOHN XVIII. 39 —βούλεσθε οὖν ὑμῖν ἀπολύσω τὸν βασιλέα τῶν Ἰουδαίων;

Καθημένου δὲ αὐτοῦ ἐπὶ
τοῦ βήματος ἀπέστειλε πρὸς αὐτὸν ἡ γυνὴ αὐτοῦ λέγουσα.
μηδέν σοι καὶ τῷ δικαίῳ ἐκείνῳ· πολλὰ γὰρ ἔπαθον σήμερον
κατ᾽ ὄναρ δι᾽ αὐτόν.   φθόνον παραδεδώκεισαν αὐτὸν οἱ ἀρχιερεῖς.

MARK XV. LUKE XXIII. JOHN XVIII.

20 Οἱ δὲ ἀρχιερεῖς καὶ οἱ πρεσβύτεροι ἔπεισαν τοὺς ὄχλους, ἵνα αἰτήσωνται τὸν Βαραββᾶν, τὸν δὲ Ἰησοῦν ἀπολέσωσιν.	11 Οἱ δὲ ἀρχιερεῖς ἀνέσεισαν τὸν ὄχλον, ἵνα μᾶλλον τὸν Βαραββᾶν ἀπολύσῃ αὐτοῖς.	18 Ἀνέκραξαν δὲ παμπληθεὶ λέγοντες· αἶρε τοῦτον, ἀπόλυσον δὲ ἡμῖν 19 τὸν Βαραββᾶν· ὅστις ἦν διὰ στάσιν τινὰ γενομένην ἐν τῇ πόλει καὶ φόνον βεβλημένος εἰς φυλακήν.
		40 Ἐκραύγασαν οὖν πάλιν πάντες λέγοντες· μὴ τοῦτον, ἀλλὰ τὸν Βαραββᾶν. ἦν δὲ ὁ Βαραββᾶς λῃστής.

MARK XV. LUKE XXIII.

21 Ἀποκριθεὶς δὲ ὁ ἡγεμὼν εἶπεν αὐτοῖς· τίνα θέλετε ἀπὸ τῶν δύο ἀπολύσω ὑμῖν; οἱ δὲ εἶ-22 πον· Βαραββᾶν. Λέγει αὐτοῖς ὁ Πιλάτος· τί οὖν ποιήσω Ἰησοῦν, τὸν λεγόμενον Χριστόν; λέγουσιν αὐτῷ πάντες· 23 σταυρωθήτω. Ὁ δὲ ἡγεμὼν ἔφη· τί γὰρ κακὸν	12 Ὁ δὲ Πιλάτος ἀποκριθεὶς πάλιν εἶπεν αὐτοῖς· τὶ οὖν θέλετε ποιήσω ὃν λέγετε βασιλέα 13 τῶν Ἰουδαίων; Οἱ δὲ πάλιν ἔκραξαν· σταύοωσον αὐτόν. 14 Ὁ δὲ Πιλάτος ἔλεγεν αὐτοῖς· τί γὰρ κακὸν ἐποίησεν;	20 Πάλιν οὖν ὁ Πιλάτος προσεφώνησε, θέλων ἀ-21 πολῦσαι τὸν Ἰησοῦν. Οἱ δὲ ἐπεφώνουν λέγοντες· σταύρωσον, σταύρωσον 22 αὐτόν. Ὁ δὲ τρίτον εἶπε πρὸς αὐτούς· τί γὰρ κακὸν ἐποίησεν οὗτος; οὐδὲν αἴτιον θανάτου εὗρον ἐν αὐτῷ· παιδεύσας οὖν αὐτὸν ἀπολύσω.

MATTH. XXVII.	MARK XV.	LUKE XXIII.
ἐποίησεν; οἱ δὲ περισσῶς ἔκραζον λέγοντες· σταυρωθήτω.	οἱ δὲ περισσῶς ἔκραξαν· σταύρωσον αὐτόν.	23 Οἱ δὲ ἐπέκειντο φωναῖς μεγάλαις αἰτούμενοι αὐτὸν σταυρωθῆναι· καὶ κατίσχυον αἱ φωναὶ αὐτῶν καὶ τῶν ἀρχιερέων.

MATTH. XXVII.

24 Ἰδὼν δὲ ὁ Πιλᾶτος, ὅτι οὐδὲν ὠφελεῖ, ἀλλὰ μᾶλλον θόρυβος γίνεται, λαβὼν ὕδωρ ἀπενίψατο τὰς χεῖρας ἀπέναντι τοῦ ὄχλου λέγων· ἀθῷός εἰμι ἀπὸ τοῦ
25 αἵματος τοῦ δικαίου τούτου· ὑμεῖς ὄψεσθε. Καὶ ἀποκριθεὶς πᾶς ὁ λαὸς εἶπε·

	MARK XV.	LUKE XXIII.
τὸ αἷμα αὐτοῦ ἐφ' ἡμᾶς καὶ ἐπὶ τὰ τέκνα ἡμῶν.	15 Ὁ δὲ Πιλᾶτος, βουλόμενος τῷ ὄχλῳ τὸ ἱκανὸν ποιῆσαι, ἀπέλυσεν αὐτοῖς τὸν Βαραββᾶν.—	24 Ὁ δὲ Πιλᾶτος ἐπέκρινε γενέσθαι τὸ αἴτημα αὐ-
26 Τότε ἀπέλυσεν αὐτοῖς τὸν Βαραββᾶν.—		25 τῶν. Ἀπέλυσε δὲ [αὐτοῖς] τὸν διὰ στάσιν καὶ φόνον βεβλημένον εἰς

τὴν φυλακήν, ὃν ᾐτοῦντο, τὸν δὲ Ἰησοῦν παρέδωκε τῷ θελήματι αὐτῶν.

§ 149. Pilate delivers up Jesus to death. He is scourged and mocked.—
Jerusalem.

Sixth Day of the Week.

MATTH. XXVII. 26-30.	MARK XV. 15-19.	JOHN XIX. 1-3.
26 —Τὸν δὲ Ἰησοῦν φραγελλώσας παρέδωκεν,	15 —Καὶ παρέδωκε τὸν Ἰησοῦν φραγελλώσας,	1 Τότε οὖν ἔλαβεν ὁ Πιλάτος τὸν Ἰησοῦν καὶ ἐμαστίγωσε.
27 ἵνα σταυρωθῇ. Τότε οἱ στρατιῶται τοῦ ἡγεμόνος, παραλαβόντες τὸν Ἰησοῦν εἰς τὸ πραιτώριον, συνήγαγον ἐπ' αὐτὸν ὅλην τὴν σπεῖραν.	16 ἵνα σταυρωθῇ. Οἱ δὲ στρατιῶται ἀπήγαγον αὐτὸν ἔσω τῆς αὐλῆς, ὅ ἐστι πραιτώριον, καὶ συγκαλοῦσιν ὅλην τὴν σπεῖραν.	
28 Καὶ ἐκδύσαντες αὐτὸν περιέθηκαν αὐτῷ χλα-	17 Καὶ ἐνδύουσιν αὐτὸν πορφύραν, καὶ πε-	2 Καὶ οἱ στρατιῶται πλέ-
29 μύδα κοκκίνην, καὶ πλέξαντες στέφανον ἐξ ἀκανθῶν ἐπέθηκαν ἐπὶ τὴν κεφαλὴν αὐτοῦ καὶ	ριτιθέασιν αὐτῷ πλέξαντες ἀκάνθινον στέφανον.	ξαντες στέφανον ἐξ ἀκανθῶν ἐπέθηκαν αὐτοῦ τῇ κεφαλῇ καὶ ἱμάτιον πορφυροῦν περιέβαλον αὐτόν,
κάλαμον ἐπὶ τὴν δεξιὰν αὐτοῦ, καὶ γονυπετήσαντες ἔμπροσθεν αὐτοῦ ἐνέπαιζον αὐτῷ λέγοντες· χαῖρε, ὁ βασιλεὺς τῶν Ἰουδαίων.	18 Καὶ ἤρξαντο ἀσπάζεσθαι αὐτόν· χαῖρε, βασιλεῦ τῶν Ἰουδαίων.	3 καὶ ἔλεγον· χαῖρε, ὁ βασιλεὺς τῶν Ἰουδαίων· καὶ ἐδίδουν αὐτῷ ῥαπίσματα.
30 Καὶ ἐμπτύσαντες εἰς αὐτὸν ἔλαβον τὸν κάλαμον καὶ ἔτυπτον εἰς τὴν κεφαλὴν αὐτοῦ.	19 Καὶ ἔτυπτον αὐτοῦ τὴν κεφαλὴν καλάμῳ, καὶ ἐνέπτυον αὐτῷ, καὶ τιθέντες τὰ γόνατα προσεκύνουν αὐτῷ.	

§ 150. Pilate still again seeks to release Jesus.—*Jerusalem.*

Sixth Day of the Week.

John XIX. 4-16.

4 Ἐξῆλθε οὖν πάλιν ἔξω ὁ Πιλάτος καὶ λέγει αὐτοῖς· ἴδε, ἄγω ὑμῖν αὐτὸν ἔξω,
5 ἵνα γνῶτε, ὅτι ἐν αὐτῷ οὐδεμίαν αἰτίαν εὑρίσκω. (Ἐξῆλθεν οὖν ὁ Ἰησοῦς ἔξω
   φορῶν τὸν ἀκάνθινον στέφανον καὶ τὸ πορφυροῦν ἱμάτιον.) Καὶ λέγει αὐτοῖς·
6 ἴδε, ὁ ἄνθρωπος. Ὅτε οὖν εἶδον αὐτὸν οἱ ἀρχιερεῖς καὶ οἱ ὑπηρέται, ἐκραύγασαν
   λέγοντες· σταύρωσον, σταύρωσον αὐτόν· λέγει αὐτοῖς ὁ Πιλάτος· λάβετε αὐτὸν
7 ὑμεῖς καὶ σταυρώσατε· ἐγὼ γὰρ οὐχ εὑρίσκω ἐν αὐτῷ αἰτίαν. Ἀπεκρίθησαν αὐτῷ
   οἱ Ἰουδαῖοι· ἡμεῖς νόμον ἔχομεν, καὶ κατὰ τὸν νόμον ἡμῶν ὀφείλει ἀποθανεῖν, ὅτι
   ἑαυτὸν υἱὸν θεοῦ ἐποίησεν.
8 9 Ὅτε οὖν ἤκουσεν ὁ Πιλάτος τοῦτον τὸν λόγον, μᾶλλον ἐφοβήθη. Καὶ εἰσ-
   ῆλθεν εἰς τὸ πραιτώριον πάλιν καὶ λέγει τῷ Ἰησοῦ· πόθεν εἶ σύ; ὁ δὲ Ἰησοῦς
10 ἀπόκρισιν οὐκ ἔδωκεν αὐτῷ. Λέγει οὖν αὐτῷ ὁ Πιλάτος· ἐμοὶ οὐ λαλεῖς; οὐκ
11 οἶδας, ὅτι ἐξουσίαν ἔχω σταυρῶσαί σε καὶ ἐξουσίαν ἔχω ἀπολῦσαί σε; Ἀπεκρίθη
   ὁ Ἰησοῦς· οὐκ εἶχες ἐξουσίαν οὐδεμίαν κατ' ἐμοῦ, εἰ μὴ ἦν σοι δεδομένον ἄνω-
12 θεν· διὰ τοῦτο ὁ παραδιδούς με σοι μείζονα ἁμαρτίαν ἔχει. Ἐκ τούτου ἐζήτει ὁ
   Πιλάτος ἀπολῦσαι αὐτόν. οἱ δὲ Ἰουδαῖοι ἔκραζον λέγοντες· ἐὰν τοῦτον ἀπο-
   λύσῃς, οὐκ εἶ φίλος τοῦ Καίσαρος· πᾶς ὁ βασιλέα ἑαυτὸν ποιῶν ἀντιλέγει τῷ
   Καίσαρι.
13 Ὁ οὖν Πιλάτος ἀκούσας τοῦτον τὸν λόγον ἤγαγεν ἔξω τὸν Ἰησοῦν, καὶ ἐκά-
   θισεν ἐπὶ τοῦ βήματος εἰς τόπον λεγόμενον λιθόστρωτον, Ἑβραϊστὶ δὲ Γαββαθᾶ·
14 ¹ (ἦν δὲ παρασκευὴ τοῦ πάσχα, ὥρα δὲ ὡσεὶ ἕκτη·) καὶ λέγει τοῖς Ἰουδαίοις· ἴδε, ὁ
15 βασιλεὺς ὑμῶν. Οἱ δὲ ἐκραύγασαν· ἆρον, ἆρον, σταύρωσον αὐτόν. λέγει αὐτοῖς
   ὁ Πιλάτος· τὸν βασιλέα ὑμῶν σταυρώσω; ἀπεκρίθησαν οἱ ἀρχιερεῖς· οὐκ ἔχομεν
16 βασιλέα, εἰ μὴ Καίσαοα. Τότε οὖν παρέδωκεν αὐτὸν αὐτοῖς, ἵνα σταυρωθῇ.—

§ 151. Judas repents and hangs himself.—*Jerusalem.*

Sixth Day of the Week.

Matth. XXVII. 3-10.

3 Τότε ἰδὼν Ἰούδας ὁ παραδιδοὺς αὐτόν, ὅτι κατεκρίθη, μεταμεληθεὶς ἀπέ-
4 στρεψε τὰ τριάκοντα ἀργύρια τοῖς ἀρχιερεῦσι καὶ τοῖς πρεσβυτέροις ¹ λέγων·
   ἥμαρτον παραδοὺς αἷμα ἀθῶον. οἱ δὲ εἶπον· τί πρὸς ἡμᾶς; σὺ ὄψει.

5 Καὶ ῥίψας τὰ ἀργύρια ἐν τῷ ναῷ   Acts I. 18, 19.
   ἀνεχώρησε, καὶ ἀπελθὼν ἀπήγξατο.   18 Οὗτος μὲν οὖν ἐκτήσατο χωρίον ἐκ
6 Οἱ δὲ ἀρχιερεῖς λαβόντες τὰ ἀργύρια   μισθοῦ τῆς ἀδικίας· καὶ πρηνὴς γε-
   εἶπον· οὐκ ἔξεστι βαλεῖν αὐτὰ εἰς τὸν   νόμενος ἐλάκησε μέσος καὶ ἐξεχύθη

MATTH. XXVII.

κορβανᾶν, ἐπεὶ τιμὴ αἵματός ἐστι.
7 Συμβούλιον δὲ λαβόντες ἠγόρασαν ἐξ
αὐτῶν τὸν ἀγρὸν τοῦ κεραμέως, εἰς
8 ταφὴν τοῖς ξένοις. Διὸ ἐκλήθη ὁ
ἀγρὸς ἐκεῖνος ἀγρὸς αἵματος ἕως τῆς
9 σήμερον. Τότε ἐπληρώθη τὸ ῥηθὲν

ACTS I.

19 πάντα τὰ σπλάγχνα αὐτοῦ. Καὶ γνω-
στὸν ἐγένετο πᾶσι τοῖς κατοικοῦσιν
Ἱερουσαλήμ, ὥστε κληθῆναι τὸ χω-
ρίον ἐκεῖνο τῇ ἰδίᾳ διαλέκτῳ αὐτῶν
Ἀκελδαμά, τοῦτ᾽ ἔστι χωρίον αἵματος.

διὰ Ἱερεμίου τοῦ προφήτου λέγοντος·ᵃ καὶ ἔλαβον τὰ τριάκοντα ἀργύρια, τὴν
10 τιμὴν τοῦ τετιμημένου, ὃν ἐτιμήσαντο ἀπὸ υἱῶν Ἰσραήλ, ¹ καὶ ἔδωκαν αὐτὰ εἰς
τὸν ἀγρὸν τοῦ κεραμέως, καθὰ συνέταξέ μοι κύριος.

§ 152. Jesus is led away to be crucified.—Jerusalem.

Sixth Day of the Week.

MATTH. XXVII. 31–34.	MARK XV. 20–23.	JOHN XIX. 16, 17.
31 Καὶ ὅτε ἐνέπαιξαν αὐτῷ, ἐξέδυσαν αὐτὸν τὴν χλαμύδα καὶ ἐνέδυσαν αὐτὸν τὰ ἱμάτια αὐτοῦ, καὶ ἀπήγαγον αὐτὸν εἰς τὸ σταυρῶσαι. 32 Ἐξερχόμενοι δὲ εὗρον ἄνθρωπον Κυρηναῖον, ὀνόματι Σίμωνα· τοῦτον ἠγγάρευσαν, ἵνα ἄρῃ τὸν σταυρὸν αὐτοῦ.	20 Καὶ ὅτε ἐνέπαιξαν αὐτῷ, ἐξέδυσαν αὐτὸν τὴν πορφύραν καὶ ἐνέδυσαν αὐτὸν τὰ ἱμάτια τὰ ἴδια, καὶ ἐξάγουσιν αὐτόν, ἵνα σταυρώσωσιν αὐτόν. 21 Καὶ ἀγγαρεύουσι παράγοντά τινα Σίμωνα Κυρηναῖον, ἐρχόμενον ἀπ᾽ ἀγροῦ, τὸν πατέρα Ἀλεξάνδρου καὶ Ῥούφου, ἵνα ἄρῃ τὸν σταυρὸν αὐτοῦ.	16 —Παρέλαβον δὲ τὸν Ἰησοῦν καὶ ἤγαγον. 17 Καὶ βαστάζων τὸν σταυρὸν αὐτοῦ— LUKE XXIII. 26–33. 26 Καὶ ὡς ἀπήγαγον αὐτόν, ἐπιλαβόμενοι Σίμωνός τινος Κυρηναίου ἐρχομένου ἀπ᾽ ἀγροῦ ἐπέθηκαν αὐτῷ τὸν σταυρὸν φέρειν ὄπισθεν τοῦ Ἰησοῦ.

27 Ἠκολούθει δὲ αὐτῷ πολὺ πλῆθος τοῦ λαοῦ καὶ γυναικῶν, αἳ καὶ ἐκόπτοντο καὶ
28 ἐθρήνουν αὐτόν. Στραφεὶς δὲ πρὸς αὐτὰς ὁ Ἰησοῦς εἶπε· Θυγατέρες Ἱερουσαλήμ,
29 μὴ κλαίετε ἐπ᾽ ἐμέ· πλὴν ἐφ᾽ ἑαυτὰς κλαίετε καὶ ἐπὶ τὰ τέκνα ὑμῶν. Ὅτι ἰδού,
ἔρχονται ἡμέραι, ἐν αἷς ἐροῦσι· μακάριαι αἱ στεῖραι καὶ κοιλίαι, αἳ οὐκ ἐγέννησαν,
30 καὶ μαστοί, οἳ οὐκ ἐθήλασαν.ᵇ Τότε ἄρξονται λέγειν τοῖς ὄρεσι· πέσετε ἐφ᾽ ἡμᾶς,
31 καὶ τοῖς βουνοῖς· καλύψατε ἡμᾶς.ᶜ Ὅτι εἰ ἐν τῷ ὑγρῷ ξύλῳ ταῦτα ποιοῦσιν, ἐν
32 τῷ ξηρῷ τί γένηται;ᵈ Ἤγοντο δὲ καὶ ἕτεροι δύο κακοῦργοι σὺν αὐτῷ ἀναιρεθῆναι.

MATTH. XXVII.	MARK XV.	LUKE XXIII.	JOHN XIX.
33 Καὶ ἐλθόντες εἰς τόπον λεγόμενον Γολγοθᾶ, ὅ ἐστι λεγόμενος κρανίου 34 τόπος, ¹ ἔδωκαν	22 Καὶ φέρουσιν αὐτὸν ἐπὶ Γολγοθᾶ τόπον, ὅ ἐστι μεθερμηνευόμενον· κρανίου τόπος.	33 Καὶ ὅτε ἀπῆλθον ἐπὶ τὸν τόπον τὸν καλούμενον Κρανίον,—	17 —ἐξῆλθεν εἰς τὸν λεγόμενον κρανίου τόπον, ὃς λέγεται Ἑβραϊστὶ Γολγοθᾶ,

ᵃ 9. Zech. 11, 12 sq. Comp. Jer. 32, 6 sq.   ᵇ 29. Comp. Is. 54, 1.   ᶜ 30. Hos. 10, 8.
ᵈ 31. See Ez. 20, 47 comp. 21, 3 sq.

MATTH. XXVII.	MARK XV.
αὐτῷ πιεῖν ὄξος μετὰ χολῆς μεμιγμέ-	23 Καὶ ἐδίδουν αὐτῷ πιεῖν ἐσμυρνισμένον
νον· καὶ γευσάμενος οὐκ ἤθελε πιεῖν.	οἶνον· ὁ δὲ οὐκ ἔλαβε.

§ 153. The Crucifixion.—Jerusalem.

Sixth Day of the Week.

MARK XV. 24-28.　　　　　LUKE XXIII. 33,　　JOHN XIX. 18-24.

25 Ἦν δὲ ὥρα τρίτη, καὶ ἐσταύ-　34, 38.

MATT. XXVII. 35-38.　ρωσαν αὐτόν.—

38 Τότε σταυροῦν- 27 Καὶ σὺν αὐτῷ 33 —Ἐκεῖ ἐσταύρω- 18 Ὅπου αὐτὸν ἐ-
ται σὺν αὐτῷ δύο σταυροῦσι δύο λη- σαν αὐτὸν καὶ σταύρωσαν, καὶ
λῃσταί, εἷς ἐκ στάς, ἕνα ἐκ δεξιῶν τοὺς κακούργους, μετ' αὐτοῦ ἄλλους
δεξιῶν καὶ εἷς καὶ ἕνα ἐξ εὐωνύ- ὃν μὲν ἐκ δεξιῶν, δύο ἐντεῦθεν καὶ
ἐξ εὐωνύμων.— 28 μων αὐτοῦ· Καὶ ὃν δὲ ἐξ ἀριστε- ἐντεῦθεν, μέσον
ἐπληρώθη ἡ γρα- 34 ρῶν. Ὁ δὲ Ἰη- δὲ τὸν Ἰησοῦν.
φὴ ἡ λέγουσα·ᵃ σοῦς ἔλεγε· πά-
καὶ μετὰ ἀνόμων τερ, ἄφες αὐτοῖς· 23 Οἱ οὖν στρατι-
35 Σταυρώσαντες δὲ 24 ἐλογίσθη. — Καὶ οὐ γὰρ οἴδασι, τι ῶται, ὅτε ἐσταύ-
αὐτὸν διεμέρισαν- σταυρώσαντες αὐ- ποιοῦσι. διαμερι- ρωσαν τὸν Ἰη-
το τὰ ἱμάτια αὐ- τὸν διαμερίζονται ζόμενοι δὲ τὰ ἱμά- σοῦν, ἔλαβον τὰ
τοῦ,— τὰ ἱμάτια αὐτοῦ,— τια αὐτοῦ— ἱμάτια αὐτοῦ, καὶ
ἐποίησαν τέσσαρα

μέρη, ἑκάστῳ στρατιώτῃ μέρος, καὶ τὸν χιτῶνα. ἦν δὲ ὁ χιτὼν ἄρραφος,
24 ἐκ τῶν ἄνωθεν ὑφαντὸς δι' ὅλου. Εἶπον οὖν πρὸς ἀλλήλους· μὴ σχίσωμεν
αὐτόν, ἀλλὰ λά-

35 —βάλλοντες 24 —βάλλοντες 34 —ἔβαλον χωμεν περὶ αὐτοῦ,
κλῆρον· [ἵνα πλη- κλῆρον ἐπ' αὐτά, κλῆρον. τίνος ἔσται. (ἵνα
ρωθῇ τὸ ῥηθὲν τίς τί ἄρῃ. ἡ γραφὴ πληρωθῇ
ὑπὸ τοῦ προφή- ἡ λέγουσα·ᵇ διε-
του·ᵇ διεμέρισαντο τὰ ἱμάτιά μου μερίσαντο τὰ ἱμάτιά μου ἑαυτοῖς,
ἑαυτοῖς, καὶ ἐπὶ τὸν ἱματισμόν μου καὶ ἐπὶ τὸν ἱματισμόν μου ἔβα-
36 ἔβαλον κλῆρον·] καὶ καθήμενοι ἐτή- λον κλῆρον.) οἱ μὲν οὖν στρατιῶται
ρουν αὐτὸν ἐκεῖ. ταῦτα ἐποίησαν.

37 Καὶ ἐπέθηκαν ἐ- 26 Καὶ ἦν ἡ ἐπιγρα- 38 Ἦν δὲ καὶ ἐπι- 19 —Ἔγραψε δὲ καὶ
πάνω τῆς κεφα- φὴ τῆς αἰτίας αὐ- γραφὴ γεγραμμέ- τίτλον ὁ Πιλάτος
λῆς αὐτοῦ τὴν τοῦ ἐπιγεγραμμέ- νη ἐπ' αὐτῷ γράμ- καὶ ἔθηκεν ἐπὶ
αἰτίαν αὐτοῦ γε- νη· μασιν Ἑλληνικοῖς τοῦ σταυροῦ. ἦν
γραμμένην· οὗτός καὶ Ῥωμαϊκοῖς καὶ δὲ γεγραμμένον·
ἐστιν Ἰησοῦς ὁ Ἑβραϊκοῖς· οὗτός Ἰησοῦς ὁ Ναζω-
βασιλεὺς τῶν Ἰου- ὁ βασιλεὺς ἐστιν ὁ βασιλεὺς ραῖος ὁ βασιλεὺς
δαίων. τῶν Ἰουδαίων. τῶν Ἰουδαίων. τῶν Ἰουδαίων.

ᵃ 28. Is. 53, 12.　　　　　　ᵇ 35 etc. Ps. 22, 19.

JOHN XIX.

20 Τοῦτον οὖν τὸν τίτλον πολλοὶ ἀνέγνωσαν τῶν Ἰουδαίων, ὅτι ἐγγὺς ἦν ὁ τόπος
τῆς πόλεως, ὅπου ἐσταυρώθη ὁ Ἰησοῦς· καὶ ἦν γεγραμμένον Ἑβραϊστί, Ἑλληνιστί,
21 Ῥωμαϊστί. Ἔλεγον οὖν τῷ Πιλάτῳ οἱ ἀρχιερεῖς τῶν Ἰουδαίων· μὴ γράφε· ὁ
βασιλεὺς τῶν Ἰουδαίων· ἀλλ' ὅτι ἐκεῖνος εἶπε· βασιλεύς εἰμι τῶν Ἰουδαίων.
22 Ἀπεκρίθη ὁ Πιλάτος· ὃ γέγραφα, γέγραφα.

§ 154. The Jews mock at Jesus on the Cross.   He commends his Mother to John.—
Jerusalem.

Sixth Day of the Week.

ΜΑΤΤΗ. XXVII. 39–44.   MARK XV. 29–32.

39   Οἱ δὲ παραπορευόμενοι ἐβλασφή-   29   Καὶ οἱ παραπορευόμενοι ἐβλασφή-
μουν αὐτὸν κινοῦντες τὰς κεφαλὰς   μουν αὐτὸν κινοῦντες τὰς κεφαλὰς
40 αὐτῶν | καὶ λέγοντες· ὁ καταλύων   αὐτῶν καὶ λέγοντες· οὐά· ὁ κατα-
τὸν ναὸν καὶ ἐν τρισὶν ἡμέραις οἰ-   λύων τὸν ναὸν καὶ ἐν τρισὶν ἡμέραις
κοδομῶν, σῶσον σεαυτόν· εἰ υἱὸς   30 οἰκοδομῶν, | σῶσον σεαυτὸν καὶ κατά-
εἶ τοῦ θεοῦ, κατάβηθι ἀπὸ τοῦ   βα ἀπὸ τοῦ σταυροῦ.
σταυροῦ.
                                          MARK XV.   LUKE XXIII. 35–37. 39–43.
41   Ὁμοίως δὲ καὶ οἱ ἀρ-   31   Ὁμοίως καὶ οἱ ἀρχιερεῖς   35   Καὶ εἱστήκει ὁ λαὸς
χιερεῖς ἐμπαίζοντες μέ-   ἐμπαίζοντες πρὸς ἀλλή-   θεωρῶν· ἐξεμυκτήριζον
τὰ τῶν γραμματέων καὶ   λους μετὰ τῶν γραμ-   δὲ καὶ οἱ ἄρχοντες σὺν
πρεσβυτέρων ἔλεγον·   ματέων ἔλεγον· ἄλλους   αὐτοῖς λέγοντες· ἄλλους
42 ἄλλους ἔσωσεν, ἑαυτὸν   ἔσωσεν, ἑαυτὸν οὐ δύ-   ἔσωσε, σωσάτω ἑαυτόν,
οὐ δύναται σῶσαι· εἰ   32 ναται σῶσαι. Ὁ Χρι-   εἰ οὗτός ἐστιν ὁ Χρι-
βασιλεὺς Ἰσραήλ ἐστι,   στός, ὁ βασιλεὺς τοῦ   στός, ὁ τοῦ θεοῦ ἐκλε-
καταβάτω νῦν ἀπὸ τοῦ   Ἰσραήλ, καταβάτω νῦν   36 κτός. Ἐνέπαιζον δὲ αὐ-
σταυροῦ, καὶ πιστεύσο-   ἀπὸ τοῦ σταυροῦ, ἵνα   τῷ καὶ οἱ στρατιῶται,
43 μεν αὐτῷ. Πέποιθεν   ἴδωμεν καὶ πιστεύσω-   προσερχόμενοι καὶ ὄξος
ἐπὶ τὸν θεόν· ῥυσάσθω   μεν.   37 προσφέροντες αὐτῷ | καὶ
νῦν αὐτόν, εἰ θέλει αὐ-   λέγοντες· εἰ σὺ εἶ ὁ
τόν·ᵃ εἶπε γάρ· ὅτι   βασιλεὺς τῶν Ἰουδαίων,
θεοῦ εἰμι υἱός.   σῶσον σεαυτόν.—
44   Τὸ δ' αὐτὸ καὶ οἱ   Καὶ οἱ συνεσταυρω-   39   Εἷς δὲ τῶν κρεμα-
λῃσταὶ συσταυρωθέντες   μένοι αὐτῷ ὠνείδιζον   σθέντων κακούργων ἐ-
αὐτῷ ὠνείδιζον αὐτόν.   αὐτόν.   βλασφήμει αὐτὸν λέ-
                                                                   γων· εἰ σὺ εἶ ὁ Χριστός,

40 σῶσον σεαυτὸν καὶ ἡμᾶς. Ἀποκριθεὶς δὲ ὁ ἕτερος ἐπετίμα αὐτῷ λέγων· οὐδὲ φοβῇ
41 σὺ τὸν θεόν, ὅτι ἐν τῷ αὐτῷ κρίματι εἶ; Καὶ ἡμεῖς μὲν δικαίως· ἄξια γὰρ ὧν
42 ἐπράξαμεν ἀπολαμβάνομεν· οὗτος δὲ οὐδὲν ἄτοπον ἔπραξε. Καὶ ἔλεγε τῷ Ἰησοῦ·
43 μνήσθητί μου, κύριε, ὅταν ἔλθῃς ἐν τῇ βασιλείᾳ σου. Καὶ εἶπεν αὐτῷ ὁ Ἰησοῦς·
ἀμὴν λέγω σοι, σήμερον μετ' ἐμοῦ ἔσῃ ἐν τῷ παραδείσῳ.

ᵃ 43. Comp. Ps. 22, 7. 8.

JOHN XIX. 25-27.

25 Εἰστήκεισαν δὲ παρὰ τῷ σταυρῷ τοῦ Ἰησοῦ ἡ μήτηρ αὐτοῦ καὶ ἡ ἀδελφὴ τῆς
25 μητρὸς αὐτοῦ, Μαρία ἡ τοῦ Κλωπᾶ, καὶ Μαρία ἡ Μαγδαληνή. Ἰησοῦς οὖν ἰδὼν
    τὴν μητέρα καὶ τὸν μαθητὴν παρεστῶτα, ὃν ἠγάπα, λέγει τῇ μητρὶ αὐτοῦ· γύναι,
27 ἰδού, ὁ υἱός σου. Εἶτα λέγει τῷ μαθητῇ· ἰδού, ἡ μήτηρ σου. καὶ ἀπ' ἐκείνης τῆς
    ὥρας ἔλαβεν αὐτὴν ὁ μαθητὴς εἰς τὰ ἴδια.

§ 155. Darkness prevails. Christ expires on the Cross.—*Jerusalem.*

Sixth Day of the Week.

MATTH. XXVII. 45-50.	MARK XV. 33-37.	LUKE XXIII. 44-46.
45 Ἀπὸ δὲ ἕκτης ὥρας σκότος ἐγένετο ἐπὶ πᾶσαν τὴν γῆν ἕως ὥρας 46 ἐννάτης. Περὶ δὲ τὴν ἐννάτην ὥραν ἀνεβόησεν ὁ Ἰησοῦς φωνῇ μεγάλῃ λέγων· ἠλί, ἠλί, λαμὰ σαβαχθανί; τοῦτ' ἔστι· θεέ μου, θεέ μου· ἵνα τί με ἐγκατέλιπες ;[a]	33 Γενομένης δὲ ὥρας ἕκτης σκότος ἐγένετο ἐφ' ὅλην τὴν γῆν ἕως 34 ὥρας ἐννάτης. Καὶ τῇ ὥρᾳ τῇ ἐννάτῃ ἐβόησεν ὁ Ἰησοῦς φωνῇ μεγάλῃ λέγων· ἐλωΐ, ἐλωΐ, λαμμᾶ σαβαχθανί; ὅ ἐστι μεθερμηνευόμενον· ὁ θεός μου, ὁ θεός μου, εἰς τί με ἐγκατέλιπες ;[a]	44 Ἦν δὲ ὡσεὶ ὥρα ἕκτη, καὶ σκότος ἐγένετο ἐφ ὅλην τὴν γῆν ἕως ὥρας 45 ἐννάτης. Καὶ ἐσκοτίσθη ὁ ἥλιος.—
47 Τινὲς δὲ τῶν ἐκεῖ ἑστώτων ἀκούσαντες ἔλεγον· ὅτι Ἠλίαν φωνεῖ οὗτος.	35 Καί τινες τῶν παρεστηκότων ἀκούσαντες ἔλεγον· ἰδού, Ἠλίαν	JOHN XIX. 28-30.

28 Μετὰ τοῦτο εἰδὼς ὁ Ἰησοῦς, ὅτι πάντα ἤδη τετέλεσται, ἵνα τελειω- |
| 48 Καὶ εὐθέως δραμὼν εἰς ἐξ αὐτῶν καὶ λαβὼν σπόγγον, πλήσας τε ὄξους καὶ περιθεὶς καλά- 49 μῳ, ἐπότιζεν αὐτόν. Οἱ δὲ λοιποὶ ἔλεγον· ἄφες, ἴδωμεν, εἰ ἔρχεται Ἠλίας σώσων αὐτόν. | 36 φωνεῖ. Δραμὼν δὲ εἰς καὶ γεμίσας σπόγγον ὄξους, περιθείς τε καλάμῳ, ἐπότιζεν αὐτὸν λέγων· ἄφετε, ἴδωμεν, εἰ ἔρχεται Ἠλίας καθελεῖν αὐτόν.   LUKE XXIII. | θῇ ἡ γραφή,[b] λέγει· 29 διψῶ. Σκεῦος οὖν ἔκειτο ὄξους μεστόν· οἱ δὲ πλήσαντες σπόγγον ὄξους καὶ ὑσσώπῳ περιθέντες προσήνεγκαν αὐτοῦ τῷ στόματι. |
| 50 Ὁ δὲ Ἰησοῦς πάλιν κράξας φωνῇ μεγάλῃ ἀφῆκε τὸ πνεῦμα. | MARK XV. 37 Ὁ δὲ Ἰησοῦς ἀφεὶς φωνὴν μεγάλην ἐξέπνευσε.   46 Καὶ φωνήσας φωνῇ μεγάλῃ ὁ Ἰησοῦς εἶπε· πάτερ, εἰς χεῖράς σου παραθήσομαι τὸ πνεῦμά μου. καὶ ταῦτα εἰπὼν ἐξέπνευσεν. | 30 Ὅτε οὖν ἔλαβε τὸ ὄξος ὁ Ἰησοῦς εἶπε· τετέλεσται· καὶ κλίνας τὴν κεφαλὴν παρέδωκε τὸ πνεῦμα. |

---

a **46** etc. Ps. 22, 2 [1].   b **28.** Comp. Ps. 69, 22.

§ 156. The vail of the Temple rent, and graves opened. Judgment of the Centurion. The Women at the Cross.—*Jerusalem.*

Sixth Day of the Week.

Ματτη. XXVII. 51–56.	Mark XV. 38–41.	Luke XXIII. 45, 47–49.
51 Καὶ ἰδού, τὸ καταπέτασμα τοῦ ναοῦ ἐσχίσθη εἰς δύο, ἀπὸ ἄνωθεν ἕως κάτω, καὶ ἡ γῆ	38 Καὶ τὸ καταπέτασμα τοῦ ναοῦ ἐσχίσθη εἰς δύο, ἀπὸ ἄνωθεν ἕως κάτω.	45 —Καὶ ἐσχίσθη τὸ καταπέτασμα τοῦ ναοῦ μέσον.

52 ἐσείσθη, καὶ αἱ πέτραι ἐσχίσθησαν · καὶ τὰ μνημεῖα ἀνεῴχθησαν, καὶ
53 πολλὰ σώματα τῶν κεκοιμημένων ἁγίων ἠγέρθη, | καὶ ἐξελθόντες ἐκ τῶν μνημείων μετὰ τὴν ἔγερσιν αὐτοῦ εἰσῆλθον εἰς τὴν ἁγίαν πόλιν καὶ ἐνεφανίσθησαν πολλοῖς.

54 Ὁ δὲ ἑκατόνταρχος καὶ οἱ μετ' αὐτοῦ τηροῦντες τὸν Ἰησοῦν, ἰδόντες τὸν σεισμὸν καὶ τὰ γενόμενα, ἐφοβήθησαν σφόδρα λέγοντες · ἀληθῶς θεοῦ υἱὸς ἦν οὗτος.	39 Ἰδὼν δὲ ὁ κεντυρίων ὁ παρεστηκὼς ἐξ ἐναντίας αὐτοῦ, ὅτι οὕτω κράξας ἐξέπνευσεν, εἶπεν · ἀληθῶς ὁ ἄνθρωπος οὗτος υἱὸς ἦν θεοῦ.	47 Ἰδὼν δὲ ὁ ἑκατόνταρχος τὸ γενόμενον ἐδόξασε τὸν θεὸν λέγων · ὄντως ὁ ἄνθρωπος οὗτος δίκαιος ἦν. Καὶ πάντες οἱ συμπαραγενόμενοι ὄχλοι ἐπὶ τὴν θεωρίαν ταύτην, θεωροῦντες τὰ γενόμενα, τύπτοντες ἑαυτῶν τὰ στήθη ὑπέστρεφον. Εἰστήκεισαν δὲ πάντες οἱ γνωστοὶ αὐτοῦ μακρόθεν καὶ γυναῖκες, αἱ συνακολουθήσασαι αὐτῷ ἀπὸ τῆς Γαλιλαίας, ὁρῶσαι ταῦτα.
55 Ἦσαν δὲ ἐκεῖ γυναῖκες πολλαὶ ἀπὸ μακρόθεν θεωροῦσαι, αἵτινες ἠκολούθησαν τῷ Ἰησοῦ ἀπὸ τῆς Γαλιλαίας διακο-	40 Ἦσαν δὲ καὶ γυναῖκες ἀπὸ μακρόθεν θεωροῦσαι, ἐν αἷς ἦν καὶ Μαρία ἡ Μαγδαληνή, καὶ Μαρία ἡ τοῦ Ἰακώβου τοῦ μικροῦ καὶ Ἰωσῆ μήτηρ,	48	49
56 νοῦσαι αὐτῷ. Ἐν αἷς ἦν Μαρία ἡ Μαγδαληνή, καὶ Μαρία ἡ τοῦ Ἰακώβου καὶ Ἰωσῆ μήτηρ, καὶ ἡ μήτηρ τῶν υἱῶν Ζεβεδαίου.	41 καὶ Σαλώμη · αἳ καὶ ὅτε ἦν ἐν τῇ Γαλιλαίᾳ ἠκολούθουν αὐτῷ καὶ διηκόνουν αὐτῷ · καὶ ἄλλαι πολλαὶ αἱ συναναβᾶσαι αὐτῷ εἰς Ἱεροσόλυμα.	

§ 157. The taking down from the Cross. The burial.—*Jerusalem.*

Sixth Day of the Week.

John XIX. 31–42.

31 Οἱ οὖν Ἰουδαῖοι, ἵνα μὴ μείνῃ ἐπὶ τοῦ σταυροῦ τὰ σώματα ἐν τῷ σαββάτῳ,[a] ἐπεὶ παρασκευὴ ἦν, (ἦν γὰρ μεγάλη ἡ ἡμέρα ἐκείνου τοῦ σαββάτου,) ἠρώτησαν
32 τὸν Πιλάτον, ἵνα κατεαγῶσιν αὐτῶν τὰ σκέλη καὶ ἀρθῶσιν. Ἦλθον οὖν οἱ στρατιῶται, καὶ τοῦ μὲν πρώτου κατέαξαν τὰ σκέλη καὶ τοῦ ἄλλου τοῦ συσταυ-
33 ρωθέντος αὐτῷ. Ἐπὶ δὲ τὸν Ἰησοῦν ἐλθόντες, ὡς εἶδον αὐτὸν ἤδη τεθνηκότα,

---

a **31.** Comp. Deut. 21, 22. 23.

JOHN XIX.

34 οὐ κατέαξαν αὐτοῦ τὰ σκέλη, | ἀλλ᾽ εἷς τῶν στρατιωτῶν λόγχῃ αὐτοῦ τὴν πλευρὰν
35 ἔνυξε, καὶ εὐθὺς ἐξῆλθεν αἷμα καὶ ὕδωρ. Καὶ ὁ ἑωρακὼς μεμαρτύρηκε, καὶ ἀλη-
θινὴ αὐτοῦ ἐστιν ἡ μαρτυρία· κἀκεῖνος οἶδεν, ὅτι ἀληθῆ λέγει, ἵνα καὶ ὑμεῖς
36 πιστεύσητε. Ἐγένετο γὰρ ταῦτα, ἵνα ἡ γραφὴ πληρωθῇ·[a] ὀστοῦν οὐ συντριβή-
37 σεται αὐτοῦ. Καὶ πάλιν ἑτέρα γραφὴ λέγει·[b] ὄψονται εἰς ὃν ἐξεκέντησαν.

MATT. XXVII. 57–61.	MARK XV. 42–47.	LUKE XXIII. 50–56.	JOHN XIX.
57 Ὀψίας δὲ γενο- μένης ἦλθεν ἄν- θρωπος πλούσιος ἀπὸ Ἀριμαθαίας, τοὔνομα Ἰωσήφ, ὃς καὶ αὐτὸς ἐμα- θήτευσε τῷ Ἰη- 58 σοῦ. Οὗτος προσ- ελθὼν τῷ Πιλά- τῳ ᾐτήσατο τὸ σῶμα τοῦ Ἰησοῦ.	42 Καὶ ἤδη ὀψίας γενομένης, ἐπεὶ ἦν παρασκευή, ὅ ἐσ- τι προσάββυτον, 43 ἦλθεν Ἰωσὴφ ὁ ἀπὸ Ἀριμαθαί- ας, εὐσχήμων βου- λευτής, ὃς καὶ αὐτὸς ἦν προσδε- χόμενος τὴν βασι- λείαν τοῦ θεοῦ· τολμήσας εἰσῆλθε πρὸς Πιλάτον καὶ ᾐτήσατο τὸ σῶμα 44 τοῦ Ἰησοῦ. Ὁ δὲ Πιλάτος ἐθαύ- μασεν, εἰ ἤδη τέθνηκε· καὶ προσ- καλεσάμενος τὸν κεντυρίωνα ἐπη- ρώτησεν αὐτόν, εἰ πάλαι ἀπέθανε. 45 Καὶ γνοὺς ἀπὸ τοῦ κεντυρίωνος ἐδωρή- σατο τὸ σῶμα τῷ 46 Ἰωσήφ. Καὶ ἀγο- ράσας σινδόνα καὶ καθελὼν αὐτὸν ἐν- είλησε τῇ σινδό- νι, καὶ κατέθηκεν αὐτὸν ἐν μνημείῳ, ὃ ἦν λελατομημέ- νον ἐκ πέτρας, καὶ προσεκύλισε λίθον ἐπὶ τὴν θύ- ραν τοῦ μνημείου.	54 Καὶ ἡμέρα ἦν παρασκευή, καὶ σάββατον ἐπέφω- 50 σκε. — Καὶ ἰδού, ἀνὴρ ὀνόματι Ἰω- σήφ, βουλευτὴς ὑπάρχων, ἀνὴρ ἀ- γαθὸς καὶ δίκαι- 51 ος,	(οὗτος οὐκ ἦν συγκατατεθει- μένος τῇ βουλῇ καὶ τῇ πράξει αὐ- τῶν,) ἀπὸ Ἀριμαθαίας πόλεως τῶν Ἰουδαίων, ὃς καὶ προσεδέ- χετο καὶ αὐτὸς τὴν βασιλείαν 52 τοῦ θεοῦ· οὗτος προσελθὼν τῷ Πιλάτῳ ᾐτήσατο τὸ σῶμα τοῦ Ἰη- σοῦ. 53 Καὶ καθελὼν αὐ- τὸ ἐνετύλιξεν αὐ- τὸ σινδόνι, καὶ ἔθηκεν αὐτὸ ἐν μνήματι λαξευτῷ, οὗ οὐκ ἦν οὐδέπω οὐδεὶς κείμενος.—	38 Μετὰ δὲ ταῦτα ἠρώτησε τὸν Πι- λάτον ὁ Ἰωσὴφ ὁ ἀπὸ Ἀριμαθαί- ας, ὢν μαθητὴς τοῦ Ἰησοῦ, κε- κρυμμένος δὲ διὰ τὸν φόβον τῶν Ἰουδαίων, ἵνα ἄρῃ τὸ σῶμα τοῦ Ἰη- σοῦ· καὶ ἐπέτρεψεν ὁ Πιλάτος. ἦλθεν οὖν καὶ ἦρε τὸ σῶμα τοῦ Ἰησοῦ. 39 Ἦλθε δὲ καὶ Νικόδημος, ὁ ἐλθὼν πρὸς τὸν Ἰησοῦν νυκτὸς τὸ πρῶτον, φέρων μίγμα σμύρνης καὶ ἀλόης ὡς λίτρας ἑκατόν. 40 Ἔλαβον οὖν τὸ σῶμα τοῦ Ἰησοῦ καὶ ἔδησαν αὐτὸ ὀθονίοις μετὰ τῶν ἀρωμάτων, καθὼς ἔθος ἐστὶ τοῖς Ἰου- δαίοις ἐνταφιάζειν.

τότε ὁ Πιλάτος* ἐκέλευσεν ἀποδο- θῆναι τὸ σῶμα.
59 Καὶ λαβὼν τὸ σῶμα ὁ Ἰωσὴφ ἐνετύλιξεν αὐτὸ σινδόνι καθαρᾷ,
60 καὶ ἔθηκεν αὐτὸ ἐν τῷ καινῷ αὐ- τοῦ μνημείῳ, ὃ ἐλατόμησεν ἐν τῇ πέτρᾳ, καὶ προσ- κυλίσας λίθον μέ- γαν τῇ θύρᾳ τοῦ μνημείου ἀπῆλθεν.

41 Ἦν δὲ ἐν τῷ τόπῳ, ὅπου ἐσταυρώθη, κῆπος καὶ ἐν τῷ κήπῳ μνημεῖον καινόν,
42 ἐν ᾧ οὐδέπω οὐδεὶς ἐτέθη. Ἐκεῖ οὖν διὰ τὴν παρασκευὴν
τῶν Ἰουδαίων, ὅτι ἐγγὺς ἦν τὸ μνημεῖον, ἔθηκαν τὸν Ἰησοῦν.

a 36. Ex. 12, 46. Ps. 34, 20.   b 37. Zech. 12, 10.

MATTH. XXVII.	MARK XV.	LUKE XXIII.

61 *Ἦν δὲ ἐκεῖ Μαρία ἡ Μαγδαληνὴ καὶ ἡ ἄλλη Μαρία, καθήμεναι ἀπέναντι τοῦ τάφου.

47 Ἡ δὲ Μαρία ἡ Μαγδαληνὴ καὶ Μαρία Ἰωσῆ ἐθεώρουν, ποῦ τίθεται.

55 Κατακολουθήσασαι δὲ καὶ γυναῖκες, αἵτινες ἦσαν συνεληλυθυῖαι αὐτῷ ἐκ τῆς Γαλιλαίας, ἐθεάσαντο τὸ μνημεῖον, καὶ ὡς ἐτέθη τὸ σῶμα αὐτοῦ. 56 Ὑποστρέψασαι δὲ ἡτοίμασαν ἀρώματα καὶ μύρα· καὶ . τὸ μὲν σάββατον ἡσύχασαν κατὰ τὴν ἐντολήν.

§ 158. The Watch at the Sepulchre.—*Jerusalem.*

Seventh Day of the Week, or Sabbath.

Ματτη. XXVII. 62–66.

62 Τῇ δὲ ἐπαύριον, ἥτις ἐστὶ μετὰ τὴν παρασκευήν, συνήχθησαν οἱ ἀρχιερεῖς καὶ
63 οἱ Φαρισαῖοι πρὸς Πιλάτον ¹ λέγοντες· κύριε, ἐμνήσθημεν, ὅτι ἐκεῖνος ὁ πλάνος
64 εἶπεν ἔτι ζῶν· μετὰ τρεῖς ἡμέρας ἐγείρομαι. Κέλευσον οὖν ἀσφαλισθῆναι τὸν
τάφον ἕως τῆς τρίτης ἡμέρας, μήποτε ἐλθόντες οἱ μαθηταὶ αὐτοῦ [νυκτὸς] κλέ-
ψωσιν αὐτὸν καὶ εἴπωσι τῷ λαῷ· ἠγέρθη ἀπὸ τῶν νεκρῶν· καὶ ἔσται ἡ ἐσχάτη
65 πλάνη χείρων τῆς πρώτης. Ἔφη αὐτοῖς ὁ Πιλάτος· ἔχετε κουστωδίαν· ὑπάγετε,
66 ἀσφαλίσασθε ὡς οἴδατε. Οἱ δὲ πορευθέντες ἠσφαλίσαντο τὸν τάφον σφραγίσαν-
τες τὸν λίθον μετὰ τῆς κουστωδίας.

PART IX.

OUR LORD'S RESURRECTION, HIS SUBSEQUENT APPEARANCES, AND HIS ASCENSION.

TIME: *Forty days.*

§ 159. The Morning of the Resurrection.—*Jerusalem.*

First Day of the Week.

MARK XVI. 1.

1 Καὶ διαγενομένου τοῦ σαββάτου Μαρία ἡ Μαγδαληνὴ καὶ Μαρία ἡ τοῦ Ἰακώβου καὶ Σαλώμη ἠγόρασαν ἀρώματα, ἵνα ἐλθοῦσαι ἀλείψωσιν αὐτόν.

MATTH. XXVIII. 2–4.

2 Καὶ ἰδού, σεισμὸς ἐγένετο μέγας· ἄγγελος γὰρ κυρίου καταβὰς ἐξ οὐρανοῦ προς-
3 ελθὼν ἀπεκύλισε τὸν λίθον ἀπὸ τῆς θύρας καὶ ἐκάθητο ἐπάνω αὐτοῦ. Ἦν δὲ ἡ
4 ἰδέα αὐτοῦ ὡς ἀστραπὴ καὶ τὸ ἔνδυμα αὐτοῦ λευκὸν ὡσεὶ χιών. Ἀπὸ δὲ τοῦ φόβου αὐτοῦ ἐσείσθησαν οἱ τηροῦντες καὶ ἐγένοντο ὡσεὶ νεκροί.

§ 160. Visit of the Women to the Sepulchre. Mary Magdalene returns.—*Jerusalem.*

First Day of the Week.

MATTH. XXVIII. 1.	MARK XVI. 2–4.	LUKE XXIV. 1–3.	JOHN XX. 1, 2.
1 Ὀψὲ δὲ σαββά-των, τῇ ἐπιφω-σκούσῃ εἰς μίαν σαββάτων, ἦλθε Μαρία ἡ Μαγδα-ληνὴ καὶ ἡ ἄλλη Μαρία θεωρῆσαι τὸν τάφον.	2 Καὶ λίαν πρωὶ τῆς μιᾶς σαββά-των ἔρχονται ἐπὶ τὸ μνημεῖον, ἀνα-τείλαντος τοῦ ἡ-3 λίου. Καὶ ἔλεγον πρὸς ἑαυτάς· τίς ἀ-ποκυλίσει ἡμῖν τὸν λίθον ἐκ τῆς θύρας	1 Τῇ δὲ μιᾷ τῶν σαββάτων ὄρθρου βαθέος ἦλθον ἐπὶ τὸ μνῆμα, φέρου-σαι ἃ ἡτοίμασαν ἀρώματα, καί τι-νες σὺν αὐταῖς.	1 Τῇ δὲ μιᾷ τῶν σαββάτων Μαρί-α ἡ Μαγδαλη-νὴ ἔρχεται πρωὶ σκοτίας ἔτι οὔσης εἰς τὸ μνημεῖον,

MARK XVI.	LUKE XXIV.	JOHN XX.
4 τοῦ μνημείου; καὶ ἀνα-	2 Εὗρον δὲ τὸν λίθον ἀπο-	καὶ βλέπει τὸν λίθον ἠρ-
βλέψασαι θεωροῦσιν, ὅτι	κεκυλισμένον ἀπὸ τοῦ	μένον ἐκ τοῦ μνημείου.
ἀποκεκύλισται ὁ λίθος·	3 μνημείου· καὶ εἰσελθοῦ-	
ἦν γὰρ μέγας σφόδρα.	σαι οὐχ εὗρον τὸ σῶμα τοῦ κυρίου Ἰησοῦ.	

JOHN XX.

2 Τρέχει οὖν καὶ ἔρχεται πρὸς Σίμωνα Πέτρον καὶ πρὸς τὸν ἄλλον μαθητήν, ὃν ἐφίλει ὁ Ἰησοῦς, καὶ λέγει αὐτοῖς· ἦραν τὸν κύριον ἐκ τοῦ μνημείου, καὶ οὐκ οἴδαμεν, ποῦ ἔθηκαν αὐτόν.

§ 161. Vision of Angels in the Sepulchre.—*Jerusalem.*

First Day of the Week.

MARK XVI. 5–7.

5 Καὶ εἰσελθοῦσαι εἰς τὸ μνημεῖον εἶδον νεανίσκον καθήμενον ἐν τοῖς δεξιοῖς, περιβεβλημένον στολὴν λευ-

MATTH. XXVIII. 5–7.

5 Ἀποκριθεὶς δὲ ὁ ἄγγελος εἶπε ταῖς γυναιξί· μὴ φοβεῖσθε ὑμεῖς· οἶδα γάρ, ὅτι Ἰησοῦν τὸν ἐσταυρωμένον ζητεῖτε.

6 Οὐκ ἔστιν ὧδε· ἠγέρθη γάρ, καθὼς εἶπε. δεῦτε, ἴδετε τὸν τόπον, ὅπου

7 ἔκειτο ὁ κύριος. Καὶ ταχὺ πορευθεῖσαι εἴπατε τοῖς μαθηταῖς αὐτοῦ, ὅτι ἠγέρθη ἀπὸ τῶν νεκρῶν· καὶ ἰδού, προάγει ὑμᾶς εἰς τὴν Γαλιλαίαν· ἐκεῖ αὐτὸν ὄψεσθε· ἰδού, εἶπον ὑμῖν.

LUKE XXIV. 4–8.

4 Καὶ ἐγένετο ἐν τῷ διαπορεῖσθαι αὐτὰς περὶ τούτου, καὶ ἰδού, ἄνδρες δύο ἐπέστησαν αὐταῖς ἐν ἐσθήσεσιν ἀστραπτού-

κήν· καὶ ἐξεθαμβήθησαν. Ὁ δὲ λέγει αὐταῖς· μὴ ἐκθαμβεῖσθε· Ἰησοῦν ζητεῖτε τὸν Ναζαρηνὸν τὸν ἐσταυρωμένον· ἠγέρθη, οὐκ ἔστιν ὧδε· ἴδε, ὁ τόπος, ὅπου ἔθηκαν αὐτόν.

7   'Αλλ' ὑπάγετε, εἴπατε τοῖς μαθηταῖς αὐτοῦ καὶ τῷ Πέτρῳ, ὅτι προάγει ὑμᾶς εἰς τὴν Γαλιλαίαν· ἐκεῖ αὐτὸν ὄψεσθε, καθὼς εἶπεν ὑμῖν.

5 σαις. Ἐμφόβων δὲ γενομένων αὐτῶν καὶ κλινουσῶν τὸ πρόσωπον εἰς τὴν γῆν, εἶπον πρὸς αὐτάς· τί ζητεῖτε τὸν ζῶντα μετὰ τῶν νε-

6 κρῶν; Οὐκ ἔστιν ὧδε, ἀλλ' ἠγέρθη. μνήσθητε, ὡς ἐλάλησεν ὑμῖν ἔτι

7 ὢν ἐν τῇ Γαλιλαίᾳ ¹ λέγων· ὅτι δεῖ τὸν υἱὸν τοῦ ἀνθρώπου παραδοθῆναι εἰς χεῖρας ἀνθρώπων ἁμαρτωλῶν καὶ σταυρωθῆναι καὶ τῇ τρίτῃ ἡμέρᾳ ἀναστῆναι.

8 Καὶ ἐμνήσθησαν τῶν ῥημάτων αὐτοῦ.

§ 162. The Women return to the City. Jesus meets them.—*Jerusalem.*

First Day of the Week.

MATTH. XXVIII. 8–10.

8 Καὶ ἐξελθοῦσαι ταχὺ ἀπὸ τοῦ μνημείου μετὰ φόβου καὶ χαρᾶς μεγάλης ἔδραμον ἀπαγγεῖλαι τοῖς μαθηταῖς αὐτοῦ.

MARK XVI. 8.

8 Καὶ ἐξελθοῦσαι ἔφυγον ἀπὸ τοῦ μνημείου· εἶχε δὲ αὐτὰς τρόμος καὶ ἔκστασις, καὶ οὐδενὶ οὐδὲν εἶπον· ἐφοβοῦντο γάρ.

MATTH. XXVIII.

9 Ὡς δὲ ἐπορεύοντο ἀπαγγεῖλαι τοῖς μαθηταῖς αὐτοῦ, καὶ ἰδού, ὁ Ἰησοῦς ἀπήν-
τησεν αὐταῖς λέγων· χαίρετε. αἱ δὲ προςελθοῦσαι ἐκράτησαν αὐτοῦ τοὺς πόδας καὶ
10 προςεκύνησαν αὐτῷ. Τότε λέγει αὐταῖς ὁ Ἰησοῦς· μὴ φοβεῖσθε· ὑπάγετε, ἀπαγ-
γείλατε τοῖς ἀδελφοῖς μου, ἵνα ἀπέλθωσιν εἰς τὴν Γαλιλαίαν, κἀκεῖ με ὄψονται.

LUKE XXIV. 9-11.

9 Καὶ ὑποστρέψασαι ἀπὸ τοῦ μνημείου ἀπήγγειλαν ταῦτα πάντα τοῖς ἕνδεκα καὶ
10 πᾶσι τοῖς λοιποῖς. Ἦσαν δὲ ἡ Μαγδαληνὴ Μαρία καὶ Ἰωάννα καὶ Μαρία Ἰακώβου
11 καὶ αἱ λοιπαὶ σὺν αὐταῖς, αἳ ἔλεγον πρὸς τοὺς ἀποστόλους ταῦτα. Καὶ ἐφάνησαν
ἐνώπιον αὐτῶν ὡςεὶ λῆρος τὰ ῥήματα αὐτῶν, καὶ ἠπίστουν αὐταῖς.

§ 163.   Peter and John run to the Sepulchre.—*Jerusalem.*

First Day of the Week.

JOHN XX. 3-10.

3 Ἐξῆλθεν οὖν ὁ Πέτρος καὶ ὁ ἄλλος μαθητής, καὶ ἤρχοντο εἰς τὸ μνημεῖον.
4 Ἔτρεχον δὲ οἱ δύο ὁμοῦ· καὶ ὁ ἄλλος μαθητὴς προέδραμε τάχιον τοῦ Πέτρου
5 καὶ ἦλθε πρῶτος εἰς τὸ μνημεῖον. Καὶ παρακύψας

LUKE XXIV. 12.   6 βλέπει κείμενα τὰ ὀθόνια· οὐ μέντοι εἰςῆλθεν. Ἔρ-
χεται οὖν Σίμων Πέτρος ἀκολουθῶν αὐτῷ καὶ εἰςῆλ-

12 Ὁ δὲ Πέτρος ἀναστὰς   θεν εἰς τὸ μνημεῖον καὶ θεωρεῖ τὰ ὀθόνια κείμενα
ἔδραμεν ἐπὶ τὸ μνημεῖον,   7 καὶ τὸ σουδάριον, ὃ ἦν ἐπὶ τῆς κεφαλῆς αὐτοῦ, οὐ
καὶ παρακύψας βλέπει   μετὰ τῶν ὀθονίων κείμενον, ἀλλὰ χωρὶς ἐντετυλιγ-
τὰ ὀθόνια κείμενα μόνα,   8 μένον εἰς ἕνα τόπον. Τότε οὖν εἰςῆλθε καὶ ὁ ἄλλος
μαθητής, ὁ ἐλθὼν πρῶτος εἰς τὸ μνημεῖον, καὶ εἶδε
καὶ ἀπῆλθε πρὸς ἑαυ-   9 καὶ ἐπίστευσεν· οὐδέπω γὰρ ᾔδεισαν τὴν γραφήν, ὅτι
τὸν θαυμάζων τὸ γε-   10 δεῖ αὐτὸν ἐκ νεκρῶν ἀναστῆναι. Ἀπῆλθον οὖν πάλιν
γονός.   πρὸς ἑαυτοὺς οἱ μαθηταί.

§ 164.   Our Lord is seen by Mary Magdalene at the Sepulchre.—*Jerusalem.*

First Day of the Week.

JOHN XX. 11-18.

11 Μαρία δὲ εἱστήκει πρὸς τὸ μνημεῖον κλαίουσα ἔξω. ὡς οὖν ἔκλαιε, παρέκυψεν
12 εἰς τὸ μνημεῖον, καὶ θεωρεῖ δύο ἀγγέλους ἐν λευκοῖς καθεζομένους, ἕνα πρὸς τῇ
13 κεφαλῇ καὶ ἕνα πρὸς τοῖς ποσίν, ὅπου ἔκειτο τὸ σῶμα τοῦ Ἰησοῦ. Καὶ λέγουσιν
αὐτῇ ἐκεῖνοι· γύναι, τί κλαίεις; λέγει αὐτοῖς· ὅτι ἦραν τὸν κύριόν μου, καὶ οὐκ

MARK XVI. 9-11.   14 οἶδα, ποῦ ἔθηκαν αὐτόν. Καὶ ταῦτα

9 Ἀναστὰς δὲ πρωὶ πρώτῃ σαββάτου   εἰποῦσα ἐστράφη εἰς τὰ ὀπίσω καὶ
ἐφάνη πρῶτον Μαρίᾳ τῇ Μαγδαληνῇ,   θεωρεῖ τὸν Ἰησοῦν ἑστῶτα, καὶ οὐκ
ἀφ' ἧς ἐκβεβλήκει ἑπτὰ δαιμόνια.   15 ᾔδει, ὅτι ὁ Ἰησοῦς ἐστι. Λέγει αὐτῇ
ὁ Ἰησοῦς· γύναι, τί κλαίεις; τίνα ζη-
τεῖς; ἐκείνη δοκοῦσα, ὅτι ὁ κηπουρός ἐστι, λέγει αὐτῷ· κύριε, εἰ σὺ ἐβάστασας
16 αὐτόν, εἰπέ μοι, ποῦ ἔθηκας αὐτόν· κἀγὼ αὐτὸν ἀρῶ. Λέγει αὐτῇ ὁ Ἰησοῦς·
17 Μαρία. στραφεῖσα ἐκείνη λέγει αὐτῷ· ῥαββουνί (ὃ λέγεται, διδάσκαλε). Λέγει

JOHN XX.

αὐτῇ ὁ Ἰησοῦς· μή μου ἅπτου· οὔπω γὰρ ἀναβέβηκα πρὸς τὸν πατέρα μου·
πορεύου δὲ πρὸς τοὺς ἀδελφούς μου καὶ εἰπὲ αὐτοῖς· ἀναβαίνω πρὸς τὸν πατέρα

MARK XVI.

μου καὶ πατέρα ὑμῶν καὶ θεόν μου

10 Ἐκείνη πορευθεῖσα ἀπήγγειλε τοῖς μετ᾽   18 καὶ θεὸν ὑμῶν. Ἔρχεται Μαρία ἡ
αὐτοῦ γενομένοις, πενθοῦσι καὶ κλαί-   Μαγδαληνὴ ἀπαγγέλλουσα τοῖς μαθη-
11 ουσι. Κἀκεῖνοι ἀκούσαντες, ὅτι ζῇ καὶ   ταῖς, ὅτι ἑώρακε τὸν κύριον καὶ ταῦτα
ἐθεάθη ὑπ᾽ αὐτῆς, ἠπίστησαν.   εἶπεν αὐτῇ.

§ 165. Report of the Watch.—*Jerusalem.*

First Day of the Week.

MΑΤΤΗ. XXVIII. 11–15.

11 Πορευομένων δὲ αὐτῶν, ἰδού, τινὲς τῆς κουστωδίας ἐλθόντες εἰς τὴν πόλιν
12 ἀπήγγειλαν τοῖς ἀρχιερεῦσιν ἅπαντα τὰ γενόμενα. Καὶ συναχθέντες μετὰ τῶν
πρεσβυτέρων, συμβούλιόν τε λαβόντες, ἀργύρια ἱκανὰ ἔδωκαν τοῖς στρατιώταις
13 λέγοντες· εἴπατε, ὅτι οἱ μαθηταὶ αὐτοῦ νυκτὸς ἐλθόντες ἔκλεψαν αὐτὸν ἡμῶν
14 κοιμωμένων. Καὶ ἐὰν ἀκουσθῇ τοῦτο ἐπὶ τοῦ ἡγεμόνος, ἡμεῖς πείσομεν αὐτὸν
15 καὶ ὑμᾶς ἀμερίμνους ποιήσομεν. Οἱ δὲ λαβόντες τὰ ἀργύρια ἐποίησαν ὡς ἐδι-
δάχθησαν. καὶ διεφημίσθη ὁ λόγος οὗτος παρὰ Ἰουδαίοις μέχρι τῆς σήμερον.

§ 166. Our Lord is seen of Peter.   Then by two Disciples on the way to Em-
maus.—*Jerusalem. Emmaus.*

First Day of the Week.

1 COR. XV. 5.   LUKE XXIV. 13–35.

5 —ὤφθη Κηφᾷ·—   13   Καὶ ἰδού, δύο ἐξ αὐτῶν ἦσαν πορευ-
   MARK XVI. 12, 13.   όμενοι ἐν αὐτῇ τῇ ἡμέρᾳ εἰς κώμην
12 Μετὰ δὲ ταῦτα δυσὶν ἐξ αὐτῶν περι-   ἀπέχουσαν σταδίους ἑξήκοντα ἀπὸ Ἰε-
   πατοῦσιν ἐφανερώθη ἐν ἑτέρᾳ μορφῇ,   14 ρουσαλήμ, ᾗ ὄνομα Ἐμμαούς. Καὶ
   πορευομένοις εἰς ἀγρόν.   αὐτοὶ ὡμίλουν πρὸς ἀλλήλους περὶ
                                             πάντων τῶν συμβεβηκότων τούτων.

15 Καὶ ἐγένετο ἐν τῷ ὁμιλεῖν αὐτοὺς καὶ συζητεῖν, καὶ αὐτὸς ὁ Ἰησοῦς ἐγγίσας συνε-
16 πορεύετο αὐτοῖς· οἱ δὲ ὀφθαλμοὶ αὐτῶν ἐκρατοῦντο τοῦ μὴ ἐπιγνῶναι αὐτόν.
17   Εἶπε δὲ πρὸς αὐτούς· τίνες οἱ λόγοι οὗτοι, οὓς ἀντιβάλλετε πρὸς ἀλλήλους
18 περιπατοῦντες, καί ἐστε σκυθρωποί; Ἀποκριθεὶς δὲ ὁ εἷς, ᾧ ὄνομα Κλεόπας,
   εἶπε πρὸς αὐτόν· σὺ μόνος παροικεῖς ἐν Ἱερουσαλὴμ καὶ οὐκ ἔγνως τὰ γενόμενα
19 ἐν αὐτῇ ἐν ταῖς ἡμέραις ταύταις; Καὶ εἶπεν αὐτοῖς· ποῖα; οἱ δὲ εἶπον αὐτῷ·
   τὰ περὶ Ἰησοῦ τοῦ Ναζωραίου, ὃς ἐγένετο ἀνὴρ προφήτης, δυνατὸς ἐν ἔργῳ καὶ
20 λόγῳ ἐναντίον τοῦ θεοῦ καὶ παντὸς τοῦ λαοῦ· ὅπως τε παρέδωκαν αὐτὸν οἱ
   ἀρχιερεῖς καὶ οἱ ἄρχοντες ἡμῶν εἰς κρίμα θανάτου καὶ ἐσταύρωσαν αὐτόν.
21 Ἡμεῖς δὲ ἠλπίζομεν, ὅτι αὐτός ἐστιν ὁ μέλλων λυτροῦσθαι τὸν Ἰσραήλ· ἀλλά γε
   σὺν πᾶσι τούτοις τρίτην ταύτην ἡμέραν ἄγει σήμερον, ἀφ᾽ οὗ ταῦτα ἐγένετο.
22 Ἀλλὰ καὶ γυναῖκές τινες ἐξ ἡμῶν ἐξέστησαν ἡμᾶς, γενόμεναι ὄρθριαι ἐπὶ τὸ
23 μνημεῖον, ᾿καὶ μὴ εὑροῦσαι τὸ σῶμα αὐτοῦ ἦλθον λέγουσαι καὶ ὀπτασίαν ἀγγέ-

LUKE XXIV.

24 λων ἑωρακέναι, οἳ λέγουσιν αὐτὸν ζῆν. Καὶ ἀπῆλθόν τινες τῶν σὺν ἡμῖν ἐπὶ τὸ
25 μνημεῖον, καὶ εὗρον οὕτω καθὼς καὶ αἱ γυναῖκες εἶπον, αὐτὸν δὲ οὐκ εἶδον. Καὶ
αὐτὸς εἶπε πρὸς αὐτούς· ὦ ἀνόητοι καὶ βραδεῖς τῇ καρδίᾳ τοῦ πιστεύειν ἐπὶ πᾶσιν,
26 οἷς ἐλάλησαν οἱ προφῆται. Οὐχὶ ταῦτα ἔδει παθεῖν τὸν Χριστὸν καὶ εἰσελθεῖν εἰς
27 τὴν δόξαν αὐτοῦ; Καὶ ἀρξάμενος ἀπὸ Μωϋσέως καὶ ἀπὸ πάντων τῶν προφητῶν
διηρμήνευεν αὐτοῖς ἐν πάσαις ταῖς γραφαῖς τὰ περὶ αὐτοῦ.
28 Καὶ ἤγγισαν εἰς τὴν κώμην, οὗ ἐπορεύοντο, καὶ αὐτὸς προσεποιεῖτο πορρωτέρω
29 πορεύεσθαι. Καὶ παρεβιάσαντο αὐτὸν λέγοντες· μεῖνον μεθ᾽ ἡμῶν, ὅτι πρὸς
30 ἑσπέραν ἐστὶ καὶ κέκλικεν ἡ ἡμέρα. καὶ εἰσῆλθε τοῦ μεῖναι σὺν αὐτοῖς. Καὶ ἐγέ-
νετο ἐν τῷ κατακλιθῆναι αὐτὸν μετ᾽ αὐτῶν, λαβὼν τὸν ἄρτον εὐλόγησε καὶ κλάσας
31 ἐπεδίδου αὐτοῖς. Αὐτῶν δὲ διηνοίχθησαν οἱ ὀφθαλμοὶ καὶ ἐπέγνωσαν αὐτόν· καὶ
32 αὐτὸς ἄφαντος ἐγένετο ἀπ᾽ αὐτῶν. Καὶ εἶπον πρὸς ἀλλήλους· οὐχὶ ἡ καρδία ἡμῶν
καιομένη ἦν ἐν ἡμῖν, ὡς ἐλάλει ἡμῖν ἐν τῇ ὁδῷ καὶ ὡς διήνοιγεν ἡμῖν τὰς γραφάς;
33 Καὶ ἀναστάντες αὐτῇ τῇ ὥρᾳ ὑπέστρεψαν εἰς Ἱερουσαλήμ, καὶ εὗρον συνη-
34 θροισμένους τοὺς ἕνδεκα καὶ τοὺς σὺν αὐτοῖς | λέγοντας· ὅτι ἠγέρθη ὁ κύριος

MARK XVI.	35 ὄντως καὶ ὤφθη Σίμωνι. Καὶ αὐτοὶ
13 Κἀκεῖνοι ἀπελθόντες ἀπήγγειλαν τοῖς	ἐξηγοῦντο τὰ ἐν τῇ ὁδῷ καὶ ὡς ἐγνώ-
λοιποῖς· οὐδὲ ἐκείνοις ἐπίστευσαν.	σθη αὐτοῖς ἐν τῇ κλάσει τοῦ ἄρτου.

§ 167. Jesus appears in the midst of the Apostles, Thomas being absent.—
Jerusalem.

Evening following the First Day of the Week.

MARK XVI. 14–18.	1 COR. XV. 5.	JOHN XX. 19–23.
14 Ὕστερον ἀνακειμένοις αὐτοῖς τοῖς ἕνδεκα ἐφα-νερώθη· καὶ ὠνείδισε τὴν ἀπιστίαν αὐτῶν καὶ σκληροκαρδίαν, ὅτι τοῖς θεασαμένοις αὐτὸν ἐγηγερμένον οὐκ ἐπί-στευσαν.	5 —εἶτα τοῖς δώδεκα. LUKE XXIV. 36–49. 36 Ταῦτα δὲ αὐτῶν λα-λούντων αὐτὸς [ὁ Ἰη-σοῦς] ἔστη ἐν μέσῳ αὐ-τῶν καὶ λέγει αὐτοῖς· εἰρήνη ὑμῖν.	19 Οὔσης οὖν ὀψίας τῇ ἡμέρᾳ ἐκείνῃ, τῇ μιᾷ τῶν σαββάτων, καὶ τῶν θυ-ρῶν κεκλεισμένων, ὅπου ἦσαν οἱ μαθηταὶ συνηγ-μένοι, διὰ τὸν φόβον τῶν Ἰουδαίων, ἦλθεν ὁ Ἰη-σοῦς καὶ ἔστη εἰς τὸ μέ-σον καὶ λέγει αὐτοῖς· εἰρήνη ὑμῖν.

LUKE XXIV.

37 38 Πτοηθέντες δὲ καὶ ἔμφοβοι γενόμενοι ἐδόκουν πνεῦμα θεωρεῖν. Καὶ εἶπεν αὐτοῖς·
τί τεταραγμένοι ἐστέ; καὶ διὰ τί διαλογισμοὶ ἀναβαίνουσιν ἐν ταῖς καρδίαις ὑμῶν;
39 Ἴδετε τὰς χεῖράς μου καὶ τοὺς πόδας μου, ὅτι αὐτὸς ἐγώ εἰμι· ψηλαφήσατέ με καὶ ἴδετε·
40 ὅτι πνεῦμα σάρκα καὶ ὀστέα οὐκ ἔχει,

καθὼς ἐμὲ θεωρεῖτε ἔχοντα. Καὶ τοῦτο	JOHN XX.
εἰπὼν ἐπέδειξεν αὐτοῖς τὰς χεῖρας καὶ	20 Καὶ τοῦτο εἰπὼν ἔδειξεν αὐτοῖς τὰς χεῖ-
41 τοὺς πόδας. Ἔτι δὲ ἀπιστούντων αὐ-	ρας καὶ τὴν πλευρὰν αὐτοῦ. ἐχάρησαν οὖν οἱ μαθηταὶ ἰδόντες τὸν κύριον.

LUKE XXIV.

τῶν ἀπὸ τῆς χαρᾶς καὶ θαυμαζόντων, εἶπεν αὐτοῖς· ἔχετέ τι βρώσιμον ἐνθάδε;
42 43 Οἱ δὲ ἐπέδωκαν αὐτῷ ἰχθύος ὀπτοῦ μέρος καὶ ἀπὸ μελισσίου κηρίου. Καὶ
44 λαβὼν ἐνώπιον αὐτῶν ἔφαγεν. Εἶπε δὲ αὐτοῖς· οὗτοι οἱ λόγοι, οὓς ἐλάλησα
πρὸς ὑμᾶς ἔτι ὢν σὺν ὑμῖν, ὅτι δεῖ πληρωθῆναι πάντα τὰ γεγραμμένα ἐν τῷ
νόμῳ Μωϋσέως καὶ προφήταις καὶ ψαλμοῖς περὶ ἐμοῦ.
45 46 Τότε διήνοιξεν αὐτῶν τὸν νοῦν τοῦ συνιέναι τὰς γραφάς. Καὶ εἶπεν αὐτοῖς·
ὅτι οὕτω γέγραπται, καὶ οὕτως ἔδει παθεῖν τὸν Χριστὸν καὶ ἀναστῆναι ἐκ νεκ-
47 ρῶν τῇ τρίτῃ ἡμέρᾳ, ¹ καὶ κηρυχθῆναι ἐπὶ τῷ ὀνόματι αὐτοῦ μετάνοιαν καὶ
48 ἄφεσιν ἁμαρτιῶν εἰς πάντα τὰ ἔθνη, ἀρξάμενον ἀπὸ Ἱερουσαλήμ. Ὑμεῖς δέ

MARK XVI.   ἐστε μάρτυρες τούτων.   JOHN XX.

15 Καὶ εἶπεν αὐτοῖς· πο-   49 Καὶ ἰδού, ἐγὼ ἀποστέλλω   21 Εἶπεν οὖν αὐτοῖς ὁ Ἰη-
ρευθέντες εἰς τὸν κόσμον   τὴν ἐπαγγελίαν τοῦ πα-   σοῦς πάλιν· εἰρήνη ὑμῖν·
ἅπαντα κηρύξατε τὸ εὐ-   τρός μου ἐφ' ὑμᾶς· ὑμεῖς   καθὼς ἀπέσταλκέ με
αγγέλιον πάσῃ τῇ κτί-   δὲ καθίσατε ἐν τῇ πόλει   ὁ πατήρ, κἀγὼ πέμπω
16 σει. Ὁ πιστεύσας καὶ   Ἱερουσαλήμ, ἕως οὗ   ὑμᾶς.
βαπτισθεὶς σωθήσεται,   ἐνδύσησθε δύναμιν ἐξ
ὁ δὲ ἀπιστήσας κατα-   ὕψους.
17 κριθήσεται. Σημεῖα δὲ
τοῖς πιστεύσασι ταῦτα παρακολουθήσει· ἐν τῷ ὀνόματί μου δαιμόνια ἐκβαλοῦσι·
18 γλώσσαις λαλήσουσι καιναῖς· ¹ ὄφεις ἀροῦσι· κἂν θανάσιμόν τι πίωσιν, οὐ μὴ
αὐτοὺς βλάψῃ· ἐπὶ ἀρρώστους χεῖρας ἐπιθήσουσι, καὶ καλῶς ἕξουσιν.

JOHN XX.

22 23 Καὶ τοῦτο εἰπὼν ἐνεφύσησε καὶ λέγει αὐτοῖς· λάβετε πνεῦμα ἅγιον. Ἄν τινων
ἀφῆτε τὰς ἁμαρτίας, ἀφίενται αὐτοῖς· ἄν τινων κρατῆτε, κεκράτηνται.

§ 168. Jesus appears in the midst of the Apostles, Thomas being present.—
Jerusalem.

Evening following the First Day of the Week next after the Resurrection.

JOHN XX. 24-29.

24 Θωμᾶς δέ, εἷς ἐκ τῶν δώδεκα, ὁ λεγόμενος Δίδυμος, οὐκ ἦν μετ' αὐτῶν, ὅτε
25 ἦλθεν ὁ Ἰησοῦς. Ἔλεγον οὖν αὐτῷ οἱ ἄλλοι μαθηταί· ἑωράκαμεν τὸν κύριον.
ὁ δὲ εἶπεν αὐτοῖς· ἐὰν μὴ ἴδω ἐν ταῖς χερσὶν αὐτοῦ τὸν τύπον τῶν ἥλων καὶ βάλω
τὸν δάκτυλόν μου εἰς τὸν τύπον τῶν ἥλων καὶ βάλω τὴν χεῖρά μου εἰς τὴν πλευρὰν
αὐτοῦ, οὐ μὴ πιστεύσω.
26 Καὶ μεθ' ἡμέρας ὀκτὼ πάλιν ἦσαν ἔσω οἱ μαθηταὶ αὐτοῦ καὶ Θωμᾶς μετ'
αὐτῶν. ἔρχεται ὁ Ἰησοῦς τῶν θυρῶν κεκλεισμένων, καὶ ἔστη εἰς τὸ μέσον καὶ εἶπεν·
27 εἰρήνη ὑμῖν. Εἶτα λέγει τῷ Θωμᾷ· φέρε τὸν δάκτυλόν σου ὧδε καὶ ἴδε τὰς χεῖράς
μου, καὶ φέρε τὴν χεῖρά σου καὶ βάλε εἰς τὴν πλευράν μου· καὶ μὴ γίνου ἄπιστος,
28 ἀλλὰ πιστός. Ἀπεκρίθη Θωμᾶς καὶ εἶπεν αὐτῷ· ὁ κύριός μου καὶ ὁ θεός μου.
29 Λέγει αὐτῷ ὁ Ἰησοῦς· ὅτι ἑώρακάς με, πεπίστευκας· μακάριοι οἱ μὴ ἰδόντες καὶ
πιστεύσαντες.

15*

§ 169. The Apostles go away into Galilee.　Jesus shows himself to seven of
them at the Sea of Tiberias.—*Galilee.*

MATTH. XXVIII. 16.　　　　　　　JOHN XXI. 1–24.

16　Οἱ δὲ ἕνδεκα μαθηταὶ ἐπορεύθησαν 　1　Μετὰ ταῦτα ἐφανέρωσεν ἑαυτὸν πά-
εἰς τὴν Γαλιλαίαν·—　　　　　　λιν ὁ Ἰησοῦς τοῖς μαθηταῖς ἐπὶ τῆς
　　　　　　　　　　　　　θαλάσσης τῆς Τιβεριάδος· ἐφανέρωσε
2 δὲ οὕτως. Ἦσαν ὁμοῦ Σίμων Πέτρος καὶ Θωμᾶς, ὁ λεγόμενος Δίδυμος, καὶ
Ναθαναήλ, ὁ ἀπὸ Κανᾶ τῆς Γαλιλαίας, καὶ οἱ τοῦ Ζεβεδαίου καὶ ἄλλοι ἐκ τῶν
3 μαθητῶν αὐτοῦ δύο. Λέγει αὐτοῖς Σίμων Πέτρος· ὑπάγω ἁλιεύειν. λέγουσιν
αὐτῷ· ἐρχόμεθα καὶ ἡμεῖς σὺν σοί. ἐξῆλθον καὶ ἐνέβησαν εἰς τὸ πλοῖον εὐθύς,
4 καὶ ἐν ἐκείνῃ τῇ νυκτὶ ἐπίασαν οὐδέν. Πρωΐας δὲ ἤδη γενομένης ἔστη ὁ Ἰησοῦς
5 εἰς τὸν αἰγιαλόν· οὐ μέντοι ᾔδεισαν οἱ μαθηταί, ὅτι Ἰησοῦς ἐστι. Λέγει οὖν
6 αὐτοῖς ὁ Ἰησοῦς· παιδία, μή τι προσφάγιον ἔχετε; ἀπεκρίθησαν αὐτῷ· οὔ. Ὁ δὲ
εἶπεν αὐτοῖς· βάλετε εἰς τὰ δεξιὰ μέρη τοῦ πλοίου τὸ δίκτυον, καὶ εὑρήσετε.
ἔβαλον οὖν, καὶ οὐκέτι αὐτὸ ἑλκῦσαι ἴσχυσαν ἀπὸ τοῦ πλήθους τῶν ἰχθύων.
7 Λέγει οὖν ὁ μαθητὴς ἐκεῖνος, ὃν ἠγάπα ὁ Ἰησοῦς, τῷ Πέτρῳ· ὁ κύριός ἐστι.
Σίμων οὖν Πέτρος ἀκούσας, ὅτι ὁ κύριός ἐστι, τὸν ἐπενδύτην διεζώσατο, (ἦν γὰρ
γυμνός,) καὶ ἔβαλεν ἑαυτὸν εἰς τὴν θάλασσαν.
8 Οἱ δὲ ἄλλοι μαθηταὶ τῷ πλοιαρίῳ ἦλθον (οὐ γὰρ ἦσαν μακρὰν ἀπὸ τῆς γῆς,
9 ἀλλ' ὡς ἀπὸ πηχῶν διακοσίων) σύροντες τὸ δίκτυον τῶν ἰχθύων. Ὡς οὖν ἀπέβη-
σαν εἰς τὴν γῆν, βλέπουσιν ἀνθρακιὰν κειμένην καὶ ὀψάριον ἐπικείμενον καὶ ἄρτον.
10 11 Λέγει αὐτοῖς ὁ Ἰησοῦς· ἐνέγκατε ἀπὸ τῶν ὀψαρίων, ὧν ἐπιάσατε νῦν. Ἀνέβη
Σίμων Πέτρος καὶ εἵλκυσε τὸ δίκτυον ἐπὶ τῆς γῆς μεστὸν ἰχθύων μεγάλων ἑκατὸν
12 πεντήκοντα τριῶν· καὶ τοσούτων ὄντων οὐκ ἐσχίσθη τὸ δίκτυον. Λέγει αὐτοῖς ὁ
13 Ἰησοῦς· δεῦτε, ἀριστήσατε. οὐδεὶς δὲ ἐτόλμα τῶν μαθητῶν ἐξετάσαι αὐτόν· σὺ τίς
14 εἶ; εἰδότες, ὅτι ὁ κύριός ἐστιν. Ἔρχεται οὖν ὁ Ἰησοῦς καὶ λαμβάνει τὸν ἄρτον καὶ
δίδωσιν αὐτοῖς καὶ τὸ ὀψάριον ὁμοίως. Τοῦτο ἤδη τρίτον ἐφανερώθη ὁ Ἰησοῦς τοῖς
μαθηταῖς αὐτοῦ ἐγερθεὶς ἐκ νεκρῶν.
15 Ὅτε οὖν ἠρίστησαν, λέγει τῷ Σίμωνι Πέτρῳ ὁ Ἰησοῦς· Σίμων Ἰωνᾶ, ἀγαπᾷς
με πλεῖον τούτων; Λέγει αὐτῷ· ναί, κύριε, σὺ οἶδας, ὅτι φιλῶ σε. λέγει αὐτῷ·
16 βόσκε τὰ ἀρνία μου. Λέγει αὐτῷ πάλιν δεύτερον· Σίμων Ἰωνᾶ, ἀγαπᾷς με; λέγει
αὐτῷ· ναί, κύριε, σὺ οἶδας, ὅτι φιλῶ σε. λέγει αὐτῷ· ποίμαινε τὰ πρόβατά μου.
17 Λέγει αὐτῷ τὸ τρίτον· Σίμων Ἰωνᾶ, φιλεῖς με; ἐλυπήθη ὁ Πέτρος, ὅτι εἶπεν αὐτῷ
τὸ τρίτον· φιλεῖς με; καὶ εἶπεν αὐτῷ· κύριε, σὺ πάντα οἶδας· σὺ γινώσκεις, ὅτι
18 φιλῶ σε. λέγει αὐτῷ ὁ Ἰησοῦς· βόσκε τὰ πρόβατά μου. Ἀμὴν ἀμὴν λέγω σοι,
ὅτε ᾖς νεώτερος, ἐζώννυες σεαυτὸν καὶ περιεπάτεις, ὅπου ἤθελες· ὅταν δὲ γηράσῃς,
19 ἐκτενεῖς τὰς χεῖράς σου, καὶ ἄλλος σε ζώσει καὶ οἴσει, ὅπου οὐ θέλεις. Τοῦτο δὲ
εἶπε σημαίνων, ποίῳ θανάτῳ δοξάσει τὸν θεόν. καὶ τοῦτο εἰπὼν λέγει αὐτῷ· ἀκο-
λούθει μοι.
20　Ἐπιστραφεὶς δὲ ὁ Πέτρος βλέπει τὸν μαθητήν, ὃν ἠγάπα ὁ Ἰησοῦς, ἀκολου-
θοῦντα, ὃς καὶ ἀνέπεσεν ἐν τῷ δείπνῳ ἐπὶ τὸ στῆθος αὐτοῦ καὶ εἶπε· κύριε, τίς
21 ἐστιν ὁ παραδιδούς σε; τοῦτον ἰδὼν ὁ Πέτρος λέγει τῷ Ἰησοῦ· κύριε, οὗτος δὲ τί;

JOHN XXI.

22 Λέγει αὐτῷ ὁ Ἰησοῦς· ἐὰν αὐτὸν θέλω μένειν, ἕως ἔρχομαι, τί πρὸς σέ; σὺ ἀκο-
23 λούθει μοι. Ἐξῆλθεν οὖν ὁ λόγος οὗτος εἰς τοὺς ἀδελφούς, ὅτι ὁ μαθητὴς ἐκεῖνος
οὐκ ἀποθνήσκει. καὶ οὐκ εἶπεν αὐτῷ ὁ Ἰησοῦς, ὅτι οὐκ ἀποθνήσκει, ἀλλ'· ἐὰν
αὐτὸν θέλω μένειν, ἕως ἔρχομαι, τί πρὸς σέ;
24 Οὗτός ἐστιν ὁ μαθητὴς ὁ μαρτυρῶν περὶ τούτων καὶ γράψας ταῦτα, καὶ οἴδαμεν,
ὅτι ἀληθής ἐστιν ἡ μαρτυρία αὐτοῦ.

§ 170. Jesus meets the Apostles and above five hundred Brethren on a Mountain
in Galilee.

MATTH. XXVIII. 16–20.   1 COR. XV. 6.

16 —εἰς τὸ ὄρος, οὗ ἐτάξατο αὐτοῖς ὁ   6   Ἔπειτα ὤφθη ἐπάνω πεντακοσίοις
17 Ἰησοῦς. Καὶ ἰδόντες αὐτὸν προσε-   ἀδελφοῖς ἐφάπαξ, ἐξ ὧν οἱ πλείους
κύνησαν αὐτῷ· οἱ δὲ ἐδίστασαν.   μένουσιν ἕως ἄρτι, τινὲς δὲ καὶ ἐκοι-
18 Καὶ προσελθὼν ὁ Ἰησοῦς ἐλάλησεν   μήθησαν.
αὐτοῖς λέγων· ἐδόθη μοι πᾶσα ἐξουσία
19 ἐν οὐρανῷ·καὶ ἐπὶ γῆς. Πορευθέντες οὖν μαθητεύσατε πάντα τὰ ἔθνη, βαπτίζον-
20 τες αὐτοὺς εἰς τὸ ὄνομα τοῦ πατρὸς καὶ τοῦ υἱοῦ καὶ τοῦ ἁγίου πνεύματος, ¹διδά-
σκοντες αὐτοὺς τηρεῖν πάντα, ὅσα ἐνετειλάμην ὑμῖν· καὶ ἰδού, ἐγὼ μεθ' ὑμῶν εἰμι
πάσας τὰς ἡμέρας ἕως τῆς συντελείας τοῦ αἰῶνος. [Ἀμήν.]

§ 171. Our Lord is seen of James; then of all the Apostles.—Jerusalem.

1 COR. XV. 7.

7   Ἔπειτα ὤφθη Ἰακώβῳ, εἶτα τοῖς ἀποστόλοις πᾶσιν.

ACTS I. 3–8.

3   Οἷς καὶ παρέστησεν ἑαυτὸν ζῶντα μετὰ τὸ παθεῖν αὐτὸν ἐν πολλοῖς τεκμη-
ρίοις, δι' ἡμερῶν τεσσαράκοντα ὀπτανόμενος αὐτοῖς καὶ λέγων τὰ περὶ τῆς βασι-
4 λείας τοῦ θεοῦ. Καὶ συναλιζόμενος παρήγγειλεν αὐτοῖς ἀπὸ Ἱεροσολύμων μὴ
5 χωρίζεσθαι, ἀλλὰ περιμένειν τὴν ἐπαγγελίαν τοῦ πατρός, ἣν ἠκούσατέ μου· ὅτι
Ἰωάννης μὲν ἐβάπτισεν ὕδατι, ὑμεῖς δὲ βαπτισθήσεσθε ἐν πνεύματι ἁγίῳ οὐ μετὰ
πολλὰς ταύτας ἡμέρας.
6   Οἱ μὲν οὖν συνελθόντες ἐπηρώτων αὐτὸν λέγοντες· κύριε, εἰ ἐν τῷ χρόνῳ τούτῳ
7 ἀποκαθιστάνεις τὴν βασιλείαν τῷ Ἰσραήλ; Εἶπε δὲ πρὸς αὐτούς· οὐχ ὑμῶν ἐστι
8 γνῶναι χρόνους ἢ καιρούς, οὓς ὁ πατὴρ ἔθετο ἐν τῇ ἰδίᾳ ἐξουσίᾳ. Ἀλλὰ λήψεσθε
δύναμιν ἐπελθόντος τοῦ ἁγίου πνεύματος ἐφ' ὑμᾶς, καὶ ἔσεσθέ μοι μάρτυρες
ἔν τε Ἱερουσαλὴμ καὶ ἐν πάσῃ τῇ Ἰουδαίᾳ καὶ Σαμαρείᾳ καὶ ἕως ἐσχάτου
τῆς γῆς.

§ 172. The Ascension.—*Bethany.*

Luke XXIV. 50–53.

50 Ἐξήγαγε δὲ αὐτοὺς ἔξω ἕως εἰς Βηθανίαν, καὶ ἐπάρας τὰς χεῖρας αὐ-

Mark XVI. 19, 20. τοῦ εὐλόγησεν αὐτούς. **Acts I. 9–12.**

19 Ὁ μὲν οὖν κύριος μετὰ   51 Καὶ ἐγένετο ἐν τῷ εὐ-   9 Καὶ ταῦτα εἰπὼν βλε-
τὸ λαλῆσαι αὐτοῖς ἀνε-   λογεῖν αὐτὸν αὐτούς,   πόντων αὐτῶν ἐπήρϑη,
λήφϑη εἰς τὸν οὐρανόν,   διέστη ἀπ' αὐτῶν καὶ   καὶ νεφέλη ὑπέλαβεν
καὶ ἐκάϑισεν ἐκ δεξιῶν   ἀνεφέρετο εἰς τὸν οὐ-   αὐτὸν ἀπὸ τῶν ὀφϑαλ-
τοῦ ϑεοῦ.   ρανόν.   10 μῶν αὐτῶν. Καὶ ὡς
                ἀτενίζοντες ἦσαν εἰς τὸν
οὐρανὸν πορευομένου αὐτοῦ, καὶ ἰδού, ἄνδρες δύο παρειστήκεισαν αὐτοῖς ἐν ἐσϑῆτι
11 λευκῇ, ¹οἳ καὶ εἶπον· ἄνδρες Γαλιλαῖοι, τί ἑστήκατε ἐμβλέποντες εἰς τὸν οὐρα-
νόν; οὗτος. ὁ Ἰησοῦς ὁ ἀναληφϑεὶς ἀφ' ὑμῶν εἰς τὸν οὐρανὸν οὕτως ἐλεύσεται, ὃν
             τρόπον ἐϑεάσασϑε αὐτὸν πορευόμενον
    LUKE XXIV. εἰς τὸν οὐρανόν.
52 Καὶ αὐτοὶ προσκυνήσαντες αὐτὸν ὑπέ-   12 Τότε ὑπέστρεψαν εἰς Ἰερουσαλὴμ
στρεψαν εἰς Ἰερουσαλὴμ μετὰ χαρᾶς   ἀπὸ ὄρους τοῦ καλουμένου ἐλαιῶνος,
53 μεγάλης· καὶ ἦσαν διαπαντὸς ἐν τῷ   ὅ ἐστιν ἐγγὺς Ἰερουσαλήμ, σαββάτου
ἱερῷ αἰνοῦντες καὶ εὐλογοῦντες τὸν   ἔχον ὁδόν.
ϑεόν. [Ἀμήν.]

MARK XVI.

20 Ἐκεῖνοι δὲ ἐξελϑόντες ἐκήρυξαν πανταχοῦ, τοῦ κυρίου συνεργοῦντος καὶ τὸν λόγον
βεβαιοῦντος διὰ τῶν ἐπακολουϑούντων σημείων.

§ 173. Conclusion of John's Gospel.

John XX. 30, 31. XXI. 25.

30 Πολλὰ μὲν οὖν καὶ ἄλλα σημεῖα ἐποίησεν ὁ Ἰησοῦς ἐνώπιον τῶν μαθητῶν
31 αὐτοῦ, ἃ οὐκ ἔστι γεγραμμένα ἐν τῷ βιβλίῳ τούτῳ· ταῦτα δὲ γέγραπται, ἵνα
πιστεύσητε, ὅτι ὁ Ἰησοῦς ἐστιν ὁ Χριστός, ὁ υἱὸς τοῦ ϑεοῦ, καὶ ἵνα πιστεύοντες
ζωὴν ἔχητε ἐν τῷ ὀνόματι αὐτοῦ.—
XXI. 25 Ἔστι δὲ καὶ ἄλλα πολλά, ὅσα ἐποίησεν ὁ Ἰησοῦς, ἅτινα ἐὰν γράφηται καϑ'
ἓν, οὐδὲ αὐτὸν οἶμαι τὸν κόσμον χωρῆσαι τὰ γραφόμενα βιβλία. [Ἀμήν.]

NOTES

HARMONY OF THE FOUR GOSPELS.

INTRODUCTION.

THE following Notes relate chiefly to questions which arise as to the mode and order of *harmonizing* the narratives of the four Evangelists; and touch only incidentally upon other topics. They do not claim, in any sense, to be a Commentary on the Gospels.

In the Gospels we have *four* different narratives of the life and teachings of our Lord, by as many different and independent historians. The narrative of John, except during the week of the Saviour's passion, contains very little that is found in either of the other writers. That of Luke, although in its first part and at the close it has much in common with Matthew and Mark, comprises nevertheless in the middle portions a large amount of matter peculiar to Luke alone. Matthew and Mark have in general more resemblance to each other; though Matthew, being more full, presents much that is not found in Mark or Luke; while Mark, though briefer, has some things not contained in any of the rest. The Evangelists were led, under the guidance of the Spirit, to write each with a specific object in view, and for different communities or classes of readers. Hence, while the narratives all necessarily exhibit a certain degree of likeness, they also bear each for itself the stamp of independence.

The four writers vary likewise in their chronological order and character. On the one hand, it appears, that Mark and John, who have little matter in common, follow with few exceptions the regular and true sequence of the events and transactions recorded by them; as is further noted below, at the close of this Introduction. On the other hand, Matthew and Luke manifestly have sometimes not so much had regard to the regular order of time, as they have been guided by the principle of association; so that, in them, transactions having certain relations to each other are not seldom grouped together, though they may have happened at different times and in various places.

Yet along with these many diversities, the Gospels of Matthew, Mark, and Luke have nevertheless a striking affinity with each other in their general features of time and place. When, however, they are compared with John's Gospel, there is seen to be a diversity no less striking between them and the latter, not only in respect to the chronology, but likewise as to the part of the country where our Lord's discourses and mighty works mainly occurred.   Matthew, Mark, and Luke speak only of one Passover, that at which Jesus suffered; and from this it would follow, that our Lord's ministry continued at most only about six months.   John expressly enumerates three Passovers, and probably four, during Christ's ministry; which therefore must have had a duration of at least two and a half years, and more probably of three and a half.   Again, Matthew, Mark, and Luke place the scene of Jesus' public ministrations chiefly in Galilee; whence he goes up to Jerusalem only just before his death.   John, on the other hand, narrates mainly such miracles and discourses of our Lord as occurred at Jerusalem, on various former occasions as well as at his last visit.

The difficulty arising from the first of these differences is at once set aside by the remark, that although the three Evangelists do expressly mention only one Passover, yet they do not any where, nor in any way, affirm, or even imply, that there were no more; while the testimony of John is express and definite.   And further, the incident, narrated by all the three writers, of the disciples plucking ripe ears of grain as they went through the fields, necessarily presupposes the recent occurrence of a Passover during our Lord's ministry, different from the one at which he suffered; and this is further confirmed by Luke's mention of the σάββατον δευτερόπρωτον in the same connection.   See Matth. 12, 1. Mark 2, 23. Luke 6, 1.   See also the Notes on §§ 25, 37.

This difference being thus satisfactorily explained, the existence of the second difference is of course accounted for.   If John is right in enumerating several Passovers, he is right in narrating what took place at Jerusalem on those occasions.   But, more than this, we find in the other Evangelists several things, in which they too seem to allude to earlier visits and labours of Jesus in the Holy City.   So the language in which our Lord laments over Jerusalem, as having rejected his efforts, Matth. 23, 37. Luke 13, 34.   So too the mention of Scribes and Pharisees from Jerusalem, who seek to catch him in his words, Matth. 4, 25. 15, 1; and, further, his intimate relations with the family of Lazarus, Luke 10, 38. 39; comp. John 11, 1. 2.

For these reasons, I do not hesitate to follow, with most Commentators, the chronology of John's Gospel, and assign to our Lord's ministry four Passovers, or a duration of three and a half years.   The second of these Passovers, which is less certain than the rest, and depends on the interpretation of John 5, 1, will be considered in its place; see Note on § 36.

In view of the same circumstances, it follows also that the Gospel of John is, and was intended to be, supplementary to the others; and, generally speaking, narrates only such facts and events as had not been recorded by the other Evangelists.   This, too, is every where manifest on the pages of the Harmony; since up to the last week of our Lord's life, the language of John is in only a single instance parallel with that of the other Gospels; viz. in the account of the feeding of the five thousand and the accompanying incidents.   See §§ 64, 65.

The Gospels, and especially the first three, can in no sense be regarded as methodical annals.   It is therefore difficult, and perhaps impossible, so to harmonize them, in respect to time, as in all cases to arrive at results which shall be entirely certain and satisfactory.   There is often no definite note of time; and then we can proceed only upon conjecture, founded on a careful comparison of all the circumstances. In such cases, the decision must depend very much upon the judgment and taste of the Harmonist; and what to one person may appear probable and appropriate, may seem less so to another.

It is the aim of the present work, not so much to ascertain and fix the true and precise chronological order, (although this object is not neglected,) as to place side by side the different narratives of the same events, in an order which may be regarded as at least a probable one. In so doing I may hope to exhibit the legitimate uses of a Harmony, and accomplish a threefold purpose, viz. to make the Evangelists their own best interpreters; to show how wonderfully they are supplemental to each other in minute as well as important particulars; and in this way to bring out fully and clearly the fundamental characteristic of their testimony, UNITY IN DIVERSITY.

In the arrangement of the Harmony, made solely according to the probable sequehce of the events, and without assigning any preference to the order of either Evangelist, this unexpected result has been brought out, viz. that *the order of both Mark and John remains every where undisturbed;* with the exception of four short passages in Mark, and of three in John; in all which cases the reasons for a change of order are obvious. See Mark 2, 15–22, in § 58; Mark 6, 17–20, in § 24; Mark 14, 27–31, in § 136; Mark 14, 66–72, in § 144. Also John 12, 2–8, in § 131; John 18, 25–27, in § 144; John 20, 30. 31, in § 173. Besides these there are merely a few slight transpositions of single verses for the sake of closer parallelism; e. g. in §§ 112, 142, 153, etc.

So little indeed was such a result anticipated, that it was not even noticed, until several months after the work was first published.

PART I.

EVENTS CONNECTED WITH THE BIRTH AND CHILDHOOD OF OUR LORD.

§§ 1–13.

§ 1. The short Preface of Mark, and the longer one of John, do not belong here, but in Part II. They both include a reference to the preaching of John the Baptist; but none at all to the infancy of Jesus.

§ 2. The vision of Zacharias is assumed by some as having occurred on the great day of Atonement, the tenth of the seventh month. But on that day the high-priest himself officiated, entering into the holy of holies; Lev. 16, 3. 29. 32–34. Zacharias was an ordinary priest of the class of Abia, one of the twenty-four classes instituted by David for the service of the temple, which relieved each other in succession every Sabbath; see 1 Chr. 24, 3–19. 2 Chr. 8, 14. Joseph. Ant. 7. 14. 7. Their service included the daily burning of incense on the altar of incense in the first or outer sanctuary; and this was what Zacharias was now doing; Luke 1, 9. Ex. 30, 6–8. 1 Chr. 23, 13.— It follows. that no inference whatever can hence be drawn as to the year, or season of the year, when the vision took place. Nor is it said how long a time elapsed between the vision and Elizabeth's conception; the expression μετὰ δὲ ταύτας τὰς ἡμέρας in v. 24 being quite indefinite. Yet, in all probability, no very long interval had intervened.

§ 3. The sixth month here refers back, not to the vision, but to the conception of Elizabeth; see v. 36.

§ 4. The conjecture of Reland is probably correct, viz. that 'Ιούδα in v. 39 is a softened form for 'Ιούτα, Heb. יוּטָה or יֻטָּה, i. e. *Jutah* or *Juttah*, a city of the priests in the mountains of Judah, south of Hebron; Josh. 15, 55. 21, 16. The place still exists under the same name. See Reland Palæst. p. 870. Bibl. Researches in Palest. II. p. 628.

§ 6. Mary remained with Elizabeth about three months, or nearly until the full time of the latter; and then returned to Nazareth; Luke 1, 56. It was after this and after the birth of John, when Mary was now in her fourth or fifth month, and her pregnancy had become perceptible, that Joseph was minded to put her away.

§ 7. The precise year of our Lord's birth is uncertain. Several data exist, however, by which an approximation may be made, sufficiently accurate to show that our present Christian era is not entirely correct.

1. According to Matth. 2, 1–6, Jesus was born during the lifetime of Herod the Great, and not long before his death. Herod died in the year of Rome (A. U.) 750, just before the Passover; see Jos. Ant. 17. 8. 1. ib. 17. 9. 3. This has been verified by calculating the eclipse of the moon, which happened just before his death; Jos. Ant. 17. 6. 4. Wurm in *Bengel's Archiv*, I. p. 26. Ideler *Handb. der Chronol.* II. p. 391 sq. If now we make an allowance of time for the purification, the visit of the Magi, the flight into Egypt, and the remaining there till Herod was dead, (for all which not less than six months can well be required,) it follows, that the birth of Christ cannot in any case be fixed later than the autumn of A. U. 749.—The casual mention of this eclipse by Josephus, the only one noticed in all his writings, is of the very highest importance in respect to chronology and history; since by determining the death of Herod, it fixes also the time *after* which our Lord's birth could not have taken place, and thus so far corrects the error made by later chronologists in respect to the commencement of the Christian era. It appears also from astronomical calculation, that during that year (A. U. 750) there was no other eclipse of the moon visible at Jerusalem; and during the next year, none at all. Ideler l. c.

2. Another note of time occurs in Luke 3, 1. 2, where John the Baptist is said to have entered upon his ministry in the fifteenth year of Tiberius; and again in Luke 3, 23, where Jesus is said to have been "about thirty years of age" at his baptism. Now if both John and Jesus, as is quite probable, entered upon their ministry at the age of thirty, in accordance with the Levitical custom (Num. 4, 3. 35. 39. 43. 47), by reckoning back thirty years we may ascertain the year of John's birth, and of course also that of Jesus. Augustus died Aug. 29th, A. U. 767; and was succeeded by Tiberius, who had already been associated with him in the government for at least two years, and probably

three. If now we reckon from the death of Augustus, the fifteenth year of Tiberius commenced Aug. 29th, A. U. 781; and going back thirty years, we find that John must have been born not earlier than August, A. U. 751, and our Lord of course not earlier than A. U. 752; a result disagreeing with that obtained from Matthew by three years. If, on the other hand, we reckon from the time when Tiberius was admitted as co-regent of the empire, which is shown to have been certainly as early as A. U. 765, and probably in A. U. 764; then the fifteenth year of Tiberius began in A. U. 778; and it follows that John may have been born in A. U. 748, and our Lord in A. U. 749. In this way the results obtained from Matthew and Luke are more nearly coincident.—The early Fathers, Irenæus, Tertullian, Clement of Alexandria, as also Eusebius and Epiphanius, accord in placing the birth of Christ near the end of A. U. 751 or at the beginning of A. U. 752. Their different computations appear to rest on Luke 3, 1. 2. See Ideler l. c. II. p. 385 sq.

3. A third note of time is derived from John 2, 20, "Forty and six years was this temple in building." Josephus says, in one place, that Herod began to build the temple in the eighteenth year of his reign; while in another he specifies the fifteenth year; Ant. 15. 11. 1. B. J. 1. 21. 1. He also assigns the length of Herod's reign at thirty-seven or thirty-four years, according as he reckons from his appointment by the Romans, or from the death of Antigonus; Ant. 17. 8. 1. B. J. 1. 33. 8. Herod was first declared king of Judea in A. U. 714; Jos. Ant. 14. 14. 4, 5. B. J. 1. 14. 4; comp. Ant. 14. 16. 4. Ideler *Handb. der Chronol.* II. p. 390. Hence the eighteenth year of his reign, when Herod began to rebuild the temple, would coincide with A. U. 732; and our Lord's first Passover, in the forty-seventh year following, would fall in A. U. 779. If now our Lord at that time was thirty and a half years of age, as is probable, this would carry back the year of his birth to the autumn of A. U. 748.

4. Further, according to a tradition preserved by the Latin Fathers of the first five centuries, our Lord's death took place during the consulate of the two Gemini, C. Rubellius and C. Fufius, that is, in A. U. 782. So Tertullian, Lactantius, Augustine, etc. See Tertull. adv. Jud. § 8. Augustin. de Civ. Dei XVIII. 54. If now the duration of his ministry was three and a half years, then, as before, the year of his birth would be carried back to the autumn of A. U. 748. Comp. Ideler l. c. II. p. 413 sq.

5. Some modern writers, taking as the basis of their computation the census in Luke 2, 1, have fixed upon the latter part of the year A. U. 747, as the time when our Lord was born. Tertullian says: "Census constat actos sub Augusto in Judæa per Sentium Saturninum," *c. Marcion.* 4. 19. We know that Sentius was proconsul of Syria from A. U. 744 till A. U. 748. With this accords the tradition in some of the Fathers, that the child Jesus remained at least two years in Egypt; and this, it is said, is strengthened by the διετής of Matt. 2, 16. According to this view, Christ was about two and a half years old at Herod's death. So Sanclemente *de vulgaris Ærœ emendatione libb.* IV. Rom. 1793. fol. Comp. Ideler l. c. II. p. 394 sq.

6. More definitely still is the same year, A. U. 747, fixed upon as the date of Christ's birth, by those who regard the *star in the east* as having been the conjunction of the planets Jupiter and Saturn. This idea was first proposed by the celebrated Keppler. The appearance and reappearance of that star were coincident with the birth of Jesus; and it is known, by the most exact astronomical calculation, that in this very year, A. U.

747, these two planets were *twice* in conjunction, in the sign of the fish. The first time was on the 20th of May, when they were visible in the east before sunrise; the second time, on the 27th of October, when they were visible at midnight in the south. They were so near each other, that to the unaided eye they would appear as a single star. See Ideler *Handb. der Chronol.* II. p. 399 sq. 406 sq.—This solution of the difficult question before us is certainly recommended by simplicity, definiteness, and a scientific basis; and it is also supported by the considerations presented above in no. 5. It is further favoured, perhaps, by the ready explanation which it affords of the difficulties connected with the account of that star in the narrative of the Evangelist.

From all these data it would appear, that while our Lord's birth cannot have taken place later than A. U. 749, it *probably* occurred one or two years earlier.

The present Christian era, which was fixed by the abbot Dionysius Exiguus in the sixth century, assumes the year of Christ's birth as coincident with A. U. 754. It follows then from the preceding statements, that this our common era begins in any case *more than four years too late;* that is, from four to five years, *at the least,* and more probably from six to seven years, after the actual birth of Christ. This era was first used in historical works by the Venerable Bede, early in the eighth century; and was not long after introduced in public transactions by the Frank kings Pepin and Charlemagne.

In respect to the time of the year when Jesus was born, there is still less certainty. John the Baptist would seem to have entered upon his ministry in the spring; perhaps when the multitudes were collected in Jerusalem at the Passover. The crowds which followed him imply that it was not winter. The baptism of Jesus in the Jordan, probably six months later, would then have occurred in autumn. It could not well have been in the winter; nor does a winter seem to have intervened. If now we may assume, as is most probable, that John entered on his office when he had completed his thirtieth year; then the time of his birth was also the spring; and that of our Lord, six months later, was the autumn. Archbishop Newcome, referring to Lardner, has the following remark: " Jesus was born, says Lardner, between the middle of August and the middle of November, A. U. 748 or 749. We will take the mean time, October 1." See Lardner's Works, Vol. I. p. 370, 372. Lond. 1835.—There is, on this point, no valid tradition. According to the earliest accounts, the sixth of January, or Epiphany, was celebrated by the oriental church, in the third and fourth centuries, as the festival of the birth and baptism of Jesus; Cassian. Collat. X. c. 2. In the occidental church, after the middle of the fourth century, the twenty-fifth of December (Christmas) began to be kept as the festival of Christ's nativity; this day having been fixed upon, partly at least, as being the then current winter solstice. Thus, as late as the time of Leo the Great, (ob. 461,) there were many in Rome, " quibus hæc dies solemnitatis nostræ non tam de nativitate Christi, quam de novi, ut dicunt, solis ortu, honorabilis videatur." Leon. Magn. Serm. XXI. c. 6. Gieseler *Kirchengesch.* I. p. 575. The observance of this latter festival (Christmas) spread into the East; while that of the Epiphany, as the baptismal day, was adopted in the West.

See, generally, Lardner's Works, Vol. I. Book II. 3. p. 356 sq. Lond. 1835. Gieseler *Kirchengesch.* I. p. 62. p. 575. 3te Ausg. For the literature, see Hase *Leben Jesu,* §§ 34, 35. 2te Aufl.

§ 10. The visit of the Magi at Bethlehem naturally follows the presentation in the temple; since, after the jealousy of Herod had been once roused, this public presentation could not well have taken place. On the star seen by the Magi, see Note on § 7. no. 6. Joseph and Mary return from Jerusalem to Bethlehem, distant five English miles, where they had now been detained for nearly two months. Luke indeed does not allude to this return (2, 39); but neither does he mention the flight into Egypt.

§ 13. The genealogy in Luke is inverted, for the sake of more convenient comparison.

I. In the genealogy given by Matthew, considered by itself, some difficulties present themselves.

1. There is some diversity among commentators in making out the three divisions, each of fourteen generations, v. 17. It is, however, obvious, that the first division begins with Abraham and ends with David. But does the second begin with David, or with Solomon? Assuredly with the former; because, just as the first begins ἀπὸ ’Αβραάμ, so the second also is said to begin ἀπὸ Δαυΐδ. The first extends ἕως Δαυΐδ, and includes him; the second extends ἕως τῆς μετοικεσίας, i. e. to an epoch and not to a person; and therefore the persons who are mentioned as coëval with this epoch (ἐπὶ τῆς μετοικεσίας v. 11), are not reckoned before it. After the epoch the enumeration begins again with Jechoniah, and ends with Jesus. In this way the three divisions are made out thus:

1. Abraham.	1. David.	1. Jechoniah.
2. Isaac.	2. Solomon.	2. Salathiel.
3. Jacob.	3. Roboam.	3. Zorobabel.
4. Judah.	4. Abiah.	4. Abiud.
5. Phares.	5. Asa.	5. Eliakim.
6. Esrom.	6. Josaphat.	6. Azor.
7. Aram.	7. Joram.	7. Sadoc.
8. Aminadab.	8. Uzziah (Ozias).	8. Achim.
9. Naasson.	9. Jotham.	9. Eliud.
10. Salmon.	10. Ahaz.	10. Eleazar.
11. Boaz.	11. Hezekiah.	11. Matthan.
12. Obed.	12. Manasseh.	12. Jacob.
13. Jesse.	13. Amon.	13. Joseph.
14. David.	14. Josiah.	14. Jesus.

2. Another difficulty arises from the fact, that between Joram and Ozias, in v. 8, three names of Jewish kings are omitted, viz. Ahaziah, Joash, and Amaziah; see 2 K. 8, 25 and 2 Chr. 22, 1; 2 K. 11, 2. 21 and 2 Chr. 22, 11; 2 K. 12, 21. 14, 1 and 2 Chr. 24, 27. Further, between Josiah and Jechoniah in v. 11, the name of Jehoiakim is also omitted; 2 K. 23, 34. 2 Chr. 36, 4; comp. 1 Chr. 3, 15. 16. If these four names are to be reckoned, then the second division, instead of fourteen generations, will contain eighteen, in contradiction to v. 17. To avoid this difficulty, Newcome and some others have regarded v. 17 as a mere gloss, "a marginal note taken into the text." This indeed is in itself possible; yet all the external testimony of manuscripts and versions is in favour of the genuineness of that verse. It is better therefore to regard these names as having

been customarily omitted in the current genealogical tables, from which Matthew copied.
Such omissions of particular generations did sometimes actually occur, "propterea quod
malæ essent et impiæ," according to R. Sal. Jarchi; see Jarchi on Gen. c. 11. c. 16. Suren-
hus. Βίβλ. Καταλλ. p. 97. Lightfoot Hor. Heb. in Matth. 1, 8. A striking example of
an omission of this kind, apparently without any such reason, is found in Ezra 7, 1–5
compared with 1 Chr. 6, 3–15. This latter passage contains the lineal descent of the
high-priests from Aaron to the captivity; while Ezra, in the place cited, in tracing back
his own genealogy through the very same line of descent, omits at least six generations.
The two accounts stand thus:

1 Chr. 6, 3–15.	Ezra 7, 1–5.		1 Chr. 6, 3–15.	Ezra 7, 1–5.
1. Aaron.	Aaron.		13. Azariah.	
2. Eleazar.	Eleazar.		14. Johanan.	
3. Phinehas.	Phinehas.		15. Azariah.	Azariah.
4. Abishua.	Abishua.		16. Amariah.	Amariah.
5. Bukki.	Bukki.		17. Ahitub.	Ahitub.
6. Uzzi.	Uzzi.		18. Zadok.	Zadok.
7. Zerahiah.	Zerahiah.		19. Shallum.	Shallum.
8. Meraioth.	Meraioth.		20. Hilkiah.	Hilkiah.
9. Amariah.			21. Azariah.	Azariah.
10. Ahitub.			22. Seraiah.	Seraiah.
11. Zadok.			23. Jehozadak.	
12. Ahimaaz.			24.	Ezra.

A similar omission is necessarily implied in the genealogy of David, as given Ruth 4,
20–22. 1 Chr. 2, 10–12. Matth. 1, 5. 6. Salmon was cotemporary with the capture of
Jericho by Joshua, and married Rahab. But from that time until David, an interval of
at least four hundred and fifty years (Acts 13, 20), there intervened, according to the
list, only four generations, averaging of course more than one hundred years to each.
But the highest average in point of fact is *three* generations to a century; and if reck-
oned by the eldest sons they are usually shorter, or three generations for every seventy-
five or eighty years. See Sir I. Newton's Chronol. p. 53. Lond. 1728.

We may therefore rest in the necessary conclusion, that as our Lord's regular descent
from David was always asserted, and was never denied even by the Jews; so Matthew,
in tracing this admitted descent, appealed to genealogical tables, which were public and
acknowledged in the family and tribe from which Christ sprang. He could not indeed do
otherwise. How much stress was laid by the Jews upon lineage in general, and how
much care and attention were bestowed upon such tables, is well known. See Lightfoot
Hor. Heb. in Matth. 1, 1. In the N. T. comp. also Phil. 3, 4. 5.

II. Other questions of some difficulty present themselves, when we compare together
the two genealogies.

1. Both tables at first view purport to give the lineage of our Lord through Joseph.
But Joseph cannot have been the son by natural descent of both Jacob and Heli (Eli),
Matth. 1, 16. Luke 3, 23. Only one of the tables therefore can give his true lineage by
generation. This is done apparently in that of Matthew; because, beginning at Abra-
ham, it proceeds by natural descent, as we know from history, until after the exile; and
then continues on in the same mode of expression until Joseph. Here the phrase is

changed; and it is no longer Joseph who "begat" Jesus, but Joseph "the husband of Mary, of whom was born Jesus who is called the Christ." See Augustine de Consensu Evangel. II. 5.

1. To whom then does the genealogy in Luke chiefly relate? If in any way to Joseph, as the language purports, then it must be because he in some way bore the legal relation of son to Heli, either by adoption or by marriage. If the former simply, it is difficult to comprehend, why, along with his true personal lineage as traced by Matthew up through the royal line of Jewish kings to David, there should be given also another subordinate genealogy, not personally his own, and running back through a different and inferior line to the same great ancestor. If, on the other hand, as is most probable, this relation to Heli came by marriage with his daughter, so that Joseph was truly his *son-in-law* (comp. Ruth 1, 8. 11. 12); then it follows, that the genealogy in Luke is in fact that of Mary the mother of Jesus. This being so, we can perceive a sufficient reason, why this genealogy should be thus given, viz. in order to show definitely, that Jesus was *in the most full and perfect sense* a descendant of David; not only by law in the royal line of kings through his reputed father, but also in fact by direct personal descent through his mother.

That Mary, like Joseph, was a descendant of David, is not indeed elsewhere expressly said in the New Testament. Yet a very strong presumption to that effect is to be drawn from the address of the angel in Luke 1, 32; as also from the language of Luke 2, 5, where Joseph, as one of the posterity of David, is said to have gone up to Bethlehem, ἀπογράψασθαι σὺν Μαριὰμ κτλ. *to enrol himself with Mary his espoused wife.* The ground and circumstances of Mary's enrolment must obviously have been the same as in the case of Joseph himself. Whether all this arose from her having been an only child and heiress, as some suppose, so that she was espoused to Joseph in accordance with Num. 36, 8. 9, it is not necessary here to inquire. See Michaelis *Mosaisches Recht,* Engl. 'Commentaries on the Laws of Moses,' Part II. § 78.

It is indeed objected, that it was not customary among the Jews to trace back descent through the female line, that is, on the mother's side. There are however examples to show that this was sometimes done; and in the case of Jesus, as we have seen, there was a sufficient reason for it. Thus in 1 Chr. 2, 22, Jair is enumerated among the posterity of Judah by regular descent. But the grandfather of Jair had married the daughter of Machir, one of the heads of Manasseh, 1 Chr. 2, 21. 7, 14; and therefore, in Num. 32, 40. 41, Jair is called the son (descendant) of Manasseh. In like manner, in Ezra 2, 61 and Neh. 7, 63, a certain family is spoken of as "the children of Barzillai;" because their ancestor "took a wife of the daughters of Barzillai the Gileadite, and was called after their name." See Surenhus. Βίβλ. καταλλ. p. 99.

3. A question is raised as to the identity, in the two genealogies, of the Salathiel and Zorobabel named as father and son, Matth. 1, 12. Luke 3, 27. The Zorobabel of Matthew is no doubt the chief, who led back the first band of captives from Babylon, and rebuilt the temple, Ezra c. 2–6. He is also called the son of Salathiel in Ezra 3, 2. Neh. 12, 1. Hagg. 1, 1. 2, 2. 23. Were then the Salathiel and Zorobabel of Luke the same persons? Those who assume this, must rest solely on the identity of the names; for there is no other possible evidence to prove, either that they were cotemporary, or

that they were not different persons. On the other hand, there are one or two considerations, of some force, which go to show that they were probably not the same persons.

First, if Salathiel and Zorobabel are indeed the same in both genealogies, then Salathiel, who according to Matthew was the son of Jechoniah by natural descent, must have been called the son of Neri in Luke either from adoption or marriage. In that case, his connection with David through Nathan, as given by Luke, was not his own personal genealogy. It is difficult therefore to see, why Luke, after tracing back the descent of Jesus to Salathiel, should abandon the true personal lineage in the royal line of kings, and turn aside again to a merely collateral and humbler line. If the mother of Jesus was in fact descended from the Zorobabel and Salathiel of Matthew, she, like them, was descended also from David through the royal line. Why rob her of this dignity, and ascribe to her only a descent through an inferior lineage? See Spanheim Dubia Evangel. I. p. 108 sq.

Again, the mere identity of names under these circumstances, affords no proof; for nothing is more common in Scripture, even among cotemporaries. Thus we have two Ezras; one in Neh. 12, 1. 13. 33; from whom Ezra the scribe is expressly distinguished in v. 36. We have likewise two Nehemiahs; one who went up with Zorobabel, Ezra 2, 2; and the other the governor who went later to Jerusalem, Neh. 2, 9 sq. So too, as cotemporaries, Joram son of Ahab king of Israel, and Joram (Jehoram) son of Jehoshaphat king of Judah; 2 K. 8, 16; comp. v. 23. 24. Also, Joash king of Judah and Joash king of Israel; 2 K. 13, 9. 10. Further, we find in succession among the descendants of Cain the following names: Enoch, Irad, Mehujael, Methusael, Lamech, Gen. 4, 17. 18; and later among the descendants of Seth these similar ones: Enoch, Methuselah, Lamech, Gen. 5, 21-25. See Spanheim l. c. p. 110 sq. Surenhus. l. c. p. 134.

Various artificial theories of inheritances and levirate marriages have at different times been proposed, in order to explain and harmonize the two genealogies; but in the view here taken these become unnecessary. In respect to all of them, it may suffice here to quote the words of Lightfoot: "Nec opus est, nec ratio ulla, nec fundamentum omnino ullum, quo fingamus conjugia nescio quæ, et fratriationes nescio quas, ut tollatur scrupulus hoc in loco, ubi quidem non est scrupulus omnino ullus." Hor. Heb. in Luc. 3, 23.

PART II.

ANNOUNCEMENT AND INTRODUCTION OF OUR LORD'S PUBLIC MINISTRY.

§§ 14–20.

§ 14. For the time when John the Baptist entered upon his public ministry, see the Note on § 7.—On Matth. 3, 11 and the parallel passages, see the next Note.

§ 15. For the time of our Lord's baptism, see the Note on § 7.—We may here, once for all, make a remark upon the difference of the words as quoted in Matth. 3, 17 and the parallel passages. A like difference is seen in the four copies of the title on the cross, Matth. 27, 37. Mark 15, 26. Luke 23, 38. John 19, 19. And still more, in the solemn words of our Lord at the institution of the cup, Matth. 26, 28. Mark 14, 24. Luke 22, 20. 1 Cor. 11, 25. Similar varieties of expression in the different reports of the same language are found in the following passages, as well as very many others: Matth. 3, 11. Mark 1, 7. Luke 3, 16. John 1, 27.—Matth. 9, 11. Mark 5, 16. Luke 5, 30.—Matth. 15, 27. Mark 7, 28.—Matth. 16, 6–9. Mark 8, 17–19.—Matth. 20, 33. Mark 10, 51. Luke 18, 41.—Matth. 21, 9. Mark 11, 9. Luke 19, 38.—Matth. 26, 39. Mark 14, 36. Luke 22, 42.—Matth. 28, 5. 6. Mark 16, 6. Luke 24, 5. 6.—All these examples go only to show, that where the Evangelists profess to record the expressions used by our Lord and others, they usually give them according to the *sense*, and not according to the *letter*. As Le Clerc expresses it: " Apostoli magis sententiam, quam locutiones, exprimere volunt;" Harm. p. 518.

§ 16. That the temptation of Jesus took place immediately after his baptism, appears from the εὐθύς of Mark 1, 12; and also from a comparison of John 1, 29. 35. 44.— According to Mark and Luke, Jesus was subjected to temptation during the forty days. Matthew and Luke specify three instances of temptation, but in a different order. Of these, that founded on our Lord's hunger, must have occurred at the end of the forty days; while that which included the promise of all temporal power was obviously the final one. The order of Matthew is therefore the most natural of the two.

§ 18. In v. 21 the Baptist declares that he was not Elias; meaning that he was not Elias risen from the dead, whom the Jews expected. In Matth. 17, 12 Jesus says that " Elias is come already;" meaning that John had come " in the spirit and power of Elias;" Luke 1, 17.

In v. 33, John the Baptist says he knew not Jesus; though in Matth. 3, 14 (§ 15) he appears to have known who he was. That is to say: John must have been acquainted with the events of his own childhood and that of Jesus; he had now come preaching and baptizing as his forerunner, v. 31; but he knew not Jesus *personally* before he came to be baptized; at which time God had promised him a sign, by which he might know certainly that Jesus was the Messiah.

§ 20. The *third day* refers back probably to John 1, 44. The journey in returning to Galilee did not require more than two days; the distance being, in any position of Bethania or Bethabara, not over about fifty miles. Cana, now *Kâna el-Jelîl*, was situated about seven miles north of Nazareth, and about three miles N. by E. of Sepphoris; see Bibl. Res. in Palest. III. p. 204.

———

PART III.

OUR LORD'S FIRST PASSOVER, AND THE SUBSEQUENT TRANSACTIONS UNTIL THE SECOND.

§§ 21–35.

§ 21. This our Lord's first passover is mentioned only by John; though the language of the other Evangelists implies, that he had been again in Judea; Matth. 4, 12. Mark 1, 14.

John connects with this first passover the cleansing of the temple and the casting out of the traders; while the other Evangelists describe a like transaction at his last passover, Matth. 21, 12 sq. Mark 11, 15 sq. Luke 19, 45 sq. The question is raised, whether these were different transactions; and whether there is not here a neglect of the order of time, either by John or in the other Gospels. As the language and the note of time in all the Evangelists, in respect to both the instances, is entirely definite and specific, the answer may be said to depend upon a further question, viz. Whether our Lord would be likely to repeat a highly symbolic and important public act, after an interval of two or three years? That he was accustomed to repeat the substance of his discourses, or at least the more striking parts of them, at different times and before different persons, is sufficiently obvious. Compare Luke 11, 37–54 uttered in Galilee, with Matth. 23, 1–39 delivered at Jerusalem; likewise Matth. 5, 13 in the Sermon on the Mount, with Mark 9, 50 and Luke 14, 34. 35, spoken elsewhere; and also the different examples of the Lord's prayer, Matth. 6, 9–13. Luke 11, 2-4. Further, Matth. 5, 29. 30 compared with Mark 9, 43-47; and Matth. 6, 25–33, with Luke 12, 22–31. Such examples indeed may be multiplied almost indefinitely, as the pages of the Harmony every where show. Now if this is true in respect to the discourses of Christ, why might he not just as well have repeated, after a long interval and before different persons, a public symbolical act, so significant in itself, and so expressive of his veneration for the temple and of his character and authority as the Messiah? The Jews, it seems, did not question his right to perform such an act, provided he was a true prophet. They only demanded some sign of his authority; John 2, 18. This Jesus gave, and had already given, in his mighty works wrought at the same Passover, v. 23; works which drew from Nicodemus, a Pharisee and member of the Sanhedrim, the admission, that he was "a teacher come from God;" John 3, 2.

On the "three days" in John 2 20, see Note on § 49.

§§ 23, 24. The order is here determined by comparing John 3, 24 with Matth. 4, 12. Mark 1, 14. Jesus goes out with his disciples from Jerusalem into the country of Judea; where he remains until after John was cast into prison. See the next Note.

§ 25. A specification of time is given in John 4, 35, which is tolerably definite: "Say ye not, There are yet four months, and the harvest cometh?" According to Lev. 23, 5–7. 10. 11. 14. 15, and Jos. Ant. 3. 10. 5, the first-fruits of the barley-harvest were presented on the second day of the paschal festival; while the wheat-harvest was two or three weeks later; see Bibl. Res. in Palest. II. p. 99 sq. Hence this journey of our Lord must have been made in the latter part of November or in December, about eight months after the preceding passover. It follows, that the public ministry of John the Baptist had continued for at least a year and six months, before his imprisonment.

§ 28. The visit to Nazareth is inserted here on the testimony of Luke 4, 16 sq. which is supported by Matth. 4, 13. The visit mentioned in Matth. 13, 54 sq. Mark 6, 1 sq. was later, and took place after the raising of Jairus' daughter.—Our Lord's escape from the crowd, Luke 4, 30, does not seem necessarily to imply any thing directly supernatural; compare the similar circumstances in John 8, 59. 10, 39.

§ 29. That the call of the four Apostles belongs here, in accordance with Mark's order, is obvious; since they were present with Jesus at the healing of the demoniac and of Peter's wife's mother, §§ 30, 31.—The three accounts all evidently refer to the same transaction. Luke relates more particularly the former part, including the putting off upon the lake in Simon's boat and also the miraculous draught; and passes lightly over the latter part. Matthew and Mark, on the other hand, narrate the former part only generally; but the latter part with more detail. In the one part, Luke introduces circumstances which the others omit; in the other part, Matthew and Mark mention facts which Luke has not noted. The remark of Spanheim is here just: "Quæ narrantur a Luca, illa non negantur a Matthæo, sed prætermittuntur tantum. Nihil vero frequentius, quam quædam prætermitti ab his, suppleri ab aliis; *ne vel scriptores sacri ex compacto scripsisse viderentur*, vel lectores uni ex illis reliquis spretis hærerent." Dubia Evang. Tom. III. Dub. 72. vii.

PART IV.

OUR LORD'S SECOND PASSOVER, AND THE SUBSEQUENT TRANSACTIONS UNTIL THE THIRD.

§§ 36–66.

§ 36. On the phrase ἑορτὴ τῶν Ἰουδαίων John 5, 1, turns mainly the question as to the duration of our Lord's public ministry. John notes distinctly three Passovers; John 2, 13. 6, 4. 12, 1. If now this ἑορτή be another Passover, then our Lord's public labours continued during three and a half years; if not, then the time of his ministry must in all probability be reckoned one year less.

The only reasonable ground of doubt in this case, is the absence of the article before ἑορτή. Did the text read ἡ ἑορτὴ τῶν Ἰουδαίων, (as is actually the case in *Codd. C, E, L,* in several cursive Manuscripts, in *Ed. Complut.* and elsewhere,) then, as most admit, it would with sufficient definiteness denote the Passover; compare Matth. 26, 5. Luke 2, 42. John 4, 45. 11, 56. al. Lücke and De Wette do indeed attempt to invalidate such a conclusion; but apparently without any good ground. At any rate, even as the text now stands, it *may* assuredly in itself just as well denote the great Jewish festival, as any other. The following considerations seem to show, that it does most probably thus stand for a Passover, viz. the *second* in our Lord's public ministry.

1. The word ἑορτή without the article is put definitely for the Passover, in the phrase κατὰ ἑορτήν Matth. 27, 15. Mark 15, 6. Luke 23, 17. Compare John 18, 39.

2. In Hebrew a noun before a genitive is made definite by prefixing the article, not to the noun itself, but to the genitive; see Gesen. Heb. Gr. § 109. 1. Nordheim. Heb. Gr. II. p. 14. γ. This idiom is transferred by the LXX into Greek; e. g. Deut. 16, 13 ἑορτὴν τῶν σκηνῶν ποιήσεις σεαυτῷ, Heb. חַג הַסֻּכֹּת, i. e. *the* festival of Tabernacles. 2 K. 18, 15 ἐν θησαυροῖς οἴκου τοῦ βασιλέως, Heb. בְּאוֹצָרוֹת בֵּית הַמֶּלֶךְ. So too in the New Testament; Matth. 12, 24 ἐν τῷ Βεελζεβοὺλ ἄρχοντι τῶν δαιμονίων, i. e. *the* prince of demons. Luke 2, 11 ἐν πόλει Δαυΐδ (the proper name being itself definite), i. e. not *a* city of David, but *the* city, as in English *David's city,* Heb. עִיר דָּוִיד. Acts 8, 5 εἰς πόλιν τῆς Σαμαρείας, i. e. *the* city (metropolis) of Samaria; see v. 14. Hence, in the passage before us, according to the analogous English idiom, we may render the phrase ἑορτὴ τῶν Ἰουδαίων by *the Jews' festival;* which marks it definitely as the Passover. Similar and illustrative is the phrase in John 6, 4: ἦν δὲ ἐγγὺς τὸ πάσχα, ἡ ἑορτὴ τῶν Ἰουδαίων. See Hengstenberg's Christol. II. p. 565.

3. It is not probable, that John means here to imply that the festival was indefinite or uncertain. Such is not his usual manner. The Jewish festivals were to him the measures of time; and in every other instance they are definitely specified. So the Passover, John 2, 23. 12, 1; even when Jesus does not visit it, 6, 4; and also when it is expressed only by ἡ ἑορτή, 4, 45. 11, 56. 12, 12. 20. al. So too the festival of Tabernacles, ἡ ἑορτὴ τῶν Ἰ. ἡ σκηνοπηγία 7, 2; and of the Dedication, τὰ ἐγκαίνια 10, 22. This is all natural in him; for an indefinite festival could afford no note of time.

4. The plucking of the ears of grain by the disciples (§ 37 and Note), shows that a Passover had just been kept; which tallies accurately with this visit of our Lord to Jerusalem.

5. This ἑορτή could not have been the festival either of Pentecost or of Tabernacles next following our Lord's first Passover. He returned from Judea to Galilee not until eight months after that Passover, when both these festivals were already past; see the Note on § 25.—That it might by possibility have been the Pentecost after a second Passover not mentioned, and before that in John 6, 4, cannot perhaps be fully disproved; but such a view has in itself no probability, and is apparently entertained by no one. At any rate, it also would give the same duration of three and a half years to our Lord's ministry.

6. Nor can we well understand here the festival of Purim, which occurred on the fourteenth and fifteenth of the month Adar or March, one month before the Passover; see Esth. 9, 21. 22. 26-28. Against this the following considerations present themselves: (a) The Jews did not go up to Jerusalem to celebrate the festival of Purim. The observance of it among that people throughout the world consisted solely in reading the Book of Esther in their synagogues on those days, and making them "days of feasting and joy and of sending portions [dishes] one to another and gifts to the poor;" Esth. 9, 22. Jos. Ant. 11. 6. 13. Reland Antiqq. Heb. IV. 9. But the "multitude" John 5, 13, seems to imply a concourse of strangers at one of the great festivals.—(b) It is very improbable, that Jesus would have gone up to Jerusalem at the Purim, to which the Jews did not go up, rather than at the Passover, which occurred only a month later. His being once present at the festival of Dedication (John 10, 22) is not a parallel case; since he appears not to have gone up for that purpose, but this festival occurred while he remained in or near Jerusalem after the festival of Tabernacles, John 7, 2 sq.— (c) The infirm man was healed on the Sabbath, John 5, 9; which Sabbath belonged to the festival, as the whole context shows, John 5, 1. 2. 10-13. But the Purim was never celebrated on a Sabbath; and, when it happened to fall on that day, was regularly deferred; see Reland l. c.

7. The main objection urged against taking this ἑορτή as a Passover, is the circumstance, that in such case, as our Lord did not go up to the Passover spoken of in John 6, 4, but only at the subsequent festival of Tabernacles in John 7, 2 sq. he would thus have absented himself from Jerusalem for a year and six months; a neglect, it is alleged, inconsistent with his character and with a due observance of the Jewish law. But a sufficient reason is assigned for this omission, viz. "because the Jews sought to kill him," John 7, 1; comp. 5, 18. It obviously had been our Lord's custom to visit the Holy City every year at the Passover; and because, for the reason assigned, he once let this occasion pass by, he therefore went up six months afterwards at the festival of Tabernacles. All this presents a view perfectly natural; and covers the whole ground. Nor have we any right to assume, as many do, that our Lord regularly went up to Jerusalem on other occasions, besides those specified in the New Testament.

In this instance, the most ancient view is that which interprets ἑορτή of a Passover. So Irenæus in the third century: "Et posthac iterum secunda vice adscendit [Jesus] in diem Paschæ in Hierusalem, quando paralyticum, qui juxta natatoriam jacebat xxxviii annos curavit;" adv. Hær. 2. 39.   The same view was adopted by Eusebius, Theodoret, and others; and in later times has been followed by Luther, Scaliger, Grotius, Lightfoot, Le Clerc, Lampe, Hengstenberg, etc.   Cyril and Chrysostom held to a Pentecost, as also the Harmony ascribed to Tatian; and so, in modern times, Erasmus, Calvin, Beza, Bengel, etc.   The festival of Purim was first suggested by Keppler (*Ecloga Chronica* pp. 72, 129 sq. Francof. 1615); and at the present day this is the only view, aside from the Passover, that finds advocates.   Those who hold it, as Hug, Neander, Olshausen, Tholuck, Meyer, (Lücke and De Wette leave the question undecided,) regard John 6, 4 as having reference to the second Passover during our Lord's ministry; which thus becomes limited to two and a half years.—See, generally, Hengstenberg's *Christol.* II. p. 561 sq. Neander's *Leben Jesu*, 3te Ausg. p. 434, Anm. Lücke *Comm. üb. Joh.* in loc. II. p. 1 sq.

§ 37. The circumstances here narrated show that a Passover had just been celebrated; see the Note on § 25.   The σάββατον δευτερόπρωτον was probably *the first Sabbath after the second day of the Passover* or of unleavened bread; that is, the first of the seven Sabbaths reckoned between that day and Pentecost; see the Lexicons, also Scaliger *Emendat. Tempp.* VI. 557.   Our Lord would seem to have hastened away from Jerusalem; for which a reason is found in John 5, 16. 18.

§ 40. The appointment of the Twelve follows here according to Mark and Luke. Matthew gives their names in 10, 2–4, as having been already appointed.   Lebbeus, called also Thaddeus by Matthew and Mark, is the same as Jude the brother of James in Luke.   The epithet ὁ ζηλωτής, *Zealot*, is the Greek translation of ὁ κανανίτης derived from Heb. קנא, Aram. קנאן; see the Lexicons.   Nathanael, who is mentioned with the Apostles in John 21, 2, was probably the same as Bartholomew, who elsewhere also is coupled with Philip; see John 1, 45 sq.

§ 41. The Sermon on the Mount follows here, in accordance with the order of Luke. The correctness of this order, so far as it respects Matthew, depends on the question: Whether the discourse as reported by the two Evangelists is one and the same, and was delivered on the same occasion?   This question is answered at the present day by interpreters, with great unanimity, in the affirmative; and mainly for the following reasons.

1. The choice of the Twelve by our Lord, as his ministers and witnesses, furnished an appropriate occasion for this public declaration respecting the spiritual nature of his kingdom, and the life and character required of those who would become his true followers.   Luke expressly assigns this as the occasion; and although Matthew is silent here and elsewhere as to the selection of the Apostles, yet some passages of the discourse, as reported by him, seem to presuppose their previous appointment as teachers; see Matth. 5, 13. 14. 7, 6.

2. The beginning and the end of both discourses, and the general course of thought in both, exhibit an entire accordance one with the other.

3. The historical circumstances which follow both discourses are the same, viz. the entrance into Capernaum and the healing of the Centurion's servant.

The main objection which has been felt and urged against the identity of the two discourses, is the fact, that Matthew's report contains much that is not found in Luke; while, on the other hand, Luke adds a few things not found in Matthew, as vv. 24–26. 38–40. 45; and, further, his expressions are often modified and different, as in vv. 20. 29. 35. 36. 43. 44. 46. But this objection vanishes, if we look at the different objects which the two Evangelists had in view. Matthew was writing chiefly for Hebrew Christians; and it was therefore important for him to bring out, in full, the manner in which our Lord enforced the spiritual nature of his dispensation and doctrine, in opposition to the mere letter of the Jewish law and the teaching and practice of the Scribes and Pharisees. This he does particularly, and with many examples, in Matth. 5, 18–38. 6, 1–34. Luke, on the contrary, was writing mainly for Gentile Christians; and hence he omits the long passages of Matthew above referred to, and dwells only upon those topics which are of practical importance to all. In other respects, the discourses, as given by the two writers, do not differ more than is elsewhere often the case in different reports of the same discourse. Compare Matth. 24, 1–42 with Mark 13, 1–37 and Luke 21, 5–36; also Matth. 28, 5–8 with Mark 16, 6–8 and Luke 24, 5–8. See also the Note on § 15.

Augustine, in order to avoid the like difficulty, supposed that our Lord first held the longer discourse in Matthew before his disciples on the top of the mountain; and afterwards descended and delivered the same in the briefer form of Luke to the multitudes below; *De consensu Evangelistarum*, II. 45. But this is unnecessary; and the order of circumstances would seem rather to have been the following: Our Lord retires to the mountain and chooses the Twelve; and with them descends to the multitudes on the level place or plain, where he heals many. (§ 40.) As they press upon him, he again ascends to a more elevated spot, where he can overlook the crowds and be heard by them; and here, seating himself with the Twelve around him, he addresses himself to his disciples in particular and to the multitudes in general. See Matth. 5, 1. 2. Luke 6, 20; also Matth. 7, 28. Luke 7, 1.

The mountain where these events took place, was doubtless some part of the high ground on the west of the Lake of Tiberias, not far from Capernaum. The Romish church has the tradition, that the singular hill called Tell Hattin, or Kŭrûn Hattin, was the spot; and that hill is hence known to travellers as the Mount of Beatitudes. But this eminence is at least seven or eight miles distant from any probable site of Capernaum; which seems inconsistent with Matth. 8, 5. Luke 7, 1. And further, this tradition is current only among foreign Latin monks, and cannot be traced back, even among them, beyond the twelfth century; while the Greek church, which has been native upon the soil from the earliest centuries, knows nothing of it; and has indeed no tradition whatever connected with the Sermon on the Mount. See Bibl. Researches in Palestine, III. p. 240.

§ 42. In Matthew, the Centurion seems to come in person to Jesus; in Luke, he sends the elders of the Jews. This diversity is satisfactorily explained by the old law-maxim: *Qui facit per alium, facit per se.* Matthew narrates briefly; Luke gives the circumstances more fully. In like manner, in John 4, 1, Jesus is said to baptize, when he did it by his disciples. In John 19, 1, and elsewhere, Pilate is said to have scourged Jesus; certainly not with his own hands. In Mark 10, 35, James and John come to

Jesus with a certain request; in Matth. 20, 20, it is their mother who prefers the request. In 2 Sam. 24, 1, God moves David to number Israel; in 1 Chr. 21, 1, it is Satan who provokes him.

§ 44. Matthew places this narrative after the sending out of the Twelve, Matth. 11, 1. 2. This appears to be too late; for during their absence John was beheaded; see Mark 6, 30. Matth. 14, 13. The order of Luke is therefore retained. Our Lord was probably at or near Capernaum; comp. § 45.

§ 48. The order of Mark is here resumed, who places these transactions next after the appointment of the Twelve, omitting the Sermon on the Mount and other intervening matters. The narrative of Luke is obviously parallel; although given by him in a different place. See Introd. Note to Part VI. p. 199.

§ 49. The specification in Matth. 12, 40, that Jesus should be "three days and three nights" in the sepulchre, seems at first view not to harmonize with the accounts of his burial and resurrection. From these latter it appears, that he was laid in the tomb before sunset on the sixth day of the week or Friday, and rose again quite early on the first day of the week or Sunday; having lain in the grave not far from thirty-six hours. See §§ 159, 160, and Notes. This accords with the usual formula which our Lord employed in speaking of his resurrection, viz. that "he should rise on the *third day*;" Matth. 16, 21. 20, 19. Mark 9, 31. 10, 34. Luke 9, 22. 18, 33. etc. Equivalent to this is also the expression, "*after three days* I will rise again," Matth. 27, 63. Mark 8, 31. John 2, 19. etc. This latter idiom is found also in John 20, 26, where *eight days* is put for a week. So too in German, the expression: *nach drey Tagen*, 'after three days,' is always the same as: *am dritten Tage*, 'on the third day,' the day after to-morrow; and *acht Tage*, 'eight days,' is the more common phrase instead of *eine Woche*, 'a week.'

In the present instance, Matth. 12, 40, the apparent difficulty arises from the form of the expression "three days and three nights," which our Lord uses here, and here alone, because he is quoting from Jonah 2, 1. [1, 17.] The phrase in itself is doubtless equivalent to the Greek *νυχθήμερον*, a day and night of twenty-four hours. But the Hebrew form שְׁלֹשָׁה יָמִים וּשְׁלֹשָׁה לֵילוֹת *three days and three nights*, was likewise used generally and indefinitely for *three days* simply; as is obvious from 1 Sam. 30, 12 (compared with v. 13), and from the circumstances there narrated. Such also is manifestly the case here.

§ 51. The order here connects back with Luke 11, 36, in § 49. Jesus receives the invitation of the Pharisee *ἐν δὲ τῷ λαλῆσαι*, while he was speaking. See Introd. Note to Part VI. p. 199.

§ 52. Luke c. 12 is directly connected with the preceding by the phrase *ἐν οἷς*, *meanwhile*.

§ 53. The order is here fixed by v. 1.

§ 54. The order here depends on Matth. 13, 1; the intervening events in §§ 51–53 being supplied by Luke. The place may be Capernaum; but this is not certain.

§ 56. Mark here fixes the order of time, "the same day at evening." The incident of the Scribe and of another disciple, which Matthew gives definitely here, is related by Luke in a wholly different connection without any note of time. It is transferred hither, because it is of such a nature, that it cannot well be supposed to have been so exactly repeated at two different times. The conversation takes place, as our Lord was on his way from the house (Matth. 13, 36) to the boat.

§ 57. Origen says that a city Γέργεσα anciently stood on the eastern shore of the lake of Tiberias, Opp. IV. p. 140. If so, Gadara was a larger city, whose district or jurisdiction apparently extended to the lake, and included Gergesa. In Matth. 8, 28, Griesbach and Knapp read Γερασηνῶν, and Scholz Γαδαρηνῶν.

Mark and Luke speak of only one demoniac; Matthew of two. Here the maxim of Le Clerc holds true: *Qui plura narrat, pauciora complectitur; qui pauciora memorat, plura non negat.* Something peculiar in the circumstances or character of one of the persons, rendered him more prominent, and led the two former Evangelists to speak of him particularly. But their language does not *exclude* another.—A familiar example will illustrate the principle. In the year 1824, Lafayette visited the United States, and was every where welcomed with honours and pageants. Historians will describe these as a noble incident in his life. Other writers will relate the same visit as made, and the same honours as enjoyed, by *two* persons, viz. Lafayette and his son. Will there be any contradiction between these two classes of writers? Will not both record the truth? See Bibliotheca Sacra, 1845. p. 169.

§§ 58, 59. The *call* of Levi or Matthew is placed by the three Evangelists immediately after the healing of the paralytic in Capernaum; see §§ 34, 35. Very naturally, too, they all three connect with his call an account of the *feast* which he afterwards made for Jesus; in order to bring together and present at once all that was personal to Matthew. But from Matth. 9, 18, it appears, that while our Lord was reclining and discoursing at that feast, Jairus comes to beseech him to visit his daughter lying at the point of death; and Jesus goes with him. Now this transaction, according to Mark and Luke, did not happen until just after the return from the eastern shore of the lake. Hence the narrative of the feast is also to be transferred to this place; and that too the more certainly, because the Twelve appear to have also been present at it; see Matth. 9, 10. Mark 2, 15.

§ 62. In Matth. 10, 10 the Twelve are instructed not to provide a staff (ῥάβδον); in Mark 6, 8 they are told not to take any thing *save a staff only*. Here Matthew refers to *providing* (κτᾶσθαι) *beforehand* for the journey; Mark, to what they may actually take along with them.

§§ 63, 64. While the Twelve are absent preaching in the name of Christ, Herod causes John the Baptist to be beheaded in the castle of Machærus at the southern extremity of Perea, near the Dead Sea; Jos. Ant. 18. 5. 2. In consequence of the preaching of the Apostles, Herod hears the fame of Jesus; is conscience-smitten; and declares him to be John, risen from the dead. The disciples of John come and tell Jesus; and the Twelve also return with the same intelligence; upon which Jesus retires to the northeastern coast of the lake, not far from the northern Bethsaida or Julias; see Bibl. Res. in Palest. III. p. 308. All these events seem to have taken place near together.

Matthew and Mark narrate the death of the Baptist in explanation of Herod's declaration. The account of his imprisonment is transferred to § 24.

According to John 6, 4, the Passover was at hand, viz. the third during our Lord's ministry. John therefore had lain in prison not far from a year and six months; and was beheaded about three years after entering upon his ministry. See Note on § 25.

§§ 65, 66. From the region of the northern Bethsaida or Julias, the disciples embark for Bethsaida of Galilee, Mark 6, 45; or for Capernaum according to John 6, 17. They land on the plain of Gennesareth, Matth. 14, 34. Mark 6, 53. The next day the multitudes follow in boats to Capernaum seeking for Jesus, and find him there; John 6, 24. 25. 59. It follows as a necessary conclusion, that Capernaum was on or near the plain of Gennesareth; most probably at its northeastern extremity. For the topography of this region, see Bibl. Res. in Palest. III. p. 288 sq. comp. p. 282 sq.

In John 7, 1, a reason is assigned why Jesus did not go up at this time to the Passover mentioned in John 6, 4. This was the third Passover during his ministry.

———

PART V.

FROM OUR LORD'S THIRD PASSOVER UNTIL HIS FINAL DEPARTURE FROM GALILEE AT THE FESTIVAL OF TABERNACLES.

§§ 67–82.

§ 67 sq. The order of events, as far as to § 79 inclusive, is in accordance with both Matthew and Mark; with whom Luke also coincides, so far as he touches upon the same transactions.

§ 68. Jesus retires from Galilee, first to the region of Tyre and Sidon, then to the Decapolis, and afterwards to the district of Cesarea Philippi. All these were districts not under the jurisdiction of Herod; whose domain included Galilee and Perea. Not improbably Jesus may have withdrawn from Galilee at this particular time, because the attention of Herod had been thus turned to him after the death of John the Baptist; and perhaps too on account of Herod's temporary presence in that province, by which his own personal danger would naturally be increased. See the Note on §§ 63, 64.

§ 69. The Decapolis was on the S. and S. E. of the Lake of Tiberias. It included Scythopolis (Bethshean), Gadara, Hippo, Pella, Gerasa; the names of the other cities being less certain. Our Lord in returning from Tyre and Sidon probably passed through Galilee. The feeding of the four thousand obviously took place in the Decapolis; since Jesus immediately afterwards passes over the lake to Magdala on its western shore.

§ 72. The healing of the blind man at the northern Bethsaida, is related only by Mark. It took place on the way from the eastern shore of the lake toward Cesarea Philippi.

§ 74. The μετὰ τρεῖς ἡμέρας of Mark 8, 31, is equivalent to τῇ τρίτῃ ἡμέρᾳ in Matth. 16, 21. Luke 9, 22. See the Note on § 49.

§ 75. On Matth. 17, 12, see the Note on § 18.

§ 80. The sending out of the Seventy obviously took place at or near Capernaum; see vv. 13. 15. It comes therefore here in its order, before our Lord leaves Galilee to go up to the festival of Tabernacles. The words μετὰ ταῦτα, in v. 1, refer to the general series of events narrated in the preceding chapter; not to v. 51 sq. in particular. The incident of the Scribe, which there follows (v. 57 sq.) was in fact much earlier; see in § 56 and Note.

According to Luke 10, 1, the Seventy were to go to every city and place, whither our Lord himself would come. To what part of the country, then, were they sent? Not throughout Galilee; for Jesus apparently never returned to that province; and besides, both himself and the Twelve had already preached in all the towns and villages. Not in Samaria; for he merely passes through that district without making any delay. Possibly into some parts of Judea, whither our Lord himself afterwards came; but more probably along the great valley of the Jordan and throughout the populous region of Perea, which our Lord traversed and where he taught, after the festival of Dedication, and as he for the last time went up to Jerusalem; see John 10, 40. Matth. 19, 1. Mark 10, 1. Luke 13, 22.—In accordance with this view, the return of the Seventy took place in Jerusalem or Judea, not long before the festival of Dedication (§ 89); immediately after which festival Jesus withdrew into Perea to follow up their labours, John 10, 40 sq. See Introd. Note to Part VI. p. 199.

Our Lord's instructions to the Seventy have a striking resemblance to those given to the Twelve; see in § 62.

§ 81. Our Lord evades the hypocritical urgency of his relatives; and afterwards goes up to the festival more privately; that is, with less of public notoriety and without being followed as usual by crowds. The journey mentioned in Luke 9, 51 was obviously his last journey from Galilee to Jerusalem; and v. 53 shows that he was passing on rapidly and without delay. In both these circumstances, Luke accords with John; and the two accounts are therefore properly arranged together. See more in Introd. Note to Part VI. p. 198.

§ 82. The healing of the ten lepers evidently connects itself with the same journey through Samaria; and is narrated by Luke out of its proper order. Compare the incident of the Scribe and another, Luke 9, 57 sq. and see the Note on § 56.

PART VI.

THE FESTIVAL OF TABERNACLES, AND THE SUBSEQUENT TRANSACTIONS UNTIL OUR LORD'S ARRIVAL AT BETHANY SIX DAYS BEFORE THE FOURTH PASSOVER.

§§ 83–111.

INTRODUCTORY NOTE.

IN this interval of time, from the festival of Tabernacles to our Lord's last arrival at Bethany, we encounter one of the most difficult portions of the whole Gospel Harmony.

According to John's narrative, Jesus, after leaving Galilee to go up to the festival of Tabernacles in October (John 7, 10), did not return again to Galilee; but spent the time intervening before the festival of Dedication in December, probably in Jerusalem, or, when in danger from the Jews, in the neighbouring villages of Judea; John 8, 59. Luke 10, 38 sq. Had Jesus actually returned to Galilee during this interval, it can hardly be supposed that John, who had hitherto so carefully noted our Lord's return thither after each visit to Jerusalem, would have failed to give some hint of it in this case also, either after c. 8, 59, or after c. 10, 21. But neither John, nor the other Evangelists, afford any such hint.—Immediately after the festival of Dedication, Jesus withdrew from the machinations of the Jews beyond Jordan; whence he was recalled to Bethany by the decease of Lazarus; John 10, 40. 11, 7. He then once more retired to Ephraim; and is found again at Bethany six days before the Passover; John 11, 54. 12, 1.

Matthew and Mark contain no allusion at all to the festival of Tabernacles; nor do we find any express mention of it in Luke. Yet Luke 9, 51 is most naturally referred to our Lord's journey at that time; and it implies also that this was his final departure from Galilee; see Note on § 81. Luke and John are therefore here parallel. The circumstances of danger, which had induced Jesus during the summer to retire from Galilee in various directions (see Note on § 68), as well as the approach of the time when "he should be received up," are reasons of sufficient weight to account for his having transferred, at this time, the scene of his ministry and labours from Galilee and the north to Jerusalem and Judea, including excursions to the country on and beyond the Jordan.

In regard to the transactions during the whole interval of time comprised in this Part, the Gospels of Matthew and Mark are silent; except where they relate that our Lord, after his departure from Galilee, approached Jerusalem for the last time through Perea and by way of Jericho, where he was followed by multitudes; Matth. 19, 1. 2. 20, 29. Mark 10, 1. 46. With the transactions recorded by these two Evangelists during this last approach, Luke also has some things parallel; Luke 18, 15–43. The arrival at Bethany is common to the three; and in this they all accord with John; Matth. 21, 1. Mark 11, 1. Luke 19, 29. John 12, 1. 12 sq.

There exists consequently no difficulty in harmonizing Matthew and Mark, and so much of Luke as is parallel to them (18, 15 sq.) with John. But in Luke, from c. 9, 51, where Jesus leaves Galilee, to c. 18, 14, where the record again becomes parallel with Matthew and Mark, there is a large body of matter peculiar for the most part to Luke, and relating *prima facie* to the time subsequent to our Lord's departure from Galilee. How is this portion of Luke's Gospel to be arranged and distributed, in order to harmonize with the narrative of John? The difficulty of course does not exist in the case of those Harmonists, who, like Calvin, Griesbach, and others, attempt to bring together only the first three Evangelists.

Those Harmonists who have likewise included John's Gospel, have hitherto generally, and perhaps universally, *assumed* a return of our Lord to Galilee after the festival of Tabernacles; and this avowedly in order to provide a place for this portion of Luke's Gospel. But the manner in which it has been arranged, after all, is exceedingly various. Some, as Le Clerc, insert nearly the whole during this supposed journey; Harm. Evang. p. 264 sq. Others, as Lightfoot, assign to this journey only what precedes Luke 13, 23; and refer the remainder to our Lord's sojourn beyond Jordan, John 10, 40; see Chron. Temp. N. T. Opp. II. p. 37, 39. In like manner Schleiermacher, Neander, Olshausen, and others, assume a return to Galilee before the festival of Dedication; but differ greatly in their distribution of this part of Luke. See Schleierm. *Schriften des Luk.* p. 161 sq. Neand. *Leben Jesu,* p. 538. 3te Ausg. Olshaus. Comm. I. p. 571 sq. 3te Ausg.

If now we examine more closely the portion of Luke in question (9, 51—18, 14), we perceive, that although an order of time is discoverable in certain parts, yet as a whole it is wanting in exact chronological arrangement. This indeed is admitted, at the present day, by all Harmonists and Commentators. It would seem almost, as if, in this portion peculiar to Luke, that Evangelist, after recording many of the earlier transactions of Jesus in Galilee, in accordance with Matthew and Mark, had here, upon our Lord's final departure from that province, brought together this new and various matter of his own, relating partly to our Lord's previous ministry in Galilee, partly to this journey, and still more to his subsequent proceedings, until the narrative (in c. 18, 15) again becomes parallel to the accounts of Matthew and Mark. Such, for example, is the incident of the Scribe and of another in Luke 9, 52 sq.—an occurrence of such a nature that we cannot well suppose it to have happened twice, and which Matthew narrates at Capernaum, on the occasion of our Lord's first excursion across the lake; see § 56. The sending forth also of the Seventy evidently took place at or near Capernaum, c. 10, 1 sq. see § 80 and Note. The transactions narrated in c. 10, 17—11, 13, have marks of chronological connection; and the scene of them is obviously Jerusalem or its vicinity; see § 86–89 and Notes. The healing of a demoniac and the consequent blasphemy of the Scribes and Pharisees in Luke 11, 14. 15. 17 sq. is parallel with the same events in Matthew and Mark, which these two Evangelists describe as having occurred in Galilee; see § 48 and Note. With this passage again Luke 11, 37–54 is immediately connected by the words ἐν δὲ τῷ λαλῆσαι, see § 51 and Note. The transition to the next chapter (c. 12) is made by the phrase ἐν οἷς, marking proximity of time; § 52 and Note. And, further, the words παρῆσαν δέ τινες Luke 13, 1, show that the conversation there given (vv. 1–9) immediately followed.—The remainder of this portion of Luke, c. 13, 10—18, 14 (with the exception of c. 17, 11–19, which obviously connects itself with the journey in

c. 9, 51), contains absolutely no definite notation of time or place; nor any thing, indeed, to show that the events happened in the order recorded, or that they did not take place at different times and in different parts of the country. The only passage to which this remark does not perhaps fully apply, is c. 13, 22–35.

For these reasons, like Newcome, I have distributed Luke 9, 51—10, 16, and 11, 14—13, 9, (as also 17, 11–19,) in Parts IV, V, as already specified, among the transactions of our Lord's ministry in Galilee, between his second Passover and his journey to the festival of Tabernacles. The remainder of this whole portion of Luke, viz. c. 10, 17—11, 13, and 13, 10—17, 10, as also 17, 20—18, 14, remains to be disposed of in the present Part.

With many leading modern Commentators, I prefer here to follow the narrative of John, and infer that our Lord did not again return to Galilee after the festival of Tabernacles. So Lücke, Tholuck, Hengstenberg, De Wette, Meyer, and others; see their Commentaries on John l. c. also Hengstenb. Christol. II. p. 567. On this principle, therefore, the present Harmony is constructed. Hence, Luke 10, 17—11, 13 is inserted between the festival of Tabernacles and that of Dedication; see the particulars in the Notes on §§ 86–89.

More difficult is it to assign the proper place for Luke 13, 10—17, 10; the transactions recorded in which all cluster around or follow c. 13, 22, where Jesus is represented as travelling leisurely through the cities and villages towards Jerusalem. Now this journey cannot have been the same with that in Luke 9, 51 and John 7, 10; because there Jesus went up privately, while here he is accompanied by multitudes, Luke 14, 25. Nor can it have been a later journey *from Galilee*; for that in Luke 9, 51 was the final one. Nor indeed were the Jews accustomed to go up from the country to Jerusalem at the festival of Dedication; see Note on § 91. Lightfoot Hor. Heb. in Joh. 10, 22. Besides, Luke 13, 22 stands in connection with the warning received by our Lord against Herod, vv. 31–33; which under the attendant circumstances cannot well be regarded as having been given in Galilee; much less in Jerusalem, as Lightfoot supposes; Chron. Temp. N. T. Opp. II. p. 39. But Herod was lord also of Perea; and in that province he had imprisoned and put to death John the Baptist; Joseph. Ant. 18. 5. 2. It would therefore be natural, that our Lord, who had been less known in that region, and who now appeared there, followed by multitudes, should receive warning of the danger he was thus incurring. Hence, I have ventured to assign this part of Luke (13, 10—17, 10) to that period of our Lord's life and ministry, which was passed in Perea after the festival of Dedication.

Our Lord first withdrew soon after that festival from the plots of the Jews into Perea, the province beyond Jordan: " He went away again beyond Jordan, into the place where John at first baptized; and there he abode; and many resorted unto him … and believed;" John 10, 40–42. How long Jesus remained in that region before he was recalled by the death of Lazarus, can be only matter of conjecture. In that interval Lightfoot places all this part of Luke after c. 13, 22; see Opp. II. p. 39. In this I am unable to accord with that profound scholar; because the language of John does not necessarily imply that our Lord at this time made any journey or circuit in Perea itself. At least it could not then and there be said of him in any sense, that "he went through their cities and villages, teaching, and journeying towards Jerusalem," Luke 13, 22; for he had just departed from

Jerusalem, and was recalled to Bethany by a special message from the sisters of Lazarus, John 11, 3. 7. All this would seem to imply rather, that Jesus remained during this excursion, at least mainly, in the district "where John had baptized;" so that Martha and Mary knew at once where to send for him. It follows also as a natural inference, that this first sojourn beyond Jordan could not well have been a long one, nor probably have occupied more than a few weeks out of the four months intervening between the festival of Dedication and the Passover.

After the raising of Lazarus, Jesus again retired from the machinations of the Jews to "a country near to the wilderness, into a city called Ephraim, and there continued with his disciples;" John 11, 54. The Evangelist John records nothing more of his movements, until he again appears in Bethany six days before the Passover; John 12, 1. But the expression used by John as to his sojourn at Ephraim, (κἀκεῖ διέτριβε μετὰ τῶν μαθητῶν αὐτοῦ, *there he passed the time*,) does not preclude the idea of excursions from that place, nor of a circuitous route on his return to Bethany and Jerusalem at the Passover. Now Matthew, Mark, and Luke, affirm expressly, that on this return Jesus went up to Bethany from Jericho; and the two former narrate, as expressly, that in thus reaching Jericho he had come "into the coasts of Judea by the farther side of Jordan," where great multitudes followed him, and he healed them and taught them, as he was wont; Matth. 19, 1. 2. Mark 10, 1. With all this the language of Luke 13, 22 accords perfectly: "And he went through the cities and villages, teaching, and journeying towards Jerusalem;" as does also the mention of the multitudes in Luke 14, 25. With this too accords Luke 13, 31–35, including the warning against Herod and our Lord's reply; as also the touching lamentation over Jerusalem, where Jesus was so soon to perish. With this accords, further, the fact, that the narrative of Luke subsequent to the portion in question, viz. Luke 18, 15 sq. is parallel with that of Matthew and Mark during this same journey; see §§ 105–109.

After long consideration, therefore, I do not hesitate to refer Luke 13, 22, with the transactions and discourses of which it forms the nucleus, mainly to a journey of our Lord through the populous region of Perea, on his return to Bethany after sojourning in Ephraim. There *may* also have been excursions from that city to the neighbouring villages of Judea, or even to the Jordan valley. This city Ephraim I hold to be probably identical with Ephron and Ophrah of the Old Testament; and therefore apparently represented by the modern Taiyibeh, situated nearly twenty Roman miles N. N. E. of Jerusalem, and five or six Roman miles N. E. of Bethel, on the borders of the desert which stretches along on the west of the Dead Sea and the valley of Jordan; see the Note on § 93. It occupies a lofty site; and from it one overlooks the adjacent desert, the Jordan with its great valley, and the mountains of Perea beyond, with the Saracenic castle er-Rŭbŭd, near 'Ajlûn, in the northern part of Perea, bearing about N. E. Even at the present day the hardy and industrious mountaineers of this place have much intercourse with the valley, and till the rich fields and reap the harvests of Jericho; see Bibl. Res. in Palest. II. p. 121. p. 276. It was therefore quite natural and easy for our Lord, from this point to cross the valley and the Jordan, and then turn his course towards Jericho and Jerusalem; while at the same time he exercised his ministry among the cities and villages along the valley and in the eastern region. Thither, indeed, he not improbably had sent before him the Seventy disciples (see Note on § 80); and some parts of the same district he himself had already visited.

I have therefore inserted the whole of Luke 13, 11—17, 10, perhaps for the first time, after the mention of our Lord's sojourn at Ephraim; as belonging naturally to that period and to this return-journey through Perea. And then it only remained to let Luke 17, 20—18, 14 follow directly afterwards; because there is no mark nor authority for placing it any where else; and because too it immediately precedes, and thus connects with, that portion of Luke which is subsequently parallel to Matthew and Mark. Not that I would by any means assert, that all the events and the discourses of our Lord here given, are recorded by Luke in their exact chronological order; for this portion of his Gospel presents very much the appearance of a collection of discourses and transactions in themselves disconnected. Yet, as there are no marks nor evidence, internal or external, by which to arrange them differently, it seems hardly advisable, on mere conjecture, to abandon the order in which they have been left to us by Luke himself.

If it be objected, that this arrangement crowds too many incidents and discourses into this journey through Perea, the reply is not difficult. Matthew and Mark confine their previous narratives chiefly to Galilee; and give comparatively little of what took place later in Perea. Luke, besides recounting the like events in Galilee, has a large amount of matter peculiar to himself, without any definite notation of time and place; and it is therefore not unnatural to suppose, that an important portion of it may relate to this last journey. Again, there is room for allowing to this journey in Perea an interval of time, amply sufficient for all these transactions, and indeed for many more. If we assume, that our Lord's first sojourn beyond Jordan, his return to Bethany, and the subsequent departure to Ephraim, occupied even two months, (which is a large allowance,) there still remained nearly two months before the Passover, in which to make excursions from Ephraim, and also traverse leisurely the distance through Perea to Bethany, requiring in itself, at the utmost, not more than five days of travel. If now we compare the transactions thus spread out over these two months, (or not improbably over a longer interval,) with those recorded during the following six days next before the Passover (see Part VII), we shall hardly be very strongly impressed with the idea, that too much in proportion is thus allotted to this journey.

§ 83. Jesus had now been absent from Jerusalem a year and six months, since his second Passover.

§§ 86, 87. Our Lord had left the temple, and apparently the city; John 8, 59. The healing of the blind man occurred later; see the Note on § 90. While thus absent from the city, and yet in its vicinity, Jesus visits Bethany and is received by Martha and Mary. That visit is placed by Luke in immediate connection with the incident of the lawyer and the parable of the Good Samaritan; which therefore are inserted here. The scene of that parable also implies, that it was spoken in the vicinity of Jerusalem and Bethany.

§ 88. Jesus repeats on this occasion the same model-form of prayer taught in the Sermon on the Mount, § 41. Luke's order is here retained; as there is no evidence by which to assign any other.

§ 89. Luke relates the return of the Seventy in immediate connection with their appointment (Luke 10, 1-16), evidently by anticipation. Their appointment appears to have been one of our Lord's last acts in Galilee; and they went forth, probably into Perea and elsewhere, while he proceeded to Jerusalem; see the Note on § 80. Their return to him, at or near Jerusalem, is therefore here placed as late as may be, before the festival of Dedication.

§ 90. With the healing of the blind man the discourse in John 10, 1 sq. stands in immediate connection; see c. 9, 40. And in the words of our Lord, John 10, 26 sq. spoken at the festival of Dedication, there is a direct allusion to the figurative representation of the shepherd and his sheep in the same discourse. This implies that the same audience was then present, at least in part; and consequently, that the discourse in question had been delivered not long before. For these reasons the healing of the blind man would seem also to have taken place near the beginning of the festival of Dedication, or at least not long before.

§ 91. The festival of Dedication, τὰ ἐγκαίνια, was instituted by Judas Maccabeus to commemorate the purification of the temple and the *renewal* of the temple-worship, after the three years' profanation by Antiochus Epiphanes. It was held during eight days, commencing on the 25th day of the month Kislev, Heb. כִּסְלֵו, which began with the new moon of December. See 1 Macc. 4, 52-59. 2 Macc. 10, 5-8. Josephus calls it φῶτα, i. e. festival of lights or lanterns, and speaks of it as a season of rejoicing; Ant. 12. 7. 6, 7. It was celebrated by the Jews, not at Jerusalem alone, like the great festivals of the law; but at home, throughout the whole country, by the festive illumination of their dwellings; see Lightfoot Hor. Heb. in Joh. 10, 22.—According to John's narrative, Jesus was now at Jerusalem, not because the Jews were accustomed to go up thither at this festival, but because he had remained in the vicinity since the festival of Tabernacles; see the Introd. Note to Part VI. p. 200.

The place "where John at first baptized" (10, 40) was Bethany beyond Jordan, or Bethabara in the *Textus receptus*; see John 1, 28. Nothing more is known as to its situation. On our Lord's sojourn here, and also the probable length of it, see the Introd. Note to Part VI. pp. 200, 202.

§ 93. As the Sanhedrim had now determined, in accordance with the counsel of Caiaphas, that Jesus should be put to death, he therefore withdraws from Jerusalem to a city called Ephraim "near to the wilderness;" John 11, 54. This place has never hitherto been identified with any modern site. The following comparisons and combinations may perhaps throw some light upon it.

This city Ephraim ('Εφραΐμ, 'Εφρέμ) is doubtless the same with the Ephraim or Ephron of 2 Chr. 13, 19, Heb. עֶפְרַיִן in Keri, עֶפְרוֹן in Chethib, Sept. 'Εφρών, which place Abijah king of Judah, after his great battle with Jeroboam, took from the latter along with Bethel and Jeshanah. It was therefore a strong place, and lay not far remote from Bethel. So too Josephus relates, that Vespasian marched from Cesarea to the hill-country, subdued the toparchies of Gophna and Acraba with the small cities (πολίχνια) Bethel and *Ephraim* ('Εφραΐμ), and then proceeded to Jerusalem; Jos. B. J. 4. 9. 9. The same is also doubtless the *Ephron* ('Εφρών) of Eusebius and Jerome; which the former places at *eight*, and the latter (correcting Eusebius) at nearly *twenty* Roman miles, north of Jerusalem; see Onomast. art. *Ephron*.

Bethel, according to Eusebius and Jerome, was twelve Roman miles from Jerusalem towards the north; and its remains exist there at the present day; Onomast. art. *Bethel.* Bibl. Res. in Palest. II. p. 127. Ephraim or Ephron, then, being *in the twentieth* mile from Jerusalem, was seven miles beyond Bethel. But Ephraim, according to John 11, 54, was "near to the wilderness" or desert; and the only desert in that region is on the east of Bethel, viz. the desert of Judea lying on the west of the Dead Sea and the valley of the Jordan, and extending northwards at least as far as to the parallel of Shiloh, if not further. Ephraim was also a place of strength, like Bethel. All these combinations point definitely and distinctly to the lofty site of the modern et-Taiyibeh, situated two hours northeast of Bethel and six hours and twenty minutes north-north-east of Jerusalem, (reckoning three Roman miles to the hour,) adjacent to and overlooking the broad tract of desert country lying between it and the valley of the Jordan; a position so remarkable and commanding, that we cannot suppose it to have been left unoccupied in ancient times; see Bibl. Res. in Palest. II. p. 121–124. This then was the Ephraim or Ephron of both the Old and New Testaments.

There is another similar name in the Old Testament, viz. *Ophrah* in Benjamin, Heb. עָפְרָה, Sept. 'Εφραθά, Josh. 18, 23. 1 Sam. 13, 17. This was apparently the *Aphra* ('Αφρά) of Eusebius and Jerome, situated *five* Roman miles east of Bethel; Onomast. art. *Aphra*. The question suggests itself, whether perhaps Ophrah and Ephron (עֶפְרוֹן, עָפְרָה) were any thing more than different forms of the same name belonging to one and the same place? This would seem not improbable; since both forms have the same general signification, *fawn, fawn-like*, from the noun עֹפֶר *a fawn;* the one being simply the feminine form of the noun, and the other taking the very common termination וֹן. Precisely the same difference is found in the proper name *Salmon*, e. g. שַׁלְמָה and שַׂלְמוֹן, Ruth 4, 20. 21. The same idea is favoured, too, by the like analogy in the Hebrew forms for *Shiloh*, viz. שִׁלֹה and שִׁילוֹן; this latter being found in the gentile noun שִׁילוֹנִי *Shilonite*, and in the Greek Σιλοῦν of Josephus; see Gesen. Heb. Lex. art. שִׁלֹה no. 2. So likewise in the forms גִּלֹה *Giloh* and גִּילֹנִי *Gilonite;* compare also חָצוֹר *Hazor* and חֶצְרוֹן *Hezron*, Josh. 15, 25. Further, the great laxness and variety of manner with which Hebrew names are written in Greek, leave ample room for supposing such an identity. Thus another *Ophrah* (עָפְרָה) in Manasseh is written in the Sept. 'Εφραθά, Judg. 6, 11. 8, 27. 32. 9, 5; and by Josephus 'Εφράν, Ant. 5. 6. 5. Lastly, the position assigned to Ophrah by Jerome, viz. five Roman miles east of Bethel, is from the nature of the country applicable only to the same Taiyibeh above described.

The coincidence of all these circumstances leaves little room for doubt, that Ophrah and Ephron of the Old Testament and Ephraim of the New were all identical, and are all represented by the modern Taiyibeh. This then was the place to which our Lord withdrew.

For our Lord's sojourn in Ephraim, and his return thence through Perea to Bethany, see the Introd. Note to Part VI. p. 201 sq.

§ 94. Matthew and Mark, having omitted all mention of our Lord's presence and teaching in Jerusalem at the festival of Tabernacles and that of Dedication, as likewise of the raising of Lazarus and other events, now resume their narrative by relating, that after Jesus had left Galilee he approached Jerusalem, as the Passover drew nigh, by passing through the country beyond Jordan. The πέραν τοῦ Ἰορδάνου of Matthew is explained by the διὰ τοῦ πέραν τοῦ Ἰορδάνου of Mark; compare Sept. ed. Breiting. in Josh. 1, 14. 15, where we have ἔδωκε Μωϋσῆς πέραν τοῦ Ἰορδάνου, and ἔδωκε Μωϋσῆς ἐν τῷ πέραν τοῦ Ἰορδάνου. Both Evangelists speak of the great multitudes that followed Jesus.

Luke 13, 10–21 is inserted here, because it precedes, and is connected with, the notice of our Lord's journeying towards Jerusalem in Luke 13, 22; see § 95 and Note.

§ 95. For the reasons why Luke 13, 22 is arranged in this connection, see the Introd. Note to Part VI. pp. 200, 201. For the appropriateness of this arrangement, so far as it respects vv. 31–35, see the same Note, p. 200.

The lamentation over Jerusalem in v. 34 arises naturally from the mention of that city in v. 33. In Matth. 23, 37 sq. the same lamentation is repeated in connection with our Lord's denunciation of the Scribes and Pharisees in Jerusalem. Luke's phrase οὐ μή με ἴδητε κτλ. is explained by the οὐ μή με ἴδητε ἀπάρτι κτλ. of Matthew, implying that he was now about to withdraw from the world, and that Jerusalem, which then rejected him, would not again behold him and enjoy the privilege of his presence, until compelled by his glorious manifestation to acknowledge him as the true Messiah.

§§ 96–103. On these sections see the Introd. Note to Part VI. p. 202.

§ 104. This section properly comes in here before § 105, where Luke is again parallel with Matthew and Mark.

§ 107. This transaction probably occurred in Perea; as Jesus had not yet arrived at Jericho. The word ἀναβαίνω is used of any journey to Jerusalem or Judea; see Luke 2, 4. John 7, 8. 12, 20. Acts 18, 22.

§ 108. In Matthew it is the mother of James and John who makes the request; in Luke it is the two disciples themselves; see the Note on § 42.

§ 109. Mark and Luke here speak of one blind man; Matthew of two. The case is similar to that of the demoniacs of Gadara; see the Note on § 57.

More difficult is it to harmonize the accounts as to the place where the miracle was wrought. Matthew and Mark narrate it as having occurred when Jesus was departing from Jericho (ἐκπορευομένου αὐτοῦ ἀπὸ Ἰεριχώ); while Luke seems to describe it as happening during his approach to the city (ἐν τῷ ἐγγίζειν αὐτὸν εἰς Ἰεριχώ). Several ways of solving this difficulty have been proposed.

1. The language of Mark is: καὶ ἔρχονται εἰς Ἰεριχώ, 'they came to Jericho.' This, it is said, may be understood as implying, that Jesus remained some days at least in Jericho, where he would naturally visit points of interest in the vicinity; as, for example, the fountain of Elisha, a mile or more distant. That he did actually spend the Jewish sabbath at Jericho, is evident from the fact, that he arrived at Bethany on the first day of

the week. The miracle therefore may have been wrought, not when he was *finally* leaving Jericho for Jerusalem; but when he was *occasionally* going out *of*, and returning *to*, Jericho. So Newcome, Harm. Note on § 108.

2. The verb ἐγγίζειν, it is said, may signify not only *to draw near*, but also *to be near*, i. q. ἐγγὺς εἶναι. Hence, the language of Luke may include also the idea expressed by Matthew and Mark, i. e. while he was *still near* the city. So Grotius, Comm. in Matth. 20, 30. Passow in his Lexicon gives a like definition: *nahe seyn, nahe kommen, sich nähern*, i. e. *to be near, to draw near;* but neither he nor Grotius brings forward any references to classic authors in support of such a meaning. Indeed, it is very doubtful, whether this definition can be fully sustained by classic authority. Yet in the New Testament and Septuagint there are passages, which go to imply such a usage. Thus, Luke 19, 29 ὡς ἤγγισεν εἰς Βηθφαγὴ καὶ Βηθανίαν, while we read in Matth. 21; 1 ὅτε ἤγγισαν εἰς Ἱεροσόλυμα, καὶ ἦλθον εἰς Βηθφαγὴ πρὸς τὸ ὄρος τῶν ἐλαιῶν, implying that they had already arrived *at* Bethphage and Bethany. So trop. Phil. 2, 3 μεχρὶ θανάτου ἤγγισε, *he was nigh unto death.* The usage of the LXX is more definite; as they often put ἐγγίζειν for Heb. קָרֵב *near*, even of place. So of Naboth's vineyard, 1 K. 21, 2 ὅτι ἐγγίζων οὗτος τῷ οἴκῳ μου, *because it is near unto my house.* Also Deut. 21, 3 ἡ πόλις ἡ ἐγγίζουσα τῷ τραυματίᾳ, *the city next [nigh] unto the slain man.* v. 6. 22, 2; and trop. Jer. 23, 23. Ruth 2, 20. 2 Sam. 19, 42. These instances seem sufficient to bear out the proposed interpretation in Luke; which is also adopted by Le Clerc, Doddridge, Pilkington, and others.—Nor is this method of explanation " made useless for the purpose of reconciling the Evangelists, by Luke 19, 1," as Newcome asserts. In connection with Jericho, Luke first of all relates this striking miracle; then goes back and mentions that Jesus " entered and passed through Jericho;" and lastly records the visit to the house of Zaccheus, apparently within the city. Luke 19, 1 therefore is not more at variance with this view respecting the miracle, than it is with the visit to Zaccheus. It is a passing announcement of a general fact, in connection with which other more important circumstances are related; not indeed in the order of time, but partly by anticipation.

3. Less probable than either of the above is the solution of Lightfoot and others, who assume that Jesus healed one blind man before entering the city, and another on departing from it. See Lightfoot Chron. Tempor. in N. T. Opp. II. p. 42.

§ 111. The phrase ἐκ τῆς χώρας John 11, 55, does not refer to the region of Ephraim; for then it must have read ἐν ταύτης χώρας. Besides, those coming from that vicinity would hardly have made such inquiries. The phrase therefore signifies *from the country*, generally, as distinguished from Jerusalem; compare in Luke 21, 21.

"Six days before the Passover" is equivalent to " the sixth day" before that festival; see the Note on § 49. As our Lord ate the paschal supper on the evening after the fifth day of the week or Thursday, (which evening was reckoned in the Jewish manner to the sixth day or Friday,) the sixth day before it was the *first* day of the week, reckoning back as usual from Friday itself as one day. Jesus then came from Jericho to Bethany on the first day of the week; having spent the Jewish sabbath at the former place.

John 12, 2–8, where the supper at Bethany is described, is postponed in accordance with the order of Matthew and Mark; see the Note on § 131.

PART VII.

OUR LORD'S PUBLIC ENTRY INTO JERUSALEM, AND THE SUBSEQUENT
TRANSACTIONS BEFORE THE FOURTH PASSOVER.

§§ 112–132.

INTRODUCTORY NOTE.—SCHEDULE OF DAYS.

THE Jewish day of twenty-four hours was reckoned from sunset to sunset; as is still
the case in oriental countries. The paschal lamb was killed on the fourteenth day of
Nisan towards sunset; and was eaten the same evening, after the fifteenth day of Nisan
had begun; Ex. 12, 6. 8, and Introd. Note to Part VIII. Our Lord was crucified on the
day before the Jewish Sabbath, that is, on Friday, Mark 15, 42; and as he had eaten the
Passover on the preceding evening, it follows that the fourteenth of Nisan fell that year
on Thursday, reckoned from the preceding sunset. Hence, the sixth day before the
Passover, when Jesus 'came to Bethany, was the first day of the week or Sunday (see
the Note on § 111); and the transactions of the following week, comprised in Parts VII
and VIII, may be distributed according to the following Schedule; which differs some-
what from the *Schema* of Lightfoot; see his Hor. Heb. in Joh. 12, 2.

SCHEDULE OF DAYS.

9. 7. SAT. *reckoned from preced. sunset.* The Jewish sabbath. Jesus remains at Jericho.

10. 1. SUND. Jesus arrives at Bethany from Jericho, John 12, 1.

11. 2. MOND. *from sunset.* Jesus makes his public entry into Jerusalem, § 112; and returns at night to Bethany, Mark 11, 11.

12. 3. TUESD. *from sunset.* Jesus goes to Jerusalem; on his way the incident of the barren fig-tree. He cleanses the temple, § 113; and again returns to Bethany, Mark 11, 19.

13. 4. WEDN. *from sunset.* Jesus returns to the city; on the way the disciples see the fig-tree withered, Mark 11, 20. Our Lord discourses in the temple, §§ 115–126; takes leave of it; and, when on the Mount of Olives, on his way to Bethany, foretells his coming to destroy the city, and proceeds to speak also of his final coming to judgment, §§ 127–130.

14. 5. THURSD. *from sunset.* The rulers conspire against Christ. On the eve of this day, (i. e. the evening following Wednesday,) our Lord had partaken of the supper at Bethany; where Mary anointed him, and where Judas laid his plan of treachery, which he made known to the chief priests in the course of this day.

Jesus sends two disciples to the city to make ready the Passover. He himself repairs thither in the afternoon, in order to eat the paschal supper at evening.

Day of Nisan. Day of Week.

SCHEDULE OF DAYS CONTINUED.

15. 6. FRID. *from sunset.* At evening, in the very beginning of the fifteenth of Nisan, Jesus partakes of the paschal supper; institutes the Lord's supper; is betrayed and apprehended; §§ 133–143. He is brought first before Caiaphas, and then in the morning before Pilate; is condemned, crucified, and before sunset laid in the sepulchre; §§ 144–158.

16. 7. SAT. The Jewish Sabbath. Our Lord rests in the sepulchre.

17. 1. SUND. Jesus rises from the dead at early dawn; see § 159 and Note.

§ 112. The time is specified in John 12, 12. The other Evangelists do not notice the fact, that Jesus had remained at Bethany the preceding night.

§ 113. Mark 11, 11. 12 specifies the time very exactly. On the cleansing of the temple, see the Note on § 21.

Luke 21, 37. 38 is inserted here, because in Luke's order it is only retrospective; being placed after our Lord's discourses on the Mount of Olives, when he had already taken leave of the temple, to which he returned no more.

§§ 114–130. These sections include the numerous discourses and transactions of the fourth day of this week.

§ 114. The account of the withering away of the fig-tree might in itself well be connected with the preceding Section. But according to Mark 11, 20, this occurrence took place on the subsequent day.

§ 123. In Matthew, verses 13 and 14 are transposed, as in the best editions.

§ 125. This incident of the Greeks is inserted here on the fourth day of the week, because of John 12, 36; which implies that Jesus afterwards appeared no more in public as a teacher. He immediately takes leave of the temple.

§ 126. The Evangelist John here gives his own reflections upon the unbelief of the Jews. From v. 44 we are not to understand, that Jesus, after having left the temple, returned and uttered this additional discourse. It is rather the vivid manner of the Evangelist himself; who thus introduces Jesus as speaking, in order to recapitulate the sum and substance of his teaching, which the Jews had rejected.

§§ 127–130. The topics of these Sections are more fully discussed in an article by the author of this work, in the *Bibliotheca Sacra*, 1843, No. III. pp. 531 sq.

§ 127. Our Lord takes leave of the temple, to which he returns no more; at the same time foretelling its impending destruction. On his way to Bethany, he seats himself for a time upon the Mount of Olives, over against the temple, where the city was spread out before him as on a map; and here four of his disciples put to him the question, "When shall these things be?" According to Matthew they add: "And what the sign of thy coming, and of the end of the world?" They were still in darkness:

and believed, like the other Jews, that the Messiah was yet to go forth as an exalted temporal prince, to subvert the then present order of things, to overthrow their enemies and subdue all nations, and thus restore pre-eminency and glory to the Jewish people, and reign in peace and splendour over the world; see Luke 24, 21. Acts 1, 6. This was the expected coming and the end of the world, or present state of things, referred to in Matth. 24, 3; as also in Luke 17, 20 sq. 19, 11. See *Biblioth. Sacra*, l. c. pp. 531–535.

Jesus does not directly answer the question of the four Apostles; but speaks of deceivers and calamities and persecutions, that should arise. His language here is strictly introductory to the next Section.

§ 128. That the "abomination of desolation" Matth. 24, 15 etc. refers to the Roman armies by which Jerusalem was besieged and destroyed, is shown conclusively by Luke 21, 20.

The subsequent desolation and calamity spoken of in Matth. 24, 29-31 and the parallel passages, may be most appropriately referred to the overthrow and complete extirpation of the Jewish people fifty years later under Adrian; when they were sold as slaves and utterly driven out from the land of their fathers. See Münter's *Jüdischer Krieg*, Leipz. 1821; translated by W. W. Turner in the *Biblioth. Sacra*, 1843, p. 393 sq. Comp. ibid. p. 550 sq. This was the final war and catastrophe of the Jewish nation under the celebrated and mysterious Bar Cochba, 'Son of a Star.' It was a catastrophe far more terrible than the destruction of Jerusalem; though the latter, in consequence of the vivid description of it by Josephus, has come to be usually considered as the last act in this great tragedy. Such, however, it was not.

The figurative language of these verses is similar to that of many passages in the Old Testament, which refer to civil commotions and historical events of far less importance than the destruction of Jerusalem and the overthrow of the Jewish state; comp. Is. 13, 9 sq. 19, 1. 5 sq. 34, 2. 4 sq. Ezek. 32, 2. 7. Ps. 18, 7-14. 68, 7 sq. 77, 15 sq. etc. Comp. Rev. 6, 12 sq. and see also *Biblioth. Sac.* 1843, p. 545 sq. Further, Luke 21, 28 shows decisively, that these verses cannot have reference to the general judgment of the great and final day; the language of Luke directly expresses temporal deliverance, and that only; comp. also John 11, 52. Matth. 23, 37. Luke 13, 34.

That some near catastrophe is meant, appears also from the limitation to "this generation," Matth. 24, 34 and the parallel passages. The phrase οὐ μὴ παρέλθῃ ἡ γενεὰ αὕτη ἕως κτλ. in Matth. 24, 34, etc. is equivalent to the phrase: εἰσί τινες τῶν ὧδε ἑστηκότων, οἵτινες οὐ μὴ γεύσωνται θανάτου, ἕως κτλ. in Mark 9, 1.—For the popular use of the word γενεά, *generation*, see also Gen. 15, 16 comp. 13

Matth. 24, 36–42 connects itself directly with what precedes, see v. 36; and refers likewise to the overthrow of the Jewish people and dispensation; comp. Luke 17, 20-37. But with v. 42 of Matthew, all direct reference to the Jewish catastrophe terminates. This appears from the nature of the language; and also further from the fact, that thus far both Mark and Luke give parallel reports; while at this very point their reports cease, and all that follows belongs to Matthew alone. This goes to show, that the discourse of our Lord up to this point is to be regarded as a whole, which is here completed; having reference to his coming for the overthrow of Judaism. At this point a new topic is introduced.

§§ 129, 130. Our Lord here makes a transition, and proceeds to speak of his final coming at the day of judgment. This appears from the fact, that the matter of these Sections is added by Matthew after Mark and Luke have ended their parallel reports relative to the Jewish catastrophe; and Matthew here commences, with v. 43, the discourse which Luke has given on another occasion, Luke 12, 39 sq. see in § 52. This discourse in Luke has reference obviously to our Lord's final coming; and that it has here the same reference is apparent from the appropriateness of the subsequent warnings, and their intimate connection with Matth. 25, 31–46; which latter all interpreters of note agree in referring to the general judgment. Up to this point, further, all is destruction to evil-doers, the overthrow of persecuting Judaism; but henceforth all refers to the trial and final separation of the righteous and the wicked. See *Biblioth. Sac.* l. c. p. 553 sq.

§ 131. On the fourth day of the week, probably near its close, the chief priests and others, after deliberation, came to the formal conclusion to seize Jesus and put him to death; Matth. 26, 3. 4. etc. As the means by which this purpose was aided and accomplished, the first three Evangelists narrate the treacherous intent of Judas; which again two of them introduce by describing the circumstances under which it arose during the supper at Bethany. According to Matthew and Mark this supper would most naturally seem to have taken place on the following evening; that is, the evening which ushered in, and was reckoned to, the fifth day of the week. John's order would apparently assign it to the evening after the day on which Jesus came to Bethany.

As in the accounts of this supper itself, neither of the Evangelists has specified any note of time, we are left to infer from other circumstances, whether it more probably took place on the evening after the arrival of Jesus at Bethany, as John seems to imply; or, on the evening following the fourth day of the week, in accordance with Matthew and Mark, after our Lord had taken his final leave of the temple. The following are some of these circumstances.

1. The formal determination of the chief priests to put Jesus to death, was made apparently on the fourth day of the week, Matth. 26, 1–5. Mark 16, 1. etc. It was not until *afterwards* that Judas came to them with his proposal of treachery, which they received with joy, Matth. 26, 14. Mark 14, 10. 11. etc.

2. Matthew and Mark narrate the supper as the occasion which led to the treachery of Judas. Stung by his Master's rebuke, he is represented as going away to the chief priests and offering to betray him. This act would then seem to have been done under the impulse of sudden resentment; and this view of the matter receives also some support from his subsequent remorse and suicide. All this accords well with the order of Matthew and Mark. But if the supper took place on the evening after Jesus came to Bethany, then Judas must have cherished this purpose of treachery in his heart for several days without executing it; and that too while our Lord was daily teaching in the temple, and there was abundant opportunity to betray him. Such a supposition, under the circumstances, is against probability.

3. The language of Matthew, τότε πορευθείς v. 14, seems necessarily to connect the visit of Judas to the chief priests *immediately* with the supper, which therefore must have taken place on the preceding evening. On the other hand, it would be very natural for

John to anticipate the time of the supper. and narrate it where he does, in order there to bring together and complete all that he had to say further of Bethany; which indeed he mentions no more.

There is no sufficient reason for supposing, with Lightfoot and others, that the supper in John is a different one from that in Matthew and Mark. The identity of circumstances is too great, and the alleged differences too few, to leave a doubt on this point. Matthew and Mark narrate it as in the house of Simon the leper; John does not say where it took place, but he speaks of Lazarus as one of those who reclined at the table, implying that the supper was not in his own house. It was not, and is not now, customary in the East, for females to eat with the males; and therefore Lazarus, in his own house, would have been the master and giver of the entertainment. In the two former Evangelists, the woman anoints the head of Jesus; in the latter his feet; yet neither excludes the other. The anointing of *the feet* had once before happened to Jesus, as a token of extraordinary respect and devotedness, Luke 7, 38. 46; the anointing of the head was customary, Ps. 23, 5. Ecc. 9, 8. Judith 16, 8.—Matthew and Mark do not here name Mary; nor have they any where else mentioned her or Martha or Lazarus. Nor do they in this connection name Judas; whom we know as the fault-finder only from John.

§ 132. "The first day of unleavened bread" is here the fourteenth of Nisan; on which day, at or before noon, the Jews were accustomed to cease from labour and put away all leaven out of their houses; Ex. 12, 15–17. Lightfoot Opp. I. p. 728 sq. Hor. Heb. in Marc. 14, 12. On that day towards sunset the paschal lamb was killed; and was eaten the same evening, after the fifteenth of Nisan had begun; at which time, strictly, the festival of unleavened bread commenced and continued seven days. In popular usage, however, the fourteenth day, being thus a day of preparation, was spoken of as belonging to the festival; and therefore is here called the "first" day. That such a usage was common, appears also from Josephus; who, having in one place expressly fixed the commencement of the festival of unleavened bread on the fifteenth of Nisan (πέμπτῃ δὲ καὶ δεκάτῃ διαδέχεται τὴν τοῦ Πάσχα ἡ τῶν ἀζύμων ἑορτή, Ant. 3. 10. 5), speaks nevertheless in another passage of the fourteenth as the day of that festival: καὶ τῆς τῶν ἀζύμων ἐνστάσης ἡμέρας τεσσαρεσκαιδεκάτῃ Ξανθικοῦ μηνός (κατὰ δὲ ἡμᾶς Νισάν), B. J. 5. 3. 1; comp. Ant. 11. 4. 8. In this way, further, the same historian could say literally, that the festival was celebrated for *eight* days: ἑορτὴν ἄγομεν ἐφ᾽ ἡμέρας ὀκτώ, τὴν τῶν ἀζύμων λεγομένην, Jos. Ant. 2. 15. 1.

On this fifth day of the week, as the circumstances show, our Lord, after sending Peter and John to the city to prepare the Passover, himself followed them thither with the other disciples, probably towards evening.

On the Passover in general, see the Introd. Note to Part VIII.

PART VIII.

THE FOURTH PASSOVER; OUR LORD'S PASSION; AND THE ACCOMPANYING EVENTS UNTIL THE END OF THE JEWISH SABBATH.

§§ 133–158.

INTRODUCTORY NOTE.—THE PASSOVER.

As the events of our Lord's Passion were intimately connected with the celebration of the Passover, it seems proper here to bring together, in one view, those circumstances relating to that festival, which may serve to illustrate the sacred history. A more complete article upon this whole subject, (of which the following Note is an abstract,) was published by the author of these Notes in the *Bibliotheca Sacra* for August 1845, p. 405–436; to which the reader is referred.

I. *Time of killing the Paschal Lamb.* The paschal lamb (or kid Ex. 12, 5) was to be selected on the tenth day of the first month, Ex. 12, 3. On the fourteenth day of the same month, (called Abib in the Pentateuch, and later Nisan, Deut. 16, 1. Esth. 3, 7,) the lamb thus selected was to be killed, at a point of time designated by the expression בֵּין הָעַרְבַּיִם, *between the two evenings*, Ex. 12, 6. Lev. 23, 5. Num. 9, 3. 5; or, as is elsewhere said, בָּעֶרֶב כְּבוֹא הַשֶּׁמֶשׁ, *at evening about the going down of the sun*, Deut. 16, 6. The same phrase, בֵּין הָעַרְבַּיִם, is put for the time of the daily evening sacrifice, Ex. 29, 39. 41. Num. 28, 4. The time thus marked was regarded by the Samaritans and Karaites, as being the interval between sunset and deep twilight; see Reland de Samar. § 22, in Diss. Misc. T. II. Trigland. de Karæis c. 4. So also Aben Ezra ad Ex. 12, 6. But the Pharisees and Rabbinists, according to the Mishnah (Pesach. 5. 3), held the first evening to commence with the declining sun, Gr. δείλη πρωΐα, and the second evening with the setting sun, Gr. δείλη ὀψία. Hence, according to them, the paschal lamb was to be killed in the interval between the ninth and eleventh hour, equivalent to our three and five o'clock, p. m. That this was in fact the practice among the Jews in the time of our Lord, appears from the testimony of Josephus: Πάσχα καλεῖται, καθ' ἣν θύουσι μὲν ἀπὸ ἐννάτης ὥρας μέχρι ἐνδεκάτης, Jos. B. J. 6. 9. 3. The daily evening sacrifice also was offered at the ninth hour or three o'clock, p. m. Jos. Ant. 14. 4. 3. Pesach. 6. 1; comp. Acts 3, 1, et Wetstein in loc.—So the Greek δείλη. Hesych. δείλη πρωΐα, ἡ μετ' ἄριστον ὥρα· δείλη ὀψία, ἡ περὶ δύσιν ἡλίου. Eustath. ad Od. 17. p. 285, ἡ ὀψία δείλη, τὸ περὶ ἡλίου δυσμῆς· δείλη πρωΐα, τὸ εὐθὺς ἐκ μεσημβρίας.

The true time, then, of killing the Passover in our Lord's day, was between the ninth and eleventh hour, or towards sunset, near the close of the fourteenth day of Nisan.

II. *Time of eating the Passover.* This was to be done the same evening. "And they shall eat the flesh in that night, roast with fire, and unleavened bread, and with bitter herbs shall they eat it," Ex. 12, 8. The Hebrews in Egypt ate the first Passover, and struck the blood of the victims on their doorposts, on the evening before the last great plague; at midnight the Lord smote all the first-born; and in the morning the people broke up from Rameses on their march towards the Red Sea, viz. "on the fifteenth day of the first month, on the morrow after the Passover," Num. 33, 3.

It hence appears, very definitely, that the paschal lamb was to be slain in the afternoon of the fourteenth day of the month; and was eaten the same evening; that is, on the evening which was reckoned to and began the fifteenth day.

III. *Festival of unleavened Bread.* From Ex. 12, 17. 18, comp. Deut. 16, 3. 4; and from Lev. 23, 6, comp. Num. 28, 17; it appears, that the festival of unleavened bread began strictly with the Passover-meal, at or after sunset following the fourteenth day of Nisan, and continued until sunset at the end of the twenty-first day. Comp. Jos. Ant. 3. 10. 5.

We have already seen that it was customary for the Jews, on the fourteenth day of Nisan, to cease from labour at or before mid-day; to put away all leaven out of their houses before noon; and to slay the paschal lamb towards the close of the day; see above, and Note on § 132. Hence, in popular usage, the fourteenth day came very naturally to be reckoned as the beginning or first day of the festival, Matth. 26, 17. Mark 14, 12; and Josephus also could say, that the festival was celebrated for eight days; see Note on § 132.

It is hardly necessary to remark, that in consequence of the close mutual relation between the Passover and the festival of unleavened bread, these terms are often used interchangeably, especially in Greek, for the whole festival, including both the paschal supper and the seven days of unleavened bread; see Luke 22, 1. John 6, 4. Acts 12, 3. 4. Jos. Ant. 2. 1. 3, comp. B. J. 5. 3. 1.

IV. *Other Paschal Sacrifices.* 1. In Num. 28, 18–25, it is prescribed, that on the first and last days of the festival, the fifteenth and twenty-first of Nisan, there should be a holy convocation, in which "no manner of servile work" should be done. And on each of the seven days, besides the ordinary daily sacrifices of the sanctuary, there was to be "a burnt offering unto the Lord; two young bullocks, and one ram, and seven lambs of the first year;" also a meat offering, and "one goat for a sin offering." The first and last days of the festival, therefore, were each a day of convocation and of *rest*, and hence were strictly *sabbaths*; distinct from the weekly sabbath, except when one of them happened to fall upon this latter.

2. On the morrow after this first day of rest or sabbath, that is, on the sixteenth day of Nisan, the first fruits of the harvest were offered, together with a lamb as a burnt offering; Lev. 23, 10–12. This rite is expressly assigned by Josephus, in like manner, to the second day of the festival, the sixteenth of Nisan; Ant. 3. 10. 5. The grain offered was barley; this being the earliest ripe, and its harvest occurring a week or two earlier than that of wheat; Jos. l. c. Bibl. Res. in Palest. II. p. 99. Until this offering was made, no husbandman could begin his harvest; nor might any one eat of the new grain; Lev. 23, 14. It was therefore a rite of great importance; and in the time of our Lord and later was performed with many ceremonies. See *Biblioth. Sacra,* l. c. p. 408. Comp. Lev. 2, 14–16. Jos. Ant. 3. 10. 5. Lightfoot Hor. Heb. in Joh. 19, 31. Reland Antiqq. Sac. 4. 3. 8.

3. There was also another sacrifice connected with the Passover, known among the later Hebrews as the *Khagigah* (חֲגִיגָה) or *festival;* of which there are traces likewise in the Old Testament. It was a festive thank offering, (זֶבַח שְׁלָמִים, Engl. Vers. peace offering,) made by private individuals or families, in connection with the Passover, but distinct from the appointed public offerings of the temple. Such voluntary sacrifices or free-will offerings were provided for and regulated by the Mosaic law. The fat only was burned on the altar (Lev. 3, 3. 9. 14); the priest had for his portion the breast and right

shoulder (Lev. 7, 29–34. 10, 14); and the remainder was eaten by the bringer with his family and friends in a festive manner, on the same or the next day; Lev. 7, 16–18. 22, 29. 30. Deut. 12, 17. 18. 27. 27, 7. These private sacrifices were often connected with the public festivals, both in honour of the same, and as a matter of convenience; Num. 10, 10. Deut. 14, 26. 16, 11. 14; comp. 1 Sam. 1, 3–5. 24. 25. 2, 12–16. 19. They might be eaten in any clean place within the city (Lev. 10, 14. Deut. 16, 11. 14); but those only might partake of them, as likewise of the Passover, who were themselves ceremonially clean; Num. 18, 11. 13. John 11, 55; comp. Num. 9, 10–13. 2 Chr. 30, 18. Jos. B. J. 6. 9. 3.

Such voluntary private sacrifices in connection with the Passover seem to be implied in the Old Testament, in Deut. 16, 2. 2 Chr. 30, 22. 24. 35, 7–9; see more in *Biblioth. Sacra*, l. c. p. 409 sq. Hence, as being a sacrifice, thus connected with a festival, these private free-will offerings were themselves called, at least by the later Hebrews, by the name *Khagigah* (חֲגִיגָה), *a festival;* a word strictly synonymous with the earlier חַג; see Buxtorf's Lex. sub voc. The earlier Rabbins connect the Khagigah directly with Deut. 16, 2, as above; Pesach. fol. 70. 2. Lightfoot Hor. Heb. in Joh. 18, 28. There was, however, some difference of opinion among them, as to the particular day of the paschal festival, on which the Khagigah ought to be offered, whether on the fourteenth or fifteenth of Nisan; but the weight of authority was greatly in favour of the fifteenth day; Lightfoot l. c. Yet the later accounts of the mode of celebrating the paschal supper seem to imply, that a Khagigah was ordinarily connected with that meal. Indeed, mention is made of a "Khagigah of the fourteenth day," so called in distinction from the more important and formal ceremonial Khagigah of the passover festival; which latter was not regularly offered until the fifteenth day, when the paschal supper had already been eaten. The former was then a mere voluntary oblation of thanksgiving, made for the purpose of enlarging and diversifying the passover-meal. See Lightfoot Ministerium Templi 13. 4. ib. c. 14. Reland Antiqq. Sac. 4. 2. 2.

V. *The Paschal Supper.* For a full account of this meal, both in its original institution and as it was probably celebrated in the time of our Lord, see *Biblioth. Sacra*, l. c. p. 411 sq. That the Jews in the course of ages had neglected some of the original precepts, and also introduced various additional ceremonies, is evident from the manner in which our Lord celebrated the supper, as narrated by the Evangelists. What all these additions were, we have no specific historical account from cotemporary writers; yet the precepts preserved in the Mishnah and Talmud of Jerusalem, (compiled in the third century from earlier traditions,) probably refer to the most important of them, and serve to throw light upon some of the circumstances connected with the institution of the Lord's supper. See the tract Pesachin c. 10. Lightfoot Minist. Templi c. 13. Hor. Heb. in Matth. 26, 26. 27. Othon. Lex. Rabb. p. 504 sq. Werner *de poculo Benedict.* in Ugolini Thesaur. T. XXX. Wetstein in Matth. l. c. See too *Biblioth. Sacra*, l. c. p. 411 sq.

According to these authorities, four cups of red wine, usually mingled with one fourth part of water, were drunk during the meal, and served to mark its progress. The *first* was merely preliminary, in connection with a blessing invoked upon the day and upon the wine; and this corresponds to the cup mentioned in Luke 22, 17. Then followed ablutions, and the bringing in of bitter herbs, the unleavened bread, the roasted lamb, and also the Khagigah of the fourteenth day, and a broth or sauce (חֲרוֹסֶת) made with spices

After this followed the instructions to the son etc. respecting the Passover; and the first part of the *Hallel,* or song of praise, Pss. 113. 114, was repeated. The *second* cup was now drunk. Next came the blessing upon each kind of food, and the guests partook of the meal reclining; the paschal lamb being eaten last. Thanks were then returned, and the *third* cup drunk, called כּוֹס הַבְּרָכָה, *the cup of blessing;* comp. τὸ ποτήριον τῆς εὐλογίας 1 Cor. 10, 16. The remainder of the *Hallel,* Pss. 115–118, was now repeated and the *fourth* cup drunk; which was ordinarily the end of the celebration. Sometimes a *fifth* cup might be added, after repeating the great Hallel, Pss. 120–137.

The institution of the Eucharist probably took place at the close of the proper meal, immediately before the third cup, or cup of blessing, which would seem to have made part of it; comp. 1 Cor. 10, 16.

VI. *Did our Lord, the night in which he was betrayed, eat the Passover with his Disciples?* Had we only the testimony of the first three Evangelists, not a doubt upon this question could ever arise. Their language (see § 132) is full, explicit, and decisive, to the effect, that our Lord's last meal with his disciples was the regular and ordinary paschal supper of the Jews, introducing the festival of unleavened bread, on the evening after the fourteenth day of Nisan. Mark says expressly, 14, 12: ὅτε τὸ πάσχα ἔθυον, *when* THEY *killed the Passover;* which, whether the subject of ἔθυον be the Jews or be indefinite, implies at least the regular and ordinary time of killing the paschal lamb. Luke's language is, if possible, still stronger, 22, 7: "Then came the day of unleavened bread, ἐν ᾗ ἔδει θύεσθαι τὸ πάσχα, *when the Passover* MUST *be killed*," i. e. according to law and custom. This marks of course the fourteenth day of Nisan; and on that same evening our Lord and his disciples sat down to that same passover-meal, which had thus by his own appointment been prepared for them, and of which Jesus speaks expressly as the Passover, v. 15. Philologically considered, there cannot be a shadow of doubt, but that Matthew, Mark, and Luke, intended to express, and do express, in the plainest terms, their testimony to the fact, that Jesus regularly partook of the ordinary and legal passover-meal on the evening after the fourteenth of Nisan, at the same time with all the Jews.

When, however, we turn to the Gospel of John, we seek in vain in this Evangelist for any trace of the paschal supper, as such, in connection with our Lord at that time. John narrates indeed (c. 13) our Lord's last meal with his disciples; which the attendant and subsequent circumstances show to have been the same with that, which the other Evangelists describe as the Passover. Upon just that point, indeed, John is silent; but from this silence the inference can never be rightfully drawn, that this last meal was not the Passover; any more than John's similar silence in respect to the Lord's supper warrants the conclusion that no such rite was ever instituted. John, as all admit, wrote his Gospel as a supplement to the others; and hence, in speaking of this last meal, he narrates only such circumstances as had not been fully set forth by the other Evangelists. He does not describe this meal as being the Passover, nor make any mention of the Eucharist, because this had been done, in both cases, in the most explicit manner, by Matthew, Mark, and Luke. In this way the difference of the two reports of the same occasion, is satisfactorily accounted for.

But there are a few expressions in John's Gospel, in connection with this meal, and especially with our Lord's Passion, which taken together might, at first view, and if we had only John, seem to imply, that on Friday, the day of our Lord's crucifixion, the regular and legal Passover had not yet been eaten, but was still to be eaten on the evening after that day. The follqwing are the passages.

a) John 13, 1 πρὸ δὲ τῆς ἑορτῆς τοῦ πάσχα. This form of expression, it is said, shows that our Lord's last meal with his disciples took place *before* the Passover, and could not therefore itself have been the paschal supper.

b) John 18, 28 "And they themselves [the Jews] went not into the judgment-hall, lest they should be defiled, ἀλλ' ἵνα φάγωσι τὸ πάσχα, *but that they might eat the Passover.*" From this last phrase, it appears, as is averred, that the Jews were expecting to partake of the paschal supper the ensuing evening; and of course had not eaten it already.

c) John 19, 14 ἦν δὲ παρασκευὴ τοῦ πάσχα. This "preparation of the passover," being the day on which Christ suffered, necessarily implies, it is alleged, the day before the passover-meal; which of course was to be eaten that evening.

d) John 19, 31 ἦν γὰρ μεγάλη ἡ ἡμέρα ἐκείνου τοῦ σαββάτου. The next day after the crucifixion being the Jewish sabbath, and that sabbath being "a great day," we must infer, it is argued, that it was thus called "great" because it coincided with the first day of the festival or fifteenth of Nisan, and was thus doubly consecrated.

These four are the passages mainly urged. Some other considerations are brought forward as auxiliary.

e) In John 13, 27–30, when Jesus said to Judas, "That thou doest, do quickly," some of the disciples supposed this to mean, "Buy that we have need of for the feast." Now as this was said apparently near the close of the meal, it follows, as some urge, that the passover-meal was yet to come.

f) To the same effect, it is said, is the circumstance, that on the day of the crucifixion the Sanhedrim was convened, sat in judgment upon Jesus, and delivered him over to death,—a public judicial act, which according to the Talmudists was unlawful upon the sabbath and upon all great festival days. See Lightfoot Hor. Heb. in Matth. 27, 1. Jahn Bibl. Archæol. II. ii. p. 309. De Wette Archæol. § 218.

It is apparent, that the whole inquiry relates simply to the time of the Passover. According to all the four Evangelists, our Lord was crucified on Friday, the day before the Jewish sabbath; and his last meal with his disciples took place on the preceding evening, the same night in which he was betrayed. The simple question, therefore, at issue is: Did this Friday fall upon the fifteenth day of Nisan, or upon the fourteenth? Or, in other words, did our Lord on the evening before his crucifixion eat the Passover, as is testified by the first three Evangelists; or was the Passover still to be eaten on the evening after that day, as John might seem to imply?

This question has been more or less a subject of discussion in the church ever since the earliest centuries; chiefly with a view to harmonize the difficulties. It is only in recent years, that the apparent difference between John and the other Evangelists, has been urged to the extreme of attempting to make it irreconcilable.

VII. *Examination of Passages in John's Gospel, etc.* Admitting, as we must, and as we have already seen (p. 215), that the testimony of Matthew, Mark, and Luke, is too definite and explicit to be in any way set aside or modified, let us examine more closely the passages in John; and thus see, whether they naturally require to be so understood or interpreted, as to present any appearance of discrepancy.

John obviously wrote his Gospel as supplementary to the other three. He had them then before him, and was acquainted with their contents. He was aware that the other three Evangelists had testified to the fact, that Jesus partook of the Passover with his disciples. Did John believe, that their testimony on this point was wrong; and did he mean to correct it? If so, we should naturally expect to find some notice of the correction along with the mention of the meal itself, which John describes, as well as they. Indeed, that would have been the appropriate and only fitting place for such a correction. But John has nothing of the kind; and we are therefore authorized to maintain, that it was not John's purpose thus and there to correct or contradict the testimony of the other Evangelists; and if not there, then much less by mere implication in other places and connections.

A) John 13, 1 πρὸ δὲ τῆς ἑορτῆς τοῦ πάσχα, see p. 216. a. Here something may depend on the import of the word ἑορτή, of which the proper and only signification (like Heb. גַּח) is *festival*, not *feast*; that is, it implies every where a yearly day or days of festive commemoration; never a single meal or entertainment. So in Num. 28, 16. 17, where the *paschal supper*, prepared on the fourteenth of Nisan and eaten at evening, is distinguished from the *festival*, Heb. גַּח, Sept. ἑορτή, which began on the fifteenth and continued for seven days. See further Luke 2, 41. 22, 1; also the Lexicons and Concordances of the New Testament and Septuagint.

Some interpreters take the phrase πρὸ τῆς ἑορτῆς as qualifying the action expressed in v. 4, thus making of these four verses one sentence, as in the editions of Griesbach and Knapp. But the sentence thus formed is exceedingly involved and intricate, wholly unlike John's usual manner, and that without any necessity. The second εἰδώς (v. 3) is in no sense a resumption of the first; and strict grammatical construction certainly requires v. 1 to be made independent. All this is admitted even by De Wette, the strenuous opposer of any conciliation between John and the other Evangelists; and is particularly urged by Lücke and Meyer, who on the general question take the same side with De Wette. We find accordingly v. 1 marked as independent in the editions of Mill, Wetstein, Bengel, Hahn, Lachmann, Tischendorf, and others; and likewise so regarded by a host of leading commentators.—The force of πρὸ τῆς ἑορτῆς being thus limited to v. 1, it may there qualify either εἰδώς κτλ. or the words εἰς τέλος ἠγάπησεν αὐτούς.

If we take it as qualifying εἰδώς, then the sense is: "Jesus, knowing before the festival of the Passover, that his hour was come," etc. comp. John 12, 23. Matth. 17, 9. 22 sq 20, 17–19. al. In this way the passage has no bearing whatever upon the present question as to the Passover. So Meyer, with emphasis.

If, on the other hand, πρὸ τῆς ἑορτῆς be regarded as qualifying εἰς τέλος ἠγάπησεν αὐτούς, it is equivalent to τὸ προεόρτιον, the time immediately before the festival, and refers to the commencement (at evening) of the fifteenth day of Nisan, as the first or opening day of the festival of unleavened bread, distinct from the mere paschal supper; see Num. 28, 16. 17, cited above. The phrase πρὸ τῆς ἑορτῆς is in that case equivalent to the Engl. *festival-eve*, and here marks the evening immediately before the ἑορτή or *festival* proper; on which eve, during the supper, our Lord "manifested his love for his disciples unto the end," by the touching symbolical act of washing their feet. So in Philo προεόρτιον is i. q. παρασκευή. de Vita contempl. p. 616. The following remarks of Lücke are to the point: "As John wrote for Greeks and other readers unacquainted with the Jewish mode of reckoning time, and is here directly speaking only of the preparation of the meal and what preceded it,—while the preparation of the passover-meal did actually take place on the fourteenth of Nisan, the true προεόρτιον,—he therefore could very properly use the expression πρὸ τῆς ἑορτῆς τοῦ πάσχα without intending to say, that the meal itself was eaten on the fourteenth day. At any rate, the word πρό is here too indefinite and relative, to draw from it the inference, that the meal described was eaten on the evening which followed the thirteenth and *began* the fourteenth of Nisan." Comm. zu Joh. 13, 1.

In any case, therefore, this passage does not require us to admit the inference which some have drawn from it.

B) John 18, 28 ἀλλ' ἵνα φάγωσι τὸ πάσχα, see p. 216. *b.* This passage is perhaps the strongest of all. To bring out from it, however, the inference, that on the day of the crucifixion the paschal supper had not yet been eaten, the expression φαγεῖν τὸ πάσχα must be taken in the limited sense, *to eat the paschal supper;* and this, it is affirmed, is the true and only usage of the phrase elsewhere in the New Testament. This last assertion is correct; for, besides the present instance, the expression φαγεῖν τὸ πάσχα occurs only five times in the New Testament, viz. Matth. 26, 17. Mark 14, 12. 14. Luke 22, 11. 15; and but once in the Greek version of the Old Testament, viz. 2 Chr. 30, 18; in all which passages the context limits it necessarily to the paschal supper. But it by no means hence follows, where the phrase is used generally and without the mention of any restrictive circumstances, that there also it must be taken in a like limited sense.

The word πάσχα, at least, is not always so taken. In the New Testament the word is found in no less than three main significations: *a*) *The paschal lamb;* Mark 14, 12. Luke 22, 7; metaph. 1 Cor. 5, 7. *b*) *The paschal meal;* Matth. 26, 18. 19. Luke 22, 8. 13. Heb. 11, 28; and so five times in the phrase φαγεῖν τὸ πάσχα as above cited. *c*) *The paschal festival,* comprising the seven days of unleavened bread; Luke 22, 1 ἡ ἑορτὴ τῶν ἀζύμων ἡ λεγομένη πάσχα. 2, 41 comp. 43. Matth. 26, 2. John 2, 13. 6, 4. 11, 55. al.— As now there is nothing in the circumstances nor in the context of John 18, 28, to limit the meaning of τὸ πάσχα in itself either to the paschal lamb or paschal meal, we certainly are not bound by any intrinsic necessity so to understand it here in the phrase φαγεῖν τὸ πάσχα. If, on the other hand, we adopt for it in this place the wider sense of *paschal festival,* two modes of interpretation are admissible.

1. The first mode takes τὸ πάσχα in its literal and widest sense of *passover festival;* but modifies the force of φαγεῖν. In this way the phrase φαγεῖν τὸ πάσχα may be understood as put, in a loose popular usage, instead of the common ποιεῖν τὸ πάσχα, *to keep* or *celebrate the passover.* Precisely this form of expression occurs in the Hebrew in respect to this very festival; 2 Chr. 30, 22 וַיֹּאכְלוּ אֶת־הַמּוֹעֵד שִׁבְעַת הַיָּמִים *and they did eat the festival seven days.* So the Seventy at least understood it, as is manifest from their version: καὶ συνετέλεσαν τὴν ἑορτὴν τῶν ἀζύμων ἑπτὰ ἡμέρας, *and they fulfilled (kept) the festival of unleavened bread seven days.*

2. The second mode retains φαγεῖν in its literal acceptation: takes πάσχα still in its widest signification; but assigns to the latter, by metonymy, the sense of *paschal sacrifices,* that is, the voluntary peace offerings and thank offerings made in the temple during the paschal festival, and more especially on the fifteenth day of Nisan, called in later times *Khagigah;* see p. 213 above. That the word πάσχα, in the general sense of *festi-*

val, is susceptible of such a metonymy, is apparent from Hebrew analogies. Thus e. g. חַג, the common word for festival; as Ps. 118, 27 אִסְרוּ־חַג בַּעֲבֹתִים *bind the sacrifice (fes-tive-offering) with cords*, etc. Ex. 23, 18. Mal. 2, 3. The same metonymy is assumed by some modern interpreters in the passage just cited above, 2 Chr. 30, 22 מוֹעֵד , pr. *festival*, by meton. *festive-offerings;* where the next clause specifies the kind of sacrifices, viz. peace offerings; see the Lexicons of Simonis, Gesenius, etc. So too in the Talmud, where it is asked: מַאי פֶסַח *what is the passover?* and the reply is: פֶסַח שְׁלָמֵי *the peace offerings of the passover*, that is, the Khagigah. Rosh Hashshana 5. 1. See Reland Antt. Sac. 4. 3. 11.

It is manifest, that both the above methods of interpretation are founded on fair analogies; and that either of them relieves us from the necessity of referring the phrase in question to the paschal supper, and thus removes the alleged difficulty. The chief priests and other members of the Sanhedrim, on the morning of the first day of the festival, were unwilling to defile themselves by entering beneath the roof of the Gentile procurator; since in that way they would have been debarred from partaking of the sacrificial offerings and banquets, which were customary on that day in the temple and elsewhere; and in which they, from their station, were entitled and expected to participate.

This view receives some further confirmation from the circumstance, that the defilement which the Jews would thus have contracted by entering the dwelling of a heathen, could only have belonged to that class of impurities, from which a person might be cleansed the same day by ablution; the טְבוּלֵי יוֹם *ablutions of a day*, so called by the Talmudists. See Lev. 15, 5 sq. 17, 15. 22, 6. 7. Num. 19, 7 sq. Maimonid. Pesach. 6. 1. Lightfoot Hor. Heb. in Joh. 18, 28. Winer Realw. II. p. 318. 3te Ausg. If now τὸ πάσχα in John 18, 28 was truly the paschal supper, and was not to take place until the evening after the day of the crucifixion, then this defilement of a day could have been no bar to their partaking of it; for at evening they were clean. Their scruple, therefore, in order to be well founded, could have had reference only to the Khagigah or paschal sacrifices offered during the same day before evening. See Bynæus de Morte J. C. 3. 1. p. 13.

C) John 19, 14 ἦν δὲ παρασκευὴ τοῦ πάσχα, see p. 216. c. Does this παρασκευή refer, as usual, to the Jewish sabbath, which actually occurred the next day? or does it here refer to the first day of the festival of the passover *per se*, and as distinct from the sabbath? It is only on the latter supposition, that the passage can be made in any way to conflict with the testimony of the other Evangelists.

The Greek word παρασκευή is elsewhere found five times in the New Testament, viz. Matth. 27, 62. Mark 15, 42. Luke 23, 54. John 19, 31. 42. 'Mark defines it to be the προσάββατον, *fore-sabbath*, the day or hours immediately preceding the weekly sabbath and devoted to preparation for that sacred day. No trace of any such observance is found in the Old ‧Testament. Yet the strictness of the law respecting the sabbath, which forbade the kindling of fire and of course the preparation of food on that day (Ex. 35, 2. 3, comp. 16, 22–27), would very naturally lead to the introduction of such a custom. After the exile, the προσάββατον is once mentioned in the Apocrypha, Judith 8, 6. In later times, ἡ παρασκευή would seem to have become the usual Greek term for this observance: as in the New Testament and in Josephus; Ant. 16. 6. 2. Philo calls it προεύρτιον, de Vita contempl. p. 616. In the still later Hebrew, it bore the specific appellation of עֲרוּבְתָּא , *eve*, as being the עֶרֶב הַשַּׁבָּת , *eve of the sabbath;* Buxtorf Lex. p. 1659.

Primarily and strictly this παρασκευή or eve would seem to have commenced not earlier than the ninth hour of the preceding day; as is perhaps implied in the decree of Augustus in favour of the Jews, preserved by Josephus, Ant. 16. 6. 2: ἐγγύας τε μὴ ὁμολογεῖν αὐτοὺς ἐν σάββασιν ἢ τῇ πρὸ ταύτης παρασκευῇ ἀπὸ ὥρας ἐννάτης. But in process of time, the same Hebrew word came in popular usage to be the distinctive name for the whole *day* before the Jewish sabbath, that is, for the sixth day of the week or Friday; Bereshith Rabba § 11. Buxtorf Lex. p. 1659 sq. Nor was the use of the Hebrew word for the Greek term παρασκευή confined to the Jews; for the like Syriac form, ܥܪܘܒܬܐ, is found for παρασκευή in the Syriac version of the New Testament; and in like manner, the corresponding Arabic word, العروبة, is given in the Camoos as an ancient name for Friday; see Golius p. 1551. Freytag III. p. 130. Scaliger Emendat. Temp. VI. p. 569. We are therefore entitled to infer, that ἡ παρασκευή, that is, the παρασκευή of the weekly sabbath, became at an early date among Jews, Syrians, and Arabs, a current appellation for the sixth day of the week. Compare also the very peculiar phraseology of Matth. 27, 62; as also the German *Sonnabend* for Saturday.

The reasons which operated to introduce a προσάββατον, or preparation for the sabbath, did not exist in the case of the other festivals, on which the preparation of food was not forbidden; Ex. 12, 16. Nevertheless, what had become customary in respect to the sabbath, would naturally be imitated in other cases; and accordingly, after the exile, we find mention of the προνουμηνία, *eve of the new-moon*, Judith 8, 6. In the Talmudists, a *passover-eve*, עֶרֶב הַפֶּסַח, is likewise spoken of; Buxtorf Lex. p. 1765. But what this could well have been, so long as the passover (paschal supper) was regularly celebrated at Jerusalem, it is difficult to perceive. The *eve* (עֶרֶב) before the *passover-festival* could have included, at most, only the evening and the few hours before sunset at the close of the fourteenth of Nisan; like the primary usage in respect to the προσάββατον. as we have just seen. But according to all usage of language, both in the Old and New Testament, those hours and that evening were part and parcel of the *passover-festival* itself, and not its preparation.; unless indeed the paschal meal and its accompaniments be called the preparation of the subsequent festival of seven days; which again is contrary to all usage. It would seem most probable, therefore, that this mode of expression did not arise until after the destruction of the temple and the consequent cessation of the regular and legal paschal meal; when of course the seven days of unleavened bread became the main festival.

But even admitting that a passover-eve (עֶרֶב הַפֶּסַח) did exist in the time of our Lord; still, the expression could in no legitimate way be so far extended as to include more than a few hours before sunset. It could not have commenced apparently before the ninth hour, when they began to kill the paschal lamb; see p. 212. On the other hand, the Hebrew term עֲרוּבְתָא, for which the Greek παρασκευή stands in the New Testament, was employed, as we have seen, as a specific name in popular usage for the whole sixth day of the week or Friday, not only by the Jews, but also by the Syrians and Arabs. Hence, when John here says: ἦν δὲ παρασκευὴ τοῦ πάσχα, ὥρα δὲ ὡσεὶ ἕκτη, there is a twofold difficulty in referring his language to a preparation or *eve* of the regular Passover; *first*, because apparently no such eve or preparation did or could well then exist; and *secondly* because, it being then the sixth hour or mid-day, the eve or time of preparation (supposing it to exist) had not yet come, and the language was therefore inapplicable. But if John be understood as speaking of the weekly παρασκευή or προσάββατον, which was a common name for the whole of Friday, then the mention of the sixth hour was natural and appropriate.

We come then to the conclusion, that if John (like Mark in c. 15, 42) had here defined the phrase in question, he would probably have written on this wise: ἦν δὲ παρασκευὴ τοῦ πάσχα, ὅ ἐστι προσάββατον τοῦ πάσχα, that is, the paschal Friday, the day of preparation or *fore-sabbath* which occurred during the paschal festival. In a similar manner Ignatius writes, σάββατον τοῦ πάσχα, Ep. ad Phil. c. 13; and Socrates also, σάββατον τῆς ἑορτῆς, Hist. Ecc. V. 22. And further, in the only other two instances where John uses the word παρασκευή, he applies it to this very same day of our Lord's crucifixion, and in this very same sense of the weekly παρασκευή, preceding the weekly sabbath; John 19, 31. 42.

D) John 19, 31 ἦν γὰρ μεγάλη ἡ ἡμέρα ἐκείνου τοῦ σαββάτου, see p. 216. d. Here, as is alleged, it is the coincidence of the first festival day with the sabbath, that made the latter a "great" day. This would certainly be the effect of such a coincidence; but the sabbath of the Passover would also be still a "great" day, even when it fell upon the second day of the festival. The last day of the festival of Tabernacles, as a day of convocation, is called "that great day;" though in itself not more sacred than the first day; John 7, 37, comp. Lev. 23, 33–36. So קְרָא מִקְרָא, *the calling of assemblies*, Is. 1, 13, is rendered ἡμέρα μεγάλη by the Seventy, implying that in their estimation any day of solemn convocation was a great day. The sabbath, then, upon which the sixteenth of Nisan or second day of the festival fell, might be called "great" for various reasons. *First*, as the sabbath of the great national festival, when all Israel was gathered before the Lord. *Secondly*, as the day when the first fruits were presented with solemn rites in the temple; a ceremony paramount in its obligations even to the sabbath; see above p. 213. Lightfoot Hor. Heb. in Joh. 19, 31. Reland Antiqq. Sac. 4. 2. 4. p. 227. *Thirdly*, because on that day they began to reckon the fifty days until the festival of Pentecost, Lev. 23, 15 sq.—In all these circumstances there is certainly enough to warrant the epithet "great" as applied to the sabbath on which the sixteenth of Nisan might fall, as compared with other sabbaths. There exists, therefore, no necessity, and indeed no reason, for supposing, that John by this language meant to describe the sabbath in question as coincident with the first paschal day or fifteenth of Nisan.

E) John 13, 27–30; see p. 216. e. Here the words: "Buy what we have need of εἰς τὴν ἑορτὴν *for the festival*," have been misunderstood, by taking ἑορτή for the *paschal supper*, a signification which is quite foreign to it; see p. 217 above. The disciples thought Judas was to buy the things necessary for the *festival* on the fifteenth and following days. If now our Lord's words were spoken on the evening preceding and introducing the fifteenth of Nisan, they were appropriate; for some haste was necessary, since it was already quite late to make purchases for the next day. But if they were uttered on the evening preceding and introducing the fourteenth of Nisan, they were not thus appropriate; for then a whole day was yet to intervene before the festival. This passage therefore confirms, rather than contradicts, the testimony of the other Evangelists.

F) There remains the objection, that a public judicial act, like that by which Jesus was condemned and executed, was unlawful upon the sabbath and on all great festival days; see above, p. 216. *f*. This consideration has, at first view, some weight, and has been often and strenuously urged; yet it is counterbalanced by several circumstances which very greatly weaken its force.

The execution itself took place under Roman authority; and therefore does not here come into account. And as to the proceedings of the Sanhedrim, even admitting that the prohibitory precepts already existed, (which is very doubtful,) yet there are in the Mishna and Gemara other precepts of equal antiquity and authority, which actually direct and regulate the meeting and action of that body on the sabbath and on festival days; see Mishn. Sanhedr. 10. 4. Gemar. Sanhedr. 10. Tholuck Comm. zu Joh. p. 304 sq. 6te Aufl. But besides all this, the chief priests and Pharisees and Scribes, who composed the Sanhedrim, are every where denounced by our Lord as hypocrites, ' who say, and do not; who bind heavy burdens upon others, but themselves touch them not with one of their fingers;' Matth. 23, 1 sq. Such men, in their rage against Jesus, would hardly have been restrained even by their own precepts. They professed likewise, and perhaps some of them believed, that they were doing God service; and regarded the condemnation of Jesus as a work of religious duty, paramount to the obligations of any festival. Nor are other examples of such a procedure by any means wanting. We learn from John 10, 22. 31, that on the festival of Dedication, as Jesus was teaching in the temple, "the Jews took up stones to stone him." On the day after the crucifixion, which, as all agree, was a sabbath and a "great day," the Sanhedrim applied to Pilate for a watch; and themselves caused the sepulchre to be sealed, and the watch to be set; Matth. 27, 62 sq. A stronger instance still is recorded in John 7, 32. 37. 44. 45; where it appears, that on the last *great* day of the festival of Tabernacles, the Sanhedrim having sent out officers to seize Jesus, "some of them would have taken him, but no man laid hands on him;" so that the officers returned without him to the Sanhedrim, and were in consequence censured by that body. The circumstances show conclusively, that on this last great day of that festival, the Sanhedrim were in session and waiting for Jesus to be brought before them as a prisoner. Nor was it merely a casual or packed meeting, but one regularly convened; for Nicodemus was with them, v. 50. And finally, according to Matth. 26, 3–5, the Sanhedrim, when afterwards consulting to take Jesus and put him to death, decided not to do it on the festival. Why? because it would be unlawful? Not at all; but simply "lest there should be an uproar among the people." But when, through the treachery of Judas, this danger was avoided, the occasion was too opportune not to be gladly seized upon even on a great festival day.

All these considerations seem to me to sweep away the whole force of this objection; on which Scaliger and Casaubon, as also Beza and Calov, laid much stress; and which Lücke has again brought forward and urged with no little parade.

Such then is a general review of the passages and arguments, on the strength of which the alleged discrepancy between John and the other Evangelists in respect to this Passover has usually been maintained. Nothing has here been assumed, and nothing brought forward, except as founded on just inference and safe analogy. After repeated and calm consideration, there rests upon my own mind a clear conviction, that there is nothing in the language of John, or in the attendant circumstances, which upon fair interpretation requires or permits us to believe, that the beloved disciple either intended to correct, or has in fact corrected, or contradicted, the explicit and unquestionable testimony of Matthew, Mark, and Luke.

VIII. *Early Historical Testimony.* Some circumstances in the early history of the Christian church seem to favour the idea, that among the primitive teachers, those who were most familiar with the writings and views of the Apostle John, held to the belief that our Lord did celebrate the regular Passover with his disciples on the evening before his crucifixion. The question which we have been discussing, seems to have first arisen in connection with the great passover controversy, in the latter part of the second century. The churches of Asia Minor, gathered chiefly from Jewish converts, continued the keeping of the Passover on the evening after the fourteenth of Nisan, simultaneously with the Jews; and made this the central point of their celebration of our Lord's passion and resurrection, on whatever day of the week it might occur. But the Western churches, formed mostly from Gentile converts, discarded the Passover; and celebrated annually the resurrection of our Lord on a Sunday, and observed the preceding Friday as a day of penitence and fasting.

The advocates of the course pursued by the Western churches, took the ground, that "the last meal of Jesus with his disciples was not the Passover; since according to John's Gospel Christ partook of it on the thirteenth of Nisan; while on the following day, which was the appointed time for the Jewish Passover, he offered up himself as the true sacrifice for mankind, of which the Passover was the type;" see in Chron. Pasch. I. p. 13. ed. Dindorf. On the other side, Polycarp testified that he had once celebrated the regular Jewish Passover with the Apostle John; and Polycrates, bishop of Ephesus, in an epistle to Victor bishop of Rome, appealed to the testimony of the Apostles John and Philip, and that of other bishops and teachers, "that all kept the day of the Passover on the fourteenth according to the Gospel;" Euseb. Hist. Ecc. V. 24. It is hence evident, that the teachers and churches of Asia Minor, among whom John had lived and taught, celebrated the Passover on the evening after the fourteenth of Nisan, in agreement, as they held, with the example of John himself, and κατὰ τὸ εὐαγγέλιον, "according to the Gospel;" a phrase which can have reference only to that single celebration of the Passover, which, according to Matthew, Mark, and Luke, our Lord held with his disciples the evening on which he was betrayed. We are therefore entitled to draw from the language of Polycrates this inference, viz. that he and those before him in Asia Minor, who had been familiar with John and other Apostles, had no belief that John's Gospel contained any thing respecting the Passover at variance with the testimony of the other Evangelists. See the subject more fully treated in *Biblioth. Sac.* l. c. p. 428 sq.

Conclusion. It has been the object of this Note to show, that upon all grounds, both of philology and history, the conclusion is valid and irrefragable, that the testimony of John in respect to the Passover need not be, and is not to be, understood as conflicting with that of Matthew, Mark, and Luke. In the face of evidence so decisive, it is painful to find professed teachers of the Bible pressing the alleged difficulty to an extreme, in order to overthrow the authority of Holy Writ; and declaring ostentatiously, that "the important contradiction between John and the other Evangelists remains firm, and all attempts to remove it are false!" De Wette Handb. zu Joh. 13, 1.

For a review of other proposed methods of conciliation, and for the literature of the subject, the student is referred to the author's article above mentioned, in the *Biblioth. Sacra,* for Aug. 1845, p. 405-436. See also Winer's Realw. art. *Pascha.*

§ 133. For the cup mentioned by Luke in v. 17, see the preceding Introductory Note, p. 214.

The contention among the disciples had apparently occurred quite recently, perhaps even in the guest-chamber while taking their places at the table. That they were prone to yield to such a spirit, is evident from the instances recorded in § 79 and also § 108. Our Lord on this solemn occasion reproves them; especially by the touching act of washing their feet; see § 134.—The aorist ἐγένετο, Luke 22, 24, is to be rendered as the pluperfect; see Note on § 145.

§ 134. The washing of the disciples' feet by their Lord and Master was an impressive lesson, that they should live in harmony and love and humility one with another. The occasion of this act was their previous contention, as related by Luke in § 133. Compare Luke 24, 26 sq. with John 13, 16 sq. John's narrative is supplementary to that of Luke; and therefore he does not speak of the contention itself, because the latter had already described it.

On the phrase πρὸ τῆς ἑορτῆς τοῦ πάσχα, v. 1, see above in Introd. Note, p. 217.— The phrase δείπνου γενομένου v. 2, is here equivalent to "supper being come," or "during supper;" see v. 4 and v. 12. The time of the action was probably after they had taken their places at table, and before they had partaken of the proper meal; perhaps between the first and second cups of wine; see p. 214 above.

§ 135. The sequence of the transactions during the supper appears to have been the following: The taking of their places at table; the contention; the first cup of wine; the washing of the disciples' feet and reproof (§§ 133, 134); the pointing out of the traitor (§ 135); the foretelling of Peter's denial (§ 136); institution of the Lord's supper (§ 137), etc. Luke's order differs from that of Matthew and Mark, in placing by anticipation the institution of the Eucharist before the pointing out of the traitor, etc. He was apparently led to this by the mention of the first cup of wine, vv. 17. 18. Afterwards he returns and narrates the previous circumstances.

In the present section, Jesus first declares that one of the twelve shall betray him; they in amazement inquire, "Lord, is it I? is it I?" and Peter makes a sign to John leaning on Jesus' bosom, that he should ask, who it was. John does so; and Jesus gives him privately a sign by which he may know the traitor, viz. the sop. The amazement and inquiry still continuing, Jesus gives the sop to Judas; who then conscience-smitten, but desiring to conceal his confusion, asks as the others had done, "Lord, is it I?" Jesus answers him, and he immediately goes out, before the institution of the Eucharist; comp. John 13, 26 sq.—For John 13, 28. 29, see Introd. Note, p. 221.

§ 136. The order is that of John, who lets the warnings to Peter immediately follow the pointing out of the traitor; Matthew and Mark narrate the warning to Peter, as if given on the way to the mount of Olives; Matth. 26, 30. 36. Mark 14, 26. 32. But Luke, like John, places it *before* they went out; 22, 34. 35.

Mark says, "Before the cock crow *twice*," v. 30; the other Evangelists have simply. "Before the cock crow;" see Note on § 144.

§ 137. The institution of the Lord's supper took place obviously at the close of the passover-meal, and in connection with the "cup of blessing," or third cup, which terminated the meal proper; comp. 1 Cor. 10, 16, and see p. 215 above. With this view accords the μετὰ τὸ δειπνῆσαι of Luke 22, 20 and 1 Cor. 11, 25. Matthew and Mark speak of Jesus as breaking the bread ἐσθιόντων αὐτῶν, which implies nothing more than "during the meal," while they were yet eating; and does not require the institution of the bread to be separated from that of the cup. These two writers also make the institution the last act before going out to the mount of Olives; Matth. 26, 30. Mark 14, 26. Luke by a prolepsis places the institution before all the transactions connected with it.

§ 142. Matthew relates that our Lord went away thrice and prayed. Mark speaks of his going away twice only, but mentions his coming again the third time, v. 41; and therefore accords with Matthew. According to Luke, Jesus goes away and prays, and an angel strengthens him; after which he prays the "more earnestly," v. 44. The three Evangelists, therefore, agree in their narratives.

§ 143. Jesus advances to meet the crowd, and declares himself to be the person whom they sought. At the same time Judas, in order to fulfil his bargain, comes up and salutes him with a kiss.

§ 144. The presence of the chief priests and scribes and elders, that is, the Sanhedrim, at the house of Caiaphas, as noted by Matthew and Mark, seems mentioned here by anticipation. According to Luke 22, 66, they did not come together until after daybreak; see § 145.

An oriental house is usually built around a quadrangular interior court; into which there is a passage (sometimes arched) through the front part of the house, closed next the street by a heavy folding gate, with a smaller wicket for single persons, kept by a porter. In the text, the interior court, often paved or flagged, and open to the sky, is the αὐλή, where the attendants made a fire; and the passage beneath the front of the house, from the street to this court, is the προαύλιον or πυλών in Matth. 26, 71. Mark 14, 68. The place where Jesus stood before the high priest, may have been an open room or place of audience on the ground-floor, in the rear or on one side of the court; such rooms, open in front, being customary. It was close upon the court; for Jesus heard all that was going on around the fire, and turned and looked upon Peter; Luke 22, 61.

Peter's first denial took place at the fire in the middle of the court, on his being questioned by the female porter.—Peter then, according to Matthew and Mark, retreats into the passage leading to the street (πυλών, προαύλιον), where he is again questioned, and makes his second denial. Luke and John do not specify the place. The Evangelists differ in their statements here, as to the person who now questioned him. Mark says the same maid, ἡ παιδίσκη, saw him again (πάλιν), and began to question him, v. 69; Matthew has ἄλλη, another maid, v. 71; Luke writes ἕτερος, another person, or another man, ἄνθρωπος, v. 58; while John uses the indefinite form εἶπον, they said. As, according to Matthew (v. 71) and Mark (v. 69), there were several persons present, Peter may have been interrogated by several.—The third denial took place about an hour after, probably near the fire, or at least within the court, where our Lord and Peter could see each other;

Luke 22, 61. Here Matthew and Mark speak of several interrogators; Luke has ἄλλος τις, and John specifies the servant of the high priest.

The three denials are here placed together for convenience, although during the intervals between them the examination of Jesus was going on before the high priest; the progress of which is given in § 145.

Mark relates that the cock crowed *twice*, vv. 68. 72; the others speak only of his crowing *once*. This accords also with their respective accounts of our Lord's prophecy; see § 136. The cock often crows irregularly about midnight or not long after; and again always and regularly about the third hour or day-break. When therefore "the cock-crowing" is spoken of alone, this last is always meant. Hence the name ἀλεκτοροφωνία, *cockcrowing*, for the third watch of the night, which ended at the third hour after midnight; Mark 13, 35. Mark therefore here relates more definitely; the others more generally.

§ 145. This examination by Caiaphas, John 18, 19–23, took place, according to John, soon after Peter's first denial; see § 144. Not improbably the high-priest again withdrew, after having sent off messengers to convoke the Sanhedrim, which met at early dawn, Luke 22, 66.—Luke 22, 63–65 is transposed, in accordance with Matthew and Mark.

It has been supposed by some that this examination was held before Annas, John 18, 13. But Peter's denials all took place in the house of Caiaphas, Matth. 26, 57. John 18, 24 sq. comp. v. 28; and Caiaphas alone was high priest. Hence the aorist ἀπέστειλεν in John 18, 24, is to be rendered by the pluperfect: "Annas *had* sent him," etc. Such a use of the aorist is not unfrequent, where an earlier circumstance is inserted afterwards, Matth. 14, 3. 4. 26, 48 comp. Mark 14, 44. Luke 22, 24; or also in relative clauses, Luke 19, 15. 24, 1. John 11, 30. Acts 1, 2. See Winer Gramm. § 41. 5. Buttmann § 137. n. 1. Kühner Ausf. Gramm. § 444.

§ 146. On John 18, 28, see Introd. Note, p. 218.

§ 149. The χλαμὺς κοκκίνη of Matth. 27, 28, and the ἱμάτιον πορφυροῦν of John 19, 2, are put for the *paludamentum* or military cloak worn by officers; see Adam's Rom. Antt. p. 371. Smith's Dict. of Antt. art. *Paludamentum*. The terms κόκκινος *coccus-dyed*, *crimson*, and πορφυροῦς *purple*, seem to be nearly synonymous; just as in English *purple-red* and *crimson* are often interchanged. So Hor. Sat. II. 6. 102 "rubro cocco tincta vestis," which in v. 106 is "vestis purpurea."

§ 150. On the phrase παρασκευὴ τοῦ πάσχα, v. 14, see the Introd. Note, p. 219.—In the same verse, the expression ὥρα δὲ ὡσεὶ ἕκτη does not accord with the ὥρα τρίτη of Mark 15, 25; see in § 153. But the ὥρα τρίτη of Mark, as the hour of the crucifixion, is sustained by the whole course of the transactions and circumstances; as also by the fact stated by Matthew, Mark, and Luke, that the darkness commenced at the *sixth* hour, after Jesus had already for some time hung upon the cross; see § 155. init. The reading ἕκτη in John is therefore probably an early error of transcription for τρίτη (ς′ for ſ′). Indeed, this last reading is found in *Cod. Bezæ* and *Cod. Reg.* 62, as well as several other authorities; so that its external weight is marked by Griesbach as nearly or quite equal to that of the common reading; while the internal evidence in its favour is certainly far greater: see

Griesbach and Wetstein in loc.—The suggestion of some commentators, that John here computes the hours from midnight, seems to be without any historical foundation. The time also which would thus result, viz. sunrise, would be much too early for the course of events.

§ 151. Judas repented, it would seem, as soon as he saw that Jesus was delivered over to be crucified. Till then he had hoped, perhaps, to enjoy the reward of his treachery, without involving himself in the guilt of his Master's blood.

According to Matthew (v. 5), Judas "strangled" i. e. hanged himself, ἀπήγξατο. Luke says in Acts 1, 18, "falling headlong (πρηνὴς γενόμενος) he burst asunder." These two accounts are not inconsistent with each other; the rope breaking, the fall might easily be such as to cause the bursting of the abdomen.

In Acts 1, 18 ἐκτήσατο is to be rendered: he gave occasion to purchase, was the occasion of purchasing. For such an usage, see Heb. 2, 10. Matth. 27, 60. John 3, 22 comp. 4, 2. Rom. 14, 15. 1 Cor. 7, 16. 1 Tim. 4, 16. Rev. 22, 20 comp. 16. etc.

The quotation in Matth. 27, 9. 10, is found, not in Jeremiah, but in Zech. 11, 12 sq. The reading Ἰερεμίου is therefore most probably an early error of a transcriber, misled by a reminiscence of Jer. 18, 1 sq. The Syriac version, the earliest of all, as also several other versions and manuscripts, have simply διὰ τοῦ προφήτου, which is apparently the true reading. Other later authorities read Ζαχαρίου. See Wetstein and Griesbach in loc.

§ 152. Jesus bore his cross at first; but he being probably faint from exhaustion, Simon was compelled to bear it after him.

The ὄξος μετὰ χολῆς μεμιγμένον of Matthew 27, 34, is the same with the ἐσμυρνισμένον οἶνον of Mark 15, 23, viz. cheap acid wine mingled with myrrh. Such a drink was given to persons about to be executed, in order to stupify them. Babylon. Sanhedr. fol. 43. 1: "prodeunti ad supplicium capitis potum dederunt, granum thuris in poculo vini, ut turbaretur intellectus ejus;" in allusion to Prov. 31, 6. See Lightfoot Hor. Heb. in Matth. l. c.

§ 153. Various slight transpositions in the verses are made in this Section, in order to present their parallelism to the eye.—On the four different forms of the title on the cross, see Note on § 15.

§ 154. According to Matthew and Mark, both the malefactors reviled Jesus; while according to Luke, one was penitent. In the former Evangelists, there is here an enallage of number; the plural being put for the singular. This is often done, where the predicate relates strictly to one subject, while yet the writer expresses the idea generally. So Matth. 26, 8 comp. John 12, 4. Matth. 2, 20. 9, 8. Mark 7, 17 comp. Matth. 15, 15. Mark 5, 31 comp. Luke 8, 45. Matth. 24, 1 comp. Mark 13, 1. John 19, 29 comp. Matth. 27, 48. etc. See Winer Gramm. § 27. 2.—For the ὄξος in Luke 23, 36, see Note on § 155.

§ 155. In Matth. 27, 46 ἠλί is the Heb. אֵלִי, used also in the Targum Ps. 22, 2; and in Mark 15, 34 ἐλωΐ is the Aram. אֱלָהִי; both signifying my God.

The ὄξος in Matth. 22, 48 and the parallel verses, is here the posca or common drink of the Roman soldiers, viz. cheap acid wine mingled with water. In Matthew and Mark the sponge is said to be put upon a reed; in John, upon hyssop. Here probably a stalk or *stem* of hyssop is to be understood; the cross not being of any great height. The particular plant designated by the אֵזוֹב and ὕσσωπος of the Hebrews, has not yet been fully ascertained by botanists. It probably included not only the hyssop of the shops, but also other aromatic plants, as mint, wild marjoram, etc. See Celsius Hierobot. I. p. 407 sq. Rosenm. Bibl. Archæol. IV. i. p. 108. Winer Bibl. Realw. art. *Ysop*.

§ 156. Matth. 27, 55. 56 etc. refers to a later point of time than John 19, 25 sq. Mary and the other women had now retired to a distance from the scene of suffering.

§ 157. On the phrase μεγάλη ἡ ἡμέρα ἐκείνου τοῦ σαββάτου, John 19, 31, see Introd. Note, p. 221.

Luke 23, 54 καὶ σάββατον ἐπέφωσκε, lit. *and the sabbath was dawning*, i. e. drew on; the word ἐπέφωσκε, which properly belongs to the natural day, being here figuratively and poetically applied to the civil day, which among the Jews began at sunset. This interpretation is here the necessary one; see the ὀψίας γενομένης of Matthew and Mark, and the ἡμέρα ἦν παρασκευή of Luke himself.

It was according to law and custom among the Jews, that the bodies of persons publicly executed should be taken down and buried before sunset; see Deut. 21, 22. 23. So Joseph. B. J. 4. 5. 2: Τοσαύτην Ἰουδαίων περὶ τὰς ταφὰς πρόνοιαν ποιουμένων, ὥστε καὶ τοὺς ἐκ καταδίκης ἀνεσταυρωμένους πρὸ δύντος ἡλίου καθελεῖν τε καὶ θάπτειν, " so great care did the Jews take respecting sepulture, that even the bodies of those condemned to be crucified they took down and buried before sunset."

———

PART IX.

OUR LORD'S RESURRECTION, HIS SUBSEQUENT APPEARANCES, AND HIS ASCENSION.

§§ 159–173.

INTRODUCTORY NOTE.

A FULL discussion upon this part of the Gospel History, embracing a review of the main difficulties in the way of harmonizing the accounts of the four Evangelists, was published by the author of these Notes, in the *Bibliotheca Sacra* for Feb. 1845, p. 162 sq. To this the student is referred for a more complete examination of the subject.

It is no doubt true, that more of these apparent difficulties are found in this short portion of the Gospels, than in almost all the rest. This has its cause in the circumstance, that each writer here follows an *eclectic* method, and records only what appertained to his own particular purpose or experience. Thus many of the minor and connecting facts have not been preserved; and the data are therefore wanting to make out a full and complete harmony of all the accounts, without an occasional resort to something of hypothesis. Had we all the facts, we may well rest assured, that this part of the sacred history would at once prove to be as exact, as consistent, and as complete, as any and every other portion of the Word of God.

The general results of the investigations upon which we are now entering, may be presented in the following summary view of the events and circumstances connected with our Lord's resurrection and ascension, in the order of their occurrence.

The resurrection took place at or before early dawn on the first day of the week; when there was an earthquake, and an angel descended and rolled away the stone from the sepulchre and sat upon it; so that the keepers became as dead men from terror. At early dawn, the same morning, the women who had attended on Jesus, viz. Mary Magdalene, Mary the mother of James, Joanna, Salome, and others, went out with spices to the sepulchre in order further to embalm the Lord's body. They inquire among themselves, who should remove for them the stone which closed the sepulchre. On their arrival they find the stone already taken away. The Lord had risen. The women, knowing nothing of all that had taken place, were amazed; they enter the tomb, and find not the body of the Lord, and are greatly perplexed. At this time Mary Magdalene, impressed with the idea that the body had been stolen away, leaves the sepulchre and the other women, and runs to the city to tell Peter and John.

The other women remain still in the tomb; and immediately two angels appear, who announce unto them that Jesus is risen from the dead, and give them a charge in his name for the Apostles. They go out quickly from the sepulchre, and proceed in haste to the city to make this known to the disciples. On the way Jesus meets them, permits them to embrace his feet, and renews the same charge to the Apostles. The women relate these things to the disciples; but their words seem to them as idle tales, and they believe them not.

Meantime Peter and John had run to the sepulchre, and entering in had found it empty. But the orderly arrangement of the grave-clothes and of the napkin, convinced John that the body had not been removed either by violence or by friends; and the germ of a belief sprung up in his mind, that the Lord had risen. The two returned to the city. Mary Magdalene, who had again followed them to the sepulchre, remained standing and weeping before it; and looking in she saw two angels sitting. Turning around she sees Jesus; who gives to her also a solemn charge for his disciples.

The further sequence of events, consisting chiefly of our Lord's appearances, presents comparatively few difficulties. The various manifestations which the Saviour made of himself to his disciples and others, as recorded by the Evangelists and Paul, may accordingly be arranged and enumerated as follows:

1. To the women returning from the sepulchre. Reported only by Matthew. See § 162.
2. To Mary Magdalene, at the sepulchre. By John and Mark. § 164.
3. To Peter, perhaps early in the afternoon. By Luke and Paul. § 166.
4. To the two disciples going to Emmaus, towards evening. By Luke and Mark. § 166.
5. To the Apostles (except Thomas) assembled at evening. By Mark, Luke, John, and Paul. § 167.
   N. B. These five appearances all took place at or near Jerusalem, upon the first day of the week, the same day on which the Lord arose.
6. To the Apostles, Thomas being present, eight days afterwards at Jerusalem. Only by John. § 168.

7. To seven of the Apostles on the shore of the Lake of Tiberias. Only by John. § 169.

8. To the eleven Apostles and to five hundred other Brethren, on a mountain in Galilee. By Matthew and Paul. § 170.

9. To James, probably at Jerusalem. Only by Paul. § 171.

10. To the eleven at Jerusalem, immediately before the ascension. By Luke in Acts, and by Paul. § 171.

Then follows the ascension. § 172.

§ 159. The women had rested on the seventh day, according to Luke 23, 56; and the sabbath being past (διαγενόμενον) Mark relates (v. 1) that they bought spices to anoint the body. This purchase would seem to have been made in the evening after the sabbath; since Mark proceeds in v. 2 to narrate what they did early the next morning. In that case Luke (l. c.) speaks of the spices by way of anticipation.—Or, if with some, we follow Luke and regard the spices as having been purchased *before* the sabbath; then the ἠγόρασαν of Mark 16, 1 is to be rendered in the pluperfect, as in the English version; see Note on § 145. This however is less in accordance with the διαγενομένου τοῦ σαββά-του of Mark.

The angel had descended and the earthquake had taken place, before the arrival of the women. Our Lord therefore had arisen from the tomb at or before early dawn. See the next Note.—Verses 2–4 of Matthew are here transposed into their natural order. As they stand in Matthew, the aorists ἐγένετο and ἀπεκύλισε must be rendered as the pluperfect: "*had been*" and "*had* rolled away;" see Note on § 145.

The body of our Lord was laid in the sepulchre before sunset on Friday; and he rose early on the morning of Sunday. He therefore rose on the third day; having lain in the tomb during one whole day and a part of two others; in all not far from thirty-six hours. On the expressions: *the third day* and *after three days*, see Note on § 49.

§ 160. The point of time when the women visited the sepulchre is very definitely marked by all the Evangelists, viz. Matthew τῇ ἐπιφωσκούσῃ sc. ἡμέρᾳ. Mark λίαν πρωΐ, Luke ὄρθρου βαθέος, John πρωΐ σκοτίας ἔτι οὔσης. These expressions all go to fix the time at what we call *early dawn*, or *early twilight*; after the break of day, but while the light is yet struggling with darkness.

But Mark, in v. 2, has added the phrase ἀνατείλαντος τοῦ ἡλίου, which according to every law of the aorist must be rendered: *the sun being risen;* or, as the English version has it, *at the rising of the sun*. These words seem, at first, to be directly at variance with the language of the other three Evangelists, and with the λίαν πρωΐ of Mark himself. Nor does the reading ἀνατέλλοντος in *Cod. Bezæ*, nor the insertion of ἔτι before ἀνατεί-λαντος as in *Cod. Colb.* and others, help the matter. The latter is incompatible with the signification of the aorist; while the present ἀνατέλλοντος is just as inconsistent with the preceding λίαν πρωΐ. It matters little here, whether the sun was in the act of rising above the horizon, or was already just risen.

Yet as Mark by the expression λίαν πρωΐ has definitely fixed the time in accordance with all the other Evangelists, we cannot suppose that by the subsequent phrase ἀνατείλαντος τοῦ ἡλίου he meant to contradict himself and them. He must therefore have employed this latter expression in a broader and less definite sense, not inconsistent with λίαν πρωΐ. As the sun is the source of light and day, and his earliest rays produce the contrast between night and dawn, so the term *sun-rising* might easily come in popular usage, by a metonymy of cause for effect, to be put for all that earlier interval, when his rays still struggling with darkness do yet usher in the day.

Accordingly, we find such a popular usage existing among the Hebrews, and in the Old Testament. Thus in Judg. 9, 33, Zebul, after directing Abimelech to lie in wait with his people in the field during the night, goes on to say: " And it shall be, in the morning, as soon as the sun is up (Heb. כִּזְרֹחַ הַשֶּׁמֶשׁ), thou shalt rise early and set upon the city;" Sept. καὶ ἔσται τοπρωΐ ἅμα τῷ ἀνατεῖλαι τὸν ἥλιον κτλ. Here we have the very same use of the aorist, and the very same juxtaposition of πρωΐ and ἅμα τῷ ἀνατεῖλαι τὸν ἥλιον, and yet we cannot for a moment suppose that Abimelech was to wait till the sun actually appeared above the horizon, before he made his onset. So the Psalmist, Ps. 104, 22, speaking of the young lions that by night roar after their prey, proceeds thus: " The sun ariseth, they gather themselves together, and lay them down in their dens;" Sept. ἀνέτειλεν ὁ ἥλιος κτλ. still in the aorist. But beasts of prey do not wait for the actual appearance of the sun above the horizon ere they shrink away to their lairs; the break of day, the dawning light, is the signal for their retreat. See also Sept. 2 K. 3, 22. 2 Sam. 23, 4. In all these passages the language is entirely parallel to that of Mark 16, 2; and they fully illustrate and confirm the principle, that the *sun-rising* is here used by Mark in a popular sense, as equivalent to the *rising of the day*, or early dawn.—This use too of the aorist in the Septuagint, serves to show that ἀνατείλαντος, not ἀνατέλλοντος, is the true reading in the Greek.

There was probably something in respect to Mary Magdalene, which gave her a peculiar prominence in these transactions. This may be inferred from the fact, that John mentions Mary Magdalene, and her alone; while the other Evangelists likewise name her first, as if holding the most conspicuous place.—In respect to the different names and number of the women, as narrated by the different Evangelists, see the illustration in the Note on § 57.

Mary Magdalene, amazed at not finding the body of Jesus, and supposing it to have been stolen, leaves the other women, probably in the sepulchre, and returns to the city to tell Peter and John. To them she uses the phrase οἴδαμεν v. 2, meaning herself and the other women; but afterwards, when she speaks to the angels, it is οἶδα, v. 13.

§ 161. Luke speaks of two angels; Matthew and Mark of only one; see the Note on § 57.—Mark says he was sitting; Luke speaks of them apparently as standing, ἐπέστησαν, v. 4. But ἐφίστημι, in its appropriate and acknowledged usage, is *to appear suddenly, to be suddenly present*, without reference to its etymology; comp. Luke 2, 9. Acts 12, 7. So Passow, *plötzlich erscheinen*. See also Reiske Indic. Opp. Demosth. art. ἐφιστάναι. Sturz Lex. Xenoph. ib.

In Matthew, the angel addresses the women apparently while still sitting on the stone outside of the sepulchre; in Mark and Luke, on the contrary, the conversation takes place in the sepulchre. But although Matthew does not speak of the women as entering the tomb, yet in v. 8 he describes them as coming out of it ($\dot{\epsilon}\xi\epsilon\lambda\vartheta o\hat{v}\sigma\alpha\iota$); so that of course his account too implies, that the interview took place within the tomb, as narrated by Mark and Luke.

In recording the charge sent by the angels to the Apostles, Matthew and Mark dwell more upon Galilee; and Luke more upon the Lord's previous announcement of his resurrection.

§ 162. It is evident that Mary Magdalene was not with the other women, when Jesus thus met them on their return. Her language to Peter and John forbids the supposition that she had already seen the Lord; see John 20, 2. See too *Biblioth. Sacra*, Feb. 1845, p. 171.

§ 163. Mary Magdalene had gone to Peter and John only; who would seem to have lodged by themselves in a different part of the city. The other women went apparently to the rest of the disciples. When therefore it is here said of John, on his entering the sepulchre (v. 8), that "he saw and believed," this is not at variance with v. 9, nor yet with Luke 24, 11. What was it that John thus believed? Not the mere report of Mary Magdalene, that the body had been taken away; for so much he must have known and believed, when he stooped down and looked into the sepulchre. His belief must have been of something more and greater. The grave-clothes lying orderly in their place, and the napkin folded together by itself, made it evident that the tomb had not been rifled, nor the body stolen by violent hands; for these garments and the spices would have been of more value to thieves, than merely a naked corpse; at least, thieves would not have taken the pains thus to fold the garments together. The same circumstances showed also that the body had not been removed by friends; for they would not thus have left the grave-clothes behind. All these considerations excited in the mind of John the germ of a belief, that Jesus was risen from the dead. He believed ($\dot{\epsilon}\pi\dot{\iota}\sigma\tau\epsilon\nu\sigma\epsilon$) *because* he saw; "*for* ($\gamma\acute{\alpha}\rho$) as yet they knew not the Scripture," v. 9. He now began to recall and understand our Lord's repeated declaration, that he was to rise again on the third day; a declaration on which the Jews had already acted in setting a watch. See Matth. 16, 21. 17, 23. Luke 9, 22. 24, 6. 7. etc. Matth. 27, 63 sq. In this way, the apparent want of connection (sometimes urged) between verses 8 and 9, disappears; and the word $\dot{\epsilon}\pi\dot{\iota}\sigma\tau\epsilon\nu\sigma\epsilon$ is left in the signification of a religious belief usual to it in John's Gospel. See John 3, 15. 16 sq. 10, 26. 19, 35. al. sæp.

§ 164. Mary Magdalene now manifestly sees the angels for the first time; and this circumstance also goes to show, that she had previously left the other women at the sepulchre before the angels appeared to them.

A main difficulty occurs here in fixing the order of time, between our Lord's appearance to Mary Magdalene and that to the other women in § 162. This arises from the use of the word $\pi\rho\hat{\omega}\tau o\nu$ in Mark 16, 9, which seems to imply, that this appearance to Mary Magdalene was the first of all: $\dot{\epsilon}\phi\acute{\alpha}\nu\eta$ $\pi\rho\hat{\omega}\tau o\nu$ $M\alpha\rho\acute{\iota}\alpha$ $\tau\hat{\eta}$ $M\alpha\gamma\delta\alpha\lambda\eta\nu\hat{\eta}$. Yet the whole course of events and circumstances shows conclusively, that Jesus had previously appeared to the other women. We are therefore compelled, and that in accordance with good and ordinary usage, to regard $\pi\rho\hat{\omega}\tau o\nu$ as put here not absolutely, but *relatively*.

That is to say, Mark narrates three and only three appearances of our Lord; of *these three* that to Mary Magdalene takes place *first*, πρῶτον, and that to the assembled disciples the same evening occurs *last*, ὕστερον, v. 14. Now in any series or succession of events, where πρῶτον and ὕστερον are employed, whatever may be the number of intervening terms, πρῶτον marks the first of the series, and ὕστερον the last of the same series, and no other. So here in Mark, ὕστερον is put with the third appearance narrated; but had Mark mentioned four, then ὕστερον could not have stood with the third, but must have been used with the fourth or last; and so in every case. Hence as ὕστερον is here put relatively, and therefore does not exclude the subsequent appearances of our Lord to Thomas and in Galilee; so too πρῶτον here stands relatively, and does not exclude the previous appearance to the other women.

A similar example occurs in 1 Cor. 15, 5–8, where Paul says of our Lord after his resurrection : ὅτι ὤφθη Κηφᾷ, εἶτα τοῖς δώδεκα, ἔπειτα … ἔπειτα, … ἔσχατον δὲ πάντων … ὤφθη κἀμοί. Now had Paul here written, as he might well have done: ὤφθη π ρ ῶ τ ο ν Κηφᾷ, εἶτα κτλ. assuredly no one would have ever understood him as intending to affirm, that the appearance to Peter was the *first of all* absolutely, and earlier than those to Mary Magdalene and the other women.—In like manner, when John (21, 14) declares that Jesus showed himself the *third* time (τρίτον) to his disciples at the lake of Galilee after his resurrection—this is said relatively to the two preceding appearances to the assembled Apostles (§§ 167, 168) ; and does in no way exclude the four still earlier appearances, viz. to Peter, to the two at Emmaus, to Mary Magdalene, and to the other women. One of these, that to Mary Magdalene, John himself relates in full.

In this way the whole difficulty in the case before us vanishes; and the complex and cumbrous machinery of earlier commentators becomes superfluous.

§ 166. This appearance of our Lord to Peter, is mentioned only by Paul and by Luke, v. 34. It had not taken place when the two disciples left Jerusalem for Emmaus; or at least they had not heard of it. It had occurred when they returned; and that long enough before to have been fully reported to all the disciples and believed by them. It may perhaps have happened about the time the two disciples set off, or shortly afterwards.

§ 167. Paul speaks of the Apostles by their usual appellation, as *the twelve*, 1 Cor. 15, 5; Matthew, Mark, and Luke here speak of them as *the eleven*; Matth. 28, 16. Mark 16, 14. Luke 24, 33. Yet on this particular occasion, only *ten* were actually present; see John 20, 24.

When the disciples beheld their risen Lord, they thought they saw a spirit. Jesus reassures them ; and presents to them indubitable evidence, that the same body of flesh and bones, which had been crucified and laid in the sepulchre, was now risen and alive before them. On the general subject of the nature of our Lord's resurrection-body, see a full discussion by the author of these Notes in the *Bibliotheca Sacra* for May 1845, p. 292 sq.

Then follows our Lord's charge and commission to the eleven Apostles, delivered to them here in private by themselves; and distinct from the public and more general commission recorded in Matth. 28, 19. 20.—As a symbol of this commission to them in particular, and of the power which they should shortly receive through the Spirit imparted from on high, "he breathed on them, and said, Receive ye the Holy Ghost;" John 20, 22. There was in this emblem a recognition and reiteration of the gracious promise of the Spirit before made; which was to be abundantly fulfilled on the day of Pentecost. See John 14, 26. 16, 7 sq. Acts 2, 1 sq.

§ 169. This appearance of our Lord to the seven disciples at the Lake of Galilee, is shown to have preceded that upon the mountain, by John 21, 14. It was his third appearance to the *Apostles;* see §§ 167, 168. They were now waiting the appointed time, to meet Jesus upon a certain mountain; Matth. 28, 16.

§ 170. The set time had now come; and the eleven disciples went away into the mountain, "where Jesus had appointed them." It would seem probable, that this time and place had been appointed by our Lord for a solemn and more public interview, not only with the eleven whom he had already met more than once, but with all his disciples in Galilee; and that therefore it was on this same occasion, when, according to Paul, "he was seen of above five hundred brethren at once." That the interview in Matthew was not confined to the eleven alone, seems evident from the fact that "some doubted;" for this could hardly be supposed true of any of the eleven, after what had already happened to them in Jerusalem and Galilee, and after having been appointed to meet their risen Lord at this very time and place. Nor can we see any good reason, why Jesus should summon the eleven, merely on their own account, to meet him on a distant mountain in Galilee, when he had already twice met them, and might just as well again meet them, in Jerusalem. The appearance to the five hundred must at any rate be referred to Galilee; for even after our Lord's ascension, the number of the names in Jerusalem were together only about a hundred and twenty; Acts 1, 15. And further, Paul in enumerating the appearances of Jesus, in 1 Cor. 15, 5–8, specifies only those to *Apostles,* with this single exception; which therefore seems of itself to imply, that the eleven also were here included. I therefore, with many leading commentators, do not hesitate to regard the interviews thus described by Matthew and Paul, as identical. Is was a great and solemn occasion. Our Lord had directed, that the eleven and all his disciples in Galilee should thus be convened upon the mountain. It was the closing scene of his ministry in Galilee. Here his life had been spent. Here most of his mighty works had been done and his discourses held. Here his followers were as yet most numerous. He therefore here takes leave on earth of those among whom he had lived and laboured longest; and repeats to all his disciples in public the solemn charge, which he had already given in private to the Apostles: "Go ye therefore and teach all nations;—and lo, I am with you always, even unto the end of the world." It was doubtless the Lord's last interview with his disciples in that region; his last great act in Galilee.

§ 171. Luke relates, in Acts 1, 3, that Jesus showed himself alive to the Apostles "after his passion, by many infallible proofs, being seen of them forty days, and speaking of the things pertaining to the kingdom of God." This would seem to imply interviews and communications, as to which we have little more than this very general notice. One of these may have been the appearance to James, mentioned by Paul only (1 Cor. 15, 7), and subsequent to that to the five hundred brethren. It may be referred with most probability to Jerusalem, after the return of the Apostles from Galilee.

Afterwards, our Lord again, according to Paul, "was seen of all the Apostles." This was apparently an appointed meeting; the same which Luke speaks of in Jerusalem, immediately before the ascension. It was of course the Lord's last interview with his Apostles.

§ 172. During the preceding discourse, Acts 1, 7. 8 (§ 171), or in immediate connection with it, our Lord leads the Apostles out *as far as to Bethany* (ἕως εἰς Βηθανίαν); and lifting up his hands he blessed them; Luke 24, 50. This act of blessing must be understood, by all the laws of language, as having taken place at or near Bethany. The connecting particle is not δέ, as in the beginning of the verse, but καί, and this again is followed by another καί. "And it came to pass, WHILE he blessed them, he was parted from them, and carried up into heaven." Our Lord's ascension, then, took place at or near Bethany. Indeed, the sacred writer could hardly have found words to express the fact more definitely and fully; and a doubt on this point could never have suggested itself to the mind of any reader, but for the language of the same writer in Acts 1, 12, where he relates that after the ascension the disciples "returned unto Jerusalem from the mount called Olivet." Luke obviously did not mean to contradict himself; and the most that this expression can be made to imply, is, that from Bethany where their Lord had ascended, which lies on the eastern slope of the Mount of Olives, a mile or more below the summit of the ridge, the disciples returned to Jerusalem by a path across the mount. Indeed, Bethany is described in the New Testament as connected with, or as a part of, the Mount of Olives, πρὸς τὸ ὄρος τῶν ἐλαιῶν, Mark 11, 1. Luke 19, 29. And further, where Matthew and Mark speak of Jesus, during the week of his passion, as going out at evening from Jerusalem to lodge at *Bethany*, Luke says expressly that he spent the nights (τὰς νύκτας ηὐλίζετο) going out into the *Mount of Olives*; see Matth. 21, 17. Mark 11, 11. 19. 20. Luke 21, 37. This serves to show, that Luke, in c. 24, 50 and Acts 1, 12, uses the terms Bethany and Mount of Olives interchangeably, and almost as synonymous.

Yet from this remark in Acts there arose, probably early in the fourth century, the legend which fixed the place of the ascension on the reputed summit of the Mount of Olives. If that was indeed the true spot, then our Lord ascended from it in full view of all the inhabitants of Jerusalem; a circumstance not hinted at by the sacred writers, nor at all in accordance with the life and character of the Saviour.

For a full discussion of this topic, see an article by the author of these Notes, in the *Bibliotheca Sacra* for Feb. 1843, p. 176 sq.

FINIS.

www.ingramcontent.com/pod-product-compliance
Lightning Source LLC
Chambersburg PA
CBHW031426020726
47499CB00005B/1619